"101 计划"核心教材
中药学领域

"101计划"核心教材
中药学领域

中药药剂学

主　审　肖　伟　李永吉
主　编　狄留庆　傅超美
副主编　杜守颖　冯年平　高　缘　肖学凤　王艳宏
编　者（按姓氏汉语拼音排序）

白　洁（北京中医药大学）　　狄留庆（南京中医药大学）
杜守颖（北京中医药大学）　　冯年平（上海中医药大学）
傅超美（成都中医药大学）　　高　缘（中国药科大学）
李英鹏（天津中医药大学）　　王艳宏（黑龙江中医药大学）
魏元锋（中国药科大学）　　　肖学凤（天津中医药大学）
谢　辉（南京中医药大学）　　杨志欣（黑龙江中医药大学）
张永太（上海中医药大学）　　张　臻（成都中医药大学）
章津铭（成都中医药大学）

中国教育出版传媒集团
高等教育出版社·北京

内容简介

本教材为教育部基础学科中药学本科教育教学改革试点工作("101计划")核心教材之一。共20章，第1~3章为绪论、药品生产通用技术和中药制剂中间物料制备技术，第4~15章主要介绍中药常用剂型的特点、制备方法和质量评价，第16~17章介绍药物制剂新技术与药物新型给药系统，第18~20章介绍中药制剂的稳定性、生物有效性及研发设计。每章章首设导言，导入学习目标，激发学习兴趣；正文与章末分别嵌入"知识拓展"和"推荐阅读"等模块，以拓展视野，发散中医药思维；每章收篇设有"思考题"，以引发创新思考，促进知识与能力的融会贯通。

本教材主要用于中药学专业拔尖创新人才培养，同时可供中药学类相关专业教学使用，也可供中药制剂研究、生产和新药研发参考，中医学、药学、生命科学、食品科学及相关学科的本科生及中药学专业硕士研究生可参考使用。

图书在版编目（CIP）数据

中药药剂学 / 狄留庆，傅超美主编 . -- 北京：高等教育出版社，2025.9. -- ISBN 978-7-04-064757-0

I . R283

中国国家版本馆 CIP 数据核字第 2025FC8306 号

Zhongyao Yaojixue

| 策划编辑 瞿德竑 | 责任编辑 瞿德竑 | 封面设计 李小璐 | 责任印制 赵义民 |

出版发行	高等教育出版社	网　　址	http://www.hep.edu.cn
社　　址	北京市西城区德外大街4号		http://www.hep.com.cn
邮政编码	100120	网上订购	http://www.hepmall.com.cn
印　　刷	北京盛通印刷股份有限公司		http://www.hepmall.com
开　　本	850mm×1168mm 1/16		http://www.hepmall.cn
印　　张	30.75		
字　　数	770千字	版　　次	2025年9月第1版
购书热线	010-58581118	印　　次	2025年9月第1次印刷
咨询电话	400-810-0598	定　　价	186.00元

本书如有缺页、倒页、脱页等质量问题，请到所购图书销售部门联系调换

版权所有　侵权必究

物　料　号　64757-00

中药学"101计划"主审专家委员会

(按姓氏汉语拼音排序)

蔡宝昌(南京中医药大学)
陈红专(上海中医药大学)
陈士林(成都中医药大学)
程翼宇(浙江大学)
段金廒(南京中医药大学)
谷晓红(北京中医药大学)
果德安(中国科学院上海药物研究所)
匡海学(黑龙江中医药大学)
李　萍(中国药科大学)
李永吉(黑龙江中医药大学)
刘红宁(江西中医药大学)
彭　成(成都中医药大学)
屠鹏飞(北京大学)
万德光(成都中医药大学)
王广基(中国药科大学)
王继峰(北京中医药大学)
肖　伟(南京中医药大学)
徐宏喜(上海中医药大学)
颜正华(北京中医药大学)
张伯礼(天津中医药大学)

数字课程（基础版）

中药药剂学

主编　狄留庆　傅超美

abooks.hep.com.cn/64757

使用方法：

1. 电脑或移动设备访问课程网站。
2. 注册并登录后，进入"个人中心"。
3. 刮开图书封底防伪码涂层，通过扫描二维码或手动输入20位密码，完成防伪码绑定。
4. 绑定成功后，即可开始本数字课程的学习。

如有使用问题，请点击页面下方的"疑问"按钮。

"中药药剂学"数字课程编委会

（按姓氏汉语拼音排序）

白　洁（北京中医药大学）
狄留庆（南京中医药大学）
杜守颖（北京中医药大学）
冯年平（上海中医药大学）
傅超美（成都中医药大学）
高　缘（中国药科大学）
李英鹏（天津中医药大学）
刘陶世（南京中医药大学）
罗子宸（南京中医药大学）
潘林梅（南京中医药大学）
钱　帅（中国药科大学）
史长灿（南京中医药大学）
王艳宏（黑龙江中医药大学）
魏元锋（中国药科大学）
肖学凤（天津中医药大学）
谢　辉（南京中医药大学）
严国俊（南京中医药大学）
杨志欣（黑龙江中医药大学）
张　雯（南京中医药大学）
张兴德（南京中医药大学）
张永太（上海中医药大学）
张　臻（成都中医药大学）
章津铭（成都中医药大学）
赵晓莉（南京中医药大学）

总 序

党的二十大报告指出，"全面提高人才自主培养质量，着力造就拔尖创新人才，聚天下英才而用之"。党的二十届三中全会强调，"加强基础学科、新兴学科、交叉学科建设和拔尖人才培养""分类推进高校改革，建立科技发展、国家战略需求牵引的学科调整机制和人才培养模式"。教育部为落实党中央指示，开拓了培养能够引领重大原始创新、突破关键核心技术的拔尖人才有益探索，启动了"四个一流"建设的"101计划"。以小切口解决大问题，在深处（课程）、实处（教材）、难处（实践）、痛处（教师）下功夫，为培养拔尖人才创造了一种新的教育范式。

习近平总书记多次对中医药工作做出重要指示，要"充分发挥中医药的独特优势，推进中医药现代化""加快推进中医药现代化、产业化""积极推进中医药科研和创新，注重用现代科学解读中医药学原理"，对中医药现代化与拔尖创新人才培养提出了具体要求。

中药学"101计划"作为教育部基础学科教育教学改革研究项目之一，对中药学拔尖人才的培养目标、培养模式、课程体系、实践项目、教材建设、师资队伍建设进行了前瞻性、设计性改革。

本套中药学"101计划"核心教材共13本。其中既有对中药学传统专业课程进行前沿性、研究性深化与延伸的教材，也有将生命与基础医学相关课程整合形成的教材（如《生命科学基础》），还有为了满足对人工智能、大数据与智能制造等新技术发展的需求，前瞻性编写的教材（如《中药工程学》《中药信息学》）。该系列教材建设强调教材质量，建立了主编、主审双负责制，强化顶层设计，建立学科督导组，动态跟踪评估教学效果和课堂授课质量，建立了多元评价体系。

这13门核心课程的建设及其相应教材的编写，进一步固化了中药学"101计划"改革成果，加强了课程建设与科学进步、产业革新的紧密结合，推动了知识图谱与能力图谱建设，促进了院校间高水平教师的教研活动与交流，更是为开设中药学专业的院校开展拔尖人才培养改革提供了借鉴与参考。

本套中药学"101计划"核心教材由天津中医药大学、北京中医药大学、上海中医药大学、南京中医药大学、成都中医药大学、黑龙江中医药大学、中国药科大学牵头，相关院校的专家参与编写。教材编写等的组织工作中，一直得到了教育部等单位有关领导的指导和支持。在此一并致谢！

张伯礼

2024年8月

前 言

《中药药剂学》教材系按照中药学领域"101计划"核心教材建设要求,依据课程教学大纲,以实现中药学拔尖创新人才培养目标为宗旨,组织编撰的中药学专业核心教材。

本教材分20章。第1~3章为绪论、药品生产通用技术和中药制剂中间物料制备技术,第4~15章主要介绍中药常用剂型的特点、制备方法和质量评价,第16~17章介绍药物制剂新技术与药物新型给药系统,第18~20章介绍中药制剂的稳定性、生物有效性及研发设计。

教材编写力求反映中医药特色和当前中药药剂学的现状,充分吸收当代科学技术新成果,注重基本理论教学与实验教学的结合与互动,强化课程思政、科创融汇和产教融合,提升教材的"两性一度",突出表现在以下方面。

1. 突出中医药理论对"中药药剂学"的指导,完善中药药剂学理论体系。在现代药剂学理论和技术应用基础上,充分彰显中医药理论在中药制剂剂型设计、工艺优化、质量评价与合理应用过程中的指导作用。

2. 注重中药剂型传承创新,提升教材育人功能。依据"中药药剂学"课程性质和特点,注重中药传统制药理论和剂型工艺技术的传承,彰显传统中药制剂的精湛技艺,增强民族自信、文化自信和中医药自信。积极应用药物制剂新剂型、新工艺、新技术、新辅料,创新中药制剂。在传承基础上做好守正创新。

3. 结合剂型选择、成型工艺和技术应用,增加相关制剂原理的编撰,强化理论指导,提升课程的高阶性、创新性和挑战度。

4. 精选中药制剂典型案例,剖析剂型工艺制备要点。教材编写中强化中药药剂的剂型工艺综合设计与应用能力训练,打破既往以知识灌输为主的传统教材体系,利于学生剂型工艺设计能力的"自我建构"。

5. 坚持问题导向,注重综合应用能力培养。每一章节中,结合重要知识点、典型案例分析和常用剂型质量评价,引出中药制剂关键科学问题和常用剂型质量常见问题,在分析问题基础上,厘清解决问题的思路与方法,促进学生从知识识记向能力提升的转化。

6. 突出科创融汇,深化产教融合。教材编写注重引入最新科研成果,密切联系生产实际。通过知识拓展、推荐阅读等方式引入相关剂型研究的最新进展,利于学生拓宽专业视野,提升基础科研能力和解决中药药剂学实际问题的能力。选择中药药剂重要知识点和剂型工艺技术应用模块,链接工艺流程图、设备运行原理图及部分工业化生产过程的微视频,立体化培养学生服务中药制剂生产的能力。

教材编写体例格式力求创新,编写形式力求便于学习需要。每章开篇设有"导语"导入学习目标,激发学习兴趣;正文与章末分别嵌入"知识拓展"和"推荐阅读"等模块,以拓展视野,发散中医药思维;每章收篇设有"思考题",以引发创新思考,促进知识与能力的融会贯通。

本教材主要用于中药学专业拔尖创新人才培养，同时可供中药学类相关专业教学使用，也可供中药制剂研究、生产和新药研发参考，中医学、药学、生命科学、食品科学及相关学科的本科生及中药学专业硕士研究生可参考使用。

　　本教材在编写过程中，得到了主审、主编和各编委所在单位领导、老师及高等教育出版社的大力支持，采纳了兄弟院校同行专家的宝贵意见，引用了诸多科研院所、医疗机构、制药设备及药品生产企业提供或协助制作的颇具价值的工艺流程图、设备原理图、生产设备视频材料和参考文献等，在此一并谨致诚挚谢意！

　　中药学领域"101计划"核心教材建设要求高，限于编者水平，内容疏漏与不当在所难免，切盼同行读者不吝赐教，以便日后补充修订，更臻完善。

狄留庆　傅超美
2025年3月

目 录

第一章 绪论 …… 1

第一节 概述 …… 2
一、中药药剂学的基本任务 …… 2
二、中药药剂学的发展历史 …… 4

第二节 中药剂型的分类与选用 …… 5
一、药物剂型的分类 …… 5
二、药物剂型的作用 …… 6
三、药物剂型选择的原则 …… 7

第三节 中药制剂的处方原料、药用辅料与药品包装材料 …… 8
一、中药制剂的处方原料 …… 8
二、药用辅料 …… 8
三、药品包装材料 …… 10

第四节 药品标准与相关法规 …… 11
一、药品标准 …… 11
二、药品相关法规 …… 13

第五节 中药药剂学的研究进展 …… 15
一、中药制剂基础理论研究 …… 15
二、中药制剂应用技术研究 …… 17
三、中药制剂质量评价研究 …… 18

第二章 药品生产通用技术 …… 20

第一节 制药用水 …… 21
一、制药用水的种类与应用 …… 21
二、制药用水的制备 …… 21

第二节 空气净化技术 …… 25
一、空气净化标准 …… 25
二、空气净化技术与应用 …… 27
三、洁净室的设计 …… 27

第三节 灭菌与无菌操作技术 …… 29
一、药品卫生标准 …… 29
二、灭菌法 …… 30
三、无菌操作法 …… 34
四、灭菌工艺 …… 34

第四节 抑菌 …… 39
一、抑菌剂的性质 …… 39
二、常用的抑菌剂 …… 39
三、抑菌剂的合理使用及注意事项 …… 40

第三章 中药制剂中间物料制备技术 …… 42

第一节 粉碎技术 …… 43
一、粉碎的目的 …… 43
二、粉碎的原理 …… 43
三、粉碎的方法与设备 …… 44
四、粉碎的注意事项 …… 47
五、粉体的性质及其在中药制剂中的应用 …… 48

第二节 筛析技术 …… 50
一、筛析的目的 …… 51
二、药筛的规格与粉末分等 …… 51
三、筛析器械与应用 …… 52

第三节 混合技术 …… 53
一、混合的目的 …… 53
二、混合的原理 …… 53
三、混合的方法与设备 …… 53
四、影响混合的因素 …… 55
五、粉碎与混合工艺设计 …… 56

第四节 浸提技术 …… 57
一、浸提的目的 …… 57

目录

二、浸提的原理与影响因素 …………… 57
三、浸提的溶剂与辅助剂 ……………… 59
四、浸提的方法与设备 ………………… 62
五、浸提工艺设计 ……………………… 67

第五节　分离与精制技术 ……………… 69
一、固液分离技术 ……………………… 69
二、精制技术 …………………………… 71
三、分离与精制工艺设计 ……………… 73

第六节　浓缩技术 ……………………… 74
一、浓缩的目的 ………………………… 75
二、影响浓缩效率的因素 ……………… 75
三、浓缩的方法与设备 ………………… 76
四、分离精制与浓缩工艺设计 ………… 79

第七节　干燥技术 ……………………… 81
一、干燥的基本原理 …………………… 81
二、干燥的方法与设备 ………………… 83
三、干燥工艺设计 ……………………… 87

第四章　液体制剂 …………… 90

第一节　概述 …………………………… 91
一、液体制剂的特点 …………………… 91
二、液体制剂的分类 …………………… 91
三、液体制剂的分散介质与附加剂 …… 92

第二节　表面活性剂 …………………… 93
一、表面活性剂的分子结构特点 ……… 93
二、表面活性剂的分类 ………………… 94
三、表面活性剂的性质 ………………… 97
四、表面活性剂在制剂中的应用 ……… 100

第三节　微粒分散体系的特征 ………… 103
一、微粒分散体系的特点 ……………… 103
二、微粒分散体系的物理性质 ………… 103
三、微粒分散体系的物理稳定性 ……… 104

第四节　真溶液型液体制剂 …………… 106
一、药物的溶解度 ……………………… 106
二、影响药物溶解度的因素 …………… 107
三、增加药物溶解度的方法 …………… 108
四、真溶液型液体制剂的制备 ………… 109

第五节　胶体溶液型液体制剂 ………… 112
一、高分子溶液 ………………………… 112
二、溶胶剂 ……………………………… 113

第六节　乳状液型液体制剂 …………… 114
一、乳剂的特点 ………………………… 114
二、乳剂的组成与分类 ………………… 115
三、乳剂的形成理论 …………………… 115
四、常用的乳化剂与选用 ……………… 116
五、乳剂的稳定性 ……………………… 117
六、乳剂的制备 ………………………… 118
七、乳剂的质量评价 …………………… 119

第七节　混悬型液体制剂 ……………… 120
一、混悬剂的特点 ……………………… 120
二、混悬剂的物理稳定性 ……………… 121
三、混悬剂的稳定剂 …………………… 122
四、混悬剂的制备 ……………………… 123
五、混悬剂的质量评价 ………………… 124

第五章　浸出制剂 …………… 126

第一节　概述 …………………………… 127
一、浸出制剂的特点 …………………… 127
二、浸出制剂的分类 …………………… 127

第二节　汤剂 …………………………… 128
一、汤剂的特点 ………………………… 128
二、汤剂的制备 ………………………… 128
三、汤剂的现代研究 …………………… 129
四、配方颗粒 …………………………… 130

第三节　合剂 …………………………… 131
一、合剂的特点 ………………………… 131
二、合剂的制备 ………………………… 131
三、合剂的质量评价 …………………… 133

第四节　糖浆剂 ………………………… 134
一、糖浆剂的特点 ……………………… 134
二、糖浆剂的制备 ……………………… 134
三、糖浆剂的质量评价 ………………… 135

第五节　煎膏剂 ………………………… 136
一、煎膏剂的特点 ……………………… 136
二、煎膏剂的制备 ……………………… 136
三、煎膏剂的质量评价 ………………… 138

目 录

第六节　酒剂与酊剂 …………… 139
　一、酒剂与酊剂的特点 ………… 139
　二、酒剂的制备 ………………… 140
　三、酊剂的制备 ………………… 141
　四、酒剂与酊剂的质量评价 …… 142
第七节　流浸膏剂与浸膏剂 ……… 143
　一、流浸膏剂与浸膏剂的特点 … 143
　二、流浸膏剂与浸膏剂的制备 … 143
　三、流浸膏剂与浸膏剂的质量评价 … 144

第六章　注射剂与眼用液体制剂 …… 146

第一节　概述 ……………………… 147
　一、注射剂的特点 ……………… 147
　二、注射剂的分类 ……………… 147
　三、注射剂的给药途径 ………… 148
第二节　热原 ……………………… 149
　一、热原的组成 ………………… 149
　二、热原的基本性质 …………… 149
　三、热原的污染途径与除去方法 … 149
　四、热原的检查方法 …………… 151
第三节　注射用原料、溶剂及附加剂 … 152
　一、注射用原料 ………………… 152
　二、注射用溶剂 ………………… 152
　三、注射剂的附加剂 …………… 153
第四节　注射剂的制备 …………… 157
　一、可灭菌小容量注射液的制备 … 157
　二、注射用无菌粉末的制备 …… 164
第五节　输液剂 …………………… 166
　一、输液剂的特点 ……………… 166
　二、输液剂的种类 ……………… 167
　三、输液剂的制备 ……………… 167
第六节　混悬型及乳状液型注射液 … 170
　一、混悬型注射液 ……………… 170
　二、乳状液型注射液 …………… 170
第七节　中药注射剂的质量评价 …… 171
　一、中药注射剂的质量要求 …… 171
　二、中药注射剂上市后研究和评价 … 172
第八节　眼用液体制剂 …………… 173

　一、眼用液体制剂的类型 ……… 173
　二、眼用液体制剂的附加剂 …… 173
　三、眼用液体制剂的制备 ……… 176
　四、眼用液体制剂的质量要求 … 177

第七章　散剂 …………………… 179

第一节　概述 ……………………… 180
　一、散剂的分类 ………………… 180
　二、散剂的特点 ………………… 180
第二节　散剂的制备 ……………… 181
　一、一般散剂的制备 …………… 181
　二、特殊散剂的制备 …………… 182
第三节　散剂的质量评价 ………… 185
　一、散剂的质量要求 …………… 185
　二、散剂常见质量问题及原因分析 … 186

第八章　丸剂 …………………… 187

第一节　概述 ……………………… 188
　一、丸剂的分类 ………………… 188
　二、丸剂的特点 ………………… 188
第二节　水丸 ……………………… 189
　一、水丸的特点 ………………… 189
　二、水丸的制备 ………………… 189
第三节　蜜丸与水蜜丸 …………… 193
　一、蜜丸 ………………………… 193
　二、水蜜丸 ……………………… 197
第四节　浓缩丸 …………………… 198
　一、浓缩丸的特点 ……………… 198
　二、浓缩丸的制备 ……………… 198
第五节　糊丸与蜡丸 ……………… 200
　一、糊丸 ………………………… 200
　二、蜡丸 ………………………… 201
第六节　滴丸 ……………………… 202
　一、滴丸的特点 ………………… 203
　二、滴丸的制备 ………………… 203
　三、滴丸成型的理论 …………… 204
第七节　丸剂的包衣 ……………… 206

一、丸剂包衣的目的 …………… 206
二、丸剂包衣的种类 …………… 206
三、丸剂包衣的方法 …………… 206
第八节 丸剂的质量评价 ………………… 207
一、丸剂的质量要求 …………… 207
二、丸剂常见质量问题及原因分析… 208

第九章 颗粒剂 212

第一节 概述 ……………………………… 213
一、颗粒剂的特点 ……………… 213
二、颗粒剂的分类 ……………… 213
第二节 颗粒剂的制备 …………………… 213
一、常用的制粒方法与设备 …… 213
二、中药颗粒剂的制备 ………… 217
第三节 颗粒剂的质量评价 ……………… 221
一、颗粒剂的质量要求 ………… 221
二、中药颗粒剂常见问题及原因分析… 221

第十章 胶囊剂 223

第一节 概述 ……………………………… 224
一、胶囊剂的特点 ……………… 224
二、胶囊剂的分类 ……………… 224
第二节 胶囊剂的制备 …………………… 224
一、硬胶囊的制备 ……………… 224
二、软胶囊的制备 ……………… 229
三、肠溶胶囊的制备 …………… 233
四、缓释胶囊和控释胶囊的制备 … 234
第三节 胶囊剂的质量评价 ……………… 234
一、胶囊剂的质量要求 ………… 234
二、胶囊剂常见问题及原因分析 …… 235

第十一章 片剂 238

第一节 概述 ……………………………… 239
一、片剂的特点 ………………… 239
二、片剂的类型 ………………… 239
第二节 片剂的辅料 ……………………… 241

一、填充剂 ……………………… 241
二、润湿剂与黏合剂 …………… 242
三、崩解剂 ……………………… 244
四、润滑剂 ……………………… 245
第三节 片剂的制备 ……………………… 247
一、颗粒压片法 ………………… 247
二、粉末直接压片法 …………… 251
第四节 压片成型原理及常见问题 ……… 253
一、压片成型原理 ……………… 253
二、压片过程常见问题及原因分析… 255
第五节 片剂的包衣 ……………………… 258
一、常用包衣方法与设备 ……… 258
二、包衣物料与包衣工序 ……… 259
第六节 片剂的质量评价 ………………… 263
一、片剂的质量要求 …………… 263
二、中药片剂常见问题及原因分析 … 264

第十二章 外用膏剂 267

第一节 概述 ……………………………… 268
一、外用膏剂的特点 …………… 268
二、药物的经皮吸收 …………… 268
三、药物经皮吸收的试验方法 … 271
第二节 软膏剂与乳膏剂 ………………… 273
一、软膏剂 ……………………… 273
二、乳膏剂 ……………………… 278
三、软膏剂与乳膏剂的质量评价 …… 280
第三节 凝胶剂 …………………………… 281
一、凝胶剂的特点 ……………… 282
二、凝胶剂的基质 ……………… 282
三、凝胶剂的制备 ……………… 282
四、凝胶剂的质量评价 ………… 284
第四节 眼用膏剂 ………………………… 284
一、眼用膏剂的特点 …………… 284
二、眼用膏剂的分类 …………… 284
三、眼用膏剂的制备 …………… 285
四、眼用膏剂的质量评价 ……… 285
第五节 膏药 ……………………………… 286
一、膏药的特点 ………………… 286

二、膏药的制备 …………………… 286
三、膏药的质量评价 ………………… 288
第六节 贴膏剂 …………………………… 289
一、橡胶贴膏 ………………………… 289
二、凝胶贴膏 ………………………… 292
第七节 贴剂 ……………………………… 294
一、贴剂的特点 ……………………… 294
二、贴剂的类型 ……………………… 295
三、贴剂的组成材料 ………………… 295
四、贴剂的制备 ……………………… 296
五、贴剂的质量评价 ………………… 297

第十三章 栓剂 299

第一节 概述 ……………………………… 300
一、栓剂的特点 ……………………… 300
二、栓剂的分类 ……………………… 300
三、直肠给药吸收途径与影响因素 … 300
第二节 栓剂的制备 ……………………… 301
一、栓剂的基质 ……………………… 301
二、栓剂的附加剂 …………………… 303
三、栓剂的制备方法 ………………… 303
第三节 栓剂的质量评价 ………………… 308

第十四章 气雾剂、喷雾剂与粉雾剂 310

第一节 概述 ……………………………… 311
一、吸入给药的特点 ………………… 311
二、吸入给药吸收途径 ……………… 311
三、吸入给药吸收的影响因素 ……… 311
四、吸入制剂的雾化技术 …………… 314
第二节 气雾剂 …………………………… 315
一、气雾剂的特点 …………………… 315
二、气雾剂的分类 …………………… 316
三、气雾剂的组成 …………………… 316
四、气雾剂的制备 …………………… 318
五、气雾剂的质量评价 ……………… 320
第三节 喷雾剂 …………………………… 321

一、喷雾剂的特点 …………………… 322
二、喷雾剂的分类与组成 …………… 322
三、喷雾剂的制备 …………………… 322
四、喷雾剂的质量评价 ……………… 323
第四节 粉雾剂 …………………………… 324
一、粉雾剂的分类与特点 …………… 324
二、吸入粉雾剂的处方类型 ………… 324
三、吸入粉雾剂的制备 ……………… 326
四、吸入粉雾剂的质量评价 ………… 327

第十五章 其他剂型 328

第一节 膜剂 ……………………………… 329
一、膜剂的特点 ……………………… 329
二、膜剂的分类 ……………………… 329
三、成膜材料与附加剂 ……………… 329
四、膜剂的制备 ……………………… 330
五、膜剂的质量评价 ………………… 331
第二节 胶剂 ……………………………… 331
一、胶剂的特点 ……………………… 331
二、胶剂的分类 ……………………… 331
三、胶剂的原辅料 …………………… 332
四、胶剂的制备 ……………………… 332
五、胶剂的质量评价 ………………… 334
第三节 锭剂 ……………………………… 335
一、锭剂的特点 ……………………… 335
二、锭剂的制备 ……………………… 335
三、锭剂的质量评价 ………………… 336
第四节 茶剂与糕剂 ……………………… 336
一、茶剂 ……………………………… 336
二、糕剂 ……………………………… 337
第五节 丹剂 ……………………………… 338
一、丹剂的特点 ……………………… 339
二、丹剂的分类 ……………………… 339
三、丹剂的制备 ……………………… 339
第六节 搽剂、涂剂与涂膜剂 …………… 340
一、搽剂 ……………………………… 340
二、涂剂 ……………………………… 341
三、涂膜剂 …………………………… 342

第七节　灸剂与熏香剂 … 343
一、灸剂 … 343
二、熏香剂 … 344

第八节　糊剂、含漱剂、洗剂、冲洗剂、灌肠剂、熨剂、条剂、线剂、钉剂 … 345
一、糊剂 … 345
二、含漱剂 … 345
三、洗剂 … 346
四、冲洗剂 … 346
五、灌肠剂 … 346
六、熨剂 … 346
七、条剂 … 346
八、线剂 … 346
九、钉剂 … 347

第十六章　药物制剂新技术 … 348

第一节　固体分散技术 … 349
一、固体分散体的特点及类型 … 349
二、固体分散体的载体材料 … 350
三、固体分散体的制备 … 352
四、固体分散体的固态表征及质量评价 … 355

第二节　包合技术 … 356
一、包合物的类型 … 356
二、常用包合材料 … 357
三、环糊精包合物的制备 … 359
四、环糊精包合物的表征 … 360

第三节　药物晶体技术 … 361
一、药物晶体学的常用术语 … 362
二、常见的药物晶体学固体形式 … 362
三、药物晶体对制剂生产和质量的影响 … 363
四、药物共晶与共无定形 … 365
五、原料药及制剂中晶型的控制 … 366

第四节　3D打印技术 … 368
一、3D打印技术分类及原理 … 368
二、3D打印技术在药物制剂中的应用 … 370

第十七章　药物新型给药系统 … 372

第一节　调释制剂 … 373
一、缓释、控释制剂 … 373
二、迟释制剂 … 379
三、口服缓释、控释、迟释制剂的质量评价 … 379

第二节　微粒制剂 … 382
一、微囊与微球 … 382
二、脂质体 … 385
三、亚微乳与纳米乳 … 388
四、纳米粒 … 390
五、微粒制剂的质量评价 … 392

第三节　靶向制剂 … 392
一、被动靶向制剂 … 393
二、主动靶向制剂 … 393
三、物理化学靶向制剂 … 394
四、靶向制剂的评价 … 396

第四节　定时、定位释药制剂 … 397
一、定时、定位给药依据 … 397
二、定时、定位释药原理 … 398

第五节　其他新型给药系统 … 400
一、植入剂 … 400
二、纳米机器人给药系统 … 401

第十八章　中药制剂的稳定性 … 402

第一节　概述 … 403
一、中药制剂稳定性研究的意义 … 403
二、中药制剂稳定性研究的范围 … 403

第二节　药物化学降解的途径与动力学模型 … 404
一、药物化学降解的途径 … 404
二、药物化学降解的动力学模型 … 406

第三节　中药制剂稳定性的影响因素与稳定化方法 … 407
一、影响中药制剂稳定性的因素 … 407
二、提高中药制剂稳定性的方法 … 412

第四节　中药制剂稳定性试验方法 … 414

一、稳定性试验的基本要求 ………… 414
二、稳定性重点考察项目 ………… 415
三、稳定性试验方法 ………… 415
四、稳定性试验结果的分析评估 …… 419

第十九章　中药制剂的生物有效性 … 421

第一节　药物的体内过程 …………… 422
　一、药物的跨膜转运 ……………… 422
　二、药物的吸收 …………………… 423
　三、药物的分布 …………………… 423
　四、药物的代谢 …………………… 424
　五、药物的排泄 …………………… 425
第二节　口服制剂的生物有效性 …… 426
　一、口服制剂生物有效性的影响因素 … 426
　二、口服中药制剂生物有效性的评价 … 429
第三节　口腔黏膜给药制剂的生物
　　　　有效性 …………………… 435
　一、口腔黏膜给药的吸收途径 …… 435
　二、口腔黏膜给药的特点 ………… 435
　三、口腔黏膜给药制剂生物有效性的
　　　影响因素 ……………………… 435
　四、口腔黏膜给药常用剂型及质量
　　　评价 …………………………… 436
第四节　鼻用制剂的生物有效性 …… 437
　一、鼻腔给药的吸收途径 ………… 437
　二、鼻腔给药的特点 ……………… 437
　三、鼻用制剂生物有效性的影响
　　　因素 …………………………… 438
　四、鼻腔给药常用剂型及质量评价 … 439
第五节　眼用制剂的生物有效性 …… 440
　一、眼部给药的转运途径 ………… 440
　二、眼部给药的特点 ……………… 440
　三、眼用制剂生物有效性的影响
　　　因素 …………………………… 440

　四、眼部给药常用剂型及质量评价 … 442
第六节　阴道给药制剂的生物有效性 … 442
　一、阴道给药的吸收途径 ………… 443
　二、阴道给药的特点 ……………… 443
　三、阴道给药制剂生物有效性的
　　　影响因素 ……………………… 443
　四、阴道给药常用剂型及质量评价 … 444

第二十章　中药制剂的研发设计 …… 446

第一节　概述 ………………………… 447
　一、中药制剂研发设计的基本原则 … 447
　二、中药制剂研发设计的依据 …… 448
第二节　中药制剂的剂型设计 ……… 451
　一、剂型设计原则 ………………… 451
　二、剂型设计评价 ………………… 451
第三节　中药制剂中间物料制备工艺
　　　　设计 ……………………… 452
　一、中药饮片粉末制备工艺设计 … 452
　二、中药提取物制备工艺设计 …… 452
第四节　中药制剂成型工艺设计 …… 455
　一、中药制剂处方设计 …………… 455
　二、中药制剂成型工艺研究 ……… 456
第五节　中药制剂的包装设计 ……… 457
　一、中药包装设计的要求 ………… 457
　二、中药包装的分类 ……………… 457
　三、中药包装设计研究内容 ……… 457
第六节　中药制剂工艺规模化验证 … 458
　一、中试研究 ……………………… 458
　二、商业规模生产研究 …………… 461
　三、中药制剂工艺验证 …………… 461
第七节　中药制剂的贮藏设计 ……… 461
　一、贮藏设计主要内容 …………… 461
　二、贮藏条件要求 ………………… 462

第一章

绪 论

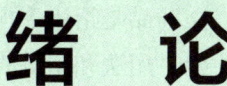

中药药剂学是中医药几千年临床应用经验的集大成,从殷商鬯酒到汤液经法,从先秦"阳城罐"到西汉"医工盆",从稚川丹砂制膏到尚仙理瀹骈文,从《新修本草》到《中华人民共和国药典》,随着中医中药理论的水乳交融及与医学药学技术的交叉渗透,中药药剂理论日趋完善、技术逐渐成熟,已成为中药学的重要分支学科。药物是临床治疗疾病的重要手段,其应用形式和给药剂量影响疾病的疗效和患者的用药体验。中药制剂承载着中医临床用药立法意图的丰富理论和深厚内涵,如何在物质基础、作用机制及药物体内过程等层面进行深入研究,揭示组方药物性质及其配伍规律以科学设计给药剂型?这些工作的指导思想和理论原则是什么?本章将从学科内涵及发展的视角揭示中药药剂学自然科学本质和复杂科学特性,为从事中药制剂研究、生产奠定基础。

第一节 概 述

药品是指用于预防、治疗、诊断疾病，有目的地调节人体生理机能并规定有适应证或者功能主治、用法和用量的物质，包括中药、化学药和生物制品等。其中，中药制剂系指在中医药理论指导下，将经方、临床验方或其他规定处方，选择适宜给药形式（简称"剂型"），按规定工艺和质量标准制成适合临床用药需求，并规定有适应证、用法用量的药品。在中医药理论指导下，运用现代科学技术，研究中药药剂的配制理论、生产技术、质量控制与合理应用等内容的综合性应用技术学科，称之为中药药剂学（pharmaceutics of Chinese materia medica）。中药药剂学是联系中药生产与临床应用的桥梁，其学科水平在一定程度上反映了中药行业的技术水平和发展概貌。其工作内容主要包括：①中药药剂配制理论的传承与创新发展；②传统与现代中药制剂技术的合理应用；③中药制剂质量体系构建与过程控制；④中药药剂合理应用与生物有效性评价。在中药药剂工作过程中，如何遵循中医药理论的指导？如何应用好现代药剂学理论、方法和技术？如何构建符合中药特点的剂型工艺合理性、制剂质量稳定性、中药制剂生物有效性的评价体系？这些问题需要本学科深入研究并不断实践探索。

中药药剂学在继承传统剂型理论的基础上，结合现代中药基础与应用研究，不断吸收工业药剂学、物理药剂学、生物药剂学、药代动力学、分子药剂学等现代药剂学分支学科的新理论、新技术，逐渐形成了中医药内涵丰富的学科体系。

知识拓展1-1：药剂学分支学科的内涵

中药药剂学特别注重中医药理论的指导并在具体工作过程中加以应用，具体表现在以下方面：①依据中医临床理法方药治疗原则，分析建立符合处方特点的中药制剂中间物料质量评价体系，选择适宜提取纯化技术，优化工艺参数，制备质量稳定均一的中药制剂中间物料；②依据处方药物临床应用特点，结合中药制剂中间物料的理化性质和生物学性质，建立符合中药制剂特点的质量评价体系，进行剂型选择、辅料优选与成型工艺参数优化；③依据处方药物临床治疗疾病的特点和机制，建立符合中药制剂特点的质量稳定性和生物有效性评价方法，对制剂产品进行全面质量评价。

一、中药药剂学的基本任务

中药药剂学研究范围广泛，涉及中药制剂理论的传承与创新、剂型工艺和制剂技术的合理应用、中药制剂的质量及临床有效性评价等。

1. 中药剂型理论传承与创新

历代医家总结形成了诸多中药传统剂型的应用特点与应用规律，对中药制剂的剂型选择形成了理论指导。例如，《千金要方》序："凡古方治疾，全用汤法，百十之中未有一用散者。……卒病贼邪，须汤以荡涤。"《圣济经》："汤液主治，本乎腠理，凡涤除邪气者，用汤最宜。伤寒之治，多先用汤者以此"。汤剂满足中医临床辨证用药、加减配伍的需要，可以发挥较好的临床疗效。关于汤剂制备及其应用的经典理论需要我们规范传承，但其科学内涵需要借鉴现代药剂学溶液形成理论、微粒分散理论等加以诠释。又如，小活络丹制丸为用，取"丸者，缓也"，亦即

"治之以峻，行之以缓"之理，因风湿痰瘀阻于经络，非短时所为，虽需峻利之品搜剔，但亦不可过猛，否则非但有形之邪难除，反易耗伤正气。丸剂制备时药辅同源物料的选用、制丸方法、成丸结构等与丸剂溶散、药物溶出的关系值得深入研究。

现代药剂学理论在药物制剂配制过程中不断发展，如药物溶解与溶液形成理论，微粒分散理论及其在非均相液体制剂中的应用，药物的稳定性理论，物料的粉体性质对固体制剂制备及其质量的影响，流变学性质对乳剂、混悬剂、乳膏剂质量的影响，药物与辅料的相互作用对药物溶出与释放的影响，药物的生物药剂学性质等理论指导着药物剂型和工艺设计，为中药药剂学的发展提供了很好的借鉴。

中药剂型理论传承与创新研究的主要任务包括：①研究传统中药剂型理论的科学内涵，加强传统中药剂型理论在中药剂型选择与设计中的指导，进而加以继承发掘；②加强现代剂型在中药制剂中应用适宜性研究，为合理选择和应用现代剂型奠定科学基础；③研究并建立基于中药剂型理论的中药制剂生物有效性评价体系。

2. 中药剂型、工艺设计与评价

中药剂型、工艺设计主要包括剂型选择、中间物料制备、辅料选用、成型技术应用等关键环节，如何在中医药理论指导下，运用现代药剂学方法，构建符合中药特点的剂型、工艺合理性评价方法与指标体系是中药剂型、工艺设计合理性研究的关键。

在中药剂型选用时，应针对疾病治疗需要，结合中药性质特点，在传统剂型理论指导下，借鉴现代药剂学理论，构建符合中药特点的剂型适宜性评价体系。

在中间物料制备时，应结合中药物质基础研究情况，明确功效物质及其理化性质，建立中药制剂中间物料制备工艺合理性评价方法，开展中间物料制备工艺优化。

在药用辅料选用时，应在研究中药制剂中间物料性质的基础上，结合制剂成型、给药剂量和制剂安全性、稳定性、有效性等需要，充分发挥药辅同源的特点，合理选择适宜辅料。

在成型工艺研究时，应科学融汇现代药剂学的理论和技术，挖掘中药传统剂型内涵，研发中药新制剂，拓展中药新剂型，不断提高中药制剂水平。如利用包合技术、固体分散技术、微囊与微球制备技术、脂质体制备技术等制剂新技术促进药物溶解、吸收，提高制剂生物有效性和稳定性。

3. 中药制剂质量评价与控制

中药制剂质量评价包括制剂通则检查和中药制剂定性定量质量控制。常用剂型的制剂通则检查要求收载于《中华人民共和国药典》中，中药制剂定性定量质量控制内容包括特征鉴别和含量测定等。中药制剂质量评价应建立从中药材到中药饮片以及制剂生产全过程的质量控制体系，将质量源于设计理念融入质量控制全过程。

4. 中药制剂质量稳定性与生物有效性研究

中药制剂稳定性研究为确定适宜的包装材料与贮藏条件，确保制剂质量的稳定提供了客观评价的试验方法。中药制剂稳定性在遵循药物稳定性试验方法与要求的基础上，重点关注中药制剂不稳定成分及其影响因素，为中药制剂处方优化、制剂技术应用以及包装材料选用等提供依据。

随着中药制剂物质基础、作用机制以及制剂学基础研究不断深入，中药制剂溶出度、生物利用度等研究工作不断开展，充实完善了中药制剂生物有效性理论，指导着中药制剂生产和临床应用。中药制剂生物有效性研究需要重点开展的工作有中药制剂活性成分的体内过程及其相互影响、中药制剂生物有效性评价体系的构建、中药制剂多成分体内药代动力学模型的建立及其药代动力学特征研究等。

> **思考与讨论**
> 如何在中医药理论指导下开展中药药剂学相关研究工作？

二、中药药剂学的发展历史

在中医药发展历程中，中药制剂理论、生产技术以及临床应用规律等随着古今成方制剂剂型的演变而不断地形成和发展，同时随着社会进步、科技发展和医药水平的提高而不断完善。

夏禹时代（公元前2140年），形成了酿酒工艺，并已将多种药物浸制成药酒。

商汤时期（约公元前1670年—公元前1587年），伊尹创造汤剂，并总结成《汤液经》，这是我国最早的方剂与制剂技术专著，并且汤剂至今仍广泛应用于中医临床，远早于希波克拉底及格林制剂，成为世界上最早创造药物剂型的国家。

战国时期（公元前476年—公元前221年），我国第一部医药经典著作《黄帝内经》提出了"君臣佐使"的组方原则，同时在《素问·汤液醪醴论》中论述了汤液醪醴的制法和作用，并记载了汤、丸、散、膏、药酒等不同剂型及其制法。

秦汉时期（公元前221年—公元220年），是我国制药理论与技术蓬勃发展的时期。秦国时期的《五十二病方》中记载的中药使用方法除外敷和内服外，还有药浴法、烟熏或蒸汽熏法、药物熨法等方法。东汉时期成书的《神农本草经》是现存最早的本草专著，该书论述了制药理论和制备方法，序例中指出："药性有宜丸者，宜散者，宜水煎者，宜酒渍者，宜煎膏者，亦有一物兼宜者，亦有不可入汤酒者，并随药性，不得违越"，强调了根据药性选择剂型。东汉末年，张仲景著有《伤寒杂病论》，记载了汤剂、丸剂、散剂、药膏剂、软膏剂、酒剂等10余种剂型及其制备方法，首次记载了用动物胶汁和淀粉糊作为丸剂的赋形剂，并沿用至今。

晋代葛洪（283年—363年）著有《肘后备急方》，八卷，创制了铅硬膏、干浸膏、蜡丸、浓缩丸、锭剂、条剂、灸剂、饼剂等多种剂型。

梁代陶弘景（456年—536年）在《本草经集注》中提出"疾有宜服丸者，宜服散者，宜服汤者，宜服酒者，宜服膏煎者"。在序例中附有"合药分剂料理法则"，指出药物的产地和采收方法亦对疗效有影响。书中考证了古今度量衡，规定了汤、丸、散、膏、药酒的制作规范。

唐代显庆四年（659年）由政府组织编纂并颁布了《新修本草》（世称《唐本草》），是我国第一部也是世界上最早的一部国家药典。孙思邈著有《备急千金要方》与《千金翼方》，其中《备急千金要方》设有制药总论专章，叙述了制药理论、工艺和质量问题，反映了当时中药制剂的发展水平。

宋、元时代（960年—1367年），中药成方制剂发展迅速。1080年由宋代太医院颁布的《太平惠民和剂局方》（又名《局方》），共收载中药制剂788种，是我国最早的一部国家制剂规范。

明代李时珍（1518年—1593年）著《本草纲目》，共记载中药1 892种，附方11 000余首，剂型近40种。该著作是对我国16世纪以前本草学的全面总结，论述范围广泛，内容丰富，是国内外公认的药学巨著。

中华人民共和国成立后，1962年我国系统收集并出版了《全国中药成药处方集》，收载成方6 000余首，中成药2 700余种，是继宋代《太平惠民和剂局方》后又一次中成药处方汇集。1953

年以来，我国颁布施行《中华人民共和国药典》，收载中药成方制剂，制剂品种逐版增加，记载着中医药事业蓬勃发展的历程。随着《药品注册管理办法》的颁布施行，中药制剂研究不断规范并取得显著进步，研发出多种新剂型、新制剂。其中抗疟药青蒿素的研究处于国际领先地位，青蒿素栓、青蒿琥酯片和注射用青蒿琥酯等制剂成为脑型疟疾及各种危重疟疾抢救的特效药，已得到了世界卫生组织的认可和推广。

第二节　中药剂型的分类与选用

根据药物的性质、用药目的和给药途径，将原料药加工制成适合于医疗或预防应用的形式，称为药物剂型（pharmaceutical dosage forms），简称剂型。

一、药物剂型的分类

1. 按给药途径分类

按给药途径分类可反映不同给药途径对剂型制备的特殊要求，同时可结合给药途径特点阐明不同给药途径的药物吸收特点和影响因素的共性规律。

（1）口服给药剂型　系指经口服后进入胃肠道，发挥局部治疗作用或经胃肠道吸收而发挥全身作用的剂型，如糖浆剂、颗粒剂、胶囊剂、片剂等。此类剂型服用方便，患者的依从性好，但胃肠道pH、肠道微生物和活性酶及食物等会影响药物的释放、吸收。

（2）注射给药剂型　系指在静脉、肌内、皮内、皮下、鞘内等部位以注射方式给药的剂型，如注射液、注射用无菌粉末。此类剂型多为速效剂型，临床常用于急症给药，但给药时需要借助特殊器具，发生不良反应时难以及时纠正。

（3）皮肤给药剂型　如软膏剂、乳膏剂、凝胶剂、贴膏剂、搽剂等。皮肤给药剂型使用方便，可产生局部治疗作用，也可经过皮肤吸收产生全身作用，但皮肤角质层屏障会影响药物的经皮吸收。

（4）呼吸道给药剂型　如吸入气雾剂、吸入喷雾剂、吸入粉雾剂等。药物直接作用于呼吸道，在治疗呼吸系统疾病时具有起效快、局部药物浓度高的优势，但影响药物肺部沉积的因素较多，需要掌握正确的吸入用药方法。

（5）口腔内给药剂型　系指将药物置于口腔内发挥作用的剂型，如含片、舌下片、口腔喷雾剂、含漱剂。此类剂型给药方便，但口腔面积小，唾液酶对药物会产生影响。

（6）眼部给药剂型　如滴眼剂、眼膏剂、眼膜剂等。眼用液体制剂也可以固态形式包装，另备溶剂，临用前配成眼用溶液或混悬液。眼用制剂直接用于眼部发挥治疗作用。

（7）鼻腔给药剂型　如滴鼻剂、鼻用软膏剂、鼻用散剂、鼻用粉雾剂等。鼻用液体制剂也可以固态形式包装，配套专用溶剂，在临用前配成溶液或混悬液。鼻用制剂可发挥局部或全身作用，具有药物吸收快、无肝首过效应、无创、给药便捷、耐受性良好等特点。

（8）耳部给药剂型　如滴耳剂、耳用软膏剂、耳用散剂等。耳用制剂直接用于耳部发挥局部治疗作用。

（9）直肠给药剂型　如直肠栓剂、灌肠剂等。直肠给药可发挥局部治疗作用，也可经直肠黏膜吸收产生全身作用。直肠给药起效迅速，但直肠用药部位对药物直肠吸收有一定的影响。

（10）阴道给药剂型　如阴道栓、阴道片、阴道泡腾片等。阴道给药可发挥局部治疗作用，也可吸收产生全身作用。阴道中酶的降解很少，药物吸收直接进入体循环，生物利用度较高，但临床用药的依从性一般。

2. 按分散系统分类

（1）液体分散系统　系指药物以分子、离子、乳滴或固体微粒等分散在液体分散介质中形成的分散体系。包括真溶液型分散系统、胶体溶液型分散系统、乳状液型分散系统和混悬液型分散系统。

（2）固体分散系统　系指药物分散在固体介质中形成的分散体系，如散剂、丸剂、片剂等。

（3）气体分散系统　系指药物以微粒状态分散在气体分散介质中形成的分散体系，如气雾剂、喷雾剂、粉雾剂等。

3. 按外观形态分类

（1）液体剂型　如合剂、糖浆剂、注射液等。

（2）固体剂型　如散剂、颗粒剂、胶囊剂、片剂、丸剂等。

（3）半固体剂型　如软膏剂、凝胶剂等。

（4）气体动力剂型　如气雾剂、喷雾剂、粉雾剂等。

4. 按共性制备技术分类

（1）浸出制剂　系指用浸出方法制备的一类制剂，如汤剂、合剂、酊剂、糖浆剂、煎膏剂等。

（2）无菌制剂　系用灭菌方法或无菌技术制备的无菌制剂，如注射剂、滴眼液等。

二、药物剂型的作用

药物必须制成适合医疗预防应用需要并与一定给药途径相适应的形式。同一中药可以制备成多种剂型，但不同剂型可能产生不同的治疗效果，适宜的剂型方可发挥药物良好的疗效。药物剂型的作用主要体现在以下方面。

1. 改变药物的作用速度

同一药物因剂型不同会导致作用速度的差别。如注射剂、气雾剂起效快，常用于急症治疗给药；普通口服片剂、胶囊剂给药后需要经历制剂崩解、药物溶出、药物吸收等过程，起效相对缓慢。因此，临床上应根据疾病的类型和性质，选择适宜作用速度的剂型。

2. 降低或消除药物的毒副作用

药物的毒副作用可以通过不同剂型的应用而降低或消除。如洋金花口服液用于治疗慢性支气管炎，但易出现口干、眩晕、视力模糊等副作用，而制成复方洋金花栓剂，其副作用则会减轻或消失。缓控释制剂可以保持平稳的血药浓度，从而避免普通制剂血药浓度的"峰谷现象"，降低药物的毒副作用。

3. 改善患者用药的依从性

儿童用药时，经皮给药、直肠给药等剂型相比于注射给药具有更好的依从性。老年人或吞咽困难患者难以吞服普通固体制剂，改为口腔速溶制剂可提高患者的依从性。

4. 改变药物的体内过程

剂型会影响药物在体内的吸收、分布、代谢和排泄，最终影响药物的生物利用度。口服固体制剂的药物吸收受制剂崩解或溶散、药物成分溶出等行为影响，通常吸收速度慢于口服液体制剂。药物在体内的分布与剂型也有很大的关系，如微球、微囊、脂质体等载体装载药物进入血液循环系统后，被网状内皮系统的巨噬细胞所吞噬，使药物浓集于肝、脾等器官，发挥被动靶向作用。同一中药原料制备的不同固体剂型，如颗粒剂、片剂、丸剂等，由于处方组成及制备工艺不同，其药物粒子的大小、辅料的种类和用量以及工艺条件不同，均可能导致生物利用度的明显差异，影响药物的疗效。

5. 改善药物的稳定性

通常固体制剂的稳定性优于液体制剂，包衣可实现防潮、避光而提高片剂的稳定性；冻干粉针可避免药物水解，因而稳定性优于常规注射液。

6. 改变药物的作用性质

多数药物的作用性质不会受剂型影响，但也有少数药物例外，如硫酸镁静脉注射给药可抑制大脑中枢神经，发挥抗惊厥作用，而口服给药具有泻下作用。

三、药物剂型选择的原则

中药制剂应当以满足临床需求为宗旨，在对药物理化性质、用药方式、生物学特性、剂型特点、临床用药的安全性、患者用药依从性等方面综合分析的基础上合理选择给药途径和剂型。

1. 药物剂型应满足临床治疗需要

不同给药途径剂型的起效快慢差异较大，通常静脉注射＞吸入给药＞肌内注射＞皮下注射＞直肠或舌下给药＞口服液体制剂＞口服固体制剂＞皮肤给药。因此，应根据疾病的轻重缓急，选择适宜给药途径的药物剂型，以满足临床治疗需要。急症用药常选用注射剂、舌下制剂、气雾剂等剂型，慢性疾病常选用煎膏剂、丸剂、片剂等剂型。

药物剂型的选择还需要考虑用药部位的特点，如皮肤给药常选用洗剂、搽剂、涂膜剂、外用膏剂等剂型，直肠给药常选用栓剂、灌肠剂等，口腔黏膜给药常选用膜剂、含片等。

2. 药物剂型应符合药物性质特点

组方药物的理化性质、配伍规律和生物学特性是剂型选择的重要依据。中药制剂多为复方，所含成分复杂，必须在充分尊重临床治疗特点的前提下，认真研究制剂中活性成分的理化性质以及体内过程及其影响因素等，合理选择剂型。在胃液中不稳定、对胃刺激性大的药物，一般不宜制成胃溶制剂；存在明显肝脏首过效应的药物，可考虑制成非胃肠道给药途径的制剂，如注射剂、栓剂、软膏剂等；在溶液状态下稳定性差、易降解的药物，可制成固体制剂。

3. 药物剂型应方便服用、携带、生产、运输、贮藏

中药剂型的选择应兼顾服用、携带、生产、运输、贮藏的方便性（"五方便"）。剂型不同，制备工艺路线不同，对所需的技术、生产环境、设备等均有不同的要求，带来的生产成本也有差异。不同人群患者对制剂依从性的要求不同，如儿童用药应尽量做到色美、味香、量宜、效高，并能多种途径给药。

> 思考与讨论
> 如何评价中药剂型选择的合理性？

第三节　中药制剂的处方原料、药用辅料与药品包装材料

根据《中国药典》《中华人民共和国卫生部药品标准·中药成方制剂》等规定的处方，将中药饮片、植物油脂或提取物等制剂原料加工制成具有一定规格的药品，称为中药制剂（preparation of Chinese materia medica）。

一、中药制剂的处方原料

中药制剂的原料主要包括中药饮片、植物油脂和提取物等。

1. 中药饮片

中药饮片是中药制剂的主要原料。中药饮片可直接用作汤剂制备的原料，也可根据制剂需要进一步制备成中药饮片粉末或提取物等中间物料。

中药饮片粉末常用于中药散剂、丸剂、半浸膏片、混悬颗粒等制剂的制备，制备时常将饮片粉碎成适宜细度的细粉，在制剂成型时发挥"药辅合一"的作用。

中药制剂提取物的制备过程包括提取、分离、浓缩、干燥、粉碎、混合等工序，物料形态主要有流浸膏、稠浸膏和干浸膏。中药制剂中间物料的制备工艺路线、制备方法及工艺参数设定直接影响其质量均一性与稳定性，影响中药制剂临床疗效与安全性。中药制剂中间物料的制备工艺设计思路与方法，详见"第二十章　中药制剂的研发设计"。

2. 植物油脂和提取物

植物油脂和提取物系指从植物、动物中制得的挥发油、油脂、有效部位和有效成分。其中，提取物包括以水或醇为溶剂经提取制成的流浸膏、稠浸膏或干浸膏、含有一类或数类有效成分的有效部位和含量达到90%以上的单一有效成分。

选用国家药品标准及药品注册标准单独收载的植物油脂和提取物作为制剂原料，应在制剂处方项下载明，并照《中药提取物备案管理实施细则》的要求实施备案管理。其中，实施备案管理的中药提取物不包括：①国家药品标准及药品注册标准中附有具体制法或标准的提取物，按新药批准的提取的单一成分等中药提取物；②冰片、青黛、阿胶等传统按中药饮片使用的产品；③盐酸小檗碱等按化学原料药管理的产品。

选用提取物为中药制剂原料应具有充分的依据，开展有效性、安全性和质量可控性研究。应研究明确所含大类成分的结构类型及主要成分的结构，通过建立主要成分、大类成分的含量测定及指纹图谱或特征图谱等质控项目，充分表征提取物的质量，研究确定合理的制备工艺，保证不同批次提取物质量均一稳定。

新的提取物及其制剂的注册申请，如已有单味制剂或单味提取物制剂上市且功能主治（适应证）基本一致，应当与该类制剂进行非临床及临床对比研究，以说明其优势与特点。

二、药用辅料

药用辅料（pharmaceutical excipients）是指药品生产和处方调配时使用的赋形剂和附加剂等物质；是除活性成分以外，在安全性方面已进行合理的评估，一般包含在药物制剂中的物质。药

用辅料除具有赋形、充当载体、提高药物稳定性作用外，还有增溶、助溶、缓控释等作用，是可能会影响到制剂的质量、安全性和有效性的重要成分。药用辅料应对人体无毒，具有较好的化学稳定性，与药物无配伍禁忌，不影响制剂的质量检验。与化学药物相比，传统中药制剂中辅料的选择具有独特之处，应遵循"药辅合一"的思想，处方中药物可能既是主药又是辅料。同时，在中药制剂处方设计时，应依据中药制剂原料特性和剂型要求，筛选药用辅料。

1. 药用辅料的作用

药用辅料在制剂成型和品质保障等方面发挥积极作用，主要表现在以下方面。

（1）辅助制剂成型　如片剂中使用的稀释剂、吸收剂、润湿剂、黏合剂，软膏剂、栓剂中使用的基质等。

（2）便于制剂加工生产　如硬胶囊剂充填时需要添加助流剂，片剂压片时需要添加润滑剂等。

（3）提高制剂的稳定性　如液体制剂中添加pH调节剂、抑菌剂、抗氧剂等可提高制剂稳定性，包衣材料中添加遮光剂可提高易氧化成分的稳定性等。

（4）控制药物的释放　如缓控释包衣辅料或骨架材料。

（5）增加制剂的依从性　如矫味剂、芳香剂、着色剂等，可以改善制剂的口感、气味与色泽，增加患者用药的依从性。

（6）改善制剂的疗效　如经皮给药制剂中添加适宜的透皮促进剂，可以促进药物经皮渗透，改善疗效。

2. 药用辅料的分类

（1）按辅料的来源分类　可分为天然、合成和半合成药用辅料。中药制剂中部分原料粉末可以兼具辅料作用，如中药散剂、中药混悬型颗粒剂、中药半浸膏片和含有中药粉末的胶囊剂等，在制剂中既保留了药物成分，又发挥了辅助成型作用。部分中药活性成分亦具有一定的辅料性质，如白及多糖可以兼作成膜材料或凝胶基质。冰片既可发挥自身药效，也可促进其他药物透过血脑屏障，发挥芳香开窍的协同功效。

（2）按辅料在制剂中的用途分类　可分为溶剂、pH调节剂、增溶剂、助溶剂、乳化剂、助悬剂、抑菌剂、矫味剂、抗氧剂、稀释剂、吸收剂、润湿剂、黏合剂、崩解剂、润滑剂、冷凝剂、增稠剂、增塑剂、包衣剂、着色剂、消泡剂、发泡剂、干燥剂、表面活性剂、成膜材料等。

（3）按所用剂型的给药途径分类　可分为口服、注射、黏膜、经皮或局部给药、经鼻或口腔吸入给药和眼部给药等不同给药途径用辅料。有些辅料可以用于多种给药途径，但质量要求及用量应符合相应给药途径的要求，因此，药用辅料的包装上应注明"药用辅料"及其适用范围（给药途径）等。

3. 药用辅料的发展

随着科技的发展和人类健康需求的不断增加，药用辅料的研究和发展也越来越受到关注。新型药用辅料具有高效、安全、稳定等优点，为药物制剂的发展提供了重要保障，例如在液体制剂中，泊洛沙姆、磷脂为静脉乳的制备提供了更好的选择；在固体制剂中，羧甲淀粉钠（CMS-Na）、交联聚维酮（PVPP）、交联羧甲纤维素钠（CCMC-Na）、低取代羟丙纤维素（L-HPC）等超级崩解剂，以及微晶纤维素、预胶化淀粉等可压性良好的辅料，不仅提高了片剂质量，而且使粉末直接压片成为可能；在经皮给药制剂中，月桂氮䓬酮作为药物透皮促进剂使经皮给药更加活跃。共处理辅料对解决中药复杂粉体的流动性、可压性以及崩解性等问题具有独特的优势，如乳糖与糊化淀粉共处理辅料，利用多种辅料间的协同作用，使辅料整体性能提升，适合于中药制剂粉末直接压片，有力推动了中药片剂工艺水平的提高。颗粒、小丸或片剂等常采用薄膜包衣预混料为中药制剂的掩味、防潮和释药等提供了制剂学可能。纤维素衍生物、淀粉衍生物、合成或半合成油脂、磷脂、表面活性剂、丙烯酸聚合物、可生物降解聚合物等的应用，为缓释、控释、靶向制剂技术的应用提供了辅料支持。

"药辅合一"是中药制剂辅料应用的重要特点，是中药制剂区别于化学药物制剂的显著特征，其既方便制剂成型又降低制剂服用剂量，减少制剂加工成本。中药制剂既可以充分利用处方中部分中药粉末辅助制剂成型与稳定，以减少辅料的用量，也可以利用处方中某些药物能改变其他药物的溶解性、释放部位、吸收速率等，产生协同增效或减毒的效应。例如，人参皂苷具有抗炎、抗肿瘤等多种活性，还能够自组装形成载体负载其他成分，发挥"药辅合一"作用。纳米载体在中药制剂中的应用越来越广泛，中药中的纳米囊泡是由脂质、蛋白质、聚合物等构成的封闭的双层自组装纳米结构，通常粒径在 50～500 nm 之间，其因出色的血管通透性、良好的生物相容性、高载药能力，可发挥"药辅合一"功能而备受关注。

知识拓展 1-2："药辅合一"研究进展

三、药品包装材料

药品包装材料系指药品生产企业生产的药品和医疗机构配制的制剂所使用的直接与药品接触的包装材料和容器，简称药包材。作为药品的一部分，药包材本身的质量、安全性、使用性能以及药包材与药物之间的相容性对药品质量有十分重要的影响。药包材是由一种或多种材料制成的包装组件组合而成，应具有良好的安全性、适应性、稳定性、功能性、保护性和便利性，在药品的包装、贮藏、运输和使用过程中起到保护药品质量、安全、有效、实现给药目的的作用。

1. **药包材原料与生产要求**

药包材的原料应经过物理、化学性能和生物安全评估，应具有一定的机械强度、化学性质稳定、对人体无生物学意义上的毒害。

药包材的生产条件应与所包装制剂的生产条件相适应；药包材生产环境和工艺流程应按照所要求的空气洁净度级别进行合理布局，生产不洗即用药包材，从产品成型及以后各工序其洁净度要求应与所包装的药品生产洁净度相同。根据不同的生产工艺及用途，药包材的微生物限度或无菌应符合要求；注射剂用药包材的热原或细菌内毒素、无菌等应符合所包装制剂的要求；眼用制剂用药包材的无菌等应符合所包装制剂的要求。

药包材的包装上应注明包装使用范围、规格及贮藏要求，并应注明使用期限。

2. **药包材的分类**

药包材可以按材质、用途和形制进行分类。

（1）按材质分类　可分为塑料类、金属类、玻璃类、陶瓷类、橡胶类和其他类（如纸、干燥剂）等，也可以由两种或两种以上的材料复合或组合而成（如复合膜、铝塑组合盖等）。常用的塑料类药包材如药用低密度聚乙烯滴眼剂瓶、口服固体药用高密度聚乙烯瓶、聚丙烯输液瓶等；常用的玻璃类药包材有钠钙玻璃输液瓶、低硼硅玻璃安瓿、中硼硅管制注射剂瓶等；常用的橡胶类药包材有注射液用氯化丁基橡胶塞、药用合成聚异戊二烯垫片、口服液体药用硅橡胶垫片等；常用的金属类药包材如药用铝箔、铁制的清凉油盒。

（2）按用途和形制分类　可分为输液瓶（袋、膜及配件）、安瓿、药用（注射剂、口服或者外用剂型）瓶（管、盖）、药用胶塞、药用预灌封注射器、药用滴眼（鼻、耳）剂瓶、药用硬片（膜）、药用铝箔、药用软膏管（盒）、药用喷（气）雾剂泵（阀门、罐、筒）、药用干燥剂等。

3. 药包材的选用

药包材与药物的相容性研究是选择药包材的基础，药物制剂在选择药包材时必须进行药包材与药物的相容性研究。药包材与药物的相容性试验应考虑剂型的风险水平和药物与药包材相互作用的可能性，一般应包括以下内容：①药包材对药物质量影响的研究，包括药包材（如印刷物、黏合物、添加剂、残留单体、小分子化合物以及加工和使用过程中产生的分解物等）的提取、迁移研究及提取、迁移研究结果的毒理学评估，药物与药包材之间发生反应的可能性，药物活性成分或功能性辅料被药包材吸附或吸收的情况和内容物的逸出及外来物的渗透等；②药物对药包材影响的研究，考察经包装药物后药包材完整性、功能性及质量的变化情况，如玻璃容器的脱片、胶塞变形等；③包装制剂后药物的质量变化（药物稳定性），包括加速试验和长期试验药品质量的变化情况。

4. 药包材的产品标准

药包材标准是为保证所包装药品的质量而制定的技术要求。药包材产品标准主要包括以下内容。

（1）物理性能　主要考察影响产品使用的物理参数、机械性能及功能性指标，如橡胶类制品的穿刺力、穿刺落屑，塑料及复合膜类制品的密封性、阻隔性能等。

（2）化学性能　主要考察影响产品性能、质量和使用的化学指标，如溶出物试验、溶剂残留量等。

（3）生物性能　考察项目应根据所包装药物制剂的要求制定，如注射剂类药包材的检验项目包括细胞毒性、急性全身毒性试验和溶血试验等，滴眼剂瓶应考察异常毒性、眼刺激试验等。

第四节　药品标准与相关法规

一、药品标准

药品标准是指根据药物自身的理化性质与生物学特性，按照来源、处方、制法和运输、贮藏等条件所制定的、用以评估药品质量在有效期内是否达到药用要求，并衡量其质量是否均一稳定的技术标准。我国药品标准有国家药品标准、药品注册标准和省级中药标准。药品标准应按照国家药品监督管理局发布的《药品标准管理办法》《中药标准管理专门规定》的要求进行相关的管理。

1. 国家药品标准

国家药品标准包括国家药品监督管理部门颁布的《中华人民共和国药典》（以下简称《中国药典》）和药品标准。《中国药典》增补本与其对应的现行版《中国药典》具有同等效力。

药典是一个国家记载药品质量规格、标准的法典，由国家药典委员会组织编纂，并由政府颁发施行，具有法律约束力。药典作为药物生产、检验、供应、使用和监督的依据，在一定程度上反映了国家药物生产、医疗和科技的水平，也体现出医药卫生工作的特点和服务方向。

中国药典的历史可以追溯到唐显庆四年（659年），由当代政府组织编纂并颁布的《新修本草》（又称《唐本草》），是我国也是世界上最早的一部药典。

随着临床用药水平的不断提高，药物及其制剂的质量要求也更加严格，药品的检验方法亦在不断更新和提高。因此，药典需要不断修订，我国药典一般每五年修订一次。中华人民共和国成立以来，已颁布的《中国药典》有1953、1963、1977、1985、1990、1995、2000、2005、2010、2015、2020、2025年共十二版。1953年版为一部，1963、1977、1985、1990、1995、2000年版分为两部，2005年版和2010年版分为三部，2015、2020、2025年版分为四部。2025年版自2025年10月1日起执行，其中，一部收载中药材和中药饮片、植物油脂和提取物、成方制剂和单味制剂等；二部收载化学药品、抗生素、生化药品以及放射性药品等；三部收载生物制品；四部收载通则、药用辅料等。在新版药典出版前，国家药典委员会以出版增补本方式，指导新药和新制剂的临床应用。

知识拓展1-3：药典发展历史及国外代表药典简介

《中国药典》由凡例与正文及其引用的通则共同构成。凡例是正确使用《中国药典》进行药品质量检定的基本要求，是对《中国药典》正文、通则及与质量检定有关的共性问题的统一规定。凡例和通则中采用"除另有规定外"这一用语，表示存在与凡例或通则有关规定不一致的情况时，则在正文中另作规定，并按此规定执行。正文中引用的药品系指本版药典收载的品种，其质量应符合相应的规定。正文所设各项规定基于《药品生产质量管理规范》（GMP）要求，任何违反GMP或有未经批准添加物质所生产的药品，即使检验符合《中国药典》要求或按照《中国药典》没有检出其添加物质或相关杂质，亦判定为不符合规定。通则主要收载制剂通则、通用检测方法和指导原则，其中制剂通则系按照药物剂型分类，针对剂型特点所规定的基本技术要求；通用检测方法系各正文品种进行相同检查项目的检测时所应采用的统一的设备、程序、方法及限度等；指导原则系为执行药典、考察药品质量、起草与复核药品标准等所制定的指导性规定。

2. 药品注册标准

药品注册标准系指经药品注册申请人提出，由国务院药品监督管理部门药品审评中心核定，国务院药品监督管理部门在批准药品上市许可、补充申请时发给药品上市许可持有人的经核准的质量标准。药品注册标准应当符合《中国药典》通用技术要求，不得低于《中国药典》的规定。

新版国家药品标准颁布后，执行药品注册标准的，包括《中华人民共和国卫生部药品标准》，药品上市许可持有人应当及时开展相关对比研究工作，评估药品注册标准的项目、方法、限度是否符合新颁布的国家药品标准有关要求。对于需要变更药品注册标准的，药品上市许可持有人应当按照药品上市后变更管理相关规定提出补充申请、备案或者报告，并按要求执行。

3. 省级中药标准

省级中药标准包括省、自治区、直辖市人民政府药品监督管理部门制定的国家药品标准没有规定的中药材标准、中药饮片炮制规范和中药配方颗粒标准。

省级中药饮片炮制规范是对国家药品标准中未收载的地方临床习用饮片品规和炮制方法的补充，收载具有地方炮制特色或者中医用药特点的饮片品规及其炮制技术，以满足地方中医临床需求。

中药配方颗粒标准由国家药品监督管理局和省级药品监督管理部门按照《中药配方颗粒质量控制与标准制定技术要求》制定。除另有规定外，对于因自然属性不适宜制成中药配方颗粒的品种，原则上不应当颁布中药配方颗粒标准。

二、药品相关法规

1.《中华人民共和国药品管理法》

《中华人民共和国药品管理法》简称《药品管理法》，是为了加强药品监督管理，保证药品质量，保障人体用药安全，维护人民身体健康和用药的合法权益而制定的法律。该法自1984年首次发布以来，经历了多次修订和完善，以适应药品管理实践的需要和国际药品管理的发展趋势。新修订版自2019年12月1日起施行。

《药品管理法》规定：①药品的研制、生产、经营、使用和监督管理的单位或个人必须遵守本法；②鼓励研究和创制新药，保护公民、法人和其他组织研究、开发新药的合法权益；③国务院药品监督管理部门主管全国药品监督管理工作，省、自治区、直辖市人民政府药品监督管理部门负责本行政区域内的药品监督管理工作；④开办药品生产企业，必须具备条件包括具有依法经过资格认定的药学技术人员、工程技术人员及相应的技术工人，具有与其药品生产相适应的厂房、设施和卫生环境，具有能对所生产药品进行质量管理和质量检验的机构、人员以及必要的仪器设备。该法还规定了药品生产、经营企业的质量管理规范，以及对药品价格和广告的管理要求，以确保药品质量和用药安全。

2.《中华人民共和国中医药法》

《中华人民共和国中医药法》是为了继承和弘扬中医药，保障和促进中医药事业发展，保护人民健康而制定的法律。该法旨在进一步规范中医药服务、中药保护与发展、中医药人才培养、中医药科学研究、中医药传承与文化传播等活动，自2017年7月1日起施行。该法律明确了中医药事业的重要地位和发展方针、中医药服务体系建设、中医药教育、中医药科学研究和技术开发、中医执业法律责任，并对社会力量举办的中医医疗机构提出了明确要求。

3.《药品注册管理办法》

药品注册系指国家主管部门根据药品注册申请人的申请，依照法定程序，对拟上市销售的药品的安全性、有效性、质量可控性等进行审查，并决定是否同意其申请的审批过程。2020年7月1日实施的《药品注册管理办法》将药品注册按照中药、化学药和生物制品等进行分类注册管理。中药注册按照中药创新药、中药改良型新药、古代经典名方中药复方制剂、同名同方药等进行分类。化学药注册按照化学药创新药、化学药改良型新药、仿制药等进行分类。生物制品注册按照生物制品创新药、生物制品改良型新药、已上市生物制品（含生物类似药）等进行分类。

我国药品注册管理日益与国际接轨，2017年国家食品药品监督管理总局正式加盟人用药品技术要求国际协调理事会（The International Council for Harmonisation of Technical Requirements for Pharmaceuticals for Human Use，ICH），推进药品注册的国际接轨，有利于新药研究开发，促进药品国际贸易。

4.《中药材生产质量管理规范》

《中药材生产质量管理规范》（Good Agricultural Practice，GAP）是用于指导中药材生产企业规范生产中药材全过程的管理规范，是中药材规范化生产和管理的基本要求。其中，涉及的中药材是指来源于药用植物、药用动物等资源，经规范化的种植（含生态种植、野生抚育和仿野生栽培）、养殖、采收和产地加工后，用于生产中药饮片、中药制剂的药用原料。

GAP内容包括质量管理、基地选址、种子种苗或其他繁殖材料、种植与养殖、采收与产地加工、质量检验等，对中药材生产企业的质量管理提出了系统的要求，包括加强质量管理、明确影响中药材质量的关键环节的管理要求、建立有效的生产基地单元监督管理机制、配备相适应的人员、设施、设备、明确中药材生产批次、建立中药材质量追溯体系、制定主要环节生产技术规程、制定不低于现行标准的中药材质量标准等。此外，还对中药材生产企业质量控制提出"六统一"的要求，即统一规划生产基地、统一供应种子种苗或其他繁殖材料、统一化肥、农药等投入品管理、统一种植或养殖技术规程、统一采购与产地加工技术规程、统一包装与贮存技术规程。

5.《药物非临床研究质量管理规范》

《药物非临床研究质量管理规范》（Good Laboratory Practice，GLP）系指对从事药物非临床安全性评价研究的规划设计、执行措施、管理监督、记录报告、实验室的组织管理、工作方法和有关条件提出的法规性文件。GLP实施的主要目的：①严格控制各种可能影响试验结果的主客观因素，尽可能减少试验误差，确保新药安全性评价的科学性和可靠性；②使我国新药研究的安全性试验符合国际上公认的标准。

GLP主要应用于药品的非临床安全性试验中，主要包括急性毒性、亚急性毒性、慢性毒性、生殖毒性、致突变性、致癌性、刺激性、药物依赖性和抗原性等方面，其组织系统主要包括有关毒理学研究的各种功能性实验室（病理、生理、生化药理及特殊毒理研究室）、实验动物中心、资料和档案的管理和质量保证部门等。

6.《药物临床试验质量管理规范》

《药物临床试验质量管理规范》（Good Clinical Practice，GCP）是药物临床试验全过程的质量标准，包括方案设计、组织实施、监查、稽查、记录、分析、总结和报告。药物临床试验应当符合《世界医学大会赫尔辛基宣言》原则及相关伦理要求，受试者的权益和安全是考虑的首要因素，优先于对科学和社会的获益。伦理审查与知情同意是保障受试者权益的重要措施。药物临床试验应当有充分的科学依据。临床试验应当权衡受试者和社会的预期风险和获益，只有当预期的获益大于风险时，方可实施或者继续临床试验。试验方案应当清晰、详细、可操作。试验方案在获得伦理委员会同意后方可执行。研究者在临床试验过程中应当遵守试验方案，凡涉及医学判断或临床决策应当由临床医生做出。参加临床试验实施的研究人员，应当具有能够承担临床试验工作相应的教育、培训和经验。所有临床试验的纸质或电子资料应当被妥善地记录、处理和保存，能够准确地报告、解释和确认。应当保护受试者的隐私和其相关信息的保密性。试验药物的制备应当符合临床试验用药品生产质量管理相关要求。试验药物的使用应当符合试验方案。临床试验的质量管理体系应当覆盖临床试验的全过程，重点是受试者保护、试验结果可靠，以及遵守相关法律法规。临床试验的实施应当遵守利益冲突回避原则。

7.《药品生产质量管理规范》

《药品生产质量管理规范》（Good Manufacturing Practice，GMP）是药品生产和质量管理的基本准则，也是保证生产优质药品的一整套科学、合理、规范化的管理方法，还是制药企业改建、新建的主要依据。GMP是一种特别注重制造过程中产品质量与卫生安全的自主性管理制度，是一套适用于制药、食品等行业的强制性标准，要求企业从原料、人员、设施设备、生产过程、包装运输、质量控制等方面按国家有关法规达到卫生质量要求，形成一套可操作的作业规范，帮助企业改善卫生环境，及时发现生产过程中存在的问题并加以改善。GMP有国际性的、国家性的和行业性的三种类型。GMP的内容一般由法规性的GMP条例和GMP指南与附录组成，后两者属指导性原则。至今已有 100 多个国家和地区实行了 GMP 制度。

GMP 检查重点包括人员管理、生产环境管理和制剂生产全过程管理，其目的是将人为产生的错误减小到最低，防止对医药品的污染和低质量医药品的产生以及保证产品高质量的系统设计。为加强对药品生产的监督管理，保障人民用药安全有效，促进医药国际贸易，我国组织实施了 GMP 认证管理工作。国家药品监督管理部门发布了《药品生产质量管理规范认证管理办法》，要求所有生产药品的企业（车间）必须通过 GMP 认证。

> **思考与讨论**
> 中药制剂可溯源质量控制体系如何构建？

第五节　中药药剂学的研究进展

随着生命科学及现代医药理论和技术的快速发展，在传承中药药剂学精华基础上，合理应用现代药剂学新工艺、新辅料、新技术、新设备，不断研制生产符合中医药特点的中药新剂型、新制剂，在提高中药制剂安全性、有效性、质量稳定性的同时，提高了生产效率，降低了生产成本。近年来，中药药剂学也在向着数字化、智慧化方向发展，以信息技术为核心的人工智能、大数据等新技术正在交叉渗透到中药制剂研发、生产、质量评价等各个环节，从中药制剂中间物料的制备、新型辅料的研发与应用、药物递送技术的尝试应用以及中药制剂全过程质量控制等方面，逐步实现中药制药过程数字化、智能化控制。

一、中药制剂基础理论研究

1. 传统中药制剂理论科学内涵研究

中药制剂的发展史承载着不同时代药物剂型的发展历史，传统剂型有其独特的制备方法，如丸剂、黑膏药、丹剂等制作工艺传承至今，部分传统制剂，如六神丸、王氏保赤丸、安宫牛黄丸、牛黄清心丸、云南白药、点舌丸（梅花点舌丹）、片仔癀、季德胜蛇药片、龟龄集、定坤丹等已经成为国家级非物质文化遗产，在传承其特殊工艺和技艺的同时，其制剂学内涵正在引起研究者高度关注，其科学内涵需要通过多学科交叉研究予以揭示。

2. 中药制剂中间物料制备基础研究

中药制剂常用水醇法分离去除多糖、蛋白质等大分子杂质，可有效降低浸膏得率，减少服用剂量，便于制剂成型。但是，随着对中药汤剂体系结构解析的研究深入，中药汤剂煎煮过程中发生的成分聚集问题引起学者关注，并重新审视既往中药制剂分离方法的合理性。部分学者提出"结构中药学"的概念，认为传统中药研究比较关注成分层面，但任何成分都有其所处环境和存在状态，相同的成分在不同环境条件下会有不同的分散形式。如很多中药成分在有机相中呈"溶解状态"，而水中则呈聚集态甚至沉淀。很多化合物即使被定义为水溶性成分，也未必是"真溶液"的存在形式。例如很多中药"水溶性"皂苷成分在一定浓度下会缔合成"胶束相"从而影响其性能。因此，中药成分（包含各类初级和次级代谢产物）在一定条件下相互作用产生的特定相态才是功效物质基础的完整形式。相态的产生可源自本体，如生物体细胞分泌的细胞外囊泡或自身组装形成的聚集形式；也可以是通过炮制或配伍等方式实现，例如炮制后形成的碳点或复方中药煎煮过程形成的自沉淀。相态的维持与变化受组分构成、所处环境等多元因素调控，相态的转化引起功能或效应的迁移。例如氨基多糖、钙离子和丹酚酸在中性pH下可组装成球形纳米粒子，在体内稳定地传输，但在炎性环境的酸性条件下可解聚释放出游离丹酚酸。这种随环境而变的相态伴随着药物的装载、释放、转运和起效，体现了中药制剂过程的复杂性。

3. 中药制剂体内过程相关研究

中药的药效物质基础是其所含的化学成分，除直接作用外，口服吸收进入血液而发挥疗效的中药成分众多，但中药成分吸收取决于成分的溶解性和渗透性。借鉴生物药剂学分类系统（biopharmaceutics classification system，BCS）理念，结合中药制剂多成分复杂体系特点，在中药口服制剂设计时，可根据其所含成分的水溶性和肠渗透性，兼顾活性成分群吸收与代谢及其相互影响，建立中药代表性目标成分、多成分背景下目标成分、复方整体三个层次的中药生物药剂学分类体系和预测模型，采用"多成分层次差异比较法"，从中药单一成分的固有性质到多成分环境下变化的数据中挖掘出中药生物药剂学的属性，评价中药成分吸收情况，明确吸收受限成分的影响因素，证实成分配伍影响吸收的趋势，并提出改善方向，以指导中药口服制剂的剂型设计。

4. 中药新型给药系统研究

在传统剂型发展的基础上，中药制剂不断应用现代剂型及制剂技术，形成了具有中药特点的合剂、糖浆剂、颗粒剂、片剂、胶囊剂、注射剂、软膏剂、栓剂等现代剂型。随着现代药剂学的快速发展，中药新型给药系统的研究开发不断深入，取得了阶段性研究成果。

（1）中药多元释药系统研究　中药复方多成分具有不同的理化性质，其发挥药效的靶器官、作用途径和机制等也不尽相同。基于中药复方多成分整体作用特点，针对药对、经典名方、组分中药等中药多成分体系，利用制剂手段共同负载多成分于给药系统中，达到增效减毒的应用目的是实现中药复方协同递送的必然选择。基于中药复方多成分整体作用特点，在中医药理论指导下，根据中药制剂处方组成药物的药性、效应成分性质与作用特点及治疗病证特点，分离制备不同有效成分，分别按其效应作用特点、理化性质、作用部位、作用速度等进行差异化释药设计，进而根据治疗需要对各释药单元进行差异化调控，注重各释药单元的相互联系，最终集成多成分释药单元形成中药多成分释药体系，实现中药多成分、多途径、多靶点的整体治疗作用。

结合中药制剂组分中药活性成分的特征，部分学者进一步提出"中药多元组分释药"的概念，认为中药制剂物质基础通常由具有不同性质与功效的组分构成。将中药制剂中理化性质和活性相似的成分按照一定的比例构成一类组合物，称之为"组分"。不同活性组分又按一定的比例构成了中药制剂物质基础。其中，组分与组分之间、组分内部成分与成分之间量效比例关系称之为"组分结构"。中药组分间不同的理化性质及生物药剂学性质提示，单一递送载体可能无法满足中药多组分治疗的特点，根据临床疾病治疗需要，调整各组分释药时间及释药部位，构建中药复方释药系统是提高中药临床疗效的有效策略。中药复方释药系统基于物质基础的"组分"，重视多组分的性质对释药系统的影响，根据各组分的理化性质与生物药剂学性质，采用多元制剂技术改善其性质缺陷，并按照一定的比例整合成具有程序释放特征的多单元释药系统，最终达到改善药物整体疗效的目的。中药多元组分释药系统设计学说符合中药多组分协同起效原则，可充分发挥多组分协同治疗理念，有利于推动中药组分制剂的设计及技术发展。

为了深入探讨药物剂型结构与药物溶出或释放的关系，部分学者提出"结构药剂学"的概念，认为制剂的结构特征影响其释药特征和疗效发挥。针对中药制剂原料和制剂产品，探索并建立能够表征中药新型结构特征的表征技术，明晰制剂的宏观和微观结构，有助于推进中药制剂的智能化设计。

（2）中药多元靶向给药制剂研究　由于中药基础研究问题的复杂性，中药靶向制剂更多停留于单一成分或几个活性成分的靶向给药探索性研究阶段。中药结肠定位给药系统通常利用特定的药物载体，如聚合物、脂质体或微颗粒等，这些载体能够抵抗胃酸和消化酶的破坏，直到它们到达结肠部位。在结肠，由于pH较高，这些载体会发生溶解或分解，释放出药物。此外，结肠定位给药系统还可以利用结肠的机械运动和微生物环境来增强药物的定位和释放。脂质体载药技术可实现被动或主动靶向，修饰的植物囊泡递送载体可实现中药多组分递送。当前，依据中药引经理论的中药靶向给药技术成为研究热点，该技术将引经药作为天然靶向功能性成分修饰在微粒表面，或与治疗药物同时给药，由于其对组织器官的选择性，可增加药物对靶器官的识别能力，或直接增加药物在靶器官的蓄积，从而增强药物治疗效果。例如，冰片等芳香开窍类中药可借助自身脂溶性优势通过血脑屏障入脑，并改善血脑屏障的通透性，可用于脑靶向药物设计；桔梗归肺经并能发挥"开提肺气，载药上浮"的引经作用，多用于肺靶向药物设计。

5. 中药复方制剂药性传递理论研究

中药复方由多味中药按不同剂量组合而成，是中医临床辨证施治理论在用药上的具体体现，是根据治疗疾病的需要，形成能够互相配合、发挥整体作用的多成分组合。中药复方制剂药性源自复方药量和配伍，它决定了中药制剂的多成分、多途径、多靶点递送药物的特点与内涵，是中药作用的基本性质和特征的高度概括。中药复方制剂药性传递学说是建立在"证 – 方 – 剂"思想基础上，中药剂型是中药复方制剂发挥疗效的载体，中药制剂承载着中药复方的药性，并经适宜给药途径传递到患者机体而发挥疗效，表达、传递中药复方药性是中药制剂的核心和基本任务。中药制剂药性传递涵盖着中药复方的理法方药、配伍关系、药性和合、临床用药分析、临床功效等方面。在中药制剂的实际研发应用中，通过实验方法学将抽象概念转化为具有科学属性的数据，以指导中药制剂研究与生产全过程，保证中药制剂研究与生产中每一个环节的复方药性得以充分传递，以完成"中药制剂复方药性传递"的使命。

二、中药制剂应用技术研究

1. 中药制剂中间物料制备技术应用研究

中药饮片粉料制备技术通常涉及中药饮片的粉碎、过筛、混合等制备技术，研究者在关注贵重细料药粉末粒径对活性物质溶出影响的同时，在粉体学研究基础上，进一步研究药物粒子设计与制备技术在中药制剂中的应用。

中药挥发油的提取、分离、富集是中药制剂过程中的常见工艺，生产中采用多功能提取操作时常常获得芳香水，难以分离挥发油。研究者基于膜材料基本性能以及中药挥发油与膜材料在界面润湿、分子识别、吸附过程的化学机理及其在孔道结构中的传递机理分析，提出膜技术可实现中药挥发油整体、无损、快速分离的科学假说，试图解决中药挥发油的分离富集问题。

中药浸膏是中药制剂中间物料的常见形式，其品质直接影响中药制剂的成型和疗效。研究者曾以不同类型中药浸膏为研究对象，基于多孔介质理论，运用热力学与动力学的方法，阐释中药浸膏的干燥机理，探讨浸膏干燥过程品质形成规律，寻求高品质浸膏干燥过程调控方法。喷雾干燥可直接将中药提取液干燥成浸膏粉末，但所得浸膏粉吸湿性强、流动性差、易黏结成块。研究者曾充分利用中药组分多元化的特点，优化喷雾干燥条件使中药多组分有序组合，实现喷雾干燥浸膏粉性能的有效改善。

2. 中药制剂成型技术应用研究

中药制粒技术发展迅速，快速搅拌制粒、沸腾制粒、喷雾干燥制粒已被广泛使用。计算机辅助设计在颗粒剂、片剂等固体制剂辅料选用和制剂成型时得以探索应用。薄膜包衣技术不仅仅应用于中药片剂，更多地扩展到粉末包衣、微丸包衣，极大地改善了固体制剂的稳定性，并在中药递送系统设计中加以应用。

分子包合技术、固体分散技术在改善中药制剂药物溶解度或溶出度、提高制剂生物有效性的应用基础上，更多地关注药物在载体中的分散状态。为改善药物的口服吸收，提高生物利用度，微乳、微球、脂质体、纳米粒等微粒载体技术应用于丹参酮II_A、盐酸小檗碱、榄香烯、水飞蓟宾、灯盏花素等活性成分。相比脂质体、纳米粒等纳米载体，纳米晶体技术为改善难溶性药物的溶解度与生物利用度提供了一种更为适用的新方法；如黄芩苷、葛根素、熊去氧胆酸、穿心莲内酯、冬凌草甲素等制备成纳米晶体，药物以纳米晶体状态高度分散，提高了药物的饱和溶解度及溶出速度，显著改善了药物的生物利用度。

围绕外用制剂如橡胶贴膏和软膏剂的稳定、过敏、粘贴、渗透等关键问题，开展了油水分散技术、膏体除敏技术、渗透促进技术研究，建立了现代外用制剂的制备和评价技术体系，提升了中药外用制剂制备水平。离子电渗技术、电穿孔、微针等物理技术的进步和透皮促进剂的应用也显著提升了经皮给药制剂中药物的经皮渗透性。穴位经皮给药彰显了中药外用制剂和穴位给药的优势，其协同机制成为研究热点。

传统药物递送系统中药物的非特异性分布和不可控释放，促使了"智能型"药物递送系统的发展。智能给药系统系指反映时辰生物学技术与生理节律同步的脉冲式、自调式给药，即根据疾病时辰或生理节律特点在体内自动释药的给药系统，实现被环境刺激激活、自我调节、综合感知与监测效应，具有提高药物对不同组织的靶向性、控制药物的释放速率等优点。

知识拓展1-4：中药制剂技术与剂型的新发展

三、中药制剂质量评价研究

中药制剂质量评价包括制剂质量评价、稳定性评价、生物有效性评价及临床试验评价等。其中，制剂质量评价是按照制剂通则检查要求和产品内在活性或有害物质的质量控制方法与标准进行的质量评价方法；制剂稳定性评价是通过考察中药制剂的物理、化学及生物学特性在不同环境条件下（如温度、湿度、光照等）随时间变化的情况，以认识和预测中药制剂的质量变化趋势，为中药制剂生产、包装、贮藏、运输条件的确定和有效期的制定提供科学依据；生物有效性评价是指采用药效学、药理学、分子生物学等方法评价中药制剂有效性的方法；临床试验评价是根据制剂的功能主治科学制订临床研究方案，选择多个药物临床研究中心共同开展中药制剂临床有效性和安全性评价。

1. 中药制剂质量评价

中药制剂质量评价包括制剂通则检查和制剂内在成分特征评价。中药制剂通则检查按照《中国药典》有关要求进行。中药制剂内在成分特征评价，常常体现多维信息全面评价理念。目前常用的评价方法有基于多成分整体分析的中药质量控制模式，包括薄层色谱鉴别、对照提取物鉴别、特征图谱或指纹图谱鉴别、活性成分或指标性成分含量测定或一测多评的多成分含量测定等方法。随着多学科交叉融合的不断发展，基于感官性状数字化表征、质量标志物（Q-Marker）、系统生物学技术以及生物活性评价等中药质量控制模式成为中药制剂质量控制的研究热点。中药制剂生产全过程在线质量控制体系的构建成为中药制剂生产过程质量控制的研究重点。此外，中药制剂质量评价应着眼于中药制剂全过程，从中药质量的可溯源性出发，确定中药材、中药饮片、中药制剂质量控制方法及质量标准，并应用于中药制剂生产的全过程质量控制。

2. 中药制剂稳定性评价

中药制剂的稳定性已成为药品研发、生产、贮藏、运输和市场监管的重要指标。制剂稳定性的研究贯穿于中药制剂的研发、生产、储运和使用的全过程，一般始于制剂的处方前研究，在临床研究期间和产品上市后都要进行稳定性考察。此外，由于中药制剂大多具有多成分复杂体系的特点，应从多角度选择多个指标进行稳定性研究与评价，并密切关注考察指标与有效性、安全性、质量可控性的关联。

3. 中药制剂生物有效性评价

中药药剂学不仅要研究中药制剂制备，而且要研究其应用于机体后的吸收、分布、代谢、排泄等体内过程及其影响因素，阐明剂型因素、机体因素对药物生物有效性的影响，正确评价中药制剂质量，合理设计中药制剂剂型、处方及生产工艺，为临床合理用药提供科学依据。当前，中药制剂的基础研究尚不足以支持以生物利用度为关键指标的生物有效性评价方法，更多地依赖临床研究的评价，在一定程度上提升了中药制剂生物有效性评价的难度。

4. 中药制剂临床有效性与安全性评价

中药制剂的临床试验评价是指在中医药理论指导下，通过科学设计试验方案，如随机对照试验、双盲试验等，评估中药的疗效、不良反应和适应证。在试验过程中，需严格控制操作规范，监测药物不良反应，评估药物相互作用，并及时记录患者的安全性数据，根据试验结果制定临床应用规范，指导临床医生合理用药，确保患者用药安全有效。

思考题

1. 如何在中医药理论指导下开展中药制剂剂型工艺设计？
2. "药辅合一"研究工作对中药药剂学发展的意义何在？
3. 传统中药剂型科学内涵如何揭示？
4. 中药制剂新剂型、新工艺、新辅料、新技术应用适宜性如何评判？
5. 简述中药药剂学目前存在的突出问题及未来研究策略。

（狄留庆、谢辉）

数字资源详见　新形态教材网

视频　　知识拓展　　推荐阅读　　参考文献　　教学课件　　自测题

第二章

药品生产通用技术

　　制药用水是药品生产中的通用溶剂,药物制剂的生产需要在规定的洁净区域进行。制药用水的质量、制药环境的洁净级别直接影响药品质量。灭菌和抑菌是确保药物制剂达到药品卫生标准的重要手段。因此,掌握药品生产通用技术,是制药人的基本能力。制药用水有哪些种类、如何制备、质量要求如何?制药环境的空气洁净级别及其标准、适用范围如何?灭菌方法、抑菌剂如何选用?这些药品生产通用技术需要通过本章学习去掌握。

第一节 制药用水

药品生产离不开制药用水，中药材、制药用器具的清洗、中药饮片的提取、中药制剂的配制等制药环节都需使用不同类型的制药用水。制药用水的质量直接影响药品生产质量。

一、制药用水的种类与应用

因使用的范围不同，制药用水可分为饮用水、纯化水、注射用水和灭菌注射用水。

1. **饮用水**

饮用水为天然水经净化处理所得，其质量应符合中华人民共和国《生活饮用水卫生标准》。制药用水的原水通常为饮用水，常用作中药材、制药用器皿的清洗，除另有规定外，可作为中药饮片提取用溶剂。

2. **纯化水**

纯化水为饮用水经蒸馏法、离子交换法、反渗透法或其他适宜的方法制备的制药用水。不含任何附加剂，其质量应符合《中国药典》关于纯化水的规定。纯化水可作为配制普通药物制剂用的溶剂或试验用水，中药注射剂、眼用制剂等灭菌制剂所用饮片的提取溶剂，口服、外用制剂配制用溶剂或稀释剂，非灭菌制剂用器具的精洗用水，也用作非灭菌制剂所用饮片的提取溶剂。纯化水不得用于注射剂的配制与稀释。

3. **注射用水**

注射用水为纯化水经蒸馏所得的水，其质量应符合《中国药典》关于注射用水的规定；或为通过一个等同于蒸馏的纯化工艺制备所得，其制备工艺应符合监管部门有关要求，其质量应符合有关规定。注射用水可作为配制注射剂、眼用制剂等的溶剂或稀释剂及容器的精洗用水。

4. **灭菌注射用水**

灭菌注射用水为注射用水按照注射剂生产工艺制备所得，其质量应符合《中国药典》关于灭菌注射用水的规定。灭菌注射用水不含任何添加剂，主要用于注射用灭菌粉末的溶剂或注射剂的稀释剂。

纯化水和注射用水中可能存在的元素杂质是药品生产中元素杂质潜在来源之一，必要时可参考《中国药典》元素杂质通则和ICH元素杂质指南（Q3D）来评估和控制药品中元素杂质。

> **思考与讨论**
> 请分别查阅纯化水、注射用水和灭菌注射用水质量标准，并分析异同点。

二、制药用水的制备

制药用水系统的设计、材质选择、制备过程、储存、分配、使用和维护等均应符合现行版GMP要求。制药用水系统应经过确认/验证，并建立日常监控、检测和报告制度，有完善的原始记录备查。制药用水系统应定期进行清洗与消毒，消毒可以采用热处理或化学处理等方法。采用的清洗与消毒方法，以及化学处理后清洗剂与消毒剂的去除应经过确认/验证。

（一）纯化水的制备

纯化水可由蒸馏法、离子交换法、反渗透法或其他适宜的方法制备。目前纯化水制备的通用工艺为二级（双极）反渗透技术或"一级反渗透+电去离子"技术，配以适宜的预处理工艺和储存分配系统，见图2-1。其中预处理是为保护后续装置的正常运行；反渗透膜用于水的初步脱盐，降低电导率、总有机物和微生物；电去离子装置用于最终的纯化。纯化水在制备、储存和分配过程中，应采取适当的措施确保微生物数量得到充分控制和监测。

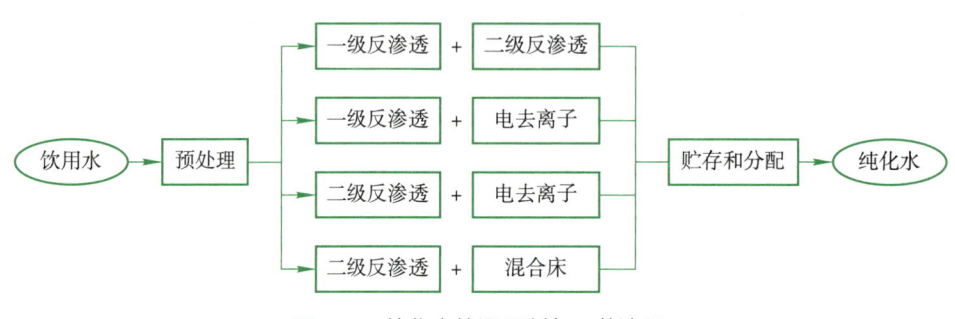

图2-1 纯化水的通用制备工艺流程

1. 预处理

传统的预处理常由多介质过滤、活性炭过滤和软水器组成。随着膜技术的应用，逐渐使用超滤来代替传统的多介质过滤和活性炭过滤。

多介质过滤可滤除水中的大颗粒、悬浮物、胶体及泥沙等。活性炭过滤可吸附除去水中的游离氯、色度、微生物、有机物及部分重金属，防止对反渗透膜造成不可逆转的影响。软水器主要是钠型阳离子树脂，以 Na^+ 交换水中 Ca^{2+}、Mg^{2+} 降低水的硬度。超滤系统可作为反渗透的前处理，用于去除水中的有机物、细菌、病毒和热原等，但不能抑制低分子量的离子污染。

2. 离子交换系统

离子交换系统利用离子交换树脂除去水中盐类（阴、阳离子），制得去离子水。

常用的离子交换树脂有阳、阴离子交换树脂两种，如732型苯乙烯强酸性阳离子交换树脂，极性基团为磺酸基，可用简式 $RSO_3^-H^+$（氢型）或 $RSO_3^-Na^+$（钠型）表示；717型苯乙烯强碱性阴离子交换树脂，极性基团为季铵基团，可用简式 $RN^+(CH_3)_3OH^-$（羟型）或 $RN^+(CH_3)_3Cl^-$（氯型）表示。市售品为稳定且便于保存的钠型和氯型，需用酸碱转化为氢型和羟型后才能使用。使用一段时间后，需再生树脂或更换。

离子交换系统一般采用阳床、阴床、混合床的组合方式。当水通过阳离子交换树脂时，水中阳离子被树脂所吸附，树脂上的阳离子 H^+ 被置换到水中，并和水中的阴离子组成相应的无机酸。大生产时，为减轻阴离子交换树脂的负担，常在阳床后加脱气塔，除去二氧化碳。

该法可除去水中绝大部分的阳离子（K^+、Na^+、Ca^{2+}、Mg^{2+} 等）与阴离子（SO_4^{2-}、Cl^-、HCO_3^- 等），对于热原与细菌也有一定的清除作用，具有水质化学纯度高，设备简单，节约燃料和冷却水，成本低等优点，但除热原效果不可靠，且要消耗大量酸碱用于离子交换树脂的再生，易污染环境。

> 思考与讨论
>
> 离子交换系统是否可以采用阴床、阳床、混合床的组合方式？离子交换树脂在中药制剂中还有哪些应用？

3. 反渗透系统

反渗透系统是在压力驱动下，利用选择透过性半透膜去除水中溶解的盐类，同时除去细菌、内毒素、胶体和有机大分子等。当系统中所加的压力大于饮用水的渗透压时，水分子逆自然渗透方向通过半透膜，从而达到纯化水的目的。反渗透的原理见图2-2。

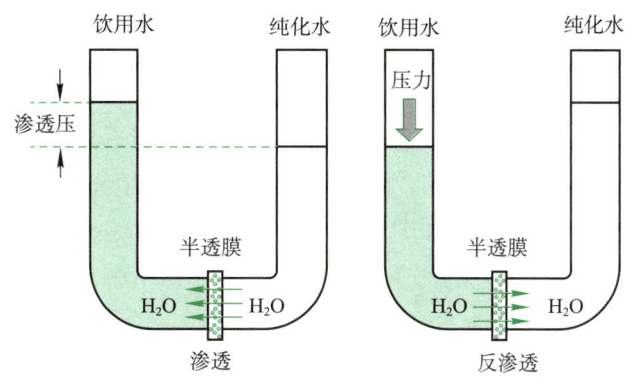

图2-2 渗透与反渗透原理示意图

常用的反渗透膜有醋酸纤维素膜和聚酰胺膜，膜孔大小在0.5~10 nm之间。反渗透装置有一级反渗透、二级（双级）反渗透，一般情况下，一级反渗透装置能除去90%~95%的一价离子，98%~99%的二价离子，同时能除去微生物，但除去氯离子能力不足；二级反渗透装置能较好地除去氯离子。

反渗透法制备纯化水具有能耗低、水质好、设备使用与保养方便等优点。《中国药典》自2005年版开始收载反渗透技术作为纯化水制备、注射用水前处理的法定工艺技术。但因反渗透需要较大的压力（一般2.5~7 MPa），原水中悬浮物、有机物、微生物等均会影响反渗透膜的使用效果，所以，对原水的预处理要求较高。

4. 电渗析系统

电渗析是一种制备初级纯化水的技术。电渗析纯化水原理见图2-3。

在外加电场作用下，原水中的离子发生定向迁移，并通过具有选择透过性的阴、阳离子交换膜（阳离子膜显示强烈的负电场，排斥阴离子，而允许阳离子通过，并使阳离子向阴极运动；阴

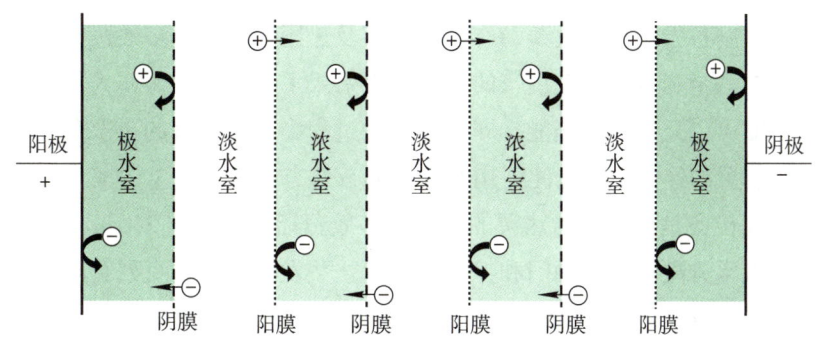

图2-3 电渗析纯化水原理示意图

离子膜则显示强烈的正电场，排斥阳离子，只允许阴离子通过，并使阴离子向阳极运动），形成除去离子区间的"淡水室"和浓聚离子区间的"浓水室"，以及在电极两端区域的"极水室"。合并收集从各"淡水室"流出的水，水得到净化。

电渗析法主要除去原水中带电荷的某些离子或杂质，对于不带电荷的物质除去能力极差。该法较离子交换法经济，节约酸碱，特别是当原水中含盐量较高（≥300 mg/L）时，离子交换法已不适用，而电渗析法仍然有效。但制得的水比电阻较低，因此常与离子交换法联用。

5. 电去离子系统

电去离子（electrodeionization，EDI）又称填充床电渗析，是在电渗析器的离子交换膜之间填充阴、阳离子交换树脂，通过外加直流电场的作用达到连续深度脱盐目的，是一种将电渗析和离子交换相结合，去除水中离子物质的新型技术。在电去离子过程中，电渗析起着离子分离的关键作用，而离子交换仅起离子传递的过渡作用。

EDI装置主要由正、负电极，阴、阳离子交换膜，阴、阳离子交换树脂组成，其中，阴、阳离子交换膜交替分布于正、负电极之间。阴、阳离子交换树脂填充方式普遍为阴阳离子交换树脂按一定比例混合填充于淡水室中，如图2-4所示。通电时，离子交换树脂对水中离子的交换和吸附、离子定向迁移并透过两侧的离子交换膜、电场作用下解离成H^+和OH^-对树脂进行再生，三个过程相互促进，以保证能连续地去除离子。

电去离子技术作为将电渗析及离子交换技术有效结合的新一代水处理技术，既可利用离子交换树脂进行深度处理，又可利用电离产生的H^+和OH^-对树脂进行再生，解决了电渗析法浓差极化导致的脱盐率下降以及化学再生所产生的环境污染两大问题。因其绿色、环保、经济的优势，成为了现代主要的纯水制备技术。

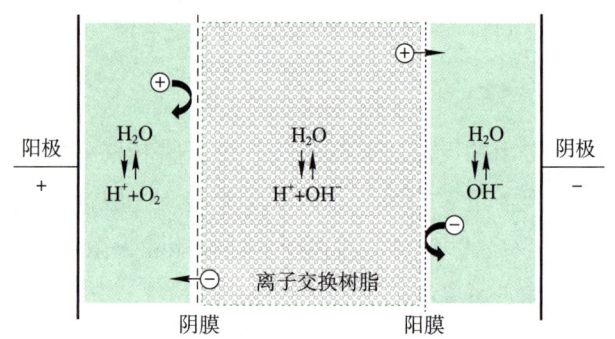

图2-4 电去离子（EDI）原理示意图

（二）注射用水的制备

蒸馏法是《中国药典》规定的注射用水制备方法。

> 💭 **思考与讨论**
>
> 国外注射用水的制备方法有哪些？

常用的注射用水制备方法有单效蒸馏、多效蒸馏及热压式蒸馏。多效蒸馏系统由多个单效蒸馏系统组成，即将前一个蒸发器蒸发出来的二次蒸汽引入下一个蒸发器作为加热蒸汽，如此依次进行。采用多效蒸馏可以充分利用热能，即通过蒸发过程中二次蒸汽的再次利用，减少加热蒸汽的消耗，提高蒸发装置的经济性，是注射用水制备的首选方案。

常用的多效蒸馏设备是以蒸汽为热源的列管式多效蒸馏水机（图2-5），主要部件有冷凝器、预热器、蒸发器、汽水分离装置、阀门和控制系统等。蒸发器采用垂直列管降膜蒸发原理。每一效由一个预热器、一个蒸发器、一个汽水分离装置构成。

注射用水在制备、储存和分配过程中，应采取适当的措施确保微生物/细菌内毒素得到充分

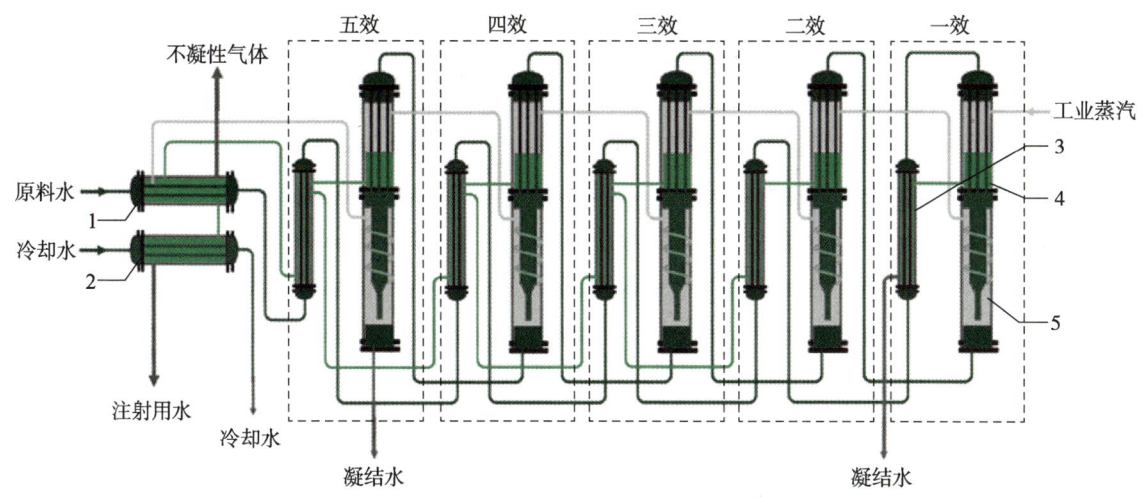

图 2-5 多效蒸馏水机结构示意图

1. 第一级冷凝器；2. 第二级冷凝器；3. 预热器；4. 蒸发器；5. 汽水分离装置

控制和监测。注射用水储存方式和储存期限应经过确认/验证，确保水质符合质量要求。

第二节 空气净化技术

空气净化系指以创造洁净空气为目的的空气调节措施。根据不同行业的要求，可分为工业净化和生物净化。工业净化系指除去空气中悬浮的尘埃粒子。生物净化不仅除去空气中悬浮的尘埃粒子，而且要求除去微生物等。

一、空气净化标准

洁净区的设计必须符合相应的洁净度要求，包括空气悬浮粒子标准与微生物监控动态标准。空气悬浮粒子可用含尘浓度表示，即单位体积空气中所含粉尘的个数计数浓度或毫克量（重量浓度），包括"静态"与"动态"时的洁净度标准。静态指所有生产设备均已安装就绪，但未运行且没有操作人员在场状态，动态指生产设备按预定的工艺模式运行并有规定数量的操作人员在现场操作的状态。

我国 GMP 将无菌药品生产所需的洁净区分为 A、B、C、D 四个级别。

A 级：高风险操作区，如灌装区、放置胶塞桶和与无菌制剂直接接触的敞口包装容器的区域及无菌装配或连接操作的区域，应当用单向流操作台（罩）维持该区的环境状态。

B 级：指无菌配制和灌装等高风险操作 A 级洁净区所处的背景区域。

C 级和 D 级：指无菌药品生产过程中重要程度较低操作步骤的洁净区。

各级别洁净区空气悬浮粒子的标准、微生物监测的动态标准分别见表 2-1 和表 2-2。

不同制剂生产对空气洁净度有不同要求，对无菌药品的生产操作，应符合下列规定洁净级别要求：

1. 最终灭菌产品的生产操作示例

C 级背景下的局部 A 级：高污染风险的产品灌装（或灌封）。

表 2-1 各级别洁净区空气悬浮粒子的标准

洁净区级别	悬浮粒子最大允许数 /m³			
	静态		动态	
	≥0.5 μm	≥5.0 μm	≥0.5 μm	≥5.0 μm
A 级	3 520	20	3 520	20
B 级	3 520	29	352 000	2 900
C 级	352 000	2 900	3 520 000	29 000
D 级	3 520 000	29 000	不作规定	不作规定

表 2-2 洁净区微生物监测的动态标准

洁净区级别	浮游菌 cfu/m³	沉降菌（Φ 90 mm） cfu/4 h	表面微生物	
			接触碟（Φ 55 mm） cfu/ 碟	5 指手套 cfu/ 手套
A 级	<1	<1	<1	<1
B 级	10	5	5	5
C 级	100	50	25	—
D 级	200	100	50	—

注：1. Φ：直径；2. cfu：单位体积中的细菌、真菌、酵母菌等微生物的群落总数。

C 级：产品灌装（或灌封），高污染风险产品的配制和过滤，眼用制剂、无菌软膏、无菌混悬剂等的配制、灌装（或灌封），直接接触药品的包装材料和器具最终清洗后的处理。

D 级：轧盖，灌装前物料的准备，产品配制（指浓配或采用密闭系统的稀配）和过滤，直接接触药品的包装材料和器具的最终清洗。

2. 非最终灭菌产品的无菌操作示例

B 级背景下的 A 级：处于未完全密封状态下的操作和转运，如产品灌装（或灌封）、分装、压塞、轧盖等；灌装前无法除菌过滤的药液或产品的配制；直接接触药品的包装材料、器具灭菌后的装配、存放及处于未完全密封状态下的转运和存放；无菌原料药的粉碎、过筛、混合、分装。

B 级：处于未完全密封状态下的产品置于完全密封容器内的转运，直接接触药品的包装材料、器具灭菌后处于密封容器内的转运和存放。

C 级：灌装前可除菌过滤的药液或产品的配制，产品的过滤。

D 级：直接接触药品的包装材料、器具的最终清洗、装配或包装、灭菌。

此外，口服的液体和固体制剂、腔道（含直肠用药）与表皮外用制剂等非无菌制剂生产的暴露工序区域、直接接触药品的包装材料最终处理的暴露工序区域，参照 D 级洁净区的要求设置。

《中国药典》四部通则收载了药品洁净实验室微生物监测和控制指导原则。药品洁净实验室是指用于药品无菌或微生物检验用的洁净区域、隔离系统及其受控环境。药品洁净实验室的洁净级别按空气悬浮粒子大小和数量的不同参考现行"药品生产质量管理规范"分为 A、B、

C、D四个级别。为维持药品洁净实验室操作环境的稳定性、确保检测结果的准确性，应对药品洁净实验室进行微生物监测和控制，使受控环境维持可接受的微生物污染风险水平。

知识拓展 2-1：药品洁净实验室微生物监测和控制

二、空气净化技术与应用

空气洁净技术是能够创造洁净空气环境的各种技术的总称。目前，空气洁净技术主要应用于以下三个方面：①以控制微粒为目的，例如电子行业的工业洁净厂房；②以控制微生物为主要目的，例如医院手术室的生物洁净室；③对生产环境中的微粒和微生物必须同时加以控制的药品生产企业的洁净厂房。应当根据药品品种、生产操作要求及外部环境状况等进行空气净化，使生产区有效通风，并有温度、湿度控制和空气净化过滤，保证药品的生产环境符合要求。空气净化是综合措施，以物理方法控制或去除污染物质（微粒和微生物）对药品的污染；通过除菌过滤提供洁净无菌空气，组织气流方式稀释或排除污染物质；利用压差抵制周围污染空气的渗漏；设置区域控制营造综合保障环境。

空气净化系统通常包括过滤器、加热盘管、风机、冷却盘管、湿度调节装置、回风扇与控制回风装置，以实现空气净化、温度、湿度调节，保持洁净室压差，控制换气次数等。其中，最主要的设备是空气过滤器，可分为初效过滤器、中效过滤器、高效过滤器（表2-3）。可根据需要，将多个空气过滤器连贯组合应用，初效过滤器可延长中、高效过滤器寿命，中效过滤器一般置于高效过滤器之前；高效过滤器一般装于通风系统的末端，必须在中效过滤器保护下使用。过滤器常制成单元过滤器的形式，单元过滤器一般可分为板式、袋式和折叠式空气过滤器。

表2-3 空气过滤器的类型与作用

类型	作用
初效过滤器	主要滤除大于 5 μm 的悬浮粉尘，过滤效率可达 20%~80%
中效过滤器	主要滤除大于 1 μm 的尘粒，过滤效率可达 20%~70%
高效过滤器	主要滤除小于 1 μm 的尘埃，0.3 μm 以上微粒的过滤效率达 99.97% 以上

三、洁净室的设计

（一）洁净室设计的基本原则

洁净室各区域的连接必须在符合生产工艺的前提下，明确人流、物流和空气流的流向（洁净度从高至低），确保洁净室内的洁净度要求。设计的基本原则是：同级别洁净室尽可能相邻；不同级别的洁净室由低级向高级安排，彼此相连的房间之间应设隔离门，隔离门应向洁净度高的方向开启，洁净区与非洁净区、各级洁净室之间的正压差应不低于 10 Pa；洁净室内一般不设窗户，若需窗户，应以封闭式外走廊隔离窗户；洁净室门应密闭，人流、物流分开，进出口处应装有气锁；光照度大于 300 lx；洁净室内设备布局尽量紧凑，尽量减少面积等。中药制剂生产多涉及粉碎、提取、浓缩等工序，粉尘及产热、湿度大，还应考虑配备通风、除尘、除湿、降温等设施。

(二)洁净室的气流方式

1. 单向流洁净技术

单向流洁净技术是用高度净化的气流作载体,在整个洁净室工作区的横截面上通过的气流为单向流,流向单一、速度均匀、没有涡流,也称层流。其作用原理是"挤压原理"。根据气流的方向不同,单向流又可分为垂直单向流和水平单向流(图2-6)。单向流洁净技术常用于A级洁净区。

垂直单向流以高效过滤器为送风口布满顶棚,地板全部做成回风口,使气流自上而下地流动,为克服空气对流,端面风速在0.25 m/s以上,换气次数在每小时400次左右,造价及运转费用很高。

水平单向流以高效过滤器为送风口满布一侧壁面,对应壁面为回风墙,气流以水平方向流动。为克服尘粒沉降,端面风速不小于0.35 m/s。水平单向流的造价比垂直单向流低。

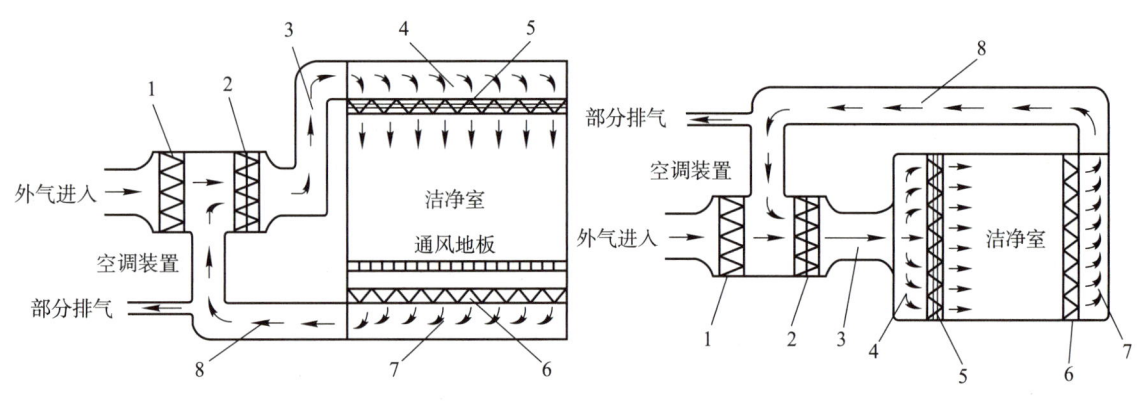

A. 垂直单向流洁净室构造原理图　　B. 水平单向流洁净室构造原理图

图2-6　单向流洁净室构造示意图

1. 初效过滤器；2. 中效过滤器；3. 送风管；4. 送风静压箱；5. 高效过滤器；
6. 初效过滤器；7. 回风静压箱；8. 回风管

2. 非单向流洁净技术

非单向流洁净技术是用高度净化的空气将操作室内的尘粒加以稀释的空气净化方式,在整个洁净室工作区的横截面上通过的气流为非单向流,方向多变、速度不均、伴有涡流,也称乱流(图2-7)。其作用原理是"稀释原理"。

非单向流型空调系统一般是在操作室的天棚侧墙上安装一个或几个高效过滤器的送风口,回风管安置在走廊的侧墙下或采用走廊回风,空气在室内的运动呈乱流状态,其气流具有不规则的运动轨迹,送风口送入的洁净空气很快扩散到全室,含尘空气被洁净空气稀释后降低了粉尘的浓度,以达到空气净化的目的。室内洁净度与送、回风的布置形式以及换气次数有关。非单向流洁净技术因设备投入和运行成本比较低,在药品生产上得到广泛运用,但净化效果较差。

> **思考与讨论**
> 空气净化的对象是什么?空气净化的措施有哪些?

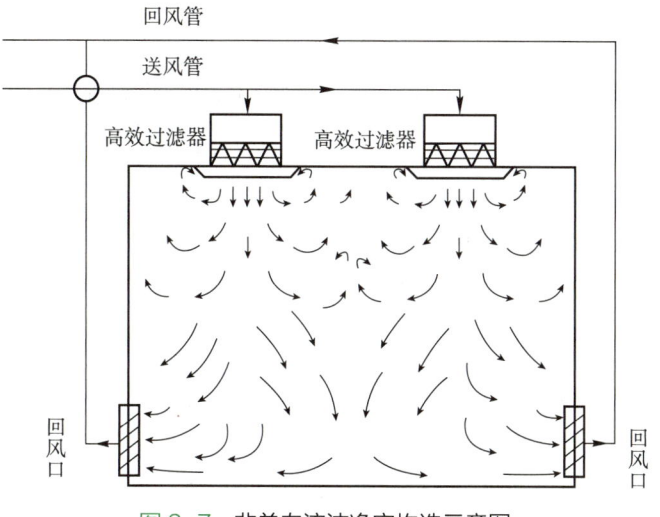

图 2-7 非单向流洁净室构造示意图

(三)无菌隔离技术

无菌隔离技术是采用物理屏障将受控空间与外部环境相互隔绝的技术。采用隔离操作技术既能最大限度降低操作人员和生产环境对产品污染的风险,又能实现严格的人员防护。隔离系统是密封的或者有微生物过滤系统(高效过滤系统)提供空气并且可以自净化。当密闭时,仅使用已净化过的内部表面或使用快速传递通道进行物料传递。当打开时,仅允许物料通过特定的并已经过设计和验证的开口进行进出传递。它可被用于无菌操作时隔离活性混合物或者同时用于灭菌处理和隔离。

第三节　灭菌与无菌操作技术

一、药品卫生标准

药品卫生标准是药品的重要质量指标。微生物的污染可能会导致制剂疗效降低,甚至完全失去活性,并对患者健康产生不利影响。药品的剂型、给药途径不同,相应的卫生控制标准也有差异。《中国药典》收载了无菌、热原、细菌内毒素、微生物限度检查方法及控制标准。

1. 无菌制剂

无菌指在一定物体、介质或环境中,不存在任何活的微生物。无菌制剂主要包括注射剂、眼用制剂,用于手术、严重烧伤、严重创伤的或临床必须无菌的局部用制剂,其卫生控制标准需满足无菌检查规定,表明供试品在规定的检验条件下未发现微生物污染。

除无菌检查外,某些注射剂还需进行热原或细菌内毒素检查,具体内容参见第六章。

2. 非无菌制剂

非无菌制剂的微生物限度标准是基于药品的给药途径和对患者健康潜在的危害以及药品的特殊性而制订的。在微生物限度标准中,除规定检查需氧菌总数、真菌和酵母菌总数外,还需控制具有潜在危害的致病菌。不含中药饮片原粉的非无菌中药制剂中控制菌标准见表 2-4。

知识拓展 2-2: 非无菌制剂微生物限度标准

表 2-4　不含中药饮片原粉非无菌中药制剂的控制菌标准

制剂给药途径	控制菌标准
口服给药制剂	不得检出大肠埃希菌（1 g 或 1 mL），含脏器提取物的制剂还不得检出沙门菌（10 g 或 10 mL）
口腔黏膜给药制剂 齿龈给药制剂 鼻用制剂	不得检出大肠埃希菌、金黄色葡萄球菌、铜绿假单胞菌（1 g、1 mL 或 10 cm²）
耳用制剂 皮肤给药制剂	不得检出金黄色葡萄球菌、铜绿假单胞菌（1 g、1 mL 或 10 cm²）
呼吸道吸入给药制剂	不得检出大肠埃希菌、金黄色葡萄球菌、铜绿假单胞菌、耐胆盐革兰氏阴性菌（1 g 或 1 mL）
阴道、尿道给药制剂	不得检出金黄色葡萄球菌、铜绿假单胞菌、白色念珠菌（1 g、1 mL 或 10 cm²）、梭菌（1 g、1 mL 或 10 cm²）
其他局部给药制剂	不得检出金黄色葡萄球菌、铜绿假单胞菌（1 g、1 mL 或 10 cm²）

思考与讨论
中药制剂微生物污染的途径有哪些？

二、灭菌法

灭菌系指用适当的物理或化学手段将物品中活的微生物杀灭或除去的过程。无菌物品是指物品中不含任何活的微生物，但绝对无菌既无法保证也无法用试验来证实。一批物品的无菌特性只能通过物品中活微生物的概率来表述，即非无菌概率（probability of a nonsterile unit，PNSU）或无菌保证水平（sterility assurance level，SAL）。已灭菌物品达到的非无菌概率可通过验证确定。

与灭菌相关的操作有抑菌、消毒、除菌和无菌操作。抑菌系指用物理或化学方法防止和抑制微生物生长繁殖的操作；消毒系指用物理或化学方法杀死或除去病原微生物的操作；除菌系指利用过滤介质或静电法将杂菌予以捕集、截留的技术。

常用的灭菌方法包括湿热灭菌法、干热灭菌法、辐射灭菌法、气体灭菌法、过滤除菌法、汽化灭菌法、液相灭菌法。可根据被灭菌物品的特性采用一种或多种方法组合灭菌。

（一）物理灭菌法

物理灭菌法是指采用加热、射线等方法杀灭微生物或通过过滤除去微生物的方法。

1. 湿热灭菌法

湿热灭菌法系指将物品置于灭菌设备内利用饱和蒸汽、蒸汽－空气混合物、蒸汽－空气－水混合物、过热水等手段使微生物菌体中的蛋白质、核酸发生变性而杀灭微生物的方法。该法灭菌能力强，为热力灭菌中最有效、应用最广泛的灭菌方法。药品、容器、培养基、无菌衣、胶塞以及其他遇高温和潮湿性能稳定的物品，均可采用本法灭菌。

影响湿热灭菌的因素主要有：①微生物的种类与数量，不同种类、不同发育阶段的微生物的耐热、耐压能力有很大差异，耐热、耐压能力的强弱顺序为芽孢＞繁殖体＞衰老体，微生物数量越少，所需灭菌时间越短。②蒸汽性质，饱和蒸汽热含量高、潜能大、穿透力强，灭菌效率最高；湿饱和蒸汽热含量低，灭菌效果较差，过热蒸汽温度高于饱和蒸汽，易引起药品不稳定，灭菌效果低于饱和蒸汽；不饱和蒸汽中含有空气，实际灭菌温度降低，灭菌效果降低。③药品性质和灭菌时间，在达到有效灭菌的前提下，尽可能降低灭菌温度和缩短灭菌时间。④介质的pH，通常微生物在中性环境下的耐热性最强，碱性环境次之，酸性环境则不利于微生物的生长和发育；介质中的营养成分（如含糖类、蛋白质等）越丰富，微生物的抗热性越强，应适当提高灭菌温度和延长灭菌时间。

（1）热压灭菌法　系指用高压饱和蒸汽加热杀灭微生物的方法。热压灭菌条件的选择应考虑被灭菌物品的热稳定性、热穿透力、微生物污染程度等因素，通常采用126℃（139 kPa）15 min，121℃（97 kPa）30 min或115℃（67 kPa）40 min。该法是公认的最可靠的湿热灭菌方法，能杀灭所有细菌繁殖体和芽孢，适用于耐高温和耐高压蒸汽的所有中药制剂、玻璃容器、金属容器、瓷器、橡胶塞、滤膜过滤器等。

> 思考与讨论
> 如何正确使用热压灭菌柜？

（2）流通蒸汽灭菌法和煮沸灭菌法　流通蒸汽灭菌法系指用蒸汽在不封闭的容器内100℃加热灭菌的方法。不耐高热的药品和1～2 mL注射剂均可采用流通蒸汽灭菌。煮沸灭菌法系指把安瓿或其他被灭菌物品放在水中加热煮沸进行灭菌的方法。流通蒸汽灭菌法和煮沸灭菌法灭菌时间通常为30～60 min，不能有效杀灭细菌孢子，一般可作为不耐热无菌产品的辅助处理手段。

（3）低温间歇灭菌法　系指将待灭菌物用60～80℃水或流通蒸汽加热60 min，杀灭微生物繁殖体后，在室温条件下放置24 h，让待灭菌物中的芽孢发育成繁殖体，再次加热灭菌、放置，循环操作3次以上，直至杀灭所有芽孢的方法。该法工效低、灭菌效果差，适用于必须采用加热灭菌但又不耐较高温度的物料和制剂的灭菌。加入适量抑菌剂可提高灭菌效率。

2. 干热灭菌法

干热灭菌法是指在干燥环境中进行加热灭菌的方法。其灭菌原理是通过高温脱水干燥使蛋白质氧化、变性、碳化和电解质浓缩中毒，使微生物死亡。

（1）火焰灭菌法　系指用火焰直接灼烧灭菌的方法。该法操作简便，灭菌效果可靠，适用于不易被火焰损伤的瓷器、玻璃和金属制品，如镊子、玻璃棒、搪瓷桶等器具的灭菌，但不适用于药品的灭菌。

（2）干热空气灭菌法　系指将物品置于干热灭菌柜、隧道灭菌器等设备中，利用干热空气达到杀灭微生物或消除热原物质的方法。干热空气灭菌通常采用160～170℃ 2 h以上，170～180℃ 1 h以上或250℃ 45 min以上。其灭菌效果可靠，克服了湿热灭菌法的缺陷，避免药粉灭菌时板结以及在粉碎过程可能造成的二次污染问题。但空气是一种不良的传热物质，且干燥状态下微生物的耐热性强，导致干热灭菌穿透力较弱、不均匀，且灭菌温度高、时间长。该法适用于耐高温但不宜用湿热灭菌法灭菌的物品，如玻璃器具、金属制器、纤维制品、陶瓷制品、固体试药、液状石蜡等均可采用本法灭菌。

3. 射线灭菌法

（1）辐射灭菌法　系指利用电离辐射杀灭微生物的方法。常用的辐射射线有 ^{60}Co 或 ^{137}Cs 衰变产生的 γ 射线、电子加速器产生的电子束和 X 射线装置产生的 X 射线。电离辐射与物质相互作用产生的物理、化学和生物效应，可抑制微生物遗传合成，从而达到灭菌目的。该法不升高被灭菌物品的温度，射线穿透性强，灭菌效率高，适用于能够耐辐射的医疗器械、生产辅助用品、药品包装材料、原料药及成品等的灭菌，尤其对挥发性、热敏性中药的杀菌有一定的优越性。但设备费用高，对某些药品可能降低药效、产生毒性或发热物质。

为指导和规范辐照技术在中药灭菌中的正确应用，保证中药药品质量，2015 年原国家食品药品监督管理总局发布了《中药辐照灭菌技术指导原则》，明确提出，采用辐照灭菌应遵循"必要、科学、合理"的原则；中药辐照旨在消毒杀菌，而非灭菌，中药最大总体平均辐照剂量原则上不超过 10 kGy；紫菀、锦灯笼、乳香、天竺黄、补骨脂等药材、饮片、药粉，以及含有前述一种以上或多种原料的中药半成品原粉建议辐照剂量不超过 3 kGy；龙胆、秦艽药材、饮片、药粉及含有龙胆、秦艽的半成品原粉不得辐照。

（2）紫外线灭菌法　系指用紫外线照射杀灭微生物的方法，一般用于灭菌的紫外线波长是 200～300 nm，灭菌力最强的波长是 254 nm。紫外线作用于核酸蛋白促使其变性，同时空气受紫外线照射后产生微量臭氧，共同起杀菌作用。紫外线以直线传播，可被不同的表面反射，穿透力微弱，但较易穿透清洁空气及纯净的水。因此，该法适用于物品表面的灭菌、无菌室空气及蒸馏水的灭菌，不适用于药液和固体物质深部的灭菌。普通玻璃容器可吸收紫外线，因此装于其中的药物不能用此法灭菌。紫外线对人体照射过久，会发生结膜炎、红斑及皮肤烧灼等现象，故一般在操作前开启紫外灯灭菌 1～2 h，操作时关闭。

（3）微波灭菌法　系指用微波照射杀灭微生物和芽孢的方法。微波是一种高频、短波长的电磁波，微波灭菌法通常采用的微波频率范围是 300 MHz～300 GHz。其作用机制包括：①热效应灭菌，在有一定含水量的条件下，微生物中的水分子能够很好地吸收微波能量，并随着微波电场方向的变化而高速转动，通过分子间碰撞、摩擦，产生热效应使温度迅速升高而呈现灭菌作用；②强电场破坏作用，微波的强电场对微生物的活性结构可以产生破坏作用，从而影响其自身代谢，导致微生物死亡。

微波能穿透到介质的深部，通常可使介质表里一致地加热，具有低温、常压、省时（灭菌速度快，一般为 2～3 min）、高效、不污染环境、操作简单、易维护等优点。此法适用于以水为溶剂的液体药剂、中药饮片及固体制剂（丸剂、散剂、胶囊）的灭菌。但可能对某些药品的 pH、含量、颜色有影响。

4. 过滤除菌法

过滤除菌法系指采用物理截留去除气体或液体中微生物的方法，常用于气体、热不稳定溶液的除菌。繁殖型细菌大小一般 >1 μm，芽孢≤0.5 μm。除菌级过滤器的滤膜孔径选用 0.22 μm（或更小孔径或相同过滤效力），过滤器的孔径定义来自过滤器对微生物的截留能力，而非平均孔径的分布系数。常用的除菌过滤器有 G6 号垂熔玻璃漏斗、微孔薄膜滤器、孔径在 1.3 μm 以下的白陶土滤柱等。

除菌过滤膜的材质分亲水性和疏水性两种，根据过滤物品的性质及过滤目的选用。为了保证除菌效果，应注意：①药液均应经过预滤处理，一般先用粗滤装置滤除较大颗粒的杂质，然后用微孔薄膜滤器过滤；②滤器和滤膜在使用前应进行洁净处理，并用高压蒸汽进行灭菌或在线灭菌；③必须无菌操作，必要时在滤液中添加适当的抑菌剂；④对新使用或已多次重复使用的滤器，必须检查过滤除菌的效果，必要时可测定滤器的孔径或采样作微生物检查。

（二）化学灭菌法

化学灭菌法是用化学药品直接作用于微生物而将其杀灭的方法，包括气体灭菌法、汽化灭菌法和液相灭菌法。灭菌的机制包括：①作用于菌体蛋白质，使其变性死亡；②与微生物的酶系统结合，影响其代谢功能；③提高菌体膜壁的通透性，促使细胞破裂或溶解。

理想的化学灭菌剂应满足以下条件：①灭菌谱广；②有效灭菌浓度低；③作用迅速；④性质稳定，不易受其他理化因素影响；⑤易溶于水；⑥无色、无味、无残留；⑦毒性低、无腐蚀性、不易燃易爆；⑧可在低温下使用；⑨来源广，价格低廉，便于运输。应根据灭菌目的和被灭菌物品的特点，选择合适的化学灭菌方法与化学灭菌剂。

1. 气体灭菌法

气体灭菌法系指用化学灭菌剂形成的气体杀灭微生物的方法。常用的化学灭菌剂是环氧乙烷和臭氧。该法适用于不耐高温、不耐辐射物品的灭菌，如医疗器械、塑料制品和药品包装材料等，干粉类产品不建议采用该法灭菌。采用气体灭菌法时，应注意灭菌气体的可燃可爆性、致畸性和残留毒性。

环氧乙烷为广谱灭菌剂，具有很强的扩散和穿透能力，可以穿透塑料、橡胶、纸板等，常用于塑料容器、橡胶制品、纸或塑料包装的固体药物、衣物、敷料、医疗器械，如一次性注射器、一次性输液器等卫生材料的灭菌。该法最大缺点是环氧乙烷易燃易爆，对人体皮肤、眼结膜有损害，吸入后可产生毒性。

臭氧为广谱灭菌剂，扩散性较高，灭菌能力强（与过氧乙酸相当），灭菌时间短（一般只需要1 h）、操作简便，原料易得，环保性好，是公认的绿色灭菌剂。

2. 汽化灭菌法

汽化灭菌法系指将灭菌剂经过蒸发汽化后，通过气流及其他方式输送到待处理环境中，使得其中暴露表面的生物负载下降至一定水平的方法。常用的灭菌剂包括过氧化氢（H_2O_2）、过氧乙酸（CH_3COOOH）、过氧化氢和过氧乙酸混合物等，灭菌剂的选择需考虑安全性、被表面除菌材料的兼容性和被表面除菌物品包装材料的吸附性、渗透性和残留情况等。主要应用于密闭空间的内表面、空间内设备及物品暴露的表面除菌，例如无菌隔离系统等屏障系统、传递舱等密闭腔室、密闭房间等场景。在常见的表面除菌应用中，基于应用场景和风险评估，一般期望能达到使生物指示剂的孢子数至少下降3~6个对数单位的效果。如利用闪蒸技术，将高浓度过氧化氢溶液（浓度一般大于30%）汽化成过氧化氢蒸汽，对空间或空间内物品表面进行灭菌的方法，具有灭菌时间短、无毒、无残留、灭菌效果好，环保和安全性高且容易验证等特点。

3. 液相灭菌法

液相灭菌法系指将被灭菌物品完全浸泡于液体灭菌剂中达到杀灭物品表面微生物的方法。具备灭菌能力的灭菌剂包括甲醛、过氧乙酸、氢氧化钠、过氧化氢、次氯酸钠等。灭菌剂种类的选择应考虑灭菌物品的耐受性。灭菌剂浓度、温度、pH、生物负载、灭菌时间、被灭菌物品表面的污染物等是影响灭菌效果的重要因素。

三、无菌操作法

无菌操作法系指必须在无菌控制条件下生产无菌制剂的操作方法。该法适于一些不耐热药物的注射剂、眼用制剂、海绵剂和创伤制剂的制备。按无菌操作法制备的产品一般不再灭菌，因此无菌操作必须在无菌操作室、层流洁净工作台或无菌操作柜中进行，且所用的一切用具、材料及环境都要用适当方法灭菌，并严格按照无菌操作规程进行操作。

无菌操作常需几种灭菌法联用，如对于流动空气常采用过滤除菌法，对于静止环境的空气采用气体（臭氧）或汽化灭菌法（过氧化氢、过氧乙酸）等，无菌室的台面、设备表面等常采用液相灭菌法（0.1%～0.2%苯扎溴铵溶液、75%乙醇、2%煤酚皂溶液、1%聚维酮碘溶液等），紫外线灭菌可作为环境的辅助灭菌方法。

四、灭菌工艺

无菌物品的无菌保证不能依赖于最终产品的无菌检验，而是取决于生产过程中采用经过验证的灭菌工艺、严格的 GMP 管理和良好的无菌保证体系。无菌药品的生产分为最终灭菌工艺和无菌生产工艺。经最终灭菌工艺处理的无菌物品的非无菌概率不得高于 10^{-6}。灭菌工艺控制涉及灭菌工艺的开发、灭菌工艺的验证和日常监控等阶段。

（一）灭菌参数

微量的微生物往往难以用现行的无菌检查法检出。因此，有必要对灭菌方法的可靠性进行验证，涉及的灭菌参数有 F 和 F_0 值、D 值和 Z 值，其中，F 和 F_0 值为验证灭菌可靠性的参数，D 值为微生物耐热性参数，Z 值为灭菌温度系数。

1. 生物指示剂残存的定量测定

为评价灭菌工艺的有效性，常将大量的生物指示剂（一类特殊的活微生物制品）暴露于一组灭菌条件下，通过测定残存情况，用来确认灭菌设备的性能、灭菌程序的验证、生产过程灭菌效果的监控等。

知识拓展 2-3：灭菌用生物指示剂

对于大多数的灭菌，在一定温度下，微生物的死亡速率符合一级动力学过程，即：

$$\lg N_t = \lg N_0 - \frac{kt}{2.303} \tag{2-1}$$

式（2-1）中，N_t 为灭菌 t 时间后残存的微生物数量，N_0 为灭菌开始时的微生物数量，k 为灭菌速率常数。

式（2-1）可改写为：

$$t = \frac{2.303}{k}(\lg N_0 - \lg N_t) \tag{2-2}$$

式（2-2）表明，在一定灭菌条件下，t 时间后残存的微生物数量与开始的微生物数量有关。中药中微生物含有量高，药品生产企业应该严格执行 GMP 管理要求，应在生产各环节中设置降低微生物负载的措施，严格控制药材的挑选、清洁、炮制等加工环节，以降低 N_0，并减小出现耐热微生物的概率。

2. D 值

D 值系指在一定温度下,杀灭 90% 的微生物(即下降一个对数单位)所需要的时间,见式(2-3)。D 值是反映微生物耐热性的参数,D 值越大,表示微生物的耐热性越强,越难被杀灭。不同种微生物的 D 值见表 2-5。

$$D = \frac{2.303}{k}(\lg 100 - \lg 10) = \frac{2.303}{k} \tag{2-3}$$

表 2-5 不同种微生物的 D 值

灭菌方法	微生物种类	温度 /℃	灭菌对象	D 值 /min
热压灭菌	嗜热脂肪地芽孢杆菌	121	5% 葡萄糖水溶液	2.4
热压灭菌	嗜热脂肪地芽孢杆菌	121	注射用水	3.0
热压灭菌	嗜热脂肪地芽孢杆菌	105	5% 葡萄糖水溶液	87.8
热压灭菌	生孢梭菌	105	5% 葡萄糖水溶液	1.3
干热灭菌	枯草芽孢杆菌	135	纸	16.6
红外线灭菌	枯草芽孢杆菌	160	玻璃板	0.3

> **思考与讨论**
>
> 通过表 2-5 的实验结果,能总结出哪些结论?微生物的种类为什么选择嗜热脂肪地芽孢杆菌、生孢梭菌、枯草芽孢杆菌?这些结论有什么意义?

3. Z 值

Z 值也称为灭菌温度系数,系指某种微生物的 D 值下降一个对数单位时,所需升高的温度数,即将灭菌时间减少到原来的十分之一时所需要升高的温度,Z 值越大,微生物对灭菌温度变化的敏感性就越弱,通过升高温度来提高灭菌效果就越不明显。表达式为:

$$Z = \frac{T_1 - T_2}{\lg D_{T_1} - \lg D_{T_2}} \tag{2-4}$$

如 Z = 10℃,表示灭菌时间减少到原来的 10%,而具有相同灭菌效果,所需要升高的温度为 10℃。表 2-6 列举了嗜热脂肪地芽孢杆菌在不同溶液中的 Z 值。

表 2-6 嗜热脂肪地芽孢杆菌在不同溶液中的 Z 值

溶液	5% 葡萄糖水溶液	注射用水	5% 葡萄糖乳酸林格溶液	pH 7 磷酸盐溶液
Z 值 /℃	10.3	8.4	11.3	7.6

4. F 值

F 值系指在给定 Z 值下,一个灭菌程序赋予被灭菌物品在参比温度(T_0)下的等效灭菌时间,表达式为:

$$F = \Delta t \sum 10^{\frac{T-T_0}{Z}} \tag{2-5}$$

式(2-5)中,Δt 为测定温度的时间间隔,一般为 0.5~1.0 min;T 为 Δt 时间内测得的被灭菌物温度。

5. F_0 值

F_0 值是以相当于 121℃ 热压灭菌时，杀灭容器中全部微生物（即达到 PNSU）所需要的时间。

$$F_0 = D_{121℃} \times (\lg N_0 - \lg N_t) \quad (2-6)$$

式（2-6）中，N_0 为灭菌开始时的微生物数量；N_t 为灭菌后预计达到的微生物残存数，即染菌概率。当 N_t 达到 10^{-6} 时，即原有菌数的百万分之一，认为灭菌效果可靠。由于 F_0 值由微生物的 D 值和微生物的初始数及残存数所决定，所以此 F_0 值又叫生物 F_0 值。

例如：将含有 200 个嗜热脂肪地芽孢杆菌的 5% 葡萄糖水溶液以 121℃ 热压灭菌时，其 D 值为 2.4 min。则 $F_0 = 2.4 \times (\lg 200 - \lg 10^{-6}) = 19.92$（min）

在湿热灭菌时，参比温度为 121℃，以嗜热脂肪地芽孢杆菌为灭菌生物指示剂，该菌在 121℃时，Z 值为 10℃。则：

$$F_0 = \Delta t \sum 10^{\frac{T-121}{10}} \quad (2-7)$$

式（2-7）中 F_0 值系指 Z 值为 10℃时，一个湿热灭菌程序赋予被灭菌物品在 121℃下灭菌的等效灭菌时间（min）。此 F_0 值体现了灭菌温度与时间对灭菌效果的统一，被称为标准灭菌时间（min），又称为物理 F_0 值，可作为灭菌过程的比较参数。一般规定 F_0 值不低于 8 min，实际操作应控制 F_0 值为 12 min。

例如：某药品湿热灭菌时不同时间的灭菌温度见表 2-7，试对其灭菌效果进行评价。

表 2-7 灭菌过程中不同时间的温度

时间 /min	0	1	2	3	4	5	6	7	8	9～39	40	41	42	43	44
温度 /℃	100	102	104	106	108	110	112	115	114	115	110	108	106	102	100

该灭菌工艺的 F_0 计算过程如下：

$F_0 = 1 \times [(10^{\frac{100-121}{10}}) + (10^{\frac{102-121}{10}}) + (10^{\frac{104-121}{10}}) + (10^{\frac{106-121}{10}}) + (10^{\frac{108-121}{10}}) + (10^{\frac{110-121}{10}}) + (10^{\frac{112-121}{10}}) + (10^{\frac{115-121}{10}}) + (10^{\frac{114-121}{10}}) + (10^{\frac{115-121}{10}}) \times 30 + (10^{\frac{110-121}{10}}) + (10^{\frac{108-121}{10}}) + (10^{\frac{106-121}{10}}) + (10^{\frac{102-121}{10}}) + (10^{\frac{100-121}{10}})] = 8.49$ min

表明此灭菌条件下的灭菌效果相当于在 121℃ 灭菌 8.49 min 的灭菌效果。

（二）灭菌工艺的开发与验证

灭菌工艺的开发应综合考虑被灭菌物品（灭菌后物品的完整性和稳定性）、灭菌方法（灭菌能力和对灭菌物品的影响）、灭菌前物品的生物负载情况（微生物种类、数目及其耐受性），并兼顾经济性等因素。只要物品允许，应尽可能选用最终灭菌工艺灭菌。经最终灭菌工艺处理的无菌物品的非无菌概率不得高于 10^{-6}。若物品不适合采用最终灭菌工艺，应选用无菌生产工艺达到无菌保证要求。灭菌工艺可以分为过度杀灭法、生物负载/生物指示剂法（也被称为残存概率法）和生物负载法。对耐受的灭菌物品，通常选用过度杀灭法。

1. 湿热灭菌法

湿热灭菌法的工艺开发应综合考虑被灭菌物品的热稳定性、热穿透性、生物负载、温度－时间参数或者结合 F_0 值等因素。对于采用生物负载/生物指示剂法和生物负载法的灭菌工艺，日常生产全过程应对物品中污染的微生物进行连续地、严格地监控，并采取各种措施降低微生物污染水平，特别是防止耐热菌的污染。在冷却阶段亦应采取措施防止已灭菌物品被再次污染。

2. 干热灭菌法

干热灭菌法的工艺开发应综合考虑被灭菌物品的热稳定性、热穿透力、生物负载（或内毒素污染水平）、温度-时间参数或者结合 F_H 值（F_H 值系灭菌过程赋予被灭菌物品160℃下的等效灭菌时间）等因素。干热灭菌温度范围一般为160~190℃，当用于除热原时，温度范围一般为170~400℃。进入干热灭菌生产设备的空气应当循环，经过高效过滤器过滤，保持正压，并应定期进行检漏测试以确认其完整性。

3. 辐射灭菌法

辐射灭菌工艺的开发应考虑被灭菌物品对电离辐射的耐受性以及生物负载等因素。辐射灭菌控制的参数主要是辐射剂量（指灭菌物品的吸收剂量）。为保证灭菌过程不影响被灭菌物品的安全性、有效性及稳定性，应确定最大可接受剂量，并应尽可能采用低辐射剂量。辐射灭菌验证的关键在于剂量分布测试。

4. 气体灭菌法

气体灭菌法需确认经过解析工艺后，灭菌气体和反应产物残留量不会影响被灭菌物品的安全性、有效性和稳定性。采用环氧乙烷灭菌时，腔室内的温度、湿度、灭菌气体浓度、灭菌时间是重要的影响因素。气体灭菌工艺的验证，应考虑物品包装材料和灭菌腔室中物品的排列方式对灭菌气体的扩散和渗透的影响。

5. 过滤除菌法

过滤除菌工艺开发时，应根据待过滤介质属性及工艺目的选择合适的过滤器，并充分考察二者的兼容性。为保证除菌效果，可使用两个除菌级的过滤器串联过滤，并须保证这两级过滤器之间的无菌性。每一次过滤除菌后应立即进行滤器的完整性试验。过滤除菌前，产品的生物负载应控制在规定的限度内。与过滤除菌相关的设备、包装容器及其他物品应采用适当的方法进行灭菌，并防止再污染。

6. 汽化灭菌法

汽化灭菌效果与灭菌剂量（一般是指注入量）、注入速率和持续时间、相对湿度和温度有关。装载方式的确认应考虑密闭空间内部物品的装载量和排列方式。日常使用中，汽化灭菌前灭菌物品应进行清洁。灭菌时应最大限度地暴露表面，确保灭菌效果。灭菌后应将灭菌剂残留充分去除或灭活。

7. 液相灭菌法

灭菌剂种类的选择应考虑灭菌物品的耐受性。灭菌剂浓度、温度、pH、生物负载、灭菌时间、被灭菌物品表面的污染物等是重要的影响因素。灭菌工艺验证时，应考虑灭菌物品表面积总和最大的装载方式。通过重复试验来验证灭菌剂浓度和灭菌时间等灭菌参数条件。灭菌后应将灭菌剂残留充分去除或灭活。

（三）中药灭菌工艺存在的问题及解决对策

1. 中药灭菌工艺存在的问题

（1）对药物成分的影响　中药所含化学成分种类繁多，性质各异，经高温处理后，可能被破坏、降解（如热敏性成分），也可能产生有毒物质（如朱砂、雄黄等）；辐射灭菌、微波灭菌是否会对中药的化学成分产生影响也有待于进一步研究。

（2）某些物质的残留　化学灭菌法存在的共性问题是化学灭菌剂的残留问题；辐射灭菌存在

不严格执行相关标准，辐照剂量超标现象，辐照灭菌会不会有残留，在业界也存在争议。

（3）其他　对于口服液、注射液等液体制剂，湿热灭菌可能对其药物成分产生影响，也可能改变其pH、澄清度；某些药物的药性可能因灭菌处理发生改变（如生地变熟地）。

上述问题的出现，均可能对中药及其制剂的质量、疗效及用药安全性产生直接影响。

2. 解决对策

（1）根据被灭菌物品的特性合理选择灭菌方法（可采用一种或多种方法组合灭菌）和工艺参数，并严格按照相关标准执行，以求既达到灭菌要求，又对药物成分的破坏力最小，同时还要确保用药的安全性。

（2）加强中药及其制剂灭菌的基础研究，如对产品质量、生物学性质的影响，加强对不同中药及不同剂型的适应性、灭菌机制、灭菌装备研究等，并积极促进基础研究向产业化应用方向发展，引导灭菌工艺技术不断创新。

案例2-1　三七药粉灭菌

三七为五加科人参属植物三七 Panax notoginseng（Burk.）F. H. Chen 的干燥根和根茎。

【灭菌方法】取三七饮片粉碎过六号筛制得三七药粉。取100 g三七药粉用双层PE袋包装，内包装袋选用自封口PE袋，外层包装用PE袋真空热塑封口，采用辐射灭菌，剂量为6 kGy，即得。

【功能与主治】散瘀止血，消肿定痛。用于咯血，吐血，衄血，便血，崩漏，外伤出血，胸腹刺痛，跌扑肿痛。

【用法与用量】口服，一次1~3 g，外用适量。

【注解】

（1）该案例以三七皂苷R_1、人参皂苷Rg_1、人参皂苷Re、人参皂苷Rb_1、人参皂苷Rd总量和抗氧化活性、综合外观性状以及灭菌率的综合评分为指标，并利用层次分析法（AHP）与双基数点法（TOPSIS）数学模型进行中药药粉灭菌工艺评价。

（2）在单因素试验的基础上，分别对以下4类灭菌方法及其工艺参数进行考察：干热灭菌（灭菌温度110℃、130℃，灭菌时间2.0 h、2.5 h、3.0 h、4.0 h），紫外线灭菌（灭菌时间30 min、60 min、90 min、120 min），湿热灭菌（灭菌温度105℃、115℃、121℃，灭菌时间15 min、30 min、40 min，装盘厚度5 mm、10 mm、15 mm、5 cm、15 cm），辐射灭菌（辐照剂量2 kGy、4 kGy、6 kGy、9 kGy、12 kGy、15 kGy）。

根据AHP-TOPSIS综合评价4类灭菌方法对三七药粉质量影响的优劣顺序为辐射灭菌＞干热灭菌＞湿热灭菌＞紫外灭菌。其中辐射灭菌在剂量6 kGy及以上能完全杀灭三七药粉中的微生物，同时较好地保留了三七药粉中的有效成分，综合考虑灭菌操作便利性、经济效益性和安全性，确定三七药粉的最佳灭菌方法为辐射灭菌，剂量为6 kGy。

（3）辐射灭菌应用于传统中药的历史较短，基础研究较少，中药成分复杂，不受辐射破坏是采用辐射灭菌的先决条件。如果采用辐射技术对中药进行灭菌，必须通过研究来说明辐射灭菌对产品质量、稳定性、生物学性质的影响，必要时采用与适应证相关的药效指标，详细阐述其必要性、科学性和合理性；对于含有不稳定或有毒成分的中药，更需进行针对性研究，关注其辐射灭菌前后的变化情况，以保证药品安全有效。

> **思考与讨论**
>
> 为什么将AHP与TOPSIS数学模型应用于中药药粉灭菌工艺评价？中药药粉微生物及质量的综合评价是中药灭菌工艺研究的热点及难点，该案例是如何既保留药效成分又确保灭菌的可靠性？

第四节 抑 菌

中药制剂由于原辅料、生产过程、贮藏环境等因素的影响，有时会出现霉变、染菌等问题，严重影响药品质量。抑菌系指用物理或化学方法防止和抑制微生物生长繁殖的操作，又称防腐。

一、抑菌剂的性质

抑菌剂是指抑制微生物生长的化学物质，又称防腐剂。优良抑菌剂应具备的性质包括：①溶解度大，至少其溶解部分能达到有效抑菌浓度；②抑菌谱广，抑菌力强，能在较广的pH范围内发挥抑菌作用；③在使用浓度时无特殊臭味、刺激性和毒性；④在产品有效期内，具有物理、化学及微生物学稳定性，不与药剂中其他成分发生反应。

抑菌剂的作用机理随抑菌剂种类不同而不同，一般有以下几种：①使微生物蛋白质变性、沉淀或凝固，如醇类；②与微生物酶系统结合，影响或阻断其新陈代谢过程，如苯甲酸和羟苯酯类（尼泊金类）；③降低表面张力，增加菌体胞质膜通透性，使细胞破裂、溶解，如一些阳离子表面活性剂。

二、常用的抑菌剂

（一）有机酸及其盐类

1. 苯甲酸及其盐

苯甲酸类又称安息香酸，在乙醇中易溶，在沸水中溶解，在水中微溶。抑菌作用依靠苯甲酸未解离分子，而其离子几乎无抑菌作用。一般用量为0.01%~0.25%。苯甲酸的溶解度在水中为0.29%，在乙醇中为43%（20℃）。苯甲酸钠在酸性溶液中与苯甲酸的抑菌能力相当，二者均适用于内服和外用制剂的抑菌。

pH对苯甲酸类的抑菌效果影响很大，一般pH 4以下时抑菌作用较好，pH超过5时，用量不得少于0.5%。苯甲酸防发酵能力较羟苯酯类强。0.25%苯甲酸和0.05%~0.1%羟苯酯类联合应用对防止发霉和发酵最为理想。

2. 山梨酸及其盐

山梨酸学名为2,4-己二烯酸，在乙醇中易溶，在水中极微溶解。对细菌的最低抑菌浓度为0.02%~0.04%，对真菌、酵母菌的最低抑菌浓度为0.8%~1.2%。山梨酸钾、山梨酸钙作用与山梨酸相同，水中溶解度更大。

山梨酸类也是依靠其未解离分子发挥抑菌作用，在酸性水溶液中效果较好，一般介质的pH

以 4.5 左右为宜。聚山梨酯与山梨酸会因络合作用而降低其抑菌效力，但由于其有效抑菌浓度低，因而仍有较好的抑菌作用。山梨酸在水溶液中易氧化，使用时应予以注意。

（二）羟苯酯类

常用的羟苯酯类抑菌剂包括羟苯甲酯、乙酯、丙酯和丁酯，是一类性质优良的抑菌剂，广泛用于内服液体制剂中，也可外用。一般用量为 0.01%~0.25%。随着分子中烷基碳数的增加，其抑菌作用增强，但溶解度降低，如羟苯丁酯的抑菌力最强，但溶解度最小，在酸性溶液中作用最强，在微碱性溶液中作用减弱。几种羟苯酯的合并应用效果更佳。

聚山梨酯类和聚乙二醇可与其发生络合作用，而减弱抑菌效力，故应避免与其合用或需适当增加用量。此外，此类抑菌剂遇铁变色，遇弱碱、强酸易水解，塑料制品对其有吸附作用。

（三）季铵盐类

季铵盐类抑菌剂常用的有苯扎氯铵（洁尔灭）和苯扎溴铵（新洁尔灭），一般用于外用制剂，用量约为 0.01%。季铵盐类化合物在 pH 小于 5 时作用减弱，遇阴离子表面活性剂时失效。

（四）醇类

常用的醇类抑菌剂有乙醇、苯甲醇、三氯叔丁醇等。如含 20% 乙醇（mL/mL）的制剂具有抑菌作用，制剂中若另含有甘油、挥发油等成分时，低于 20% 的乙醇也可起到抑菌作用，但在中性或碱性溶液中时，乙醇含量需在 25% 以上才能抑菌。

（五）有机汞类

常用的有机汞类抑菌剂有硫柳汞、硝酸苯汞等，在注射液和滴眼液中应用较普遍。

（六）其他

其他类别的抑菌剂有醛类（甲醛、戊二醛、桂皮醛等）、酚类（苯酚、甲酚、麝香草酚等）、芳香油类（紫苏油、桉叶油等）。

三、抑菌剂的合理使用及注意事项

（一）抑菌剂的应用范围

在使用药剂学其他方法能满足药剂无菌或卫生学要求时，一般不用或少用抑菌剂。制剂的物态、给药途径、剂型等不同，抑菌剂的加入情况不同：①固体制剂的生物学稳定性一般不用加抑菌剂的方法解决；②多剂量的内服或外用液体药剂则应按需要加入抑菌剂；③注射剂、滴眼剂加抑菌剂应慎重，其中，一般多剂量包装的注射剂、滴眼剂宜加抑菌剂；用过滤除菌法或无菌操作法制备的注射剂和低温灭菌的注射剂宜加抑菌剂；静脉用或脊椎腔用注射剂均不得添加抑菌剂；眼外伤用的眼用制剂也不得加抑菌剂；一次剂量超过 5 mL 的注射剂加抑菌剂时应慎重。

（二）抑菌剂使用的注意事项

常用抑菌剂的化学性质各不相同，选用时除应遵循充分的安全性、广泛的有效性和持久的稳定性三个基本原则外，还应注意以下几个方面。

1. 药液 pH 对抑菌效力的影响

除另有规定外，在确定制剂处方时，如需加入抑菌剂，该处方的抑菌效力应符合抑菌效力检查法的规定，必须严格按照使用剂量和使用范围来使用。弱有机酸类抑菌剂，在水中处于解离平衡状态，主要靠未解离的酸发挥抑菌作用，抑菌效果随 pH 升高而减弱。

2. 抑菌剂的油/水分配系数

在油和水并存的液体制剂（如乳剂）中，加入5%以上丙二醇或甘油，可使羟苯酯类的油/水分配系数大大降低，抑菌效果显著增加。

3. 抑菌剂的使用时间

加入场合和时间不同，同种抑菌剂的抑菌效果可能产生差异。在保证药物本身处于良好卫生条件下，一般加入越早，效果越好，用量也越少。

4. 其他附加剂的影响

为实现增溶、助悬等各种目的，在药剂中加入的其他附加剂，如聚山梨酯类等表面活性剂，聚乙二醇、聚维酮、羧甲纤维素钠等亲水性高分子化合物，均可能会影响抑菌效力。

5. 包装容器的影响

包装容器可能会因吸附抑菌剂而影响抑菌效果。如塑料瓶、橡胶塞等包装材料对苯酚类、汞类抑菌剂有吸附作用而使抑菌作用减弱，应适当提高使用浓度，确保抑菌效果。

6. 复合抑菌剂的应用

使用单一抑菌剂，常常不能达到速效、广谱、长效的抑菌作用，所以抑菌剂常复合使用。一般是同类型抑菌剂配合使用，如酸性抑菌剂与其盐，同种酸的几种酯配合使用，也可将具有长效作用的抑菌剂与作用迅速但耐久性差的抑菌剂配合使用。如羟苯甲酯与丁酯复合使用，抑菌效果增强；季铵盐类与三氯叔丁醇、羟苯酯类等合用，抑菌范围增加或抑菌效力增强。如使用复合抑菌剂，各单一抑菌剂的浓度可考虑适当减小，以减少不良反应的发生，提高其安全性。

思考题

1. 试分析水和空气是如何影响中药制剂质量的？采取哪些措施可确保中药制剂的质量？

2. 2006年，青海省西宁市部分患者使用某药业公司生产的克林霉素磷酸酯葡萄糖注射液（即欣弗注射液）后，出现胸闷、心悸、寒战、腹痛、腹泻、恶心、呕吐、过敏性休克、肝肾功能损害等临床症状。随后，黑龙江、广西等省、自治区也分别发现类似病例，甚至出现了死亡病例。请调查导致此事件的原因，并谈一下你从此事件中得到的启示。

3. 中药制剂中微生物污染的途径有哪些？如何确保抑菌剂在中药制剂中应用的有效性和安全性？

（王艳宏、杨志欣）

数字资源详见　新形态教材网

视频　知识拓展　推荐阅读　参考文献　教学课件　自测题

第三章

中药制剂中间物料制备技术

中药制剂中间物料制备是中药制剂工作的重要内容，制备技术应用需要特别强调"方－证－剂"理念，需要根据方药的性质，通过"去粗取精"，获得有效安全、便于剂型选择和工艺成型的中药制剂中间物料。面对中药复方复杂体系，如何针对性地应用好中药提取、分离、浓缩、干燥等中药制剂中间物料制备技术？如何在中药制剂中间物料制备过程中实现良好的量值传递？学习掌握中药制剂中间物料常用制备技术及其特点和应用规律，为构建符合中医药特点的中药制剂中间物料制备工艺奠定基础。

第一节 粉碎技术

粉碎是借机械力或其他方法将大块固体物料碎成规定细度的颗粒或粉末的技术。粉碎是制备散剂、丸剂、颗粒剂、胶囊剂、片剂等剂型的重要工序，是制剂生产中的基本单元操作之一。

中药粉碎的历史悠久，东汉张仲景在《伤寒杂病论》中记载乌梅丸的制法时就曾提到："以苦酒渍乌梅一宿，去核，蒸之五斗米下，饭熟，捣成泥，和药令相得，内臼中，与蜜两千下"。随着中医药的发展以及人们对中药性质的深入理解，不同的粉碎方法逐渐被开发，各种新型粉碎技术与设备不断涌现，可获得从最粗粉到纳米级等各种粗细规格的中药粉末，满足更多的用药需求。

一、粉碎的目的

中药粉碎的目的包括：①增加药物的表面积，促进药物溶解与吸收，提高药物的生物利用度；②有助于从中药中提取有效成分，提高浸提效率；③便于调剂和服用；④有利于各种剂型的制剂成型与加工，如混悬液、散剂、丸剂、颗粒剂、胶囊剂和片剂等；⑤利于药材的干燥和贮存。

二、粉碎的原理

物体的形成依靠分子间的内聚力，因此粉碎必须通过外加机械力，破坏物质分子间的内聚力，使大块的药物变成小块或颗粒，增大表面积，即将机械能转变为表面能的过程。

药物的性质是影响粉碎的主要因素，不同药物性质对粉碎的影响见表3-1。

表3-1 不同药物性质对粉碎的影响

药物的性质	对粉碎的影响
硬度	高硬度矿物药需依赖高强度冲击或挤压，粉碎过程能耗高、设备磨损大，且易产生局部过热。低硬度植物药可通过研磨或剪切实现粉碎，能耗低，设备磨损小
脆性与韧性	脆性药物受外力时易断裂、破碎，粉碎效率高；塑性或弹性药物韧性强，受外力后易变形而非断裂
黏性	药物因分子间作用力强或自身具有黏性，粉碎时易附着在设备内壁或颗粒表面，形成团聚
吸湿性	吸湿性强的药物，粉碎后比表面积增大，吸湿速率显著提升，易导致粉体结块、潮解
溶解性	易溶性药物粉碎时若环境湿度较高，可能因局部溶解-重结晶导致颗粒团聚，需配合低湿度环境或快速粉碎
热敏性	药物对温度敏感，粉碎中摩擦、冲击产热会导致药物降解
氧化性与还原性	氧化性与还原性强的中药必须单独粉碎，以免发生爆炸

药物粉碎后表面积增加，导致表面能增大，已粉碎的粉末有重新结聚的倾向。若在药物粉碎时，一种药物适度地掺入到另一种药物中间，可有效地降低分子内聚力，进而降低表面能而减少粉末的再结聚。黏性与粉性药物混合粉碎，也能缓解其黏性有利于粉碎。

药物的粉碎度应根据药物本身的性质以及制备剂型的要求进行选择。为了使机械能尽可能有效地用于粉碎过程，应将已达到粒度要求的粉末随时分离出去，使粗粒有充分机会接受机械能，这种粉碎法称为自由粉碎。反之若细粉始终保留在系统中，不但会在粗颗粒中间起到缓冲作用，而且会消耗大量的机械能影响粉碎效率，同时也产生大量的过细粉末。因此在粉碎过程中必须随时分离已经达到粒度要求的粉末。在粉碎机内安装药筛或利用空气将细粉吹出，都是为了让自由粉碎顺利进行。

三、粉碎的方法与设备

（一）粉碎的方法

1. 干法粉碎

干法粉碎是指将药物经过适当的干燥处理，使药物中的水分降低到一定的限度（一般应少于5%），以增加药物的脆性，再进行粉碎的方法。

（1）单独粉碎　俗称单研，系将一味中药单独进行粉碎的方法。单独粉碎比混合粉碎更加耗能，通常需要单独粉碎的中药包括：贵重中药，如牛黄、羚羊角、麝香、人参等，单独粉碎可以减少损失；毒性或刺激性强的中药，如红粉、轻粉、蟾酥、马钱子、斑蝥等，单独粉碎可以避免损失和对其他药品的污染，便于劳动保护；氧化性与还原性强的中药，如雄黄、火硝、硫黄等，必须单独粉碎，否则易发生爆炸；磁石、赭石等质地坚硬，不便与其他药物混合粉碎的中药也需要单独粉碎。

（2）混合粉碎　系指将制剂中全部或部分药料混合在一起进行粉碎的方法。此法不仅可以避免黏性或油性药物单独粉碎的困难，又可将药物的粉碎与混合结合在一起同时完成，节约成本，因此生产中普遍采用。但如果混合粉碎的药物中含有共熔成分，可能发生液化或潮解现象，能否混合粉碎取决于制剂的具体要求。根据药物的性质和粉碎方式的不同，特殊的混合粉碎方法如下。

1）串料粉碎：系将处方中大多数中药粉碎成粗粉，再将处方中黏性中药掺入，逐步粉碎至所需粒度的方法。处方中含有大量糖分、树脂、树胶、黏液质的中药，其黏性大，吸湿性强，粉碎时易黏结在设备上，导致不易单独粉碎也不易过筛，需要进行串料粉碎。需进行串料粉碎的中药有乳香、没药、黄精、玉竹、熟地黄、山茱萸、枸杞子、麦冬、天冬、桂圆肉、大枣等。目前生产中也常将此类中药干燥成脆性较好的状态再进行粉碎。

2）串油粉碎：系将处方中大多数中药粉碎成粗粉，再将含有油脂性成分的中药掺入，逐步粉碎至所需粒度的方法。也可以先将油脂类中药研成糊状，然后与处方中其他中药粗粉混合，再粉碎至所需粒度。处方中含有大量油脂性成分的中药，如桃仁、苦杏仁、苏子、酸枣仁、大风子、黑芝麻、火麻仁、瓜蒌子、核桃仁等，虽然易粉碎，但粉碎时易粘在粉碎机及筛片上，过筛困难，故粉碎时需注意及时吸收油类成分。

3）蒸罐粉碎：系指粉碎时先将处方中大多数中药粉碎成粗粉，然后将粗粉与用适当方法蒸制过的动物类或其他中药混合，经干燥后再粉碎至所需粒度的方法。此法被应用于乌鸡白凤丸、大补阴丸等中成药的生产环节。"蒸罐"的目的主要是使药料由生变熟，经蒸制的药料干燥后便于粉碎，而且能增加温补功效。需蒸罐粉碎的中药主要是动物的皮、肉、筋、骨及部分需蒸制的植物药，如乌鸡、鹿胎、制何首乌、酒黄芩、熟地黄、红参、黄精等。

2. 湿法粉碎

湿法粉碎系指向中药中加入适量水或其他液体并与之一起研磨粉碎的方法。液体的选用以中药遇湿不膨胀，两者不起变化，不影响药效为原则。粉碎过程中，水或其他液体分子容易渗入药物内部的裂隙，有效降低分子间内聚力，利于中药粉碎，节约机械能。对某些有较强刺激性或毒性的中药，湿法粉碎还可以避免粉尘飞扬，减少药物损失，利于环保和劳动保护。

（1）水飞法　利用中药粗细粉末在水中悬浮性的不同，将不溶于水的中药在水中反复研磨至所需粒度的粉碎方法。将待粉碎的中药除去杂质，打成碎块放入研钵中，加适量水后用研锤研磨，当有细粉漂浮在水上或混悬在水中时，将其倾出，余下中药再加水反复研磨，重复操作直至全部研细。再将研得的混悬液合并，沉淀得到湿粉，干燥，即得极细粉。矿物类、贝壳类中药，如朱砂、炉甘石、滑石、珍珠等常采用"水飞法"粉碎，但水溶性的矿物药如硼砂、芒硝等则不能采用此法。"水飞法"现在多用球磨机代替传统手工操作，提高了生产效率。

（2）加液研磨法　系指在待粉碎的中药中加入少量液体后研磨至所需粒度的方法，如樟脑、冰片、薄荷脑等。粉碎麝香时通常加入少量水，俗称"打潮"，尤其到剩下麝香渣时，"打潮"更易研碎。粉碎冰片时常加入少量乙醇，研磨成细粉。在中药传统粉碎方法中，冰片和麝香常有"轻研冰片，重研麝香"的粉碎原则。

案例 3-1　朱砂极细粉

【制法】取朱砂药材，用磁铁吸去铁屑，置研钵中，加入适量清水研磨成糊状，然后加多量清水搅拌，倾取混悬液。下沉细粉再如上法，反复操作多次，直至手捻细腻，无亮星为止，弃去杂质，合并混悬液，静置后倾去上面的清水，取沉淀晾干，再研细；或球磨水飞成极细粉，60℃以下烘干，过200目筛。

【注解】朱砂有毒，日用剂量小（0.1~0.5 g），朱砂在临床上使用时多入丸散，故一般需将朱砂粉碎成极细粉使用。朱砂主要成分硫化汞在高温下很容易被氧化，形成有毒的汞蒸汽，而水飞朱砂所加入的水可以防止研磨导致的温度升高，避免有毒气体的产生；此外朱砂中还含有一些水溶性的杂质，水飞时，可溶性杂质溶于水中，起到除杂的作用，水飞朱砂是中药制剂传统制备经典技艺之一。

3. 低温粉碎

低温粉碎系指将中药冷却后或在冷却条件下进行粉碎的方法。低温时中药韧性与延展性降低，脆性增加，易于粉碎。低温粉碎多用于在常温下粉碎困难的中药及软化点低、熔点低、热可塑性的中药，如树脂、树胶、干浸膏等；富含糖分、具有一定黏性的中药，也可采用低温粉碎。低温粉碎能较好保留有效成分，尤其是挥发性或热敏性成分。常用低温粉碎的中药有乳香、没药等。

4. 超微粉碎

超微粉碎系指利用机械或流体动力的方法提供外力，使中药粒子间部分化学键在强烈的冲击、剪切、摩擦等作用下被破坏而生成新表面，进而将中药粉碎成微米级甚至纳米级粒子的粉碎方法。超微粉碎对植物性中药细胞破壁率可达95%以上，显著提高了有效成分利用率及人体消化吸收率，同时也为改变剂型创造了条件；但需要特殊设备，耗能较大。超微粉碎适合于难溶性中药和有效成分难以从组织细胞中溶出的植物性药料的粉碎。

目前，为适应现代技术要求而新发展起来一种新的中药粉碎技术，即低温超微粉碎技术，此方法虽然能耗更高但可更好地保留生物活性成分，提高粉体的品质与出粉率。如三七常采用低温超微粉碎技术制成三七极细粉，粉质细腻，易分散于汤水。

根据粒径大小，通常将超微粉体分为微米级（粒径 >1 μm）、亚微米级（粒径 0.1~1 μm）以及纳米级（粒径 1~100 nm）。

（二）常用的粉碎设备

目前粉碎的设备种类有很多，主要通过研磨、撞击、挤压、劈裂等作用实现对物料的粉碎。

1. 常规粉碎设备

（1）柴田式粉碎机　亦称万能粉碎机，系通过对粉碎物的多次打击和互相撞击达到粉碎目的。柴田式粉碎机构造简单，使用方便，粉碎能力强，广泛应用于黏软、纤维性及坚硬中药的粉碎，但对油性过大的药料不适用。

（2）万能磨粉机　是一种应用较为广泛的粉碎机，中药被撞击伴以撕裂、研磨而粉碎。万能磨粉机适用于根、茎、皮类等中药，干燥的非组织性中药、结晶性中药及干浸膏等的粉碎。因为万能磨粉机在粉碎过程中高速旋转，容易产生热量，故不宜用于粉碎含大量挥发性成分、黏性强或软化点低且遇热发黏的中药。

（3）球磨机　系指借助撞击劈裂与研磨作用粉碎的设备（图 3-1）。它适于粉碎结晶性中药（如皂矾、硫酸铜等）、树胶（如桃胶、阿拉伯胶等）、树脂（如松香）及其他植物中药的浸提物（如儿茶）；对具有刺激性的中药（如蟾酥、芦荟等）可防止粉尘飞扬；球磨机是封闭式粉碎，因此对具有很大吸湿性的浸膏（如大黄浸膏等）可防止吸潮。此外，也可用于挥发性中药（如麝香等）及贵重中药（如羚羊角、鹿茸等），与铁易发生作用的中药也可用瓷质球磨机进行粉碎。球磨机亦可用于无菌粉碎。

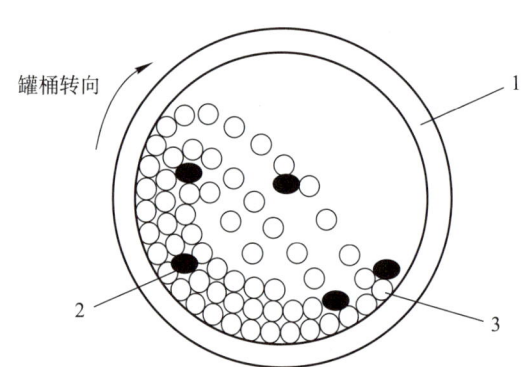

图 3-1　球磨机工作原理示意图
1. 球磨罐桶；2. 药物；3. 磨球

球磨机除广泛应用于干法粉碎外，亦可用于湿法粉碎。如用球磨机水飞制备的炉甘石、朱砂等粉末可达到通过七号筛的粒度。

（4）针式粉碎机　系指通过旋转的针锤将中药粉碎成细粉末的设备。主要是利用高速旋转的针锤，产生强大的冲击力和剪切力，将中药冲击、剪切、磨削成细粉末。粉碎后的中药粉末细度均匀，没有污染，且针式粉碎机操作简单，容易清洗和维护。

2. 超微粉碎设备

（1）流能磨　也称气流式粉碎机，如图 3-2 所示。它是将空气、蒸汽或其他气体以一定压力喷入机体，产生高强度的涡流及能量交换，中药颗粒之间以及颗粒与室壁之间在高速流体的作用下发生碰撞、冲击、研磨而产生强烈的粉碎作用。粉碎过程中，由于气流在粉碎室中膨胀时的冷却效应，物料

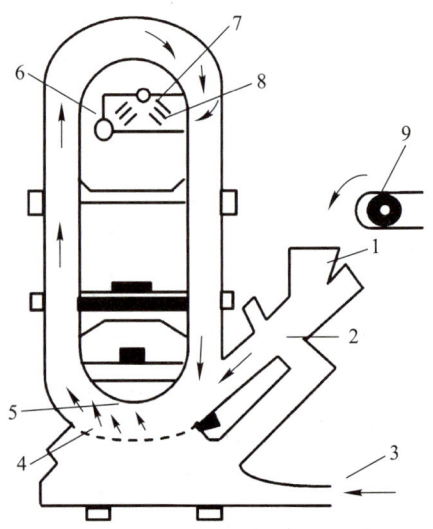

图 3-2　流能磨工作原理示意图
1. 料斗；2. 文丘里加料器；3. 压缩空气；4. 喷嘴；5. 粉碎室；6. 出口；7. 分级器；8. 分级入口；9. 输料器

粉碎时产生的热量被抵消,温度不会升高,适于粉碎脆性、低熔点、热敏性的中药,但中药需要进行预粉碎,可得到 5 μm 以下的均匀粉体。

(2)振动磨 主要利用高频振动使中药和筒体内研磨介质产生高速碰撞和切磋,使药物粉碎。振动磨的冲击次数通常是普通球磨机的 4~5 倍,所以它的粉碎效率是普通球磨机的 10~20 倍,耗能却比普通的粉碎机低很多。同时,振动磨配有水冷却装置,可实现低温或常温的粉碎,对含有挥发性成分的中药同样较适用,经振动磨粉碎制备的产品,粒径平均可达 2~3 μm(图 3-3)。

在利用振动磨进行超微粉碎过程中,粒子粒径呈现"快粉碎–慢粉碎–粉碎平衡–逆粉碎"4 个阶段的变化,当粉碎达到平衡后,粉体的粒径不再随粉碎时间的延长而减小,甚至会出现粒径有所增大的趋势。这是因为当颗粒达到一定的粒径后,继续粉碎易引起粉体的团聚,因此应用时应控制粉碎时间。

(3)胶体磨 又称分散磨,是使液流及细颗粒高速进入机内窄小的空隙,利用液流产生的强大剪切力使聚合体的颗粒分散为单位颗粒,或使轻度粘连的颗粒聚合体分散于液相中。胶体磨的粉碎效率较高,但只适用于湿法粉碎(图 3-4)。

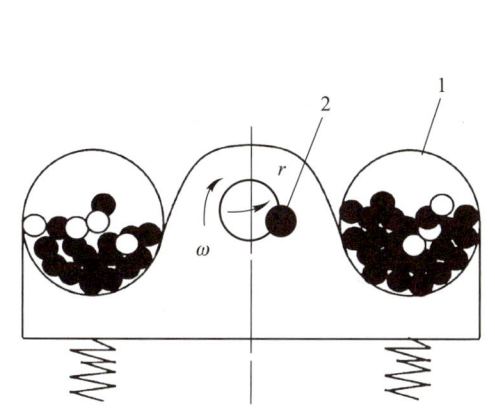

图 3-3 振动磨工作原理示意图
1. 筒体;2. 偏心激振装置

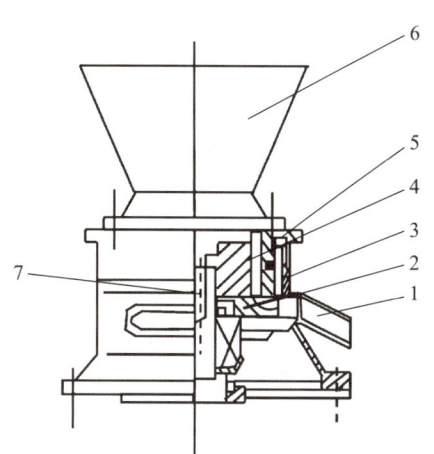

图 3-4 胶体磨示意图
1. 排料槽;2. 圆盘;3. 磨壳;4. 锥形转子;
5. 定子;6. 给料斗;7. 主轴

四、粉碎的注意事项

中药粉碎的注意事项包括:①应明确粉碎目的,根据被粉碎物料的特性选择适宜的粉碎设备,并根据药物的性质、应用目的和拟制备的药物剂型控制适当的粉碎度;②为了提高粉碎效率,以及在工业生产中保护粉碎机械,降低能耗,在粉碎操作前应注意对粉碎物料进行前处理;③粉碎过程中,应注意及时过筛,以免部分药物过度粉碎,并可提高加工效率;注意减少细粉飞扬,并防止异物掺入;④在粉碎毒性或刺激性强的药物时,应做好防护、防尘等;⑤物料必须全部粉碎应用,较难粉碎部分(叶脉、纤维等)不应随意丢弃。

> 思考与讨论
> 如何保持中药粉碎前后的药物组成及其药理、药效作用不变?

五、粉体的性质及其在中药制剂中的应用

粉体是指固体细微粒子的集合体。粒子是粉体运动的最小单元，包括粉末（粒径 < 100 μm）和颗粒（粒径 > 100 μm）。组成粉体的粒子可以是单个粒子，也可以是单个粒子聚集在一起的粒子。粉体学是研究粉体的基本性质及其应用的科学。

粉体的基本特性（如粒径、形态、表面积等）直接影响原辅料在生产中的各单元操作（如粉碎、过筛、混合等）及各种中药剂型的稳定性、释放与疗效，故粉体学为中药制剂的处方、生产工艺、质量控制等诸多环节的设计优化提供了理论依据和技术方法。

> **思考与讨论**
> 粉体和粉末的关系是什么？

（一）粉体的性质

1. 单个粒子的性质

（1）粒子大小　粒子大小在很大程度上决定了粉体的性质。粒子大小具有粒径大小和粒径分布双重含义。

粒子大小通常用粒径表示，单位多为微米。然而粉体一般为不规则粒子，通常采用不同粒径表示法与测定法来表示粒径大小，如几何学粒径、有效粒径、比表面积粒径等多种表示方法。粉体粒径分布反映粉体中不同粒径粒子的分布情况，反映了粒子大小的均匀程度，常用频率分布和累计分布表示。

知识拓展3-1：*粒径大小与粒径分布的表示方法*

（2）粒子形态　粉体的形态十分复杂，中药粉末更是如此。研究者提出一些粒子形态的表示方法，如利用显微镜观察微粒的形态并测定粒子的三个轴长，即长（l）、宽（b）、高（h），并用三者的关系如扁平度（b/l）、延伸度（l/b）等定量地表示粒子的形态。若以 d 表示粒子粒径，S 表示粒子实际表面积，V 表示粒子实际体积，则粒子的综合形态可用比表面积形态系数（Φ）来描述，见式（3-1）。

$$\Phi = \frac{S \cdot d}{V} \tag{3-1}$$

（3）比表面积　系指单位质量或容量的粉体所具有的表面积。不同的粉体中粒子的表面粗糙程度不同，有的粒子还有裂缝和微孔，所以比表面积不相同。比表面积越大，则表面自由能越大，吸附能力越强，故粉体的比表面积大小与制剂的制备与药理性质等都有密切的关系。我们常说的某些中药"燥性"大，亦与其表面粗糙、比表面积大有关。

2. 粒子集合体的性质

（1）微粉的密度　系指单位容积微粉的质量。粉体粒子表面粗糙，且常有孔隙，粉体粒子之间也存在间隙，因此对微粉来讲，测定其体积并不容易，并且随测定方法不同，测定的结果也不一样，常用的微粉密度的表示方法有真密度、粒密度和堆密度等。

知识拓展3-2：*微粉密度的表示方法*

（2）孔隙率　微粉中的孔隙包括微粒本身的孔隙及微粒之间的孔隙，孔隙率是指微粒中孔隙及微粒间孔隙所占容积与微粉容积之比。孔隙率用式（3-2）表示。

$$E_{总} = \frac{V_b - V_p}{V_b} = 1 - \frac{V_p}{V_b} \qquad (3-2)$$

式中，$E_{总}$为总孔隙率；V_b为微粉的容积（含孔隙）；V_p为微粉本身的容积（不含孔隙）。微粉孔隙率受很多因素的影响，如粒子的形态、大小、排列、温度及压力等。同种物质其孔隙率大者即表示疏松多孔、为轻质粉末，堆密度小。

（3）流动性　微粉的流动性与微粒之间的作用力（如范德华力、静电力等）、粒径、粒径分布、粒子形态、含水量及表面摩擦力等因素有关。有些微粉松散并能自由流动，如滑石粉或微粉硅胶；有的则具有黏着性不易流动，如含糖量较高的中药浸膏粉。一般微粒的粒径小于10 μm 可以产生胶黏性，如把小于10 μm 的微粒从微粉中除去或吸附到较大的微粒上时，其流动性就可以变好；如因微粉的含水量高而流动性不好时，可将其干燥来改善流动性。为了提高粉体流动性，常在粉体中加入助流剂。微粉的流动性常用休止角和流速等来表示。

知识拓展3-3：微粉流动性的表示方法及其测定

（4）充填性　系粒子集合体的基本性质，在片剂、胶囊剂的充填过程中具有重要意义，常用松密度等表示。助流剂的加入也可影响粉体的填充。助流剂的粒径较小，一般约为40 μm，与粉体混合时在粒子表面附着，减弱粒子间的黏附从而增强流动性，增大填充密度。助流剂的添加量在0.05%~0.1%（w/w）范围内最适宜，过量加入反而减弱流动性。如马铃薯淀粉中加入微粉硅胶，使淀粉粒子表面的20%~30%被硅胶覆盖，防止粒子间的直接接触，黏着力下降到最低，填充密度上升到最大。

（5）吸湿性　系指微粉表面吸附水分子的现象。微粉一般经粉碎制得，具有巨大的比表面积，蓄积着大量表面能，因此更易吸收空气中的水分，出现引潮吸湿现象，使其流动性变差，并可产生结块、变色、分解、润湿、液化等变化，从而降低药物的稳定性。

若空气中的水蒸气压大于粉末表面的水分所产生的水蒸气压时，药粉发生吸湿，反之，药粉发生风干。当微粉中水蒸气压与空气中水蒸气压相等达到平衡时，此时微粉的含水量称为平衡吸湿量。当空气中水蒸气分压改变，则微粉的含水量也随着改变，从而达到新的平衡。微粉吸湿性的强弱可用吸湿平衡曲线来表示。在温度一定时的各种湿度下测定平衡吸湿量，用相对湿度对平衡吸湿量作图即得吸湿平衡曲线。在相对湿度比较低的环境下药物几乎不吸湿，而当相对湿度达到一定值时，药物吸湿量迅速增加，此时的相对湿度称为临界相对湿度（CRH）。临界相对湿度是药物的特征值，用来衡量粉末吸湿的难易，药物的临界相对湿度越大越不容易吸湿。因此，药物的生产和储存环境的相对湿度均应控制在药物的临界相对湿度以下，以免影响药物的稳定。

（6）润湿性　润湿是指液体在固体表面的黏附现象。粉体的润湿性对制剂的工艺和质量都有重要影响，如湿法制粒、混悬液的制备、片剂崩解以及药物的溶出速率等都与润湿性有关。在生产中，加入亲水性表面活性剂来降低固液间的表面张力，可提高其润湿性。

（7）黏附性与凝聚性　粉体的黏附性与凝聚性主要体现在粉末黏附器壁或自身凝聚的现象。产生此现象的主要原因可能是在干燥状态下存在范德华力与静电力，润湿状态下由粒子表面存在的水分形成液体桥或由于水分的减少而产生的固体桥发挥作用。而液体桥中溶解的溶质干燥而析出结晶时形成固体桥，正是吸湿性粉末容易固结的原因。黏附与凝聚在粒度小的粉体上更易发生。

（8）可压性　反映粉体在压力下体积减小的能力，压片过程正是粉体压缩成型性的表现。压缩成型理论以及各种物料的压缩特性，对于处方筛选与工艺选择具有重要意义。

中药因其独特的性质，中药粉体相较于其他药物粉体，具有一些特殊性，它将影响整个中药的制剂生产过程。

知识拓展3-4：中药粉体的特殊性

（二）粉体性质对中药制剂的影响

散剂、颗粒剂、片剂、胶囊剂等固体制剂主要以粉末为原料，经过粉碎、过筛、混合或制粒等操作过程制成的。溶液剂、混悬剂等液体药剂的制备也用部分粉体作原料。所以微粉的性质不仅对制剂的工艺有影响，而且与制剂的质量密切相关。

1. 对混合的影响

混合是固体制剂生产中的重要工序，混合均匀度是某些固体制剂必须考察的质量指标。粉体的粒径、粒子形态、堆密度、流动性等都会影响混合过程。例如，粉粒的大小、形态、比表面积等相差较大则粉体混合困难或混匀后易因震动分层，影响混合的均匀性。

2. 对分剂量、填充的影响

粉体的比表面积、堆密度、流动性对分剂量、填充的准确性有重要影响。散剂、胶囊剂均按容积进行分剂量处理，若堆密度小，则所占容积大，就可能使胶囊服用粒数增加，流动性差又易出现装量差异超限。采用适当的措施减小粉体的比表面积、增加粉体的堆密度和流动性可减少制剂重（装）量差异。

3. 对可压性的影响

粉粒的大小、形态、比表面积、孔隙率、堆密度对物料的可压性有显著影响。表面凹凸不平的粉粒（或晶体），可相互嵌合，易压制成片。而孔隙率高、堆密度小的粉体，压制时孔隙中的空气不易完全逸出，易产生松、裂片。微粉化的药料所压制的片剂表面光滑。

4. 对崩解的影响

片剂的孔隙率及润湿性直接影响其崩解。全浸膏片不含饮片粉末，孔隙率低，一般需加崩解剂以促进崩解。

5. 对制剂中药物溶出与吸收的影响

药物的溶解度和溶出速率对药物的吸收和药效有重要影响，尤其是对于难溶性药物。通过微粉化处理，使难溶性的药物粒径减小、比表面积增大，从而提高其溶解性能，将有利于提高药物的吸收，发挥药效。对于溶出为吸收限速过程的难溶性药物，经微粉化增加表面积可加快溶出速率而增加吸收。药物的溶出还与其润湿性有关，疏水性较强的药物仅靠减小粒径对改善溶出的作用往往不明显，在减小粒径的同时又改善其润湿性，则可取得较好的效果。

第二节　筛析技术

筛析是分离不同粒度中药粉末的技术。筛即过筛，系指粉碎后的中药粉末通过网孔性的工具，使粗粉与细粉分离的操作；析即离析，系指粉碎后的中药粉末借空气或液体流动或旋转的作用，使粗粉与细粉分离的操作。

一、筛析的目的

筛析的目的包括：①根据制剂和临床用药的要求，分离得到粒度适宜的粉末；②使粉粒粒径分布范围变小，有利于提高混合物的均匀性和稳定性；③将达到要求粒度的粉末及时筛出，不符合要求的粗粉再继续粉碎，可以提高粉碎效率。

二、药筛的规格与粉末分等

（一）药筛的种类

药筛系指按《中国药典》规定，全国统一用于药剂生产的筛，或称标准药筛。药筛是筛选粉末粒度（粗细）或混匀粉末的工具。在实际生产中，也常使用工业用筛。

按照制作方法不同，药筛可分为编织筛与冲眼筛两种。编织筛的筛网由铜丝、铁丝、不锈钢丝、尼龙丝、绢丝等编织而成，其特点是单位面积筛孔多，筛分效率高，可用于细粉的分等。但编织筛在使用时，筛线容易移位，致筛孔变形，故常将金属筛线交叉处压扁固定。冲眼筛系在金属板上冲压出圆形或多角形的筛孔，其筛孔坚固，孔径不易变动，多用于高速粉碎与过筛联动的机械上及丸剂等粗颗粒的分档。

（二）药筛的规格

《中国药典》所用的药筛，选用国家标准的 R40/3 系列，共规定了 9 种筛号，一号筛的筛孔内径最大，依次减小，九号筛的筛孔内径最小。

制药工业上常用目数来表示筛号及粉末粗细规格。目数系指每英寸长度上的孔数，例如每英寸有 100 个孔的筛号称为 100 目筛，能通过 100 目筛的粉末称为 100 目粉。目数越大，筛孔越小，粉末越细。

药筛筛号、工业筛目及其筛孔平均内径见表 3-2。

表 3-2 药筛筛号、工业筛目及其筛孔平均内径对照表

筛号	目号/目	筛孔平均内径/μm
一号筛	10	2000 ± 70
二号筛	24	850 ± 29
三号筛	50	355 ± 13
四号筛	65	250 ± 9.9
五号筛	80	180 ± 7.6
六号筛	100	150 ± 6.6
七号筛	120	125 ± 5.8
八号筛	150	90 ± 4.6
九号筛	200	75 ± 4.1

（三）粉末的分等

将粉末用适当筛号的药筛过筛，可实现粉末粗细分等。《中国药典》规定了 6 种粉末分等标准，具体规定见表 3-3。

表 3-3　粉末粗细分等标准

等级	分等标准
最粗粉	能全部通过一号筛，但混有能通过三号筛不超过 20% 的粉末
粗粉	能全部通过二号筛，但混有能通过四号筛不超过 40% 的粉末
中粉	能全部通过四号筛，但混有能通过五号筛不超过 60% 的粉末
细粉	能全部通过五号筛，并含能通过六号筛不少于 95% 的粉末
最细粉	能全部通过六号筛，并含能通过七号筛不少于 95% 的粉末
极细粉	能全部通过八号筛，并含能通过九号筛不少于 95% 的粉末

> **思考与讨论**
>
> 粉末粗细不同对制剂生产与质量会产生哪些影响？

三、筛析器械与应用

过筛器械种类很多，应根据对粉末粗细的要求、粉末的性质和数量来适当选用。在大批量生产中，多采用粉碎、筛分、空气离析、集尘联动装置，以提高粉碎与过筛效率，保证产品质量。在小批量生产及实验室中则常用手摇筛、振动筛粉机、电磁簸动筛粉机等。

1. 手摇筛

手摇筛亦称套筛，系由不锈钢丝、铜丝、尼龙丝等编织的筛网，固定在圆形或长方形的竹圈或金属圈上。按照筛号大小依次叠成套。手摇筛适用于少量、毒性、刺激性或质轻的药粉筛分，可避免细粉飞扬。

2. 振动筛粉机

振动筛粉机又称筛箱，系利用电机带动偏心轮对连杆产生往复振动而筛选粉末的装置，如图 3-5 所示。振动筛粉机适合于无黏性的植物药、化学药物、毒性药、刺激性药及易风化或易潮解的药物粉末过筛。过筛完毕需静置适当时间，使细粉下沉后打开。

目前中药厂较多使用的筛粉机是由筛网固定于金属架上的四片弧形筛，合在一起即成圆筒状筛。筒内装有毛刷，需过筛的药粉由加料斗加入，进到滚动的圆筒内，借转动及毛刷的搅拌作用，使药粉通过筛网，然后进行收集。

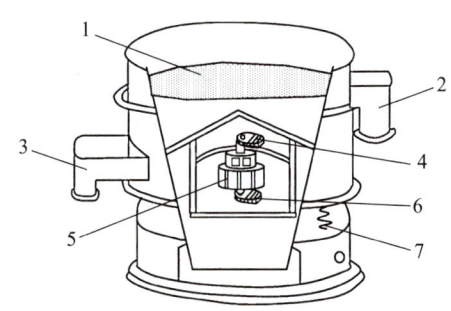

图 3-5　圆形振动筛粉机示意图
1. 筛网；2. 粗料出口；3. 细料出口；4. 上部重锤；5. 电动机；6. 下部重锤；7. 弹簧

3. 电磁簸动筛粉机

电磁簸动筛粉机是一种利用较高频率（高达每秒 200 次以上）与较小幅度（其振动幅度在 3 mm 以内）往复振荡的筛分装置。由于振幅小、频率高，药粉在筛网上跳动离散，易于通过筛网，提高其过筛效率。电磁簸动筛粉机适用于筛分黏性较强的药粉，如含油或树脂的药粉。

4. 离析器械

旋风分离器等离析器械在中药大生产中也被广泛应用，以提高中药粉碎与过筛效率，保证中药产品的有效性与安全性。

知识拓展 3-5：中药粉末离析器械与应用

第三节 混合技术

混合是指将两种或两种以上的粉末相互均匀分散的技术。我国最早的医典《素问·病能论》中就有"以泽泻、术各十分、麋衔五分，合以三指撮为后饭"的记载，这也是采用混合技术制备散剂的最早记载之一。中药制剂组成复杂、药物性质往往差异较大，因此，古代中药制剂工作者们往往需要根据药物的质地、比例、色泽等采用相应的混合技术，"打底套色法"就是传承至今的混合技术，体现了中国人的智慧结晶。随着科学技术的发展，人们不断完善了中药混合的技术，将三维运动混合机、气流式混合机等现代机械设备运用于中药固体制剂的生产中。

一、混合的目的

混合的目的是使多种物料组分相互分散均匀。物料混合的均匀度对制剂外观质量和内在质量都有重要的影响。如在散剂、片剂生产中，物料混合不均匀会出现色斑、崩解时限不合格等现象，并严重影响药效。在含毒性药物的制剂中，物料混合不均匀还会带来严重的安全性问题。因此，混合是保障中药制剂有效性与安全性的重要技术。

二、混合的原理

药物粉末在外加机械力的作用下，会发生对流、剪切、扩散三种不同运动形式，经随机的相对运动后药物粉末完成混合。

对流混合系指粉末靠机械力在混合器械中，产生大位移时进行的混合。剪切混合系指在机械力作用下，不同组分粉末在其界面发生剪切作用，破坏粒子群的团聚状态而进行的混合。扩散混合系指容器内的粉末在机械力的作用下呈现紊乱运动，相邻粒子间相互交换位置而进行的混合。

在混合操作过程中，实际上混合机械往往是剪切、对流、扩散等作用结合进行。因粉末粒子形状、粒径、密度等不相同，各组分在混合的同时伴随着离析现象，所以固体间的混合不能达到完全的均匀，只能达到总体的均匀性。因此，混合均匀度的检查是生产中的重要环节。考察混合程度常用统计学的方法，统计得出混合限度作为混合状态的评价指标，并以此作为基准标示实际的混合程度。现代光谱、数字图像处理技术等也被用于生产过程中混合程度的监测。

知识拓展 3-6：混合效果的评价方法

三、混合的方法与设备

（一）混合的方法

实验室常用的混合方法有搅拌混合、研磨混合、过筛混合。大批量生产时多采用搅拌或容器旋转方式，使物料产生整体和局部的移动而实现均匀混合。

1. 搅拌混合

将物料的各组分置于容器中，用适当器具搅拌混合。此法较简单但不易混匀，多作初步混合之用。混合少量药物时，可以反复搅拌使之混合均匀。大量生产中常用混合机搅拌混合，经过一定时间的混合，亦能够达到混合均匀的目的。

2. 研磨混合

将物料的各组分置于研钵或球磨机中，在研磨的过程中混合的方法。研磨有两种作用，一方面将物料研细，另一方面将物料分散混合。此法适用于药房制剂与调剂工作中小剂量药物的混合，且与粉碎同时进行，尤其是结晶性物料及矿物药的混合，但不适于具有吸湿性及爆炸性成分的混合。

3. 过筛混合

将物料的各组分初步混合在一起后，移置筛中使通过即得。中药粉末、非结晶性药物及其他轻质的药物都可用本法混合。尤其是含植物性及各组分颜色不同的药料，采用过筛混合能达到混合均匀和色泽一致的要求。对于密度相差较大的组分，过筛混合时由于较细且较重的药粉会先通过筛网，单独采用过筛法难以混合均匀，故过筛后仍须适当搅拌混合。同时为使充分混合，粉末最好通过 2~3 次筛网。

（二）混合的设备

目前中药制药企业使用的混合机械种类众多，按混合容器转动与否，可分成容器固定型混合机和容器旋转型混合机两类。制药企业中还有采用复合型混合机进行混合，例如在气流搅拌中加机械搅拌。

1. 容器固定型混合机

容器固定型混合机是物料在容器中依靠刀片/桨叶的搅拌或气流上升流动或喷射作用进行混合的设备。有槽形、锥形、气流搅拌式等类型。

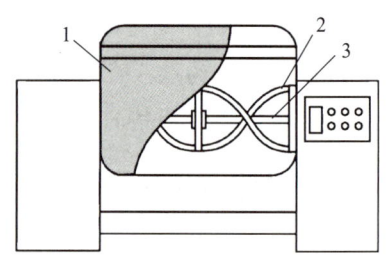

图 3-6　槽形混合机示意图
1. 混合槽；2. 搅拌桨；3. 固定轴

（1）槽形混合机　如图 3-6 所示，其主要部分是由不锈钢制成的混合槽，槽内装有"∽"形的搅拌桨。在电动机的带动下，搅拌桨绕水平轴转动用以混合粉末。混合槽可以转动倾斜，以便卸出槽内粉末。

（2）气流式混合机　如图 3-7 所示，其主要部分为过滤器、加料口、料仓、压缩空气与锥形卸料阀。压缩空气通过底部的混合头喷嘴喷射进入料仓，仓内物料随压缩空气沿筒壁螺旋式上升，形成流态化混合状态。经过若干个脉冲吹气和停顿间隔，即可实现全容积内物料的快速均匀混合。作为整套装置还应包括空气压缩机、压力调节器、集尘器等，所以附属设备多，整体规模大。

2. 容器旋转型混合机

容器旋转型混合机依靠容器本身的旋转作用带动物料运动而达到均匀混合。

（1）混合筒　有 V 形（图 3-8）、双圆锥形和立方体形。混合筒在传送装置的带动下，以中轴为中心转动，使

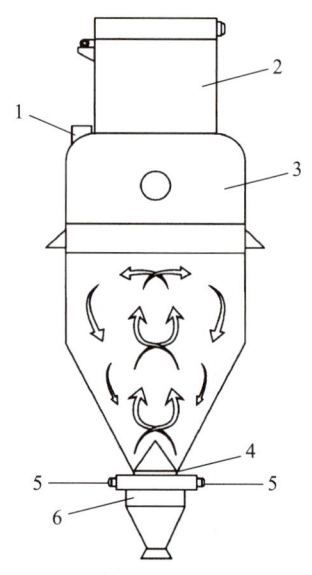

图 3-7　气流式混合机示意图
1. 加料口；2. 过滤器；3. 料仓；4. 混合头；
5. 压缩空气；6. 锥形卸料阀

药物粉末互相分离，然后又汇合到一起，如此反复达到混合的目的。密度相近的粉末，可采用混合筒混合。V形混合机混合速度快，应用非常广泛。

（2）多向运动混合机 系一种新型高效混合设备（图3-9），被混合物料在其频繁、迅速的翻动作用下，进行物料间的扩散、流动与剪切，保证混合物在短时间内达到理想的混合要求。该设备是传统二维运动混合机的替代产品，具有混合均匀度高的优点，对湿度、柔软度、密度不同的粉末的混合，均能达到最佳效果。

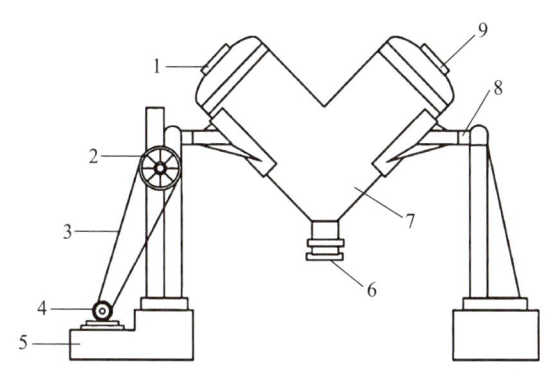

图 3-8 V形混合筒示意图
1. 进料口；2. 链轮；3. 传动皮带；4. 电机；5. 机座；
6. 出料口；7. 物料筒；8. 旋转轴；9. 清洗口

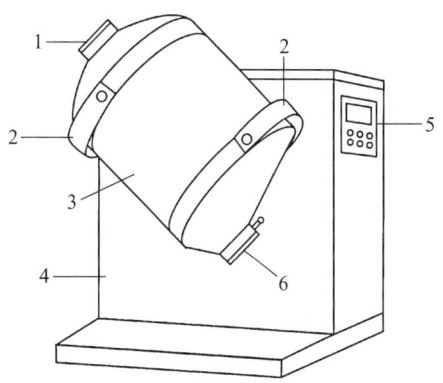

图 3-9 三维运动混合机示意图
1. 进料口；2. 筒架；3. 混合筒；4. 机座；
5. 控制系统；6. 排料口

四、影响混合的因素

1. 药物因素

（1）各组分药物的混合比 当各组分粉体体积和形态相近时，混合效果最佳。各组分比例相差悬殊时，不易混合均匀。这种情况可采用"等量递增法"混合（习称"配研法"），即先取量小的组分与等量的量大组分，同时置于混合器中混匀，再加入与混合物等量的量大组分稀释均匀，如此倍量增加至量大的组分加完为止，混合均匀，过筛。

（2）各组分药物的密度 粉体粒子的密度差异会导致流动速度的差异，从而造成混合时粒子分离。因此，药物密度相差悬殊时，较难混匀。混合时一般先将密度小（质轻）的组分放入混合容器中，再放入密度大（质重）的组分进行混合，并且应注意混合操作中的药物含量均匀度检测。

（3）各组分药物的色泽 组分药物的色泽相差悬殊时会影响混合的均匀性。当两种药物色泽差别较大时，色深质重的粉体易被色浅质轻的粉体包裹，从而导致粉体混合困难。这种情况通常采用"打底套色法"来解决，先将组分中质重、量少、色深的药粉放入研钵中作为基础，即"打底"；再将质轻、量多、色浅的药粉逐渐分次加入研钵中轻研混合，即为"套色"。

（4）各组分药物的含水量 物料中如含少量的水分，可以防止粉粒分离。但若含水量过多，粉粒互相黏结，流动迟缓，甚至黏附在内壁和桨叶上，则会严重影响混合的进行。

此外，药物其他的粉体性质也会影响混合的均匀性，如粒子的形态、粒径分布、黏附性等。若组分药物粒度分布相差悬殊时，一般先将粒径大者放入混合容器中，再放入粒径小者；当处方中含有液体成分时，可用处方中其他组分吸收该液体，再进行混合；因混合摩擦而带电的粉末可加入少量表面活性剂或润滑剂克服。

2. 设备与操作条件因素

不同的混合设备以及搅拌桨或混合筒的转速、装料方式及装载量等操作条件对混合均匀度都存在影响。因此，应根据物料的性质选择适宜的混合设备及其操作条件。如物理性质相差较大的物料混合时，用容器固定型混合机混合效果好于容器旋转型混合机。容器旋转型混合机在操作时存在最适转速，当设备转速较低时，粒子在粒子层的表面向下滑动，因粒子物理性质不同，引起粒子滑动速度有差异，会造成明显的分离现象；当转速过大时，粒子受离心力作用一起随转筒旋转，没有混合作用。

五、粉碎与混合工艺设计

在中药制剂生产过程中，粉碎和混合是密不可分的固体制剂生产前处理技术，中药制剂的粉碎工艺常常伴随着混合工艺，粉碎的物料粒度影响着混合的均匀度。由于处方中各药味的性质不同，常需要采用不同的粉碎与混合工艺，以达到的最佳前处理效果。以七厘散为例，进行粉碎与混合的工艺设计分析。

案例 3-2　七厘散

【处方】血竭 500 g　乳香（制）75 g　没药（制）75 g　红花 75 g　儿茶 120 g　冰片 6 g　人工麝香 6 g　朱砂 60 g

【制法】以上八味，除人工麝香、冰片外，朱砂水飞成极细粉；其余血竭等五味粉碎成细粉。将人工麝香、冰片研细，与上述粉末配研，过筛，混匀，即得。

【性状】本品为朱红色至紫红色的粉末或易松散的块；气香，味辛、苦，有清凉感。

【功能与主治】化瘀消肿，止痛止血。用于跌扑损伤，血瘀疼痛，外伤出血。

【用法与用量】口服。一次 1~1.5 g，一日 1~3 次；外用，调敷患处。

【注解】

（1）七厘散具有化瘀消肿、止痛止血功能，将处方药物研磨成粉，混匀，制成散剂，既可口服，也可调敷患处外用，有利于其功效的发挥。七厘散在粉碎过程中需注意：①粉碎前，需先用磁铁吸净朱砂含铁的杂质，乳香、没药粉碎前需进行醋炙，使树脂部分受热变性，以增加脆性，利于粉碎；②血竭、乳香、没药等药味属于树脂类中药，有一定的弹性，不易粉碎，可采用低温粉碎技术增加物料脆性；③儿茶质地较硬，容易破碎，可单独粉碎为细粉；④麝香油性较大、较为坚韧，研磨时需加入极少量的水重研，有助于麝香的有效利用；⑤朱砂为矿物药，原料药含有较多的杂质及毒性成分，经"水飞"后，能除去杂质、降低毒性，并达到极细粒度，便于制剂和服用；⑥冰片多为片状结晶，芳香开窍，且易挥发，在粉碎时，一般加入一定量的乙醇，研磨粉碎。进行研磨时，动作应较为轻柔，防止太用力致温度升高加速冰片的挥发或结块。

（2）混合过程中需注意：①处方中人工麝香、冰片量少，与其他组分的量相差较大，直接混合较为困难，应采用"等量递增法"与其他组分进行混合；②朱砂有毒，《中国药典》2020 年版规定，在制备含有毒性药的散剂时，应采用"等量递增法"混匀并过筛；③朱砂色深质重，在混合时还应同时辅以"打底套色法"，以避免其被色浅质轻的粉体包裹，从而影响混合均匀度；④乳香遇热易软化，在混合过程中应注意设备工作状态下的温度变化，以防粉末软化出现粘连成团现象。

（3）工业化生产中，应根据药料的性质、处方药效、剂型特点等需要，选择最佳的粉碎工艺参数，以保证制剂质量和生产效率。例如，朱砂为矿物药，入药时常使用极细粉，需通过八号筛网，故矿物药的粉碎粒度是其关键工艺参数。红花属于植物药，其含水量对粉末的粒度及其分布有显著影响，但其含水量并非越低越好。有研究表明，当植物药含水量过高时药料的韧性会大大增加，通常需经过干燥将药料含水量控制在 5% 以内；但过度干燥同样也会增加药料的韧性，增大粉碎难度。因此要适当控制中药红花粉碎时含水量这一关键工艺参数。其余几味药在通过粉碎设备或粉碎器械进行粉碎时，需注意控制设备的功率以及设备中的药筛内径，从而控制药粉的粒度大小。在保证生产效率的同时，也需注意成本与环保等，故采用粉碎设备进行粉碎时，设备功率和设备的药筛内径大小是关键工艺参数。

（4）混合时常用混合机搅拌混合，需以混合均匀度和混合效率为评价指标，优化物料的混合时间、物料的含水量等工艺参数。

此外，由于本方中含有毒性药朱砂，因此对最终产品进行包装时应按重量法采用单剂量包装形式。

第四节　浸 提 技 术

浸提系指在中医药理论指导下，采用适当的溶剂和方法将能够代表或部分代表原中药功能与主治的有效成分、有效部位或提取物提取出来的技术。浸提是中药制剂生产过程中最基本和最关键的环节，同时，又是减小服用剂量、提高制剂稳定性的核心技术。

中药浸提技术自古就有，自夏商以来，中药酒剂、汤剂就初步形成，冷浸法和煎煮法等浸提技术便已萌芽。东晋葛洪的《肘后备急方》中记载："青蒿一握，以水二升渍，绞取汁，尽服之"，启发了屠呦呦以乙醚为溶剂，用冷浸渍法从黄花蒿茎叶中浸提出了青蒿素，成为治疗疟疾的良药。清代赵学敏《本草纲目拾遗》中记载采用水蒸气蒸馏方法制备金银露、薄荷露等芳香水剂。在新时代背景下，人们对中药中有效成分的认识更加深入，开发出了适用于不同有效物质的浸提技术，如超声提取技术和超临界萃取技术等，大大提高了提取效率，促进中药现代化的进程。

一、浸提的目的

中药浸提的目的有：①提取有效成分、有效部位或提取物；②减少无效甚至有害的物质；③减少药物服用量；④增加制剂稳定性；⑤提高疗效；⑥适于工业化规模生产。

知识拓展 3-7：中药所含有效成分物质构成的简介

二、浸提的原理与影响因素

（一）浸提的原理

浸提是溶质由饮片固相转移到浸出液中的传质过程，一般可分为浸润、渗透、解吸、溶解、扩散等几个相互联系的阶段。

1. 浸润与渗透阶段

浸提溶剂与饮片接触混合后，使饮片表面湿润，并进一步渗透进细胞组织中，这一过程为浸润与渗透阶段。饮片是否能被润湿，取决于饮片与溶剂的性质。根据所需提取成分的极性选择适

宜溶剂，常采用水或不同浓度的乙醇溶液进行浸提，必要时可加入一定表面活性剂或进行脱脂，降低二者之间表面张力，以促进中药的浸润和渗透。使用非极性溶剂浸提脂溶性成分时，中药饮片需先进行干燥，因为潮湿的饮片不易被非极性溶剂润湿。

2. 解吸与溶解阶段

由于中药中有些成分之间或与细胞壁之间，存在一定的亲和力而有相互吸附作用。当浸提溶剂渗入饮片时，需解除这种吸附作用（即为解吸阶段），才能使部分有效成分以分子、离子或胶体粒子等形式或状态转入溶剂中（即为溶解阶段）。

解吸与溶解是两个紧密相连的阶段，其快慢主要取决于溶剂对有效成分的亲和力大小。成分能否被溶解出来，取决于成分的结构和溶剂的性质，常遵循"相似相溶"规律。此外，加热提取或于溶剂中加入酸、碱、甘油及表面活性剂等浸提辅助剂，可助解吸，增加有效成分的溶解。

3. 扩散阶段

浸出溶剂溶解大量药物成分后形成的浓溶液具有较高的渗透压，从而形成扩散点，不停地向周围扩散其溶解的成分以达到渗透压平衡时，扩散终止。因此，浓度差是渗透或扩散的推动力。物质的扩散速率可借用Fick's第一扩散公式来说明，见式（3-3）。

$$ds = -DF \cdot \frac{dc}{dx} \cdot dt \tag{3-3}$$

式中，dt为扩散时间，ds为在dt时间内物质（溶质）的扩散量，F为扩散面，代表中药的粒度及表面状态，dc/dx为浓度梯度，D为扩散系数，负号表示扩散趋向平衡时浓度降低。

扩散系数D值随中药而变化，与浸出溶剂的性质亦有关。可按式（3-4）求得。

$$D = \frac{RT}{N} \cdot \frac{1}{6\pi r\eta} \tag{3-4}$$

式中，R为摩尔气体常数，T为绝对温度，N为阿伏加德罗常数，r为扩散物（溶质）分子半径，η为黏度。

从以上两式可以看出，扩散速率（ds/dt）与扩散面（F，即中药的粒度及表面状态）、扩散过程中的浓度梯度dc/dx和温度T成正比；与扩散物质（溶质）分子半径（r）和液体的黏度（η）成反比。

生产中最重要的是保持最大的浓度梯度。因此，用浸出溶剂或稀浸出液随时置换饮片周围的浓浸出液或使流体运动形成对流扩散，创造最大的浓度梯度以提高浸出推动力是提高浸出效率的关键。

（二）影响浸提的因素

影响浸提的因素较多，它们分别作用于上述浸提过程的一个或几个阶段，而且彼此之间相互影响。

1. 浸出溶剂与浸提方法

在中药提取的过程中，能否提取出较多的有效成分，关键在于选择适宜的浸出溶剂与浸提方法。浸提溶剂和浸提方法的选择与应用，关系到有效成分是否能充分浸出，无效及杂质成分是否能除去。

2. 饮片粒度

饮片粒度主要影响渗透与扩散两个阶段。饮片粒度小，在渗透阶段，溶剂易于渗入饮片内部；在扩散阶段，由于扩散面大、扩散距离较短，有利于药物成分扩散。但过细的粉末反而妨碍浸出过程，原因在于：①过细的粉末吸附作用增强，影响扩散速度；②粉碎过细，使大量细胞破裂，致使大量大分子杂质浸出；③粉末过细使溶液浑浊不易滤过。

3. 有效成分

浸提过程中，成分扩散顺序为相对分子质量小的先浸出，大分子成分后浸出。有效成分通常为小分子化合物（相对分子质量 <1 000），根据扩散公式，小分子的成分扩散较快，在最初的浸出液中占比例高，随着扩散的进行，大分子杂质溶出逐渐增多。因此，浸提次数不宜过多，一般 2~3 次即可将小分子有效成分浸出完全。有效成分的浸出速率还与其溶解性有关，易溶性物质的分子即使相对分子质量大，也能先浸出来。

4. 浸提温度

浸提温度升高，可促进成分的溶解与扩散，提高浸出效率。适当的温度可使细胞内蛋白质凝固破坏，杀死微生物，有利于浸出和制剂稳定。但温度过高，无效成分等杂质的浸出增多，且易致某些不耐热成分或挥发性成分分解、变质或散失。

5. 浸提时间

浸出量与浸提时间成正比。浸提时间过短，则有效成分浸出不完全。但当扩散达到平衡后，浸出不再受时间影响。长时间的浸提，易导致大量杂质溶出及某些有效成分分解。

6. 浓度梯度

浓度梯度是扩散作用的主要推动力。浸提过程中，适当应用和扩大浸出过程的浓度梯度，将有利于提高浸提效率。浸提过程中，不断搅拌、更换新溶剂、强制浸出液循环流动等，均有利于增大浓度梯度，提高浸出效率。

7. 浸提压力

加压可加速溶剂对质地坚硬的中药的浸润与渗透过程，使发生溶质扩散过程所需的时间缩短，并可促使部分细胞壁破裂，有利于成分的扩散。但当中药组织内已充满溶剂之后，加压对扩散速度没有影响。对组织松软的中药，容易浸润的中药，加压对浸出影响不明显。

8. 溶剂 pH

在中药浸提过程中，调节适当的 pH，有助于中药中某些弱酸、弱碱性有效成分在溶剂中的解吸和溶解，如用酸性溶剂提取生物碱，用碱性溶剂提取皂苷等。

9. 新技术

近年来新技术的不断推广，不仅可加快浸提过程，提高浸提效果，而且有助于提高制剂质量，如超声波提取法、微波加热提取法、超临界流体萃取法等。

> **思考与讨论**
> 影响植物类中药有效物质浸提的主要因素有哪些？

三、浸提的溶剂与辅助剂

（一）常用的浸提溶剂

优良的溶剂应能最大限度地溶解和浸出有效成分，最低限度地浸出无效成分和有害物质，且不与中药成分发生化学变化，不影响其稳定性和药效，同时本身性质稳定，比热小，安全无毒，经济易得,可回收利用。真正符合上述要求的溶剂很少,实际工作中首选水、乙醇,还常采用混合溶剂,或在浸提溶剂中加入适宜的浸提辅助剂。

1. 水

水经济易得、极性大、溶解范围广,能浸出生物碱盐类、苷、有机酸盐、鞣质、蛋白质、树胶、色素、多糖类(果胶、黏液质、菊糖、淀粉等),以及酶和少量的挥发油等。由于中药成分复杂,有些成分相互间有"助溶"作用,使本来在水中不溶或难溶的成分在用水浸提时亦能被浸出。缺点是浸出范围广,选择性差,容易浸出大量无效成分,导致难于滤过、制剂色泽不佳、易霉变、不易贮存等,也能引起一些有效成分的水解,或促进某些化学变化。

案例 3-3　甘草浸膏

本品为甘草经加工制成的浸膏。

【制法】取甘草,润透,切片,加水煎煮三次,每次 2 h,合并煎液,放置过夜使沉淀,取上清液浓缩至稠膏状,取出适量,照 [含量测定] 项下的方法,测定甘草酸含量,调节使符合规定,即得;或干燥,使成细粉,即得。

【性状】本品为棕褐色的块状固体或粉末;有微弱的特殊臭气和持久的特殊甜味。

【含量测定】照高效液相色谱法测定。本品按干燥品计算,含甘草苷($C_{21}H_{22}O_9$)不得少于 0.5%,甘草酸($C_{42}H_{62}O_{16}$)不得少于 7.0%。

【注解】

(1)甘草主产于宁夏、内蒙古、新疆、甘肃等地,制备成甘草浸膏便于贮藏和运输。甘草浸膏作为中间物料,可以制备颗粒剂、片剂、胶囊剂等其他剂型。

(2)甘草的主要有效成分为皂苷类化合物,如甘草酸,皂苷类化合物在水中有较好的溶解性,故选择水作为提取溶剂。

2. 乙醇

乙醇能与水以任意比例混溶。其最大优点是可通过调节乙醇的浓度,选择性地浸提中药中某些有效成分或有效部位。一般乙醇含量在 90% 以上时,适于浸提挥发油、有机酸、树脂、叶绿素等;乙醇含量在 50%~70% 时,适于浸提生物碱、苷类等;乙醇含量在 50% 以下时,适于浸提苦味质、蒽醌苷类等;乙醇含量大于 40% 时,能延缓许多药物的水解,如酯类、苷类等成分,增加制剂的稳定性;乙醇含量达 20% 以上时具有防腐作用。

乙醇的比热小,沸点为 78.2℃,气化潜热比水小,故蒸发浓缩等工艺过程耗用的热量较水少。但乙醇具挥发性、易燃性,生产中应注意安全防护。此外,乙醇具一定的药理作用,价格较贵,故使用时乙醇的浓度以能浸出有效成分,满足制备目的为度。

案例 3-4　元胡止痛片

【处方】醋延胡索 445 g　白芷 223 g

【制法】以上二味,取白芷 166 g,粉碎成细粉,剩余的白芷与醋延胡索粉碎成粗粉,用 60% 乙醇浸泡 24 h,回流提取二次,第一次 3 h,第二次 2 h,滤过,合并滤液,滤液浓缩成稠膏状,加入上述细粉,制成颗粒,压制成 1 000 片,包糖衣或薄膜衣,即得。

【性状】本品为糖衣片或薄膜衣片,除去包衣后,显棕黄色至棕褐色;气香,味苦。

【功能与主治】理气,活血,止痛。用于气滞血瘀的胃痛、胁痛、头痛及痛经。

【用法与用量】口服。一次 4~6 片,一日 3 次,或遵医嘱。

【注解】

（1）元胡止痛片处方简单，为临床经验方开发而来，原方汤剂日服用剂量大，依从性差，经改剂型为片剂后，有效改善患者依从性。

（2）延胡索的主要成分为生物碱类（如延胡索乙素），白芷的主要成分为香豆素类（如欧前胡素），在水中溶解度较小，且水煎煮会产生大量的水溶性杂质，影响后续的制剂工艺。生物碱类和香豆素类成分在乙醇中有较好的溶解性，故选择乙醇作为提取溶剂浸提。延胡索和白芷均为根茎类饮片，含大量淀粉，采用60%乙醇浸泡24 h再回流提取，可保证溶剂透心，浸提完全。

（3）将一部分白芷粉碎成细粉后，作为片剂辅料，加入到浓缩的白芷和延胡索的稠膏中进行制粒，发挥白芷细粉"药辅合一"的作用。

3. 亲脂性有机溶剂

亲脂性有机溶剂，如乙酸乙酯、乙醚、丙酮、三氯甲烷、石油醚等，很少用于中药提取，一般仅用于某些有效成分的纯化精制。使用这类溶剂，最终产品必须进行溶剂残留量的限度测定。

（二）常用的浸提辅助剂

浸提辅助剂指能提高浸提效能，增加成分的溶解度、制剂的稳定性以及去除或减少杂质，提高制剂的质量而添加的物质。常用浸提辅助剂有酸、碱及表面活性剂等。

1. 酸

加酸的主要目的是促进生物碱的浸出；提高部分生物碱的稳定性；使有机酸游离，便于用有机溶剂浸提；除去酸不溶性杂质等。常用的酸有硫酸、盐酸、醋酸、酒石酸、枸橼酸等。酸的用量不宜过多，以能维持一定的pH即可，过量的酸可能会引起成分水解或其他不良反应。

案例3-5　黄藤素片

【处方】黄藤素300 g

【制法】取黄藤素，加适量辅料制成软材，制颗粒，干燥，压成3 000片（小片），即得；或压成1 000片（大片）或3 000片（小片），包薄膜衣，即得。

【性状】本品为素片或薄膜衣片，素片或薄膜衣片除去包衣后显黄色；味苦。

【功能与主治】清热解毒。用于妇科炎症、菌痢、肠炎、呼吸道及泌尿道感染、外科感染、眼结膜炎。

【用法与用量】口服。大片一次1片，小片2～4片，一日3次。

【注解】

（1）黄藤素片是由黄藤素加适量辅料制得的片剂，黄藤素为防己科植物黄藤 *Fibraurea recisa* Pierre. 干燥藤茎中提取得到的生物碱，故黄藤素的制备是关键环节。

（2）黄藤素收载于《中国药典》，其制法为：取黄藤粗粉1 000 g，加0.3%～0.5%硫酸溶液浸泡二次，每次24 h，第一次5倍量，第二次4倍量，合并提取液，滤过，滤液加食盐约800 g，搅匀，静置，滤过，滤渣干燥，即得黄藤素粗品。取粗品1 000 g，加85%乙醇30 000 mL及活性炭100 g，加热回流30 min，趁热滤过，滤液浓缩至15 000 mL，室温静置48 h使结晶，滤过，结晶置70℃下干燥，粉碎，即得。

（3）黄藤素在热水中易溶，在水中略溶，在乙醇中微溶，在乙醚中几乎不溶。虽然黄藤素在水中的溶解度较低，而硫酸盐形式的黄藤素（如黄藤素硫酸盐）在水中的溶解度大。因此，采用稀硫酸溶液从黄藤粗粉中提取黄藤素，提高黄藤素硫酸盐在水中的溶解性，加入大量食盐，达到盐析的目的，使黄藤素析出，得到单一的黄藤素化学成分。

2. 碱

加碱的目的是增加偏酸性有效成分的溶出。碱性水溶液可溶解内酯、蒽醌及其苷、香豆素、有机酸、某些酚性成分，但同时碱性水溶液亦能溶解树脂、某些蛋白质等杂质。常用的碱为氨水、碳酸钙、氢氧化钙、碳酸钠和石灰等。因上述各碱的碱性强弱不一，用时应调节pH，并注意其腐蚀性，及时清洗。

四、浸提的方法与设备

中药浸提方法的选择应综合考虑处方饮片、溶剂性质、剂型要求和生产实际等因素。常用的浸提方法主要有煎煮法、浸渍法、渗漉法、回流法、水蒸气蒸馏法等。近年来，超临界流体提取法、超声波提取法、微波提取法、生物酶提取法等新技术也应用于中药制剂的提取。

（一）煎煮法

煎煮法是用水作溶剂，加热煮沸浸提中药有效成分、有效部位和提取物的提取方法。

1. 操作方法

煎煮法属于间歇式操作，即将中药饮片或粗粉置煎煮器中，加水浸泡适宜时间，加热至沸，保持微沸一定时间，滤过，滤液保存，药渣再依法煎煮，合并各次煎出液，即得。根据煎煮时加压与否，可分为常压煎煮法和加压煎煮法。常压煎煮法适用于一般的中药，加压煎煮法适用于药物成分在高温下不易被破坏，或常压下不易煎透的中药。

2. 应用特点

煎煮法经济、简单、易行，符合中医传统用药习惯，适用于有效成分能溶于水，且对湿、热较稳定的中药。浸提成分谱广，还可杀酶保苷，杀死微生物。但一些不耐热及挥发性成分易被破坏或挥发而损失；提取物杂质较多，煎出液易霉败变质，应及时处理。

3. 常用设备

目前中药生产中应用最广的浸提设备是多功能提取罐，是可调节压力、温度且具备提取或蒸馏等多功能的密闭间歇式提取设备。该设备可进行常压常温、加压高温提取或减压低温提取；可进行水提、醇提、提取挥发油、回收药渣中溶剂等操作；采用气压自动排渣，操作方便，安全可靠；提取时间短，生产效率高；设有集中控制台，控制各项操作，大大减轻劳动强度，利于流水线生产，如图3-10所示。

（二）浸渍法

浸渍法是用定量的溶剂，在一定的温度下，将饮片浸泡一定的时间，以提取饮片成分的浸提方法。

1. 浸渍法的类型

浸渍法按提取温度和浸渍次数可分为冷浸渍法、热浸渍法、重浸渍法。

（1）冷浸渍法 又称常温浸渍法，将中药饮片或碎块置有盖容器内，加入定量的溶剂，密闭，室温浸渍3~5日或至规定时间，经常振摇或搅拌，滤过，压榨药渣，压榨液与滤液合并，静置24 h后，滤过，得滤液。此法可直接制得药酒、酊剂。若将滤液浓缩，可用于制备流浸膏、浸膏、片剂、颗粒剂等。冷浸渍法所得药液澄明度较好，但生产周期长。

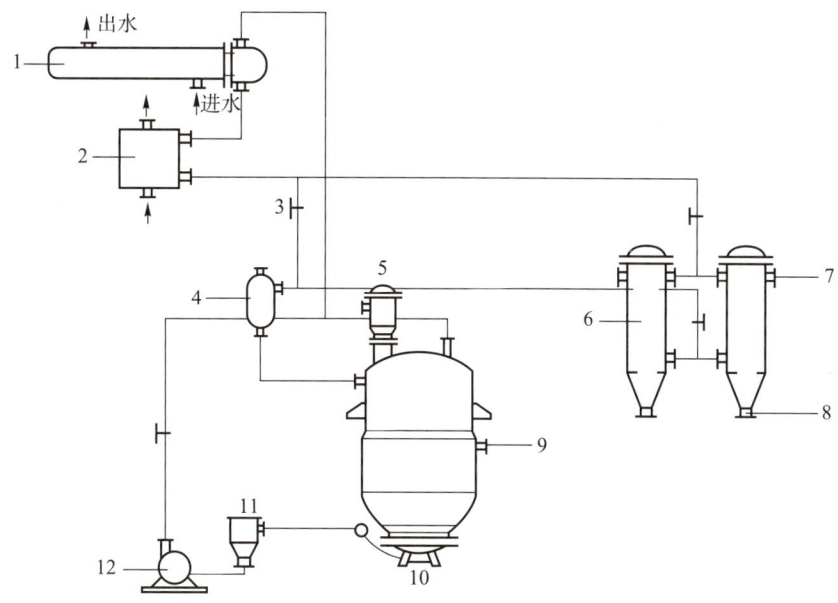

图 3-10 中药多功能提取罐示意图

1. 热交换器；2. 冷却器；3. 阀门；4. 气液分离器；5. 泡沫捕集器；6. 水油分离器；7. 芳香油出口；8. 放水阀；9. 间接出热蒸汽进口；10. 直接出热蒸汽进口；11. 管道过滤器；12. 水泵

（2）热浸渍法　该法是将中药饮片或碎块置特制的罐内，加定量的溶剂，水浴或蒸汽加热至40~60℃浸渍，以缩短浸提时间，其余操作同冷浸渍法。浸出液冷却有沉淀析出，应分离除去。热浸渍法所得药液有一定的杂质，需进一步处理，但生产周期短。

（3）重浸渍法　即多次浸渍法，将全部浸提溶剂分为几份，先用第一份浸渍后，药渣再用第二份浸渍，重复2~3次，再将各份浸渍液合并，即得。此法可减少药渣吸附浸出液所引起的中药成分损失。

2. 应用特点

浸渍法适用于黏性药物、无组织结构中药、新鲜及易膨胀的中药、价格低廉的芳香性中药。不适用于贵重中药、毒性中药及制备高浓度的制剂。

3. 常用设备

浸渍法常用设备有圆柱形不锈钢罐、搪瓷罐，出液口在下部，为防药渣堵塞，装多孔假底，上铺垫滤网及滤布。

（三）渗漉法

渗漉法是将中药粗粉置渗漉器内，溶剂连续从渗漉器的上部加入，渗漉提取液不断地从其下部流出的浸提方法。

1. 渗漉法的类型

根据操作方法的不同，可分为单渗漉法、重渗漉法、加压渗漉法、逆流渗漉法。

（1）单渗漉法　其操作流程为：粉碎→润湿→装筒→排气→浸渍→渗漉。

饮片经适当粉碎后，在装渗漉筒前应先用浸提溶剂润湿，使其充分膨胀，避免在筒内膨胀造成渗漉器堵塞，影响渗漉的进行。装筒时，将润湿的药粉分层均匀装入底部垫有脱脂棉的渗漉器中，松紧程度视中药及浸出溶剂而定，再从上部添加溶剂，同时打开下部渗液出口排除空气。排气完成后,添加溶剂至浸没药粉表面数厘米,浸渍 24~48 h,使溶剂充分渗透扩散。打开下口开关,使渗液缓缓流出。渗漉速率以饮片质地、性质和制备工艺而定,1 000 g 饮片快漉漉速一般为每分钟 3~5 mL,慢漉漉速一般为每分钟 1~3 mL。流出液达规定量后,静置,过滤即得。

渗漉法制备流浸膏、浸膏,则宜先收集 85% 初漉液另器保存,续漉液经低温浓缩后与初漉液合并,调整浓度至规定标准。若用渗漉法制备酊剂等浓度较低的浸出制剂时,不需要另器保存初漉液,可直接收集相当于欲制备量 3/4 的漉液即停止渗漉,压榨药渣,压榨液与渗漉液合并,添加乙醇至规定浓度与容量后,静置,滤过即得。

(2)重渗漉法 系将多个渗漉筒串联排列,渗漉液重复用作新药粉的溶剂,进行多次渗漉以提高渗漉液浓度的方法。重渗漉法中溶剂能多次利用,用量较单渗漉法少;漉液中有效成分浓度高,不必加热浓缩,可避免有效成分受热分解或挥发损失,成品质量较好,浸出效率较高,但所占容器太多,操作麻烦,较为费时。

(3)加压渗漉法 系给溶剂加压,使溶剂及浸出液较快通过粉柱,使渗漉顺利进行,有利于有效成分的浸出,总提取液浓度大,溶剂耗量少,对于浓缩及回收溶剂等很有利。

2. 应用特点

渗漉法属于动态浸出,溶剂的利用率高,有效成分浸出完全,适用于贵重中药、毒性中药、高浓度制剂及有效成分含量较低中药的提取。新鲜的及易膨胀的中药、无组织结构的中药不宜选用。渗漉液可不经滤过直接收集。渗漉过程所需时间长,不宜用水作溶剂,通常用不同浓度的乙醇或白酒作溶剂,应防止溶剂的挥发损失。

3. 常用设备

渗漉法一般采用渗漉装置,图 3-11 为加压式多级渗漉装置示意图。

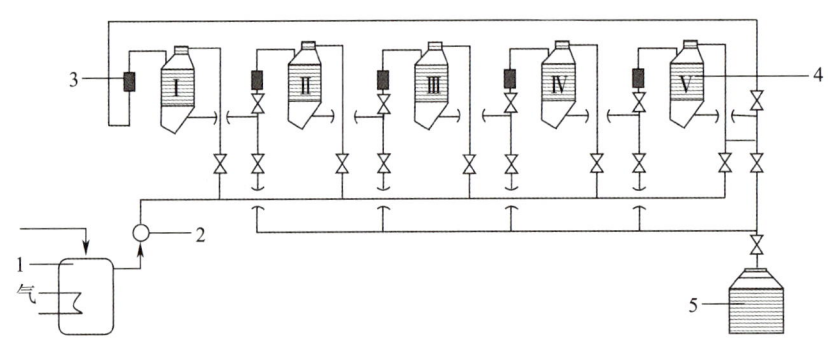

图 3-11 加压式多级渗漉装置示意图
1. 溶剂罐;2. 水泵;3. 加热器;4. 渗漉罐;5. 贮液罐

(四)回流法

回流法是用乙醇等挥发性有机溶剂提取中药成分,其中挥发性溶剂馏出后又被冷凝,重复流回浸出器中浸提中药,循环直至有效成分提取完全的方法。

1. 回流法的类型

(1)回流热浸法 系在饮片中加规定量的溶剂,采用夹层蒸汽加热,循环回流提取,待有效成分扩散平衡时更换溶剂,反复 2~3 次。

(2)回流冷浸法 其原理同索氏提取,溶剂用量少,且可循环更新。

2. 应用特点

回流热浸时，为提高浸出效率，通常需更换溶剂2~3次，溶剂用量较多。回流冷浸时，溶剂既可循环使用，又能不断更新，故溶剂用量较回流热浸法、渗漉法少，浸提更完全。回流法需连续加热，浸提液受热时间较长，不适用于易被热破坏的中药成分的浸提。

3. 常用设备

回流热浸法一般采用多功能提取罐，回流冷浸法一般采用循环回流冷浸装置（图3-12）。

（五）水蒸气蒸馏法

水蒸气蒸馏法是指将含有挥发性成分的中药与水共蒸馏，使挥发性成分随水蒸气一并馏出，并经冷凝分取挥发性成分的一种提取方法。

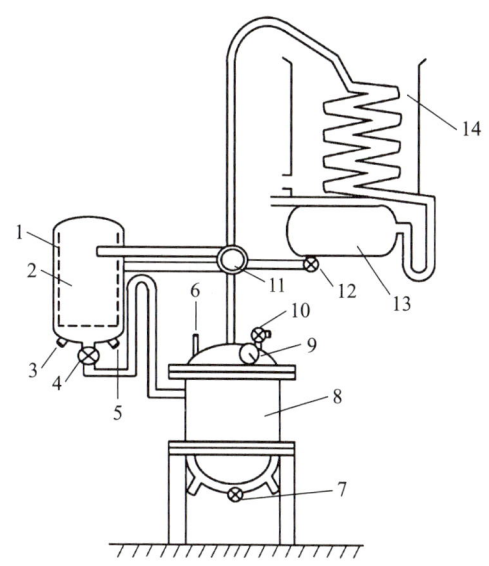

图3-12 循环回流冷浸装置示意图

1. 铜丝篮；2. 浸出器；3. 蒸汽出口；4. 阀；5. 蒸汽进口；6. 温度计；7. 浓缩液出口；8. 蒸发锅；9. 压力计；10. 放气阀；11. 三通阀；12. 阀；13. 贮液筒；14. 冷凝器

根据道尔顿定律，相互不溶也不起化学作用的液体混合物的蒸汽总压，等于该温度下各组分饱和蒸汽压（分压）之和（即：$P = P_1 + P_2 + P_3 \cdots$）。尽管各组分本身的沸点高于混合液的沸点，但当分压之和等于一个大气压时（101 kPa），液体混合物即开始沸腾，挥发性成分随水蒸气一并馏出，此法主要用于中药挥发油的提取或芳香水剂的制备。

1. 操作方法

水蒸气蒸馏法可分为共水蒸馏法（即直接加热法）、通水蒸气蒸馏法及水上蒸馏法三种。为提高馏出液的纯度或浓度，一般需进行重蒸馏，收集重蒸馏液。但蒸馏次数不宜过多，以免挥发油中某些成分氧化或分解。

2. 应用特点

水蒸气蒸馏法适用于具有挥发性，能随水蒸气蒸馏而不被破坏，与水不发生反应，难溶或不溶于水的化学成分的提取、分离，如挥发油的提取。

3. 常用设备

工业生产一般使用改进的多功能提取罐进行水蒸气蒸馏提取。

知识拓展3-8： 工业生产提取挥发油简介

案例3-6 四物合剂

【处方】当归250 g　川芎250 g　白芍250 g　熟地黄250 g

【制法】以上四味，当归和川芎冷浸0.5 h，用水蒸气蒸馏，收集蒸馏液约250 mL，蒸馏后的水溶液另器保存。药渣与白芍、熟地黄加水煎煮三次，第一次1 h，第二、三次各1.5 h，合并煎液，滤过，滤液与上述水溶液合并，浓缩至相对密度为1.18~1.22（65℃）的清膏，加入乙醇，使含醇量达到55%，静置24 h，滤过，回收乙醇，浓缩至相对密度为1.26~1.30（60℃）的稠膏，加入上述蒸馏液、苯甲酸钠3 g及蔗糖35 g，加水至1 000 mL，滤过，灌封，或灌封、灭菌，即得。

【性状】本品为棕红色至棕褐色的液体；气芳香，味微苦、微甜。

【功能与主治】养血调经。用于血虚所致的面色萎黄、头晕眼花、心悸气短及月经不调。

【用法与用量】口服。一次 10~15 mL，一日 3 次。

【注解】

（1）当归、川芎均含有较多的挥发油和水溶性有效成分，因此采用先蒸馏提取蒸馏液，再用水煎煮提取有效成分的浸提方法。

（2）在蒸馏过程中影响提取效果的主要因素有加水量、浸泡时间、蒸馏时间等。

（六）超临界流体提取法

超临界流体提取法（supercritical fluid extraction，SFE）是利用超临界状态下的流体为萃取剂提取中药有效成分的方法。其优点有：①提取速度快，效率高；②提取温度低，无氧，中药成分不易分解；③可选择性地提取中药成分；④工艺简单，溶剂可循环利用。适合于挥发性较强的成分、热敏性物质和脂溶性成分的提取分离。其缺点为一次性设备投资过大，应用范围较窄。

1. 基本原理

对于某一特定的物质而言，存在一个临界点［临界温度（T_c）和临界压力（P_c）］，临界点以上的范围内，物质状态处于气体和液体之间，这个范围之内的流体成为超临界流体（SF）。在超临界状态下，超临界流体兼有气液两相双重特点，其密度接近于液体，故分子间相互作用增大，对物质的溶解度大；其黏度接近于气体，扩散系数比气体大 100 倍以上，故传质快。控制 SF 在高于临界温度和压力条件下，从目标物中萃取有效成分，当恢复到常压、常温时，超临界流体溶剂变为气体形式，与其萃取的液体状有效成分分离，达到提取目的。超临界提取工艺过程示意图见图 3-13。

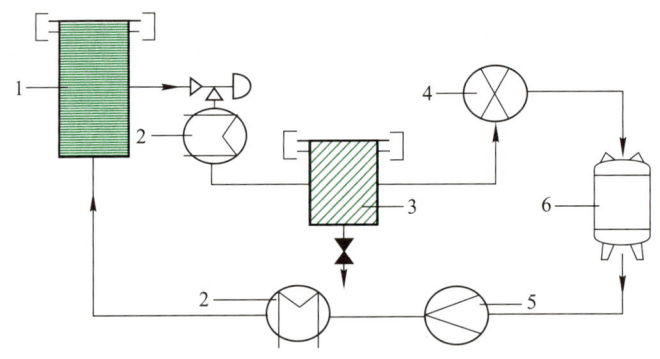

图 3-13　超临界提取工艺过程示意图

1. 萃取釜；2. 换热器；3. 分离釜；4. 冷凝器；5. CO_2 压缩机；6. 储罐

2. 应用特点

可用作超临界流体的气体很多，如二氧化碳、氧化二氮、乙烯、三氟甲烷、六氟化硫、氮气、氩气等。其中二氧化碳的临界温度接近室温且临界压力较低，T_c = 31.3℃，P_c = 7.38 MPa，无毒、无味、不易燃、价廉易得，一般可回收 80% 左右，应用最广。超临界 CO_2 流体极性小，适用于非极性或极性小的化合物的提取；对极性物质的溶解度低，需加入改性剂（又称夹带剂、携带剂、调节剂，如乙醇、甲醇），使其在改善和维持选择性的同时提高待提取成分的溶解度。

（七）其他提取法

1. 超声波提取法

超声波提取是指利用超声波增大溶剂分子的运动速度及穿透力以提取中药有效成分的方法。超声波在媒质中传播可使媒质质点在传播空间内进入振动状态，强化溶质扩散、传质，即超声波机械作用。超声波在传播过程中，声能可不断被媒质质点吸收变成热能，使溶剂本身和中药组织的温度升高，即超声波热学作用。大能量的超声波作用于提取介质，在振动处于稀疏状态时，介质被撕裂成许多小空穴，这些小空穴瞬时闭合，闭合时产生高达几千大气压的瞬时压力，即超声波空化作用。超声波提取法利用超声波的机械作用、热学作用和空化作用等，提高中药有效成分浸出率。与煎煮法、浸渍法、渗漉法等传统的提取方法比较，其有省时、节能、提取率高等优点。目前，超声波提取常与其他方法联合应用于中药生产过程中，如连续逆流超声提取设备。

知识拓展3-9：连续逆流超声提取简介

2. 微波提取法

微波是频率在0.3~300 GHz之间、波长在1 mm~1 m之间的电磁波，利用微波强烈的热效应能在极短的时间内完成提取过程。当提取物与溶剂共同处于微波场中，组分分子受到高频电磁波的作用，产生剧烈振荡，分子本身获得巨大能量，以挣脱周边环境的束缚，当环境存在浓度差时，分子从被提取物中迅速向外扩散，很快达到平衡点，完成提取。极性溶剂（如水）及有效成分，可在微波场中大量吸收能量，而非极性溶剂则很少或不吸收微波，故微波辅助含水的溶剂提取极性化合物时，能显示出较大优势。

3. 生物酶提取法

生物酶提取法是一种生物学分离纯化技术，它的基本原理是利用生物酶对特定基团的选择性结合和催化水解作用的特殊性质，将生物大分子（如蛋白质、DNA等）从混合物中分离出来。这种技术具有高效、灵敏、选择性强等特点，被广泛应用于医学、生物技术、食品工业等领域。

五、浸提工艺设计

中药方剂遵循了君、臣、佐、使的组方规律，各药味之间具有一定的比例关系，通过中药的提取工艺，达到"去粗取精"目的，但不能改变原处方故有的药物配比关系，保持中药方剂原有处方的功效是中药浸提工艺设计的关键。以藿香正气口服液为例，进行工艺设计分析。

案例 3-7　藿香正气口服液

【处方】苍术80 g　陈皮80 g　厚朴（姜制）80 g　白芷120 g　茯苓120 g　大腹皮120 g　生半夏80 g　甘草浸膏10 g　广藿香油0.8 mL　紫苏叶油0.4 mL

【制法】以上十味，厚朴（姜制）加60%乙醇加热回流1 h，取乙醇液备用；苍术、陈皮、白芷加水蒸馏，收集蒸馏液，蒸馏后的水溶液滤过，备用；大腹皮加水煎煮二次，滤过；茯苓加水煮沸后于80℃温浸二次，滤过；生半夏用水泡至透心后，另加干姜6.8 g，加水煎煮二次，滤过。合并上述各滤液，浓缩至相对密度为1.10~1.20（50℃）的清膏，加入甘草浸膏，混匀，加入2倍量乙醇使沉淀，滤过，滤液与厚朴乙醇提取液合并，回收乙醇，加入聚山梨酯80与广藿香油、紫苏叶油的混合液及上述蒸馏液，混匀，加水使全量成1 025 mL，用氢氧化钠溶液调节pH至5.8~6.2，静置，滤过，灌装，灭菌，即得。

【性状】本品为棕色的澄清液体；味辛、微甜。

【功能与主治】解表化湿，理气和中。用于外感风寒、内伤湿滞或夏伤暑湿所致的感冒，症见头痛昏重、胸膈痞闷、脘腹胀痛、呕吐泄泻；胃肠型感冒见上述证候者。

【用法与用量】口服。一次 5~10 mL，一日 2 次，用时摇匀。

【注解】

（1）浸提工艺设计　藿香正气口服液处方源自宋《太平惠民和剂局方》中的经典名方藿香正气散，具有解表化湿、理气和中的功效，在临床上常用于治疗外感风寒、内伤湿滞或夏伤暑湿所致的感冒等病症，疗效确切。藿香正气口服液处方共 10 味中药，根据各药味所含主要成分性质，结合处方功效，采用了加乙醇回流、加水蒸馏、加水煎煮及温浸的浸提方法，达到有效物质的浸提效率高，满足临床应用需求，工艺设计科学合理。

1）处方中广藿香油芳香化浊，理气和中，解表散寒为君药。广藿香油为唇形科植物广藿香 *Pogostemon cablin*（Blanco）Benth. 的干燥地上部分经水蒸气蒸馏提取的挥发油；处方中紫苏叶油为唇形科植物紫苏 *Perilla frutescens*（L.）Britt. 的干燥叶（或带嫩枝叶）经水蒸气蒸馏提取的挥发油；方中苍术、陈皮、白芷含有挥发油类成分，三者加水蒸馏，收集蒸馏液，挥发性成分浸出完全，利于全方发挥解表化湿之功；采用中药液体制剂最常用的增溶剂吐温 80 进行增溶，可有效提高油类成分的溶解性，保证制剂的均匀性和稳定性。

2）处方中姜厚朴主要含木脂素类、生物碱类活性物质，难溶于水，易溶于乙醇，因此采用 60% 乙醇加热回流提取，有利于有效物质的充分浸出。

3）处方中大腹皮含有大量的植物纤维，一般在液体制剂中均采用水煎煮，故本品采用加水煎煮两次，确保其成分等浸出。

4）处方中茯苓的主要活性成分为茯苓多糖及茯苓三萜等，加水煮沸，可提取多糖等耐高温成分，煮沸后冷却至 80℃再温浸两次，尽可能减少茯苓三萜等热敏性成分降解的同时，还提高了成分的利用率。

5）处方中生半夏采用水泡至透心，可软化半夏，使其内部完全浸透，有助于后续煎煮过程中的有效成分充分溶出，也有利于毒性成分的去除。加入干姜共煎煮二次，"干姜杀半夏"，可缓解半夏的寒凉性质，减少其毒性，增强药效。

6）处方中药物经过提取得到的各提取液，采用乙醇沉淀，主要是为了除去黏液质、糊化淀粉等杂质。回收乙醇工艺，使其产品中不含乙醇，口感温和，适用人群更广。

（2）不同浸提方法及其工艺参数优选　藿香正气口服液在工业生产上常采用多功能提取罐进行浸提。回流提取时，应重点考察乙醇浓度、乙醇用量、提取次数、提取时间等工艺参数，其中溶剂占用体积原则上不超过罐体体积的 2/3。另外还需注意检查设备的密封性及冷凝系统等，减少乙醇在提取过程中挥发及溢料等问题，确保浸提完全。多功能提取罐进行加水蒸馏提取时，应匹配适宜的冷凝器和油水分离器等，并优化提取时间、料液比、粉碎度和浸泡时间等工艺参数，提高挥发油得率。多功能罐进行煎煮提取时，应优化浸泡时间、煎煮时间、煎煮次数、料液比等，如茯苓等质密的中药，可通过适当减小粉碎粒度、延长煎煮时间等，提高煎煮时有效成分的转移率。多功能罐进行浸渍提取时，浸渍溶剂、浸渍时间等对提取效率有较大影响。同时，在工业生产中，多功能提取罐的罐体设计（如底部形态、直径等）、罐体压力、投料方式、出料温度等均会影响浸提效率。因此，确保浸提工艺与设备的适应性、关键工艺参数的合理性等，是保证藿香正气口服液有效浸提的重要因素。

第五节 分离与精制技术

中药制剂在生产过程中，分离与精制工艺为其中的重要环节，上承提取，下启浓缩，可以从提取液中逐步分离去除无效杂质，并富集有效成分（部位）。正如李时珍在《本草纲目》中记载青黛的制作工艺"淀，石殿也，其滓澄在下也。亦作淀，俗作靛。南人掘地作坑，以蓝浸水一宿入石灰搅至千下，澄去水，则青黑色。亦可干收，用染青碧。其搅起浮沫，掠出阴干，谓之靛花，即青黛"，利用不同物质相对密度差异分离得到青黛，传统制备工艺的精髓沿用至今，体现了分离精制技术在中药制剂生产与科学研究中的重要地位。分离精制技术也随现代科学技术的发展不断创新，面对复杂多样的分离精制技术，关键在于根据中药临床需求、制剂目的与主要有效成分理化性质，选择适宜的方法，使中药提取液达到"去粗存精"的目的，保证制剂的有效性及安全性。

一、固液分离技术

中药提取液的分离主要有固液、液液及固固等分离技术，其中固液分离技术常用于中药提取液的分离与精制，该技术可以将中药提取液中的固体颗粒与液体分离，从而提高中药制剂的纯度，在整个分离与精制过程中扮演着至关重要的角色。

（一）沉降分离法

沉降分离法是利用固体与液体介质密度相差悬殊，在静止状态下，液体中的固体微粒靠自身重量自然沉降而与液体分离的方法。该法适用范围为固体杂质含量高的水提液或水提醇沉（醇提水沉）液的粗分离，对料液中固体物含量少，粒子细而轻者不宜使用。

（二）离心分离法

离心分离法是借助离心机的高速旋转，使料液中的固体与液体，或两种密度不同且不相混溶的液体产生大小不同的离心力而分离的分离方法。该法适用范围为含不溶性微粒的粒径很小或黏度很大的滤浆，或密度不同的不相混溶的液体。

离心机的分离因数（α，为物料所受离心力与重力之比）越大，则离心机分离能力越强。按α大小，离心机可分为：①常速离心机，$\alpha < 3\ 000$（一般为$600 \sim 1\ 200$），转速低于$6\ 000$ r/min，适用于易分离的混悬滤浆的分离及物料的脱水；②高速离心机，α在$3\ 000 \sim 5\ 000$之间，转速$6\ 000 \sim 25\ 000$ r/min，主要用于细粒子、黏度大的滤浆及乳状液的分离；③超高速离心机，$\alpha > 5\ 000$，转速高于$30\ 000$ r/min，主要用于微生物及抗生素发酵液、动物生化制品等的固－液分离。超高速离心机中常伴有冷冻装置，可使离心操作在低温下进行。

常用的离心机设备按离心操作性质不同可分为滤过式离心机、沉降式离心机、分离式离心机三类。常用的离心机主要有管式离心机、碟片式离心机、三足式离心机、离心沉淀机等。

（三）滤过分离法

滤过分离法系指将混悬液通过多孔的介质（滤材），固体微粒被截留，液体经介质孔道流出，使固－液分离的方法。该法操作简便、适用范围广且成本较低，但是耗材消耗大、过滤速度慢且精度低，操作繁琐，往往难以实现自动化。

1. 滤过方式分类

滤过操作按滤材截留粒子的方式分为表面过滤和深层过滤；按过滤推动力产生的方式分为自然过滤、加压过滤、减压过滤和离心过滤；按滤材孔径及滤液质量分为粗滤和精滤；按料液与滤材的相对流向分为截留过滤和错流过滤。

2. 影响滤过的因素

料液经一段很短的时间滤过后，由于"架桥"作用而形成致密的滤渣层，液体由间隙滤过。将滤渣层中的间隙假定为均匀的毛细管聚束，那么，液体的流动遵守 Poiseuille 定律，见式（3-5）。

$$V = \frac{\Delta P \pi r^4 t}{8 \eta l} \tag{3-5}$$

式中，ΔP 为滤渣层两侧的压力差，t 为滤过时间，r 为滤渣层毛细管的半径，l 为毛细管长度，η 为料液的黏度，V 为滤液的体积。若把时间 t 移到等式的左项，则左项 V/t 为滤过速度。由此式并结合滤过时的实际情况，可以看出影响滤过速度的因素主要有：

（1）滤渣层两侧压力差（ΔP） 两侧的压力差愈大，则滤速愈快。因此常用加压或减压滤过法。

（2）滤器的面积 在滤过的初期，滤过速度与滤过面积成正比。

（3）滤材和滤饼毛细管半径（r） 滤速与滤材和滤饼毛细管半径（r）成正比，毛细管半径对坚固非压缩性滤渣层有一定值，而对软的易变形的滤渣层，若孔隙变小，数目减少，则阻力增大，滤速变慢。

（4）毛细管长度（l） 滤速与毛细管长度（l）成反比，故沉积的滤渣层愈厚，则滤速愈慢。因此，料液经预处理，可减少滤渣层的厚度。采用动态滤过的效果较静态滤过好。

（5）料液黏度（η） 滤速与料液黏度成反比，黏稠性愈大，滤速愈慢。因此，常采用趁热滤过或保温滤过。

3. 滤过方法与设备

（1）普通滤过

1）常压滤过：常用玻璃漏斗、搪瓷漏斗、金属夹层保温漏斗。此类滤器常用滤纸或脱脂棉作滤过介质。一般适于少量药液的滤过。

2）减压滤过：常用布氏漏斗、垂熔玻璃滤器（包括漏斗、滤球、滤棒）。布氏漏斗滤过多用于非黏稠性料液和含不可压缩性滤渣的料液，在注射剂生产中，常用于滤除活性炭。垂熔玻璃滤器常用于注射剂、口服液、滴眼液的精滤。

3）加压滤过：常用压滤器和板框压滤机。板框压滤机适用于黏度较低、含渣较少的液体作密闭滤过，醇沉液、合剂配液多用板框滤过（图3-14）。但应注意尽量使进液压力稳定，以免影响滤过效果。

（2）薄膜滤过 是利用对组分有选择透过性的薄膜，实现混合物组分分离的一种方法。膜分离过程中，被分离的物质大多数不发生相的变化，常在室温下进行，能耗低，操作十分简便，不

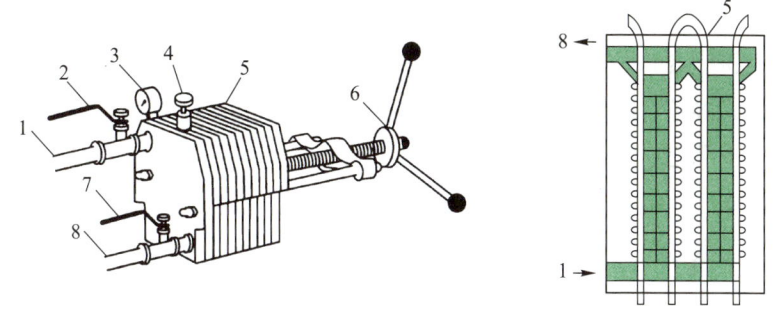

图 3-14 板框压滤机结构图及工作原理示意图

1. 进料口；2. 进口阀门；3. 压力表；4. 排气口；5. 滤框；6. 紧固螺杆；7. 出口阀门；8. 出料口

产生二次污染。按薄膜所能截留的微粒最小粒径，薄膜滤过可分为微孔滤膜滤过、超滤等。

1）微滤（microfiltration，MF）：所用微孔滤膜，孔径为 0.03~10 μm，主要滤除直径大于 50 nm 的细菌和悬浮颗粒。常见不同材质的滤膜主要有纤维素酯微孔滤膜、再生纤维素微孔滤膜、聚氧乙烯微孔滤膜、聚酰胺微孔滤膜、聚丙烯微孔滤膜等。

微滤的特点是微孔滤膜的孔径高度均匀，孔隙率高，一般占薄膜总体积 70% 以上，滤速快，吸附损失小；滤过时无介质脱落，对药液不污染；但易堵塞，故料液必须先经预处理。

2）超滤（ultrafiltration，UF）：所采用的非对称结构的多孔超滤膜孔径为 1~20 nm，主要滤除直径为 5~100 nm 的颗粒，故为纳米数量级选择性滤过的技术，是以压力差为推动力的膜分离过程。

超滤技术应用于中药制剂生产中具有减少工艺流程、缩短生产周期、除杂除菌效果好、去除热原效果佳以及有利于保存中药的生理活性及理化稳定性等优点，但该法的设备成本高，对大分子物质的分离效果不理想，未来还需进一步研发和完善该技术，以推动中药制剂更好的发展。

二、精制技术

精制技术是采用适当的方法和设备除去中药提取液中杂质的技术，其目的在于进一步除去杂质并富集有效成分。常用的精制技术有水提醇沉法、醇提水沉法、酸碱法、盐析法以及大孔树脂吸附法等。

（一）水提醇沉法

水提醇沉法是先以水为溶剂提取中药有效成分，再用不同浓度的乙醇沉淀去除提取液中杂质的方法。此法广泛用于中药水提液的精制，以降低制剂的服用量，或增加制剂的稳定性和澄清度。此外，还可通过乙醇沉淀获得具有生理活性的多糖和糖蛋白，如大黄多糖、黄芩多糖、枸杞多糖。

1. 基本原理

根据中药成分在水和乙醇中的溶解性不同，通过水和不同浓度的乙醇交替处理，可保留生物碱盐类、苷类、氨基酸、有机酸等有效成分；去除蛋白质、糊化淀粉、黏液质、油脂、脂溶性色素、树脂、树胶、部分糖类等杂质。通常认为，料液中含乙醇量达到 50%~60% 时，可去除淀粉等杂质；当含醇量达 75% 以上，除鞣质、水溶性色素等少数无效成分不能被去除外，其余大部分杂质均可沉淀去除。

2. 操作要点

该精制方法是将中药饮片先用水提取，再将提取液浓缩至约每毫升相当于原中药 1~2 g，冷却，加入适量乙醇，静置，冷藏适当时间，分离去除沉淀，回收乙醇，最后制成澄清的液体。具体操作时应注意以下问题。

（1）药液的浓缩　水提取液应经浓缩后再加乙醇处理，可减少乙醇的用量，使沉淀完全。浓缩程度应适宜，若药液浓度太大，醇沉处理后，滤过处理易致成分损失量大。

（2）加醇的方式　分次醇沉或以梯度递增方式逐步提高乙醇浓度的方法进行醇沉，有利于除去杂质。乙醇加入到浓缩液中时，应慢加快搅，避免局部醇浓度过高，迅速产生大量沉淀吸附有效成分而造成损失。

（3）密闭冷藏与处理　药液加至所需含醇量后，将容器口盖严，以防乙醇挥发。待含醇药液冷却至室温时，移至冷库中，于 5~10℃下静置 12~24 h，若含醇药液降温太快，微粒碰撞机会减少，沉淀颗粒较细，难于滤过。充分静置冷藏后，先虹吸上清液，可顺利滤过，下层稠液再慢慢抽滤。

（二）醇提水沉法

先以适当浓度的乙醇提取中药成分，回收乙醇后，再加适量的水，静置冷藏，沉淀完全后滤过除去不溶性成分。该法的基本原理和操作要点同水提醇沉法。饮片用乙醇为提取溶剂，可以避免淀粉、蛋白质、黏液质等大分子成分的浸出，加水处理后又可以除去醇提液中的树脂、油脂以及脂溶性色素等杂质。因此，水溶性差的有效成分不可采用水沉处理。

（三）酸碱法

酸碱法是针对单体成分的溶解度与酸碱度有关的性质，在溶液中加入适量酸或碱，调节 pH 至一定范围，使单体成分溶解或析出，以达到分离的方法。如生物碱一般不溶于水，加酸后生成生物碱盐而溶于水，再碱化后又重新生成游离生物碱而从水溶液中析出，从而与杂质分离。

（四）盐析法

盐析法是指在药物溶液中加入大量的无机盐，使某些大分子物质的溶解度降低沉淀析出，而与其他成分分离的方法。该法简单方便，可用于蛋白质抗原的粗提、丙种球蛋白的提取、蛋白质的浓缩等，主要适用于蛋白质的分离精制。此外，也常用于提高中药蒸馏液中挥发油的含量及蒸馏液中微量挥发油的分离。

（五）大孔树脂吸附法

大孔树脂吸附法是利用其多孔结构和选择性吸附功能将中药提取液中的有效成分或有效部位吸附，再经洗脱回收，以除去杂质的一种精制方法。大孔吸附树脂是吸附性和分子筛性原理相结合的分离材料，它的吸附性是由于范德华引力或产生氢键的结果，分子筛性是由于其本身多孔性结构的性质所决定。大孔吸附树脂可以有效地吸附具有不同化学性质的不同类型化合物。

1. 大孔吸附树脂的种类及选择依据

大孔吸附树脂法因其高效、选择性强、操作简便等优点而被广泛应用，选择合适的树脂种类是关键，应主要考虑以下方面。

（1）目标成分的理化特性　不同的目标成分具有不同的相对分子质量、极性和溶解度，应选择具有相应孔径和表面化学性质的树脂。

（2）树脂的理化性质　如孔径大小和表面性质。树脂的孔径大小应适合目标成分的分子尺寸，以确保有效的吸附和解吸。树脂表面的极性和疏水性应与目标成分的性质相匹配，以提高选择性和吸附能力。

（3）目标成分的浓度和分布　树脂应能够在目标成分的浓度范围内表现出良好的吸附性能。

2. 影响大孔吸附树脂分离效果的因素

（1）大孔吸附树脂本身结构性能　①极性的影响：大孔吸附树脂的分离遵从相似相溶原则，即极性较大的化合物一般适用于在极性的树脂上分离，极性小的化合物适用于在非极性的树脂上分离；②表面性能的影响：大孔吸附树脂是多孔性物质，其孔径特性可用比表面积、孔体积和计算所得的平均孔径来表征，孔径特性决定了树脂选择性吸附性能的优劣，只有当孔径相对于被分离成分的分子尺寸足够大时，比表面积才能充分发挥作用。

（2）溶剂的影响　一般而言，酸性化合物宜于在酸性环境中进行吸附，碱性化合物在碱性环境中进行吸附，中性化合物在中性溶液中进行吸附。此外，溶剂的极性大小也会影响大孔吸附树脂的分离效果。

（3）分离物性质的影响　被吸附化合物的相对分子质量大小以及极性强弱都会对大孔吸附树脂的分离效果产生影响。除了以上因素外，吸附流速、洗脱流速也都会影响分离效果。

科学技术的不断发展使得新型、高效的分离精制新技术与新方法应运而生，色谱技术、分子印迹技术及分子蒸馏技术等中药分离精制新技术，可以高效快速地实现有效成分的分离纯化，应用日益广泛。

知识拓展3-10：中药分离精制新技术

三、分离与精制工艺设计

中药有效物质具有复杂性和整体性的特点，往往存在于复杂的生物组织中，提取物常为含有多种组分的混合物，需进一步分离精制，富集有效物质，去除无效杂质，以保障用药安全，提升药物疗效。因此，合理的分离精制工艺对于提高中药制剂的质量和临床疗效至关重要。

案例3-8　正柴胡饮颗粒

【处方】柴胡100 g　陈皮100 g　防风80 g　甘草40 g　赤芍150 g　生姜70 g

【制法】以上六味，加水煎煮二次，每次1.5 h，合并煎液。滤过，滤液浓缩至相对密度为1.10～1.20（50℃），加乙醇使含醇量达50%，搅拌，静置过夜，滤过，滤液回收乙醇，浓缩至相对密度为1.25～1.30（50℃）的清膏，取清膏1份，蔗糖2份，糊精1.5份，混匀，制成颗粒，80℃以下干燥后整粒，制成颗粒，即得。或回收乙醇，浓缩至相对密度为1.25～1.30（50℃），减压干燥成干膏，粉碎，取干膏粉1份，糊精1.5份，以适量乙醇制粒，80℃以下干燥后整粒，制成颗粒（无蔗糖），即得。

【性状】本品为黄棕色至红棕色的颗粒；味甜、微苦或味微苦（无蔗糖）。

【功能与主治】发散风寒，解热止痛。用于外感风寒所致的发热恶寒、无汗、头痛、鼻塞、喷嚏、咽痒咳嗽、四肢酸痛；流感初起、轻度上呼吸道感染见上述证候者。

【用法与用量】开水冲服。一次10 g或3 g（无蔗糖），一日3次，小儿酌减或遵医嘱。

【注解】

（1）在中药分离精制工艺设计过程中，应综合考虑以下方面：①明确分离与精制的目的，选择适宜的分离精制方法。正柴胡饮源于《景岳全书》，为解表散寒经典名方，处方中六味饮片以根或根茎部位入药居多，经水提后含有大量淀粉、黏液质等杂质，经过精制处理，去除杂质，不仅可以减少服用量，还可以改善制剂的稳定性。本方所含有效成分主要为苷类成分，利用有效成分与杂质在乙醇中溶解度的差异，选择对水提液进行醇沉处理，除去在乙醇中难溶的淀粉、黏液质等杂质。②工艺设计应综合考虑剂型特点和当时工业生产条件，采用常用的水提醇沉法，一定程度上简化操作流程，降低生产成本。③水提醇沉法存在一定的局限性，现代研究表明，一些醇沉去除的成分，如多糖等，也具有生理活性。此外，某些药效成分在醇沉过程中损失较大，也可能影响药效。随着社会实践及科学技术的发展，水提醇沉法逐渐呈现出被高速离心分离技术等新型分离精制技术所取代的趋势，提高生产效率，降低能耗和成本，减少对环境的污染，推动中药工业化生产朝着更加高效、环保和可持续的方向发展。

（2）水提醇沉法是先以水为溶剂提取中药有效物质，再用乙醇沉淀除去杂质，利用水、乙醇对有效物质和无效物质溶解度的不同使之分离精制的方法。一般操作流程为：中药水提液浓缩至适宜浓度，药液放冷后，边搅拌边缓慢加入乙醇使其达规定含醇量，密闭冷藏，滤过，滤液回收乙醇得目标有效物质。为保证醇沉工艺的稳定性以及产品质量的一致性，应对水提醇沉工艺参数进行控制。

1）醇沉过程关键工艺参数：①药液浓度。药液应适当浓缩，以减少乙醇用量，但应控制浓缩程度，若过浓则有效物质易被包裹于沉淀中而造成损失，一般将提取液浓缩至每毫升相当于原中药1~2 g。②药液温度。浓缩的药液冷却至室温后方可加入乙醇，以免乙醇受热挥发损失，使醇沉浓度下降，影响醇沉效果。③乙醇浓度。根据物质理化性质选择适宜的醇沉浓度，不同的含醇量会对应去除不同的杂质。

2）醇沉过程操作注意事项：①加入乙醇的速度及搅拌速度。加入乙醇一般宜慢加快搅，即快速搅动药液，缓缓加入乙醇，保证醇沉过程药液体系处于高度分散状态，加入的乙醇能够充分融入药液体系，以避免局部醇浓度过高造成有效物质被包裹损失。②溶液含醇量的测定。对于乙醇浓度的测定需要实测药液的浓度，通过计算直接判定存在偏差，测定方法主要包括气相色谱法、核磁共振光谱法等，其中气相色谱法因结果准确可靠性高，为测定常用方法。③醇沉药液冷藏温度与静置时间。一般冷藏温度为5~10℃，静置时间在12~24 h或更长，静置处理是为了促进沉淀完全、确保过滤效率以及减少有效物质损失，时间长短应结合最终除杂效果及生产实际的综合考虑。④滤过方法与设备。完成醇沉过程后，需通过滤过进一步纯化提取物，包括普通滤过与薄膜滤过，常用设备包括板框压滤机、微孔滤膜等，可根据物料性质选择合适设备。

第六节　浓　缩　技　术

浓缩是指将溶液中的部分溶剂汽化或分离移除，以提高溶液的浓度或使溶液达到饱和而析出溶质的操作，是中药制剂前处理的常用技术之一。

蒸发是目前生产上常用的浓缩技术。中药传统汤剂的制备过程就包含着最基本的浓缩方法，东汉张仲景所著《金匮要略》中记载的经典名方橘皮汤的煎煮方法："……上二味，以水七升，煮取三升……"其中将"七升"水煎煮至"三升"水就运用了蒸发浓缩，减少服用剂量的方法。随着科学技术的不断进步，中药领域的新兴浓缩技术不断涌现，目前常见的浓缩技术包括常压浓缩、减压浓缩、薄膜浓缩和多效浓缩等，超滤浓缩和反渗透浓缩等浓缩新技术也逐渐在中药制剂生产中应用，可根据中药提取液的性质和浓缩的要求选用适宜的浓缩方法和设备。

一、浓缩的目的

浓缩是中药制剂前处理的重要环节，其目的主要是在一定温度下将不挥发或难挥发的物质与具有挥发性的溶剂（如水、乙醇）分离，从而得到具有一定密度的浓缩液。浓缩能够除去中药提取液中不需要的溶剂，增加所需有效物质的相对含量，同时减少药液量，以便后续制剂。浓缩后的中药提取液可根据不同的制剂需要，或制成一定规格的半成品，或进一步制成成品，或继续浓缩成过饱和溶液而析出结晶。

> **思考与讨论**
> 浓缩技术与蒸馏技术在中药制剂生产中应用的目的有什么异同？

二、影响浓缩效率的因素

在中药制剂生产过程中，药液蒸发浓缩一般是在沸腾状态下进行的，主要包括传质过程和传热过程。在传质过程中，热能传递到稀溶液，使溶剂不断汽化并被热空气带走；在传热过程中，热源不断向稀溶液提供热能，溶液温度逐渐升高，当温度高于溶液沸点时，溶液沸腾蒸发，这就是蒸发浓缩的基本原理。

蒸发浓缩效率可以用单位时间、单位传热面积上所蒸发的溶剂或水量，即蒸发器的生产强度来表示。如式（3-6）所示。

$$U = \frac{W}{A} = \frac{K \cdot \Delta t_m}{r} \tag{3-6}$$

式中，U 为蒸发器的生产强度 [kg/(m²·h)]，W 为蒸发量（kg/h），A 为蒸发器的传热面积（m²），K 为蒸发器传热总系数 [kJ/(m²·h·℃)]，Δt_m 为加热蒸汽的饱和温度与溶液沸点之差（℃），r 为二次蒸汽的汽化潜能（kJ/kg）。

由上式可知，传热系数 K、传热温度差 Δt_m、二次蒸汽的汽化潜能 r 等均会对蒸发浓缩效率产生影响，其中传热系数 K、传热温度差 Δt_m 是主要影响因素。

（一）传热系数

传热系数（K）是影响蒸发浓缩效率的主要因素，可用式（3-7）表示，增大 K 值有利于提高蒸发效率。

$$K = \frac{1}{\dfrac{1}{\alpha_0} + \dfrac{1}{\alpha_i} + R_w + R_s} \tag{3-7}$$

K 值与管壁热阻（R_w）、管内垢层热阻（R_s）成反比，与管间蒸汽冷凝传热膜系数（α_0）、管内溶液沸腾传热膜系数（α_i）成正比。

一般情况下，R_w很小，可忽略不计。对于易结垢或结晶的料液，R_s是其重要影响因素，可通过加强搅拌、定期除垢、改进设备结构等方法减小热阻。而对于不易结垢或结晶的料液，管内溶液沸腾传热膜系数则是其主要影响因素，增大$α_i$值可提高蒸发效率。此外，不凝气体是否排除对$α_0$值影响较大，且影响蒸发浓缩效率。

因此，可通过定期除垢、改进蒸发器结构、建立良好的溶液循环流动、排除加热管内不凝性气体等方法增大K值，进而提高蒸发浓缩效率。

（二）传热温度差

分子运动学说表明，分子需获得足够的热能才能汽化，Δt_m是传热过程的推动力，提高Δt_m有助于提高蒸发浓缩效率。

Δt_m一般可通过以下两种方法提高：①提高加热蒸汽的压力；②降低冷凝器中二次蒸汽的压力从而降低溶液沸点，也可及时移去蒸发器中的二次蒸汽。需要注意的是，提高加热蒸汽的压力容易导致热敏性成分受到破坏，因此第二种方法较为常用。且Δt_m的提高应有一定的限度，当维持二次蒸汽低压力的真空度过高时，能量消耗也随之增加，同时溶液易因沸点降低而黏度增加，使传热系数降低。此外，由于液层所产生静压以及溶液浓度增加的影响，溶液沸点会逐渐升高，Δt_m变小。

三、浓缩的方法与设备

（一）常压浓缩

常压浓缩是在一个大气压下使液体蒸发的方法，也称常压蒸发。常压浓缩具有较大的负载量，可以浓缩大量的药液，但该方法加热时间长、温度高且均匀性较差，易导致某些成分破坏，适用于有效成分对热稳定的药液浓缩，不适用于热敏性或挥发性成分的浓缩。

常压浓缩操作简单，常用的设备有蒸发锅、敞口倾倒式夹层锅、球形浓缩器等。若提取液以水为溶剂，多采用敞口倾倒式夹层蒸发锅，若溶剂中含有乙醇或其他有机溶剂，则多采用常压蒸馏装置。此外，在浓缩过程中，应注意随时排走产生的水蒸气，同时进行搅拌以避免药液表面结膜而影响蒸发。

（二）减压浓缩

减压浓缩是指在密闭容器内，抽真空以降低蒸发器的内部压力，形成负压，从而使料液沸点降低使液体蒸发的方法，是中药生产中最常用的浓缩方法之一。

减压浓缩具有以下特点：①沸点低，能防止或减少热敏性物质分解；②传热温度差较大，蒸发效率较高；③能不断排除溶剂蒸汽，有利于蒸发；④可用低压蒸汽或废气作为热源；⑤在密闭环境中进行，可降低污染和被污染风险；⑥汽化潜热增大，消耗的热蒸汽量多于常压浓缩，耗能增加。减压浓缩适用于热敏药液的蒸发浓缩，以及含有机溶剂或需回收溶剂的药液的浓缩。

工业化生产过程中减压浓缩主要由真空浓缩罐、加热系统、真空系统、冷却系统及收集装置等设备联合实现。需要回收溶剂的药液，一般选用减压蒸馏装置（或称减压浓缩装置），如图3-15。以水为溶剂的药液则多使用真空浓缩罐进行浓缩，如图3-16，这也是目前企业最常用的减压浓缩设备。

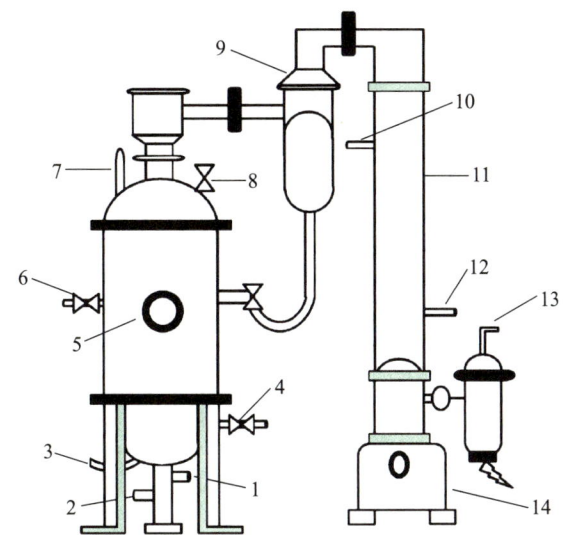

图 3-15 减压蒸馏装置示意图

1. 夹层出水口；2. 浓缩液出口；3. 蒸汽入口；4. 蒸汽出口；5. 观察窗；6. 待浓缩液体入口；7. 温度计；
8. 放水阀；9. 气液分离器；10. 冷凝水出口；11. 冷凝器；12. 冷凝水入口；13. 接抽气泵；14. 接收器

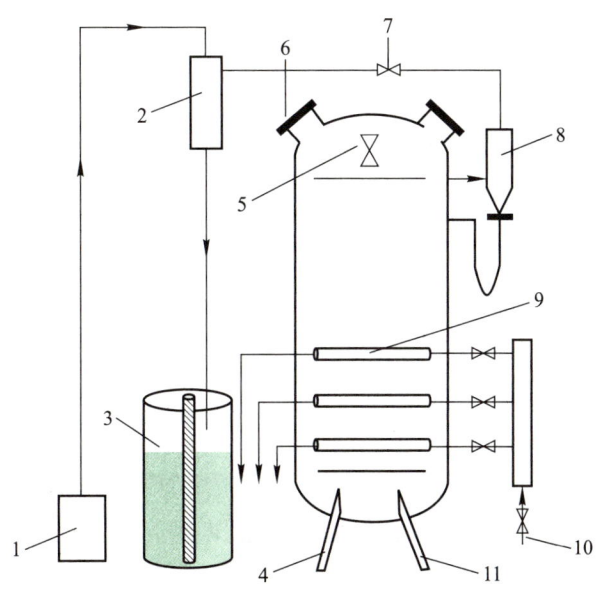

图 3-16 真空浓缩罐示意图

1. 离心水泵；2. 水流抽气泵；3. 水槽；4. 取样口；5. 放气阀；6. 视孔；7. 止逆阀；8. 气液分离器；
9. 加热管；10. 蒸汽；11. 出料口

（三）多效浓缩

多效浓缩是将两个或多个减压浓缩蒸发器串联形成的浓缩设备，操作时将第一个蒸发器中料液沸腾时产生的二次蒸汽作为第二个蒸发器的加热蒸汽，以此类推，依次进行多个串接，称为多效浓缩。多效浓缩器能够反复利用二次蒸汽，节约热蒸汽和冷凝水，提高浓缩效率，属于节能型浓缩器，但由于药液受热时间较长，因而不适用于热敏性药物。

目前多效浓缩主要用于工业生产，应用较多的设备是二效或三效浓缩罐（图 3-17）。在操作过程中，需要持续监控料液温度、真空度，冷却水等重要参数。若料液温度过高或真空度过大，

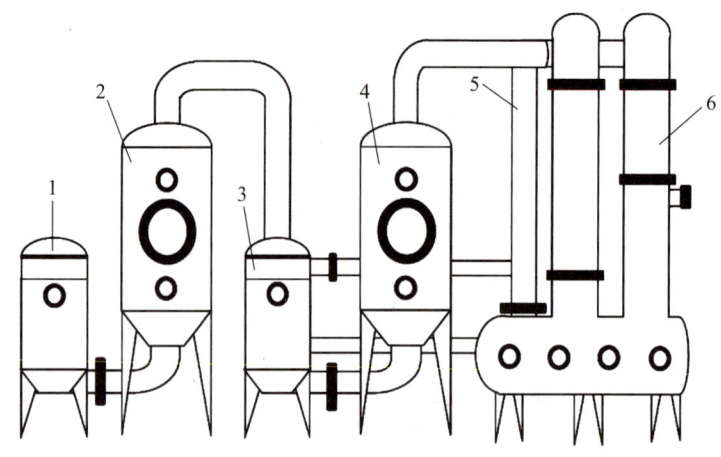

图 3-17 二效浓缩罐示意图
1. 一效加热器；2. 一效蒸发器；3. 二效加热器；4. 二效蒸发器；5. 气液分离器；6. 冷凝器

会导致大量蒸汽和泡沫进入冷凝器，甚至通过真空管道进入真空设备，造成仪器污染或损害；若料液温度或真空度过低，则会导致浓缩效率下降。此外，在收膏时，膏料容易在管壁上结垢而影响传热，需及时清除垢层，但由于设备复杂，清洗较为困难。

（四）薄膜浓缩

薄膜浓缩是使待浓缩料液呈薄膜状，同时与剧烈沸腾时产生的大量泡沫相结合，从而增加料液的汽化面积，提高蒸发浓缩效率的方法。薄膜浓缩的工作方式有两种：一是料液在加热面上形成薄膜，并快速通过热交换器；另一种是料液在加热面上受热沸腾后产生大量泡沫，以泡沫的内外表面为蒸发面进行浓缩。

该方法的特点有：①蒸发速度快，受热时间短；②不受液体静压和温度影响，成分不易被破坏；③可在常压或减压下连续操作；④溶剂可回收重复使用等特点。但其蒸发速度与热量供应平衡难以掌握，料液变稠后易黏附于加热面，影响蒸发。

薄膜浓缩对设备的要求较高、投资成本大。目前常用的薄膜浓缩设备主要有升膜式蒸发器、降膜式蒸发器、刮板式薄膜蒸发器、离心式薄膜蒸发器四种。

1. 升膜式蒸发器

升膜式蒸发器中的预热药液经列管式蒸发器底部进入，受热后立即沸腾汽化为大量泡沫及二次蒸汽，通过加热管并在内壁上形成液膜，被快速蒸发浓缩，适用于蒸发量较大，热敏性、黏度适中和易产生泡沫的料液，中药提取液一般可经本法浓缩至相对密度为 1.05～1.10（80℃）。但高黏度、有结晶析出或易结垢的料液不宜选用该装置。

2. 降膜式蒸发器

与升膜式蒸发器不同，降膜式蒸发器中的料液由顶部加入，自上而下流过加热室形成薄膜，薄膜受热迅速蒸发。

该设备适用于蒸发浓度较高、黏度较大、蒸发量少、含热敏性物质的药液，可以得到密度相对较高的流浸膏；不适用于蒸发易结晶或易结垢的料液。

3. 刮板式薄膜蒸发器

该设备是利用高速旋转的刮板，将料液分布成均匀的薄膜而进行蒸发的一种高效浓缩设备，适用于高黏度、易结垢、易起泡沫、热敏性药液的蒸发浓缩。

4. 离心式薄膜蒸发器

离心式薄膜蒸发器综合了离心分离和薄膜蒸发两种原理，主要利用高速旋转形成的离心力，将料液分散成均匀薄膜进行加热蒸发，是一种新型高效蒸发设备。操作时，料液由蒸发器上部输送到传热面中央，在离心力作用下，料液迅速分散到整个加热面上并均匀地流至外沿，形成厚度为 0.05～0.1 mm 的薄膜而被加热蒸发。

离心式薄膜蒸发器具有液膜厚度薄，传热系数高，设备体积小，蒸发强度大，浓缩比高，物料受热时间短，不易起泡和结垢，蒸发室便于拆洗等特点，适用于高热敏性物料的蒸发浓缩，如中药提取液、维生素、抗生素、生化制品及食品等，其缺点是结构复杂，价格较高。

近年来，随着材料科学的不断发展，膜蒸馏技术逐渐运用于中药提取液浓缩领域，该技术操作简单，能得到高纯度药液，非常适合热不稳定成分与高渗透压物料的浓缩，具有十分广阔的前景。

知识拓展 3-11：膜蒸馏技术在中药浓缩中的应用

四、分离精制与浓缩工艺设计

分离精制能除去中药提取液中的无效杂质，富集有效物质；浓缩能增加物料中所含有效物质的相对含量，减少中药提取液中的溶剂（主要是水或乙醇）便于后续制剂。分离精制与浓缩在中药制剂生产工艺中前后关联，采用适宜的分离精制与浓缩技术是除去无效杂质、避免物料中有效物质损失，保证中药产品质量，提高生产效率和节约环保的关键之一。本部分以三七总皂苷为例，进行分离精制与浓缩的工艺设计分析。

案例 3-9　三七总皂苷

本品为五加科植物三七 *Panax notoginseng*（Burk.）F. H. Chen 的主根或根茎经加工制成的总皂苷。

【制法】取三七粉碎成粗粉，用 70% 的乙醇提取，滤过，滤液减压浓缩，滤过，过苯乙烯型非极性或弱极性共聚体大孔吸附树脂柱，用水洗涤，水洗液弃去，以 80% 的乙醇洗脱，洗脱液减压浓缩，脱色，精制，减压浓缩至浸膏，干燥，即得。

【性状】本品为类白色至淡黄色的无定形粉末；味苦、微甘。

【贮藏】密封，置干燥处。

【制剂】口服制剂、注射剂。

【注解】

（1）三七为名贵中药，其主要有效物质为三七总皂苷，具有活血化瘀、止血的作用，为满足临床需求，减少服用剂量，提高患者依从性，目前将三七提取制备成三七总皂苷，将其作为主要有效物质，制备成为上市销售的制剂有血塞通胶囊、血塞通滴丸、血塞通注射液（粉针剂）等，主要用于脑络瘀阻，中风偏瘫，心脉瘀阻，胸痹心痛；脑血管病后遗症、冠心病心绞痛属上述证候者。

（2）三七总皂苷的乙醇提取液中含有大量的脂溶性色素，一般可采用大孔吸附树脂洗脱精制。大孔吸附树脂作为一种分离手段，主要适用于单味饮片中大类有效成分的分离，在中药皂苷类成分的分离、精制研究中应用十分广泛。根据其化学结构中是否含有离子基团和配位原子，大孔吸附树脂可分为非离子型、离子型和含配位原子型三种类型，其中非离子型大孔吸附树脂按照极性的大小又分为非极性（弱极性）、中等极性、极性和强极性四种类型。非极性大孔吸附树脂常用型号包括 D101、AB-8、X-5、H-107、D3520 等，中等极性大孔吸附树脂常用型号包括 HPD-400、DM-301、HZ-806、ADS-8 等，极性大孔吸附树脂常用型号包括 HPD-600、HPD-500、S-8 等，强极性大孔吸附树脂常用型号包括 DA-201、D390、D296、ADS-7 等。

（3）以饱和吸附量、洗脱率为指标，考察 5 种大孔树脂 D101、AB-8、HPD300、HPD400、HPD500 对三七总皂苷的吸附和洗脱效果的影响，结果 5 种树脂的饱和吸附量无明显差异；在静态洗脱中，采用 80% 乙醇作为洗脱液，D101 型树脂吸附的总皂苷较易洗脱，洗脱率达 88.12%，故选择 D101 型大孔树脂。此外，由于大孔吸附树脂含有微量苯、甲苯、二甲苯、二乙烯苯等有机溶剂，可能残留在产品中，因此《中国药典》对三七总皂苷树脂残留溶剂的限度制订了标准。

（4）三七总皂苷乙醇提取液精制后，所得洗脱液需再进行浓缩操作，制备成为浸膏，目前常用中药提取液的浓缩方法有常压浓缩法、减压浓缩法、薄膜浓缩、冷冻浓缩等。由于目标物质三七总皂苷受热易分解，提取液中含有易挥发的有机溶剂乙醇，且所需浓缩的药液量相对较大，因此，目前生产企业常选择适用于热敏性成分浓缩且浓缩效率较高的减压浓缩法，防止有效物质三七总皂苷分解的同时，回收提取液中含有的大量乙醇。

（5）三七总皂苷提取液是一种黏度大、表面张力小的皂苷类中药提取液，在浓缩过程中往往容易产生大量的泡沫，影响浓缩效率。针对该类有效物质的浓缩，一般可选用设有破沫装置的外热式蒸发器、强制循环式蒸发器等浓缩设备，其中，机械蒸汽再压缩（MVR）浓缩新型设备，以冷水为消泡剂，在分离器顶部设有泡沫探测器，消泡剂喷淋泵进出口与消泡剂储罐及分离器相连，适用于易起泡物料的浓缩，且该设备具有节能、高效、绿色等特点。另一高真空热泵双效浓缩新型设备，采用喷雾技术避免药液起泡，二次蒸汽能够得到有效利用，具有明显的节能效益，且强制外循环能够提高浓缩效率。

中药提取液体系通常较为复杂，主要可考虑提取液的黏度、热稳定性、物料的易发泡性、易结垢的物料以及物料处理量等综合选择蒸发浓缩设备。例如，黏度较高的药液适用于强制循环式、刮板式以及降膜式蒸发器，易起泡的药液可选择膜式蒸发器，易结垢药液可选择外加热式自热循环蒸发器或强制循环蒸发器，热敏性药液不适用于夹套釜式和标准式自热循环蒸发器等。

（6）采用减压浓缩方法对三七总皂苷进行浓缩，在确定最优工艺参数时，应根据中药提取液的性质及浓缩液的要求，结合生产成本和效率，重点考察浓缩温度、浓缩时间、浓缩真空度以及浓缩程度等关键工艺参数。

1）浓缩温度：在固定压力下，温度升高，液体的蒸发速度加快，浓缩效率提高。但过高的温度可能导致药液中挥发性物质的损失、有效成分分解或氧化、药液中非挥发性成分糊化等问题。因此，应根据所需成分的性质选择适宜的浓缩温度，三七皂苷类物质受热易分解，浓缩温度不宜过高，一般不超过 65℃。

2）浓缩时间：适当延长浓缩时间可使物料浓缩更彻底，但长时间浓缩可能导致样品中的有效物质损失或发生化学反应、能源浪费和设备过度磨损等问题。例如，在研究胡黄连指标性成分变化规律时，发现在同一温度下，随着减压浓缩时间增加，有效成分香草酸和胡黄连苷的含量反而降低。

3）减压浓缩的真空度：真空度是影响浓缩效率的重要参数，提高真空度可提高浓缩效率。但真空度不宜过高，否则会增加能量消耗，且容易导致大量的蒸汽和泡沫进入冷凝器或真空设备，造成污染和损害；真空度也不能过低，否则浓缩效率大幅下降，浓缩时间过长，影响浓缩效果。真空度的设置应根据生产的实际需要、设备的承受范围与经济效益综合确定，工厂实际操作时真空度一般控制在 73.3～86.6 kPa 范围内。

4）浓缩程度：一般根据中药产品的生产工艺要求确定。若制剂为浸膏剂，在不影响产品质量的前提下，尽量除去溶液中的溶剂；若为流浸膏剂，则可直接浓缩到所需程度；干浸膏剂则需根据干燥设备的种类确定。三七总皂苷在减压浓缩制备为浸膏的过程中，其浓缩程度应根据后续的干燥设备确定。

第七节　干　燥　技　术

干燥是利用热能或其他方式除去固体物质或膏状物中所含的水分或其他溶剂，获得干燥物的技术。其目的在于使物料便于进一步加工、运输贮藏和使用，进而保证药品的内在质量，提高药物的稳定性。

早在《神农本草经》中就有"阴干，曝干，采造时月，生熟，土地所出，真伪陈新，并各有法"的中药干燥记载；随着科学技术的发展，中药干燥方法开始采用常压箱式干燥和真空干燥；近年来中药制剂生产出现联动化、自动化、智能化，干燥技术也不断出现新技术，喷雾干燥、沸腾干燥、真空干燥、冷冻干燥、微波干燥等技术已经在中药制剂生产中应用。由于物料的理化性质与粉体特征各不相同，应针对性地选择科学合理的干燥技术，以提高中药制剂质量稳定性。

一、干燥的基本原理

（一）物料中所含水分的性质

1. 结晶水

结晶水是化学结合水，一般用风化方法去除，在药剂学中不视为干燥过程。如芒硝（$Na_2SO_4 \cdot 10H_2O$）经风化，失去结晶水而成玄明粉（Na_2SO_4）。

2. 结合水与非结合水

结合水指存在于细小毛细管中的水分和渗透到物料细胞中的水分。此种水分难以从物料中去除。非结合水是指存在于物料表面的润湿水分、粗大毛细管中的水分和物料孔隙中的水分，其与物料结合力弱，易于除去。

3. 平衡水分与自由水分

物料与一定温度、湿度的空气相接触时，将会发生排除水分或吸收水分的过程，直到物料表面所产生的蒸汽压与空气中的水蒸气分压相等为止，物料中的水分与空气中水蒸气处于动态平衡状态，此时物料中所含的水分称为该空气状态下物料的平衡水分。平衡水分与物料的种类、空气的状态有关。物料不同，在同一空气状态下的平衡水分不同；同一种物料，在不同的空气状态下的平衡水分也不同。

物料中所含的总水分为自由水与平衡水之和，在干燥过程中可除去自由水（包括全部非结合水和部分结合水），不能除去平衡水。自由水分和平衡水分的划分除了与物料有关外，还取决于空气的状态。

自由水分、平衡水分、结合水、非结合水及物料总水分之间的关系见图3-18。干燥效率不仅与物料中所含水分的性质有关，而且还取决于干燥速率。

（二）干燥速率与干燥速率曲线

干燥速率是指在单位时间内，单位干燥面积上被干燥物料中水分的汽化量，可用式（3-8）表示。

$$U = dw/(S \cdot dt) \quad (3-8)$$

式中，U为干燥速率[kg/(m²·s)]，S为干燥面积（m²），w为汽化水分量（kg），t为干燥时间（s）。

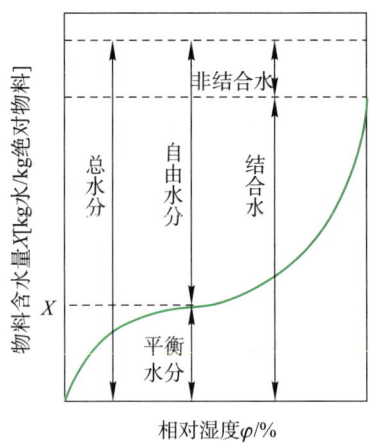

图3-18 固体物料中水分的区分

当湿物料与干燥介质接触时，物料表面的水分开始汽化，并向周围介质传递。干燥过程是被汽化的水分连续进行内部扩散和表面汽化的过程，因此干燥速率取决于内部扩散速率和表面汽化速率，可以用干燥速率曲线（图3-19）来说明。图中，干燥曲线的折点所示的物料湿含量是临界湿含量C_0，与横轴交点所示的物料湿含量是平衡水分$C_平$。物料干燥过程可分成两个阶段：等速阶段和降速阶段，在等速阶段，干燥速率与物料湿含量无关；在降速阶段，干燥速率近似地与物料湿含量成正比。因此，当物料湿含量大于C_0时，干燥过程属于等速阶段；当物料湿含量小于C_0时，干燥过程属于降速阶段。

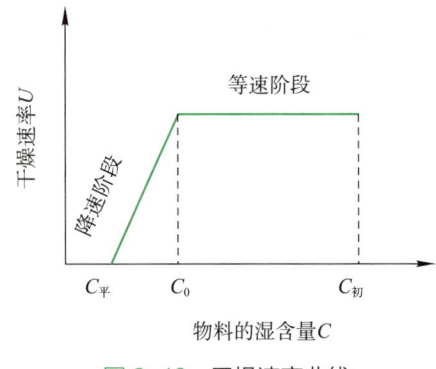

图3-19 干燥速率曲线

第一阶段：恒速干燥阶段，干燥速率被物料表面上的水分的汽化速率控制，故此阶段也称为表面汽化控制阶段。在此阶段，干燥介质传给物料的热量全部用于水分的汽化，物料表面的温度和水蒸气分压维持恒定，故干燥速率恒定不变。在等速阶段，凡能影响表面汽化速率的因素都可以影响等速阶段的干燥，例如干燥介质的种类、性质、温度、湿度、流速、固体物料层的厚度、颗粒的大小，空气和固体物料间的相互运动方式等。

第二阶段：降速干燥阶段，当物料被干燥达到临界湿含量后，便进入降速干燥阶段，此时物料中所含水分较少，水分自物料内部向表面传递的速率低于物料表面水分的汽化速率，干燥速率受水分在物料内部的传递速率所控制，故此阶段也称为内部迁移控制阶段。随物料湿含量减少，物料内部水分的迁移速率也逐渐减小，故干燥速率不断下降。在降速阶段，干燥速率主要与内部扩散有关。因此，物料的厚度、干燥的温度等可影响降速阶段的干燥。

（三）影响干燥效率的因素

1. 被干燥物料的性质

湿物料的形状、大小及料层的厚薄、水分的结合方式都会影响干燥速率。一般说来，物料呈结晶状、颗粒状、堆积薄者，较粉末状及膏状、堆积厚者干燥速率快。

2. 干燥介质的温度、湿度与流速

在适当范围内，提高干燥介质的温度可加快蒸发速度，有利于干燥。但应根据物料的性质选择适宜的干燥温度，以防止某些热敏性成分被破坏。

空气的相对湿度越低，干燥速率越大。降低有限空间的相对湿度可提高干燥效率。实际生产中常采用生石灰、硅胶等吸湿剂吸除空间中的水蒸气，或采用排风、鼓风装置等更新空间气流。

空气的流速越大，干燥速率越快。空气的流速加快，可减小气膜厚度，降低表面汽化阻力，提高等速阶段的干燥速率，但空气流速对内部扩散无影响，故对降速阶段的干燥速率影响较小。

3. 干燥速度与干燥方法

在干燥过程中，首先是物料表面液体的蒸发，然后是内部液体逐渐扩散到表面继续蒸发，直至干燥完全。当干燥速度过快时，物料表面的蒸发速度大大超过内部液体扩散到物料表面的速度，致使表面粉粒黏着，甚至熔化结壳，从而阻碍了内部水分的扩散和蒸发，形成假干燥现象，俗称"溏心"。假干燥的物料不能很好地保存，也不利于继续制备操作，此问题常见于静态干燥中。动态干燥法使颗粒处于跳动悬浮状态，可大大增加其暴露面积，有利于提高干燥效率，但必须及时供给足够的热能，以满足蒸发和降低干燥空间相对湿度的需要。沸腾干燥由于采用了流态化技术，且先将气流本身进行干燥或预热，使空气相对湿度降低，温度升高，故干燥效率显著升高。

4. 压力

压力与蒸发量成反比。减压是改善蒸发，加快干燥的有效措施。真空干燥能降低干燥温度，加快蒸发速度，提高干燥效率，产品疏松易碎，质量稳定。

二、干燥的方法与设备

在制药工业中，被干燥物料的性状是多种多样的，有颗粒状、粉末状及丸状固体，也有浆状（如中药浓缩液）、膏状（如稠浸膏）流体；物料的性质各不相同，如热敏性、酸碱性、黏性、易燃性等；对干燥产品的要求各有差异，如含水量、形状、粒度、溶解性及卫生要求；生产规模及生产能力也各不相同，因此，采用的干燥方法与设备也是多种多样的。

（一）常压干燥

常压干燥是在常压下利用热的干燥气流通过湿物料的表面使水分汽化进行干燥的方法。

1. 烘干干燥

烘干法是在常压下，将湿物料摊放在烘盘内，利用热的干燥气流使湿物料水分汽化进行干燥的方法。此法干燥速度较慢，干燥时间长，易引起成分的破坏，因此适用于对热稳定的物料。常用的设备有烘箱和烘房。

2. 鼓式干燥

鼓式干燥是将湿物料涂布在热的金属转鼓上，利用热传导方法使物料干燥的方法。适于浓缩药液及黏稠液体的干燥，常用于中药浸膏的干燥和膜剂的制备。热敏性药物液体可在减压情况下使用，根据需要可以调节药液浓度、受热时间（鼓的转速）和温度（蒸汽）等。鼓式干燥设备分单鼓式和双鼓式两种。

3. 带式干燥

带式干燥是将湿物料平铺在传送带上，利用干热气流或红外线、微波等加热湿物料干燥的方法。在制药生产中，某些易结块和变硬的物料，中药饮片、颗粒剂、茶剂的干燥灭菌等多采用带式干燥设备。带式干燥设备是一种连续进料、连续出料形式的接触式干燥设备,可分为单带式、复带式和翻带式等。传送带可以由帆布带、橡胶带、涂胶布带或金属丝网等制成。

(二)减压干燥

减压干燥又称真空干燥,是在密闭的容器中抽去空气减压而进行物料干燥的方法(图3-20)。其特点是干燥的温度低、速度快;减少了物料与空气的接触机会,避免物料被污染或氧化变质;产品呈松脆的蜂窝状,易于粉碎。适于稠膏及热敏性或高温下易氧化,或排出的气体有使用价值、有毒害、有燃烧性的物料的干燥。浸膏等黏稠物料干燥时,装盘量不宜太多,以免起泡溢出盘外,污染干燥器,浪费物料。同时应控制真空度不能过高,真空管路上的阀门应徐徐打开,否则易发生起泡现象。一般真空度为3.3~6.6 kPa。

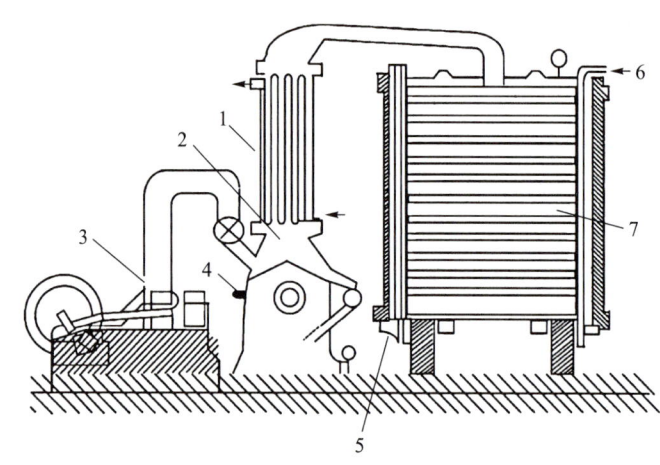

图3-20 减压干燥机示意图
1. 列管式冷凝器;2. 冷凝液收集器;3. 真空泵;4. 阀;5. 冷凝水出口;6. 蒸汽入口;7. 干燥箱

在减压干燥的基础上,出现了真空带式干燥,是一种连续进料、连续出料形式的接触式真空干燥设备,待干燥的物料通过输送机构直接进入处于高度真空的干燥机内部,摊铺在干燥带上,以接触传热的方式将干燥所需要的能量传递给物料。新型低温连续真空履带式干燥机采用新型不粘式履带材料、多元分段控温、自动真空度调节和新型结构,具有能耗省、挥发性成分损失极少的特点,适用于绝大多数的天然产物的提取物,尤其适用于黏性高、易结团、热塑性、热敏性的物料。

微视频3-1:真空带式干燥

(三)流化干燥

1. 沸腾干燥

沸腾干燥是利用从流化床底部吹入的热气流使湿颗粒悬浮,呈流化态,如"沸腾状",热气流在悬浮的颗粒间通过,在动态下进行热交换,带走水分,达到干燥的方法,适用于干燥湿粒性物料,如片剂、颗粒剂制备过程中湿粒的干燥和水丸的干燥(图3-21)。沸腾干燥的特点是气流阻力较小,物料磨损较轻,热利用率较高;干燥速度快,产品质量好。干燥时不需翻料,自动出料,节省劳力,适于大规模生产,但热能消耗大,清扫设备较麻烦。

目前在制药工业生产中应用较多的为负压卧式沸腾干燥装置,此种沸腾干燥床流体阻力较

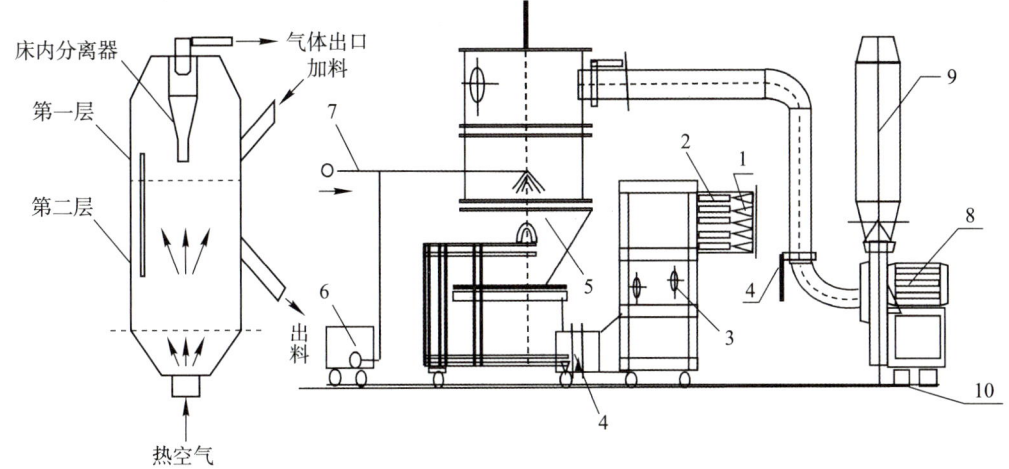

图 3-21　多层圆筒沸腾床干燥器示意图

1. 中效过滤器；2. 亚高效过滤器；3. 加热器；4. 调风阀；5. 流化床；6. 输液泵；
7. 压缩空气；8. 引风机；9. 消音器；10. 减震器

低，操作稳定可靠，产品的干燥程度均匀，且物料的破碎率低。

> **思考与讨论**
> 沸腾干燥在生产应用中的优势有哪些？

案例 3-10　乐脉颗粒

【处方】 丹参 499 g　川芎 249.5 g　赤芍 249.5 g　红花 249.5 g　香附 124.75 g　木香 124.75 g　山楂 62.4 g

【制法】 以上七味，加水煎煮三次，每次 1 h，合并煎液，滤过，滤液于离心薄膜蒸发器内低温（45～50℃）浓缩至相对密度为 1.10～1.30 的清膏，在间歇式流化床内与混合均匀的糊精－预胶化淀粉 600 g（1∶1）及甜菊糖苷 1‰～2‰ 流化，制成颗粒，干燥，制成 1 000 g，即得。

【性状】 本品为黄棕色至棕色的颗粒；味微苦。

【功能与主治】 行气活血，化瘀通脉。用于气滞血瘀所致的头痛、眩晕、胸痛、心悸；冠心病心绞痛、多发性脑梗死见上述证候者。

【用法与用量】 开水冲服。一次 1～2 袋，一日 3 次。

【注解】

（1）乐脉颗粒原制剂处方辅料为乳糖，后研究者用糊精－预胶化淀粉代替乳糖，可降低生产成本且适用于乳糖不耐受的人群。预胶化淀粉具有良好的流动性和压缩性，可改善制剂的稳定性。

（2）本制剂中应用离心薄膜蒸发器和间歇式流化床两种设备，本工艺制备的特色是低温浓缩和一步制粒沸腾干燥一体化制备乐脉颗粒，热利用率较高，干燥速度快，产品质量好。

2. 喷雾干燥

喷雾干燥是用于液态物料干燥的流态化技术，将液态物料浓缩至适宜的密度后，使之雾化成细小雾滴，与一定流速的热气流进行热交换，使水分迅速蒸发，物料干燥成粉末状或颗粒状（图 3-22）。该法适用于液态物料的干燥，特别是对于热敏性物料、易氧化物料等，具有干燥速度快、产品质量好、操作简单等优点。干燥后的制品可制得 180 目以上的极细粉，且含水量

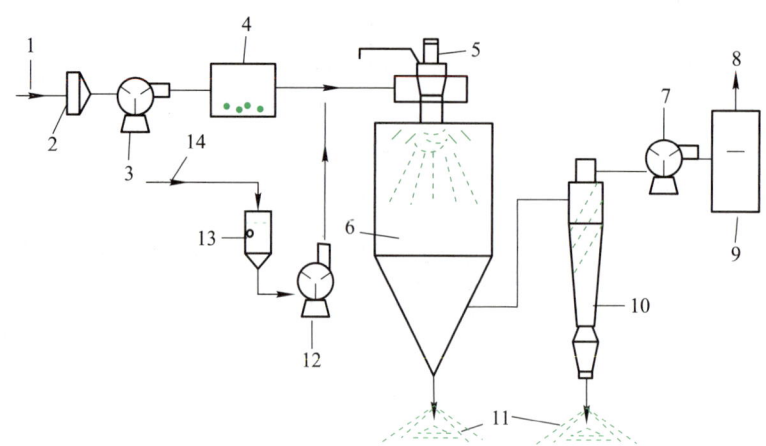

图 3-22　喷雾干燥机示意图

1. 冷空气；2. 空气过滤器；3. 送风机；4. 空气加热器；5. 喷头；6. 干燥塔；7. 引风机；8. 排空；9. 尾气除尘器；10. 旋风分离器；11. 产品；12. 料泵；13. 浆料过滤器；14. 浆料

≤5%，对改善某些制剂的溶出速度具有良好的作用。

知识拓展 3-12：减压干燥、沸腾干燥和喷雾干燥的共性难题与解决策略

（四）冷冻干燥

冷冻干燥是将被干燥物料（含水物料）冷冻成固态，利用冰的升华性能在减压条件下使物料低温脱水而干燥的方法，故又称升华干燥。该法适用于血浆、血清、抗生素等极不耐热的物料的干燥。冷冻干燥过程主要包括预冻、升华和再干燥等阶段，冷冻干燥的原理可由水的三相图来揭示。

知识拓展 3-13：冷冻干燥的原理

1. 预冻

预冻是指干燥前将物料进行冻结，快速预冻是冷冻干燥的必要步骤，利于水分的升华。预冻效果主要由预冻速度、预冻最低温度、预冻时间决定。如果预冻温度不够低，物料没有冻实，在真空下残存的液体迅速蒸发，溶解在液体中的气体在真空下迅速冒出，造成液体沸腾状，使冻干产品鼓泡，破坏产品形状。

2. 升华干燥

首先是恒温减压，然后在抽气条件下，恒压升温，使固态水升华逸去。升华干燥根据升华次数分为两种：一次升华法和反复冷冻升华法。前者适用于溶液黏度不大、共熔点在 −20～−10℃ 的制品，后者适用于结构较复杂、稠度大及共熔点较低的制品。其中，重要参数之一为共熔点，对于溶液来说，即是溶质和溶剂共同的熔化点。由冷冻干燥原理可知，若要保持制品的固体形态，要求温度保持在低于共熔点，以保证冻干过程中制品不融化，温度常选择低于共熔点 8～15℃。

3. 再干燥

升华完成后，温度继续升高至 0℃ 或室温，并保持一段时间，可使已升华的水蒸气或残留的水分除尽。再干燥可保证冻干制品含水量 <1%，具有防止吸潮的作用。

（1）在制剂冻干过程中，每一产品的系统真空度、搁板温度都随着时间而变化，为确保方法的稳定性，需制订以冷冻时间为横坐标、制品温度和搁板温度为纵坐标的冻干曲线（图 3-23），作为冷冻干燥过程控制的基本依据。

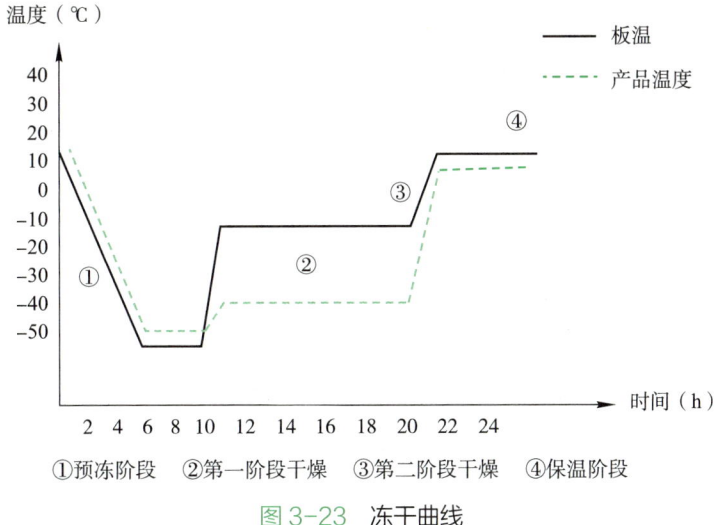

①预冻阶段　②第一阶段干燥　③第二阶段干燥　④保温阶段

图 3-23　冻干曲线

（2）某些黏稠药液由于结构过于致密，在冻干过程中内部水蒸气逸出不完全，冻干结束后，制品因潮解而萎缩，故常在制剂处方中添加骨架剂（填充剂），如甘露醇、氯化钠、乳糖等，并反复预冻，以改善制品的通气性和产品外观。

（五）红外线干燥

红外线干燥是利用红外线辐射器产生的电磁波被含水物料吸收后，直接转变为热能使物料中水分汽化而干燥的方法，属于辐射干燥。红外线的波长在 0.76～1 000 μm 范围，是介于可见光和微波之间的电磁波，其中波长为 0.76～2.5 μm 之间的称为近红外线，波长为 5.6～1 000 μm 的为远红外线。红外线干燥的特点是干燥速率快，热效率较高，成品质量好，但电耗大。该法适用于热敏性药物的干燥，特别适宜于熔点低、吸湿性强的药物，以及某些物体表层（如橡胶硬膏）的干燥。

（六）微波干燥

微波是一种高频电磁波，制药工业上微波加热干燥只用 915 MHz 和 2450 MHz 两个频率，后者在一定条件下兼有灭菌作用。微波干燥的特点为物料内外加热均匀，热效高，干燥时间短，对药物成分破坏少，且兼有杀虫及灭菌作用。该法适用于中药饮片、散剂、水丸、蜜丸、袋泡茶等制剂与物料的干燥。

三、干燥工艺设计

干燥方式和设备种类繁多，物料的理化性质与粉体特征各不相同，应以"质量、成本、效率"为综合考虑因素针对性地选择科学合理的干燥技术，以提高中药制剂质量稳定性。干燥工艺包括物料预处理、干燥设备的操作流程及参数优选等步骤，应根据中药制药的不同用途和成品性质来筛选干燥工艺。

案例 3-11　一清颗粒

【处方】黄连 165 g　大黄 500 g　黄芩 250 g

【制法】以上三味，分别加水煎煮二次，第一次 1.5 h，第二次 1 h，合并煎液，滤过，滤液减压浓缩至相对密度约为 1.25（70℃），喷雾干燥成干浸膏粉。将上述三种浸膏粉合并，加入适量蔗糖与糊精，混匀，制成颗粒，干燥，分装成125袋，即得。

【性状】本品为黄褐色的颗粒；味微甜、苦。

【功能与主治】清热泻火解毒，化瘀凉血止血。用于火毒血热所致的身热烦躁、目赤口疮、咽喉牙龈肿痛、大便秘结、吐血、咯血、衄血、痔血；咽炎、扁桃体炎、牙龈炎见上述证候者。

【用法与用量】开水冲服。一次1袋，一日3~4次。

【注解】

（1）一清颗粒源于医圣张仲景《金匮要略》中的"三黄泻心汤"，由黄连、大黄、黄芩三味药制成，方中黄连、黄芩清热解毒，黄连重于清心胃之火，为君药，黄芩重于清肺胃之火，并可凉血止血，为臣药，大黄清热解毒，攻积泄热，使热邪从下而去，即所谓"釜底抽薪"，为佐。诸药相合，共奏清热泻火止血之功，在临床上广泛应用于火毒血热所致的各种证候，传统汤剂采用复方合煎，得到包含真溶液、胶体溶液、混悬液的复合分散体系，顿服（趁热一次服用）。该制剂将三味药分别加水煎煮，得到液体物料，该液体经浓缩后得清膏（70℃测定相对密度为1.25），干燥混合制粒，再制备成便于携带、贮藏、运输的颗粒剂。采用分煎工艺，是由于黄连的主要成分生物碱与黄芩中的黄酮化合物会产生沉淀，在工业化大生产过程中，常常采用过滤的方法除杂，合煎药液容易产生沉淀，故有效物质会被过滤掉，从而降低了有效成分含量，影响临床效果。

（2）目前常用的干燥方法有真空干燥（带式真空干燥）、冷冻干燥（真空冷冻干燥）和喷雾干燥（离心式喷雾干燥）等，本处方根据生产企业实际，结合现有干燥的技术优势，确定为喷雾干燥方法。一清颗粒在进行喷雾工艺干燥时应注意根据干燥塔的塔高与塔径、塔内负压稳定、喷头离心机工况、适宜的工艺控制条件以避免半湿物料的粘壁，进而选择合适的喷雾干燥设备。除此以外，一清颗粒在选择喷雾干燥设备时还应注意控制环境温度在物料临界相对湿度以下，将物料干燥产生的湿空气排出、优化生产工艺、改善干粉粉体特性、降低其吸湿性、提高玻璃化转变温度以避免在喷雾干燥过程中干粉的吸湿与结块。

（3）一清颗粒采用水煎煮法提取有效物质，以喷雾干燥方法制得干膏细粉，操作过程中要注意干浸膏粉的水分含量、收得率等指标变化，考虑影响喷雾干燥的具体因素，例如进料速度（蠕动泵全速的百分比：12%~16%）、浓缩液的相对密度（1.10~1.12，45℃）、输液泵频率（2~3 Hz）、输液泵喷头角度（125°~180°）、塔内温度（80~120℃）、离心机的变频器频率（20~30 Hz）、塔内负压（-100~-50 Pa）、离心机与空气分布器的相对位置、热风分布器与塔的大小和进风量、风速关系等，从而进一步确定一清颗粒喷雾干燥的最佳工艺参数。

思考题

1. "轻研冰片，重研麝香"，其科学道理有哪些？
2. 依据浸提原理，分析煎煮法、回流法、渗漉法的浸提效率影响因素。
3. 应用多功能提取罐提取含挥发油的中药时，通常获得饱和芳香水溶液，如何富集处理？超临界萃取与水蒸气蒸馏提取中药挥发油，其提取物有没有差别？
4. 中药水提液常用水醇法精制，试分析水醇法对中药水提液复杂体系的影响。
5. 膜分离技术在中药制剂分离中的应用适宜性如何？
6. 大孔吸附树脂应用于中药提取液分离精制，其工艺参数如何优化？
7. 使用膜蒸馏技术进行中药提取液浓缩时，提高浓缩效率的手段有哪些？

8. 试比较真空带式干燥、喷雾干燥在中药浸膏制备时的应用特点。

（傅超美、张臻）

🌐 数字资源详见　新形态教材网

▶ 视频　 ∞ 知识拓展　 📖 推荐阅读　 🌐 参考文献　 🖥 教学课件　 ✖ 自测题

第四章

液体制剂

液体制剂不仅可以口服给药，也可以经皮肤、黏膜等多种途径给药，因其有给药方便、吸收快等优点成为临床最常用的一类剂型。液体制剂包括多种分散体系，制备质量稳定的液体制剂，表面活性剂不可或缺。中药液体制剂由于其组成的成分复杂，故理化性质也复杂，如何根据药物性质选择适宜的分散介质和附加剂制备满足临床要求的液体制剂呢？本章介绍液体制剂的分类、特点，低分子溶液剂、高分子溶液剂、溶胶剂、乳剂、混悬剂等各类液体制剂的制备方法和质量评价。学习掌握表面活性剂基本知识可为后续学习注射剂、软膏剂、气雾剂等剂型奠定基础。

第一节 概 述

液体制剂系指药物分散在适宜分散介质中制成的液体形态的制剂，可供内服或外用。液体制剂中的药物以分子、离子、微粒、液滴等状态分散于液体分散介质中形成分散体系（disperse system）。被分散的物质称为分散相（disperse phase），连续的介质称为分散介质（disperse medium）。

一、液体制剂的特点

液体制剂的优点：①药物以离子、分子或微粒等状态分散在液体介质中，分散度大，吸收快，疗效发挥迅速；②给药途径广泛，可内服，也可用于皮肤、黏膜和人体腔道等；③易于分剂量，服用方便，尤其适用于儿童及老年患者；④通过调整液体制剂浓度可减少刺激性，避免固体药物（如溴化物、碘化物等）口服后由于局部浓度过高而引起的胃肠道刺激作用；⑤某些固体药物制成液体制剂后可提高药物的生物利用度。

液体制剂的缺点：①药物分散度较大，且受分散介质的影响，易引起药物的化学降解，药效降低甚至失效；②液体制剂体积较大，携带、运输、贮存不便；③水性液体制剂易霉变，常需加入抑菌剂；④非均相液体制剂的药物粒子比表面积较大，易产生聚集、沉淀等一系列物理稳定性变化等问题。

二、液体制剂的分类

（一）按分散系统分类

1. 均相液体制剂

药物以分子或离子形式分散于分散介质中，形成澄明溶液，是热力学稳定的均相分散体系。其中药物相对分子质量小的称为低分子溶液剂（真溶液型液体制剂），相对分子质量大的称为高分子溶液剂，属于胶体溶液。

2. 非均相液体制剂

药物以微粒或液滴形式分散于分散介质中，形成热力学不稳定的多相分散体系。

（1）溶胶剂　不溶性药物以纳米粒（<100 nm）分散的液体制剂，又称疏水胶体溶液。

（2）乳剂　由不溶性液体药物以乳滴分散在分散介质中形成的液体制剂。

（3）混悬剂　由不溶性固体药物以微粒分散在分散介质中形成的液体制剂。

按分散系统分类，分散微粒的大小决定了分散体系的特征（表4-1）。

中药液体制剂由于成分体系复杂，提取纯化工艺不同，具有比较复杂的分散系统，常常是几种分散状态并存，形成复合分散系统。

（二）按给药途径分类

1. 内服液体制剂

如口服溶液剂、芳香水剂、口服乳剂、口服混悬剂等。

表 4-1　分散体系中微粒大小与特征

类型		微粒大小 /nm	特征
低分子溶液（真溶液）		<1	以分子或离子分散的澄清溶液，均相，热力学稳定体系；无界面，扩散快，能透过滤纸和某些半透膜
胶体溶液	高分子溶液	1~100	以分子或离子分散的澄清溶液，均相，热力学稳定体系；无界面，扩散慢，能透过滤纸，不能透过半透膜
	溶胶剂	1~100	以多分子聚集体分散形成的多相体系，非均相，热力学和动力学不稳定；有界面，扩散慢，能透过滤纸，不能透过半透膜
乳剂		>100	以液体微粒分散形成的多相体系，非均相，热力学和动力学不稳定；有界面，扩散很慢或不扩散，显微镜下可见
混悬剂		>500	以固体微粒分散形成的多相体系，非均相，热力学和动力学不稳定；有界面，扩散很慢或不扩散，显微镜下可见

2. 外用液体制剂

（1）皮肤用液体制剂　如洗剂、搽剂、涂剂等。

（2）五官科用液体制剂　如滴耳剂、滴鼻剂、含漱剂、滴牙剂等。

（3）直肠、阴道、尿道用液体制剂　如灌肠剂、灌洗剂等。

3. 注射用液体制剂

如小容量注射液、输液剂。

三、液体制剂的分散介质与附加剂

（一）液体制剂的分散介质

药物的溶解或分散状态与分散介质的种类和极性有着密切的关系，分散介质的性质和质量直接影响液体制剂的稳定性和药效。理想的分散介质应具备如下特征：①对药物具有较好的溶解性和分散性；②化学性质稳定，不与药物或附加剂发生反应；③不影响药效的发挥和含量测定；④毒性小、无刺激性、无特殊异味、成本低。

液体制剂的分散介质按介电常数大小分为极性分散介质、半极性分散介质和非极性分散介质。

1. 极性分散介质

（1）纯化水　是最常用的分散介质，能与乙醇、甘油、丙二醇等分散介质以任意比例混合，能溶解绝大多数的无机盐类和极性大的有机药物，但有些药物在水中不稳定，易发生霉变，不宜长久贮存。

（2）甘油　为无色黏稠液体，味甜，毒性小，能与水、乙醇、丙二醇以任意比例混合，对硼酸、苯酚和鞣质的溶解度比水大。甘油的吸水性很强，在外用制剂中具有保湿作用。含甘油30%以上有抑菌作用，可供内服或外用，以外用制剂应用较多。

（3）二甲基亚砜　有较强的吸湿性，能与水、乙醇、丙二醇、甘油以任意比例混合，溶解范围广，有"万能溶剂"之称。能促进药物透过皮肤和黏膜的吸收，但对皮肤有一定的刺激性，高浓度时可引起皮肤红斑或水肿。

2. 半极性分散介质

（1）乙醇　可与水、甘油、丙二醇等以任意比例混合，能溶解大部分有机药物和中药有效成分，20% 以上的乙醇即有抑菌作用，40% 以上的乙醇能够延缓某些药物（如巴比妥钠）的水解。但乙醇有一定的生理活性，且易挥发、易燃烧。为防止乙醇挥发，制剂应密闭贮存。

（2）丙二醇　为无色、无臭的黏稠液体，毒性小，无刺激性，可作为内服及注射用的分散介质。可与水、乙醇、甘油等以任意比例混合，性质与甘油相近，但黏度较小，在液体制剂中常用来代替甘油。除可以溶解许多有机药物外，还能促进药物透过皮肤和黏膜吸收，一定比例的丙二醇和水的混合溶剂能延缓药物的水解，增加制剂稳定性。

（3）聚乙二醇（PEG）　相对分子质量在 1 000 以下的聚乙二醇为无色或淡黄色澄明黏稠液体，常用 PEG 300～600，能与水、乙醇、丙二醇等以任意比例混合，并能溶解许多水溶性无机盐和水不溶性有机药物，对易水解的药物也具有一定的稳定作用，并具有一定的保湿作用。

3. 非极性分散介质

（1）脂肪油　是常用的非极性分散介质，常用麻油、花生油、橄榄油、豆油等植物油，不能与极性分散介质混合，能溶解挥发油及许多芳香族化合物。多用于外用制剂，如搽剂等。脂肪油易酸败，与碱性药物可发生皂化反应，影响制剂质量。

（2）液状石蜡　为无色透明、黏性油状液体，化学性质稳定。能与非极性分散介质混合，溶解挥发油及一些非极性药物。

（3）油酸乙酯　为无色油状液体，具有挥发性和可燃性，在空气中易氧化、变色，使用时需加入抗氧剂。能溶解甾体化合物、挥发油及其他油溶性药物，常作为外用溶液剂的分散介质。

（二）液体制剂的附加剂

为提高制剂的稳定性，液体制剂制备时应根据制备需要加入增溶剂、助溶剂、乳化剂、助悬剂、润湿剂等附加剂。有些药物有不良色泽、口感或臭味，应适当添加着色剂、矫味剂、芳香剂等加以矫正。为了防止微生物污染而发霉变质，需添加抑菌剂。

> 思考与讨论
> 中药的哪些成分能够用作液体制剂的附加剂？举例说明。

第二节　表面活性剂

液体表面层的分子四周受力不对称，受垂直于表面向内的吸引力较大，因此液体自身产生了一种使表面分子向内运动的趋势，使表面自动收缩至最小面积，这种力被称为表面张力。表面活性剂系指能使两相间的表面张力显著下降的物质。

一、表面活性剂的分子结构特点

表面活性剂能显著降低表面（界面）张力，主要取决于其结构中同时具有亲水基团和亲油基团，具有两亲性。如图 4-1 所示。两亲性分子结构特点使其可以集中在溶液表面、两种不相混溶液体的界面，或液体和固体的界面，很少的用量就可以起到降低表面张力或界面张力的作用，进而改变混合、铺展、润湿与吸附等表面现象。

表面活性剂分子一端亲水的极性基团，可以是羧酸及其盐、磺酸及其盐、硫酸酯及其可溶性盐、磷酸酯基、氨基或胺基及其盐，也可以是羟基、酰胺基、醚键、羧酸酯基等；另一端亲油的非极性基团，多为饱和或不饱和的烃链，烃链长度一般在 8 个碳原子以上。如肥皂类表面活性剂为脂肪酸盐类，其分子结构中的脂肪酸碳链（R-）为亲油基团，解离的脂肪酸根（—COO⁻）为亲水基团。

将表面活性剂加入水中，低浓度时可被吸附在溶液的表面，亲水基团朝向水中，亲油基团朝向空气或疏水相，在表面或界面上定向排列，从而改变液体的表面性质，降低表面张力，表面活性剂在溶液表面层的浓度远远高于溶液中的浓度，如图 4-2 所示。

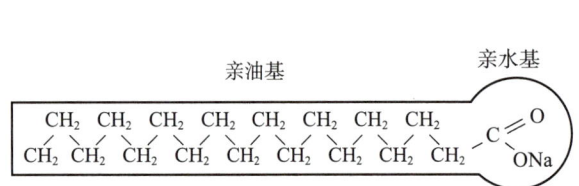

图 4-1 表面活性剂的化学结构示意图

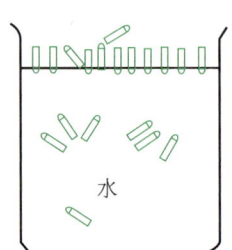

图 4-2 表面活性剂分子在水 – 空气界面的吸附作用

> **思考与讨论**
> 哪些中药成分可能具备表面活性剂的性质？举例说明。

二、表面活性剂的分类

表面活性剂根据来源不同，可分为天然表面活性剂和合成表面活性剂；根据分子组成特点和极性基团的解离性质不同，可分为离子型表面活性剂和非离子型表面活性剂；离子型表面活性剂又可分为阳离子型表面活性剂、阴离子型表面活性剂和两性离子型表面活性剂。

（一）阴离子型表面活性剂

阴离子型表面活性剂中起表面活性作用的部分是阴离子，包括肥皂类、硫酸化物和磺酸化物。阴离子型表面活性剂在水中解离后，生成由疏水基烃链和亲水基阴离子组成的表面活性部分及带有相反电荷的反离子。阴离子型表面活性剂按亲水基分类，可分为高级脂肪酸盐、硫酸化物、磺酸化物、磷酸盐等。该类表面活性剂在 pH 7 以上活性较强，pH 5 以下表面活性较弱，常用作去污剂。

1. 高级脂肪酸盐

高级脂肪酸盐即肥皂类，通式为（RCOO⁻）$_n$M^{n+}。脂肪酸烃链 R 一般在 $C_{12} \sim C_{18}$ 之间，以硬脂酸（C_{18}）、油酸（C_{18}）、月桂酸（C_{12}）等较常见。根据 M 的不同，又可分碱金属皂（一价皂）、碱土金属皂（二价皂）和有机胺皂（三乙醇胺皂）等。肥皂类均具有良好的乳化性能，但易被酸破坏，碱金属皂还可被钙、镁盐等破坏，电解质可使之盐析。因有刺激性，故一般只用于外用制剂。

2. 硫酸化物

硫酸化物主要包括硫酸化油和高级脂肪醇硫酸酯类，通式为 $ROSO_3^-M^+$，其中脂肪烃链 R 在 $C_{12}\sim C_{18}$ 范围。硫酸化油的代表是硫酸化蓖麻油（俗称土耳其红油），为无刺激性的去污剂和润湿剂，可代替肥皂洗涤皮肤，也可用于挥发油或水不溶性杀菌剂的增溶。硫酸单酯易溶于水，双酯不溶于水。因为单酯溶于水后容易逐渐水解成醇和硫酸，故加入碱与硫酸酯中和得到稳定的硫酸酯盐，硫酸酯盐能与一些大分子的阳离子型药物发生作用。该类表面活性剂的乳化性很强，较皂类乳化剂稳定，即使在低浓度时，对黏膜也有一定的刺激性，常作为外用乳膏的乳化剂及固体制剂的润湿剂或增溶剂。常用的高级脂肪醇硫酸酯，包括十二烷基硫酸钠、月桂醇硫酸镁、十八烷基富马酸钠等。

3. 磺酸化物

磺酸化物主要包括脂肪族磺酸化物和烷基芳香族磺酸化物，通式分别为 $RSO_3^-M^+$ 和 $RC_6H_4SO_3^-M^+$。磺酸化物的水溶性及耐酸、耐钙、镁盐的性质虽比硫酸化物稍差，但因磺酸盐不是酯，所以在酸性条件下不水解，遇热比较稳定，广泛用作洗涤剂。常用的品种有二辛基琥珀酸磺酸钠（阿洛索-OT）、十二烷基苯磺酸钠等。

（二）阳离子型表面活性剂

阳离子型表面活性剂中起表面活性作用的部分是阳离子，该类表面活性剂的结构中，阳离子亲水基团与疏水基相连，荷正电，又称为阳性皂。其分子结构的主要部分是一个五价的氮原子，所以也称为季铵化物。在医药上应用较多的是季铵型阳离子型表面活性剂，通式为 $(R_1R_2N^+R_3R_4)X^-$，其特点是水溶性好，在酸性与碱性溶液中较稳定，具有良好的表面活性和杀菌作用。此类表面活性剂毒性大，主要用于外用消毒、灭菌等。常用品种有苯扎氯铵（洁尔灭）和苯扎溴铵（新洁尔灭）等。其他还有氯化苯甲烃铵（赐福露）、度米芬等。

（三）两性离子型表面活性剂

两性离子型表面活性剂分子结构中同时具有带正、负电荷基团，在不同 pH 介质中可表现出阳离子或阴离子表面活性剂的性质，pH 在等电点范围内（一般在微酸性）呈中性；在等电点以上（碱性介质中）呈阴离子型表面活性剂的性质，具有很好的起泡、去污作用；在等电点以下（酸性介质中）则呈阳离子型表面活性剂的性质，具有很强的杀菌性。根据来源不同分为天然和合成两类。

1. 天然的两性离子型表面活性剂

天然的两性离子型表面活性剂主要有磷脂，其主要来源是大豆和蛋黄，根据来源不同，又可称大豆磷脂或蛋黄卵磷脂。磷脂的组成十分复杂，包括各种甘油磷脂，如磷脂酰胆碱、磷脂酰乙醇胺、丝氨酸磷脂、肌醇磷脂、磷脂酸等，还有糖脂、中性脂、胆固醇和神经鞘脂等。其结构式如图 4-3 所示。

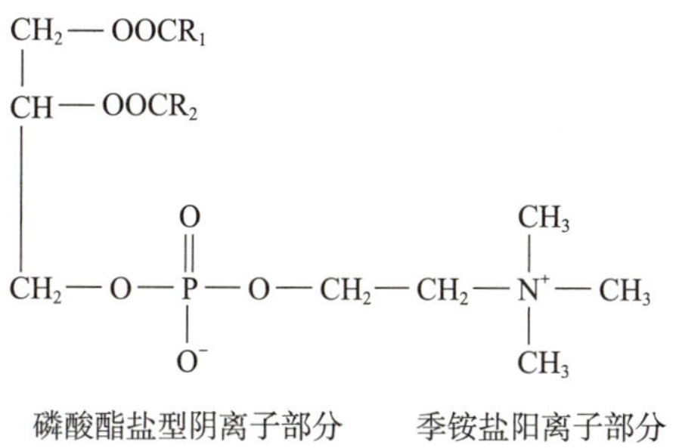

不同来源和不同制备过程得到的磷脂中各组分的比例可发生很大的变化，从而影响其使用性能，当磷脂酰胆碱含量高时可作为水包油（O/W）型乳化剂，而当肌醇磷脂含量高时则为油包水（W/O）型乳化剂。磷脂外

图 4-3 磷脂类的结构通式

观为透明或半透明黄色或黄褐色油脂状物质,对热十分敏感,在60℃以上数日内即变为不透明褐色;在酸性和碱性条件以及酯酶作用下容易水解;不溶于水,溶于氯仿、乙醚、石油醚等有机溶剂。磷脂是制备注射用乳剂及脂质微粒制剂的主要辅料。由于磷脂有 R_1 和 R_2 两个疏水基团,故不溶于水,但对油脂的乳化作用很强,可制成油滴很小且不易破坏的乳剂。

2. 合成的两性离子型表面活性剂

合成的两性离子型表面活性剂包括氨基酸型和甜菜碱型,其阴离子部分主要是羧酸盐,其阳离子部分为胺盐或季铵盐,由胺盐构成者即为氨基酸型 $RN^+H_2CH_2CH_2COO^-$,由季铵盐构成者即为甜菜碱型 $[RN^+(CH_3)_2CH_2COO^-]$。氨基酸型在等电点时亲水性减弱,并可能产生沉淀;甜菜碱型则无论在酸性、中性及碱性溶液中均易溶,在等电点时也无沉淀。常用的一类氨基酸型两性离子型表面活性剂"Tego",杀菌力很强而毒性小于阳离子型表面活性剂。

(四)非离子型表面活性剂

非离子型表面活性剂系指在水溶液中不解离的一类表面活性剂,在分子结构上,构成亲水基的主要是含氧基团(一般是羟基和醚基),构成亲油基团的是长链脂肪酸或长链脂肪醇以及烷芳基等。亲水基团和亲油基团以酯键或醚键相结合,因而有许多不同品种。该类表面活性剂的稳定性高,不易受电解质与溶液 pH 等的影响,毒性和溶血作用低,在药物制剂中的应用非常广泛,可用作增溶剂、分散剂、乳化剂等。除可用于外用和口服制剂外,少数可用于注射给药。根据亲水基团不同分为甘油酯类、多元醇类及聚氧乙烯类。

1. 甘油酯类

脂肪酸甘油酯是由甘油和高级脂肪酸缩合而成的酯,主要是脂肪酸单甘油酯和脂肪酸二甘油酯,常用的有单硬脂酸甘油酯等。脂肪酸甘油酯的外观根据其纯度可以是褐色、黄色或白色的油状、脂状或蜡状物质,熔点在30~60℃,不溶于水,在水、热、酸、碱及酶等作用下易水解成甘油和脂肪酸。甘油酯型表面活性较弱,亲水亲油平衡值(HLB值)为3~4,主要用作油包水(W/O)型乳化剂。

2. 多元醇类

多元醇类常用的是脂肪酸山梨坦,即失水山梨醇脂肪酸酯,商品名为司盘(span),是由山梨醇和不同的高级脂肪酸反应缩合而成的酯类化合物。

根据反应的脂肪酸的不同,可有多个品种,常用的有月桂山梨坦(span 20)、棕榈山梨坦(span 40)、硬脂山梨坦(span 60)、油酸山梨坦(span 80)等。脂肪酸山梨坦是黏稠状、白色至黄色的油状液体或蜡状固体,不溶于水,易溶于乙醇,在酸、碱和酶的作用下容易水解,亲油性较强。脂肪酸山梨坦的 HLB 值为1.8~8.6,是常用的油包水(W/O)型乳化剂,也可在水包油(O/W)型乳剂中作为辅助乳化剂。

3. 聚氧乙烯类

(1)聚山梨酯 即聚氧乙烯失水山梨醇脂肪酸酯,商品名为吐温(Tween),系指由失水山梨醇脂肪酸酯与环氧乙烷反应生成的亲水性化合物。聚氧乙烯基的个数约为20,可加成在山梨醇的多个羟基上,也是一种复杂的混合物。

聚山梨酯类与司盘类的命名相对应,根据脂肪酸不同,可有多个品种,常用的有聚山梨酯20(Tween 20)、聚山梨酯40(Tween 40)、聚山梨酯60(Tween 60)、聚山梨酯80(Tween 80)等。聚山梨酯是黏稠的黄色液体,对热稳定,但在酸、碱和酶作用下易水解;由于分子中含有多个聚氧乙烯基，其亲水性大于亲油性；在水和乙醇以及多种有机溶剂中易溶，不溶于油，低浓度时在水中形成胶束，其增溶作用不受溶液 pH 影响。聚山梨酯的 HLB 值为 9.6~16.7，主要用作增溶剂、水包油（O/W）型乳剂的乳化剂、分散剂和润湿剂。

（2）聚氧乙烯脂肪酸酯　商品名为卖泽（Myrij），系指由多个聚乙二醇与高级脂肪酸缩合而成的酯，通式为 $RCOO(CH_2CH_2O)_nH$。根据聚乙二醇部分的相对分子质量和脂肪酸品种不同而有不同品种，多为乳白色、微具脂肪臭的蜡状半固体，可分散于热水，溶于乙醇、丙酮、乙醚、甲醇等，在液状石蜡、植物油中形成混浊液。这类表面活性剂有较强水溶性，乳化能力强，为 O/W 型乳化剂。

（3）聚氧乙烯脂肪醇醚　商品名为苄泽（Brij），系由多个聚乙二醇与高级脂肪醇缩合而成的醚，通式为 $RO(CH_2CH_2O)_nH$。常用的有 Brij30 和 Brij35，分别为不同相对分子质量的聚乙二醇与月桂醇缩合物，多为淡黄色油状液体或白色糊状物，易溶于水和醇及多种有机溶剂，具有较强的亲水性。聚氧乙烯脂肪醇醚类的 HLB 值在 12~18 范围内，常用作增溶剂及 O/W 型乳化剂。

（4）聚氧乙烯-聚氧丙烯共聚物　又称泊洛沙姆（poloxamer），商品名普朗尼克（Pluronic），通式为 $HO(C_2H_4O)_x(C_3H_6O)_y(C_2H_4O)_zH$，$x$、$y$、$z$ 表示不同的聚合度。泊洛沙姆根据共聚比例的不同，相对分子质量可在 1 000~14 000。最常用的泊洛沙姆 188（Pluronic F68）作为一种 O/W 型乳化剂，是目前用于静脉乳剂的极少数合成乳化剂之一，用本品制备的乳剂能够耐受热压灭菌和低温冰冻而不改变其物理稳定性。泊洛沙姆随相对分子质量增加，从液体变为固体。随聚氧丙烯比例增加，亲油性增强；相反，随聚氧乙烯比例增加，亲水性增强。泊洛沙姆的 HLB 值为 0.5~30，具有乳化、润湿、分散、起泡和消泡等多种优良性能，但增溶能力较弱。

三、表面活性剂的性质

（一）胶束与临界胶束浓度

1. 胶束的形成

低浓度时，表面活性剂会在液体界面发生定向排列，形成亲水基团向内、疏水基团向外的单分子层，此时疏水基团离开水性环境，体系处于最低自由能状态。随着表面活性剂浓度的增加，当表面活性剂在溶液中的界面吸附达到饱和后继续加入表面活性剂，其分子则转入溶液中，因其亲油基团的存在，水分子与表面活性剂亲油基团分子相互间的排斥力远大于吸引力，导致表面活性剂亲油基团分子自身依赖范德华力相互聚集，形成亲油基团向内、亲水基团向外的缔合体，这种缔合体称为胶束。

2. 临界胶束浓度

临界胶束浓度（critical micelle concentration，CMC）系指表面活性剂分子在溶液中开始缔合形成胶束时的最低浓度。当表面活性剂在溶液中浓度达到 CMC 后，在一定范围内，胶束数量和表面活性剂的总浓度几乎成正比，且溶液的一系列物理性质包括电导率、表面张力、去污能力、渗透压、增溶能力与吸附量等均会发生突变。

知识拓展 4-1：*临界胶束浓度的测定方法*

在一定温度和一定的浓度范围内，表面活性剂的胶束有一定的分子缔合数。不同的表面活性剂胶束的分子缔合数各不相同，离子型表面活性剂的缔合数在 10~100，少数大于 1 000；非离子型表面活性剂的缔合数一般较大，如聚氧乙烯月桂醇醚在 25℃的缔合数为 5 000。

3. 影响 CMC 大小的因素

具有相同亲水基的同系列表面活性剂,亲油基团越大越易缔合形成胶束,则 CMC 越小;在 CMC 时,溶液的表面张力基本上到达最低值;在到达 CMC 后的一定范围内,单位体积内胶束数量和表面活性剂的总浓度几乎成正比。

在表面活性剂达到 CMC 浓度的水溶液中,胶束有相近的缔合度,并呈球形或板状等,分子中亲水基团排列在球壳外部形成栅状层结构,而碳氢链在中心形成内核,如图 4-4 所示。

图 4-4　胶束的形态
a. 球状胶束　b. 棒状胶束　c. 束状胶束　d. 层状胶束

(二) 亲水亲油平衡值

亲水亲油平衡值(hydrophile-lipophile balance value,HLB 值)系指表面活性剂分子中亲水基团和亲油基团对水或油的综合亲和力。根据经验,将表面活性剂的 HLB 值范围限定在 0~40,其中非离子表面活性剂的 HLB 值范围为 0~20,即完全由疏水碳氢基团组成的石蜡分子的 HLB 值为 0,完全由亲水性的聚氧乙烯基组成的聚氧乙烯的 HLB 值为 20,既有碳氢链又有聚氧乙烯链的表面活性剂的 HLB 值则介于两者之间。一些常用表面活性剂的 HLB 值见表 4-2。

表 4-2　常用表面活性剂的 HLB 值

表面活性剂	HLB 值	表面活性剂	HLB 值
十二烷基硫酸钠	40	聚山梨酯 81	10
油酸钾	20	聚山梨酯 85	11
油酸钠	18	聚氧乙烯 400 单月桂酸酯	13.1
泊洛沙姆 188	16	聚氧乙烯 400 单硬脂酸酯	11.6
聚氧乙烯十六醇醚(西土马哥)	16.4	聚氧乙烯 400 单油酸酯	11.4
聚氧乙烯月桂醇醚(平平加 O-20)	15.9	硬脂酸三乙醇胺皂	12
聚氧乙烯壬烷基酚醚(乳化剂 OP)	14.5	蔗糖酯	5~13
聚氧乙烯氢化蓖麻油	12~18	明胶	9.8
卖泽 45	11.1	阿拉伯胶	8.0
卖泽 49	15	司盘 20	8.6
卖泽 51	16	司盘 40	6.7
卖泽 52	16.9	司盘 60	4.7
苄泽 30	9.5	司盘 65	2.1
苄泽 35	16.9	司盘 80	4.3

续表

表面活性剂	HLB 值	表面活性剂	HLB 值
聚山梨酯 20	16.7	司盘 83	3.7
聚山梨酯 21	13.3	司盘 85	1.8
聚山梨酯 40	15.6	卵磷脂	3.0
聚山梨酯 60	14.9	单油酸二甘油酯	6.1
聚山梨酯 61	9.6	单硬脂酸甘油酯	3.8
聚山梨酯 65	10.5	单硬脂酸丙二酯	3.4
聚山梨酯 80	15	二硬脂酸乙二酯	1.5

表面活性剂的 HLB 值愈大，其亲水性愈强；HLB 值越小，其亲油性愈强，如图 4-5 所示。不同 HLB 值的表面活性剂的应用不同，HLB 值 15～18 用作增溶剂，HLB 值 13～16 用作去污剂，HLB 值 8～16 用作水包油（O/W）型乳化剂，HLB 值 7～9 用作润湿剂，HLB 值 3～8 用作油包水（W/O）型乳化剂，HLB 值 0.8～3 用作消泡剂等。

（三）Krafft 点

在低温时，离子型表面活性剂在水溶液中的溶解度随温度升高而缓慢增加，但当温度升至某一值后，溶解度迅速增加，该温度称为 Krafft 点（克氏点）。krafft 点时相对应的溶解度即为该离子型表面活性剂的临界胶束浓度。Krafft 点的高低可用于判断表面活性剂的亲水亲油性。Krafft 点越高，则亲油性越好，亲水性越差；Krafft 点越低，亲油性越差，亲水性越强。Krafft 点可以看作是离子型表面活性剂的特征值，经常被认为是离子型表面活性剂使用温度的下限。只有在温度高于 krafft 点时表面活性剂才能更大程度地发挥作用。如十二烷基硫酸钠和十二烷基磺酸钠的 krafft 点分别为 28℃和 70℃，后者在室温时的表面活性不够理想。

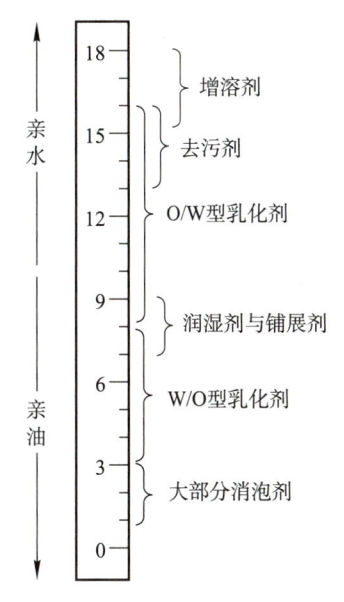

图 4-5 不同 HLB 值表面活性剂的适用范围

（四）昙点

对于含有聚氧乙烯基的非离子型表面活性剂，当温度上升到某一程度时，聚氧乙烯链与水之间的氢键断裂，发生强烈脱水和收缩，溶解度急剧下降而析出，溶液出现混浊，这种现象称为起昙或起浊，此时的温度称为昙点或浊点。起昙是一种可逆的现象，当温度降到昙点以下时，氢键又将重新生成，溶液变澄清。

在聚氧乙烯链相同时，碳氢链越长，昙点越低；在碳氢链长相同时，聚氧乙烯链越长则昙点越高，如聚山梨酯 20 为 90℃，聚山梨酯 60 为 76℃，聚山梨酯 80 为 73℃。大多数此类表面活性剂的昙点在 70～100℃，但很多聚氧乙烯类非离子型表面活性剂在常压下观察不到昙点，如泊洛沙姆 108、泊洛沙姆 188 等。

(五) 毒性与刺激性

1. 表面活性剂的毒性

虽然表面活性剂在药物制剂中有广泛应用，但其毒性（包括长期毒性与急性毒性）必须被密切关注。如聚氧乙烯蓖麻油类表面活性剂用于增溶紫杉醇进行注射给药，会出现过敏反应、中毒、肾损害、神经毒性与心脏毒性等严重的副作用。大多数表面活性剂用于口服给药相对安全，但长期给药也会出现消化道毒性等。对于外用制剂，表面活性剂，特别是阳离子型表面活性剂，长期应用或高浓度使用也会对皮肤或黏膜产生各种损害，如脱脂、过敏反应等。

通常不同种类的表面活性剂产生的毒性大小也不同，其毒性大小一般遵循以下顺序：阳离子型表面活性剂＞阴离子型表面活性剂＞非离子型表面活性剂，阳离子型表面活性剂＞两性离子表面活性剂。一般认为非离子型的表面活性剂口服毒性较小。

离子型表面活性剂还有较强的溶血作用，而非离子型表面活性剂的溶血作用较轻微。以聚氧乙烯基为亲水基的非离子型表面活性剂中，聚山梨酯类的溶血作用相对较小，其毒性大小顺序为：聚氧乙烯烷基醚＞聚氧乙烯芳基醚＞聚氧乙烯脂肪酸酯＞聚山梨酯类。聚山梨酯类中溶血作用大小顺序为：吐温20＞吐温60＞吐温40＞吐温80。通常认为吐温80、聚氧乙烯蓖麻油用于肌内注射等非血管给药较为安全，但用于静脉注射给药必须慎重，主要是因为其安全应用范围非常窄，浓度的轻微增加就有可能产生严重毒性。表面活性剂中，泊洛沙姆类由于安全性较高，可直接用于血管内给药。

2. 表面活性剂的刺激性

外用时表面活性剂呈现较小的毒性，其中仍以非离子型表面活性剂对皮肤和黏膜的刺激性最小。季铵盐化合物浓度高于1%就可对皮肤产生损害作用，阴离子型表面活性剂十二烷基硫酸钠则在20%以上才产生损害作用；非离子型表面活性剂如一些吐温，以100%浓度滴眼也无刺激性，而聚氧乙烯醚类产品浓度高于5%时即可产生损害作用。

知识拓展4-2：表面活性剂对药物吸收的影响

四、表面活性剂在制剂中的应用

（一）增溶剂

利用表面活性剂形成胶束的原理，使难溶性活性成分的溶解度增加而溶于分散介质的过程称之为增溶（solubilization），所使用的表面活性剂称为增溶剂，被增溶的物质称为增溶质。

表面活性剂的增溶能力可用最大增溶浓度（maximum additive concentration，MAC）表示，达到MAC后继续加入药物，体系将会变成热力学不稳定体系，即变为乳状液或有沉淀发生。该类表面活性剂的HLB值为15~18，多数是亲水性较强的非离子型表面活性剂，如吐温、卖泽等。

1. 增溶的原理

当表面活性剂水溶液达到临界胶束浓度后，表面活性剂分子的疏水部分相互缔合形成胶束。根据表面活性剂的种类、溶剂性质与难溶性活性成分的结构等不同，药物通过进入胶束的不同位置进行增溶。非极性药物溶解在胶束的烃核内部（非极性中心区）；半极性药物因其分子中既有极性基团又有非极性基团，非极性基团插入胶束的非极性中心区，而极性基团则伸入胶束的亲水基团方向，在胶束中作定向排列；极性药物则完全分布在胶束的栅状层（亲水基之间）

中，如图4-6所示。

2. 影响增溶的因素

（1）增溶剂的性质　增溶剂种类影响增溶量，即使是同系物的增溶剂，也可由于相对分子质量不同而产生不同的增溶效果。在同系物类表面活性剂中，碳氢链的延长对MAC有明显提高，因此碳氢链越长，CMC越小，胶束越容易形成；而支链结构的存在会阻碍胶束的形成，影响MAC。

（2）药物的性质　同系物的脂肪烃与烷基芳烃增溶量随链长增加而降低；碳氢链原子数相同的条件下，带环化合物与不饱和化合物的增溶量大于饱和化合物，碳氢链中支链与直链的存在对化合物的增溶量影响不大。多环化合物的相对分子质量越大，增溶量越小。一般而言，极性小的化合物由于增溶位置在胶束核内，分子难以进入核内，故增溶量较小；极性较大的化合物增溶位置位于胶束栅栏层，有利于增溶量的增加。

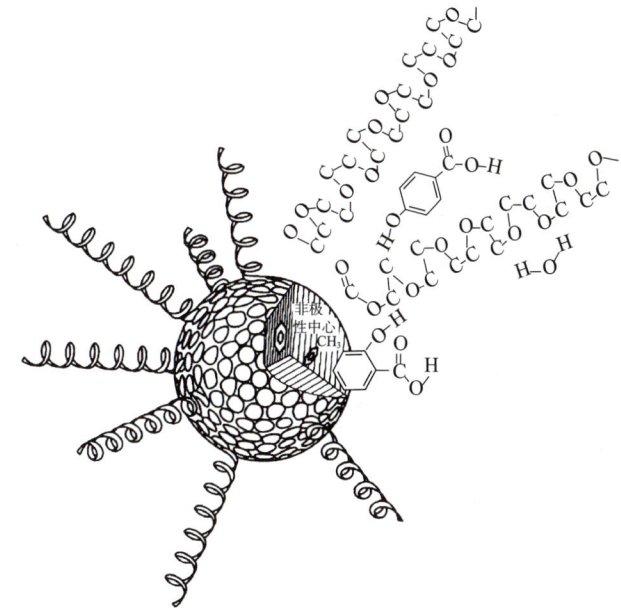

图4-6　表面活性剂的球形胶束及其增溶模型

（3）加入顺序　混合顺序往往影响增溶效果。例如以聚山梨酯对冰片的增溶试验证明，如将增溶剂先溶于水，再加冰片几乎不溶；如先将冰片与增溶剂混合至溶解，然后加水稀释，则能很好溶解。

（4）添加剂　无机盐的加入会导致离子型表面活性剂的CMC明显降低，胶束聚集数量增加，胶束变大，因此能使烃类化合物的增溶量增加；然而，无机盐的添加会降低栅栏层之间的排斥力，增加其致密性，从而导致了增溶空间的减少，降低增溶量。对于非离子型表面活性剂，一般认为无机盐的添加对化合物的增溶量影响较小。

（5）温度　温度升高，表面活性剂的浓度增加，从而提高化合物的溶解量。其本身的溶解度也会因温度升高而增加。

3. 增溶在中药制剂中的应用

（1）增加难溶性成分的溶解度　一些难溶性成分，如乌头中提取的乌头碱，蟾酥中提取的脂溶性甾体，以及丹参酮、大黄素及挥发油成分，制成液体制剂有一定难度，加入聚山梨酯80后可制成澄明的液体制剂。增溶剂、增溶质和溶剂的最佳配比常通过三元相图法来确定。图4-7是薄荷油-聚山梨酯20-水的三元相图，两曲线上的各点均为出现浑浊或由浑浊变澄清的比例点，以曲线为分界线，Ⅱ、Ⅳ两相区是多相区，表明在Ⅱ、Ⅳ两相区内的任一比例，均不能制得澄明溶液；在单相区Ⅰ、Ⅲ内任一比例均可制得澄明溶液。但这并不能保

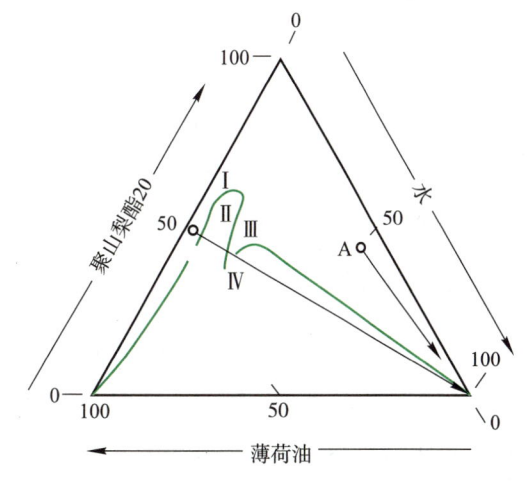

图4-7　薄荷油-聚山梨酯20-水三元相图（20℃）

证所有这些澄明溶液在稀释中不发生浑浊。只有在沿曲线的切线上方区域内的任一点,如 A 点(代表薄荷油 7.5%,聚山梨酯 20 42.5% 和水 50%),在水稀释时才不会出现浑浊。

知识拓展 4-3:三元相图的绘制方法

(2)改善中药注射剂的澄明度 板蓝根注射液、乌头总碱注射液、复方丹参注射液中均加入聚山梨酯 80 以提高药液的澄明度。

(二)乳化剂

在两种不相混溶的液体体系中,由于第三种物质的加入,使其中一种液体以小液滴的形式均匀分散在另一种液体中的过程称为乳化,具有乳化作用的物质称为乳化剂(emulsifier)。表面活性剂是常用的乳化剂,乳化剂的选择往往结合乳剂的类型、乳剂给药途径、HLB 值要求等因素综合考虑。

(三)润湿剂

促进液体在固体表面铺展或渗透的表面活性剂称为润湿剂(moistening agent)。疏水性药物配制水混悬液时,必须加入润湿剂,使药物能被水润湿。润湿剂的 HLB 值通常为 7~9,并应具有一定的溶解度。

(四)起泡剂与消泡剂

1. 起泡剂

泡沫形成时,气-液界面的面积快速增加,界面吸附表面活性剂并形成吸附膜能实现泡沫的稳定存在,这就是表面活性剂的起泡作用,能产生泡沫的表面活性剂称为起泡剂(foaming agent)。

2. 消泡剂

在产生稳定泡沫的情况下,加入一些 HLB 值为 1~3 的亲油性较强的表面活性剂,则可与泡沫液层争夺液膜表面而吸附在泡沫表面上,代替原来的起泡剂,而其本身并不能形成稳定的液膜,故使泡沫破坏,这种用来消除泡沫的表面活性剂称为消泡剂。少量的辛醇、戊醇、醚类、硅酮等也可起到类似作用。

(五)去污剂

去污指的是表面活性剂通过吸附到固体基底与污垢表面,从而降低污垢与固体表面的黏附作用,在外力如水流与机械力的作用下,使污垢从固体表面分离并被乳化、分散及增溶的过程。该表面活性剂称为去污剂(detergent)或洗涤剂,表面活性剂的洗涤去污作用在日常生活中广泛应用,一般非离子型表面活性剂的去污能力强于阴离子型表面活性剂。

(六)消毒剂与杀菌剂

含有长碳链的季铵盐类阳离子型表面活性剂对生物膜具有强烈的溶解作用,可以完全溶解包括细菌细胞在内的各种细胞膜,该类表面活性剂可以作为杀菌剂和消毒剂(disinfectant)。该类表面活性剂主要有苯扎氯铵(洁尔灭)、苯扎溴铵(新洁尔灭)、消毒净等。少数阴离子型表面活性剂也有类似作用,如甲酚皂、甲酚磺酸钠等。这些表面活性剂在水中都有比较大的溶解度,根据使用浓度，可分别用于手术前皮肤消毒、伤口或黏膜消毒、器械消毒和环境消毒等。

知识拓展 4-4： 具有表面活性剂样作用的中药成分

第三节 微粒分散体系的特征

微粒分散体系（microparticulate disperse system）系指由微粒粒径在 1 nm～100 μm 范围内的分散相构成的分散体系。

一、微粒分散体系的特点

微粒分散体系是不均匀的多相分散体系，具有分散性、多相性和聚结不稳定性等共同特点。

1. 分散性

微粒分散体系的性质和分散度直接相关。例如，胶粒的布朗运动、扩散慢、沉降、不能透过半透膜等性质，都由其特殊的分散度决定。粒径大小在 1～100 nm 的分散体系还会有丁达尔现象和动力学稳定性等性质。

2. 多相性

微粒分散体系是不均匀的多相体系，其主要表现在分散相粒子和介质之间存在明显的相界面，因而出现大量的表面现象。而溶液体系是均匀分散的单相体系，多相性是它们之间的根本性区别。

3. 聚结不稳定性

随分散相微粒直径的减小，微粒比表面积显著增大，使微粒具有相对较高的表面自由能，是热力学不稳定体系。因此，微粒分散体系具有容易絮凝、聚结、沉降的趋势。体系中分散相粒子自发聚结的趋势称为聚结不稳定性。

二、微粒分散体系的物理性质

（一）粒径大小与分布

1. 微粒大小与测定方法

微粒大小是微粒分散体系的重要性质，也是最基本的性质之一，对其体内外的性能有重要的影响。微粒大小完全均一的体系称为单分散体系（monodisperse system），大小不均一的体系称为多分散体系（polydisperse system）。绝大多数的微粒分散体系是多分散体系。由于每个粒子的大小不同，存在粒度分布，所以常用平均粒径来描述粒子大小。

微粒分散体系中常用的粒径表示方法包括几何学粒径、比表面粒径、有效粒径等。微粒大小的测定方法包括光学显微镜法、电子显微镜法、原子力显微镜法、Stokes 沉降法、激光散射法、库尔特计数法、吸附法等。

知识拓展 4-5： 微粒粒径的测定方法

2. 微粒大小与体内分布

大小不同的微粒分散体系在体内有着不同的分布特征。50 nm 以下的微粒能够穿透肝脏内皮，通过毛细血管末梢或淋巴传递进入骨髓组织；0.1~3.0 μm 的微粒分散体系由静脉注射、腹腔注射能很快被网状内皮系统的单核巨噬细胞所吞噬，最后大多数药物微粒浓集于巨噬细胞丰富的肝脏和脾脏等部位，而血液中的微粒逐渐被清除；人肺毛细血管直径为 2 μm，大于 2 μm 的粒子被肺毛细血管截留下来，而小于 2 μm 的微粒则通过肺组织而到达肝、脾等部位；若大于 50 μm 的微粒注射至肠系膜动脉、门静脉、肝动脉或肾动脉，其可分别被截留在肠、肝、肾等相应部位。

（二）动力学性质

微粒分散体系的动力学稳定性主要表现在两个方面：①分子热运动产生的布朗运动，有助于提高微粒分散体系的物理稳定性。当微粒较小时，布朗运动起主要作用，液体分子从各个方向对微粒的撞击使得微粒具有了动力学稳定性；②重力产生的沉降，沉降则会降低微粒分散体系的物理稳定性。当微粒较大时，重力起主要作用，静置时，微粒会自然沉降，表现为动力学不稳定。

1. 布朗运动

布朗运动是液体分子热运动撞击微粒的结果。布朗运动的特点：无规则、永不停歇；布朗运动的本质是质点的热运动。

2. 扩散与渗透压

作为布朗运动的结果，胶体微粒可自发地从高浓度区域向低浓度区域扩散。在只允许溶剂分子通过而不允许溶质分子通过的半透膜的两侧分别放入溶液和纯溶剂，纯溶剂侧的溶剂分子通过半透膜扩散到溶液侧，这种现象称为渗透（osmosis）。如果没有半透膜，溶质分子会从高浓度向低浓度方向扩散，这种扩散力和溶剂分子通过半透膜从低浓度向高浓度方向的渗透力大小相等，方向相反。胶体粒子比溶剂分子大得多，不能通过半透膜，因此溶胶和纯溶剂之间会产生渗透压（osmotic pressure）。

（三）光学性质

如果有一束光线在暗室内通过微粒分散体系，在其侧面可以观察到明显的乳光，这就是丁达尔现象。在纳米级大小的微粒分散体系中，即使在正常的室内光线下，也可以观察到明显的乳光。丁达尔现象正是微粒散射光的宏观表现，也成为判断纳米体系的一个简单的方法。同样条件下，粗分散体系由于以反射光为主，不能观察到丁达尔现象；而低分子的真溶液则是以透射光为主，也观察不到乳光。可见，微粒大小不同，光学性质存在很大的差异。

（四）热力学性质

微粒分散体系是典型的多相分散体系，存在大量的相界面。随着微粒粒径变小，比表面积不断增大，使微粒具有相对较高的表面自由能，从而呈现热力学不稳定性，具有聚结的趋势。另外，微粒越小，溶解度越大，因此在微粒分散体系的溶液中可能出现小粒子溶解，大粒子长大的现象。

三、微粒分散体系的物理稳定性

（一）溶胶稳定性理论

微粒之间普遍存在范德华吸引作用，但粒子相互接近时又因双电层的重叠而产生排斥作用，微粒的稳定性就取决于微粒之间吸引与排斥作用的相对大小。

1. 微粒间的吸引力

分子之间存在着范德华引力，微粒可以看成是大量分子的集合体。同物质微粒间的范德华作用永远是相互吸引，介质的存在能减弱吸引作用，而且介质与微粒的性质越接近，微粒间的相互吸引就越弱。

2. 微粒间的排斥力

在微粒分散体系中，微粒表面的离子与靠近表面的反离子组成了微粒的吸附层；同时由于扩散作用，反离子在微粒周围呈现出离微粒表面越远则浓度越稀的梯度分布，从而组成微粒的扩散层。微粒的吸附层与扩散层带相反的电荷，吸附层与相邻的扩散层共同组成微粒的双电层结构。

当微粒彼此之间的双电层尚未接触时，两个带电微粒之间并不存在排斥力作用，只有当微粒接近到它们的双电层发生重叠，并改变了双电层电势（ζ电势）与电荷分布时，才产生排斥作用。

（二）空间稳定理论

溶胶稳定性理论的核心是微粒的双电层因重叠而产生排斥力作用。但是，在非水介质中双电层的排斥力作用已经相当模糊，研究证明，即使在水体系中，加入一些非离子表面活性剂或高分子能降低微粒的ζ电势，但稳定性反而提高了。这些结果表明，除了双电层的静电作用之外，还有其他的稳定因素起作用，即微粒表面上吸附的大分子吸附层阻止了微粒的聚结，因此将这一类稳定作用称为空间稳定作用。

1. 影响因素

在微粒分散体系中加入一定量的高分子化合物或缔合胶体，体系的稳定性可被显著提高，这种现象称为高分子的保护作用。

（1）高分子稳定剂的结构特点　高分子作为有效的稳定剂，必须和微粒有很强的亲和力，以便能牢固地吸附在微粒表面上；同时，又要与溶剂有很好的亲和性，以便分子链充分伸展，形成厚的吸附层，达到保护微粒不聚结的目的。

（2）高分子相对分子质量与浓度的影响　一般来说，高分子相对分子质量越高，其在微粒表面上形成的吸附层越厚，稳定效果也越好。许多高分子还存在一临界相对分子质量，低于此相对分子质量的高分子无保护作用。

高分子浓度的影响则比较复杂，吸附的高分子要能覆盖微粒表面才起保护作用。若高分子的浓度过低，不能完全覆盖微粒表面，不但不起保护作用，还使溶胶的稳定性降低。

（3）溶剂的影响　在良溶剂中高分子链段伸展、吸附层厚、稳定作用增强。在不良溶剂中，高分子的稳定作用变差。实验发现，若在介质中逐渐加入不良溶剂，在介质刚好转变为高分子的不良溶剂时，分散微粒开始聚沉。对于一种溶剂而言，改变温度就相当于改变它对高分子的溶剂性能。用高分子稳定的分散体系，其稳定性常随温度而变。

2. 理论基础

（1）体积限制效应理论　吸附在微粒表面上的高分子长链有多种可能构型。当两微粒接近时，彼此的吸附层不能互相穿透，因此，对于每一吸附层都造成了空间限制，从而产生排斥作用，如

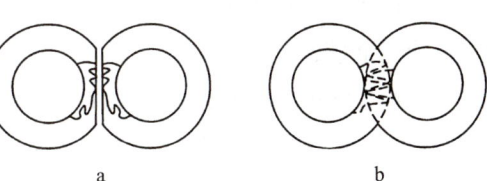

图 4-8　两种稳定机理示意图
a. 体积限制效应（压缩而不穿透）；
b. 混合效应（穿透而不压缩）

图 4-8（a）所示。排斥能的大小可以从构型熵随微粒间距离的变化计算得出。

（2）混合效应理论　微粒表面上的高分子吸附层可以互相穿透，如图 4-8（b）所示。吸附层之间的这种交联作用，可以视为两个一定浓度的高分子溶液的混合，其中高分子链段之间及高分子与溶剂之间相互作用的变化。从高分子溶液理论和统计热力学出发，可分别计算混合过程的自由能的变化，进而得出吸附层交联时自由能变化的符号与大小。若自由能变化为正，则微粒之间互相排斥，起保护作用，若自由能变化为负，则起絮凝作用，吸附层会促使微粒聚结。

第四节　真溶液型液体制剂

真溶液型液体制剂通常为低分子溶液型液体制剂，常见的剂型有溶液剂、芳香水剂和露剂。药物溶解度大小是影响该类制剂制备的关键，若药物无法制成符合临床治疗要求的溶液浓度，应考虑选择适宜的增加药物溶解度的方法。

一、药物的溶解度

1. 药物溶解度的表示方法

药物的溶解度系指在一定温度（气体在一定压力）下，在一定量溶剂中达饱和时溶解的最大药量，是反映药物溶解性的重要指标。《中国药典》关于药物溶解性能有极易溶解、易溶、溶解、略溶、微溶、极微溶解、几乎不溶或不溶等不同级别之分。

（1）极易溶解　系指溶质 1 g（mL）能在溶剂不到 1 mL 中溶解。

（2）易溶　系指溶质 1 g（mL）能在溶剂 1～10 mL 中溶解。

（3）溶解　系指溶质 1 g（mL）能在溶剂 10～30 mL 中溶解。

（4）略溶　系指溶质 1 g（mL）能在溶剂 30～100 mL 中溶解。

（5）微溶　系指溶质 1 g（mL）能在溶剂 100～1 000 mL 中溶解。

（6）极微溶解　系指溶质 1 g（mL）能在溶剂 1 000～10 000 mL 中溶解。

（7）几乎不溶或不溶　系指溶质 1 g（mL）在溶剂 10 000 mL 中不能完全溶解。

上述这些分级仅表示药物大致溶解性能，而准确的溶解度，一般以一份溶质（1 g 或 1 mL）溶于若干毫升溶剂中表示。如苦杏仁苷在水中的溶解度为 1∶12，即 1 g 苦杏仁苷溶于 12 mL 水中。

2. 溶解度的测定

除另有规定外，称取研成细粉的供试品或量取液体供试品，于 25℃±2℃ 一定容量的溶剂中，每隔 5 min 强力振摇 30 s；观察 30 min 内的溶解情况，如无目视可见的溶质颗粒或液滴时，即视为完全溶解。

药物溶解度测定时，不能排除溶剂和其他成分的影响，尤其是弱电解质药物，因此，一般情况下测定的溶解度为表观溶解度（apparent solubility）或平衡溶解度（equilibrium solubility）。

此外，若药物不含任何杂质，在溶剂中不发生解离或缔合，也不发生相互作用，测定时所形成的饱和溶液的浓度，称为特性溶解度（intrinsic solubility）。特性溶解度与固体制剂的溶出速率具有一定的相关性。

二、影响药物溶解度的因素

(一) 温度

温度对溶解度的影响取决于溶解过程是吸热过程还是放热过程。溶解度与温度的关系如式 (4-1) 所示。

$$\ln X = \frac{\Delta H_f}{R}\left(\frac{1}{T_f} - \frac{1}{T}\right) \quad (4-1)$$

式中,X 为溶解度(摩尔分数),T_f 为药物熔点,T 为溶解时温度,ΔH_f 为摩尔溶解热,R 为气体常数。$\Delta H_f > 0$ 时为吸热过程,溶解度随温度升高而增加,$\Delta H_f < 0$ 时为放热过程,溶解度随温度升高而降低。$T_f > T$ 时,ΔH_f 越小、T_f 越低,溶解度 X 越大。

(二) 溶剂

药物在溶剂中的溶解度是药物分子与溶剂分子间相互作用的结果。如果药物分子间的作用力小于药物分子与溶剂分子间的作用力,则药物溶解度大,反之,则溶解度小,即遵循"相似相溶"规律。氢键对药物溶解度影响大。在极性溶剂中,若药物分子与溶剂分子之间能形成氢键,则溶解度增大。但若药物分子能形成分子内氢键,则在极性溶剂中的溶解度减小,而在非极性溶剂中的溶解度增大。

(三) 药物的性质

不同的药物在同一溶剂中具有不同的溶解度。主要是因为极性的差异,也与晶型和晶格引力的大小有关。结晶型药物由于晶格能的存在,与无定型药物溶解度差别很大。多晶型药物因晶格排列不同,晶格能也不同,致使溶解度有很大差别。稳定型药物溶解度小,亚稳定型药物溶解度大。同一结晶型的药物溶解度无太大差别。

(四) 粒子大小

一般情况下,溶解度与药物粒子大小无关,但当难溶性药物粒径处于微粉状态(一般小于 100 nm)时,根据 Ostwald-Freundlich 方程,见式(4-2),药物溶解度随粒径减小而增加。

$$\ln \frac{S_2}{S_1} = \frac{2\sigma M}{\rho RT}\left(\frac{1}{r_2} - \frac{1}{r_1}\right) \quad (4-2)$$

式中,S_1、S_2 分别是半径为 r_1、r_2 药物的溶解度;σ 为表面张力;ρ 为固体药物的密度;M 为相对分子质量;R 为气体常数;T 为绝对温度。根据上式可知,当药物处于微粉状时,若 $r_2 < r_1$,则 $S_2 > S_1$。可以用减小粒径的办法来增大难溶性药物的溶解度。

(五) pH 与同离子效应

1. pH 的影响

多数药物为有机弱酸、弱碱及其盐类,这些药物在水中的溶解度受 pH 的影响很大。对于弱酸性药物,若已知 pK_a 和特性溶解度 S_0,由式(4-3)即可计算任何 pH 下的表观溶解度。此式表明溶液的 pH 低于计算值 pH 时弱酸析出,即可计算出弱酸沉淀析出的最低 pH,以 pH_m 表示。

$$pH_m = pK_a + \lg \frac{S - S_0}{S_0} \quad (4-3)$$

对于弱碱性药物,若已知 pK_a 和特性溶解度 S_0,由式(4-4)即可计算任何 pH 下的表观溶解度。此式表明溶液的 pH 高于计算值 pH 时弱碱析出,即可计算出弱碱沉淀析出的最高 pH,以 pH_m 表示。

$$pH_m = pK_a + \lg \frac{S_0}{S - S_0} \quad (4-4)$$

2. 同离子效应

若药物的解离性和分子型是限制药物溶解的组分,则在溶液中与药物相关离子的浓度是影响药物溶解度的决定因素,通常向难溶性盐类饱和溶液中加入含有相同离子的化合物时,其溶解度降低,这一现象称为同离子效应(common-ion effect)。例如许多盐酸盐类药物在 0.9% 氯化钠溶液中的溶解度比在水中小。

三、增加药物溶解度的方法

(一)制成盐类或调节 pH

将有机弱酸、弱碱药物制成可溶性盐可提高其溶解度,如将生物碱加酸或者将有机酸加碱皆可形成盐类从而增加其在水中的溶解度。应注意的是,药物制成盐后其溶解度增加,其稳定性、刺激性、毒性、疗效等也常发生变化。因此,在酸或碱的选择上要从成盐后的溶解度、pH、刺激性和成盐后的稳定性等多个方面考虑。

难溶性药物分子中引入亲水基团也可增加其在水中的溶解度。如维生素 K_3 不溶于水,分子中引入 $-SO_3HNa$ 则形成维生素 K_3 亚硫酸氢钠,可制成以水为溶剂的注射剂。

含有弱酸性或弱碱性成分的中药制剂,常选择调节 pH 方法增加药物的溶解度。溶液的 pH 影响药物的解离而影响分子型药物的浓度。溶液的 pH 增大,有利于弱酸性药物的增溶;溶液的 pH 减小,有利于弱碱性药物的增溶。

(二)使用增溶剂

有关增溶剂的内容详见本章第二节。

(三)使用助溶剂

根据药物的性质和结构特点,有时通过在溶剂中加入第三种物质与难溶性药物形成可溶性的分子间络合物、复盐、缔合物等以增加难溶性药物的溶解度。该增加药物溶解度的作用称为助溶(hydrotropy),这第三种物质称为助溶剂(hydrotropic agent)。

助溶剂多为低分子化合物(非表面活性剂),主要分为三类:①有机酸及其钠盐,如苯甲酸钠、水杨酸钠、对氨基水杨酸钠等;②酰胺化合物,如乌拉坦、尿素、烟酰胺、乙酰胺等;③某些无机化合物,如碘化钾等。如咖啡因加适量苯甲酸钠后形成分子复合物苯甲酸钠咖啡因,使其溶解度由 1∶50 增加到 1∶1.2;而茶碱在水中是与所加乙二胺形成氨茶碱,溶解度由 1∶120 增加到 1∶5。

(四)使用混合溶剂

有时溶质在混合溶剂中的溶解度要比其在各单一溶剂中的溶解度大,这种现象称为潜溶性,具有这种性质的混合溶剂称为潜溶剂(cosolvent)。常与水组成潜溶剂的有乙醇、丙二醇、甘油、聚乙二醇300或400等。如洋地黄毒苷可溶于水和乙醇的混合溶剂中,葛根素注射剂以水和丙二醇作为混合溶剂配制来增加溶解度等。药物在混合溶剂中的溶解度,与混合溶剂的种类、混合溶剂中各溶剂的比例有关。药物在混合溶剂中的溶解度通常是各单一溶剂溶解度的相加平均值,但也有高于相加平均值的。

(五)应用其他技术

1. 包合技术

药物分子与包合材料分子通过范德华力形成包合物后,溶解度增大,稳定性提高,同时可实现液体药物粉末化,防止挥发性成分挥发,掩盖药物的不良气味和味道,调节释药速度,提高药物的生物利用度,降低药物的刺激性和毒副作用等。如肉桂挥发油采用环糊精包合后,其溶解度增大,稳定性提高,且生物利用度增加。

2. 固体分散技术

固体分散技术将药物高度分散,形成分子、胶体、微晶或无定形的分散状态,可大大改善药物的溶出和吸收,从而提高其生物利用度。应用固体分散技术不仅可明显提高药物的生物利用度,而且可降低毒副作用。例如穿心莲内酯与聚乙二醇6000、聚乙二醇4000通过固体分散技术制备的穿心莲内酯滴丸能有效增加穿心莲内酯的溶解度并加速其体外溶出。

3. 纳米化技术

对于难溶性药物,粒径 >2 μm 时,粒径对溶出速度影响较大,但对溶解度几乎无影响。但当药物粒径 <100 nm 时,溶解度随粒径的减小而增大,这一规律可以用 Ostwald-Freundlich 方程表示。根据式(4-2)可知,当药物处于微粉状态时,若 $r_2 < r_1$,r_2 的溶解度大于 r_1 的溶解度。可以用减小粒径的办法来增大难溶性药物的溶解度,通过微粉化技术特别是纳米化技术可提高难溶性药物的溶解度。例如将姜黄素包封在纳米颗粒中可以有效改善水溶性并提高姜黄素的生物利用度。

4. 微乳化技术

微乳化技术的优势在于其能够增加药物的溶解度并改善药物的溶出度。表面活性剂和油相的共同作用使得药物分子更容易分散在水中,从而提高了生物利用度。如薄荷油、桉叶油等中药挥发油类成分制备成微乳后溶解度得到提高。此外,微乳化技术能使药物根据需要达到缓释或靶向的目的;具有毒性小,安全性高,稳定性好,易于制备和保存等优点。对于易水解的药物制成油包水型纳米乳,还可起到保护作用。

四、真溶液型液体制剂的制备

(一)溶液剂

溶液剂(solution)系指药物溶解于适宜溶剂中制成的澄清液体制剂,供内服或外用。溶液剂不得有沉淀、混浊或异物等。

溶液剂的制备方法包括溶解法、稀释法和化学反应法。

（1）溶解法　系将药物加入到溶剂中，搅拌溶解、滤过，再通过滤器加溶剂至足量，搅匀，即得。

（2）稀释法　系先将药物配制成浓溶液，临用前再用溶剂稀释至所需浓度，搅匀，即得。

（3）化学反应法　系先将相互反应的药物分别用适量溶剂溶解，然后将其中一种药物溶液慢慢地加入到另一种药物溶液中，边加边搅拌，待化学反应完成后，滤过，自滤器加适量的溶剂至全量，搅匀，即得。

溶液剂制备时需要注意的问题有：①易溶但溶解缓慢的药物，制备时应通过粉碎、搅拌、加热等措施加速药物的溶解；②溶解度较小的药物，应先使其溶解后再加入其他药物；③对于难溶性药物，可以加入适量增溶剂或助溶剂提高其溶解度；④为避免药物的损失，易氧化药物溶解时，先将溶剂放冷后再溶解药物，并加适量抗氧剂，挥发性药物应在其他药物溶解后再加入。

案例 4-1　风油精

【处方】薄荷脑 320 g　水杨酸甲酯 260 g　樟脑 30 g　桉油 30 g　丁香酚 30 g

【制法】以上五味，取薄荷脑、樟脑，加入液状石蜡适量溶解，再加入桉油、水杨酸甲酯、丁香酚及香精、叶绿素适量，加液状石蜡使成 1 000 mL，混匀，静置 24 h，取澄清液，分装，即得。

【性状】本品为淡绿色澄清油状液体；有特殊的香气，味凉而辣。

【功能与主治】消炎、镇痛，清凉、止痒，驱风。用于伤风感冒引起的头痛、头晕，以及由关节痛、牙痛、腹部胀痛和蚊虫叮咬、晕车等引起的不适。

【用法与用量】外用，涂擦于患处。口服，一次 4~6 滴。

【注解】

（1）本品选择溶液剂型，便于分剂量外用局部涂抹和口服。

（2）根据处方中饮片所含有效成分的性质选择适宜的溶剂，薄荷脑、樟脑、桉油、水杨酸甲酯、丁香酚极性均较小，采用液状石蜡为溶剂，可保证药物疗效，减少刺激性，同时保证药效成分的稳定性。液状石蜡为非极性溶剂，与其性质相似的还有食用植物油（如茶油等），如中成药百草油选择食用植物油作为溶剂，复方丁香罗勒油（红花油）采用由茶油制备的黑油作为溶剂。此类非极性溶剂在外用制剂中更为常用。

（3）各成分在液状石蜡中均具有良好的溶解度，故采用直接溶解的方法进行制备；先溶解薄荷脑、樟脑固态物料，再加入桉油、水杨酸甲酯等液体物料；在制备过程中通过静置的方式除去不溶性物质，保证溶液剂的澄明度。加入叶绿素作为着色剂。

（二）芳香水剂与露剂

1. 芳香水剂

芳香水剂系指挥发油或其他芳香挥发性药物的饱和或近饱和的澄清水溶液。也有用水和乙醇作混合溶剂制成的浓芳香水剂，临用时再稀释。

芳香水剂的制备方法一般有溶解法、稀释法、水蒸气蒸馏法。

（1）溶解法　取挥发油，加蒸馏水适量，用力振摇使成饱和溶液后，滤过，自滤器加适量蒸馏水至全量，即得。制备时也可先加适量滑石粉与挥发油混匀，再加蒸馏水溶解，继续用上述后续方式制备。

（2）稀释法　取浓芳香水剂，加适量蒸馏水稀释，即得。

（3）水蒸气蒸馏法　取适量含挥发性成分的中药，置于蒸馏器中加适量蒸馏水，浸泡一定时间后蒸馏或通入蒸汽蒸馏，收集中药饮片重量的6~10倍蒸馏液，除去过量的挥发性物质或再重蒸馏一次。必要时以润湿的滤纸滤过，使成澄明溶液，即得。

2. 露剂

露剂系指含挥发性成分的中药饮片用水蒸气蒸馏法制成的芳香水剂，亦称药露。芳香水剂与露剂应澄清，不得有异物、酸败等变质现象。根据需要可加入适宜的抑菌剂和矫味剂。

露剂用水蒸气蒸馏法制备。取含挥发性成分的饮片适量，置蒸馏器中，加适量水浸泡一定时间后进行蒸馏，一般收集饮片重量的6~10倍蒸馏液于灭菌的洁净干燥容器中，除去蒸馏液中过量的挥发性物质或者重新蒸馏一次。必要时用润湿的滤纸进行滤过，使呈澄明溶液，即得。

案例4-2　金银花露

【处方】金银花

【制法】取金银花62.5 g，用水蒸气蒸馏，收集蒸馏液约1 000 mL，取蒸馏液，调节pH至约4.5，加矫味剂适量，滤过，制成1 000 mL，灌封，灭菌；或灭菌，灌封，即得〔规格（1）〕。

取金银花100 g，用水蒸气蒸馏，收集蒸馏液1 400 mL，加入单糖浆适量至1 600 mL，滤过，灌封，灭菌；或取蔗糖140 g及苯甲酸钠3.2 g，加水使溶解，兑入蒸馏液中，加水至1 600 mL，混匀，加适量枸橼酸调节pH至4.0~4.5，混匀，滤过，灭菌，灌封，即得〔规格（2）〕。

取金银花100 g，用水蒸气蒸馏，收集蒸馏液1 600 mL，加入蔗糖30 g，混匀，滤过，灌封，灭菌，即得〔规格（3）〕。

【性状】本品为无色至淡黄色的透明液体；气芳香，味微甜或甜。

【功能与主治】清热解毒。用于暑热内犯肺胃所致的中暑、痱疹、疖肿，症见发热口渴、咽喉肿痛、痱疹鲜红、头部疖肿。

【用法与用量】口服。一次60~120 mL，一日2~3次。

【注解】

（1）金银花中含有挥发性药效成分，采用水蒸气蒸馏法制成露剂使用，使有效成分随水蒸气蒸馏而不被破坏，更好地保留金银花的药效，加入适量矫味剂可以改善患者服用口感。

（2）在制备过程中，通常饮片加水浸泡一定时间后，再用水蒸气蒸馏；收集的蒸馏液应及时盛装在灭菌的洁净干燥容器中，收集蒸馏液、灌封均应在要求的洁净环境中进行；为保证最后产品的微生物符合要求，均需采用灭菌的工艺，可在灌封前灭菌，也可于灌封后灭菌。虽已采用灭菌工艺生产，但本品为多剂量包装剂型，为防止开封后微生物的污染，加入苯甲酸钠作为抑菌剂使用。枸橼酸为矫味剂、pH调节剂。

思考与讨论

《本草纲目拾遗》谓金银露"乃忍冬藤花蒸取，鲜花蒸者香，干花者少逊，气芬郁而味甘，能开胃宽中，解毒消火，暑月以之代茶，饲小儿无疮毒，尤能散暑"。请结合此方法对现代金银花露的制法进行评价。

第五节　胶体溶液型液体制剂

一、高分子溶液

高分子溶液（polymer solution）系指高分子化合物溶解于溶剂中制成的均相液体制剂，属于热力学稳定体系。亲水性强的高分子化合物以水为溶剂时能与水发生水化作用，水化后以分子状态分散于水中形成高分子溶液，称为亲水性高分子溶液，又称亲水胶体溶液，如蛋白质类、酶类、纤维素衍生物等。亲水性弱的高分子化合物溶解于非水溶剂中形成高分子溶液，称为非亲水性高分子溶液，如玉米朊乙醇溶液。

（一）高分子溶液的性质

1. 荷电性

高分子水溶液中，高分子化合物因解离而带电，有的带正电，有的带负电。一些高分子化合物所带电荷受溶液 pH 的影响。蛋白质分子中含有羧基和氨基，在水溶液中随 pH 不同可带正电或负电。

在碱性溶液中：$NH_2\text{-}R\text{-}COOH + OH^- \rightleftharpoons NH_2\text{-}R\text{-}COO^- + H_2O$

在酸性溶液中：$NH_2\text{-}R\text{-}COOH + H^+ \rightleftharpoons NH_3^+\text{-}R\text{-}COOH$

当溶液的 pH 大于等电点时，蛋白质带负电；pH 小于等电点时，蛋白质带正电。在等电点时，高分子化合物不荷电，这时高分子溶液的许多性质发生变化，如黏度、渗透压、溶解度、电导等都变为最小值。

2. 渗透压

高分子溶液有较高的渗透压，渗透压的大小与高分子溶液的浓度有关。相对分子质量在 50 000 左右的高分子化合物，其溶液的渗透压可用式（4-5）表示：

$$\pi/C_g = RT/M + BC_g \tag{4-5}$$

式中，π 为渗透压；C_g 为 1 L 溶液中溶质的克数；R 为气体常数；T 为绝对温度；M 为相对分子质量；B 为特定常数，是由溶质和溶剂相互作用的大小来决定的。

3. 黏度

高分子溶液是黏稠性流动液体，黏稠性大小用黏度表示。测定高分子溶液的黏度，可以确定高分子化合物的相对分子质量。

4. 胶凝性

一些亲水性高分子溶液，如明胶水溶液、琼脂水溶液，当温度降低时，高分子溶液就形成网状结构，水被全部包含在网状结构中，形成不流动的半固体状物，称为凝胶，如软胶囊的囊壳就是这种凝胶，形成凝胶的过程称为胶凝。凝胶失去网状结构中的水分时，体积缩小，形成干燥固体称为干胶。

5. 稳定性

高分子化合物含有大量亲水基团，能与水形成牢固的水化膜，可阻止高分子化合物分子之间的相互凝聚，这种性质对高分子化合物的稳定性起重要作用。当水化膜受到破坏时易出现聚结沉淀：①向溶液中加入乙醇、丙酮等脱水剂能破坏水化膜；②向溶液中加入大量电解质，电解质离子本身具有强烈的水化性质，脱掉了胶粒的水化层，从而使高分子凝结而形成沉淀，这种现象称为盐析；③带不同电荷的胶体溶液混合时，因为相反电荷中和而凝结；④受盐类、pH、絮凝剂、射线等其他因素的影响，也可使化合物凝结。

（二）高分子溶液的制备

1. 制备流程

高分子溶液的制备流程见图4-9。

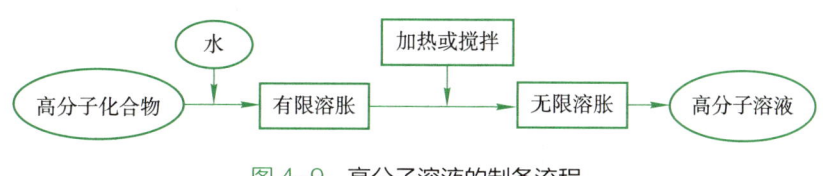

图4-9　高分子溶液的制备流程

2. 制法

高分子溶液一般采用溶解法制备。高分子化合物溶解时首先要经过溶胀过程。溶胀是指水分子渗入到高分子化合物分子间的空隙中，与高分子中的亲水基团发生水化作用而使其体积膨胀，使高分子空隙间充满了水分子，这一过程称为有限溶胀。由于高分子空隙间存在水分子，使高分子的分子间作用力（范德华力）降低，溶胀过程继续进行，最后高分子化合物完全分散在水中而形成高分子溶液，这一过程称为无限溶胀。无限溶胀过程常需加以搅拌或加热等步骤才能完成。

二、溶胶剂

溶胶剂（sols）是指固体药物以多分子聚集体分散于水中形成的非均相液体制剂，亦称疏水胶体。溶胶剂具有极大的分散度，分散相粒子与溶剂之间存在相界面，属热力学不稳定体系。胶体氯化银、蛋白银是典型的溶胶。将药物分散成溶胶状态，会出现吸收增大或异常现象，其药效会出现显著变化。目前溶胶剂很少使用，但其性质在药剂学中却十分重要。

（一）溶胶剂的性质

1. 光学性质

当强光线通过溶胶剂时，由于胶粒粒度小于自然光波长引起光散射，从侧面可见到圆锥形光束，称为丁达尔（Tyndall）效应，这是溶胶剂区别于低分子溶液剂的一个基本特征。溶胶剂的颜色与光线的吸收和散射有密切关系。

2. 电学性质

溶胶剂由于存在双电层结构而荷正电或负电，在电场的作用下，胶粒或分散介质会发生移动，在移动的过程中产生电位差，这种现象称为界面动电现象。溶胶的电泳现象即是由界面动电现象所引起的。

3. 动力学性质

溶胶剂中的胶粒受溶剂水分子不规则的撞击而产生不规则运动，称为布朗运动。胶粒愈小，运动速度愈大。溶胶粒子的扩散速度、沉降速度及分散介质的黏度等都与溶胶的动力学性质有关。

4. 稳定性

溶胶剂属于热力学和动力学不稳定体系。热力学不稳定主要表现为胶粒的聚集现象，胶粒表面电荷产生的静电斥力，以及胶粒荷电所形成的水化膜，可增加溶胶的聚结稳定性。动力学不稳定性主要表现为重力沉降，由于胶粒的布朗运动，使其能克服重力作用而沉降速度缓慢，增加了溶胶的动力学稳定性。

溶胶剂的稳定性受诸多因素的影响，主要包括电解质的作用和溶胶的相互作用，即在溶胶剂中加入带相反电荷的溶胶或电解质时，由于电中和使ζ电位降低，同时减少了水化层厚度，使胶粒产生聚集而加速沉降。另外，还有保护胶的作用，向溶胶剂中加入亲水性高分子溶液至一定浓度时，由于足够数量的高分子物质吸附在胶粒表面，形成类似高分子粒子的表面结构，使其不易发生聚集，增加溶胶的稳定性，这种现象称为保护作用，形成的溶液称为保护胶体。但若加入溶胶的高分子化合物量太少，则反而降低了溶胶的稳定性，甚至引起聚集，这种现象称为敏化作用。

（二）溶胶剂的制备

1. 分散法

分散法是指将药物的粗粒子分散成溶胶粒子大小范围的过程。

（1）机械分散法　常采用胶体磨进行制备，适用于脆而易碎的药物。

（2）胶溶法　是指将聚集而成的粗分散粒子重新分散的方法。

（3）超声波分散法　是指利用 20 kHz 以上的超声波所产生的能量，使粗分散粒子分散成溶胶剂的方法。

2. 凝聚法

（1）物理凝聚法　通过改变分散介质的性质，使溶解的药物在不良溶剂中析出凝聚制备溶胶剂。

（2）化学凝聚法　借助氧化、还原、水解、复分解等化学反应制备溶胶剂。

第六节　乳状液型液体制剂

乳状液型液体制剂是指两相互不相溶的液体，其中一相液体以液滴状态分散于另一相液体中形成的非均相液体制剂，又称乳剂（emulsion）。

一、乳剂的特点

乳剂的给药途径包括口服、外用、注射等，乳剂的主要特点包括：①乳滴的分散度大，药物吸收快，生物利用度高；②可以掩盖药物的不良气味，并可加入矫味剂，且可降低药物的刺激性和毒副作用；③外用乳剂能改善对皮肤、黏膜的渗透性，减少刺激性；④可以提高药物的稳定性；⑤静脉注射乳剂注射后分布较快、药效高、有靶向性。

二、乳剂的组成与分类

乳剂由水相、油相和乳化剂组成，三者缺一不可。乳剂中水或水性溶液称为水相，用 W 表示；另一与水不相混溶的相称为油相，用 O 表示。

乳剂中形成液滴的液体称为分散相、内相或非连续相，另一相液体则称为分散介质、外相或连续相。根据分散相与分散介质的性质，乳剂的种类包括水包油（O/W）型、油包水（W/O）型，也包括复乳，如水/油/水（W/O/W）型或油/水/油（O/W/O）型。根据乳滴的粒径大小，乳剂可分为普通乳、亚微乳和纳米乳，其中亚微乳及纳米乳通常合称作微乳。

三、乳剂的形成理论

乳剂是由互不相溶的水相、油相混合，并加入适当的乳化剂制成的液体制剂，但要制备稳定的乳剂，首先必须提供足够的能量使分散相能够分散成微小的乳滴，其次是提供使乳剂稳定的必要条件。

1. 降低界面张力

水相和油相混合形成乳剂的过程，也是两相液体间形成新界面的过程，乳滴愈细新增加的界面就愈大。乳剂有很大的降低界面自由能的趋势，促使乳滴变大甚至分层，所以乳剂属于热力学不稳定分散体系。为保持乳剂的分散状态和稳定性，乳剂粒子本身自然形成球体，因为体积相同时以球体表面积最小。加入乳化剂可以降低两相液体的界面张力，最大限度地降低表面自由能，使乳剂保持一定的分散状态和稳定性。

2. 形成界面膜

在油相、水相体系中加入乳化剂后，降低界面张力的同时，表面活性剂会在界面发生吸附，形成一层界面膜，即乳化膜。该膜对分散相液滴具有保护作用，使在布朗运动中相互碰撞的液滴不易聚结，而液滴聚结的前提是界面膜的破裂，因此，界面膜的机械强度是决定乳状液稳定的主要因素之一。

当乳化剂浓度较低时，界面上吸附的分子较少而使得界面膜的强度较弱，形成的乳状液不稳定。乳化剂浓度增高到一定程度后，较为紧密排列的定向吸附的分子组成了界面膜，此时的界面膜强度高，大大提高乳状液的稳定性。因此，要有足够量的乳化剂才能有良好的乳化效果，且直链结构乳化剂的乳化效果一般优于支链结构的乳化剂。如果使用适当的混合乳化剂有可能会形成更致密的"界面复合膜"或带电膜，从而增加乳状液的稳定性。

界面膜有如下三种类型。

（1）单分子乳化膜　表面活性剂类乳化剂被吸附于乳滴表面，有规律地定向排列成单分子乳化剂层，称为单分子乳化膜，可使乳剂稳定。若乳化剂带电荷，那么形成的乳化膜带有电荷，由于电荷互相排斥，阻止乳滴的合并，使乳剂更加稳定。

（2）多分子乳化膜　亲水性高分子化合物类乳化剂，在乳剂形成时被吸附在乳滴的表面，形成多分子乳化剂层，称为多分子乳化膜。强亲水性多分子乳化膜不仅阻止乳滴的合并，也能增加分散介质的黏度，使乳剂更稳定。

（3）固体微粒乳化膜　固体微粒作为乳化剂使用时，对水、油两相有不同的亲和力，在乳化过程中固体微粒被吸附在乳滴表面，在表面排列成固体微粒膜，防止乳滴合并，增加乳剂的稳定性，这样的固体微粒层称为固体微粒乳化膜。

四、常用的乳化剂与选用

乳化剂的主要作用是降低界面张力，增加新生界面，从而形成乳滴，降低制备乳剂的能量消耗，促使乳剂的形成与稳定。

1. 乳化剂的种类

（1）表面活性剂类乳化剂　该类乳化剂乳化能力强，能显著降低两相间的界面张力。能在乳滴周围形成单分子乳化膜，性质比较稳定，通常混合使用效果更佳。

常用的表面活性剂类 O/W 型乳化剂有硬脂酸钾、硬脂酸钠、油酸钾、油酸钠、硬脂酸三乙醇胺皂、泊洛沙姆、十二烷基硫酸钠、卖泽类、苄泽类、聚山梨酯类等，W/O 型乳化剂有硬脂酸钙、单脂肪酸甘油酯、脂肪酸山梨坦等。

（2）高分子化合物类乳化剂　这类乳化剂亲水性较强，多数能形成 O/W 型乳剂，且大多黏度大，能增加乳剂的稳定性。其相对分子质量大，扩散慢，需要高浓度乳化剂先制备初乳，再用分散介质稀释。

常用的高分子化合物类 O/W 型乳化剂有阿拉伯胶、西黄蓍胶、明胶、卵黄等；W/O 型乳化剂有胆固醇等；有许多黏性较大的高分子化合物，其乳化能力很弱或无乳化能力，但能提高乳剂的黏度，并能增强乳化膜的强度，防止乳滴合并，常被用作辅助乳化剂，如甲基纤维素、羟丙纤维素、硬脂酸、蜂蜡等。

（3）固体微粒类乳化剂　溶解度小、细微的固体粉末可用作水油两相的乳化剂，因其乳化时可被吸附于油水界面，形成乳剂。所形成的乳剂类型由接触角 θ 决定，一般 θ < 90° 易被水润湿，形成 O/W 型乳剂，常用的 O/W 型乳化剂有氢氧化镁、氢氧化铝、二氧化硅、硅藻土等；θ > 90° 易被油润湿，形成 W/O 型乳剂，常见的 W/O 型乳化剂有氢氧化钙、氢氧化锌、硬脂酸镁等。

2. 乳化剂的选择

选择适宜的乳化剂是制备稳定乳剂的重要条件。选择乳化剂应根据乳剂的使用目的、药物的性质、处方的组成、是否含电解质、拟制备乳剂的类型、乳化方法等因素综合考虑。

（1）根据乳剂的类型选择　在乳剂制备时，根据确定的乳剂类型选择所需的乳化剂。O/W 型乳剂应选择 O/W 型乳化剂，W/O 型乳剂应选择 W/O 型乳化剂。

（2）根据乳剂的给药途径选择　一般口服乳剂应该选择无毒的天然乳化剂或部分亲水性高分子类乳化剂等；外用乳剂应该选择局部无刺激过敏性的乳化剂，长期使用无毒性；注射用乳剂应选择卵磷脂、泊洛沙姆等无毒、无溶血性的乳化剂。

（3）根据乳化剂性能选择　乳化剂的种类较多，其性能各异，应该选择乳化能力强、性质稳定、受外界因素如酸、碱、盐、pH 等影响小、无毒、无刺激性的乳化剂。

（4）混合乳化剂的使用　一般制备乳剂时，为了使乳化剂发挥较好的效果，如增加界面膜的强度，调节 HLB 值，增加乳剂的黏度与稳定性等，往往需要将几种乳化剂混合使用。在混合使用时应注意乳化剂之间的配伍禁忌。乳化剂混合使用必须符合油相对 HLB 值的要求，油相所需的 HLB 值见表 4-3。若油的 HLB 值为未知，可通过实验加以确定。

非离子型表面活性剂混合后的 HLB 值具有加和性，其 HLB 值可用式（4-6）计算。

$$\mathrm{HLB}_{AB\cdots N} = \frac{\mathrm{HLB}_A W_A + \mathrm{HLB}_B W_B + \cdots + \mathrm{HLB}_N W_N}{W_A + W_B + \cdots W_N} \qquad (4\text{-}6)$$

式中，$\mathrm{HLB}_{AB\cdots N}$ 为混合表面活性剂的 HLB 值，HLB_A、HLB_B、$\cdots$、HLB_N 分别为 A、B、$\cdots$、

表 4-3 乳化油相所需 HLB 值

油相名称	油相所需 HLB 值		油相名称	油相所需 HLB 值	
	W/O 型	O/W 型		W/O 型	O/W 型
液状石蜡（轻）	4	10.5	鲸蜡醇	–	15
液状石蜡（重）	4	10~12	硬脂醇	–	14
植物油	–	7~12	蜂蜡	5	9
棉籽油	5	10	硬脂酸	–	15
挥发油	–	9~16	石蜡	4	10.5
凡士林	5	12	精制羊毛脂	8	10

注：– 表示未知，可以通过实验确定。

N 表面活性剂的 HLB 值，W_A、W_B、…、W_N 分别为 A、B、…、N 表面活性剂的重量。

五、乳剂的稳定性

1. 影响乳剂稳定性的因素

（1）乳化剂的性质与用量　乳剂制备的过程有分散与稳定过程。分散过程主要是指借助机械力将分散相分散为微小液滴，并使其均匀地分散于连续相中；稳定过程是指使乳化剂在被分散的液滴周围形成薄膜，以防止液滴聚集合并。应该使用可以显著降低界面张力的乳化剂或形成较牢固的界面膜的乳化剂，以利于乳剂的稳定。

一般乳化剂用量越多，乳剂越易于形成且稳定。但用量过多，往往造成外相过于黏稠不易倾倒，且会造成浪费。一般用量为所制备乳剂量的 0.5%~10%。

（2）分散相的浓度与液滴大小　乳剂的类型虽然与乳化剂的性质有关，但当分散相的浓度在 74% 以上时，则容易发生转相或破裂。据经验，一般最稳定的乳剂分散相浓度是 50% 左右，25% 以下和 74% 以上时均存在不稳定现象。乳剂的稳定性还与乳滴的大小有关，乳滴越小乳剂就越稳定。乳剂中乳滴大小是不均一的，小乳滴通常填充于大乳滴之间，增加了乳滴的聚集性，因而容易导致乳滴的合并。为了保持乳剂稳定性，在制备乳剂时应尽可能保持乳滴大小均匀。

（3）油相水相的密度差　乳剂中油相和水相的密度差越大，乳滴越容易分层。一般加入附加剂，增加其外相黏度和密度，调节两相的密度差。

（4）ζ 电位　乳剂中加入电解质或离子型乳化剂等附加剂，乳滴可吸附体系中的离子而荷电，表面电荷用 ζ 电位表示。乳滴因带相同的电荷而相互排斥，阻碍了乳滴的聚集和合并，有利于乳剂的稳定。若乳剂中由于引入其他电解质等引起乳滴 ζ 电位降低时，就会出现絮凝现象，可能影响乳剂的稳定。

（5）黏度与温度　乳剂的黏度越大越稳定，但所需乳化的功也越大。黏度与界面张力均随温度的提高而降低，提高温度有利于乳化，但过热、过冷的温度均可降低乳剂稳定性甚至使其破裂。实验证明，最适宜的乳化温度是 50~70℃。但贮存的温度以室温为最佳，温度升高可促进分层。

2. 乳剂的不稳定现象

乳剂属热力学和动力学均不稳定的非均相体系，常发生的变化有分层、絮凝、转相、合并、破裂和酸败等。

（1）分层　乳剂放置一段时间后，分散相粒子出现上浮或下沉的现象，称为分层，又称乳析。分层的主要原因是由于分散相和分散介质之间存在密度差。O/W型乳剂一般出现分散相液滴上浮；而W/O型乳剂一般出现分散相液滴下沉。乳剂分层也与分散相和分散介质的相比有关，一般分层速度与相比成反比，分散相浓度低于25%乳剂很快分层，达50%时就能明显减小分层速度。经过振摇后，分层的乳剂应能很快分散均匀。

（2）絮凝　乳剂中乳滴的电荷减少时，ζ电位降低，促使乳滴聚集而絮凝。絮凝时乳剂中分散相的乳滴聚集现象是可逆的，且由于乳滴荷电以及乳化膜的存在，阻止了絮凝时乳滴的合并。乳剂中的电解质和离子型乳化剂的存在是产生絮凝的主要原因，发生絮凝通常是乳剂破裂的前奏。

（3）转相　乳剂由于某些条件的变化而改变乳剂类型，由O/W型转变为W/O型或相反的变化称为转相。转相主要是由于外加物质使得乳化剂的性质改变而引起的，如硬脂酸钠是O/W型乳化剂，遇氯化钙后生成硬脂酸钙，变为W/O型乳化剂，乳剂则发生转相。

（4）合并与破裂　乳剂中的乳滴周围存在乳化膜，但当乳化膜破裂后导致乳滴变大，称为合并。合并进一步发展使乳剂破裂，分为油、水两相。

（5）酸败　乳剂受外界因素（光、热、空气等）及微生物的影响，使油相或乳化剂等发生变质的现象称为酸败。故乳剂中通常需加入抗氧剂和抑菌剂，防止其氧化或酸败。

六、乳剂的制备

（一）乳剂的制法

1. 油中乳化剂法

该法又称干胶法，制备流程见图4-10。将乳化剂（胶）先分散于油相中，研匀，加入一定比例的水后用力研磨制成初乳，再加水稀释至全量。制备初乳时，油、水、胶有一定的比例，若用植物油，其比例为4∶2∶1；若用挥发油，则比例为2∶2∶1；用液状石蜡，则比例为3∶2∶1。

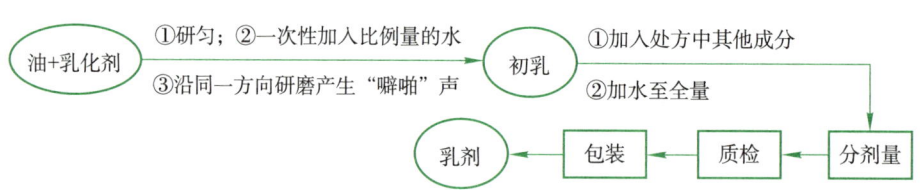

图4-10　干胶法制备乳剂的流程

2. 水中乳化剂法

该法又称湿胶法，制备流程见图4-11。与油中乳化法不同的是，将乳化剂（胶）先分散于水中，再将油加入，研磨后制备成初乳，加水稀释至全量。油、水、胶的比例与上法相同。

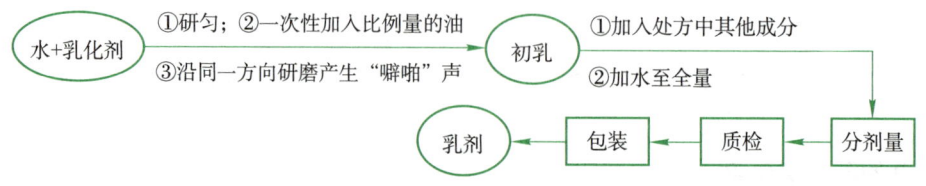

图4-11　湿胶法制备乳剂的流程

3. 新生皂法

该法系将油水两相混合时，两相界面上生成新生皂类乳化剂，经搅拌产生乳剂的方法。油相中含有硬脂酸、油酸等有机酸，加入氢氧化钠、氢氧化钙或三乙醇胺等，在70℃以上的高温条件下或振摇后可生成新生皂类乳化剂。生成的是一价皂为O/W型乳化剂，二价皂为W/O型乳化剂。

4. 两相交替加入法

向乳化剂中每次少量交替地多次加入水或油，边加边搅拌，可形成乳剂。天然胶类、固体微粒类乳化剂等可用本法制备乳剂。当乳化剂用量较多时，本法是一个很好的方法。

5. 机械法

该法系将油相、水相、乳化剂混合后利用乳化机械提供的强大能量制备乳剂的方法。机械法制备乳剂时可不用考虑混合顺序，借助于机械提供的能量，很容易制成乳剂。

（二）乳剂中药物的加入方法

乳剂是良好的药物载体，可加入各种药物使其具有治疗作用。乳剂中药物的加入方法主要有：①若药物能溶解于油相，可先将药物溶于油相再制成乳剂；②若药物能溶于水相，可先将药物溶于水相后再制成乳剂；③若药物在两相中都不溶解时，可用亲和性大的液相研磨药物，再将其制成乳剂，也可将药物先用已制成的少量乳剂研磨至细，再将其与剩余乳剂混合均匀。有的成分（如高浓度醇或大量电解质）可使胶类脱水，影响乳剂的形成，应先将这些成分稀释，再逐渐加入。

七、乳剂的质量评价

乳剂可供口服、外用、注射等，不同给药途径的乳剂质量要求存在差异。口服乳剂的外观应呈均匀的乳白色，以半径为10 cm的离心机4 000 r/min离心15 min，不应有分层现象。乳剂可能会出现相分离的现象，但经振摇应易再分散。

案例4-3　鸦胆子油口服乳液

【处方】鸦胆子油100 mL　大豆磷脂15 g

【制法】以上二味，取大豆磷脂与水混合，转入到高速组织捣碎机内（8 000 r/min），搅拌三次，每次3 min，使其分散均匀，加入温热的鸦胆子油，搅拌9 min，使其成为初乳液，并加水使成1 000 mL，再转入到高压乳匀机内，匀化1~2次，使其均匀后，灌封，灭菌，包装，即得。

【性状】本品为乳白色均匀乳状液体；味微苦。

【功能与主治】抗癌药。用于肺癌、肺癌脑转移、消化道肿瘤及肝癌的辅助治疗。

【用法与用量】口服。一次20 mL，一日2~3次，30日为一个疗程。

【注解】

（1）鸦胆子油为棕色澄明液体，易溶于乙醚、氯仿等，能溶于丙酮，微溶于甲醇、乙醇或戊醇，不溶于水。为了使其更好地分散易于吸收，将鸦胆子油与适量乳化剂制成乳白色O/W型乳状液体。

（2）本品中所用鸦胆子油原料为鸦胆子石油醚提取物。处方中鸦胆子油既作为药物又作为乳剂的油相，大豆磷脂为乳化剂。磷脂是常用的两性离子型表面活性剂，毒性、刺激性较小，是比较安全的表面活性剂。

（3）采用水中乳化剂法，也称湿胶法。先将乳化剂（大豆磷脂）分散于水中，采用高速剪切法以保证分散均匀；加入温热的鸦胆子油制备成初乳；将初乳稀释到规定体积，再采用高压均质的方法以保证粒径的均一；为保证最后产品的微生物符合要求，灌装后再进行灭菌。乳剂在放置过程中易出现分层等不稳定现象，故设置贮存条件为室温下存放。

（4）口服乳剂的乳化剂除磷脂外，还有天然或合成的高分子，如阿拉伯胶、西黄蓍胶、甲基纤维素等。

> **思考与讨论**
>
> 传统中医方剂应用多为汤药，请结合现代中药制剂发展，谈谈中药单一有效成分制剂的应用及发展展望。

案例 4-4　石灰搽剂

【处方】花生油 10 mL　氢氧化钙饱和水溶液 10 mL

【制法】取氢氧化钙加 50 mL 纯化水，加热溶解，制成饱和水溶液；取氢氧化钙饱和水溶液的上清液和花生油各 10 mL，置于同一容器中用力振摇至乳剂生成。

【性状】本品为黄白色均匀乳状液体。

【功能与主治】用于消炎止痛、抗菌消毒、刺激生长、改善肤色和广谱治疗等。

【用法与用量】外用，使用前需清洁患部皮肤，然后将适量搽剂均匀涂抹在患处，并轻轻按摩。使用时避免接触眼睛，如不慎接触，请立即用大量清水冲洗。

【注解】

（1）花生油在水中溶解度很低，故选择制备成 W/O 型乳剂。

（2）氢氧化钙加纯化水后加热溶解，制成饱和水溶液，取上清液制备乳剂。

（3）石灰搽剂是 W/O 型乳剂，是由氢氧化钙与花生油中所含的少量游离脂肪酸进行皂化反应形成钙皂（新生皂）作 W/O 型乳化剂，再乳化花生油而制成 W/O 型乳剂。本品在制备中并未加入其他乳化剂，但由于钙皂的乳化能力较弱，在产品放置过程中可能出现分层现象；但此分层现象是可逆的，经重新用力振摇后可恢复至均匀状态。

知识拓展 4-6：新型乳剂的制备

第七节　混悬型液体制剂

混悬型液体制剂简称混悬剂（suspension），是指难溶性固体药物以微粒状态分散于分散介质中形成的非均相液体制剂。混悬剂属于热力学不稳定的粗分散体系，药物微粒一般在 0.5~10 μm 之间，小微粒可为 0.1 μm，大微粒可达 50 μm 或更大。所用分散介质大多数为水，也可用植物油。

一、混悬剂的特点

混悬剂的给药途径包括口服、外用、注射等，混悬剂有以下特点：①可提高药物在液体制剂中的浓度，有助于难溶性药物制备成液体制剂；②混悬剂中的难溶性药物溶解缓慢，可使药物发挥缓释、长效等作用；③属于粗分散体系，药物分散不均匀，剂量不易准确，因此毒剧药、生物活性高且剂量小的药物不宜制成混悬剂。

二、混悬剂的物理稳定性

混悬剂分散相微粒的布朗运动不显著，易受重力作用而发生沉降，属于动力学不稳定体系。同时因微粒有较大的界面能，容易聚集，又属于热力学不稳定体系。

1. 微粒的沉降

混悬剂中药物微粒与液体介质之间存在密度差，如药物微粒密度较大，受重力作用，静置时会自然沉降，在一定条件下，沉降速度服从 Stokes 定律，用式（4-7）表示。

$$V = \frac{2r^2(\rho_1 - \rho_2)g}{9\eta} \tag{4-7}$$

式中，V 为沉降速度（cm/s），r 为微粒半径（cm），ρ_1、ρ_2 为微粒和介质的密度（g/mL），g 为重力加速度（cm/s^2），η 为分散介质的黏度（Pa·s）。

由 Stokes 定律可知，微粒的沉降速度与微粒半径的平方、微粒与分散介质的密度差成正比，与分散介质的黏度成反比。沉降速度越大，动力学稳定性越小。混悬剂中的微粒大小是不均一的，大的微粒总会迅速沉降，细小微粒沉降速度很慢，由于布朗运动的存在，细小的微粒可长时间悬浮在介质中，混悬剂会长时间地保持混悬状态。

2. 微粒的成长与晶型转变

（1）微粒的成长　混悬剂中药物微粒大小不同，在放置过程中，微粒的大小在不断变化，小微粒逐渐溶解变得越来越小，大微粒变得越来越大，使微粒的沉降速度加快，导致混悬剂的稳定性降低。为了增加混悬剂的物理稳定性，在制备混悬剂时应尽可能使混悬剂的微粒大小保持均匀一致，避免小微粒的不断溶解和大微粒的不断长大，同时可加入抑制剂阻止结晶的溶解和生长。

（2）晶型的转变　许多有机药物结晶内部结构具有不同的晶型，称为多晶型。同一药物的多晶型中只有一种晶型最稳定，其他亚稳定型都会在一定时间内转化为稳定型，但是亚稳定型比稳定型溶解度大，从剂型中溶出速度快，吸收好。混悬剂中如果含有多晶型药物，易出现亚稳定型不断向稳定型转变产生结块、沉降，不仅破坏了混悬剂的稳定性，还可能降低药效。可以通过增加分散介质黏度和加入抑制剂等方法克服。

3. 絮凝与反絮凝

混悬剂中的微粒分散度较大，具有很大的总界面积，微粒具有很高的界面自由能，高能状态的微粒有降低界面自由能聚集的趋势，界面自由能的改变可用式（4-8）表示。

$$\Delta G = \sigma_{S\cdot L} \cdot \Delta A \tag{4-8}$$

式中，ΔG 为界面自由能的改变值，ΔA 为微粒总界面积的改变值，$\sigma_{S\cdot L}$ 为固液界面张力。

对一定的混悬剂 $\sigma_{S\cdot L}$ 是一定的，因此只有降低 ΔA，才能降低微粒的界面自由能 ΔG，说明了微粒之间存在一定的聚集，属于热力学不稳定体系。

由于微粒荷电的存在，相同电荷相互排斥会阻碍微粒产生的聚集。加入适当的电解质，使 ζ 电位降低，可以减小微粒间的电荷排斥力。当电位降低到一定程度后，混悬剂中的微粒会形成疏松的絮凝状聚集体使混悬剂保持稳定。混悬微粒形成絮状聚集体的过程称为絮凝（flocculation），加入的电解质称为絮凝剂。为了得到稳定的混悬剂，一般应控制电位在 20～25 mV 范围内、使其恰好能产生絮凝作用，形成的絮凝物疏松、不易结块，而且易于分散。向絮凝状态的混悬剂中加入电解质，絮凝状态变为非絮凝状态的这一过程称为反絮凝（deflocculation）。

混悬微粒间有静电斥力，同时也存在范德华力。当两个运动的微粒接近时电荷之间的斥力和引力增大。斥力和引力以微粒间相互作用能表示，见图4-12，斥力的相互作用能为正号即A线，引力的相互作用能为负号即B线，两种相互作用能之和为C线。当混悬剂中两个微粒间的距离缩短至S点时，引力稍大于斥力，这是粒子间保持的最佳距离，这时粒子形成絮凝状态。当粒子间的距离进一步缩短时，斥力明显增加，当距离达到M点时斥力最大，微粒间无法达到聚集而处于非絮凝状态。受外界因素影响粒子间的距离很容易进一步缩短达到P点，在此点微粒之间产生强烈的相互吸引，以至于在强引力的作用下挤出粒子间的分散介质而使粒子结饼，这时就无法再恢复混悬状态。

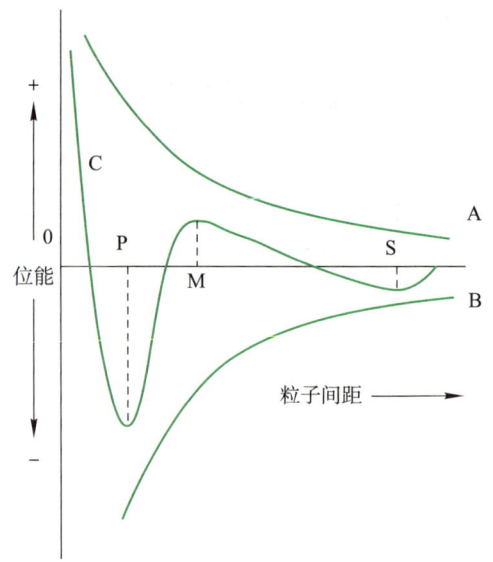

图4-12 混悬剂中粒子间吸引与排斥位能曲线

4. 微粒间的相互作用

（1）荷电性 混悬剂中的微粒可因本身解离或吸附分散介质中的离子而带荷电，具有双电层结构，即有 ζ 电位。由于微粒表面荷电，水分子可在微粒周围形成水化膜，水化作用的强弱随双电层厚度而改变。微粒间由于荷电产生排斥作用，水化膜的存在也会阻止微粒间的相互聚结，使混悬剂稳定。向混悬剂中加入少量的电解质，可以改变双电层的构造和厚度，影响混悬剂的聚结稳定性并产生絮凝。

（2）水化作用 混悬剂中的微粒由于带有电荷，可吸附溶剂中的水分子在其周围形成水化膜。疏水性强的难溶性药物的混悬剂微粒由于水化作用很弱，对电解质更敏感。有一定亲水性的难溶性药物的混悬剂微粒除了带电荷外，本身还具有水化作用，因此受电解质的影响较小。

三、混悬剂的稳定剂

1. 润湿剂

润湿剂（moistening agent）是能增加难溶性药物微粒被水湿润的附加剂，其作用原理是降低固-液二相界面张力。疏水性药物不易被水润湿，又由于微粒表面吸附有空气，给制备混悬剂带来困难，润湿剂可吸附于微粒表面，增加其亲水性，产生较好的分散效果。

2. 助悬剂

助悬剂（suspending agent）系指能增加分散介质的黏度以降低微粒的沉降速度或增加微粒亲水性的附加剂。助悬剂包括低分子化合物、高分子化合物，甚至有些表面活性剂也可作助悬剂用。助悬剂能被药物微粒表面吸附，形成机械性或电性保护膜，防止微粒间互相聚集或晶型转变，或者使混悬剂具有触变性，从而使混悬剂的稳定性增加。通常可根据药物微粒的性质与含量选择不同的助悬剂。

（1）低分子物质 如甘油、糖浆等。内服混悬剂使用糖浆时兼有矫味作用。

（2）高分子物质 天然高分子助悬剂常用的有阿拉伯胶，用量5%~15%；西黄蓍胶，用量0.5%~1%；琼脂，用量0.35%~0.5%；海藻酸钠、白及胶或果胶亦可使用。在使用天然高分子助悬剂时应加入抑菌剂（如苯甲酸类、羟苯酯类或酚类）。合成类高分子助悬剂常用的有甲基纤维素、羧甲纤维素钠、羟乙纤维素、羟丙甲纤维素、聚维酮、聚乙烯醇等，一般用量为 0.1%~1%，性质稳定，受 pH 影响小，但与某些药物有配伍变化。如甲基纤维素与鞣质或盐酸有配伍变化，羧甲纤维素钠与三氯化铁或硫酸铝也有配伍变化。

（3）硅酸类　如胶体二氧化硅、硅酸铝、硅藻土等。硅藻土由无定形的 SiO_2 组成，在水中带负电荷，吸附大量的水形成高黏度的糊状物，能阻碍微粒聚集。硅藻土的配伍禁忌少，不需加抑菌剂，但遇酸或酸式盐能降低其水化性，配成的混悬剂在 pH 7 以上更稳定。

（4）触变胶　触变胶的触变性可以提高混悬剂的稳定性。如单硬脂酸铝溶解于植物油中可形成典型的触变胶，在静置时形成凝胶可防止微粒沉降，振摇时变为溶胶有利于混悬剂倒出。

3. 絮凝剂与反絮凝剂

混悬剂中加入适量的电解质可使 ζ 电位降低，使微粒间的排斥力稍低于吸引力，微粒呈疏松的絮状聚集体，经振摇又可恢复成均匀的混悬剂，所加入的电解质称为絮凝剂（flocculating agent）。如加入电解之后使 ζ 电位升高，阻碍微粒之间的聚集，这一过程称为反絮凝，起反絮凝作用的电解质称为反絮凝剂（deflocculating agent）。适宜的反絮状体系也有利于混悬剂的稳定性。

絮凝剂主要是不同价数的电解质，其中阴离子絮凝作用大于阳离子；电解质的絮凝效果还与离子价数有关，离子价数增加 1，絮凝效果增加 10 倍；同一电解质可因加入量的不同，在混悬剂中起絮凝作用（降低 ζ 电位）或反絮凝作用（升高 ζ 电位）。常用的絮凝剂有枸橼酸盐、枸橼酸氢盐、酒石酸盐、酒石酸氢盐、磷酸盐及氯化物等。絮凝剂和反絮凝剂的使用对混悬剂的稳定性有很大影响，应在试验的基础上加以选择。

四、混悬剂的制备

制备混悬剂时，应使混悬微粒有适当的分散度，并应尽可能分散均匀，以减小微粒的沉降速度，使混悬剂处于稳定状态。混悬剂的制备分为分散法和凝聚法。

1. 分散法

分散法是将粗颗粒的药物粉碎成符合混悬剂微粒要求的粒度，再分散于分散介质中制备混悬剂的方法。

少量制备可用研钵，大量生产可用乳匀机、胶体磨等机械。制备时注意：①固体药物在粉碎时，加入适当液体研磨（称为加液研磨法），可以减小药物分子间的内聚力，使药物容易粉碎得更细，微粒可达到 0.1~0.5 μm；②加液研磨时，常用的液体，如水、芳香水、糖浆、甘油等，通常是 1 份药物可加 0.4~0.6 份液体，能产生最大分散效果。

2. 凝聚法

（1）物理凝聚法　将分子或离子状态分散的药物溶液用物理方法使其在分散介质中凝聚制成混悬液。一般将药物制成热饱和溶液，在搅拌下加至另一种药物不溶的液体中，使药物快速结晶。可制成 10 μm 以下（占 80%~90%）微粒，再将微粒分散于适宜介质中制成混悬剂。

（2）化学凝聚法　用化学反应法使两种药物生成难溶性的药物微粒，再混悬于分散介质中制备混悬剂。化学反应在稀溶液中进行并应急速搅拌，可使制得的混悬剂中药物微粒更细小、更均匀。

知识拓展 4-7：具有稳定剂作用的中药成分

五、混悬剂的质量评价

1. 微粒大小

混悬剂中微粒的大小及其分布不仅影响混悬剂的质量和稳定性,也影响混悬剂的生物利用度和药效。混悬剂中微粒的大小常采用显微镜法测定,另外还可通过库尔特计数法、浊度法、光散射法、漫反射法等测定。

2. 沉降体积比

沉降体积比是指沉降物的体积与沉降前混悬剂的体积之比。测定时,将混悬剂 50 mL 置于具塞量筒内,密闭,用力振摇 1 min,记录混悬剂的体积(V_0)或高度(H_0),静置 3 h 后,观察澄清液与沉降物之间的界面即沉降面,记录沉降物体积(V)或沉降面的高度(H)按式(4-9)计算混悬剂的沉降体积比 F。

$$F = \frac{V}{V_0} = \frac{H}{H_0} \quad (4-9)$$

F 值在 0~1 之间,F 值越大,表示沉降物的高度越接近混悬剂高度,混悬剂越稳定。口服混悬剂沉降体积比应不低于 0.90。

以沉降体积比 F 为纵坐标,沉降时间 t 为横坐标,可得沉降曲线,曲线的最高点即起始点为 1,随时间逐渐下降直至与横坐标平行。从沉降曲线的形状可以判断混悬剂的稳定性,沉降曲线下降比较缓慢平坦,则混悬剂比较稳定。

3. 重新分散性

优良的混悬剂在贮存后再振摇,沉降物应能很快重新分散,从而保证服用时的均匀性、分剂量的准确性。

重分散性的评价方法是将混悬剂置于 100 mL 量筒内,静置一定时间后,以 20 r/min 的速度翻转,经过一定时间的翻转后,量筒底部的沉降物应重新均匀分散,说明混悬剂再分散性良好。

4. 絮凝度

絮凝度是评价混悬剂絮凝程度的参数,系指絮凝状态混悬剂的沉降体积比(F)与反絮凝状态混悬剂沉降体积比(F_∞)的比值,见式(4-10)。

$$\beta = \frac{F}{F_\infty} \quad (4-10)$$

絮凝度 β 表示由絮凝所引起的沉降物体积增加的倍数,例如,反絮凝状态混悬剂的 F_∞ 值为 0.18,絮凝状态混悬剂 F 值为 0.90,则 $\beta = 5$,说明絮凝状态混悬剂沉降体积是反絮凝状态混悬剂沉降体积的 5 倍。β 降为 1 时,为理论上的最小值,说明没有絮凝作用。β 值越大,絮凝效果越好,混悬剂越稳定。

> **案例 4-5 炉甘石洗剂**
>
> 【处方】炉甘石 150 g 氧化锌 50 g 甘油 50 mL 羧甲纤维素钠 2.5 g
>
> 【制法】取炉甘石、氧化锌,加甘油和适量蒸馏水共研成糊状,另取羧甲纤维素钠加蒸馏水溶胀后,分次加入上述糊状液中,随加随搅拌,再加蒸馏水使成 1 000 mL,搅匀,即得。
>
> 【性状】本品为淡粉红色的混悬液,放置后能沉淀,但经振摇后,仍应成为均匀的混悬液。
>
> 【功能与主治】用于急性瘙痒性皮肤病,如荨麻疹和痱子,也可用于夏日蚊虫叮咬后起的小包。
>
> 【用法与用量】局部外用,用时摇匀,取适量涂于患处,一日 2~3 次。

【注解】

（1）炉甘石具有收敛、止痒、散热、解毒退翳、生肌作用；氧化锌具有收敛、抗菌和保护皮肤的作用。两者均不溶于水，配制成混悬液，使用方便。

（2）羧甲纤维素钠加入时，需提前加水溶胀。羧甲纤维素钠的水溶液为高分子溶液，较黏稠，可以降低水不溶性微粒的沉降速度，起到助悬剂的作用。其他具有类似作用的高分子材料如明胶、甲基纤维素等可以起到同样的作用。甘油黏度也较大，在本方中与羧甲纤维素钠协同增强助悬的作用。处方中甘油为低分子助悬剂，羧甲纤维素钠为高分子助悬剂。密封保存。

（3）炉甘石与氧化锌均为水中不溶的亲水性药物，能被水润湿。故先加甘油和适量蒸馏水研成糊状，再与羧甲纤维素钠水溶液混合，使粉末周围形成水的保护膜，以阻碍颗粒的聚合，振摇时易悬浮。

思考题

1. 液体制剂的应用非常广泛，其相关技术在中药制剂中有哪些应用？
2. 如何发挥中药成分"药辅合一"的优势，替代某些表面活性剂的应用？
3. 液体制剂存在的主要问题是什么？如何通过现代制剂学手段加以克服？

（杜守颖、白洁）

 数字资源详见　新形态教材网

　视频　　知识拓展　　推荐阅读　　参考文献　　教学课件　　自测题

第五章

浸出制剂

汤剂是中医临床最常用的剂型，也是最早利用浸提技术制备的剂型。古人云"汤者荡也，去大病用之"，在临床广泛应用汤剂基础上，积极应用现代浸提技术，保留中药制剂物质基础，降低服用剂量，丰富浸出制剂剂型，形成了富有中医药特色的浸出制剂，促进了中医药事业发展。浸出制剂的常用剂型有哪些、各有什么特点？常用浸出制剂如何制备、其质量如何控制？ 本章学习，我们将在掌握中药浸提、分离、浓缩、干燥等技术应用基础上，结合中药制剂特点，学习掌握各类浸出制剂的制备方法和质量评价，为后续中药制剂剂型工艺的学习奠定基础。

第一节 概 述

浸出制剂系指用适宜的溶剂和方法浸提饮片中的有效成分,将其直接或经一定的制备工艺制得的可供内服或外用的一类制剂。大部分浸出制剂可直接应用于临床,如合剂、糖浆剂、酒剂等。也有一些浸出制剂,常作为制备其他制剂的中间物料,如流浸膏剂、浸膏剂等。

一、浸出制剂的特点

1. 体现中药制剂多成分综合疗效

浸出制剂能够呈现中药多种浸出成分的综合疗效。例如阿片酊中含有吗啡等多种生物碱类活性成分,具有镇痛、止泻功效;从阿片粉中提取出的吗啡虽有很强的镇痛作用,但并无明显的止泻功效。对于复方制剂,中药多成分的综合作用更为突出,如补中益气汤具有调节小肠蠕动作用,但若从该方中抽走升麻、柴胡,则小肠蠕动明显减弱,但此两味药对肠蠕动无直接作用。

2. 作用缓和持久,临床安全可靠

浸出制剂中由于多种成分的相辅相成或相互制约,不仅可以增强疗效,有的还可降低毒性。例如,四逆汤的强心升压效应优于方中各单味药,且能减慢窦性心律,避免单味附子产生的异位心律失常,这也体现了"附子无干姜不热,得甘草则性缓"的传统论述。

3. 减少服用剂量,提高患者依从性

浸出制剂在浸出过程中去除了部分无效成分和组织物质,有效提高有效成分的浓度,减小体积,便于携带与服用。同时,某些有效成分经浸出处理后可增强其稳定性及疗效。

4. 质量体系复杂,质量不够稳定

浸出制剂的质量控制与单一成分的制剂相比更为复杂。因受成分及制剂工艺影响,相比单一成分的制剂,在生产及贮存过程中,更易发生各类质量问题。固体浸出制剂易吸湿结块甚至液化,导致崩解时限、溶散时限延长;液体浸出制剂则易长霉发酵,产生沉淀或浑浊,甚至水解等。

5. 部分浸出制剂可作为其他制剂的原料

流浸膏、浸膏等部分浸出制剂常作为中药其他制剂的原料,供进一步制备其他制剂,如中药丸剂、片剂、胶囊剂、颗粒剂等。

二、浸出制剂的分类

浸出制剂按浸提溶剂及成品情况,可分为以下几类:

1. 水浸出制剂

水浸出制剂系指以水为溶剂,浸出饮片成分制得的含水制剂,如汤剂、合剂等。

2. 含醇浸出制剂

含醇浸出制剂系指在一定的条件下,用适宜浓度的乙醇或酒为溶剂浸出中药成分制得的含醇制剂,如酒剂、酊剂、流浸膏剂等。有些流浸膏虽然是用水浸出中药成分,但成品中仍需加有适量乙醇。

3. 含糖浸出制剂

含糖浸出制剂系指在汤剂、合剂等水浸出制剂的基础上，将水提液进一步纯化浓缩处理，加入适量蔗糖（或蜂蜜）或其他矫味剂制成的一类制剂，如糖浆剂、煎膏剂等。

除上述浸出制剂外，以饮片浸出物为原料，还可以制备颗粒剂、片剂、注射剂等多种剂型。

第二节 汤 剂

汤剂也称为汤液，系指将饮片加水煎煮后去渣取汁得到的液体制剂。汤剂主要供内服，也可供含漱（含漱剂）、熏蒸（熏蒸剂）、洗浴（浴剂）用。

一、汤剂的特点

汤剂起源于商汤时期，作为我国应用最早的剂型之一，也是目前中医临床应用最广泛的剂型，其优点突出，李东垣说"汤者荡也，去大病用之……"，沈括指出"欲速用汤……"。汤剂组方灵活，可随证加减用药，适应中医辨证施治的需要；溶剂价廉易得，制法简单易行，奏效较为迅速。但同时也存在需临用前煎煮、药液味苦量大、脂溶性和难溶性活性成分浸提不完全等缺点。

汤剂作为众多制剂发展的基石，在汤剂的基础上陆续发展了合剂、颗粒剂等多种剂型，极大地方便了患者的服用。

二、汤剂的制备

（一）汤剂的制法

汤剂采用煎煮法制备，一般按《医疗机构中药煎药室管理规范》进行操作。将饮片加适量水浸泡适当时间，加热至沸腾后维持微沸状态一定时间，过滤，取煎出液，药渣再依法加水煎煮 1~2 次，合并煎液，即得汤剂。汤剂煎液量一般儿童每剂为 100~300 mL，成人每剂为 400~600 mL。分次服用，或遵医嘱。

（二）影响汤剂质量的因素

1. 饮片质量

药材品种、饮片炮制规格及片型、粒径等直接影响汤剂的质量。依据处方要求，按照炮制规范对药材进行炮制。质地疏松的全草、花、叶类药材可直接煎煮或切段、切厚片入煎；质地坚硬的根、根茎及果实类药材应切薄片入煎；含淀粉、黏液质较多的药材宜切片入煎。

2. 煎煮用水及加水量

煎煮用水应使用符合国家卫生标准的饮用水，用水量一般以浸过药面 2~5 cm 为宜，花、草类药物或煎煮时间较长时应酌量加水。饮片在煎煮前应先浸泡，浸泡时间一般不少于 30 min，以提高有效成分的煎出率。

3. 煎煮火候

煎煮时，一般先用"武火"煮至沸腾后改用"文火"保持微沸状态。煎药时不宜采用开盖形式煎煮，同时注意防止药液溢出、煎干或煮焦。煎干或煮焦者禁止药用。

4. 煎煮时间

煎煮时间应根据全方中各饮片的特性及方剂的功能主治和药物的功效确定。通常一煎 20~30 min 为宜；解表类、清热类、芳香类药物不宜久煎，煎煮 15~20 min 即可；滋补类药物武火煮沸后，需用文火慢煎 40~60 min。二煎时间应当比一煎时间略短。煎药过程中要搅拌药料 2~3 次。

5. 煎煮次数

一般方剂煎煮 2 次为宜，但对含有组织致密或有效成分难以浸出的中药饮片方剂，可适当增加煎煮次数或延长煎煮时间，保证饮片充分煎透，做到方中各饮片无糊状块、无白心、无硬心。

6. 煎煮器具

传统方法煎煮时多用砂锅，家庭可用陶瓷锅，大量制备汤剂时多选用耐腐蚀的不锈钢容器，目前医院煎药多采用电热或蒸汽加热自动煎药机。不宜使用铁质、铝制容器煎药。

7. 特殊饮片处理

处方中某些饮片因治疗需要或质地不同，需要进行特殊处理，常用方法有：①先煎，质地坚硬的矿石类、贝壳类、角甲类饮片，有毒的饮片或久煎才有效的饮片；②后下，气味芳香、含挥发油较多或不宜久煎的饮片；③包煎，花粉类、细小种子果实类、药物细粉、含淀粉、黏液质较多或附绒毛的饮片；④另煎，一些贵重饮片；⑤烊化，胶类或糖类饮片；⑥冲服，贵重药物；⑦榨汁，需取鲜汁应用的饮片。

知识拓展 5-1：中药饮片调剂

三、汤剂的现代研究

1. 汤剂中药物的分散形式

汤剂中化学成分存在游离态、结合态、络合态等多种化学结构形态，药物以离子、分子或液滴、不溶性固体微粒等多种形式存在于汤液中。汤剂中的水溶性成分能够直接以分子或离子状态溶解在汤剂中；难溶性成分以一些特殊的微粒形式稳定存在于汤剂中；少量脂肪油或挥发油在皂苷类、多糖等成分的乳化作用下，以乳滴形式存在；而分子间存在的氢键、静电相互作用或范德华引力等也会使汤剂中的分子相互作用。如汤剂中富含的多糖、蛋白质以共价键结合后，大量羟基导致多糖水化程度很高，溶解于水中，形成"外壳"，与之相连的蛋白质因亲水性弱于多糖，作为"内核"，构成汤剂中微粒的骨架，从而形成类似聚合物胶束结构，能包载亲脂性的活性小分子，起到增加溶解度、减小毒性、促进吸收等作用。如甘草附子汤中甘草蛋白可与乌头碱发生组装形成稳定的胶束，减小乌头碱的毒性。麻杏石甘汤中的两亲性分子麻黄碱和伪麻黄碱可以通过疏水作用及分子相互作用力与其他分子形成纳米颗粒增加溶解度。所以汤剂的外观虽然形似混悬液，但实际为液体复合分散体系。

2. 煎煮过程中成分的变化

群药合煎过程中不同中药的药物成分间可能产生增溶、水解、蒸发挥散、氧化、聚合等多种理化反应，造成合煎液与方药单煎后的合并液之间化学组成存在差异，而这种差异也导致其药效或安全性可能有差异。

（1）合煎影响成分的浸出　①方药合煎时，由于药物成分间的相互影响，某些有效成分溶出量增加或在汤液中的稳定性得到改善而使药效增强。有研究表明，当归承气汤合煎过程中受当归中所含磷脂的影响，大黄总蒽醌溶出量增加。含有牡蛎的柴胡复方汤剂中，由于牡蛎在煎煮过程中提高了汤液的 pH，可延缓柴胡皂苷 d 的分解，使合煎液中柴胡皂苷的含量明显高于不含牡蛎的柴胡复方汤剂。②在煎煮过程中，某些有效成分共煎时会产生不溶性复合产物而与药渣一并滤除而导致药效减弱。比如甘草与黄连共煎时，小檗碱与甘草酸结合成盐而生成沉淀，药液苦味减弱，若将沉淀滤除则影响药效。小檗碱还能和黄芩苷、鞣质等生成沉淀。③在煎煮过程中，不同药物成分间的相互作用会降低其中某一药味的毒性作用。比如四逆汤由附子、甘草、干姜组成，合煎液比单味药分煎后合并液的毒性降低的原因，是因为在合煎过程中甘草中所含甘草酸可与附子中的主要毒性成分二萜类双酯型生物碱发生沉淀反应，生成不溶于水的大分子络合物，从而降低药液中酯型生物碱的含量，发挥减毒作用。大黄附子汤中，大黄中的鞣酸能与附子中的乌头碱形成难溶性鞣酸型乌头碱，从而降低附子的毒性。

（2）合煎产生成分间聚集体　在复方合煎的过程中，不同成分之间也有可能产生聚集体。例如黄芩 – 黄连合煎时会产生大量沉淀，其沉淀原因是产生了粒径为 600 nm 左右的类球形微粒，而将黄芩和黄连分开煎煮时则不会出现这种现象。

（3）合煎产生了新的化合物　如桂枝汤群药合煎液中检测到苯甲酰基芍药苷元，而在去掉芍药的桂枝汤中及芍药单煎液中均检测不到该成分。

汤剂煎煮过程中成分的变化对药效的影响目前尚未完全阐明，有待深入研究。

3. 汤剂代煎与剂型改进

汤剂能够满足临床随证加减的需要，但需临用前煎煮制备，便捷性不佳。医疗机构中药煎药室常常为患者提供代煎汤剂服务，为了进一步规范医疗机构汤剂代煎服务，国家有关部门发布了《医疗机构中药煎药室管理规范》。

知识拓展 5-2:《医疗机构中药煎药室管理规范》

中药制剂通常在临床汤剂应用基础上，将协定处方或经典名方制成合剂（或口服液）、糖浆剂、颗粒剂等，在保留原有汤剂吸收迅速的基础上，制成便于生产、贮存、运输、携带和服用的制剂，提高了患者的适应性。

四、配方颗粒

中药配方颗粒是由单味中药饮片采用适宜工艺制成的颗粒，在中医药理论指导下，按照中医临床处方调配后供患者冲服使用。中药配方颗粒是对传统中药饮片的补充。

（一）配方颗粒的制备

中药配方颗粒的制备是以单味中药饮片为原料，加水煎煮、浓缩、干燥、制粒而成。

目前中药配方颗粒的研制与生产多按照国家发布的相关技术要求与管理规范进行，通常以标准汤剂为对照，以主要成分含量转移率、出膏率、指纹图谱或特征图谱的一致性等为指标，对中药配方颗粒的制备工艺进行研究，主要包括考察不同料液比、提取时间、提取次数、浸泡时间或粉碎程度等因素对提取工艺的影响，优选最佳提取工艺参数，选择适当的浓缩及干燥方法。

（二）配方颗粒的质量要求

根据国家药品监督管理局发布《中药配方颗粒质量控制与标准制定技术要求》，对中药配方颗粒的质量进行控制。中药配方颗粒需具备汤剂的基本属性，符合《中国药典》颗粒剂通则的有关要求。对研究过程中涉及的样品、对照物质及原辅料做出规定。中药配方颗粒是单味中药饮片的水提物，为使中药配方颗粒能够承载中药饮片的安全性、有效性，需要以"标准汤剂"为桥接，该标准汤剂为衡量单味中药配方颗粒是否与其相对应的单味中药饮片临床汤剂基本一致的物质基准。标准汤剂中的"标准"主要涵盖了投料中药饮片的道地性、提取工艺的统一性及质量控制的严谨性。所以中药配方颗粒所有药学研究，包括工艺参数确定、质控方法和指标选择、限度制定等，均应以标准汤剂的出膏率、有效（或指标）成分的含量及含量转移率及特征图谱（不少于以上三个参数）为依据进行对比研究。

（三）配方颗粒的临床应用

目前配方颗粒在临床中的应用日益广泛，凭借即冲即服的特点，提高了患者的服用便捷性。2021年2月国家药品监督管理局、国家中医药管理局、国家卫生健康委员会、国家医疗保障局四部门联合发布《关于结束中药配方颗粒试点工作的公告》，将中药配方颗粒纳入中药饮片的管理范畴，医保参照饮片管理。2021年12月国家医疗保障局、国家中医药管理局在《关于医保支持中医药传承创新发展的指导意见》中提出将适宜的中药和中医医疗服务项目纳入医保支付范围。2022年8月国家医疗保障局办公室发布统一中药配方颗粒编码规则。至此，中药配方颗粒医保支付相关政策逐步完善，中药配方颗粒得以更方便地服务于患者。

> **思考与讨论**
> 中药配方颗粒制备、质量控制及临床应用中存在哪些问题？

第三节 合　剂

合剂系指饮片用水或其他溶剂，采用适宜方法提取制成的口服液体制剂，单剂量灌装者也可称"口服液"。

一、合剂的特点

与汤剂相比，合剂保持了汤剂浸出方药的多种成分保证制剂的综合疗效、吸收快、奏效迅速的优点；克服了汤剂临用时煎服的缺点，减少药液服用体积，便于携带和保存，适合工业化生产。但合剂组方固定，不能随证灵活加减。

二、合剂的制备

（一）工艺流程

合剂的制备工艺流程见图5-1。

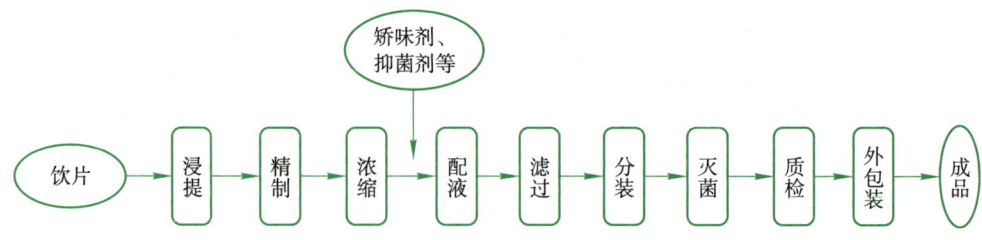

图 5-1 合剂的制备工艺流程

(二) 制法

1. 浸提

一般采用煎煮法浸提。若方中饮片含有挥发性有效成分，可先通过水蒸气蒸馏法提取挥发性成分，药渣再与处方中其余饮片共同煎煮浸提。亦可根据饮片有效成分的性质，选用不同浓度的乙醇或其他溶剂，采用渗漉、回流等方法浸提。

2. 精制

采用适宜方法对浸提液进行纯化处理，提高有效成分的浓度，减少服用量，改善制剂的稳定性和服用的方便性。药液可通过滤过或高速离心法除去沉淀，也可采用乙醇沉淀法、吸附澄清法等除去不溶性或大分子杂质。

3. 浓缩

一般选用减压浓缩或薄膜浓缩等方法对精制后的药液进行加热浓缩，浓缩程度一般控制每日服用体积在 30～60 mL 为宜。经醇沉法处理的合剂需先回收乙醇后再浓缩，每日服用体积需控制在 20～40 mL。在汤剂基础上制成的合剂需保持浓缩前后每日服用剂量一致。

4. 配液

药液浓缩后，根据需要可加入适宜的附加剂，必要时调节 pH，用纯化水将药液体积调整至规定量。

合剂制备过程中，除另有规定外，在确定制剂处方时，如需加入抑菌剂，该处方的抑菌效力应符合抑菌效力检查法的规定。山梨酸和苯甲酸的用量不得超过 0.3%（其钾盐、钠盐的用量分别按酸计），羟苯酯类的用量不得超过 0.05%。

合剂若加蔗糖矫味，除另有规定外，含蔗糖量一般不高于 20%（g/mL）。如加入其他附加剂，其品种与用量应符合国家标准的有关规定，不影响成品的稳定性，并应避免对检验产生干扰。必要时可加入适量的乙醇。

5. 滤过、分装

配制好的药液应尽快滤过，滤液灌装于洁净干燥的容器中并封口。合剂的配液、分装应在 D 级洁净区进行。

6. 灭菌

灭菌应在封口后立即进行。一般采用流通蒸汽灭菌法、热压灭菌法或煮沸灭菌法灭菌。在严格避菌条件下配制的合剂可不进行灭菌。

案例 5-1 小青龙合剂

【处方】麻黄 125 g　桂枝 125 g　白芍 125 g　干姜 125 g　细辛 62 g　炙甘草 125 g　法半夏 188 g　五味子 125 g

【制法】以上八味，细辛、桂枝蒸馏提取挥发油，蒸馏后的水溶液另器收集；药渣与白芍、麻黄、五味子、炙甘草加水煎煮二次，第一次 2 h，第二次 1.5 h，合并煎液，滤过，滤液和蒸馏后的水溶液合并，浓缩至约 1 000 mL。法半夏、干姜用 70% 乙醇作溶剂，浸渍 24 h 后进行渗漉，收集渗漉液回收乙醇并浓缩至适量，与上述药液合并，静置，滤过，滤液浓缩至 1 000 mL，加入苯甲酸钠 3 g 与细辛和桂枝的挥发油，搅匀，即得。

【性状】本品为棕褐色至棕黑色的液体；气微香，味甜、微辛。

【功能与主治】解表化饮，止咳平喘。用于风寒水饮，恶寒发热，无汗，喘咳痰稀。

【用法与用量】口服。一次 10～20 mL，一日 3 次。用时摇匀。

【注解】

（1）小青龙合剂处方源于《伤寒论》，选择合剂既保留了汤剂吸收快的特点，又便于服用与携带，可以根据病情在日服量范围内进行灵活调整，以保证疗效。

（2）方中细辛、桂枝含有挥发性成分，不宜直接煎煮，需先采用水蒸气蒸馏法提取挥发油后，药渣与白芍、麻黄、五味子、炙甘草合并后煎煮。干姜含有姜酚类、姜烯酚类、姜酮类、姜二酮类、姜醇类等成分，法半夏含生物碱类、有机酸类等成分，均能溶于乙醇，故法半夏、干姜需用乙醇进行渗漉。

（3）根据处方药味性质，分别进行提取后合并药液，静置。在静置过程中，大分子不溶物进一步缔合增长，通过滤过去除沉淀，保证合剂的澄清度符合要求；渗漉液与水煎液合并浓缩至规定体积后，最后加入挥发油，防止挥发油在浓缩过程中损失，同时避免在滤材上的吸附损失。

> **思考与讨论**
>
> 《伤寒论》中记载小青龙汤煎药方法为："右八味，以水一斗，先煮麻黄，减二升，去上沫，内诸药，煮取三升，去滓，温服一升。"请结合此煎煮方法对小青龙合剂的制法进行评价。

三、合剂的质量评价

（一）合剂的质量要求

除另有规定外，合剂应密封，置阴凉处贮存。在贮存期间，合剂不得有发霉、酸败、异物、变色、产生气体或其他变质现象，允许有少量摇之易散的沉淀。

中药合剂应按照《中国药典》合剂制剂通则的要求，检查相对密度、pH，应符合各品种项下的有关规定；合剂需检查装量、微生物限度，应符合规定。

（二）合剂常见的质量问题及原因分析

合剂在贮存过程中易出现发霉现象，因合剂为液体制剂，其中含有糖、蛋白质等微生物生长所需的营养物质，在适宜的温度、湿度、pH 条件下，微生物极易生长繁殖。故在生产中应从原辅料、制药设备、生产环境、包装容器、贮存等环节加以控制，减少微生物污染。原辅料应符合国家相关标准，采用适宜方法进行洁净处理，尽量减少含菌量。生产中所用设备、器具、包装材料等均应预先清洁、灭菌。生产环境的洁净度应符合规定。根据液体制剂的 pH 等理化性质选用适宜品种和浓度的抑菌剂，充分发挥其抑菌作用，也是防止合剂长霉发酵的有效措施。

第四节 糖浆剂

糖浆剂系指含有原料药物的浓蔗糖水溶液，含蔗糖量应不低于45%（g/mL）。

一、糖浆剂的特点

糖浆剂含糖量高，有的还含有芳香剂，可以掩盖药物的苦味或其他不良气味，深受儿童欢迎。

根据组成和用途不同，糖浆剂可分为：①单糖浆，为蔗糖的近饱和水溶液，其浓度为85%（g/mL），除可供制备药用糖浆的原料外，还可作为矫味剂和助悬剂；②芳香糖浆，为含芳香性物质或果汁的浓蔗糖水溶液，主要用作液体药剂的矫味剂；③药用糖浆，为含药物或中药提取物的浓蔗糖水溶液，具有临床治疗作用。

二、糖浆剂的制备

（一）工艺流程

糖浆剂的制备工艺流程见图5-2。

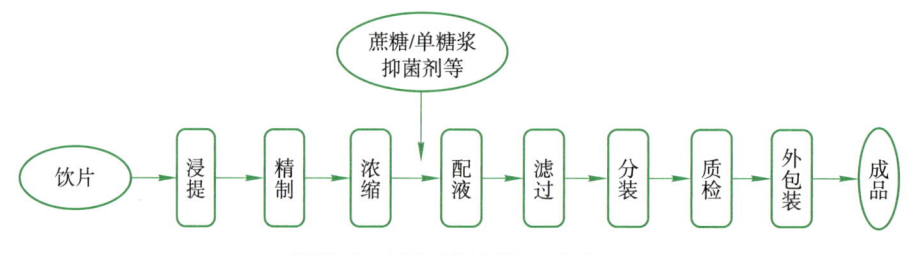

图5-2 糖浆剂的制备工艺流程

（二）制法

根据中药提取物的性质不同，糖浆剂的配制方法有以下三种。

1. 热溶法

将蔗糖加入沸纯化水或中药浸提浓缩液中，加热使溶解，再加入可溶性药物及附加剂，混合溶解后，滤过，从滤器上加纯化水至规定容量，即得。此法适用于单糖浆、不含挥发性成分的糖浆、受热较稳定的药物糖浆和有色糖浆的制备。

热溶法是制备糖浆剂的常用方法，此法的优点是蔗糖原料中常含少量蛋白质，加热可使其凝固易于滤除，并可杀灭微生物，有利于保存，但应注意避免加热时间过长，最好以沸腾后5 min为限，并应趁热迅速滤过，否则转化糖增加易致发酵和焦化，色泽加深。

2. 冷溶法

在室温下将蔗糖溶解于纯化水或含药物的溶液中，待完全溶解后，滤过，即得。此法适用于含有对热不稳定或挥发性药物糖浆的制备。

3. 混合法

将药物与单糖浆直接混合，充分混匀后加入纯化水至规定量，滤过，即得。药物如为水溶性固体，可先用少量纯化水制成浓溶液后再与单糖浆混匀；在水中溶解度较小的药物，可酌情加少量其他适宜的溶剂使其溶解，然后加入单糖浆中混匀；药物为可溶性液体或液体制剂，可直接加入单糖浆中混匀，必要时可滤过；药物为含乙醇的制剂（如酊剂、流浸膏剂等）与单糖浆混合时往往发生浑浊而不易澄清，可加适量甘油助溶，或加滑石粉等作助滤剂滤净；药物为水浸出制剂，因含蛋白质、黏液质等易发酵，长霉变质，可先加热至沸腾后 5 min 使其凝固滤除，必要时可浓缩后加乙醇处理一次；药物为干浸膏应先粉碎后加少量甘油及纯化水稀释后，再与单糖浆混匀。

糖浆剂中如需加入抑菌剂，除另有规定外，在制剂确定处方时，该处方的抑菌效力应符合抑菌效力检查法的规定。山梨酸和苯甲酸的用量不得过 0.3%（其钾盐、钠盐的用量分别按酸计），羟苯酯类的用量不得过 0.05%。如需加入其他附加剂，其品种与用量应符合国家标准的有关规定，且不应影响成品的稳定性，并应避免对检验产生干扰。必要时可加入适量的乙醇、甘油或其他多元醇。

案例 5-2　芩芷鼻炎糖浆

【处方】黄芩 156 g　白芷 156 g　麻黄 72 g　苍耳子 156 g　辛夷 156 g　鹅不食草 156 g　薄荷 73 g

【制法】以上七味，辛夷、薄荷、白芷提取挥发油，蒸馏后的水溶液另器收集；药渣与黄芩、苍耳子、鹅不食草、麻黄加上述蒸馏后的水溶液及水煎煮二次，第一次 1.5 h，第二次 1 h，煎液滤过，滤液合并浓缩至适量，加入蔗糖 650 g、苯甲酸钠 2 g 及羟苯乙酯 0.5 g，煮沸使溶解，滤过，放冷，加入辛夷等挥发油，加水至 1 000 mL，混匀，即得。

【性状】本品为棕色至棕褐色的黏稠液体；气香，味甜而后苦。

【功能与主治】清热解毒，消肿通窍。用于急性鼻炎。

【用法与用量】口服。一次 20 mL，一日 3 次。

【注解】

（1）糖浆剂可以有效掩盖方中各药味的异味，提高患者的服药依从性。

（2）根据处方中饮片所含有效成分的性质，辛夷、薄荷与白芷含有挥发油，采用水蒸气蒸馏法提取挥发油，其他药味加水煎煮提取。

（3）采用热溶法制备糖浆剂，将蔗糖加入水煎液中，煮沸使溶解，最后控制含糖量为 65%；最后加入挥发油，防止挥发油在煮沸溶解糖的过程中损失。

三、糖浆剂的质量评价

（一）糖浆剂的质量要求

除另有规定外，糖浆剂应密封，避光置干燥处贮存。在贮存期间，糖浆剂不得有发霉、酸败、产生气体或其他变质现象，允许有少量摇之易散的沉淀。

糖浆剂应按照《中国药典》糖浆剂制剂通则的要求，检查相对密度、pH，应符合各品种项下的有关规定；糖浆剂需检查装量、微生物限度，应符合规定。

(二)糖浆剂常见问题及原因分析

1. 霉败

糖浆剂在制备和贮藏过程中极易被微生物污染,导致长霉和发酵。一般可通过添加抑菌剂的方法来改善,但应注意,抑菌效果易受糖浆剂 pH 的影响。加入适当浓度的乙醇、甘油或焦糖也有一定抑菌作用。合用几种抑菌剂能增强抑菌作用。糖浆剂中加入的某些挥发油,如桂皮醛、橘子油、八角茴香油等,除了有矫味作用外,也具有一定抑菌作用,几种挥发油混合使用亦能增强抑菌作用。

2. 沉淀

糖浆剂在贮存过程中可能产生沉淀。产生沉淀的原因可能有:①中药中的细小颗粒或杂质净化处理不够;②提取液中所含大分子物质,在贮存过程中胶态粒子"陈化"聚集沉淀析出;③提取液中有些成分在加热时溶于水,但冷却后逐渐沉淀析出;④糖浆剂的 pH 发生改变,某些物质沉淀析出。

对生成沉淀的原因需进行具体分析后确定解决办法,若为杂质或中药细小颗粒,则应强化纯化措施,予以去除;但对于提取液中的大分子物质和热溶冷沉类物质不能一概视为"杂质",这也是糖浆剂在贮藏期间允许有少量轻摇易散的沉淀的原因。

第五节 煎膏剂

煎膏剂系指饮片用水煎煮,取煎煮液浓缩,加炼蜜或炼糖(或转化糖)制成的半流体制剂,俗称膏滋。

一、煎膏剂的特点

煎膏剂具有药物浓度高、体积小、稳定性好、口感好、服用方便、渗透压大、微生物不易生长等优点。但含热敏性及挥发性成分的中药不宜制成煎膏剂。

煎膏剂多以滋补为主,兼有缓和的治疗作用,多用于慢性疾病,如益母草膏多用于妇女活血调经,养阴清肺膏多用于阴虚肺燥、干咳少痰等,是中医传统剂型之一。

二、煎膏剂的制备

(一)工艺流程

煎膏剂的制备工艺流程见图 5-3。

(二)辅料的选择与处理

1. 辅料的选择

(1)蜂蜜 制备煎膏剂所用的蜂蜜须经炼制处理。

(2)蔗糖 制备煎膏剂所用的糖,除另有规定外,应使用药品标准收载的蔗糖。煎膏剂的质

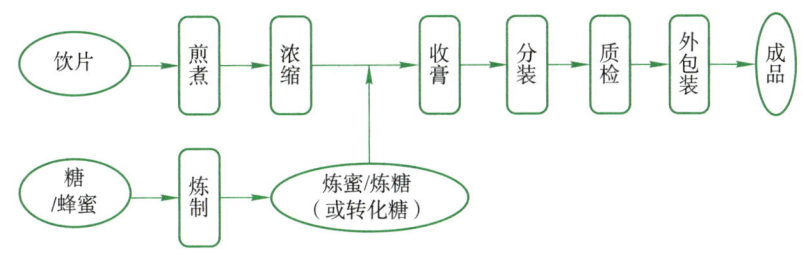

图 5-3 煎膏剂的制备工艺流程

量和药效受糖品质的影响，制剂常用冰糖、白糖、红糖、饴糖等。冰糖为结晶型蔗糖，质量优于白砂糖。白糖味甘、性寒，有润肺生津、和中益肺，舒缓肝气的功效。红糖是一种未经纯化的糖，营养价值高于白糖，具有补血、破瘀、疏肝、祛寒等功效，尤其适用于产妇、儿童及贫血者食用，起矫味、营养和辅助治疗作用。饴糖也称麦芽糖，由淀粉或谷物经大麦芽作催化剂，使淀粉水解转化、浓缩后而制得的一种稠厚液态糖，富含维生素 B 和铁等。饴糖有软硬之分，药用以软饴糖为佳，为黄褐色黏稠液体，味甘，性温，能补中缓急，润肺止咳，解毒等。各种糖在有水分存在时，都有不同程度的发酵变质特性，其中尤以饴糖为甚，故应在使用前加以炼制。炼糖的目的在于使部分糖转化，去除杂质，杀死微生物，减少水分，控制糖的转化率，防止"返砂"。

2. 辅料的处理

（1）炼糖方法　取蔗糖适量，加糖量 50% 的水和糖量 0.1%～0.3% 的枸橼酸或酒石酸，高压蒸汽或直火加热熬炼，并不断搅拌，保持微沸，炼至"滴水成珠，脆不粘牙，色泽金黄"，使糖转化率达 40%～50% 时，取出，冷却至 70℃ 时，加碳酸氢钠中和后备用。一般冰糖含水分较少，炼制时间宜短，且应在开始炼制时加适量水以防焦化；饴糖含水量较多，炼制时不加或少加水，且炼制时间较长。红糖含杂质较多，转化后一般加糖量两倍的水稀释，静置，除去沉淀后备用。

（2）蜂蜜的炼制　参见第八章第三节。

（三）制法

1. 煎煮

饮片一般以煎煮法浸提，根据方中饮片性质，加水煎煮 2～3 次，每次 2～3 h，滤取煎液，压榨药渣，合并压榨液与滤液，静置，过滤。若为新鲜果类，则洗净后榨取果汁，其渣加水煎煮，合并果汁与水煎液，滤过，备用。

处方中如含胶类，如阿胶、鹿角胶等，除发挥治疗作用外，还有助于药液增稠收膏，应烊化后在收膏时加入。贵重细料药可粉碎成细粉待收膏后加入。

2. 浓缩

将前述滤液加热浓缩至规定的相对密度，或以搅拌棒趁热蘸取浓缩液滴于桑皮纸上，以液滴的周围无渗出水迹时为度，即得"清膏"。清膏的相对密度视品种而定，一般为 1.21～1.25（80℃）。

3. 收膏

取清膏，加规定量的炼糖或炼蜜，继续加热熬炼，收膏时随着稠度的增加，加热温度可相应降低，并需不断搅拌，稠度较大时，尤其应注意防止焦化，将其熬炼至规定稠度即可。若需加饮片细粉，待冷却后加入，搅拌混匀。

（1）炼糖（或炼蜜）的用量　除另有规定外，一般加入炼糖（或炼蜜）的量不超过清膏量的3倍。

（2）收膏标准　收膏稠度视品种而定，一般相对密度在1.4左右。相对密度按照《中国药典》规定方法测定，实际生产中通常用波美计测量判断正在加热的清膏及成品膏是否达到规定。少量制备时也可观察特定现象以经验判断，例如用细棒趁热挑起，"挂旗挂丝"；或将膏液滴于食指上与拇指共捻，能拉出2 cm左右的白丝（俗称"打白丝"）等。

4. 分装与贮存

煎膏剂应分装在洁净干燥灭菌的大口容器中，充分冷却后加盖密闭，以免水蒸气冷凝后流回膏滋表面，久贮后表面易长霉。煎膏剂应密封，置阴凉处贮存，服用时取用器具亦须干燥洁净。

微视频5-1：煎膏剂的制备

三、煎膏剂的质量评价

（一）煎膏剂的质量要求

在贮存期间，煎膏剂应无焦臭、异味，无糖的结晶析出。煎膏剂应按照《中国药典》煎膏剂制剂通则的要求进行以下相应检查。

1. 相对密度

将煎膏加水适量，混匀制成供试品溶液，依法测定并计算相对密度，应符合各品种项下的有关规定。凡加饮片细粉的煎膏剂，不检查相对密度。

2. 不溶物

取煎膏样品5 g，加热水200 mL，搅拌使溶化，放置3 min后观察，不得有焦屑等异物。加饮片细粉的煎膏剂，应在未加入细粉前检查，符合规定后方可加入细粉。加入药粉后不再检查不溶物。

3. 装量

煎膏剂照最低装量检查法检查，应符合规定。

4. 微生物限度

煎膏剂照非无菌产品微生物限度检查，应符合规定。

（二）煎膏剂常见问题及原因分析

返砂系指有些煎膏剂在贮藏一定时间后，有糖的结晶析出的现象。返砂的原因与煎膏剂所含总糖量和转化糖量有关。总糖量超过单糖浆的浓度，因过饱和度大，结晶核生成的速度和结晶长大速度快，一般控制总糖含量在85%以下为宜。糖的转化程度并非越高越好，在以等量的葡萄糖和果糖作为转化糖的糖液转化率在10%～35%范围内，有蔗糖晶体析出；转化率在60%～90%范围内，显微镜或肉眼可见葡萄糖晶体；而转化率在40%～50%时未检出有蔗糖和葡萄糖结晶。蔗糖在酸性或高温条件下转化时，果糖的损失较葡萄糖大，为防止在收膏时蔗糖进一步转化和果糖损失，应尽量缩短加热时间，降低加热温度，还可适当调高pH。此外，有采用在转化糖液中加入饴糖或用高果糖浆代替转化糖液生产煎膏剂的做法。

案例 5-3 川贝雪梨膏

【处方】梨清膏 400 g　川贝母 50 g　麦冬 100 g　百合 50 g　款冬花 25 g

【制法】以上五味，梨清膏系取鲜梨，洗净，压榨取汁，梨渣加水煎煮 2 h，滤过，滤液与上述梨汁合并，静置 24 h，取上清液，浓缩成相对密度为 1.30（90℃）。川贝母粉碎成粗粉，用 70% 乙醇作溶剂，浸渍 48 h 后进行渗漉，收集渗漉液，回收乙醇，备用；药渣与其余麦冬等三味加水煎煮二次，第一次 4 h，第二次 3 h，合并煎液，滤过，滤液静置 12 h，取上清液，浓缩至适量，加入上述川贝母渗漉液及梨清膏，浓缩至相对密度为 1.30（90℃）的清膏。每 100 g 清膏加入用蔗糖 400 g 制成的转化糖，混匀，浓缩至规定的相对密度，即得。

【性状】本品为棕黄色的稠厚半流体，味甜。

【功能与主治】润肺止咳，生津利咽，用于阴虚肺热，咳嗽，喘促，口燥咽干。

【用法与用量】口服，一次 15 g，一日 2 次。

【注解】

（1）本品制成煎膏剂既可以掩盖方中川贝的苦味，提高患者的服用依从性，又可以增强药物润喉利咽的作用。

（2）贝母质脆，粉性较强，粉碎时应注意粉碎时间不宜过长，粒度不宜过细。否则易造成渗漉液被堵塞不宜流出，影响提取效率。转化糖需在用前取蔗糖适量，加糖量 50% 的水和糖量 0.1%～0.3% 的枸橼酸或酒石酸，用高压蒸汽或直火加热熬炼，并不断搅拌，保持微沸，炼至"滴水成珠，脆不粘牙，色泽金黄"，使糖转化率达 40%～50% 时，取出，冷却至 70℃ 时，加碳酸氢钠中和后即得。

（3）因不同药味性质不一，故采用榨汁、煎煮及渗漉等不同提取方法分开提取后合并浓缩；浓缩至相对密度为 1.30（90℃）的清膏，基本可以达到传统的"挂旗"要求；按照煎膏剂质量要求，加入的糖（或炼蜜）的量一般不超过清膏的 3 倍，但本品中加入了 4 倍量的糖；由于其相对密度高，可以避免微生物的增殖，故产品无须再加入抑菌剂。

第六节　酒剂与酊剂

酒剂系指饮片用蒸馏酒提取调配而成的澄清液体制剂。酊剂系指药物用规定浓度的乙醇提取或溶解而制成的澄清液体制剂，也可用流浸膏稀释制成。

一、酒剂与酊剂的特点

酒剂与酊剂可供内服与外用，制法简便，易于保存。酒辛甘热，能行气通络、散寒，故祛风除寒、活血散瘀等方剂常制成酒剂。酒剂与酊剂均属于含醇浸出制剂，乙醇本身有一定药理作用，故儿童、孕妇以及心脏病、高血压等患者不宜服用。

二、酒剂的制备

（一）工艺流程

酒剂的制备工艺流程见图 5-4。

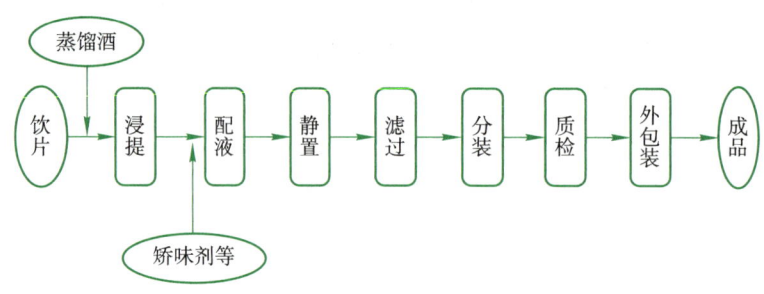

图 5-4　酒剂的制备工艺流程

（二）制法

酒剂可用浸渍、渗漉、回流等方法制备。生产酒剂所用的饮片，一般应适当粉碎。生产内服酒剂应以谷类酒为原料。蒸馏酒的浓度及用量、浸渍温度和时间、渗漉速度等均应符合规定要求。酒剂中可加入适量的糖或蜂蜜矫味。

1. 冷浸法

将饮片与规定量的酒共置于密闭容器内，密闭浸渍，定期搅拌，一般浸渍 30 日以上。将上清液与药渣压榨液合并，加适量糖或炼蜜，搅拌溶解，静置 14 日以上，滤清，灌装即得。

2. 热浸法

将饮片与规定量的酒置于有盖容器中，水浴或蒸汽加热至沸后立即停止加热，然后转移至另一有盖容器中，密闭，室温条件下浸渍 30 日以上，定期搅拌。上清液与药渣压榨液合并后，加入糖或炼蜜，搅拌溶解，静置沉降 1~2 周以上，滤过后灌装即得。

3. 渗漉法

取粉碎至适宜粒度的饮片，按渗漉法操作，收集渗漉液。若处方中需加糖或炼蜜矫味者，可加至渗漉完毕后的药液中，搅拌密闭，静置适当时间，滤过后灌装即得，如蕲蛇药酒等。也可以将蔗糖用白酒溶解后作渗漉溶剂，如舒筋活络酒等。

4. 回流法

以白酒为溶剂，将饮片按回流热浸法操作，连续操作多次，至酒近无色。合并回流液，加入蔗糖或炼蜜，搅拌溶解后，密闭静置一定时间，滤过，分装即得。

案例 5-4　三两半药酒

【处方】当归 100 g　炙黄芪 100 g　牛膝 100 g　防风 50 g

【制法】以上四味，粉碎成粗颗粒，用白酒 2 400 mL 与黄酒 8 000 mL 的混合液作溶剂，浸渍 48 h 后，缓缓渗漉，收集渗漉液，加入蔗糖 840 g，搅拌使溶解后静置，滤过，即得。

【性状】本品为黄棕色的澄清液体；气香，味微甜、微辛。

【功能与主治】益气活血，祛风通络。用于气血不和，感受风湿所致的痹病，症见四肢疼痛、筋脉拘挛。

【用法与用量】口服。一次 30~60 mL，一日 3 次。
【注解】
（1）本品制成酒剂，借助酒活血驱寒、通经活络的作用与方中各药味配伍使用，增强方中药物的功效。
（2）将各味药粉碎成粗颗粒可有效提高渗漉的提取效率。酒剂要求所用酒为谷物酒，本品中所用酒为白酒与黄酒的混合液，为避免白酒与黄酒混合后因为含醇量改变产生絮状物影响制剂的澄清度，可将混合后的酒静置澄清 24 h 后取上清液作为浸提溶剂。
（3）采用渗漉法制备。为保证有效成分的充分浸出，将药味粉碎为粗颗粒；渗漉中通常采用先浸渍再渗漉的方法，使溶剂充分润湿渗透颗粒后再进行动态提取的方式，减少溶剂用量；渗漉液通过静置、滤过的方式除去不溶性物质，在静置过程中不溶物间进一步缔合增大，故静置时间通常也会有要求，以保证产品的澄明度。

三、酊剂的制备

（一）工艺流程

酊剂的制备工艺流程见图 5-5。

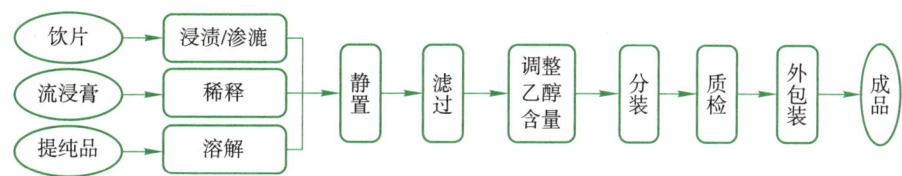

图 5-5　酊剂的制备工艺流程

（二）制法

酊剂的制备方法因原料性质不同而异，多用渗漉法，亦可用浸渍法、溶解法或稀释法。除另有规定外，一般中药酊剂每 100 mL 相当于原饮片 20 g。含有毒剧药品的中药酊剂，每 100 mL 应相当于原饮片 10 g；其有效成分明确者，应根据其半成品的含量加以调整，使符合规定。

1. 溶解法

将处方中药物粉末直接加入规定浓度的乙醇溶解至规定体积，静置，必要时过滤，即得。溶解法适用于化学药物及中药有效部位或有效成分酊剂的制备。

2. 稀释法

以药物的流浸膏或浸膏为原料，加入规定浓度的乙醇稀释至规定体积，混合后，静置至澄清，滤过，即得。此法适用于中药流浸膏或浸膏制备酊剂。

3. 浸渍法

取粉碎至适宜粒度的饮片，置有盖容器中，加入规定浓度的乙醇适量，密闭，定期搅拌或振摇，浸渍至规定的时间，倾取上清液，药渣中再加入溶剂适量，依法浸渍至有效成分充分浸出，合并浸出液，滤过，自滤器上继续添加乙醇至规定体积，静置 24 h，滤过，即得。此法适用于树脂类药物、新鲜及易于膨胀的药料及价格低廉的芳香性药料等制备酊剂。

4. 渗漉法

取粉碎至适宜粒度的饮片，以规定浓度的乙醇为溶剂，按渗漉法操作，一般情况下，收集渗漉液达到酊剂全量的 3/4 时，应停止渗漉，挤压药渣，压榨液与渗漉液合并，添加适量溶剂至规定量，静置，分取上清液，下层液滤过，合并，即得。若原料为毒性药时，收集渗漉液后应测定其有效成分的含量，再加适量溶剂使符合规定的含量标准。此法适用于毒剧药料、贵重药料及不易膨胀的药料制备酊剂。

案例 5-5　骨痛灵酊

【处方】雪上一枝蒿 80 g　干姜 110 g　龙血竭 1 g　乳香 5 g　没药 5 g　冰片 1.5 g

【制法】以上六味，将雪上一枝蒿、干姜、没药、乳香粉碎成粗粉，混匀，用 50% 的乙醇作溶剂，浸渍，渗漉，收集渗漉液 950 mL；另将龙血竭、冰片溶于 50 mL 乙醇中，与上述渗漉液合并，用水和（或）乙醇调至 1 000 mL，混匀，静置 48 h，滤过，即得。

【性状】本品为橙红色的液体，久置有混浊或轻微沉淀；气香。

【功能与主治】温经散寒，祛风活血，通络止痛。用于腰、颈椎骨质增生，骨性关节炎，肩周炎，风湿性关节炎。

【用法与用量】外用。一次 10 mL，一日 1 次。将药液浸于敷带上贴敷患处 30～60 min，20 日为一疗程。

【注解】

（1）本品制成酊剂，外用可以直接涂抹于患处局部，乙醇可以促进药物渗透皮肤，更好地发挥作用。

（2）雪上一枝蒿、干姜、没药、乳香以 50% 的乙醇为溶剂进行渗漉，血竭、冰片直接溶于乙醇中。

（3）渗漉液及醇溶液合并后静置，在静置过程中不溶物间进一步缔合增大，通过过滤除去不溶性微粒，保证产品的澄清度；最后控制含醇量在 10%～25% 范围内，饮片浓度为每 100 mL 含有饮片 20 g 左右，对于毒性饮片，饮片浓度为每 100 mL 含有雪上一支蒿 8 g，不超过每 100 mL 含有毒性饮片 10 g 的要求。

四、酒剂与酊剂的质量评价

（一）酒剂与酊剂的质量要求

酒剂应密封，置阴凉处贮存，贮存期间允许有少量摇之易散的沉淀。酊剂应遮光，密封，置阴凉处贮存，在组分无显著变化的前提下，久置允许有少量摇之易散的沉淀。酒剂与酊剂应分别按照《中国药典》酒剂、酊剂制剂通则的要求进行以下相应检查。

1. 乙醇量

酒剂与酊剂需检查乙醇含量，应符合各品种项下的规定。

2. 甲醇量

酒剂与酊剂需检查甲醇含量，除另有规定外，供试液含甲醇量不得过 0.05%（mL/mL）。

3. 总固体

酒剂需检查总固体，应符合规定。

4. 装量

酒剂与酊剂照最低装量检查法检查，应符合规定。

5. 微生物限度

酒剂与酊剂照非无菌产品微生物限度检查，应符合规定。

（二）酒剂和酊剂常见问题及原因分析

酒剂与酊剂在贮存过程中易发生乙醇浓度、药液 pH、成品色泽变化，从而产生沉淀、气味改变等问题。为防止乙醇浓度和药液 pH 的改变，应注意调节合适的 pH，使用密闭不透气的容器。制剂中如出现的沉淀物为有效成分，可通过调节 pH、增加溶解度的方法等解决；如沉淀物为无效成分，可加强滤除、更换滤材或选择适宜的浸提方法减少杂质溶出，改善药液的澄清度。回流法提取效率高，但杂质的溶出较多；冷浸法与渗漉法为室温条件下浸提，药液澄清，但效率低、生产周期长。有报道采用真空浸润、恒温强制循环提取法、密闭动态提取法、罐组式逆流提取法生产药酒，可根据设备条件合理选择制备方法。

第七节　流浸膏剂与浸膏剂

流浸膏剂系指饮片用适宜的溶剂提取有效成分，蒸去部分溶剂，调整至每 1 mL 相当于饮片 1 g 的制剂。浸膏剂系指饮片用适宜的溶剂提取，蒸去大部分或全部溶剂，调整至每 1 g 相当于饮片 2~5 g 的制剂。

一、流浸膏剂与浸膏剂的特点

流浸膏剂一般用作配制酊剂、合剂、糖浆剂或其他制剂的中间物料，大多以不同浓度的乙醇为溶剂，也有以水为溶剂者。以水为溶剂的流浸膏剂中应酌加乙醇至 20%~25%，抑菌以利贮存。

浸膏剂根据浓缩、干燥程度不同，分为稠浸膏与干浸膏。稠浸膏为半固体状，一般含水量为 15%~20%；干浸膏为粉末状，含水量约为 5%。浸膏剂不含或含极少量溶剂，有效成分较稳定，可久贮。

二、流浸膏剂与浸膏剂的制备

（一）流浸膏剂的制法

流浸膏剂大多用渗漉法制备。将饮片粉碎至适宜粒度，以适宜浓度的乙醇为溶剂依法渗漉。溶剂用量一般为饮片量的 4~8 倍，收集 85% 饮片量的初漉液另器保存，续漉液低温浓缩后与初漉液合并，调整至规定的标准。药液静置 24 h 以上，滤过，分装，即得。该法制得初漉液中大量浸出成分不受加热影响，稳定性较好，且避免了初漉液在浓缩过程中因乙醇浓度降低而析出大量沉淀。流浸膏剂还可通过水提醇沉或将浸膏剂稀释制备。如益母草流浸膏通过水提醇沉法制备，甘草流浸膏由甘草浸膏稀释制得。

（二）浸膏剂的制法

浸膏剂的制备一般根据饮片有效成分的性质选择适宜的溶剂及方法浸提，全部提取液应低温浓缩至稠膏状，加入适量稀释剂调整含量后即可制得稠浸膏；或将稠膏干燥、粉碎即可制得干浸膏粉；饮片浸提浓缩液也可经喷雾干燥直接制成干浸膏粉。

案例 5-6　当归流浸膏

【处方】当归 1 000 g　70% 乙醇适量

【制法】取当归粉碎成粗粉，用 70% 乙醇浸渍 48 h，缓缓渗漉，收集初漉液 850 mL，另器保存，继续渗漉至渗漉液近无色或微黄色为止，收集续漉液，在 60℃以下浓缩至稠膏状，加入初漉液，混匀，用 70% 乙醇稀释至 1 000 mL，静置数日，滤过，即得。

【性状】本品为棕褐色的液体；气特异，味先微甜后苦转麻。

【功能主治】调经。用于月经不调，痛经。

【注解】

（1）本品制成流浸膏剂，便于贮存，可用作配制酊剂、合剂、糖浆剂或其他制剂的中间物料。

（2）根据当归饮片中有效成分的极性，本品选择以 70% 乙醇为溶剂，采用渗漉法提取制备，可减少加热提取带来的活性成分损失。

（3）渗漉时需控制当归粉碎粒度，粒度过大影响渗漉效果，粒度过小易堵塞渗漉液不易流出。初漉液中因药物浓度相对较高，一般不经浓缩处理；为增大续漉液药物浓度，多采用浓缩的方法。为避免挥发性成分损失，需严格控制温度。最后控制产品的浓度为每 1 mL 相当于当归饮片 1 g；最终产品中含有一定量的乙醇，可以起到抑菌的作用。

三、流浸膏剂与浸膏剂的质量评价

（一）流浸膏剂与浸膏剂的质量要求

除另有规定外，流浸膏剂与浸膏剂应置遮光容器内密封，流浸膏剂应置阴凉处贮存。流浸膏剂久置若产生沉淀时，在乙醇和有效成分含量符合各品种项下规定的情况下，可滤过除去沉淀。

流浸膏剂与浸膏剂应按照《中国药典》流浸膏剂与浸膏剂制剂通则的要求进行以下相应检查。

1. 乙醇量

除另有规定外，流浸膏需检查乙醇含量，应符合各品种项下的规定。

2. 甲醇量

除另有规定外，流浸膏需检查甲醇含量，供试液含甲醇量不得过 0.05%（mL/mL）。

3. 装量

流浸膏剂与浸膏剂照最低装量检查法检查，应符合规定。

4. 微生物限度

流浸膏剂与浸膏剂照非无菌产品微生物限度检查，应符合规定。

(二)流浸膏剂与浸膏剂常见问题及原因分析

当流浸膏剂在贮存过程中出现沉淀时,可滤除沉淀,测定含量,处理至无沉淀出现时方可使用。同时应关注乙醇含量,乙醇含量应符合规定限度。若发生沉淀的原因是由于乙醇含量降低引起的,应先调整乙醇含量后再按前述操作处理,注意贮存时需严格密封。

干浸膏剂极易吸湿,为改善其稳定性,可以采用相应的精制措施,尽可能去除引湿性强的杂质,稀释剂宜选用引湿性低的品种,并严格控制生产环境和贮存环境的相对湿度,采用防潮性能良好的包装材料,密封,置阴凉处保存。

思考题

1. 浸出制剂是很多中药复方制剂制备的基础,但也存在易沉淀、易霉变等稳定性差的问题。请分析导致浸出制剂质量问题的原因有哪些?在浸出制剂的生产过程中,可采取哪些措施保证制剂的质量稳定?

2. 为贯彻落实中医药法,国家药品监督管理局发布了《古代经典名方中药复方制剂简化注册审批管理规定》,明确经典名方制剂申请上市,可仅提供药学及非临床安全性研究资料。在已公布的《古代经典名方目录》中,多数剂型为汤剂,请结合你的认识,谈一谈将传统汤剂开发为颗粒剂,如何保证现代生产工艺生产的产品与原本的"一碗汤"质量是一致的?

3. 浸出制剂的口感是影响临床患者依从性的主要因素,你认为应该如何改善中药浸出制剂的口感?

(杜守颖、白洁)

数字资源详见　新形态教材网

视频　　知识拓展　　推荐阅读　　参考文献　　教学课件　　自测题

第六章

注射剂与眼用液体制剂

中药注射剂是传统中医药理论和现代科学技术相结合的产物，现已成为临床急症治疗的常用剂型之一，在临床实践中发挥着重要作用，但制备或使用不当易引起药品质量安全问题。如何制备安全有效稳定的中药注射剂？如何构建中药注射剂的质量评价体系？亟待深入研究的中药注射剂科学问题有哪些？眼用液体制剂可用于洗眼、滴眼、治疗与诊断眼部疾病，对维护眼部健康至关重要，眼用液体制剂与注射剂同属无菌制剂，其制备环节及要求有很多相似之处，但又有其特殊性。本章将系统学习中药注射剂与眼用液体制剂的基本知识，进而掌握中药注射剂与眼用液体制剂的研制、生产与应用。

第一节 概 述

注射剂（injection）系指原料药物或与适宜的辅料制成的供注入体内的无菌制剂。中药注射剂的原料成分复杂，杂质难以除尽，质量较难控制，因此，研究中药注射剂的制备工艺，制定符合中药注射剂特点的质量标准，确保中药注射剂的安全、有效、稳定、质量可控，是中药注射剂的重点和难点。

一、注射剂的特点

1. 药效迅速，作用可靠

药液经注射可直接进入人体血管组织或器官内，药效迅速。静脉注射的药物能够直接进入血液循环，立即发挥治疗作用，在抢救危重患者时尤为重要。药物不经过消化道及肝脏，可避免消化道众多因素对其作用的影响，因此剂量准确，作用可靠，生物利用度高。

2. 适用于不宜口服的药物

某些药物在胃肠道内不易被吸收，或易被破坏，或对胃肠道刺激性较大，将其制成注射剂可避免上述问题。

3. 适用于不能口服给药的患者

对于一些特定状况下的患者，如昏迷、抽搐、惊厥状态或吞咽功能障碍甚至丧失的患者，使用注射剂可以高效快速地给药。

4. 可使药物发挥定位定向的局部治疗作用

关节腔、穴位等部位定位注射给药，可以使药物发挥局部治疗作用。

注射剂具有独特的优势，但也存在一些局限性。例如使用不便及注射过程中的疼痛感；由于注射剂直接将药物注射入体内，其质量要求会更为严格。若使用不当，在药物注射入机体后，产生的作用难以逆转，易发生危险。此外，注射剂制造过程复杂，生产费用较高，价格较贵。

知识拓展 6-1：中药注射剂的发展史

二、注射剂的分类

1. 按物理状态分类

（1）注射液　系指原料药物与适宜的辅料制成的供注入体内的无菌液体。可用于皮下注射、皮内注射、肌内注射、静脉注射、鞘内注射、椎管内注射等。供静脉滴注用的大容量注射液（100 mL 以上，生物制品一般不小于 50 mL）通常称为输液剂。

（2）注射用无菌粉末　系指原料药物与适宜辅料制成的供临用前用无菌溶液配制成注射液的无菌粉末或无菌块状物，可用适宜的注射用溶剂配制后注射，也可用静脉输液配制后静脉滴注。以冷冻干燥法制备的注射用无菌粉末，也可称为注射用冻干制剂。注射用无菌粉末配制成注射液后应符合注射剂的要求。遇水不稳定的药物常用此方法制成注射剂。

（3）注射用浓溶液　系指原料药物与适宜辅料制成的供临用前稀释后静脉滴注用的无菌浓溶液。

2. 按分散体系分类

（1）**溶液型注射剂**　可分为水溶液和非水溶液（主要为油溶液）两类。水溶液型注射剂有利于体内扩散，便于与体液均匀混合，可以快速适应组织的生理学特性，在较短时间内被吸收。油溶液型注射剂一般仅供肌内注射用，其对水的亲和力较小，因此可在注射部位形成油滴，油滴可作为药物贮库延缓药物吸收。

（2）**乳状液型注射剂**　水不溶性的液体药物可制成乳状液型注射剂，分散相粒径一般为 1~10 μm。用于静脉注射用的乳状液型注射剂需确保至少 90% 的分散相球粒径小于 1 μm，不得有大于 5 μm 的球粒。该类注射剂不能用于椎管注射，O/W 型或 W/O/W 型乳状液被注射到肌肉或特定靶部位时可以有效地促进药物向淋巴系统的转运和积累，常用于抗癌药物的制备。

（3）**混悬液型注射剂**　在水中难以溶解或需要在注射后延长药效的固体药物可制成混悬液型注射剂。该类注射剂不得用于静脉注射或椎管注射，一般用于肌内注射。除另有规定外，绝大部分药物粒径应在 15 μm 以下，粒径 15~20 μm 的微粒占比不应超过 10%。中药注射剂一般不宜制成混悬型注射液。

三、注射剂的给药途径

1. 皮内注射

注射于表皮与真皮之间，一般剂量在 0.2 mL 以下。该部位药物吸收少而缓慢，常用于药物的过敏性试验或者临床疾病的诊断。

2. 皮下注射

于真皮与肌肉之间注射，一般剂量为 1~2 mL。皮下注射剂主要以水溶液的形式存在，药物吸收速度稍慢。人体皮下感觉比肌肉敏感，不宜使用具有刺激性的药物混悬液作皮下注射。

3. 肌内注射

注射于肌肉组织，一次注射量在 5 mL 以下，该部位药物的吸收比皮下注射快，刺激性较小，药物的水溶液、油溶液、混悬液、乳状液型注射剂均可肌内注射，注射油溶液、混悬液及乳状液具有一定的延效作用，且乳状液有一定的淋巴靶向性。

4. 静脉注射

注射于静脉内，有推注和滴注两种方式。静脉推注一次注射量一般在 50 mL 以下，静脉滴注一次注射量可达数千毫升。油溶液和混悬液型注射剂，以及能导致溶血和蛋白质沉淀的药物，不可静脉注射。静脉注射药物能够迅速进入血液循环系统，产生药效的速度最快，常用于急救、体液补充或提供营养支持。当静脉注射剂量较大时，对 pH、不溶性微粒及渗透压等性质的要求更为严格。

5. 脊椎腔注射

注射于脊椎四周蛛网膜下腔内，一般剂量不超过 10 mL。由于该部位具有比较敏感的神经组织且脊椎液的循环十分缓慢，因此注射液必须与脊椎液等渗，且 pH 应控制在 5.0~8.0 之间；混悬型注射液不可用于脊椎腔注射。

6. 其他

此外，还有动脉注射、脑池内注射、心内注射、关节腔注射、滑膜腔注射、鞘内注射及穴位注射等注射途径。

第二节 热 原

热原（pyrogen）是指能引起恒温动物体温异常升高的致热物质，通常包括细菌性热原、内源性大分子热原、内源性小分子热原及化学热原等。真菌、病毒、细菌均可产生热原，细菌中以革兰氏阴性杆菌产生的热原致热能力最强。

一、热原的组成

内毒素（endotoxin）是产生热原反应最主要的致热物质。内毒素是由磷脂、脂多糖和蛋白质所组成的复合物，存在于细菌的细胞膜与固体膜之间，脂多糖是内毒素的主要成分，致热活性强，极少量内毒素便会引发健康成人的热原反应。不同的菌种脂多糖的化学组成也有差异，一般其相对分子质量越大，致热作用越强。

二、热原的基本性质

1. 水溶性

热原能溶于水，其浓缩水溶液通常会带有乳光。

2. 不挥发性

热原本身不挥发，但在蒸馏时可随水蒸气雾滴进入蒸馏水中，故蒸馏水器均应有完好的隔沫装置，以防止热原污染。

3. 耐热性

热原具有较强的耐热性，虽然现已发现某些热原也表现出热不稳定性，但在注射剂常用灭菌条件下往往不能被破坏。一般需在180℃加热3~4 h，250℃加热30~45 min或650℃加热1 min才可被彻底破坏。

4. 滤过性

热原的直径在1~5 nm之间，可通过大部分的过滤装置。使用孔径小于1 nm的超滤膜可以滤除绝大部分热原。

5. 被吸附性

热原可被活性炭吸附，纸浆滤饼对热原也表现出一定的吸附作用。热原在水溶液中带有电荷，也可被某些离子交换树脂所吸附。

6. 其他性质

热原能被强酸、强碱、强氧化剂如高锰酸钾、过氧化氢及超声波破坏。

三、热原的污染途径与除去方法

（一）热原的污染途径

1. 溶剂带入

注射用溶剂均有可能携带热原。注射用水在制备过程中操作不规范或蒸馏设备结构不合理，都有可能被热原污染。符合标准的注射用溶剂若长时间存放或使用不洁净的容器盛装，也有可能因微生物污染而产生大量热原。注射用溶剂应新鲜制备使用，蒸馏器与环境均应符合标准。

2. 原辅料带入

原辅料本身质量不佳、长时间贮存或包装不符合规定，均易被微生物污染而导致热原产生。中药本身携带大量微生物，以此为原料的制剂，提取处理的条件不当易被热原污染，应用时应当注意。

3. 容器或用具带入

若注射剂制备时所用的器具、装置、管道、灌装容器未严格按照 GMP 标准处理，药液易被热原污染。因此，注射剂制备储存过程中涉及的相关器具，均应严格按照操作规程清洁、灭菌，符合要求后方能使用。

4. 制备过程带入

制备过程未在符合规定的环境中进行，从产品原料的投入到成品产出的时间过长，灌封后灭菌不及时或不彻底，制备过程中不规范的操作都会增加制剂被微生物污染而产生热原的风险。

5. 使用过程带入

注射剂尤其是输液剂在临床使用时所用的相关器具，必须无菌无热原，这也是防止热原反应发生所不能忽视的环节。

（二）热原的除去方法

1. 除去溶剂中热原的方法

（1）蒸馏法　利用热原的不挥发性除去热原，将溶剂加热汽化为蒸汽，再将蒸汽冷凝为液体，在此过程中，不挥发性的热原留在母液中，冷凝液中的热原被去除。

（2）反渗透法　通过三醋酸纤维素膜或聚酰胺膜除去热原，效果好，具有较高的实用价值。

2. 除去药液中热原的方法

常使用活性炭吸附法除去药液中的热原。一般在配制溶液时加入其体积 0.1%～0.5% 的供注射用活性炭，煮沸，搅拌 15 min 即可去除液体中大部分热原。但活性炭在吸附热原的同时也会吸附溶液中的药物成分，如生物碱、黄酮等，故在使用时应控制使用剂量。活性炭除了有较强的吸附作用外，还具有脱色、助滤的作用，将活性炭与硅藻土配合应用，吸附除去热原的效果更优。

除上述方法外，以下几种方法也适用于溶剂与药液中热原的去除。

（1）凝胶滤过法　也称分子筛滤过法，是利用凝胶物质作为滤过介质，将相对分子质量具有差异的热原与药物分子分离。当溶液通过凝胶柱时，相对分子质量较小的成分渗入到凝胶颗粒内部而被阻滞，相对分子质量较大的成分沿凝胶颗粒间隙随溶剂流出。当注射剂药物的相对分子质量大小清楚且明显大于或小于热原分子时，可通过凝胶滤过法除去热原。

（2）离子交换法　热原分子上含带负电荷的磷酸根与羧酸根，因此可以被碱性阴离子交换树脂吸附。

（3）超滤法　本法是一种在常温的条件下，依靠特定的压力和流速，通过具有选择性与渗透性的高分子薄膜以除去溶液中热原的方法。高分子薄膜孔径可控制在 50 nm 以下，具有较高的滤过速率，除热原效果明显。

（4）其他方法　采用二次以上湿热灭菌法，适当提高灭菌温度和时间，或使用微波，均可破坏热原。

3. 除去容器、器具和器皿中热原的方法

（1）高温法　对于耐高温的器具，如大部分玻璃器皿及注射用针筒，洗涤干净后，经过 180℃加热 2 h 或 250℃加热 30 min，即可破坏热原。

（2）酸碱法　对于耐酸碱的玻璃容器、瓷器或塑料制品，用重铬酸钾硫酸洗液、硝酸硫酸洗液、稀氢氧化钠溶液等强酸强碱溶液处理，即可破坏热原。

四、热原的检查方法

根据《中国药典》注射剂安全性检查法应用指导原则，静脉用注射剂应设细菌内毒素（或热原）检查项。其中，化学药品注射剂一般首选细菌内毒素检查；中药注射剂一般首选热原检查项，若该药本身对家兔的药理作用或毒性反应会影响热原检测，可选择细菌内毒素检查。临床用药剂量较大，生产工艺易污染细菌内毒素的肌内注射用注射剂，应考虑细菌内毒素检查。

1. 家兔致热实验法

家兔致热实验法即热原检查法，系将一定剂量的供试品，静脉注入家兔体内，在规定的时间内，观察家兔体温升高的情况，以判断供试品中所含热原限度是否符合规定。具体实验方法和结果判断标准见《中国药典》热原检查法项下规定。

为确保实验结果正确，避免其他因素的影响或干扰，对供试验用家兔的筛选、实验操作室的环境条件以及试验操作方法均应有严格要求。试验所用的注射器具和与供试品溶液接触的器皿，应在 250℃加热 30 min，也可采用其他适宜的方法除去热原。还应注意，热原检查应做适用性研究，求得对家兔无毒性反应、不影响正常体温和无解热作用的剂量。

2. 细菌内毒素检查法

细菌内毒素检查法系利用鲎试剂来检测或量化由革兰氏阴性菌产生的细菌内毒素，以判断供试品中细菌内毒素的限量是否符合规定的一种方法。鲎试剂为鲎科动物东方鲎的血液变形细胞溶解物的无菌冷冻干燥品。鲎试剂中含有能被微量细菌内毒素激活的凝固酶原和凝固蛋白原。

细菌内毒素检查可采用凝胶检测技术和光度检测技术，《中国药典》2025 年版中共收载了 6 种检测方法：凝胶限度法、凝胶定量法、动态浊度法、终点浊度法、动态显色法、终点显色法。供试品检测时，可使用其中任何一种方法进行试验。当测定结果有争议时，除另有规定外，以凝胶限度法结果为准。凝胶检测技术系通过鲎试剂与内毒素产生凝集反应的原理进行内毒素限度或定量检测。鲎试剂中的凝固酶原经内毒素激活转化成具有活性的凝固酶，进一步促使凝固蛋白原转变为凝固蛋白而形成凝胶。光度检测技术包括浊度检测法和显色检测法，需在特定的检测仪器中进行。浊度检测法系通过检测鲎试剂与内毒素反应过程中的浊度变化而测定内毒素含量；根据检测原理，可分为动态浊度法和终点浊度法。显色检测法系通过检测鲎试剂与内毒素反应过程中产生的凝固酶使特定底物释放出呈色团的多少而测定内毒素含量；根据检测原理，分为动态显色法和终点显色法。

具体实验方法和结果判断见《中国药典》细菌内毒素检查法项下规定。应注意，细菌内毒素检查法应进行干扰试验，求得最大无干扰浓度。本试验操作过程应防止内毒素的污染。试验所用的器皿需经处理，以去除可能存在的外源性内毒素。耐热器皿常用干热灭菌法（250℃至少 30 min）去除，也可采用其他确证不干扰细菌内毒素检查的适宜方法。若使用塑料器具，如微孔板和与微量加样器配套的吸头等，应选用标明无内毒素并且对试验无干扰的器具。

细菌内毒素检查法灵敏度高，操作简单，实验费用少，可以迅速获得结果，尤其适用于生产过程中热原的检测控制。但该法对革兰氏阴性菌以外的其他细菌产生的细菌内毒素不够灵敏,容易出现"假阳性"或"假阴性"结果,因此不能完全取代家兔的热原检查法。

3. 单核细胞活化反应测定法

单核细胞活化反应测定法系利用单核细胞或单核细胞系模拟人体,以细菌内毒素标准品为基准,检测并比较由标准品与供试品分别作用于单核细胞或单核细胞系所诱导的细胞活化反应,并以单核细胞释放的促炎症细胞因子(如 IL-1β、IL-6 和 TNF-α)量来衡量供试品中热原污染情况。单核细胞活化反应测定法仅作为热原检查的补充方法。

4. 体外热原检查法(报告基因法)

体外热原检查法系依据表达热原相关受体的转基因细胞受热原(如革兰氏阴性菌来源的内毒素,革兰氏阳性菌来源的脂壁酸,酵母来源的酵母多糖等)刺激后,产生的相关热原标志物的信号量与热原浓度呈一定的量效关系,通过检测并比较标准品与供试品作用于转基因细胞所产生的相关热原标志物的信号量,定量或定性检测供试品中的热原含量。本法可作为热原检查的补充方法。

第三节 注射用原料、溶剂及附加剂

注射液一般是由原料药和适宜辅料经配制、过滤、灌封、灭菌等工艺步骤制备而成。注射剂在制备时应严格控制其所用的原辅料来源及生产工艺等环节,满足注射剂质量要求。

一、注射用原料

注射剂所用的原料应从来源及生产工艺等环节进行严格控制并应符合注射用的质量要求。除另有规定外,制备中药注射剂的饮片等原料药物应严格按各品种项下规定的方法和工艺参数提取、纯化、制成半成品、成品,并应进行相应的质量控制。其中,原料为有效成分制成的注射剂,其单一成分的含量应不少于 90%;原料为饮片或提取物的多成分制成的注射剂,总固体中结构明确成分的含量应不少于 60%,所测成分应大于总固体量的 80%。中药提取物应按照规定对其有关物质(蛋白质、鞣质、树脂等)进行检查。

中药注射剂原料、中间物料、制剂均应分别研究建立指纹图谱,并应进行原料、中间物料、制剂指纹图谱的相关性研究。经质量研究明确结构的成分,应当在指纹图谱中得到体现,一般不低于已明确成分的 90%。处方中含有毒性成分的,应测定其含量,规定其含量的上下限。

二、注射用溶剂

(一)注射用水

注射剂配液用水应选用注射用水,具体要求参见第二章第一节。

(二)注射用油

注射剂配液用油应选用注射用油,注射用油系由植物油精制而成。植物油的种类主要有大豆油,此外还有麻油、茶油、花生油、橄榄油、玉米油等。植物油含游离脂肪酸、各种色素和植物蛋白等，经过精制后才能供注射使用。精制步骤如下：①中和游离脂肪酸：测定酸值，加入氢氧化钠溶液，于60～70℃皂化完全，静置，待形成的肥皂沉降后测定酸值，酸值在0.3以下可进行过滤，最后用水洗涤过量的氢氧化钠；②脱水：用$CaCl_2$除去洗涤时混入的少量水；③脱色：于80～90℃在搅拌下加入白陶土及活性炭，搅拌使其充分混合吸附，过滤；④灭菌：150℃干热灭菌。

注射用大豆油的质量要求应符合《中国药典》规定，即外观为淡黄色的澄明液体，无臭或几乎无臭，相对密度为0.916～0.922，折光率为1.472～1.476，碘值为126～140，皂化值为188～195，酸值不大于0.1。其他需要检测的指标还有过氧化物、不皂化物、棉籽油、碱性杂质、水分、重金属、砷盐、脂肪酸组成、微生物限度和无菌等。

注射用油应避光保存在密闭洁净容器中，避免接触空气、日光及铁、铜等金属，为防止其氧化酸败，必要时可加入抗氧剂以增加其稳定性。

（三）其他注射用非水溶剂

供注射用的非水性溶剂，主要有乙醇、丙二醇、甘油、聚乙二醇等，使用时应选择注射用规格，严格限制其用量，并应符合各品种的质量要求。

1. 乙醇

乙醇可用于肌内或静脉注射。其毒性较小，小鼠静脉注射的LD_{50}为1.973 g/kg，皮下注射的LD_{50}为8.285 g/kg。使用乙醇为溶剂制备注射剂时，其浓度最高可达50%，但当乙醇浓度超过10%时，肌内注射就有疼痛感或有溶血作用。

2. 丙二醇

丙二醇可与多种挥发油相混溶。性质稳定，可作为注射剂的溶剂供肌内注射或静脉注射，一般认为其毒性或刺激性较低，小鼠静脉注射的LD_{50}为6.63 g/kg，皮下注射为17.34 g/kg，大鼠肌内注射的LD_{50}为0.01 g/kg。混合溶液的常用浓度为10%～60%，用作皮下或肌内注射时会有一定的刺激性。丙二醇的不同浓度水溶液具有冰点下降的特性，可利用此特性制备防冻注射剂。

3. 甘油

甘油可与水、乙醇、丙二醇等以任意比例互相混溶，可用于肌内注射或静脉注射。甘油的黏度、刺激性较大，不能单独作为注射剂的溶剂使用，常与乙醇、水等组成复合溶剂。小鼠皮下注射的LD_{50}为10 mL/kg，肌内注射的LD_{50}为6 mL/kg，大鼠静脉注射的LD_{50}为5～6 g/kg。甘油常用浓度为15%～20%，某些注射剂可高达50%，但大剂量注射会引起惊厥、麻痹、溶血。

4. 聚乙二醇

聚乙二醇（PEG）可与水、乙醇相混溶，化学性质稳定，难以水解，混合溶液的聚乙二醇使用浓度最高可达50%，其对小鼠腹腔注射的LD_{50}为4.2 g/kg，皮下注射的LD_{50}为10 g/kg，PEG 300和PEG 400可用作注射剂的溶剂。PEG 300的降解产物可能引起肾损伤，故常用PEG 400配制注射剂。

三、注射剂的附加剂

注射剂的附加剂可以保证制剂的安全稳定，如渗透压调节剂、pH调节剂、增溶剂、助溶剂、抗氧剂、抑菌剂、乳化剂、助悬剂等。附加剂不应影响药效，不可干扰检验结果，不得引起毒性或明显的刺激性。

(一)增加主药溶解度的附加剂

为达到治疗目的,可根据主药的性质选择使其成盐或使用增溶剂、助溶剂,以增加其在注射剂中的溶解度。

增加溶解度最常用的方法为使用增溶剂,常用增溶剂有聚山梨酯80、胆汁等。聚山梨酯80因其具有降压作用与轻微的溶血作用多用于肌内注射,在静脉注射剂中慎用。聚山梨酯80常见的使用剂量为0.5%~1%。生物碱类注射剂常通过制成盐类的方法增加溶解度。对于中药注射液,有机酸及其钠盐、酰胺与胺类可用于提高药物的溶解度。也可使用一些复合溶剂体系提高药物溶解度,确保溶液澄清。

知识拓展 6-2:聚山梨酯80在中药注射剂中的应用研究

(二)帮助主药混悬或乳化的附加剂

此类附加剂的使用可提高混悬型及乳状液型注射剂的稳定性。常用的助悬剂有明胶、聚维酮(PVP)及羧甲纤维素钠(CMC-Na)等。常用的乳化剂有pluronic F-68、卵磷脂、大豆磷脂、聚山梨酯80等。

(三)防止主药氧化的附加剂

为防止主药氧化,提高注射剂稳定性,可加入抗氧剂、惰性气体和金属离子络合剂。

1. 抗氧剂

抗氧剂是一类易被氧化的还原剂。当与药物同时存在时,空气中的氧会首先选择与抗氧剂发生氧化还原反应而保护主药不被破坏,如抗坏血酸、异抗坏血酸、亚硫酸氢钠、焦亚硫酸钠等。一般浓度为0.1%~0.2%。

注射剂中抗氧剂应在综合考虑主药的理化性质以及药液的pH等因素后进行选用,油溶性抗氧剂常用于油性药液,水溶性抗氧剂常用于水溶性药液。常见抗氧剂的应用见表6-1。

表6-1 注射剂中常用的抗氧剂

名称	溶解性	适用范围	常用量 /%
二丁基羟基甲苯	油溶	油性药液	0.005~0.02
丁基羟基茴香醚	油溶	油性药液	0.005~0.02
维生素E(α-生育酚)	油溶	油性药液	0.05~0.075
硫代硫酸钠	水溶	偏碱性药液	0.1
亚硫酸钠	水溶	偏碱性药液	0.1~0.2
亚硫酸氢钠	水溶	偏酸性药液	0.1~0.2
焦亚硫酸钠	水溶	偏酸性药液	0.1~0.2
维生素C	水溶	偏酸性或微碱性药液	0.1~0.2

2. 惰性气体

在注射剂的配制、灌封等生产过程中,为避免主药氧化,可将惰性气体通入药液或容器空间以置换出容器内的空气。常见的惰性气体有二氧化碳和氮气。

3. 金属离子络合剂

微量的金属离子会加速主药氧化、变质，金属离子络合剂可以与金属离子生成能溶于水的稳定络合物，避免其对某些主药成分氧化的催化作用。常用的金属离子络合剂有依地酸（EDTA）、依地酸二钠（EDTA-Na_2）等，常用量为0.03%~0.05%。

（四）调节 pH 的附加剂

调节 pH 的附加剂包括酸、碱和缓冲剂，常见的附加剂主要有氢氧化钾（钠）、盐酸，以及醋酸盐、枸橼酸盐和磷酸盐等缓冲系统。其应用目的是减少由于 pH 不当对机体造成局部刺激、增加药液的稳定性，同时还可以通过调节 pH 增加弱酸弱碱盐类的溶解度。

药液的 pH 应尽可能接近中性，一般应控制在 4.0~9.0 之间。大剂量静脉滴注时，应尽量与生理 pH 保持一致；脊髓液仅 60~80 mL，其酸碱度很容易发生改变，因此，脊椎腔注射的制剂 pH 应在 5.0~8.0 之间，必要时，与脊髓液的 pH 保持一致。

（五）抑制微生物增殖的附加剂

多剂量包装的注射剂为了防止多次使用过程中被微生物污染，需要添加抑菌剂，抑菌剂的添加需根据实际情况确定。

静脉给药与脑池内、硬膜外、椎管内用的注射液均不得添加抑菌剂，剂量超过 5 mL 的注射剂添加抑菌剂时应当特别慎重。多剂量注射剂或用于肌内、皮下注射时均可添加一定量抑菌剂。除另有规定外，制剂处方的抑菌效力应按照《中国药典》规定的方法进行检查并满足要求。加有抑菌剂的注射液，仍需采用适宜的方法灭菌。常用的抑菌剂为 0.5% 苯酚、0.3% 甲酚、0.5% 三氯叔丁醇、0.01% 硫柳汞等。

（六）减轻疼痛的附加剂

止痛剂一般用于肌内或皮下注射，可以减轻注射时的疼痛。止痛剂不可影响主药治疗效果；不可给机体带来损害，导致后续注射的痛苦；不可造成注射剂浑浊，影响注射剂的澄明度；不可引起过敏等副作用。

常用的止痛剂有：①三氯叔丁醇，具有止痛与抑菌作用，常用量为 0.3%~1%；②盐酸普鲁卡因，止痛效果维持时间较短，一般维持时间为 1~2 h，在碱性溶液中易析出沉淀，常用量 0.2%~1%，可能会引发过敏反应，使用时应当注意；③盐酸利多卡因，止痛作用较盐酸普鲁卡因强，作用较为持久，过敏反应发生率低，常用量 0.2%~0.5%；④苯甲醇，吸收差，局部注射会产生硬块，影响药物吸收，常用量 1%~2%。

注射剂使用时产生的疼痛是多种原因造成的，应针对其原因，采取适宜的方法解决问题。

（七）调节渗透压的附加剂

与血浆渗透压相等的溶液称为等渗溶液（iso-smotic solution），注射液渗透压与血浆相等方能保证用药安全。低于血浆渗透压的溶液（低渗溶液）注入体内将造成溶血，高于血浆渗透压的溶液（高渗溶液）注入体内将导致红细胞萎缩，进而造成一系列副作用。因此，静脉注射时需要注意调节渗透压，大剂量静脉滴注的注射液应为等渗溶液。

1. 调节等渗的方法

渗透压的调节方法有冰点降低数据法和氯化钠等渗当量法。

（1）冰点降低数据法　正常条件下，血浆冰点值为 –0.52℃。根据物理化学原理，任何溶液其冰点降低到 –0.52℃，即与血浆等渗。等渗调节剂的用量可用式（6-1）计算。

$$W = \frac{0.52 - a}{b} \tag{6-1}$$

式中，W 为配制 100 mL 等渗溶液需加入的等渗调节剂的量（%，g/mL），a 为药物溶液的冰点下降度，b 为等渗调节剂 1%（g/mL）溶液的冰点下降度。

例 1：求氯化钠等渗溶液的浓度。

已知：1% 氯化钠的冰点下降度为 0.58℃，即 $b = 0.58$，纯水 $a = 0$，代入式（6-1）得：

$$W = \frac{0.52 - a}{b} = \frac{0.52 - 0}{0.58} = 0.9 \text{（g/100 mL）}$$

即：100 mL 氯化钠等渗溶液需使用 0.9 g 氯化钠，0.9% 氯化钠溶液为等渗溶液。

例 2：配制 2% 柴胡注射液 100 mL，需要多少氯化钠使之成为等渗溶液？

1% 氯化钠的冰点下降度为 0.58℃，已知 1% 的柴胡注射液冰点降低值为 0.2℃，因此本例 $a = 0.2 \times 2 = 0.4$，$b = 0.58$，代入式（6-1）得：

$$W = \frac{0.52 - a}{b} = \frac{0.52 - 0.4}{0.58} = 0.21 \text{（g/100 mL）}$$

即需要添加氯化钠 0.21 g，才能使 2% 的柴胡注射液 100 mL 成为等渗溶液。

（2）氯化钠等渗当量法　氯化钠等渗当量是指 1 g 药物呈现的等渗效应相当于氯化钠的克数，用 E 表示。一些药物的 E 值见表 6-2。

表 6-2　一些药物水溶液的冰点降低数据与氯化钠等渗当量

名称	1 g 药物氯化钠等渗当量（E）	1% 水溶液（kg/L）冰点降低值 /℃	等渗溶液的溶血情况		
			浓度 /%	pH	溶血 /%
硼酸	0.47	0.28	1.9	4.6	100
无水葡萄糖	0.18	0.10	5.05	6.0	0
葡萄糖	0.16	0.091	5.51	5.9	0
盐酸可卡因	0.14	0.09	6.33	4.4	47
盐酸乙基吗啡	0.15	0.19	6.18	4.7	38
硫酸阿托品	0.13	0.08	8.85	5.0	0
盐酸麻黄碱	0.28	0.16	3.2	5.9	96
青霉素 G 钾	0.16		5.48	6.2	0
碳酸氢钠	0.65	0.381	1.39	8.3	0
氯化钠		0.58	0.9	6.7	0
依地酸钙钠	0.21	0.12	4.50	6.1	0
盐酸普鲁卡因	0.18	0.12	5.05	5.6	91

续表

名称	1g药物氯化钠等渗当量（E）	1%水溶液（kg/L）冰点降低值/℃	等渗溶液的溶血情况		
			浓度/%	pH	溶血/%
氢溴酸后马托品	0.17	0.097	5.67	5.0	92
盐酸吗啡	0.15	0.086			
聚山梨酯80	0.02	0.01			
盐酸丁卡因	0.18	0.109			
硝酸毛果芸香碱	0.22	0.133			
氯霉素		0.06			

通过式（6-2）可计算渗透压调节剂氯化钠的加入量。

$$X = 0.009V - G_1E_1 - G_2E_2 - \cdots - G_nE_n \tag{6-2}$$

式中，X为V mL药液中应加氯化钠克数，G_1、G_2、G_n为V mL药液中的溶质克数，E_1、E_2、E_n分别是溶质的E值。

例3：取硫酸阿托品2.0 g，盐酸吗啡4.0 g，配制成等渗注射液200 mL，需加多少氯化钠？

从表6-2查知，硫酸阿托品的E值为0.13，盐酸吗啡的E值为0.15，100 mL等渗溶液所需氯化钠质量为0.9 g，代入式（6-2）得：

$$X = 0.009 \times 200 - 0.13 \times 2 - 0.15 \times 4 = 0.94 \text{（g）}$$

2. 常用的渗透压调节剂

常用的渗透压调节剂主要为氯化钠和葡萄糖，此外还可以使用甘油、甘露醇、磷酸盐、枸橼酸盐等物质调节溶液渗透压。渗透压调节剂不可对药物吸收产生影响，不可对机体造成损害。

知识拓展6-3：等渗溶液与等张溶液

第四节 注射剂的制备

一、可灭菌小容量注射液的制备

（一）工艺流程

注射液制备工艺主要包括注射用水的制备、原料药及辅料的处理、容器的处理及最终成品的分装等几个部分，工艺流程如图6-1所示。

（二）制法

1. 注射剂生产的环境要求

按照GMP的规定，小容量中药注射剂生产环境分为四个区域：一般生产区、D级洁净区、C级洁净区、B级背景下的A级洁净区。一般生产区包括中药的提取、精制、安瓿外清处理、

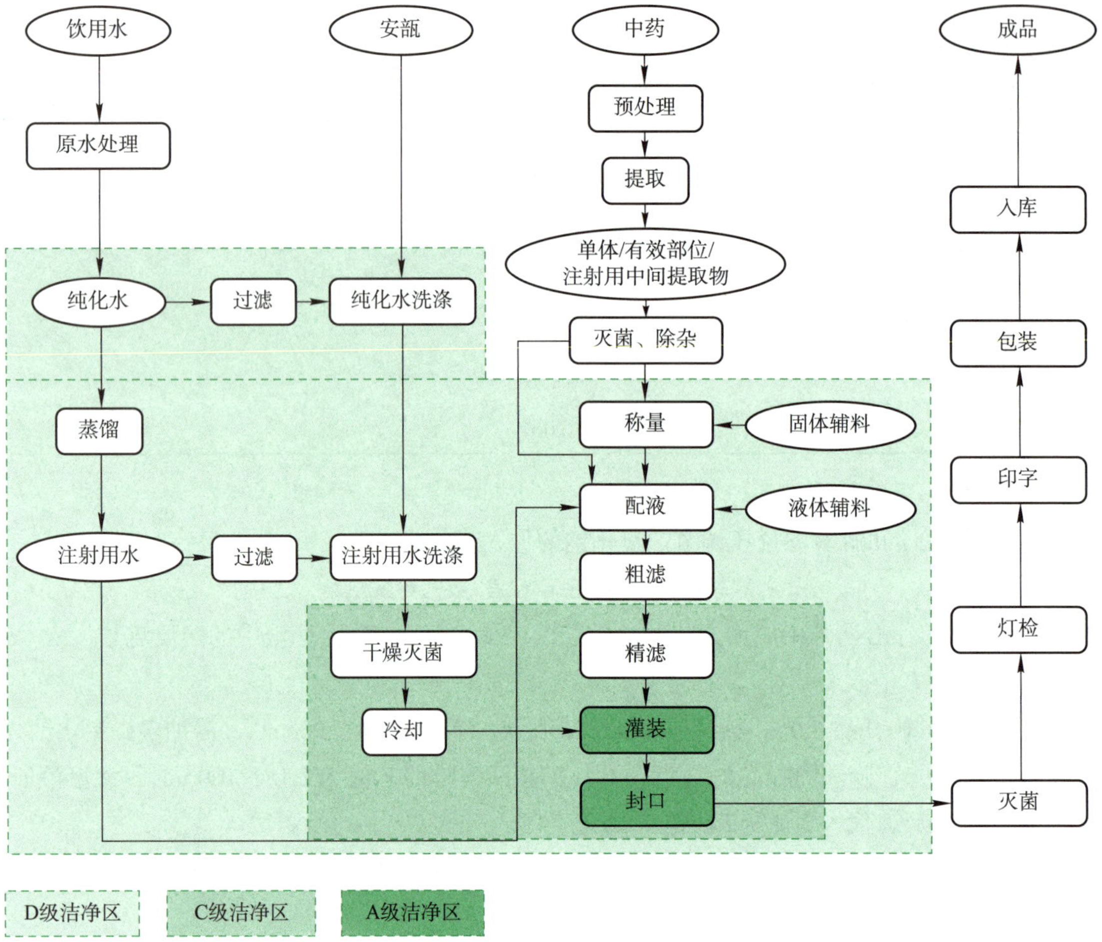

图 6-1 可灭菌小容量注射液的制备工艺流程

半成品的灭菌检漏、异物检查、印刷包装等，D 级洁净区包括物料称量、浓配、质检、安瓿的洗烘、工作服的洗涤等，C 级洁净区包括灭菌、精滤，B 级背景下的 A 级洁净区用于灌装、封口。

注射剂车间通常需要排热、排湿，车间一般设有浓配间、稀配间、工具清洗间、灭菌间、洗瓶间、洁具室等，灭菌检漏需考虑通风。公用工程包括给排水、供气、供热、强弱电、制冷通风、采暖等专业设计，应符合 GMP 标准。

2. 注射液的容器和处理方法

注射剂的容器与药物直接接触，容器的质量关联着注射剂的质量与稳定性，因此必须重视容器的选择与处理。

（1）注射剂的容器　常用容器有安瓿、西林瓶、预装式注射器等。使用前需确保容器的密封性。除另有规定外，容器应符合有关注射用玻璃容器和塑料容器的国家标准规定。

安瓿分玻璃安瓿和塑料安瓿，具有不同的规格与样式，常用的玻璃安瓿主要为曲颈安瓿，可以有效避免药液被折断后的玻璃屑和微粒所污染。目前制造安瓿的玻璃主要有中性玻璃、含钡玻璃和含锆玻璃。中性玻璃化学稳定性好，适合盛装近中性或弱酸性注射剂；含钡玻璃耐碱性好，适合装载碱性较强的注射剂；含锆玻璃耐酸碱性能好，适合盛装酸碱性强的药液和钠盐类的注射液等。

西林瓶常分为 10 mL 和 20 mL 两种规格，应用时需配有橡胶塞，外面用铝盖压紧。主要用于分装注射用无菌粉末，如双黄连粉针剂多采用此容器包装。容器用胶塞特别是多剂量包装注射液用的胶塞要有足够的弹性和稳定性，其质量应符合有关国家标准规定。除另有规定外，容器应足够透明，以便内容物的检视。

预装式注射器将药物封入注射器保存，使用时直接注射。预装式注射器的组件应与药液良好相容并具有良好的密封性，可以满足药物长期储存的需要。这种盛药方式省去了药液转移的过程，使药物的使用更加精准，有效避免了药物浪费，对于部分生化制剂和不易制备的疫苗制品更有意义，可有效预防注射剂使用过程中的交叉感染及二次污染。

（2）注射剂容器的质量要求　注射剂的容器需要安全稳定地盛装不同性质的药液，承受洗涤灭菌条件，并在各种环境下较长时间地保存药物。常用的注射剂玻璃容器应符合下列要求：①对于非光敏性药物的装载，安瓿玻璃应无色透明，便于注射液澄明度的检查；②具有低膨胀系数及优良的耐热性，可以在洗涤与灭菌条件的冲击下保持瓶身的完整、无裂痕；③具有足够的物理强度，可以耐受热压灭菌时的压力差，在生产、运输、贮存过程中不易破损；④应具有较高的化学稳定性，可以装载各类性质的药液，不与药液发生化学反应，不改变药液性质；⑤熔点较低，易于熔封；⑥无气泡、麻点与砂粒。

塑料容器的主要成分为热塑性聚合物，附加成分含量较低，但部分容器仍含有不等量的增塑剂、填充剂、抗静电剂、抗氧剂等。因此，在使用塑料容器前，需要对其进行相应的稳定性试验，依据结果进行选择。

（3）安瓿的质量检查　为了确保注射剂的安全稳定，在使用安瓿前需要对其进行质量检查，检查项目与方法，需严格遵守《中国药典》的规定。生产过程中还应当根据实际确定具体的检查内容。一般的检查包括物理检查和化学检查。

1）物理检查：主要检查外观，包括尺寸、色泽、表面质量、清洁度及耐热耐压性能等。

2）化学检查：主要检查安瓿的耐酸、耐碱性及中性检查等。

3）装药试验：当制备安瓿的原料发生变化或盛装新研制的注射剂时，在针对理化性能的检查后，还需进行必要的装药试验，以进一步考察容器与药物是否具有相互作用。

（4）安瓿的洗涤　安瓿洗涤的质量会直接影响注射剂成品的合格率。国内大部分药厂使用的安瓿洗涤装置主要有喷淋式安瓿洗瓶机组、气水喷射式洗瓶机组和超声波安瓿洗瓶机三种。以超声波安瓿洗瓶机最为常用，见图6-2。

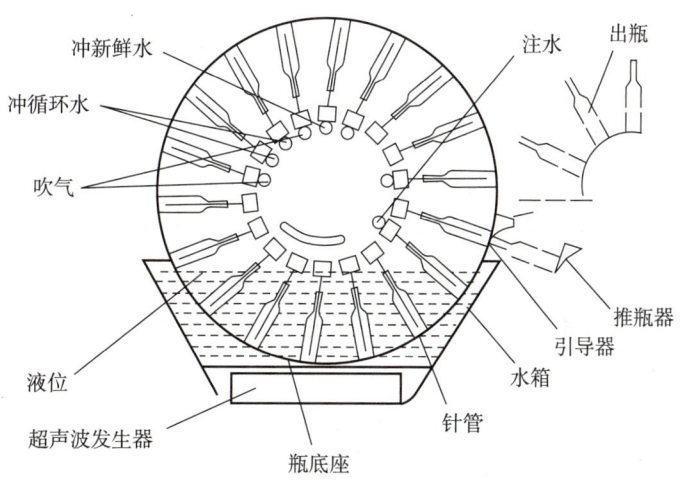

图6-2　超声波安瓿洗瓶机示意图

（5）安瓿的干燥与灭菌　未干燥的安瓿只能在洗涤后立即使用，否则所有安瓿均应在洗涤后干燥。安瓿通常在烘箱中120~140℃干燥2 h以上即可。盛载无菌操作药物或低温灭菌药物的安瓿，则需150~170℃干热灭菌2 h。

在工厂大规模连续化生产中，安瓿的干燥多在隧道式烘箱中进行，该设备主要由两部分组成：红外线发射装置与安瓿自动传递装置。隧道内平均温度大约在200℃，一般约10 min即可烘干小容量安瓿。另外一种用于生产的装置称为电热红外线隧道式自动干燥灭菌机，附有局部层流装置，安瓿在连续的层流洁净空气保护下，于350℃的高温下很快即可达到干热灭菌的目的，洁净程度高。使用电热红外线进行干燥灭菌耗电量大，因此近年来安瓿的干燥与灭菌已广泛使用具有节能特点的远红外线加热技术。在碳化硅电热板的辐射源表面涂上远红外涂料，便可辐射远红外线，远红外线辐射的温度可达250~350℃，一般350℃经5 min即可完成安瓿的干燥灭菌，效率高，质量好。经灭菌处理的空安瓿应妥善保管，存放空间需要有洁净空气保护，完成干燥灭菌的安瓿应在24 h内使用。

3. 注射液的配制

（1）原料投料量的计算　以中药的有效成分或有效部位投料时，可按规定浓度或限（幅）度计算投料量；以总提取物投料时，可按提取物中指标成分含量限（幅）度计算投料量。

（2）配液用具的选择与处理　配液用具的材料应该具备优良的化学稳定性，常使用的材料主要包括玻璃、搪瓷、不锈钢、耐酸耐碱陶瓷及无毒聚氯乙烯、聚乙烯塑料等。配液用具在使用前应洗涤干净，临用时使用新鲜注射用水荡涤或灭菌后备用。使用后，应及时清洗。玻璃容器在保存时应加入少量硫酸清洁液或75%乙醇，防止细菌生长，临用前按规定方法洗净。

（3）配液方法　分为稀配法与浓配法。稀配法是将原料加入溶剂中一次性配成注射液所需浓度；该方法操作简单，原辅料质量好、药液浓度不高、配液量不大时可采用此方法。浓配法是将全部药物用部分溶剂配成浓溶液，加热或冷藏后过滤，再稀释至所需浓度；该法配成的药物浓溶液通过热处理冷藏法处理（即先加热至100℃，再冷却至0~4℃，静置），可以滤除溶解度小的杂质，提高产品的澄清度。

若处方中几种原料性质有差异，溶解要求不同，配液时应当分别溶解后混合，再添加溶剂至需求量。由于色泽或澄明度要求，有些注射剂配制时需添加活性炭（供注射用）进行吸附、脱色、除杂、助滤，可以有效提高药液澄明度并改善注射剂色泽。应用时，供注射用活性炭常与药液混合后共同煮沸一定时间并适当搅拌，待药液冷却后滤过。供注射用活性炭在使用前应放置在150℃的条件下干燥3~4 h进行活化，一般用量为0.1%~1%，也应考虑到活性炭对有效成分可能的吸附作用，从而影响药物的含量。

注射用水应新鲜制备使用，贮存时间不得超过12 h。注射用油应在150~160℃的条件下灭菌1~2 h，待冷却后立即用于配制注射液。药液配制后，应对半成品进行质量检查，检查项目主要包括pH、相关成分含量等，检验项目均合格后才可滤过与灌封。

4. 注射液的滤过

注射液的滤过一般分为粗滤与精滤。粗滤常以滤纸、绸布等为滤材，用布氏滤器减压滤过，大规模生产时常采用板框压滤器或砂滤棒滤过。精滤通常用G_4垂熔玻璃滤器和微孔滤膜作为过滤介质。过滤的方法通常有高位静压滤过、减压滤过及加压滤过等。

（1）高位静压滤过　该方法是在生产规模较小，缺乏加压或减压设备的条件下利用药液本身的静压差在管道中进行滤过。使用该方法进行过滤，过滤压力稳定，滤过质量好，但滤速较慢。

（2）减压滤过　该方法通过对滤出端减压作为滤过的动力，适用于各种滤器，设备简单，压力不稳定，操作不当易引起滤层松动，直接影响滤过质量。整个系统密闭性好，药液不易被污染，但进入滤过系统中的空气也需要经过滤过处理。

（3）加压滤过　该方法在滤入端加压进行过滤，适用于药厂大规模生产，压力稳定，滤速快，运行过程中的全部装置保持正压，因此外界空气难以进入系统。操作流程对滤层的影响较小，滤过质量好、滤过稳定、产量高。加压滤过装置中应当采用耐压设备如离心泵和压滤器等，配液、滤过及灌封等工序应在同一平面进行。操作时，注射液先通过砂滤棒或垂熔玻璃预滤后，再通过微孔滤膜器精滤。工作压一般为 98.1~147.15 kPa（1~1.5 kg/cm^2）。

5. 注射液的灌封

注射液的灌封分为灌装和封口两步，封口分为拉封和顶封两种，现代生产常采用拉封为主要封口方式。在灌封生产时常采用自动化设备如安瓿自动灌封机。灌封操作应在药液检查合格后立刻进行，防止药液被污染，灌封室洁净度应按照 GMP 要求进行。

药液灌装需要注意：①灌装标示量不大于 50 mL 的注射液时，为确保药液剂量的准确性，应按照规定适量增加装量，对于多剂量包装的注射液，除另有规定外，每一个容器的装量应最多为十次注射的剂量，所增加的装量应确保每次注射剂量的准确，增加的装量如表 6-3 所示；②药液不得沾瓶颈口；③安瓿内可通入惰性气体置换空气，以防止某些药物接触空气后氧化变质。小容量注射液的惰性气体也可在灌装药液后通入。同时应根据药液的理化性质通入适合的惰性气体，如碱性药液或钙制剂不能使用 CO_2。

表 6-3　注射液灌装时应增加的灌装量

标示装量 /mL	易流动液增加量 /mL	黏稠液增加量 /mL
0.5	0.10	0.12
1	0.10	0.15
2	0.15	0.25
5	0.30	0.50
10	0.50	0.70
20	0.60	0.90
50	1.0	1.5

6. 注射液的灭菌与检漏

注射液灌封后需要及时灭菌。一般注射剂应在 12 h 内完成从配制到灭菌的过程。所选择的灭菌方法和条件需在保证成品完全灭菌的同时维持注射剂的稳定，必要时应采取几种灭菌方法联用。在避菌条件较好的情况下生产的注射剂，一般 1~5 mL 的安瓿可在 100℃下灭菌 30 min，10~20 mL 的安瓿在 100℃下灭菌 45 min。由于药物具有不同性质，灭菌条件可根据具体情况作适当的调整。对热稳定的药物可进行热压灭菌。为确保灭菌效果，灭菌的 F_0 值应大于 8。

灭菌后应立即检查容器的漏气情况，其目的是剔除熔封不严，安瓿顶端留有毛细孔或裂缝的成品。若发生泄漏，安瓿内的液体易流出，同时药液易被微生物污染变质，因此灭菌后对安瓿的检漏十分重要。

大生产一般采用安瓿检漏灭菌器。具体使用方法为，在灭菌过程完成后使用冷水淋洗安瓿降温，抽气使灭菌器内压力逐渐下降。若安瓿有漏气则瓶内的空气也会被抽出，当真空度达到85.12~90.44 kPa（640~680 mmHg）时停止抽气，打开色水阀，向灭菌器内加入有色溶液（如0.05%曙红或酸性大红G溶液），若中药注射液本身有色，可用水替代有色溶液，待其浸没安瓿后，关闭水阀，开放气阀，在压力条件下有色溶液将会进入安瓿内。抽出锅内有色溶液，开启锅门，取出注射剂，淋洗后检查，即可检出漏气安瓿。

少量生产时，可在灭菌后，立即将注射剂取出放置于适当的容器，趁热将冷的有色溶液或冷水加入容器。安瓿在冷却过程中，内部压力降低，若安瓿表面有毛细孔或裂缝，有色溶液或冷水将从毛细孔或裂缝进入安瓿，从而检出不合格安瓿。

也可利用安瓿内正压检测漏气安瓿。将安瓿倒置或侧放灭菌，在升温时，瓶内空气受热膨胀形成正压，若有漏气安瓿，药液将从漏气部位被压出，灭菌结束后变空的安瓿被检出剔除。该方法可将灭菌与检漏同时完成，操作简单，可酌情选择。

微视频 6-1：中药注射液的制备

案例6-1　清开灵注射液

【处方】胆酸 3.25 g　珍珠母（粉）50.0 g　猪去氧胆酸 3.75 g　栀子 25.0 g　水牛角（粉）25.0 g　板蓝根 200.0 g　黄芩苷 5.0 g　金银花 60.0 g

【制法】以上八味，板蓝根加水煎煮二次，每次 1 h，合并煎液，滤过，滤液浓缩至 200 mL，加乙醇使含醇量达 60%，冷藏，滤过，滤液回收乙醇，加水，冷藏备用。栀子加水煎煮二次，第一次 1 h，第二次 0.5 h，合并煎液，滤过，滤液浓缩至 25 mL，加乙醇使含醇量达 60%，冷藏，滤过，滤液回收乙醇，加水，冷藏备用。金银花加水煎煮二次，每次 0.5 h，合并煎液，滤过，滤液浓缩至 60 mL，加乙醇使含醇量达 75%，滤过，滤液调节 pH 至 8.0，冷藏，回收乙醇，再加乙醇使含醇量达 85%，冷藏，滤过，滤液回收乙醇，加水，冷藏备用。水牛角粉用氢氧化钡溶液、珍珠母粉用硫酸分别水解 7~9 h，滤过，合并滤液，调节 pH 至 3.5~4.0，滤过，滤液加乙醇使含醇量达 60%，冷藏，滤过，滤液回收乙醇，加水，冷藏备用。将栀子液、板蓝根液和水牛角、珍珠母水解混合液合并后，加到胆酸、猪去氧胆酸的 75% 乙醇溶液中，混匀，加乙醇使含醇量达 75%，调节 pH 至 7.0，冷藏，滤过，滤液回收乙醇，加水，冷藏备用。黄芩苷用注射用水溶解，调 pH 至 7.5，加入金银花提取液，混匀，与上述各备用液合并，混匀，并加注射用水至 1 000 mL，再经活性炭处理后，冷藏，灌封，灭菌，即得。

【性状】本品为棕黄色或棕红色的澄明液体。

【功能与主治】清热解毒，化痰通络，醒神开窍。用于热病，神昏，中风偏瘫，神志不清；急性肝炎、上呼吸道感染、肺炎、脑血栓形成、脑出血见上述证候者。

【用法与用量】肌内注射，一日 2~4 mL。重症患者静脉滴注，一日 20~40 mL，以 10% 葡萄糖注射液 200 mL 或生理盐水注射液 100 mL 稀释后使用。

【注解】

（1）清开灵注射液是在"安宫牛黄丸"大蜜丸的基础上经剂型改革而来。安宫牛黄丸具有清热解毒、辟秽通窍、镇静安神的功效，用以治疗温邪内陷导致的高热烦躁、神昏谵语、抽搐惊厥，疗效显著。长期以来与局方至宝丹、紫雪丹并被誉为治疗温病的"三宝"。但由于患者服用不便且丸剂起效慢，故将该丸剂的剂型改革为注射剂，使其能快速起效，治疗急症。

（2）根据药物性质采用不同方法进行提取。板蓝根、栀子分别采用"水醇法"提取制备，金银花采用水提取的方法提取，采用醇溶液调 pH 法除去金银花中少量鞣质。水牛角粉用氢氧化钡溶液碱水解，珍珠母粉用硫酸酸水解，将两种水解液滤过，合并后调 pH 至 3.5～4.0，生成硫酸钡沉淀，此 pH 下硫酸钡溶解度最低，可除去水解过程带进溶液中的钡离子和硫酸根，以水解液入药，二者主要成分为氨基酸和无机元素，加入乙醇醇沉进一步除去杂质。经水醇法和水解法制备所得原料均不同程度地含有如蛋白质、多糖、鞣质等大分子杂质，因此采用醇溶液调 pH 的方法除去大分子杂质，提高注射液的安全性。

（3）所得提取物为水提醇沉后的物质，可较好地溶解于注射用水中；通过醇沉还可除去大分子不溶物、蛋白质、多糖等杂质，避免由注射剂引起的过敏反应；最后将所有药物溶解、合并混匀，调节溶液 pH 到适当范围后，加入活性炭吸附进行热处理冷藏，可起到除热原、改善澄清度的作用。

> **思考与讨论**
>
> 安宫牛黄丸是我国传统药物中最负盛名的急症用药，被誉为"温病三宝"之首，请结合安宫牛黄丸的制备工艺和处方组成，探讨将其剂型改为注射剂时如何优化处方并确保注射剂的药效优于原剂型？

案例 6-2　血塞通注射液

【处方】三七总皂苷

【制法】本品为三七总皂苷制成的灭菌水溶液。

三七总皂苷的制备：取三七粉碎成粗粉，用 70% 的乙醇提取，滤过，滤液减压浓缩，滤过，过苯乙烯型非极性或弱极性共聚体大孔吸附树脂柱，用水洗涤，水洗液弃去，以 80% 的乙醇洗脱，洗脱液减压浓缩，脱色，精制，减压浓缩至浸膏，干燥，即得。

【性状】本品为淡黄色或黄色的澄明液体。

【功能与主治】活血祛瘀，通脉活络。用于中风偏瘫、瘀血阻络证；动脉粥状硬化性血栓性脑梗死、脑栓塞、视网膜中央静脉阻塞见瘀血阻络证者。

【用法与用量】肌内注射：一次 100 mg，一日 1～2 次；静脉注射：一次 200～400 mg，用 5%～10% 葡萄糖注射液 250～500 mL 稀释后缓缓滴注，一日 1 次。

【注解】

（1）三七总皂苷具有较强的活血作用，在治疗心脑血管疾病等领域具有显著疗效。但皂苷类成分亲水性强，在胃肠道中，水解、肠道菌群以及吸收屏障对三七总皂苷的口服生物利用度有一定的影响。而注射剂可使三七总皂苷直接进入血管，快速到达疾病部位发挥疗效。

（2）本品的药效成分为三七总皂苷，将三七粉碎后用 70% 的乙醇可以更好地提取出皂苷类成分。提取液过非极性大孔吸附树脂可以富集三七总皂苷，再过弱极性大孔吸附树脂可以去除色素，进一步提高其纯度。

为保证注射剂的质量符合要求，对原料三七总皂苷的质量进行了严格的控制。在有关物质、树脂残留、异常毒性、热原等方面设定了相应的检查方法和限度。在含量测定上，为区别于口服制剂，单独规定了注射用原料中三七皂苷 R_1 不得少于 5.0%、人参皂苷 Rg_1 不得少于 25.0%、人参皂苷 Re 不得少于 2.5%、人参皂苷 Rb_1 不得少于 30.0%、人参皂苷 Rd 不得少于 5.0%，且三七皂苷 R_1、人参皂苷 Rg_1、人参皂苷 Re、人参皂苷 Rb_1、人参皂苷 Rd 总量不少于 85% 的要求。

> **思考与讨论**
>
> 除注射剂外,血塞通常见的剂型还有片剂、硬胶囊及软胶囊剂。请结合三七总皂苷的性质及四种剂型的制备工艺探讨血塞通四种剂型的适用情况。

二、注射用无菌粉末的制备

根据制备方法不同,注射用无菌粉末可分为注射用无菌粉末直接分装制品和注射用水溶液冷冻干燥制品。

1. 注射用无菌粉末直接分装制品

将原料药制备成无菌粉末,在无菌条件下分装至无菌包装容器中密封,个别品种还可在分装密封后灭菌,工艺流程如图 6-3 所示。

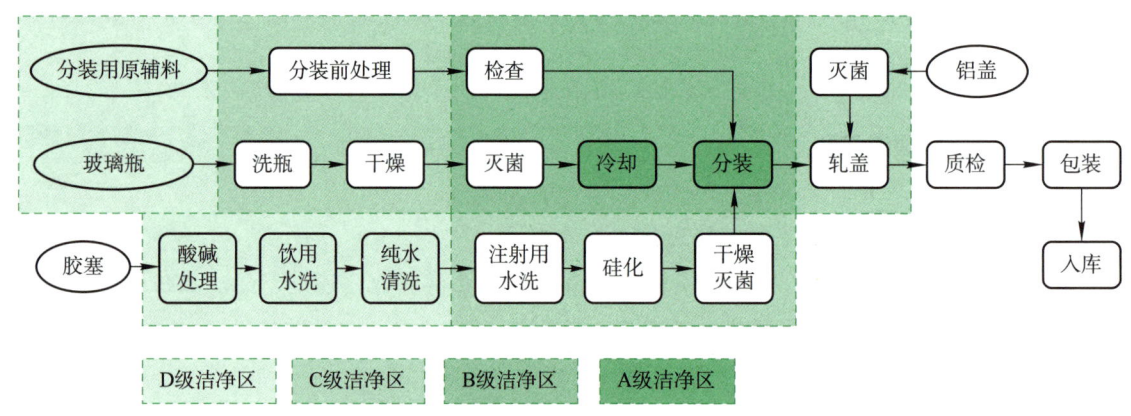

图 6-3 注射用无菌粉末直接分装制品的制备工艺流程

(1) 原料无菌粉末的处理　用于制备注射用无菌粉末直接分装制品的原辅料必须无菌。原料无菌粉末可采用灭菌溶剂结晶、喷雾干燥及冷冻干燥法等方法制备,必要时需进行粉碎、混合和过筛处理,以便于分装。为便于后续确定适宜的分装工艺条件,还应了解粉末的理化性质,并测定物料的临界相对湿度、稳定性、粉末的粒子形态及松密度。原料首先在 D 级区拆去外包装,进入 C 级洁净区,用 75% 乙醇擦洗容器的外壁、瓶盖,再进入 B 级区的检查室,确认符合质量要求后再分装。

(2) 容器的处理　安瓿、西林瓶及丁基胶塞的处理及相应质量要求同小容量注射液和输液剂。各种容器均需灭菌处理,灭菌方法一般为干热灭菌法或红外线灭菌,大生产时可选用带层流冷空气的隧道式干燥灭菌设备。灭菌后的空瓶应放在由净化空气保护的贮存柜内,存放时间不得超过 24 h。铝盖若符合卫生条件则可直接灭菌后使用,若不符合卫生条件则应清洗后灭菌再使用。

(3) 分装和封口　分装和封口必须在高度洁净的无菌室中按无菌操作法进行,且分装条件应根据所分装药物的性质进行控制。分装多采用容量法,有螺杆自动分装机、气流式分装机、真空吸粉式分装机、插管式自动分装机等设备。分装后应立即加塞并用铝盖密封。

(4) 灭菌和异物检查　耐热品种,一般可按热压灭菌法进行补充灭菌以确保用药安全;不耐热品种,应严格无菌操作以避免分装过程中的细菌污染,成品不再进行灭菌处理。异物检查一般在传送带上目检。

（5）贴签（印字）包装　贴上含药物名称、规格、批号、用法等的标签，并装盒包装。大生产普遍使用自动化的分装联动生产线，实现洗瓶→灭菌→分装→加塞→轧盖→目检→贴签→装盒→入箱的全部流程。

2. 注射用水溶液冷冻干燥制品

将注射用水溶液无菌灌装于容器中，经冷冻干燥除去水分后，在无菌条件下密封制成注射用无菌粉末。该法制得的粉针剂产品疏松多孔、含水量少，加水后可迅速溶解。因制备温度低，尤其适用于热不稳定的药品。但该法制备工艺要求高，时间长，能耗大。

注射用水溶液冷冻干燥制品的一般操作步骤为：先将药物配制成注射溶液，再按规定方法除菌、滤过，滤液在无菌条件下立即灌入相应的容器中，分装后及时冷冻干燥除去药液中的水分。经冷冻干燥后得干燥粉末，最后在无菌条件下封口即得，工艺流程如图 6-4 所示。

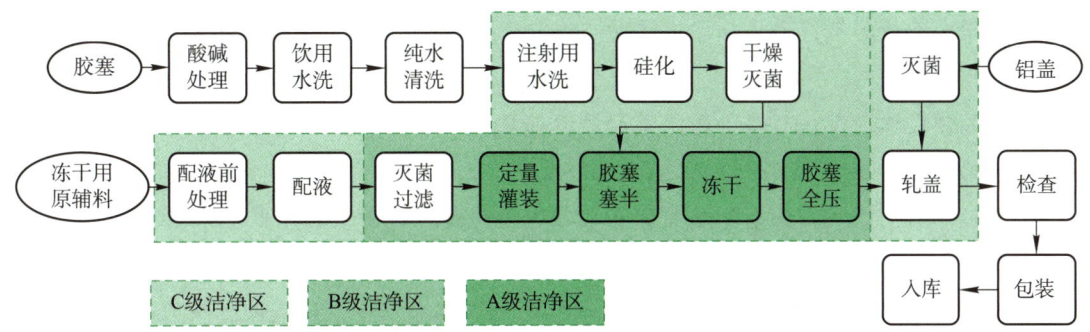

图 6-4　注射用水溶液冷冻干燥制品的制备工艺流程

理想的冻干粉应为外观饱满、色泽均匀、疏松多孔的固体粉末。冻干后残留水分应符合相关品种的要求。生物制品的分装和冻干，还应符合"生物制品分包装及贮运管理"的要求。

采用冷冻干燥法制备所得粉针剂，若条件控制不好，会出现含水量过高、喷瓶、产品外观萎缩或成团等问题，可通过调整冻干工艺参数或添加适量填充剂解决上述问题。目前，在冷冻干燥过程中可加入防止成分变性的冻干保护剂，如甘油、海藻糖、蔗糖等，或利于产品成形的填充剂（也可称为支架剂），如葡萄糖、甘露醇、氯化钠等。

案例 6-3　注射用双黄连（冻干）

【处方】连翘 500 g　金银花 250 g　黄芩 250 g

【制法】以上三味，黄芩加水煎煮二次，每次 1 h，滤过，合并滤液，用 2 mol/L 盐酸溶液调节 pH 至 1.0~2.0，在 80℃保温 30 min，静置 12 h，滤过，沉淀加 8 倍量水，搅拌，用 10% 氢氧化钠溶液调节 pH 至 7.0，加入等量乙醇，搅拌使沉淀溶解，滤过，滤液用 2 mol/L 盐酸溶液调节 pH 至 2.0，在 60℃保温 30 min，静置 12 h，滤过，沉淀用乙醇洗至 pH 4.0，加 10 倍量水，搅拌，用 10% 氢氧化钠溶液调节 pH 至 7.0，每 1 000 mL 溶液中加入 5 g 活性炭，充分搅拌，在 50℃保温 30 min，加入等量乙醇，搅拌均匀，滤过，滤液用 2 mol/L 盐酸溶液调节 pH 至 2.0，在 60℃保温 30 min，静置 12 h，滤过，沉淀用少量乙醇洗涤，于 60℃以下干燥，备用；金银花、连翘分别用水温浸 30 min 后煎煮二次，每次 1 h，滤过，合并滤液，浓缩至相对密度为 1.20~1.25（70℃），冷却至 40℃，缓缓加入乙醇使含醇量达 75%，充分搅拌，静置 12 h 以上，滤取上清液，回收乙醇至无醇味，加入 4 倍量水，静置 12 h 以上，滤取上清液，浓缩至相对密度为 1.10~1.15（70℃），冷却至 40℃，加乙醇使含醇量达 85%，静置 12 h 以上，滤取上清液，回收乙醇至无醇味，备用。取黄芩提取物，加入适量的水，加热，用10%氢氧化钠溶液调节pH至7.0使溶解，加入上述金银花提取物和连翘提取物，加水至1 000 mL，加入活性炭5 g，调节pH至7.0，加热至沸并保持微沸15 min，冷却，滤过，加注射用水至1 000 mL，灭菌，冷藏，滤过，浓缩，冷冻干燥，制成粉末，分装；或取黄芩提取物，加入适量的水，加热，用10%氢氧化钠溶液调节pH至7.0使溶解，加入上述金银花提取物和连翘提取物以及适量的注射用水，每1 000 mL溶液中加入5 g活性炭，调节pH至7.0，加热至沸并保持微沸15 min，冷却，滤过，灭菌，滤过，灌装，冷冻干燥，压盖，即得。

【性状】本品为黄棕色的无定形粉末或疏松固体状物，有引湿性。

【功能与主治】清热解毒，疏风解表。用于外感风热所致的发热、咳嗽、咽痛，上呼吸道感染、轻型肺炎、扁桃体炎见上述证候者。

【用法与用量】静脉滴注。每次每千克体重60 mg，一日1次；或遵医嘱。临用前，先以适量灭菌注射用水充分溶解，再用氯化钠注射液或5%葡萄糖注射液500 mL稀释。

【注解】

（1）本品制成注射剂，有助于药效成分快速起效。相比于注射液，选择冻干粉针形式，可更好地保证药物的稳定性。

（2）配制注射剂所用的黄芩苷是黄酮苷元与葡萄糖醛酸结合形成的葡萄糖醛酸苷，有一定酸性，在黄芩中以盐的形式存在，用水煎法提取，煎液加酸调至酸性，使黄芩苷游离析出并沉淀。由于其化学结构中有葡萄糖醛酸，加碱能以钠盐的形式溶于水中，调成酸性又可从溶液中析出，即利用其在碱性溶液中溶解、在酸性溶液中析出的特性，将其精制得到较纯的黄芩苷。配制注射剂所用金银花提取物和连翘提取物以水提醇沉法，水沉，再醇沉的方法精制所得。

> **思考与讨论**
>
> 市面上双黄连制剂具有多种剂型，不同剂型的制剂工艺不同，其功能主治也有所区别。请查阅不同给药途径双黄连制剂的药物吸收过程，探讨各剂型的制备工艺差异，并对比各剂型的优势。

第五节　输　液　剂

输液剂（infusion solution）系指由静脉滴注输入体内的大容量（除另有规定外，一般不小于100 mL，生物制品一般不小于50 mL）注射液，临床上多用于救治危重和急症患者。

一、输液剂的特点

输液剂使用剂量大，可直接进入血液循环，起效迅速，是临床上救治危急、重症患者的主要剂型。使用时通过输液器调节流速，输液剂可持续而稳定地进入静脉。

输液剂作用多样，适用范围广，临床可用于纠正体内水和电解质的紊乱，调节体液的酸碱平衡，补充必要的营养、热量和水分，维持血容量。另外，输液剂也常作为抗生素、强心药、升压药等多种药物的剂型，能使药物迅速起效，并维持稳定的血药浓度，确保临床疗效的发挥。

二、输液剂的种类

按照临床作用可将输液剂分为以下几类：

1. 电解质输液剂

用以补充体内水分、电解质，纠正体内酸碱平衡，维持渗透压等。如复方氯化钠注射液、乳酸钠注射液等。

2. 营养输液剂

用以补充体内热量及蛋白质等营养成分，适用于不能口服吸收营养成分的患者。包括糖类输液、氨基酸输液和脂肪乳输液等。

3. 胶体输液剂

此类输液剂与血液等渗。高分子化合物不易通过血管壁，可使水分较长时间保持在血液循环内，将其制成胶体溶液可维持血压和增加血容量，并调节体内渗透压。临床多用于因外伤、烫伤、出血等引起的休克或失血症。常用的胶体输液有多糖类、明胶类、高分子聚合物类，如右旋糖酐注射液等。

4. 含药输液剂

含有治疗药物的输液剂，因静脉滴注而起效迅速并达到平稳的血药浓度，可减轻血管刺激性。

三、输液剂的制备

（一）工艺流程

因注射量大，且直接注入静脉，输液剂的配制过程及质量要求也更严格。玻璃瓶包装输液剂的制备工艺流程如图 6-5 所示。

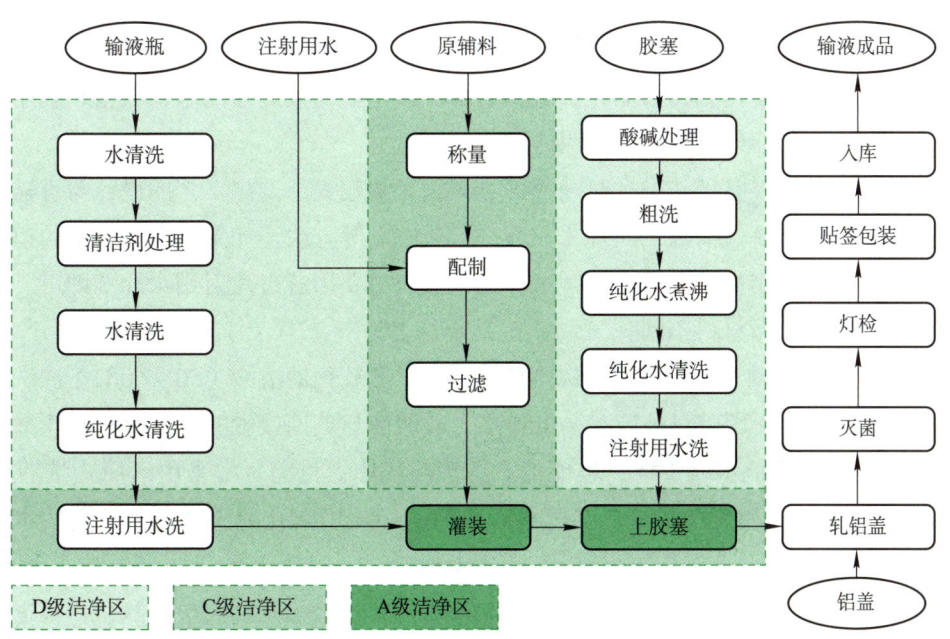

图 6-5 玻璃瓶包装输液剂的制备工艺流程

（二）制法

1. 输液剂原辅料的质量要求

输液剂所用的原辅料质量必须严格控制。

（1）原料质量要求　输液剂的原料应为供注射用规格的原料。若不易获得专供注射用的原料而只能采用高纯度化学试剂时，应按《中国药典》规定进行质量检验，必要时做注射剂安全性检查，符合要求后方应用。每批原料使用前应检查包装是否严密，有无破损、受潮、发霉、变质等现象。

（2）溶剂质量要求　输液剂配制所用溶剂必须是符合要求的新鲜注射用水。

（3）辅料质量要求　输液剂所涉及辅料应按注射用规格要求进行选择。如用于除去溶液中的热原、色素、胶体微粒等杂质并兼有助滤作用的活性炭，要选择供注射用活性炭，否则可能导致某些注射剂的变色或澄明度问题。输液剂不得添加任何抑菌剂。

2. 输液剂的容器及包装材料的处理

（1）输液容器及其处理　除另有规定外，容器应足够透明，以便内容物检视。输液剂的容器有输液瓶、聚丙烯塑料瓶、无毒软性聚氯乙烯塑料袋及非PVC复合膜软袋，我国目前仍以输液瓶为主。

1）玻璃输液瓶：为硬质中性玻璃制成，需配有胶塞、铝盖或外层塑料盖。其耐酸、耐碱、耐热、耐腐蚀，物理化学性质稳定，机械强度好、阻隔性好。玻璃瓶质量、清洁度应符合国家有关标准。外观应光滑，无色透明，无条纹，无气泡，无毛口等；瓶口内径光滑圆整，内径大小符合要求，以利密封，避免在储存期间，由于漏气造成污染。

2）聚丙烯塑料瓶：这种塑料瓶质轻，无毒，耐热，耐腐蚀，化学稳定性高，机械强度高，其抗碎性是玻璃瓶所无法比拟的，并且可热压灭菌，但透明度及阻隔性较差。

3）输液软袋：包括无毒聚氯乙烯（PVC）塑料软袋和非PVC复合膜软袋。其重量轻，不易破损，耐压，抗震，便于运输和储存。尤其是非PVC复合膜软袋，因其材料质量优良，具有很低的透水性、透气性及迁移性，适用于绝大多数药物的包装。但软袋密闭性能较差，新瓶一般先用常水除去表面的灰尘和内壁的污垢，倒置沥干水。再用清洁液处理内壁，放置，临用前依次用常水、微孔滤膜滤过的注射用水洗至澄明即可。

玻璃瓶输液容器洗涤是否洁净，对药液可见异物影响较大。洗涤工艺的设计与容器的洁净程度有关。一般有直接水洗、清洁剂处理（如酸洗、碱洗）等方法。如果生产输液瓶的车间达到规定净化级别要求，瓶子出炉后立即密封，这样的输液瓶只要用滤过注射用水冲洗即可。塑料袋一般不洗涤，直接采用无菌材料压制。

洗瓶一般是水洗与碱洗法相结合，碱洗法是用2%氢氧化钠溶液（50~60℃）冲洗，也可用1%~3%的碳酸钠溶液。因碱对玻璃有腐蚀作用，故碱液与玻璃接触时间不宜过长（数秒钟内）。碱洗法操作方便，利于流水线生产，也能消灭细菌与热原。目前，常采用滚筒式洗瓶机和箱式洗瓶机以提高洗涤效率和洗涤质量。在药液灌装前，必须用微孔滤膜滤过的注射用水倒置冲洗输液瓶。

（2）胶塞及其处理　胶塞主要用于注射用无菌粉末、输液等制剂瓶包装封口，根据所使用的橡胶材料，可分为天然橡胶塞和合成橡胶塞。容器用胶塞特别是多剂量包装注射液用的胶塞要有足够的弹性和稳定性，其质量应符合有关国家标准规定。应特别注意，橡胶塞除了应具有较高化学稳定性、弹性及柔曲性以便于针头刺入和拔出时不影响密闭性外，还应具有较小的吸附性、无毒性、无溶血性。

目前，合成的丁基胶塞因具有优良的气密性、化学稳定性和安全性被广泛使用。洗涤时采用全自动胶塞清洗机。在D级洁净区打开外包装，在C级洁净区打开内包装。采用注射用水清洗，不宜超过两遍，并且最好采用超声波清洗，清洗过程中切忌搅拌，尽可能地减少胶塞间的摩擦。干燥灭菌最好采用湿热灭菌法（通常灭菌条件为121℃、30 min）。若条件不允许湿热灭菌只能干热灭菌时，最好不要超过2 h。并且在干燥灭菌的过程中，需设法减少胶塞间的摩擦。

为防止胶塞中少量物质可能在接触注射液后进入药液影响药物制剂质量，可使用覆膜丁基胶塞。覆膜丁基胶塞是在原丁基药用胶塞基础上，将胶料与膜在高温高压条件下同步热合而成，杜绝了任何化学黏结剂对输液剂的潜在危害。膜材料的独特性使胶塞表面光滑，避免或减轻了一般药用丁基胶塞表面静电吸附使胶屑及其他微粒难以清洗，并消除了因胶塞表面硅化而引起的挂珠及假性微粒的增加，及硅油对某些药品造成的安全隐患。

（3）铝塑组合盖　玻璃输液瓶铝塑组合盖有以下几种形式：①两件组合型，由撕开式保护铝盖和中心孔铝盖组成；②三件组合型，系在撕开式保护铝盖和中心孔铝盖加垫片；③拉环型；④不开花型。另外，还有铝塑组合盖，即在铝盖之上再加一塑料盖。

3. 配液

配制输液剂多采用带有夹层的不锈钢或搪瓷玻璃罐，既可加热，还带有搅拌装置。输液剂的配制方法有浓配法和稀配法两种，为保证无热原和澄明度合格，多采用浓配法。浓配法可除去在高浓度溶液中不溶解的杂质。对于原料纯度高的输液剂，可采用稀配法。配液完成后需进行半成品质量检查。还应注意，配制输液时，活性炭（供注射用）的用量一般为溶液总量的0.02%～0.5%，吸附时间为20～30 min，且分次吸附法比一次吸附法效果更好。

（1）浓配法　药液配制多用此法。配制时，先将药物配成浓溶液，如葡萄糖配成50%～70%浓度，氯化钠配成20%～30%浓度。然后加活性炭煮沸吸附，滤过，再用滤过的注射用水稀释至所需浓度。

（2）稀配法　凡原料质量较好，药液浓度不高，配液量不太大可用此法。配制时，将原料直接溶解于注射用水配成所需浓度，然后加活性炭吸附处理。药液再经粗滤、精滤，即可供灌装。

4. 滤过

输液的滤过必须选择适当的滤材、滤器和滤过方法。输液剂的滤过方法、滤过装置一般与小容量注射液相同，多采用加压滤过法。加压滤过既可提高滤过速度，又可防止过程中产生的杂质或碎屑污染滤液。滤过时可分预滤与精滤两步进行，或采用加压三级过滤装置进行过滤。其中，板框式压滤机或陶质砂滤棒起预滤或粗滤作用，垂熔玻璃滤器和微孔滤膜起到精滤作用。

（1）预滤　可在滤棒上先吸附一层活性炭，滤过开始后，反复进行回滤直至滤液符合质量要求为止。滤过过程中，不要随便中断操作，以免冲动滤层，影响滤过质量。

（2）精滤　多采用微孔滤膜作为滤过材料，常用滤膜孔径为0.65 μm或0.8 μm，也可采用双层微孔滤膜（上层为3 μm微孔膜，下层为0.8 μm微孔膜）。经精滤处理后的药液，即可进行灌装。

（3）加压三级滤过　输液生产时也可采用加压三级滤过装置将预滤与精滤同步进行，即板框式过滤器或砂滤棒→垂熔玻璃滤器→微孔滤膜。通过密闭管道连接三级滤过装置，既能提高滤过效率，也可保证滤液的质量。

5. 灌封与灭菌

药液过滤后，澄明度检查合格即可灌封。常用输液瓶灌封包括灌注、加隔离膜、塞橡胶塞和轧铝盖四步，生产中多采用自动灌封机进行灌封。灌封完成后，应进行封口检查，剔除不合格者。灌封室的洁净度应为 A 级或局部 A 级。玻璃瓶输液剂的灌封由药液灌注、塞丁基胶塞、轧铝盖组成。滤过和灌装均应在持续保温（50℃）条件下进行，以防止细菌的污染。

灌封应按照操作规程连续完成，要求装量准确，铝盖封紧。目前药厂多采用回转式自动灌封机、自动放塞机、自动落盖轧口机等完成联动化、机械化生产，提高了工作效率和产品质量。灌封完成后，应进行检查，及时剔除轧口不严的输液以免灭菌时冒塞或储存时变质。

灌封后应及时灭菌，灭菌过程一般在 4 h 内完成。通常采用热压灭菌法，即 115℃、68.7 kPa、30 min。生产中可根据输液装量大小调整灭菌条件，以保证灭菌效果。对于塑料袋装输液剂，灭菌条件通常为 109℃热压灭菌 45 min 或 111℃灭菌 30 min。

第六节　混悬型及乳状液型注射液

一、混悬型注射液

1. 混悬型注射液的特点

混悬型注射液系将不溶性固体药物分散于液体分散介质中制成的注射液。对于无适当溶剂可溶解的不溶性固体药物，或在水溶液中不稳定而制成的水不溶性衍生物，或需要产生长效的药物均可以采用适当的方法制成水或油的混悬型注射液。

混悬型注射液一般供肌内注射，不得用于静脉注射或椎管内注射。中药注射剂一般不宜制成混悬型注射液。

2. 混悬型注射液的制备

混悬液型注射液的制备与常规混悬剂的制法相似。首先需根据药物的性质及注射液给药要求选择适宜的分散介质、润湿剂及助悬剂。分散介质一般首选注射用水或者注射用油。水性混悬剂的润湿剂一般选择聚山梨酯 80，常用量为 0.1%～0.2%（g/mL）；助悬剂一般选择甲基纤维素、羧甲纤维素钠、海藻酸钠等，常用量为 0.5%～1%。

制备时选用适宜的固体药物分散方法进行混悬液型注射液的制备，如微粒结晶法、机械粉碎法、溶剂化合物法，将药物微晶混悬于含有稳定剂（润湿剂和助悬剂）的溶液中，使用超声波处理使其分散均匀，调节 pH，灌封，灭菌即得。

二、乳状液型注射液

1. 乳状液型注射液的特点

乳状液型注射液系以难溶于水的挥发油、植物油或溶于脂肪油中的脂溶性药物为原料，加入乳化剂和注射用水经过乳化制成的供注射给药的乳状液。这类注射液有油/水（O/W）、水/油（W/O）或水/油/水（W/O/W）型乳状液。

乳状液型注射液不能用于椎管内注射，在肌内或靶部位注射乳状液，有利于药物向淋巴系统转运、富集，对抗癌药物具有特殊意义。

2. 乳状液型注射液的制备

乳状液型注射液的原辅料包括溶剂、脂肪油、乳化剂、等渗调节剂等。选用时应符合注射要求，常用乳化剂以天然纯化的大豆磷脂、蛋黄卵磷脂及合成品 Pluronic F-68 等为好。

乳状液热不稳定，易在高温下聚合成大油滴。为保证乳状液体系的稳定性，制备方法应使分散相微粒粒度均匀，大小适宜。因此，制备时除需要选择合适的乳化剂，还需采用乳化器械帮助乳化，实验室设备常为高速组织捣碎机，大生产时可用二步高压乳匀机。

第七节　中药注射剂的质量评价

中药注射剂的基本要求是疗效确定、质量稳定、使用安全。注射剂（尤其是静脉注射剂）在快速显效的同时，如有不良反应也可能快速显现。复杂多样的化学成分是中药注射剂发挥疗效的物质基础，也是其质量评价的重点与难点。因此，中药注射剂的质量要求应更严格，质量标准应更细化。在各中药注射剂品种质量标准项下，除一般质量要求及检查项目外，还应包含针对性的鉴别、含量测定、指纹图谱、有关物质检查和安全性检查等内容，从多方面确保中药注射剂的安全性和有效性。

一、中药注射剂的质量要求

1. 中药注射剂的通用质量要求

根据《中国药典》注射剂制剂通则的要求，除另有规定外，注射剂应进行以下相应检查。

（1）装量　注射液及注射用浓溶液需检查装量，应符合规定。

（2）装量差异　除另有规定外，注射用无菌粉末需检查装量差异，应符合规定。凡规定检查含量均匀度的注射用无菌粉末，一般不再进行装量差异检查。

（3）渗透压摩尔浓度　除另有规定外，静脉输液及椎管注射用注射液按各品种项下的规定，照渗透压摩尔浓度测定法测定，应符合规定。

（4）可见异物　除另有规定外，照可见异物检查法检查，应符合规定。

（5）不溶性微粒　除另有规定外，用于静脉注射、静脉滴注、鞘内注射、椎管内注射的溶液型注射液、注射用无菌粉末及注射用浓溶液照不溶性微粒检查法检查，均应符合规定。

（6）中药注射剂有关物质　注射剂有关物质系指中药经提取、纯化制成注射剂后，残留在注射剂中可能含有并需要控制的物质，一般应检查蛋白质、鞣质、树脂等，静脉注射液还应检查草酸盐、钾离子等。按各品种项下规定，照注射剂有关物质检查法检查，应符合有关规定。

（7）重金属及有害元素残留量　除另有规定外，中药注射剂照铅、镉、砷、汞、铜测定法测定，按各品种项下每日最大使用量计算，铅不得超过 12 μg，镉不得超过 3 μg，砷不得超过 6 μg，汞不得超过 2 μg，铜不得超过 150 μg。

（8）无菌　照无菌检查法检查，应符合规定。

（9）细菌内毒素或热原　除另有规定外，静脉用注射剂按各品种项下的规定，照细菌内毒素检查法或热原检查法检查，应符合规定。

（10）其他规定　除另有规定外，混悬型注射液中原料药物粒径应控制在 15 μm 以下，含 15～20 μm（间有个别 20～50 μm）者，不应超过 10%，若有可见沉淀，振摇时应容易分散均匀。乳状液型注射液，不得有相分离现象；静脉用乳状液型注射液中 90% 的乳滴粒径应在 1 μm 以下，除另有规定外，不得有大于 5 μm 的乳滴。除另有规定外，输液剂应尽可能与血液等渗。

2. 不同类型中药注射剂的特殊质量要求

（1）注射用无菌粉末　注射用冷冻干燥制品冻干后残留水分应符合相关品种的要求。注射用无菌粉末应标明配制溶液所用的溶剂种类，必要时还应标注溶剂量。

（2）输液剂　输液剂的 pH 过低或过高易引起酸、碱中毒，因此应尽量接近人体血液的 pH。输液剂不得添加任何抑菌剂。

（3）混悬型注射液　混悬型注射液应具有较好的分散性和通针性，在分散介质中不能沉降太快。若有可见沉淀，振摇时应容易分散均匀。

3. 中药注射剂的其他质量要求

除药典规定检查项外，为保证制剂质量的稳定可控及临床用药的安全有效，中药注射剂还应进行以下检测。

（1）主药含量　《中药、天然药物注射剂基本技术要求》规定，注射剂中所含成分要基本清楚，需要对注射剂总固体中所含成分进行系统的化学研究；有效成分制成的注射剂，主药成分含量应不少于 90%；多成分制成的注射剂，总固体中结构明确成分的含量应不少于 60%，所测成分应大于总固体量的 80%。注射剂中含有多种结构类型成分的，应分别采用 HPLC 和（或）GC 等定量方法测定各主要结构类型成分中至少一种代表性成分的含量。此外，应对未测定的其他成分进行研究。处方中含有毒性成分或已上市单一成分药品的，应测定其含量。注射剂质量标准中含测指标均应规定其含量的上下限。

（2）中药注射剂指纹图谱　为加强中药注射剂质量管理，国家药品监督管理局在 2000 年 8 月制定了《中药注射剂指纹图谱研究的技术要求（暂行）》，以确保中药注射剂的质量稳定、可控。中药注射剂在固定中药材品种、产地和采收期的前提下，需制定中药材、有效部位或中间提取物、注射剂的指纹图谱。2007 年发布的《中药、天然药物注射剂基本技术要求》中要求，原料（药材、饮片、提取物、有效部位等）、中间提取物、注射剂成品均应分别研究建立指纹图谱。还应进行原料、中间提取物、注射剂成品各指纹图谱之间的相关性研究。指纹图谱的研究应全面反映注射剂所含成分的信息，必要时应建立多张指纹图谱。经质量研究明确结构的成分，应当在指纹图谱中得到体现，一般不低于已明确成分的 90%，对于不能体现的成分应有充分合理的理由。

指纹图谱的评价可采用相对峰面积、相对保留时间、非共有峰面积或者相似度等指标进行评价。同时，也可根据产品特点增加特征峰比例等指标及指纹特征描述，并规定非共有峰数及相对峰面积。指纹图谱的评价还可选用对照提取物对照的方法。

（3）其他安全性检查项目　注射剂安全性检查包括异常毒性、细菌内毒素（或热原）、降压物质（包括组胺类物质）、过敏反应、溶血与凝聚等项。中药注射剂可参照《中国药典》注射剂安全性检查法应用指导原则的要求进行相应的安全性检查。

二、中药注射剂上市后研究和评价

中药的化学成分复杂且不完全明确，中药注射剂作为一种直接注入体内的剂型，其安全风险更大。为继续深入了解中药注射剂的药理学、药代动力学、药效学等方面的特点，全面掌握中药注射剂临床应用的风险和效益，并为临床合理应用中药注射剂提供科学依据，原国家药品监督管理局于2009年全面启动中药注射剂安全性再评价工作。

中药注射剂再评价是指对已上市中药注射剂进行全面系统的再评估和再评价。为规范中药注射剂上市后研究和评价，以提高中药注射剂的安全性为核心，国家药品监督管理局也出台了一系列技术原则，如《中药注射剂安全性再评价生产工艺评价技术原则（试行）》《中药注射剂安全性再评价质量控制评价技术原则（试行）》《中药注射剂安全性再评价非临床研究评价技术原则（试行）》《中药注射剂安全性再评价临床研究评价技术原则（试行）》等，从中药注射剂的生产工艺和质量控制、非临床安全性、临床有效性和安全性方面明确了再评价的研究内容，以及围绕中药注射剂的临床定位进行作用机理研究，与临床相应疾病常用基础治疗药品相互作用的研究，为临床合理用药提供支持性信息。

为了进一步落实中共中央办公厅、国务院办公厅《关于深化审评审批制度改革鼓励药品医疗器械创新的意见》，国家药品监督管理局坚持"科学评价、分类施策、点面结合、稳步推进"原则，持续推进开展中药注射剂上市后研究和评价工作，促进中药注射剂的高质量发展。

第八节 眼用液体制剂

眼用液体制剂（ophthalmic liquid preparation）系指供滴眼、洗眼或眼内注射并直接在眼部发挥作用以诊疗眼部疾病的无菌液体制剂。眼用液体制剂也有以固态药物形式包装，需另备溶剂，临用前配成溶液或混悬液使用。

一、眼用液体制剂的类型

眼用液体制剂可分为滴眼剂、洗眼剂和眼内注射溶液三类。

滴眼剂系指由原料药物与适宜辅料制成的供滴入眼内的无菌液体制剂，可分为溶液、混悬液或乳状液。除另有规定外，滴眼剂应与泪液等渗，每个容器的装量应不超过10 mL。

洗眼剂系指由原料药物制成的无菌澄明水溶液，供冲洗眼部异物或分泌液、中和外来化学物质的眼用液体制剂，如0.9%氯化钠溶液、2%硼酸溶液等。洗眼剂属用量较大的眼用制剂，应尽可能与泪液等渗并具有相近的pH。除另有规定外，每个容器的装量应不超过200 mL。

眼内注射溶液系指由原料药物与适宜辅料制成的无菌澄明溶液，供眼周围组织（包括球结膜下、筋膜下及球后）或眼内注射（包括前房注射、前房冲洗、玻璃体内注射、玻璃体内灌注等）的无菌眼用液体制剂。眼内注射溶液不得加抑菌剂或抗氧剂或不适当的缓冲剂，且应采用一次性使用包装。

除另有规定外，眼用制剂应遮光密封贮存，启用后最多可使用4周。

二、眼用液体制剂的附加剂

为了满足临床用药的需要，保证用药安全、有效、稳定，眼用液体制剂中通常会加入适当的附加剂，所用附加剂不应降低药效或产生局部刺激。

（一）调节 pH 的附加剂

为了使药物稳定易溶并避免刺激性，需调节眼用液体制剂的 pH 稳定在一定的范围内（通常为 5.0~9.0），常选择适当的缓冲溶液作为药物溶剂。缓冲溶液的贮备液应灭菌贮藏，并添加适量抑菌剂，以防微生物生长。

1. 磷酸盐缓冲液

磷酸盐缓冲液系以一定浓度的无水磷酸二氢钠和无水磷酸氢二钠溶液按不同比例混合后所得的溶液，具体比例见表 6-4。其中 pH 为 6.81 的缓冲液最为常用。

表 6-4　磷酸盐缓冲液各成分比例

pH	0.8%（g/mL）磷酸二氢钠/mL	0.947%（g/mL）磷酸氢二钠/mL	使 100 mL 溶液等渗应加氯化钠克数/g
5.91	90	10	0.48
6.24	80	20	0.47
6.47	70	30	0.47
6.64	60	40	0.46
6.81	50	50	0.45
6.98	40	60	0.45
7.17	30	70	0.44
7.38	20	80	0.43
7.73	10	90	0.43
8.04	5	95	0.42

2. 硼酸缓冲液

硼酸缓冲液即 1.9%（g/mL）的硼酸溶液，pH 为 5，可直接用作眼用溶液剂的溶剂。

3. 硼酸盐缓冲液

硼酸盐缓冲液系以一定浓度的硼酸和硼砂溶液按比例混合所得的溶液，具体比例见表 6-5。

表 6-5　硼酸盐缓冲液各成分比例

pH	0.24%（g/mL）硼酸/mL	1.91%（g/mL）硼砂/mL	使 100 mL 溶液等渗应加氯化钠克数/g
6.77	97	3	0.22
7.09	94	6	0.22
7.36	90	10	0.22
7.60	85	15	0.23
7.87	80	20	0.24
7.94	75	25	0.24
8.08	70	30	0.25
8.20	65	35	0.25

续表

pH	0.24%（g/mL）硼酸/mL	1.91%（g/mL）硼砂/mL	使100 mL溶液等渗应加氯化钠克数/g
8.41	55	45	0.26
8.60	45	55	0.27
8.60	40	60	0.27
8.84	30	70	0.28
8.98	20	80	0.29
9.11	10	90	0.30

（二）调节渗透压的附加剂

眼用溶液剂通常将渗透压调节在相当于0.8%~1.2%氯化钠浓度范围内。滴眼剂通常为等渗溶液，高渗滴眼剂常用于满足特定治疗需要，洗眼剂则应尽量满足等渗。调节渗透压常用的附加剂有氯化钠、硼酸、葡萄糖、硼砂等，渗透压调节的计算方法为冰点降低数据法或氯化钠等渗当量法。

（三）抑菌剂

多剂量眼用液体制剂一般应加适当抑菌剂，尽量选用安全风险小的抑菌剂，产品标签应标明抑菌剂种类和用量。除另有规定外，在制剂确定处方时，该处方的抑菌效力应符合规定。但用于眼部创伤或眼部术后患者的眼用溶液剂，不得添加抑菌剂。常用的抑菌剂见表6-6。

表6-6 常用抑菌剂及其浓度

抑菌剂	常用浓度/%
硝酸苯汞	0.002~0.004
硫柳汞	0.005~0.01
苯扎氯铵	0.01~0.02
三氯叔丁醇	0.35~0.5
苯乙醇	0.5
羟苯甲酯与羟苯丙酯的混合物	羟苯甲酯0.03~0.1，羟苯丙酯0.01

（四）调节黏度的附加剂

为延长药物与作用部位的接触时间，降低药物对眼的刺激性，更好地发挥药物作用，可适当增加滴眼剂的黏度。调节黏度常用的附加剂有甲基纤维素、聚乙烯醇、聚维酮、聚乙二醇等，合适的黏度范围为4.0~5.0 mPa·s。

（五）其他附加剂

根据眼用溶液剂中主药的性质，也可酌情加入增溶剂、助溶剂、抗氧剂等。

三、眼用液体制剂的制备

(一) 工艺流程

眼用液体制剂的制备工艺流程如图 6-6 所示。

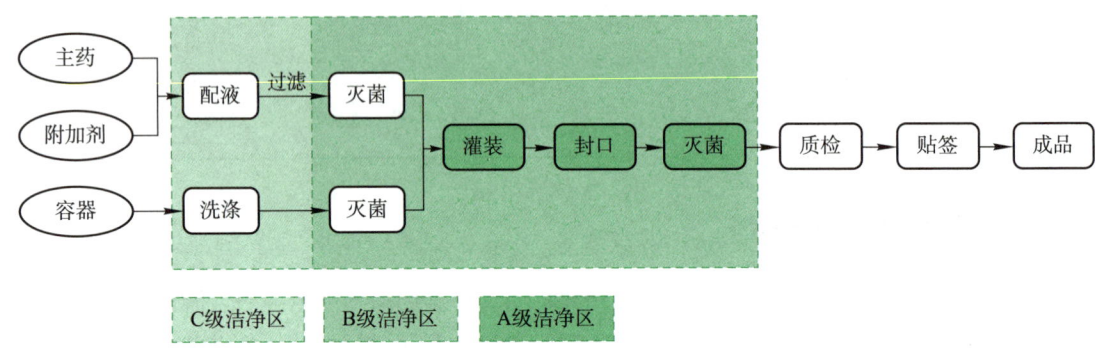

图 6-6 眼用液体制剂的制备工艺流程

用于手术、伤口、角膜穿透伤的滴眼剂及眼用注射溶液按注射剂生产工艺制备,在单剂量容器中密封或熔封,最后灭菌,不加抑菌剂,一次用后弃去,保证无污染。洗眼剂用输液瓶包装,其清洁方法按输液包装容器处理。主药不稳定者,全部以严格的无菌生产工艺操作制备。若药物稳定,可在分装前用大瓶分装后灭菌,然后再在无菌操作条件下分装。

(二) 包装容器的处理

包装容器应无菌、不易破裂,其透明度应不影响可见异物检查。滴眼剂的容器有玻璃瓶与塑料瓶两种。中性玻璃对药液的影响小,配有滴管,以铝盖密封,可较长时间地保存滴眼剂,对氧敏感的药物多用玻璃瓶盛装。遇光不稳定的药物可选用棕色瓶。清洗灭菌方法与注射剂容器的处理方法相同,可用重铬酸钾浓硫酸等强氧化性清洗液清洗,清洗后用纯化水冲洗,干热灭菌或热压灭菌后备用。橡胶帽、塞的洗涤方法与输液瓶的橡胶塞处理方法相同,但由于无隔离膜,应注意吸附药物问题。

塑料滴眼瓶不易污染且价廉、质轻、不易碎裂,较为常用。但塑料中的增塑剂等成分可能会污染药液。塑料瓶会吸附某些药物,降低药物含量而影响药效。塑料瓶具有一定透气性,对氧敏感的药液不宜用塑料瓶盛装。塑料滴眼瓶的清洗处理方法为:切开封口,将滤过的注射用水灌入滴眼瓶中,甩干,反复三次,最后在密闭容器内用气体灭菌法如环氧乙烷灭菌后备用。

滴眼剂所用器具还可使用杀菌剂(用 75% 乙醇配制的 0.5% 度米芬溶液)浸泡灭菌。灭菌后的容器在使用前需再用纯化水及新鲜的注射用水洗净。

(三) 药液的配制与过滤

药物、附加剂用适量溶剂溶解,必要时可添加适量活性炭(0.05%~0.3%),药液经滤棒、垂熔玻璃滤球和微孔滤膜滤至澄明,加溶剂至全量,灭菌后进行半成品检查。配制眼用混悬剂可先将药物微粉化后灭菌,将表面活性剂、助悬剂及适量注射用水混合为黏稠液体,与药物搅匀后添加注射用水至足量。

中药眼用溶液剂，先将中药按注射剂的提取和纯化方法处理，制得浓缩液后再进行配液。

（四）药液的灌封与灭菌

随机抽取适量配制完成的药液，进行定性鉴别和含量测定，符合要求方可分装于无菌容器中。普通滴眼剂每支装量为 5~10 mL，供手术用的眼用液体制剂每支装量为 1~2 mL，灌装后再用适当的灭菌方法灭菌。

小量生产时常用简易真空灌装器分装。大生产常用减压真空灌装法分装。完成分装后，进行澄明度检查及抽样菌检，合格后即可供临床应用。

四、眼用液体制剂的质量要求

除另有规定外，按照《中国药典》眼用制剂通则的要求进行以下相应检查。

1. pH

眼用液体制剂需检查 pH，应符合各品种项下的有关规定。

2. 渗透压摩尔浓度

除另有规定外，水溶液型滴眼剂、洗眼剂和眼内注射溶液需测定渗透压摩尔浓度，应符合各品种项下的规定。

3. 可见异物

除另有规定外，滴眼剂、眼内注射溶液需检查可见异物，应符合规定。

4. 粒度

除另有规定外，含饮片原粉的眼用制剂和混悬型眼用制剂需检查粒度，应符合规定。

5. 沉降体积比

混悬型滴眼剂的沉降物不应结块或聚集，经振摇应易再分散。混悬型滴眼剂（含饮片细粉的滴眼剂除外）需检查沉降体积比，应不低于 0.90。

6. 装量

眼用液体制剂需检查装量，应符合规定。

7. 无菌

除另有规定外，照无菌检查法检查，应符合规定。

> **案例 6-4　四味珍层冰硼滴眼液**
>
> 【处方】珍珠层粉水解液 350 mL（含总氮 0.10 g）　天然冰片 0.50 g　硼砂 1.91 g　硼酸 11.20 g
>
> 【制法】以上四味，硼酸、硼砂加入适量水中，再加氯化钠适量，加热，搅拌使溶解，趁热加入适量的苯氧乙醇及上述珍珠层粉水解液，搅匀，加热至 100℃并保温 30 min，冷却；天然冰片用适量乙醇溶解，在搅拌下缓缓加入上述溶液中，搅匀，加水至 1 000 mL，混匀，滤过即得。
>
> 【性状】本品为近无色至微黄色的澄明液体；气香。
>
> 【功能与主治】清热解痉，去翳明目。用于肝阴不足、肝气偏盛所致的不能久视、轻度眼胀、眼痛、青少年远视力下降、青少年假性近视、视力疲劳、轻度青光眼见上述证候者。
>
> 【用法与用量】滴于眼睑内。一次 1~2 滴，一日 3~5 次；必要时可酌情增加。

【注解】

（1）本品中珍珠层粉水解液的制法：珍珠层粉加水搅匀，煮沸，每隔2 h搅拌一次，保温48 h，放冷，滤过，滤液浓缩至适量，放冷，滤过，测定滤液中的总氮量，备用。

（2）本品先采用水加热溶解硼酸、硼砂及珍珠层粉水解液。天然冰片具有较多挥发性成分，因此先用乙醇溶解天然冰片，待前三味药水溶液冷却后，缓慢搅拌加入。

（3）滴眼液配液用水应为注射用水，使用氯化钠调节溶液渗透压。苯氧乙醇具有良好的溶解性，对铜绿假单胞菌、革兰氏阴性菌及革兰氏阳性菌均具有较好的抑制作用。本品所使用的溶剂之间可相互混溶，加水至规定体积后混匀滤过，滤过所用的滤器均需灭菌处理。企业在实际生产中综合使用了各种非最终灭菌无菌药品生产技术，包括了分步灭菌和多级除菌过滤相结合，药液B级无菌储存，生产设备、工具用具和内包装材料等的清洗、灭菌和/或无菌拆包及无菌转运方法及工艺，关键设备在线清洗（CIP）、在线灭菌（SIP）等，保障了无菌水平。

> **思考与讨论**
>
> 请查阅四味珍层冰硼滴眼液中各药味的主要成分，对其进行处方分析。并结合其他已上市中药眼用制剂的处方组成和制备工艺，探讨中药在眼用制剂开发中的制剂难点。

思考题

1. 如何根据中药注射剂的特点，认识中药注射剂存在的安全性问题？
2. 在注射剂内毒素的检测中，有没有可以替代鲎试剂的方法？请查阅相关文献，谈一谈你的认识。
3. 你觉得中药注射剂一般不宜制成混悬型的主要原因是什么？从哪些方面可以解决中药注射剂澄清度的问题？
4. 通过本章的学习，你认为现阶段还有没有开发新的中药注射剂的必要性？为什么？

（杜守颖、白洁）

数字资源详见　新形态教材网

视频　　知识拓展　　推荐阅读　　参考文献　　教学课件　　自测题

第七章

散　剂

　　散剂，作为一种古老、经典的粉末状用药形式，早在《黄帝内经》已有记载。散剂能够历经千年仍然保持鲜活生命力的根本原因是什么？"散"的甲骨文写作""，结合汉字字形字义，如何理解"散者散也"的剂型核心特征？比表面积大，除了能带来分散快、易吸收的优势，还能带来哪些影响？散剂制法简单，仅需将原辅料粉碎、混合均匀即可获得。然而，如何判断物料混合均匀？含有毒性成分、液体成分或混合时出现润湿液化等特殊药物的散剂又该如何制备？散剂看似制备简单，实则蕴藏丰富的制剂理论内涵，学习、掌握并运用它开展散剂的研制、生产与应用是本章的目标所在。

第一节 概　述

散剂（powder）系指原料药物或与适宜的辅料经粉碎、均匀混合制成的干燥粉末状制剂。

知识拓展 7-1：散剂的历史沿革

一、散剂的分类

按照给药途径分类，散剂可分为口服和局部用散剂，口服散剂一般溶于或分散于水、稀释液或者其他液体中服用，也可直接用水送服；局部用散剂可供皮肤、口腔、咽喉、腔道等处应用，专供治疗、预防和润滑皮肤的散剂也可称为撒布剂或撒粉。

按照药物性质分类，散剂可分为一般散剂和特殊散剂，后者包括含毒性药物的散剂、含低共熔药物的散剂、含液体药物的散剂等。

按照处方组成分类，散剂可分为单方散剂和复方散剂。

按照分装剂量分类，散剂可分为单剂量包装散剂和多剂量包装散剂。含有毒性药的口服散剂应单剂量包装。多剂量包装散剂应附分剂量的用具。

二、散剂的特点

1. 起效快

"散者，散也，去急病用多……"（李东垣·《用药法象》），散剂分散度大，比表面积大，药物成分溶解后即吸收，起效虽不如汤剂迅速，但较丸、片剂等省去了溶散或崩解过程，故起效快，可"去急病"。

2. 制备简便，饮片利用最大化

散剂制备主要涉及粉碎、过筛、混合等工序，制法简便。可做成药备急，也可临证加减，适合个体化给药。散剂一般不经提取，易分解或挥发性等成分不易被破坏，也避免了难溶性成分煎出率低的问题，充分利用饮片，节约资源。

3. 运输、携带、服用与贮存方便，适用范围广

散剂剂量相对较小，携带、服用等均方便，尤其适合婴幼儿。儿童不易吞服丸剂、胶囊等，散剂则可随液体服用，且可与矫味品并用。内服可直达肠胃去脏腑之结毒，亦能旁走经络四肢散发其壅滞，外用对疮面有机械性保护作用，吸毒生肌，促进伤口凝血和愈合。

辩证地看，比表面积大带来散剂优势的同时，也使得其异味、刺激性、吸湿性及化学活性更明显地表现出来，部分药物易起变化，挥发性成分易散失，故刺激性强、易吸潮变质的药物一般不宜制成散剂。此外，部分散剂中药物粉末密度、粒径与形状的差异较大，可能导致贮存过程中粉末分层，引起混合不均匀问题的产生。

> **思考与讨论**
> 结合散剂的特点，举例说明什么性质的药物适合制成散剂？

第二节 散剂的制备

一、一般散剂的制备

(一) 工艺流程

不含毒性、液体或易形成低共熔物等特殊成分的中药散剂称为一般散剂，其制备工艺流程见图 7-1。

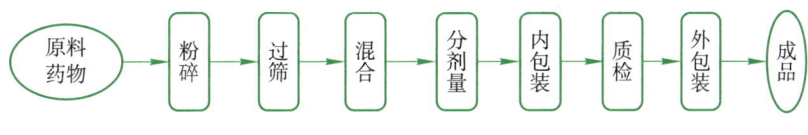

图 7-1 一般散剂的制备工艺流程

(二) 制法

1. 粉碎与过筛

应根据药物的性质结合给药方式与给药途径等，选择适当的方法和设备对药物进行粉碎、过筛（参见第三章）。除另有规定外，口服用散剂为细粉，儿科用和局部用散剂应为最细粉。

2. 混合

混合是制备散剂的关键步骤，为了达到混合均匀的目的，常用混合方法如下。

（1）打底套色法 是中药粉末混合的一种经验方法，适合于组分色泽差异较大的情况。"打底"系指将量少、色深的药粉先放入研钵中，再将量多、色浅的药粉逐渐分次加入研钵中混匀，即为"套色"。需要注意，打底之前应先饱和研钵的表面能。

（2）等量递增法 也称"配研法"，适合于待混合组分比例相差较大的情况。先取量小的药物组分与等量的量大组分混匀，再加入与混合物等量的量大组分，混匀，如此倍量增加，至全部粉末混匀为止。该法是基于"粉末等量易混匀"的原则，具有混合效果好、效率高的特点，适于含小剂量毒性药、贵重药等组分相差较为悬殊的药物粉末混合。

3. 分剂量

常用分剂量方法有重量法和容量法。重量法系指用戥秤或天平逐包称量，该法准确性高，但操作麻烦，效率低，难以机械化，适用于含毒性、贵重细料药的散剂分剂量；容量法系用容量代替重量，该法效率高，自动包装机、定量分包机等均采用容量法分剂量的原理。

4. 包装

散剂比表面积大，更易出现潮解、结块、流动性下降、变色、分解、微生物污染等现象，因此包装材料和贮存方法的选择尤为重要。包装材料主要有纸、玻璃、塑料等，须符合国家药品监督管理部门的药品包装材料标准。

包装纸主要有玻璃纸、有光纸、蜡纸等。玻璃纸适宜含挥发性或油脂性药物的散剂包装，易吸湿、风化药物的散剂不宜采用；有光纸适宜包装不易吸潮、不含挥发性药物的散剂；蜡纸适宜包装易吸湿变质的散剂，不适合樟脑、薄荷脑、麝香草酚等挥发性的药物。玻璃瓶（管）适用于含贵重药、挥发性药、毒性药、引湿药物的散剂包装，光敏性药物应选用棕色玻璃瓶包装。塑料袋（瓶）不宜包装含挥发性药物或易吸湿、风化药物的散剂。此外，还有各种塑料与纸、金属或其他塑料通过适宜方法组合而成的复合膜（袋）等。

5. 贮藏

除另有规定外，散剂应密闭贮存，含挥发性药物或易吸潮药物的散剂应密封贮存。

案例 7-1　益元散

【处方】滑石 600 g　甘草 100 g　朱砂 30 g

【制法】以上三味，滑石、甘草粉碎成细粉，朱砂水飞成极细粉，与上述粉末配研，过筛，混匀，即得。

【性状】本品为浅粉红色的粉末，手捻有润滑感；味甜。

【功能与主治】清暑利湿。用于感受暑湿，身热心烦，口渴喜饮，小便短赤。

【用法与用量】调服或煎服。一次 6 g，一日 1～2 次。

【注解】

（1）该方来自明代董宿著的《奇效良方》，原名辰砂益原散，是治伏暑、烦渴引饮、小便不利、心神恍惚的方剂。

（2）制备时，应综合考虑饮片的性质及临床用药需要选择适宜的粉碎方法。滑石属矿物药，除去杂石，洗净，砸成碎块，粉碎成细粉，或照水飞法水飞，晾干；朱砂属于有毒矿物药，用磁铁吸去铁屑，照水飞法水飞，晾干或 40℃以下干燥；甘草为植物饮片，采用干法粉碎。

（3）朱砂与滑石粉比例相差较大，宜采用等量递增法混匀；朱砂量少、色深，为保证成品颜色，宜采用打底套色法；为避免容器壁对朱砂的吸附，应注意先饱和器械的表面能。更为重要的是，甘草为根及根茎类药物，具有纤维结构，应避免朱砂极细粉进入甘草的组织缝隙中，造成朱砂颜色被掩盖，此种现象也被称为"咬色"。

> **思考与讨论**
>
> 《奇效良方》中记载益元散服用时："用白沸汤调下，不拘时"，"白沸汤"是什么？请思考此汤对于药效发挥的意义？

二、特殊散剂的制备

（一）含毒性药物的散剂

含有毒性药物散剂的制备，与一般散剂制备工艺流程相同，区别在于混合的步骤。由于毒性药物药理活性强、剂量小，为保证剂量准确通常需要在毒性药物中添加一定比例量的辅料进行稀释混合，此类散剂称为稀释散或倍散，配制倍散时应采用等量递增法。具体的稀释比例与服用药物剂量有关。剂量在 0.01～0.1 g 时，可制成 10 倍散（药物与稀释剂比例为 1∶9）；剂量在 0.01 g 以下时，可制成 100 倍散或 1 000 倍散。

辅料应为惰性物质，无显著药理活性，不影响主药含量测定。常用的辅料有乳糖、糊精、蔗糖、淀粉、葡萄糖，以及硫酸钙、碳酸钙、磷酸钙等无机物。倍散中常常添加着色剂，一方面可以辅助判断混合是否完全，另一方面亦可与未加稀释的药粉区别。通过颜色深浅还可识别倍散的稀释倍数。常用的着色剂有胭脂红、苋菜红、靛蓝等食用染料。

案例 7-2 九分散

【处方】马钱子粉 250 g 麻黄 250 g 乳香（制）250 g 没药（制）250 g

【制法】以上四味，麻黄、乳香（制）、没药（制）粉碎成细粉，马钱子粉与上述粉末配研，过筛，混匀，即得。

【性状】本品为黄褐色至深黄褐色的粉末，遇热或重压易黏结；气微香，味微苦。

【功能与主治】活血散瘀，消肿止痛。用于跌打损伤，瘀血肿痛。

【用法与用量】口服，一次 2.5 g，一日 1 次，饭后服用；外用，创伤青肿未破者以酒调敷患处。

【注解】

（1）该方来自清代孟文瑞著《春脚集》的跌打名方，该方治"跌打损伤，无论青肿、错折破烂皆效"。

（2）马钱子系剧毒药，常因服用过量或含量超过极量而发生中毒现象。为保证用药剂量准确与安全，可用辅料调节马钱子有毒成分含量。取马钱子，除去杂质，砂烫至鼓起并显棕褐色或深棕色，得制马钱子。将制马钱子粉碎成细粉，测定士的宁含量后，加适量淀粉混匀得马钱子粉。按干燥品计算，要求马钱子粉中含士的宁（$C_{21}H_{22}N_2O_2$）应为 0.78%～0.82%，马钱子碱（$C_{23}H_{26}N_2O_4$）不得少于 0.50%。乳香、没药为树脂类药物，生品气味辛烈，对胃刺激性较强，应照醋炙法炒至表面光亮，再粉碎配制。醋炙不仅缓和刺激性、矫臭矫味，还能改善乳香、没药因弹性较大引起的难以粉碎的问题。此外，醋炙还可增强活血止痛、收敛生肌等功效。

（3）马钱子粉含毒性成分，应先将处方中其他三味药细粉混匀，再采用等量递增法将马钱子粉与其他药粉混匀。

（二）含低共熔药物的散剂

在一定的环境温度下，两种或两种以上的物质经混合后出现润湿或液化的现象，称低共熔现象，能产生该现象的药物主要有樟脑与薄荷脑、薄荷脑与冰片、樟脑与水杨酸苯酯等。一般低共熔现象的产生与药物的品种、比例量、生产环境等因素有关。

制备时应根据形成低共熔物的情况，采取不同的处理方法：①形成低共熔物后药理活性增强，宜令药物形成低共熔物，再用处方中其他细粉吸收、混匀；②形成低共熔物后药理活性减弱，则应避免形成低共熔物，可先分别用其他组分稀释低共熔组分后再行混合，以免影响疗效；③形成低共熔物后药理活性无明显变化，可视处方中具体情况，如固体粉末较多，可将两种药物同研至液化，再与其他固体粉末混匀；也可以将低共熔物分别稀释，再将两部分粉末混匀；④如含有挥发油或者其他能溶解低共熔药物的液体时，可以先将低共熔药物溶解，再喷入其他固体组分中混合。

案例 7-3 避瘟散

【处方】薄荷脑 138 g 冰片 138 g 檀香 156 g 零陵香 18 g 白芷 42 g 香排草 180 g 姜黄 18 g 玫瑰花 42 g 甘松 18 g 丁香 42 g 木香 36 g 人工麝香 1.4 g 朱砂 662 g

【制法】以上十三味，除人工麝香、冰片、薄荷脑外，朱砂水飞成极细粉；其余檀香等九味粉碎成细粉，过筛，混匀；将冰片、薄荷脑同研至液化，另加入甘油 276 g，搅匀。将人工麝香研细，与上述粉末配研，过筛，混匀，与液化的冰片和薄荷脑研匀，即得。

【性状】本品为朱红色的粉末；气香，味凉。

【功能与主治】祛暑避秽，开窍止痛。用于夏季暑邪引起的头目眩晕、头痛鼻塞、恶心、呕吐、晕车晕船。

【用法与用量】口服。一次0.6 g。外用适量，吸入鼻孔。

【注解】

（1）该方来自清末民初经验方，由百年老店长春堂研制，能显著缓解夏季中暑及各种原因引起的晕动病。

（2）本品为散剂，方中除朱砂外均为芳香类饮片，粉碎处理不仅能最大限度保存挥发性药物成分，且因保持了植物天然的结构而使成分能更长时间持续挥散，故方中饮片均采用粉碎的方式处理。檀香、零陵香、香排草、姜黄、甘松、玫瑰花、丁香、木香、白芷等九味，应粉碎成细粉；上述药粉混合后外观较为干燥、粗糙，将能形成低共熔物的冰片、薄荷脑一起混合令其液化，一定程度改善了粉末的干燥、粗糙性；朱砂为矿物药，水飞成极细粉；人工麝香单独研细。

（3）檀香等九味饮片粉末先混匀，处方中麝香贵重、量少、色深，宜采用等量递增、打底套色的方法与其他粉末混匀；冰片、薄荷脑同研时会因低共熔现象而液化，本处方中固体药粉量较大，可令液化并溶于甘油液体中，甘油还可以保持散剂适当润湿，防止吸入鼻腔时过度刺激鼻黏膜，涂敷时也易于黏着在皮肤上。

（三）含液体药物的散剂

复方散剂中，有些处方饮片用量较大，为减少服用量需提取，故含有较大量液体药物或流浸膏、稠浸膏等，或者处方含有挥发油、动物胆汁等，此类散剂处理的原则是采用固体粉末吸收液体组分。如液体量较少，可用处方中其他固体组分吸收后混匀；如液体量较大，处方中其他固体组分难以完全吸收时，可适当加入辅料（如乳糖、磷酸钙、淀粉、蔗糖、葡萄糖等）吸收；如液体组分含有较多溶剂时，通常先加热浓缩除去大部分水分，得到稠膏，再加入固体药物或辅料混匀，低温干燥、研细，制备散剂。

案例7-4　紫雪散

【处方】石膏144 g　北寒水石144 g　滑石144 g　磁石144 g　玄参48 g　木香15 g　沉香15 g　升麻48 g　甘草24 g　丁香3 g　芒硝（制）480 g　硝石（精制）96 g　水牛角浓缩粉9 g　羚羊角4.5 g　人工麝香3.6 g　朱砂9 g

【制法】以上十六味，石膏、北寒水石、滑石、磁石砸成小块，加水煎煮三次，玄参、木香、沉香、升麻、甘草、丁香用石膏等煎液煎煮三次，合并煎液，滤过，滤液浓缩成膏；芒硝（制）、硝石（精制）粉碎，兑入膏中，混匀，干燥，粉碎成细粉；羚羊角锉研成细粉；朱砂水飞成极细粉；将水牛角浓缩粉、人工麝香研细，与上述粉末配研，过筛，混匀，即得。

【性状】本品为棕红色至灰棕色的粉末；气芳香，味咸、微苦。

【功能与主治】清热开窍，止痉安神。用于热入心包、热动肝风证，症见高热烦躁、神昏谵语、惊风抽搐、斑疹吐衄、尿赤便秘。

【用法与用量】口服。一次1.5～3 g，一日2次；周岁小儿一次0.3 g，五岁以内小儿每增一岁递增0.3 g，一日1次；五岁以上小儿酌情服用。

【注解】

（1）紫雪首次详细记载于唐代《千金翼方》卷十八·杂病中，自宋代《太平惠民和剂局方》后处方组成及用量基本沿用至今。因其状如霜雪，服之犹如服用霜雪般，故得名。后世医家又将其更名为紫雪散和紫雪丹,与安宫牛黄丸、至宝丸并称为"凉开三宝"。原方即为散剂,现收载于《中国药典》,是典型的含液体成分的散剂。

(2)方中16味药,如全部粉碎成粉末则服用量较大,因此应将其中部分饮片进行提取。根据药物所含成分的性质,将石膏等10味药进行提取,由于液体量过大,不能直接吸收,因此浓缩得稠膏,以芒硝(制)、硝石吸收后再干燥处理;其余贵细药剂量小,需根据药物性质采用适宜的方法粉碎,羚羊角质硬,需锉研成细粉;朱砂采用水飞法粉碎;人工麝香单独研细。

(3)羚羊角、朱砂、水牛角浓缩粉、麝香量少,与其他药物细粉混匀时,宜采用配研法。

> **思考与讨论**
> 紫雪,其外观色紫,药性大寒犹如霜雪,故得名。请结合此特点思考,如何基于中医药思维深入开展紫雪制剂的研究?

(四)眼用散剂

眼用散剂一般要求通过九号筛,且均匀细腻,减少对眼部的机械性刺激,因此配制眼用散剂的药物多经水飞或直接粉碎成极细粉。此外,眼用散剂要求无菌,以避免因含有致病性微生物引起严重的不良后果。配制眼用散剂的用具应灭菌,应在清洁、避菌环境下完成配制操作,成品经灭菌后,密封保存。

第三节 散剂的质量评价

一、散剂的质量要求

散剂应干燥、疏松、混合均匀、色泽一致。除另有规定外,散剂应密闭贮存,含挥发性原料药物或易吸潮原料药物的散剂应密封贮存。除另有规定外,散剂应按照《中国药典》散剂制剂通则的要求进行以下检查。

1. **粒度**

除另有规定外,用于烧伤或严重创伤的中药局部用散剂及儿科用散剂,需取供试品10 g,依法进行粒度检查。中药散剂通过六号筛的粉末重量,不得少于95%。

2. **外观均匀度**

供试品适量置光滑纸上,表面压平,在明亮处观察,应色泽均匀,无花纹与色斑。

3. **水分**

除另有规定外,中药散剂的水分不得过9.0%。

4. **装量差异**

单剂量包装的中药散剂需检查装量差异,应符合规定。

5. **装量**

除另有规定外,多剂量包装的散剂,照最低装量检查法检查,应符合规定。

6. 无菌

除另有规定外，用于烧伤［除程度较轻的烧伤（Ⅰ°或浅Ⅱ°外）］、严重创伤或临床必须无菌的局部用散剂，照无菌检查法检查，应符合规定。

7. 微生物限度

非无菌的散剂产品照非无菌产品微生物限度检查，应符合规定。

二、散剂常见质量问题及原因分析

1. 外观均匀度差

散剂外观颜色不均匀，主要表现为花纹或色纹。这与饮片性质有关，不同性质药粉的含水量、含油率、松密度、粒径等均有一定差别，机械震颤可能引起散剂粉末的脱混、分层等问题。应注意操作时药粉加入前后顺序，选择合适的混合方法如打底套色法、等量递增法，对于生产量大的批次，少量多次进行混合，以减少色纹。

2. 含水量偏高

（1）饮片含水量高　较高的含水量可能引起药粉吸湿、发黏或回潮酸败等现象。饮片净选炮制后，应干燥除去水分，并控制含水量在5%～7.5%比较适宜。应及时测定饮片的含水量，保持不同批次间的一致。

（2）生产或贮藏环境的湿度大　散剂粒度小，比表面积大，易吸湿受潮，若为蜜炙、盐炙等的炮制品则更容易吸收环境中水分。应控制环境温湿度，使相对湿度在40%～60%之间，温度应控制在25℃以下。

3. 微生物限度超标

饮片是中药散剂染菌的主要原因，可采用饮片抢水洗、及时低温烘干的方法。控制饮片含水量，亦可有效避免微生物滋生。必要时增加饮片灭菌工序，例如无挥发性成分且耐热的饮片，可湿热灭菌；有效成分具有挥发性，可采用75%乙醇灭菌。

此外，应注意工艺的合理性，例如烘干温度不宜升高过快，导致"假干"现象，内部未能干燥的水分最终引起发霉等。最终产品也应进行灭菌处理，例如采用微波灭菌、辐射灭菌、喷洒乙醇等。

思考题

1. 散剂作为最传统的中药剂型之一，品类灵活多样，制备工艺设计时应考虑哪些问题？
2. 散剂的比表面积大，部分药粉因不良嗅味容易引起恶心、呕吐，分析如何改进并提高患者的依从性。

（王艳宏、杨志欣）

数字资源详见　新形态教材网

视频　　知识拓展　　推荐阅读　　参考文献　　教学课件　　自测题

第八章

丸 剂

久负盛名的安宫牛黄丸、六味地黄丸、六神丸、速效救心丸等，如此太多耳熟能详的品种皆为丸剂。可是，你知道它们分属于不同的丸剂类型吗？不同类型的丸剂有何区别？丸粒中大量的药物粉末是借助何种力量赋形为丸的？不同的赋形剂对丸粒疗效的发挥产生哪些影响？"丸者缓也"，是几千年的经验传承，也是丸剂理论的核心。滴丸如何达成"速效"？制造工艺与质量的稳定如何得以实现？本章的学习可让我们在丸剂传统且独特的制药技术中学会传承，在分析其现代科学原理中学会创新。

第八章 丸 剂

第一节 概 述

丸剂（pill）系指原料药物与适宜的辅料制成的球形或类球形固体制剂。丸剂主要供口服，且以吞服为主，也有开水泡服，如二十五味珊瑚丸；研碎后开水送服，如十五味沉香丸；舌下含服，如复方丹参滴丸等。

知识拓展 8-1：丸剂的历史沿革

一、丸剂的分类

丸剂的赋形剂种类十分丰富，现代多采用水、黄酒、米醋、稀药汁、糖液、蜂蜜、蜜水、米粉、米糊、面糊和蜂蜡等。赋形剂不同，成丸方式、释药方式、作用特点皆不同，为便于研究及应用，可从赋形剂的角度将丸剂分为水丸、蜜丸、水蜜丸、浓缩丸、糊丸、蜡丸等；亦可以根据制备方法将丸剂分为泛制丸、塑制丸、滴制丸等；根据是否包衣将丸剂分为包衣丸、素丸等。

二、丸剂的特点

1. 药物释放速度"缓"，药效"缓"，作用"缓"

传统丸剂核心特点在于"缓"。"……丸者取其收摄（赵佶·《圣济经》）"，由于丸中加入了黏性或能引发黏性的赋形剂或给予压力将药丸撞实，故丸剂溶散缓慢、释药速度缓慢、起效缓慢，多用于慢性病的治疗或病后体弱的补益。

2. 提高用药安全性

因释药"缓"慢，故"大毒者须用丸"。刺激性、毒性以及药性峻猛的药物宜制成蜡丸、糊丸，可降低药物毒性及不良反应，增加用药安全性、有效性。

3. 提高药物的稳定性

可将芳香性药物或有不良气味的药物泛制到中间层，或包衣令其挥散速度变得缓慢，在提高稳定性的同时也能掩味。

4. 有些新型丸剂可发挥速效作用

将难溶性药物制成水溶性基质的滴丸，药物高度分散于水溶性基质中，溶出快、奏效迅速。

丸剂也存在一些不足：原料多以原粉入药，微生物易超标；操作不当时可能对溶散时限产生较大影响；某些丸剂种类服用剂量较大，小儿服用困难。

> 思考与讨论
> 中药丸剂可"缓"可"速"与什么因素有关？机制如何？

第二节 水 丸

水丸（watered pill）系指饮片细粉以水（或根据制法用黄酒、醋、稀药汁、糖液、含5%以下炼蜜的水溶液等）为润湿剂或黏合剂制成的丸剂。

一、水丸的特点

水丸所用黏合剂黏性弱，服后溶散较蜜丸、糊丸、蜡丸快。泛制时，可将易挥发、有刺激气味以及性质不稳定的药物泛入中间层，以掩味并提高稳定性；或者将不同的药物分层泛制，以同时实现速效和长效的作用特点；黏合剂中液体部分在干燥时可除去，实际含药量较高。

水丸的规格历代都是以实物比拟，如芥子大、梧桐子大、赤小豆大等。现代统一以重量为标准。如麝香保心丸每丸重22.5 mg，防风通圣丸每20丸重1 g。

二、水丸的制备

（一）泛制法制备水丸

1. 工艺流程

水丸传统制备采用泛制法，该法系在转动的容器中，多次反复交替加入药粉与赋形剂，药粉表面不断被润湿、黏合新一层药粉，再润湿、黏合下一层药粉而逐层增大，粒子的碰撞与翻滚不断将丸粒压实。所得丸粒致密、易于吞服、利于贮存，但药物的含量均匀性及溶散不易控制，工艺流程见图8-1。

微视频 8-1：*泛制法制备水丸*

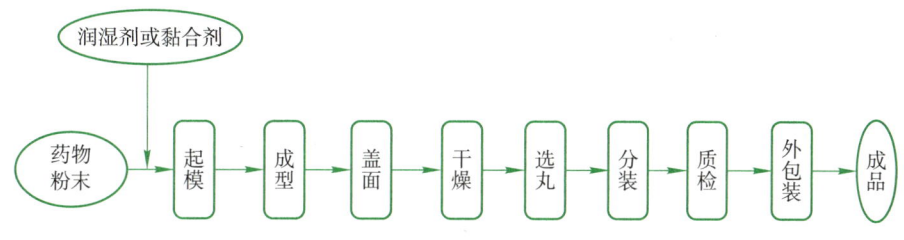

图8-1 泛制法制备水丸的工艺流程

2. 制法

（1）原辅料的准备　饮片应粉碎、灭菌。除另有规定外，供制丸剂用的药粉应为细粉或最细粉。泛制时，不同工序对药粉细度要求不同。起模、盖面、包衣工序的药粉应为最细粉，成型工序药粉应为细粉。

水丸的辅料主要有水、酒、醋、药汁等。

水能润湿、溶解药粉中的黏液质、胶质、糖及淀粉等产生黏性，适用于遇水不易变质及对赋形剂无特殊要求的药物制丸，如千金止带丸、龙胆泻肝丸。生产中应使用纯化水。

酒能润湿、溶解药粉中的树脂、油脂等产生黏性，引发的黏性较水弱，因此以水泛丸黏性太强时,可用酒代替。一般选用黄酒(含乙醇量为12%~15%)及白酒(含乙醇量为50%~70%)等泛丸。酒还可促进药粉中生物碱、挥发油等溶出,提高疗效;对于活血通络的方药,酒可增强活血通络、祛风散寒的作用;酒本身还可防腐,制得的丸粒易干燥、不易霉变。如香附丸,以黄酒为润湿剂。

醋能使生物碱生成盐,增加其溶解度,增强疗效。一般选用米醋,含3%~5%的醋酸。醋本身可活血散瘀、消肿止痛,协同丸剂发挥疗效。

处方中部分药料较难粉碎或新鲜多汁或体积较大时,可遵循药辅两用的原则,提取、浓缩或压榨药汁,例如:①富含纤维类(大腹皮、丝瓜络)、质地坚硬类(磁石、赭石)、树脂类(阿魏、乳香)、浸膏类(儿茶、芦荟)、黏性大(山萸肉、大枣)、胶质类(阿胶、鳖甲胶)、可溶性盐类(芒硝、青盐)等药料,可用提取液或水溶化后泛丸;②新鲜药料(生姜、大葱),可捣碎榨汁或煎汁;③本身即为药汁(乳汁、熊胆汁),可加适量水稀释泛丸。如补中益气丸,采用生姜、大枣煎煮的药汁为赋形剂。

此外,还有糖液、炼蜜水溶液为赋形剂的情况,例如牛黄清心丸、舒肝丸等,采用水中加炼蜜配制4%的蜜水溶液为赋形剂泛丸。

(2)起模 也称起母,即制备基本母核,是将药粉制成直径约为1 mm丸粒的过程,是泛制法关键步骤。模子的圆整度直接影响成品的外观,模子的粒度差和数目影响丸剂成型过程中筛选的次数与丸粒的规格。药粉的黏性对成功起模至关重要,应选用黏性适中的药粉,黏性过大则易黏结成团块,过小则松散不能聚结成丸球。起模方法如下:

1)粉末泛制起模:传统操作一般采用药匾、瓷盆或其他适宜容器,机械操作可用泛丸锅。取冷开水以棕刷蘸取或喷雾装置喷少许在药匾一边(约1/4处)或泛丸锅中,均匀润湿后,撒入少量药粉,摆动或转动工具,使药粉全部湿润并均匀黏附。取另一干燥棕刷缓缓刷下药粉,使成细小潮湿颗粒,成块者以手搓散。再均匀喷水、撒粉,多次反复操作,使粉粒逐渐增大至直径约为1 mm的丸粒(大如小米),筛取一号筛与二号筛之间的颗粒,即为丸模。该法所得丸模较紧密结实,但操作要求高、费工时。

2)湿法制粒起模:将起模用药粉以水为润湿剂制软材,将通过二号筛的湿颗粒放入泛丸锅中旋转、碰撞、摩擦,形成圆形丸模。该法丸模的成型率高,大小较均匀,适于批量生产,但丸模较松散。

起模用粉量应适宜,以使丸模的大小、数量符合要求,保证每批次的生产数量及规格。一般为总药粉量的2%~6%,生产中起模用粉量计算公式见式(8-1)。

$$X = \frac{0.625\,0 \times D}{C} \tag{8-1}$$

式中,C为成品水丸100粒干重(g),D为药粉总量(kg),X为一般起模用粉量(kg),0.625 0为标准模子100粒重量(g)。

(3)成型 在筛选好的丸模基础上,再逐渐加大至成品规格。操作与泛制起模类似,反复洒水润湿、撒粉、滚圆。需要关注:①每次洒水撒粉量应适宜,使每一丸粒均匀被润湿及黏粉为度;②滚动时间适宜,使丸粒既坚实致密、圆整度好,又不影响溶散;③过程中产生的歪粒、粉块过大或过小粒应随时用水调成糊状(浆头),泛在丸上;④芳香性、特殊气味及刺激性较大的药物应泛于丸粒中间层。

(4)盖面 将筛选合格的近成品规格的丸粒,加入药粉或清水继续在泛丸锅内滚动一定时间，使成品表面致密、光滑、色泽一致。盖面用辅料一般有干粉、清水、清浆三种。盖面后一般还需让丸粒充分滚动、撞击，使其光、圆、紧密，药工习称"收盘"。手工泛丸收盘时药匾需转动数百次，机械泛丸也需 10~15 min。

（5）干燥　盖面后应及时干燥，避免因含水量较高而发霉。干燥工序十分关键，干燥不当直接影响溶散时限。一般丸剂干燥温度在 80℃ 以下，以防止丸剂中所含的淀粉、鞣质、蛋白质在高温时可能糊化、变性缩合，形成难透水的屏障，影响溶散；含动物蛋白类成分，干燥温度宜 70℃ 以下，较高温度令动物蛋白凝固，丸剂外层形成硬壳使丸剂溶散困难；含遇热易分解或芳香挥发性成分的，干燥温度宜 60℃ 以下；如丸质松散，干燥时体积收缩性较大，如果热交换太快，细粉间结合不紧密易开裂，宜低温焖烘。此外，丸药摊置的厚薄、翻盘的频次都会影响干燥效果及质量。现代干燥多采用减压干燥、远红外干燥、沸腾干燥、振动干燥、微波干燥等新技术。

（6）选丸　筛选出丸粒圆整度好、大小均一的成品，挑除连丸、残丸，这也是保证丸重差异符合限度要求的重要步骤。大生产时常采用滚筒筛、立式检丸器等。

1）滚筒筛：由三节金属圆筛筒组成，筛筒布满一定孔径的筛孔，自进料端至出料端孔径由小到大，丸粒在筒内做内螺旋滚动，符合要求的丸粒落入相应料斗内，从而分档，见图 8-2。

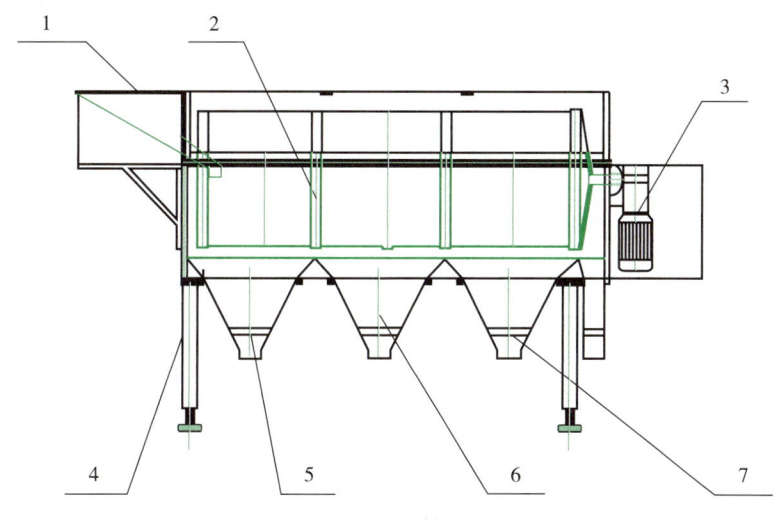

图 8-2　滚筒筛示意图
（图片由天水华圆制药设备科技有限责任公司提供）
1. 进料斗；2. 滚筒；3. 传动机构；4. 支架；5. 小丸下料斗；6. 合格丸下料斗；7. 大丸下料斗

2）离心式选丸机：丸粒由加料口自由跌落到螺旋溜槽底面上，经等螺距不等径的螺旋轨道，利用离心力产生速度差将圆整的丸粒与不合格的产品自动分开，外侧出料口收集合格丸粒，内侧出料口收集畸形丸粒，见图 8-3。筛选好的丸粒质量检查合格后即可包装。

思考与讨论

泛制起模应控制哪些工艺参数？泛丸技艺的关键操作有哪些？

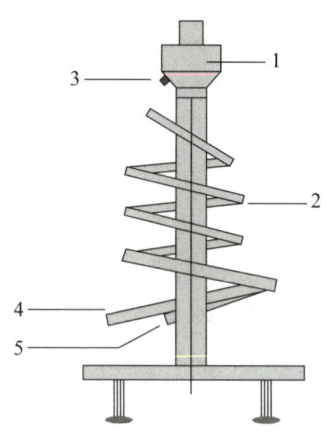

图 8-3 离心式选丸机示意图

1. 料仓；2. 螺旋溜槽；3. 下料口；4. 合格丸出料口；5. 不合格丸出料口

（二）塑制法制备水丸

1. 工艺流程

塑制法制备水丸系将药粉与黏合剂混匀，挤压成条、分粒、搓圆成丸粒。该法在工业生产时易于控制，生产效率高，工艺流程见图 8-4。

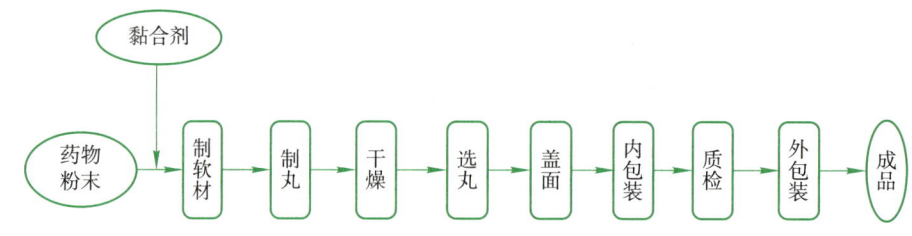

图 8-4 塑制法制备水丸的工艺流程

2. 制法

（1）原辅料的准备　根据饮片的性质采用适宜方法将其粉碎成细粉，需要提取的饮片制备成适宜浓度的药汁备用。

（2）制软材　药粉置混合机内，按照一定比例加入纯化水或药汁，混匀，制成手感软硬适度，握之有黏性、松之稍发散的软材状态。药汁应黏稠度适宜，过稀或过稠则软材黏性小或搅拌不开。

（3）制丸　将软材投入到制丸机料斗内，调整推料与切丸速度进行制丸。过程中注意喷洒适量乙醇防止丸粒粘连，定时称丸重，及时调整机器参数，保证重量差异合格，制得的药丸通过传送带送至滚筒筛内进行筛选。

（4）干燥　筛选后的合格湿药丸送入干燥机中，干燥注意事项同泛制法。塑制法制备的丸粒相对较软，可先晾丸，使丸粒表面变硬，再行干燥，减少粘丸发生。

（5）选丸　筛选除去畸形丸、残丸等不合格药丸。

（6）盖面　合格的毛药丸置糖衣锅内，转动糖衣锅，喷入约为毛药丸重 6% 的乙醇水溶液（纯化水与等量乙醇混合液），也可加入盖面用药粉，旋转一定时间后，再取出干燥，即得。

> **思考与讨论**
>
> 比较泛制丸与塑制丸在微观结构、释药机制与疗效发挥方面的异同。

案例 8-1　防风通圣丸

【处方】防风 50 g　荆芥穗 25 g　薄荷 50 g　麻黄 50 g　大黄 50 g　芒硝 50 g　栀子 25 g　滑石 300 g　桔梗 100 g　石膏 100 g　川芎 50 g　当归 50 g　白芍 50 g　黄芩 100 g　连翘 50 g　甘草 200 g　白术（炒）25 g

【制法】以上十七味，滑石粉碎成极细粉；其余防风等十六味粉碎成细粉，过筛，混匀，用水制丸，干燥，用滑石粉包衣，打光，干燥，即得。或以上十七味粉碎成细粉，过筛，混匀，用水制丸，干燥，即得。

【性状】本品为包衣或不包衣的水丸，丸芯颜色为浅棕色至黑褐色；味甘、咸、微苦。

【功能与主治】解表通里，清热解毒。用于外寒内热，表里俱实，恶寒壮热，头痛咽干，小便短赤，大便秘结，瘰疬初起，风疹湿疮。

【用法与用量】口服。一次 6 g，一日 2 次。

【注解】

（1）该方来自金代名医刘河间（完素）《黄帝素问宣明论方·风门》的"防风通圣散"，水丸体积小、光滑，易于服用，最早收于《全国中药成药处方集》。现有防风通圣丸、防风通圣颗粒等不同制剂品种收载于《中国药典》。

（2）根据方中药料性质选择适宜的粉碎方法或提取方法。本方中不含较难粉碎或新鲜多汁或体积较大的饮片，故可全部粉碎，其中滑石可水飞成极细粉。

（3）本品采用水为润湿剂制水丸，用滑石粉包衣。原工艺采用过滤的芒硝水溶液为赋形剂泛丸，滑石粉碎至细粉或极细粉包衣，可有效阻止方中薄荷、荆芥所含挥发性成分的散失，药辅两用。然而，该法所得成品外观较粗糙，贮存条件不当时易吸潮、脱壳。推测是芒硝水溶液泛丸时，芒硝随水分蒸发析出结晶导致表面粗糙；包衣时，滑石粉与糖浆可能产生分层脱壳，故应调整泛丸赋形剂、改进包衣方法。有报道将赋形剂改为水，采用混浆包衣法，即将滑石粉与糖浆按照一定比例制成混浆再对药丸进行包衣，可使层与层之间的结合更加牢固，外观光洁平整，无脱壳和变色现象。

（4）根据水丸规格、服用要求、药物性质等，选择适宜的包装形式及材料。包装形式目前有瓶装和袋装两种，瓶装可以选择玻璃瓶、塑料瓶、瓷瓶等，常用棉花、纸充填，再以软木塞浸蜡或塑料内衬浸蜡为内盖再加外盖密封。袋装一般采用铝塑袋，适于小丸包装。

> 思考与讨论
> 防风通圣丸剂型改革除可选择颗粒剂外，还可选择哪些剂型？为什么？

第三节　蜜丸与水蜜丸

一、蜜丸

蜜丸（honeyed pill）系指饮片细粉以炼蜜为黏合剂制成的丸剂。其中每丸重量在 0.5 g（含 0.5 g）以上的称大蜜丸，每丸重量在 0.5 g 以下的称小蜜丸。

（一）蜜丸的特点

《本草纲目》记载：蜂蜜"入药之功有五：清热也，补中也，解毒也，润燥也，止痛也。生则性凉，故能清热；熟则性温，故能补中；甘而和平，故能解毒；柔而濡泽，故能润燥；缓可以去急，故能止痛；可以致中，故能调和百药，而与甘草同功"，蜜丸临床多用于镇咳祛痰、补中益气等。蜂蜜可矫味矫臭，黏合力较强，与药粉混合后丸剂不易硬化，可塑性较大，制成的丸粒光洁、滋润，在胃肠道中缓慢溶散释药，作用持久。

（二）蜜丸的制备

1. 工艺流程

蜜丸采用塑制法制备，工艺流程见图8-5。

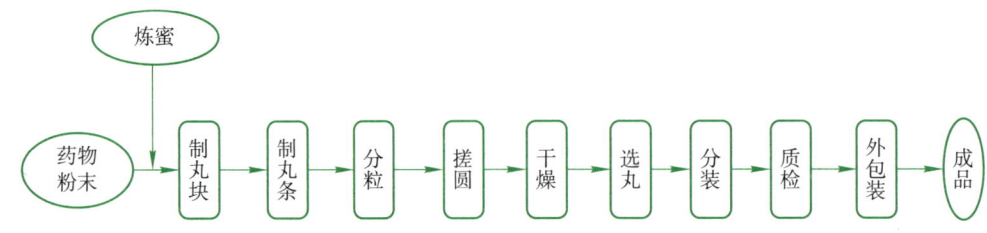

图8-5 塑制法制备蜜丸的工艺流程

2. 制法

（1）蜂蜜的选择与炼制　蜂蜜为半透明、带光泽、浓稠的液体，白色至淡黄色或橘黄色至黄褐色，放久或遇冷渐有白色颗粒状结晶析出。气芳香，味极甜。药用蜂蜜还应达到以下质量要求：①相对密度应在1.349以上（25℃）；②水分不得过24.0%；③酸度、淀粉和糊精、寡糖应符合要求；④5-羟甲基糠醛不得过0.004%；⑤含蔗糖和麦芽糖分别不得过5.0%；⑥果糖（$C_6H_{12}O_6$）和葡萄糖（$C_6H_{12}O_6$）的总量不得少于60.0%，果糖与葡萄糖含量比值不得小于1.0。需特别注意，以曼陀罗花、雪上一枝蒿等有毒花为蜜源所酿制的蜜味苦、有毒，不得药用及食用。

知识拓展8-2：蜂蜜的来源、制作及质量标准

蜂蜜中含有丰富的酶类，包括淀粉酶、转化酶、过氧化物酶、酯酶等，直接制备蜜丸，放置过程中增加霉败风险。此外，天然蜂蜜也可能含有蜡质、微生物等，用前应加以处理。蜂蜜应加热炼制，炼制后可除去杂质、杀灭微生物、破坏酶类、降低水分含量、增强黏结力。

传统的炼制方法多采用常压炼制，即在蜂蜜中加入沸水（或蜂蜜中加水煮沸），使溶化，并适当稀释，通过三四号筛网以滤除杂质，滤液加热，并不断去沫、搅拌，至需要程度。

蜂蜜炼制火候，在《千金方》中规定："凡用蜜，先火煎，掠去沫，令色微黄，则丸剂经久不坏，掠之多少，随蜜精粗，遂至大稠，于丸弥佳"。现代生产根据炼制程度分为嫩蜜、中蜜和老蜜，选用时应考虑药粉的性质、环境气温及湿度等具体情况。不同炼蜜炼制规格及选用情况见表8-1。

（2）原辅料准备　饮片进行前处理后，粉碎至细粉或最细粉（贵细药等），混匀，按药粉性质将蜂蜜炼制成适宜程度。

（3）制丸块　又称和药、合坨，将炼蜜加入饮片细粉中，用混合机充分混匀。优良的丸块应

表 8-1 炼蜜的规格与选用

规格	嫩蜜	中蜜	老蜜
性状	色无变化，稍黏	浅黄色（鱼眼泡）、有黏性、无白丝	红棕色（牛眼泡）、黏性强、手捻拉白丝、滴水成珠
温度 /℃	105~115	116~118	119~122
水分 /%	17~20	14~16	<10
相对密度	1.35	1.37	1.40
适用范围	黏性强的药粉	黏性中等的药粉	黏性差的药粉

软硬适宜，随意塑形而不开裂，手搓捏而不粘手、不黏附器壁。制丸块是塑制蜜丸的关键工序，直接影响生产效率、成品率、丸剂的外观质量及其溶散时限等，影响丸块质量的因素有：

1）炼蜜程度：蜜过嫩则含水量较高，对粉末黏合力不强，丸粒不易搓光滑；蜜过老则含水量低，丸块发硬，难以搓丸。

2）用蜜量：药粉与炼蜜的比例一般是 1∶1~1∶1.5。黏性强的药粉用蜜量宜少，黏性差的药粉用蜜量宜多，甚至可高达 1∶2 以上；夏季用蜜量宜少，冬季用蜜量宜多；手工一般比机器用蜜量多。

3）和药蜜温：蜜温过低时，蜜液黏稠，不能与药粉充分混合与渗透，蜜液浮于表面，丸块软硬不匀；蜜温过高时，热敏性成分易被破坏。应视药粉性质而定，一般处方热蜜和药。尤其是黏性较小的叶、茎、全草或矿物类的药粉，需用老蜜趁热加入，以避免和药时丸块发散，丸条不光滑；若为黏性较强且遇热易熔化的多量树脂类、胶类、糖及油脂类药粉，如乳香、血竭、阿胶、熟地等，热蜜会令药粉熔化使丸块黏软不易成型，待冷后又变硬，不利制丸，服后丸粒不易溶散，此时需温蜜和药，以 60~80℃ 为宜。若含有冰片、麝香等芳香挥发性药物，也应温蜜和药。一般冬季高于夏季 10~15℃ 为宜，手工合坨比机器合坨温度略低 5~15℃ 为宜。

（4）制丸条、分粒和搓圆　丸块需进一步制成一定粗细的丸条，以便于分粒、搓圆。丸条黏性、塑性等相关参数与丸粒质量关系密切。要求丸条粗细均匀一致，表面光滑，内部充实而无空隙；丸粒大小一致且圆整，表面光滑，无脐点和凹陷等。生产时常用的制丸设备包括三辊蜜丸机和全自动制丸机。

知识拓展 8-3：丸条物理性质与丸粒质量相关性

三辊蜜丸机具有生产能力大、适应性强、剂量准确等特点，是大蜜丸生产的主要成型设备，其结构示意图见图 8-6 所示。全自动制丸机是目前国内外生产蜜丸、水丸、水蜜丸、浓缩丸、糊丸等的主要设备，已有全自动速控中药制丸机投入丸剂生产，其结构示意图见图 8-7 所示，药料在加料斗内经推进器的挤压作用通过出条嘴制成丸条，可推出一条或多条相同直径的丸条，再经导轮递至刀具切、搓，制成丸粒。为避免丸块黏附器具，操作时可用适量润滑剂，一般机制蜜丸采用乙醇，传统制丸采用麻油与蜂蜡的融合物。

微视频 8-2：塑制法制备蜜丸

（5）干燥　一般情况下，蜜丸在制成后即分装，以保证丸粒的滋润状态。采用嫩蜜或中蜜偏嫩时，由于蜜的含水量较高，为防止蜜丸霉变，可采用微波干燥、远红外辐射干燥等方法，干燥的同时还起到灭菌的效果。

第八章 丸 剂

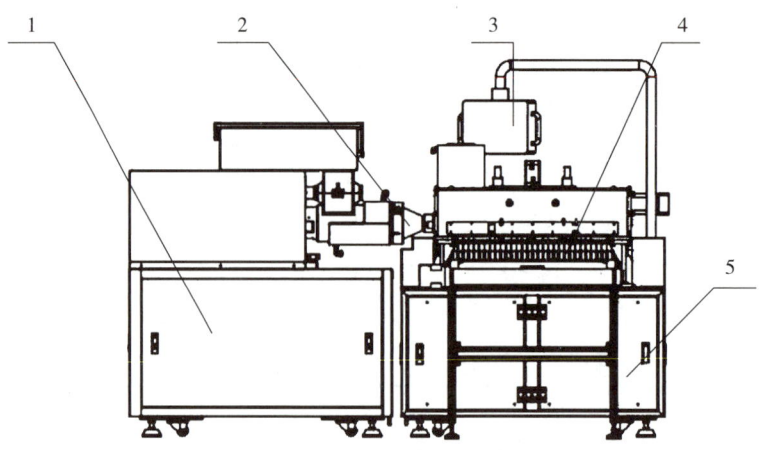

图 8-6　三辊蜜丸机示意图
（图片由天水华圆制药设备科技有限责任公司提供）
1. 后机架机构；2. 自动推条机构；3. 触摸操作系统；4. 自动出条机构；5. 前机体机构

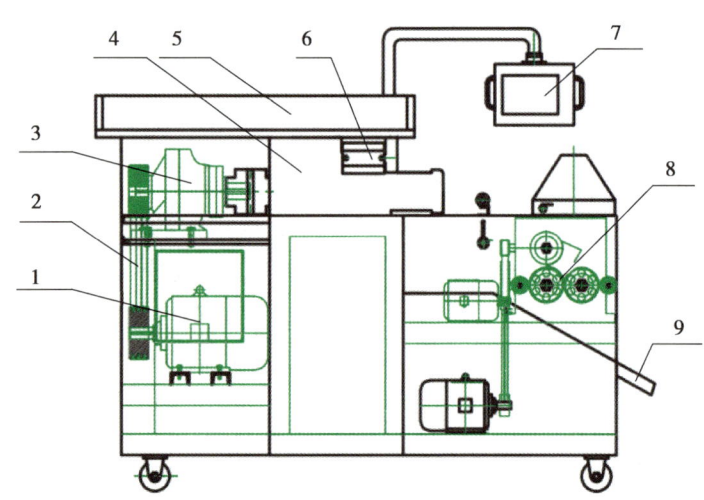

图 8-7　全自动速控中药制丸机示意图
（图片由天水华圆制药设备科技有限责任公司提供）
1. 制丸机构；2. 皮带；3. 减速机；4. 料仓；5. 料盘；6. 翻料装置；7. 触摸操作屏；8. 搓丸机构；9. 出丸溜槽

案例 8-2　乌鸡白凤丸

【处方】乌鸡（去毛爪肠）640 g　鹿角胶 128 g　醋鳖甲 64 g　煅牡蛎 48 g　桑螵蛸 48 g　人参 128 g　黄芪 32 g　当归 144 g　白芍 128 g　醋香附 128 g　天冬 64 g　甘草 32 g　地黄 256 g　熟地黄 256 g　川芎 64 g　银柴胡 26 g　丹参 128 g　山药 128 g　芡实（炒）64 g　鹿角霜 48 g

【制法】以上二十味，熟地黄、地黄、川芎、鹿角霜、银柴胡、芡实（炒）、山药、丹参八味粉碎成粗粉，其余乌鸡等十二味，分别酌予碎断，置罐中，另加黄酒 1 500 g，加盖封闭，隔水炖至酒尽，取出，与上述粗粉混匀，低温干燥，再粉碎成细粉，过筛，混匀。加炼蜜 90～120 g 制成小蜜丸或大蜜丸，即得。

【性状】本品为黑褐色至黑色的小蜜丸或大蜜丸；味甜、微苦。

【功能与主治】补气养血，调经止带。用于气血两虚，身体瘦弱，腰膝酸软，月经不调，崩漏带下。

【用法与用量】口服。小蜜丸一次 9 g，大蜜丸一次 1 丸，一日 2 次。

【注解】

（1）该方最早见于宋代《太平惠民和剂局方》，称"乌鸡煎丸"；明代龚廷贤《寿世保元》改进《普济方》处方后，称之为"乌鸡丸"；到了清代，宫廷御医改进为乌鸡白凤丸，是家喻户晓的"妇科圣药"，现除了蜜丸还有水蜜丸、薄膜衣片、颗粒剂收载于《中国药典》。

（2）乌鸡属动物类药料，难以常法粉碎，故采用蒸罐法，其他植物药与其共同蒸罐处理可使药料由生变熟，增加温补功效。蒸罐后再与其余8味饮片粗粉低温干燥后粉碎，使粉碎易于进行。全方药料黏性适中，选用中蜜塑制成丸即可。对比不同剂型制备时中间物料的制备工艺，差异较大。片剂制备中，乌鸡的处理采用水煎煮后，趁热加入适量的固体石蜡，通过冷后凝固的方法弃去上层蜡及油脂固体，煎液再搅成浆，经木瓜蛋白酶水解，煮沸，取离心后上清液，减压浓缩、干燥成干膏；颗粒剂制备中，乌鸡等8味药先蒸罐，再与其余地黄等7味混合水煎煮提取。

（3）采用塑制法制备蜜丸，炼蜜加入量应以"丸块软硬适宜"为度，将药粉与炼蜜混匀制丸块、制丸条、分粒、搓圆，即可。

（4）根据丸剂药料所含成分的性质选择适宜的包装材料及形式。大蜜丸的包装主要有2种形式，单独包装一粒或多粒一板的铝塑泡罩包装。单独包装时，可先用蜡纸包裹蜜丸，装于两个螺口相嵌形成的塑料小盒内，外面再浸蜡衣，封口。如为贵细药或芳香性药丸传统采用蜡壳包装，即采用40%蜂蜡和60%石蜡融化后，按照吊壳、剥壳操作步骤，得到两个相连的半球形蜡壳，装入蜜丸，再以蜡密封。该方法密闭性好，可隔绝空气、水分、光线的影响，防止丸剂氧化、虫蛀、吸潮、变质、成分挥散等问题发生，贮存期内保持质量稳定。

> **思考与讨论**
>
> 请思考乌鸡白凤丸与其片剂、颗粒剂等剂型比较有无优势？

二、水蜜丸

（一）水蜜丸的特点

水蜜丸（water-honeyed pill）系指饮片细粉以炼蜜和水为黏合剂制成的丸剂。水蜜丸丸粒小，利于贮存，光滑圆整，易于吞服，节省蜂蜜，降低成本。

（二）水蜜丸的制备

水蜜丸的制备可用塑制法和泛制法。

塑制法制备水蜜丸应需注意炼蜜和水的比例，要结合药粉性质来定。一般药粉黏性越强所用炼蜜量越少，通常100 g药粉中加入的炼蜜量依次为50 g（药粉黏性差）→40 g（药粉黏性中等）→10~15 g（药粉黏性强），使用前将炼蜜加2.5~3倍的水搅匀、煮沸、滤过备用。

泛制法制备水蜜丸应注意起模时用水，以免黏结；成型时蜜水的浓度应先低后逐渐加大，避免因蜜水浓度过高造成丸粒黏结；成型后，再用低浓度蜜水撞光。成丸后应立即干燥，防止霉变。

第四节 浓缩丸

浓缩丸（condensed pill）又称药膏丸或浸膏丸，系指饮片或部分饮片提取浓缩后，与适宜的辅料或其余饮片细粉，以水、炼蜜或炼蜜和水等为黏合剂制成的丸剂。

一、浓缩丸的特点

早在晋代葛洪的《肘后备急方》中多次出现"煎膏丸"，如卷四·治卒大腹水病方第二十五："又方，多取柯枝皮，锉，浓煮，煎令可丸，服如梧桐子大三丸，须臾又一丸"，此处煎膏丸与现代的浓缩丸在制备方法及药物处理原则上大致相似，可看作现代浓缩丸的雏形，此后历代本草皆有记载。2012年国家中医药管理局出台《中药标准化中长期发展规划纲要（2011—2020年）》，浓缩丸有了标准可循。

根据所用黏合剂不同，浓缩丸分为浓缩水丸、浓缩蜜丸和浓缩水蜜丸等。浓缩丸具有以下特点：①体积小，便于携带、运输与贮存，适于机械化生产，符合"五方便"；②易于吸收，起效较快；③处方中全部或部分药料经提取处理，可减小服用量，但提取过程受热，工艺处理不当时可能会影响药效。

二、浓缩丸的制备

（一）原料药的处理

原料药的处理方法应依据方药的功能主治、药料质地、成分性质等而定。通常质地坚硬、黏性大、体积大、富含纤维的药料提取制膏，贵重药、体积小、淀粉多的药料宜粉碎成细粉。

（二）塑制法制备浓缩丸

将稠膏与细粉混匀，制成可塑性丸块，再进一步制丸条、分粒、搓圆、选丸、干燥，以适宜浓度的乙醇、饮片细粉或辅料盖面打光，即得。处方中膏多粉少时用塑制法制丸。

制丸块是塑制法的关键步骤，药料黏性是评价丸块质量的重要指标，黏性过大，丸粒不光滑；黏性太小则表面可能会出现裂缝、丸条不紧密等。一般以提取浓缩的稠膏与药粉混合即可制成适宜丸块为准来分配药料提取与粉碎的比例，必要时可加适量的细粉或炼蜜进行调节。制丸操作过程中，可喷洒乙醇防止丸粒粘连。

成丸后应及时干燥。干燥直接影响产品外观及溶散时限，过干会导致丸粒表面出现干裂、龟纹等，过湿则导致丸剂水分超限。应选择适宜的干燥方法，一般干燥温度控制在80℃以下，不宜加热干燥的应采用其他适宜的干燥方法，例如微波干燥、减压干燥等。如药丸溶散过于迟缓时，可加适量崩解剂如羧甲淀粉钠等改善。

（三）泛制法制备浓缩丸

一般处方中膏少粉多时，宜用本法。泛丸时有两种方法：其一是以提取液为黏合剂，将方中饮片细粉泛制成丸；另一种方法是将稠膏与饮片细粉混合、干燥，再粉成细粉，以水或适宜浓度乙醇为润湿剂泛丸。该法工艺繁琐，周期长，劳动强度与占地面积较大，生产效率不如塑制法高，且卫生标准难以控制。但泛出的丸粒圆整度好，溶散较快。

（四）其他制丸方法

此外，还可以采用挤出-滚圆法、离心造丸法制备浓缩丸。挤出-滚圆法不制备丸块，而是将浸膏粉与水等润湿剂混匀制备软材，通过挤压的方法得到高密度圆柱形条状物，利用高速旋转的齿盘切割成圆柱形颗粒并滚圆成丸。离心造丸法是将一定量的母粒置离心流化床内并鼓风，借助离心力与摩擦力在转盘与筒体的过渡曲面上形成涡旋运动的粒子流，再按一定规律喷射雾化的黏合剂或润湿剂及物料细粉，母粒在运动状态下吸附黏合剂雾滴、黏附主药干粉，使母粒不断长大。但该法制得的丸粒密度和强度较挤出-滚圆法低，不适合流动性差及黏性大的物料制丸。

> **案例 8-3 六味地黄丸（浓缩丸）**
>
> 【处方】熟地黄 120 g　酒萸肉 60 g　牡丹皮 45 g　山药 60 g　茯苓 45 g　泽泻 45 g
>
> 【制法】以上六味，牡丹皮用水蒸气蒸馏法提取挥发性成分；药渣与酒萸肉 20 g、熟地黄、茯苓、泽泻加水煎煮二次，每次 2 h，煎液滤过，滤液合并，浓缩成稠膏；山药与剩余酒萸肉粉碎成细粉，过筛，混匀，与上述稠膏和牡丹皮挥发性成分混匀，制丸，干燥，打光，即得。
>
> 【性状】本品为棕褐色或亮黑色的浓缩丸；味微甜、酸、略苦。
>
> 【功能与主治】滋阴补肾。用于肾阴亏损，头晕耳鸣，腰膝酸软，骨蒸潮热，盗汗遗精，消渴。
>
> 【用法与用量】口服。一次 8 丸，一日 3 次。
>
> 【注解】
>
> （1）本方为宋代钱乙据《金匮要略》所载崔氏八味丸（即肾气丸）减去桂枝、附子而成。《小儿药证直诀笺正》释云："仲阳意中谓小儿阳气甚盛，因去桂附而创立此方，以为幼科补肾专药。"原方为蜜丸，现有水丸、蜜丸、水蜜丸、浓缩丸，此外还有软胶囊、硬胶囊、颗粒等不同剂型品种收载于《中国药典》。
>
> （2）牡丹皮含有挥发性成分，宜先单独提取，若直接与其他药物共煎会引起挥发成分损失，药渣再与其他药物共煎提取水溶性成分。方中山药和部分酒萸肉打粉可药辅两用，利于浓缩丸成型。
>
> （3）采用塑制法，将稠膏、挥发性成分与药粉混合均匀制丸。方中牡丹皮含有以丹皮酚为代表的挥发性成分，因此生产工艺中应避免引起丹皮酚损失，并以丹皮酚含量为考察指标，优选灭菌等工序的参数。

> **思考与讨论**
>
> 六味地黄浓缩丸制备过程中，为什么将山药与部分酒萸肉粉碎成细粉？

第五节　糊丸与蜡丸

一、糊丸

糊丸（starched pill）系指饮片细粉以米粉、米糊或面糊等为黏合剂制成的丸剂。

（一）糊丸的特点

"糊"作为一种缓释辅料，是传统制剂中用量最多、最重要的黏合剂。糊丸在南北朝已出现，《集验方》记载治水痢方："取诃黎勒皮捣末，饭和为丸"，唐宋金元时期，糊丸占比均较大。

糊丸的黏合剂有最常用的粳米、糯米或黄米粉等制成的米糊，白面制成的面糊，此外尚有神曲糊、酒糊、醋糊或药汁糊。糯米可温中暖脾胃，熟之性黏滞而难化；面粉主含淀粉，还有少量面筋，后者属蛋白质，可吸水膨胀形成具有黏性的凝胶，因而具有乳化性能，黏性较强。王好古总结李东垣的用药思想，提出"糊丸迟化"的剂型理论，现代研究认为糊的黏性强，以糊制丸干燥后变硬，进入胃内溶散较为迟缓，释药缓慢，故有此说。当然，糊丸缓释的同时也会降低药物对胃肠道的刺激，适合毒性药或刺激性较强的药物制丸。例如《本草纲目》载《曾世荣活幼心书》中黄丹丸"取恒山、乌梅、黄丹研和为末，糯米糊丸梧子大，治疗大小久疟"，"黄丹"即铅丹，有毒。需注意的是糊粉选择不当或制备技术不良时，会出现溶散超时限及霉败现象。

（二）糊丸的制备

1. 原辅料的处理

饮片经前处理后粉碎成细粉。制糊时，通常将糊粉（除另有规定外一般为30%）加入适量的清水或特定的酒、醋、姜汁或药汁搅拌混匀，适当加热令糊化产生黏性。冲糊法系将糊粉加适量水调匀成浆，冲入沸水，不断搅拌成半透明糊状。煮糊法系将糊粉与适量水搅拌混匀，用文火缓缓边加热边搅拌，至糊化。蒸糊法又称蒸饼糊，系将糊粉用水和匀制饼或块状，置笼屉中蒸熟，用时也可加适量水捣研成糊。此外，也有采用煮丸成糊的制法，例如《活法机要》载水煮金花丸：取生半夏、生南星、天麻、雄黄等，研合为末，加小麦面水合成饼，水煮浮起，滤出，捣丸梧子大。面煮浮，既助于黏合定型又能转化成面糊丸。

2. 制法

（1）塑制法　制法与蜜丸相似，以糊代替炼蜜。操作时，制好的糊稍凉，与饮片细粉充分搅拌混合，制丸块、丸条、分粒、搓圆、干燥即成。应注意：①保持丸块的润湿度，可在制备过程中以湿布覆盖丸块，或补充适量水搓揉，并缩短操作时间；否则丸块极易失水变硬，难以搓丸或丸粒表面不光滑出现裂隙。②糊粉用量，糊粉一般为药粉总量的30%~35%。③糊丸干燥可先阴干至六七成，再行风干或低温干燥（60℃以下）；特殊品种须完全阴干，以免碎裂；含有强烈芳香性药物的丸剂亦须阴干。

（2）泛制法　制法与水丸相似。操作时制备好稀糊，先以水起模，再用稀糊泛制成型，采用泛制法一般比塑制法制备的糊丸溶散快。应注意：①糊中块状物须滤除，加糊时要均匀，以防泛丸时黏结。②以稀糊泛丸，糊粉用量少，一般为药粉总量的 5%~10% 即可。余量糊粉可炒熟拌入药粉中，既便于操作，又符合丸粒溶散要求。③阴干或低温烘干（60℃以下），切忌高温烘烤和暴晒。

案例 8-4　控涎丸

【处方】醋甘遂 300 g　红大戟 300 g　白芥子 300 g

【制法】以上三味，粉碎成细粉，过筛，混匀。另取米粉或黄米粉 240 g，调稀糊。取上述粉末，用稀糊泛丸，干燥，即得。

【性状】本品为棕褐色带有淡黄色斑点的糊丸，味微辛、辣。

【功能与主治】涤痰逐饮。用于痰涎水饮停于胸膈，胸胁隐痛，咳喘痛甚，痰不易出，瘰疬，痰核。

【用法与用量】用温开水或枣汤、米汤送服。一次 1~3 g，一日 1~2 次。

【注解】

（1）该方来自南宋陈言所著《三因极一病证方论》，又名控涎丹、妙应丸、子龙丸。祛痰逐饮为其主要功效。方中甘遂有毒，红大戟有小毒，因此采用米粉或黄米粉调糊制丸以使药物缓慢释放，现有糊丸品种收载于《中国药典》。

（2）处方中醋甘遂、红大戟、白芥子均为植物药，粉碎成细粉即可。

（3）采用泛制法，先用水起模，再以米粉或黄米粉稀糊泛丸，干燥，即得。

> **思考与讨论**
> 制备控涎丸，应从哪些方面控制制剂质量，以保证安全用药？

二、蜡丸

蜡丸（wax-wrapped pill）系指饮片细粉以蜂蜡为黏合剂制成的丸剂。

（一）蜡丸的特点

我国早在汉代就以蜡为辅料制成蜡丸，蜂蜡为蜜蜂科昆虫中华蜜蜂或意大利蜂分泌的蜡，经精制而成。其味甘，性微温，归脾经，具有解毒、敛疮、生肌、止痛之功，可用作蜡丸赋形剂也可外用于溃疡不敛、臁疮糜烂、外伤破溃、烧烫伤。蜂蜡成分主要有酯、游离酸、游离醇和烃等 4 类，其中软脂酸蜂花酯约 80%，游离的二十七酸约 15%，主成分极性小，不溶于水，古人云"蜡丸难化"即与蜂蜡所含成分的性质相关。蜡丸制备简单、通过微孔或蜂蜡逐步溶蚀等方式极缓慢释放药物，有效阻滞水溶性药物的突释，防止药物中毒或对胃肠道的强烈刺激。

（二）蜡丸的制备

1. 原辅料的准备

饮片经前处理后粉碎成细粉。《本草纲目》记载："蜡乃蜜脾底也。取蜜后炼过，滤入水中，候凝取之。色黄者俗名黄蜡，煎炼极净白者为白蜡"。天然蜂蜡为黄色，熔点为 62~67℃，多含杂质，用前应加以精制。方法是将蜂蜡加适量水加热熔化，搅拌，静置放冷，取上层蜡块，刮去蜡坨底部杂质，反复几次备用。精制的蜂蜡呈黄色、淡黄棕色或黄白色，不透明或微透明，表面光滑。体较轻，蜡质，断面砂粒状，用手搓捏能软化。有蜂蜜样香气，味微甘。

2. 制法

蜡丸常采用塑制法制备。取精制的蜂蜡，加热熔化，稍冷至70℃左右，待蜡液边沿开始凝固，表面有结膜时，加入混合好的药粉，及时搅拌混合成丸块，趁热制丸条，分粒，搓圆。蜡丸无须干燥。应注意：①控制温度，制丸块时，温度过高或过低药粉与蜂蜡均无法混匀；搓丸时，丸块温度宜保持在60~70℃，过高过低皆无法分剂量和成型。②控制蜂蜡用量，药粉与蜂蜡比例一般为1:（0.5~1），含蜡量一方面影响蜡丸的释药和疗效，同时也影响成型性。实验发现，植物药多的处方用蜡量宜稍高，药粉与蜂蜡比例约1:1；矿物药比植物药占比多，尤其含结晶水的矿物药如白矾、硼砂等，用蜡量宜低，药粉与蜂蜡的比例一般1:0.5；矿物药比例虽大，但不含结晶水或含量较少，比例一般为1:（0.7~0.8）。

> **案例8-5 妇科通经丸**
>
> 【处方】巴豆（制）80 g　干漆（炭）160 g　醋香附200 g　红花225 g　大黄（醋炙）160 g　沉香163 g　木香225 g　醋莪术163 g　醋三棱163 g　郁金163 g　黄芩163 g　艾叶（炭）75 g　醋鳖甲163 g　硇砂（醋制）100 g　醋山甲163 g
>
> 【制法】以上十五味，除巴豆（制）外，其余醋香附等十四味粉碎成细粉，过筛，与巴豆细粉混匀。每100 g粉末加黄蜡100 g制丸。每500 g蜡丸用朱砂粉7.8 g包衣，打光，即得。
>
> 【性状】本品为朱红色的蜡丸，除去包衣后显黄褐色；气微，味微咸。
>
> 【功能与主治】破瘀通经，软坚散结。用于气血瘀滞所致的闭经、痛经、癥瘕，症见经水日久不行、小腹疼痛、拒按、腹有癥块、胸闷、喜叹息。
>
> 【用法与用量】每早空腹，小米汤或黄酒送服。一次3 g，一日1次。
>
> 【注解】
>
> （1）该方来自清代济南千芝堂药店的妇科良药"保坤丹"验方，方中巴豆有大毒，虽然炮制后毒性有一定降低，为保证用药安全，以黄蜡为赋形剂制成蜡丸，以保证其在体内缓慢释放，避免严重的泻下等毒副作用发生。现有蜡丸品种收载于《中国药典》。
>
> （2）根据剂型需要及药料性质综合设计方中饮片处理方法。巴豆有大毒，宜单独粉碎；其余醋香附等十四味宜混合粉碎至细粉。
>
> （3）蜡丸制备时，将蜂蜡加热熔化，待冷却至适宜温度后按比例加入药粉，混合均匀。

思考与讨论

金代李杲云："蜡丸取其难化，而旋旋取效，或毒药不伤脾胃"，结合妇科通经丸理解其内涵。

第六节　滴　丸

滴丸（dripping pill）系指原料药物与适宜的基质加热熔融混匀，滴入不相混溶、互不作用的冷凝介质中制成的球形或类球形制剂。

知识拓展8-4：滴丸剂历史沿革

一、滴丸的特点

滴丸有多种用药途径，不仅用于口服、舌下含服，还可在耳、鼻、口腔等局部用药。

根据药物性质及临床治疗疾病等需要，灵活选用基质种类可以使滴丸发挥速效、高效或缓释长效、肠溶定位等不同作用效果；根据原料药物的性质与使用、贮藏的要求，供口服的滴丸可包糖衣或薄膜衣，提高药物稳定性；滴丸生产设备简单、操作容易、生产成本低、无粉尘、有利于劳动保护，贮存、运输、携带、使用均方便；将液体药物制成滴丸，可解决其不便服用、运输、贮存等问题，与制备软胶囊相比生产更为简便。

传统滴丸载药量低，大多数滴丸的丸重 <100 mg，且基质占比较大，因此适合药理活性强的药物制备，一定程度上限制了中药滴丸品种的应用。然而，随着制药技术的发展，市场上已经出现每丸重 300 mg 和 350 mg 的滴丸品种。缓释滴丸、自微乳滴丸、结肠靶向滴丸、肠溶滴丸、脉冲控释滴丸等新型滴丸的研究也取得了一定的进展。

二、滴丸的制备

（一）工艺流程

滴丸采用滴制法制备，工艺流程见图 8-8。

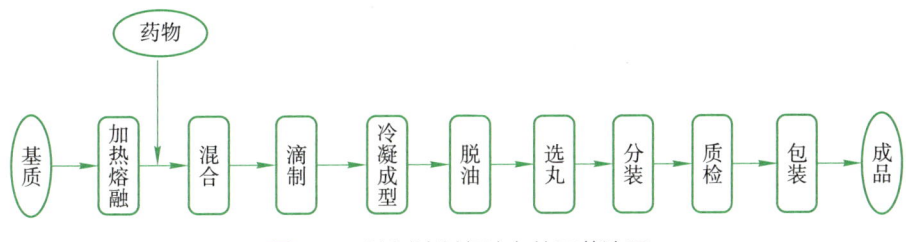

图 8-8　滴制法制备滴丸的工艺流程

（二）制法

1. 原料的处理

滴丸载药量较小，应根据饮片中有效成分的性质选择适宜的方法粉碎、提取、精制，干燥后得到有效成分、有效部位或提取物的粉末。

不同原料类型，处理方式不同：①结晶性或树脂类中药，如冰片、苏合香，一般将药物直接加入熔融的基质中；②挥发油是主要药效成分时，应将此类成分提取出来，可直接加入或加入增溶剂分散，如四逆汤滴丸中干姜挥发油，冠心丹参滴丸中降香油等；③有效成分或有效部位明确者，宜采用适当提取、精制方法得到提取物，如冠心丹参滴丸中的三七总皂苷，银杏内酯滴丸中的银杏内酯；如有效部位不明确的宜提取得到稠膏或干膏，如黄连解毒滴丸、失笑滴丸中使用了干浸膏。

2. 滴丸的基质

滴丸中主药以外的附加剂称为基质。基质应具备的性质包括：①化学惰性，与主药不发生反应，不影响药效与检测；②熔点较低，易熔化，受热可熔化成液体，遇骤冷能很快凝固，室温下保持固体状态，加入药物后上述性质不变；③对人体无害。

滴丸的基质主要包括：①水溶性基质，常用的有聚乙二醇类（PEG 4000、PEG 6000 等）、硬脂酸钠、甘油明胶、聚氧乙烯（40）硬脂酸酯（S-40）、泊洛沙姆（poloxamer）等。其中，S-40 是一种表面活性剂，熔点 46~51℃，对难溶性药物有良好的溶解性，利于药物吸收。S-40 与 PEG 2000 具有相似的平均分子质量，灰黄霉素和甲苯磺丁脲分别采用这两种基质制丸，S-40 为基质时溶出速度更大。但 S-40 的缺点是比 PEG 引湿性强，需二甲硅油作冷凝液，应密封保存或包衣。②非水溶性基质，常用的有单硬脂酸甘油酯、蜂蜡、虫蜡、硬脂酸、氢化植物油等。

为了调节溶出速率，往往将两类基质混合使用。其中，PEG 6000 与适量的硬脂酸混合使用较多见，或将 PEG 与 S-40、泊洛沙姆、吐温 80 等表面活性剂混合使用。此外，也有加入少量水溶性或亲水性崩解剂，如 CMS-Na、L-HPC、CMC-Na 和淀粉等（参见第十一章第二节），以促进药物在溶出介质中迅速分散，增加与溶出介质的接触面积，如吡西替柳滴丸中加入 CMS-Na，研究发现 CMS-Na 不仅具有强力促崩解作用，还可阻止基质中药物晶核的生长，减小药物的结晶。少量增溶剂可增加药物溶解度，如聚山梨酯 80；还可加入矫味剂、水等，后者还可以促进基质与提取物充分混匀，使稠度适当，相对减少基质的用量，增加载药量。

3. 滴丸的冷凝介质

冷凝介质又称冷凝液，用于冷凝液滴、使其固化。冷凝介质应具备的性质包括：①安全无毒、化学惰性，不与药物发生作用；②密度与液滴密度相近，以使滴丸在冷凝介质中缓缓下沉或上浮，丸形圆整。

对应于两类基质，常用的冷凝介质也分两类：①水溶性基质一般用油溶性的冷凝介质，如液状石蜡、甲基硅油、植物油等；②非水溶性基质可用水、不同浓度乙醇、无机盐溶液等冷凝介质。

此外，还要注意冷凝介质的温度、黏度、比重以及冷凝柱长的影响。

4. 滴制成型

将基质熔融，药物以溶解、混悬或乳化的形式分散于熔融的基质中，混匀的药液保温（80~100℃）处理，经一定大小管径的滴头，匀速滴入冷凝介质中。在界面张力作用下，液滴收缩、冷凝成固体丸粒缓缓下沉于器底，或浮于冷凝介质的表面，取出，恒温离心脱冷凝介质，即成滴丸。若成品暴露在空气中，可能吸收空气中水分使滴丸变软，无法保存，可进行包衣，或根据药物的性质与使用、贮藏的要求进行包衣。

微视频 8-3　滴制法制备滴丸

滴制时可选择由上向下或由下向上滴的滴制设备，具体结合药物与基质的性质，以及滴丸与冷凝介质的密度差异等进行选择。

药液由贮液罐泵入药液滴罐，经滴头滴入冷凝介质中收缩冷凝，下落后由循环接收系统直接进入集丸机，实现不间断连续生产。针对中药黏度大等特点，可采用气压脉冲滴制和自动控制滴制，以解决丸重小、载药量低等缺点，实现每粒滴丸重 100 mg 以上。

三、滴丸成型的理论

1. 成型

滴丸能否成型取决于药液与冷凝液之间的黏附力，见式（8-2）。

$$成型力 = \sigma_\alpha + \sigma_{\alpha\beta} - \sigma_\beta \tag{8-2}$$

式中，σ_α 为药液表面张力，σ_β 为冷凝液表面张力，$\sigma_{\alpha\beta}$ 为药液与冷凝液间界面张力。由公式可见，成型力为正值时能成型，值越大成型性越好。选择表面张力小的冷凝液则成型力大，如二甲硅油的表面张力比液状石蜡表面张力小，成型性就好。冷凝液中加入适量的表面活性剂，如吐温类和司盘类，通过调节 HLB 值降低表面张力，可改善成型性。

2. 丸重

滴丸的理论丸重计算见式（8-3）。

$$W_{理} = 2\pi r \gamma \quad (8\text{-}3)$$

式中，r 为滴管口半径，γ 为药液的表面张力。液滴在开始时形成于颈部，随后液滴被拉长，最后仅有大约 60% 的实际重量滴落到冷凝液中，具体液滴在滴管口的存留量与滴速有关，滴速快，则存留量小，丸重大。

从公式分析，滴管口径大则丸重大，然而口径过大时液滴不能充分润湿、充满滴管口，亦导致丸重差异，滴管口内外径差异大也会影响丸重一致性，故管壁宜薄；温度影响表面张力，从而影响丸重，温度升高表面张力几乎直线下降，故滴制时应保持恒温。此外，温度还影响药液的黏滞度，黏滞度大可充满滴管口外径，丸重增大。多滴头的滴出口边缘缺损及半径很难一致，因此选用滴头时尽量做到精密，减少误差。还要注意自上向下滴制时，滴管口与冷凝液的液面距离，通常距离应控制在 5 cm 以下。过大时，液滴因重力被跌散而产生细粒；过小时，液滴在冷凝液中冷缩不够，成型欠佳，圆整度不够。

案例 8-6　复方丹参滴丸

【处方】丹参 90 g　三七 17.6 g　冰片 1 g

【制法】以上三味，冰片研细；丹参、三七加水煎煮，煎液滤过，滤液浓缩，加入乙醇，静置使沉淀，取上清液，回收乙醇，浓缩成稠膏，备用。取聚乙二醇适量，加热使熔融，加入上述稠膏和冰片细粉，混匀，滴入冷却的液状石蜡中，制成滴丸，或包薄膜衣，即得。

【性状】本品为棕色的滴丸，或为薄膜衣滴丸，除去包衣后显黄棕色至棕色；气香，味微苦。

【功能与主治】活血化瘀，理气止痛。用于气滞血瘀所致的胸痹，症见胸闷、心前区刺痛；冠心病心绞痛见上述证候者。

【用法与用量】吞服或舌下含服。一次 10 丸，一日 3 次。28 天为一个疗程，或遵医嘱。

【注解】

（1）复方丹参滴丸处方来自上海医科大学附属华山医院临床经验方，因急救需要，故选择水溶性聚乙二醇为基质，制备滴丸。现有复方丹参丸（浓缩丸）、复方丹参片、复方丹参胶囊、复方丹参颗粒、复方丹参滴丸等不同制剂品种收载于《中国药典》。

（2）该剂型为滴丸，制备时丹参（主要含水溶性的酚酸类）、三七（主要含三七总皂苷）的主要成分既溶于水又溶于适宜浓度乙醇，因此宜采用水提醇沉法制备处理；醇沉时还可以除去蛋白质、淀粉和多糖等杂质，减少服用量。冰片无须提取，直接加入到已经熔融混匀的聚乙二醇和丹参、三七提取物中即可。

（3）采用滴制法制备滴丸。将提取物稠膏和冰片细粉，分散于熔融的聚乙二醇中，再滴入液状石蜡中冷却成丸。随着科技的发展，现在有厂家采用电磁悬浮高频震动技术让药液匀速、匀量滴制到液氮中，仅用 2 s 即实现 80℃药液冷却成直径 1.5 mm 的固态滴丸。由于冷却过程没有溶剂使用，对环境不造成污染，且可抑制冰片升华引起滴丸表面的花斑现象产生，更利于保证药品质量。此外，滴丸也可进行薄膜包衣，防止冰片升华并保证产品美观。

第七节 丸剂的包衣

一、丸剂包衣的目的

丸剂制成后，有时要在外层包上一层衣膜。丸剂包衣的目的有：①便于服用，掩盖药丸不良嗅味，并令表面光洁、流动性好；②提高稳定性，阻碍了外界空气等的影响，防止主药氧化、变质或挥发，防止吸潮及虫蛀；③包衣层先发挥药效，根据医疗需要，可将某药物包于丸剂表面，服用后即可先发挥药效；④实现定位作用，包肠溶衣可避免药物对胃的刺激，或实现肠溶缓释。

二、丸剂包衣的种类

丸剂包衣的种类主要有药物衣、保护衣、肠溶衣3类。

1. 药物衣

包衣材料是丸剂方中的组成部分，中药丸剂包衣多属此类。包括：朱砂衣（如七珍丸、庆余辟瘟丹、梅花点舌丸等）、甘草衣（如羊胆丸等）、黄柏衣（如四妙丸等）、雄黄衣（如痧气丹、化虫丸等）、青黛衣（如当归龙荟丸、千金止带丸等）、百草霜衣（如六神丸、仲景胃灵丸等）、滑石衣（如分清五淋丸、通窍耳聋丸等）及青礞石、硝石衣（如竹沥达痰丸）、牡蛎衣（如海马保肾丸）、活性炭衣（如金嗓利咽丸等）、金箔衣（如安宫牛黄丸等）、柯子制铁屑衣（如七味铁屑丸等）、黑色氧化铁衣（如六应丸）、杜仲炭衣（如伸筋活络丸等）等。

2. 保护衣

包衣材料主要有糖衣（如黄氏响声丸、活血壮筋丸等）、薄膜衣（如乐脉丸、更年安丸、复方丹参浓缩丸、穿心莲内酯滴丸等）。

3. 肠溶衣

包衣材料主要为肠溶材料，包衣后在胃中不溶散，在肠液中溶散。

三、丸剂包衣的方法

1. 包衣前的准备

包衣丸芯应具有适当的硬度，以便于在包衣锅内撞动摩擦时不发生碎裂变形，为此可将待包衣丸粒（除蜜丸）进行充分干燥。充分干燥的同时，也避免了包衣干燥时衣层发生皱缩或脱壳。

包衣用物料应粉碎至极细粉，衣膜更加光滑、致密。丸粒包衣时常用10%～20%的阿拉伯胶浆、10%～20%的糯米粉糊、单糖浆及胶糖混合浆等为黏合剂。

2. 包衣的方法

一般采用泛制法包药物衣，以朱砂衣为例，将干燥的丸粒置包衣锅内，令其转动，喷洒适量黏合剂均匀润湿丸粒表面，缓缓撒入朱砂极细粉。如此反复操作5～6次，将规定量的朱砂极细粉（一般为干丸重量的10%）全部包严丸粒为止。取出，低温干燥，虫蜡打光，即得。由于蜜丸表面油润，可直接黏附包衣用细粉，因此不再额外添加黏合剂，可直接撒布包衣药粉，经滚转撞动黏着于丸粒表面。

包糖衣及薄膜衣的方法参见第十一章第五节。

第八节　丸剂的质量评价

一、丸剂的质量要求

除另有规定外，丸剂外观应圆整，大小、色泽应均匀，无粘连现象。蜡丸表面应光滑无裂纹，丸内不得有蜡点和颗粒。滴丸表面应无冷凝介质黏附；必要时，薄膜包衣滴丸应检查残留溶剂。根据原料药物和制剂的特性，除来源于动、植物多组分且难以建立测定方法的丸剂外，溶出度、释放度、含量均匀度等应符合要求。

丸剂应密封贮存，防止受潮、发霉、虫蛀、变质，按照《中国药典》丸剂制剂通则的要求进行以下相应检查。

1. 水分

除另有规定外，蜜丸和浓缩蜜丸中所含水分不得过15.0%，水蜜丸和浓缩水蜜丸不得过12.0%，水丸、糊丸、浓缩水丸不得过9.0%。蜡丸不检查水分。

2. 重量差异

水丸、蜜丸、水蜜丸、浓缩丸、糊丸、蜡丸和滴丸需检查重量差异，应符合规定。

包糖衣丸剂应检查丸芯的重量差异并符合规定，包糖衣后不再检查重量差异，其他包衣丸剂应在包衣后检查重量差异并符合规定；凡进行装量差异检查的单剂量包装丸剂及进行含量均匀度检查的丸剂，一般不再检查重量差异。

3. 装量差异

除糖丸外，单剂量包装的丸剂需检查装量差异，应符合规定。

4. 装量

装量以重量标示的多剂量包装丸剂需检查装量，应符合规定。以丸数标示的多剂量包装丸剂，不检查装量。

5. 溶散时限

除另有规定外，小蜜丸、水蜜丸和水丸应在1 h内全部溶散，浓缩水丸、浓缩蜜丸、浓缩水蜜丸和糊丸应在2 h内全部溶散。滴丸不加挡板检查，应在30 min内全部溶散，包衣滴丸应在1 h内全部溶散。操作过程中如供试品黏附挡板妨碍检查时，应另取供试品6丸，以不加挡板进行检查。上述检查，应在规定时间内全部通过筛网。如有细小颗粒状物未通过筛网，但已软化且无硬心者可按符合规定论。

蜡丸照肠溶衣片崩解时限检查法检查，应符合规定。除另有规定外，大蜜丸及研碎、嚼碎后或用开水、黄酒等分散后服用的丸剂不检查溶散时限。

6. 微生物限度

以动物、植物、矿物质来源的非单体成分制成的丸剂，按照非无菌产品微生物限度检查，应

二、丸剂常见质量问题及原因分析

（一）泛制法制丸常见问题及原因分析

1. 表面粗糙、色泽不匀

可能与以下因素有关：①药粉过粗，致丸粒表面粗糙，有花斑或纤维毛；②盖面时药粉用量不够或未分布均匀；③静态干燥时未及时翻动，导致水分不能均匀蒸发，形成朝上丸面色浅，朝下丸面色深的"阴阳面"。可适当增加药物粉碎度、成型后用细粉盖面、湿丸干燥时及时翻动使水分蒸发均匀等加以改善。

2. 表面皱缩

表现为丸面塌陷，主要原因是湿丸滚圆时间不足，丸粒压实不够，内部存在多余水分，随着干燥时水分的蒸发，丸面出现皱缩。解决办法是控制好泛丸速度，撒粉后丸粒应滚动一定时间，使丸粒圆整、坚实致密。

3. 重量差异超限

主要原因是洒水、撒粉量不当。泛制成型初期，因丸粒较小，洒水、撒粉量均宜少，否则极易形成新的丸模导致大小不匀或小丸粒之间粘连导致畸形丸粒产生；丸粒增大后，洒水、撒粉量可适当增加，以满足丸粒不断加大的表面积需要。可将近成品的大丸筛出，等锅内小丸增至与筛出大丸相当时，再将大丸倒入锅中一起加工至成型；畸形粒等可用水调成糊，过60目筛，当作赋形剂在丸粒增大过程中或盖面时应用。

4. 溶散超时限

丸剂溶散机制主要与表面润湿、毛细管及膨胀作用有关，该过程类似片剂崩解。较大量的亲水性淀粉、膨胀性较好的纤维素对水丸的溶散起了重要作用，它们在水性介质中呈现较低的界面张力，借助水丸中无数个不规则的毛细管和孔隙等通道，水分能迅速进入水丸内部，淀粉、纤维素等吸水膨胀，瓦解药粉间的结合力，使丸粒内部疏松破裂而溶散。原辅料的性质及工艺参数均影响丸剂溶散，具体与以下几种因素相关。

（1）药料的性质　水丸中含淀粉、纤维类成分较多时溶散较快；含黏液质、树脂类、蜡质类、脂肪油脂等疏水性成分时，或增加黏性，或增加疏水性，使溶散超限；含较大量树脂、树胶类成分，药物具有遇热变软、冷却变硬的性质，加之泛丸过程中的滚压作用，使粉粒排列致密，毛细孔隙细小且量少，溶散易超限。有研究者发现，此类成分在处方中占到药物总量的15%左右时会出现制作困难。

（2）药料的细度　应控制在适宜的细度，粒度较细对有效成分溶出、扩散有益，然而过细时，成型过程会增加水丸的致密程度，减少颗粒间孔隙和毛细管的形成，影响水分进入速度，使溶散减慢甚至超限，一般泛丸时所用药粉为细粉即可。

（3）赋形剂的性质和用量　赋形剂的黏性愈大、用量愈多，则愈难溶散。必要的情况下，可加入崩解剂例如微晶纤维素或用低浓度乙醇起模加以改善。

（4）泛丸时程　泛丸过程速度慢，丸粒滚动时间长，粉粒之间滚压愈致密，表面毛细孔隙堵塞亦愈严重，且滚转过程可能引起某些物质的黏性增强，从而使溶出超限，宜控制泛丸速度。

（5）含水量及干燥条件　研究发现，丸剂的含水量与溶散时间呈反比，当含水量过低时，比表面积与相对孔隙减少,不利于水分的渗透。含黏性成分较多的丸剂,其含水量对溶出度影响更显著。但含水量也不可过高,否则易霉败变质。不同的干燥温度、方法及速度均会影响丸剂的溶散时间。干燥温度在80℃以上时,丸剂中所含的淀粉、鞣质、蛋白质在高温时可能糊化、变性缩合,形成难透水的屏障,影响溶散;干燥温度70℃以上时,动物蛋白类成分凝固,使丸剂外层形成硬壳而溶散困难;干燥温度60℃以上时,不利于遇热易分解或芳香挥发性成分的干燥。如丸质松散,干燥时体积收缩性较大,如果热交换太快,细粉间结合不紧密易开裂,建议低温焖烘干。先低温(60℃)烘去大部分水分,再逐渐升高温度至80℃,可以避免较多水分时对淀粉类及鞣质、蛋白类因高温而糊化、变性缩合,引起溶散超限;间歇干燥优于连续干燥,后者易导致丸面迅速干燥,淀粉糊化结壳,丸芯水分难以渗出,溶散缓慢。此外,丸药摊置的厚薄、翻盘的频次都会影响干燥效果及质量。现代干燥多采用减压干燥、远红外干燥、沸腾干燥、振动干燥、微波干燥等。

(6)工艺过程　有研究者比较了王氏保赤丸手工泛制丸及挤出滚圆丸的溶散时限差异,二者均在1 h内全部溶散,符合《中国药典》规定。比较而言,前者溶散时间较长,推测这与其层层泛制形成的松紧密度适宜的分层结构有关,该结构对药物释放及疗效的发挥起着重要作用。

(二)塑制法制丸常见问题及原因分析

1. 蜜丸偏硬
蜜丸贮存过程中变硬,可能的原因有:①用蜜量不足或炼蜜过老等;②药粉过细时,药粉间孔隙变小,密度增大;③和药蜜温过低,或含胶类药料比例大时,和药时蜜温过高,胶类药物先烊化,恢复到室温又凝固变硬;④蜂蜜质量差或不合格。可针对原因,控制好炼蜜程度、和药蜜温及用蜜量、选用合格蜂蜜等措施解决。

2. 表面粗糙
常见原因有:①药粉黏性较差,如含纤维、矿物药或贝壳类药过多;②加蜜量少且未混均匀;③药粉过粗;④润滑剂用量不足。可针对原因选择较老的炼蜜或加大用蜜量制丸,提高药料的粉碎度或提取纤维类、矿物类药料有效成分浓缩成膏兑入炼蜜中,制丸机传送带与切刀部位涂足量润滑剂等。

3. 表面皱皮
蜜丸贮存一定时间后,其表面呈现的皱褶,称为皱皮或脱皮。常见原因有:①炼蜜较嫩,水分含量较高,水分蒸发后蜜丸萎缩;②包装不严,蜜丸在湿热季节吸潮,干燥季节水分蒸发,蜜丸反复产生胀缩现象;③润滑剂使用不当。可选择适宜的炼蜜规格,加强包装如采用蜡壳等。

4. 空心
蜜丸掰开时,中心有一个小孔隙,即空心。主要原因是制丸时揉搓不够,加强合坨和搓丸可加以解决;此外,药粉油性过大或蜂蜜难以黏合也可能引起空心,可选择适宜的炼蜜规格加以避免。

5. 返砂
贮藏一定时间后,蜜丸中有糖等结晶析出的现象称为返砂。其原因主要有:①蜂蜜质量欠佳,油性小,含果糖少;②蜂蜜炼制程度不够;③合坨不均匀等。解决措施包括改善蜂蜜质量或对蜂蜜加强炼制,控制好炼蜜程度。

6. 发霉或生虫、生螨
主要原因有:①药料灭菌不彻底;②生产过程中卫生条件控制不严,导致辅料、设备、人员及车间环境再污染；③蜜丸多含糖类、蛋白质等营养成分，贮存时易滋生微生物。解决措施是要针对染菌的可能途径，从原料、半成品到成品的各个生产环节加以控制，采用合理的灭菌方法。

（三）滴丸常见问题及原因分析

1. 滴丸圆整度不佳

（1）液滴在冷凝介质中的移动速度　冷凝介质中的液滴受重力及浮力、表面黏性摩擦力等作用，由于受力不平衡引起移动速度加快或减慢，使液滴在冷凝过程中变为扁形。应调整液滴与冷凝介质的密度差或冷凝介质的黏度适宜，使液滴移动速度适中，滴丸圆整度符合要求。此外，液滴在空气中的下降速度快于在冷凝介质中的移动速度，制备时滴速增大时，由于第一滴在冷凝介质中徐徐沉降，可能会与第二滴堆积在一起，可微微转动盛冷凝介质的容器加以避免。

（2）液滴的表面积（或丸重）　在界面张力作用下，液滴表面积越大，收缩成球体的力量越强，圆整度越好。小丸在单位重量所产生的表面积大于大丸，因而小丸的圆整度更好。此外，丸重增加，散热过程延长，基质易形成粗大的结晶使丸粒表面粗糙不平，圆整度更差。丸重小，载药量相对也小，应调整到适当的范围。

（3）液滴与冷凝介质的亲和力　液滴下落过程中暴露在空气里，表面包裹一层气膜，滴入冷凝介质后，滴丸同时收缩成丸并逸出所带入的气泡，若滴丸在气泡未能逸出前凝固，即可能产生空洞。应适当增加冷凝介质和液滴的亲和力，尽早排出空气，提高圆整度。

（4）冷凝介质的温度　冷凝介质温度低，利于液滴迅速散热凝固，且冷凝介质比重增大、黏滞度提高，滴丸运动速度减缓，圆整度好。然而，液滴落到冷凝介质液面时，会被碰成扁形，同时液滴表面附着空气，如温度太低，滴丸未收缩成型前就凝固，会导致滴丸不圆整、有空洞、带尾巴，因此冷凝介质宜梯度冷却。一般冷凝介质上部调至40℃左右，下部调至5～10℃，不容易出现拖尾和气泡，滴丸的圆整度好。

（5）料温　提高料温，可以增大药物溶解度。然而，料温过高，挥发性成分易损失、不耐热成分易破坏，且料温过高易使滴丸表面皱褶严重，圆整度降低，冷却不充分而粘连。料温过低，易出现拖尾，圆整度差。可减少每次的投料量，以缩短药液受热时间。

（6）其他　原料与基质混合时，原料的状态对成品有较大影响。以中药提取物与基质混合为例，发现稠浸膏比干浸膏粉与基质混合所得成品圆整度更好，且更光滑、色泽均匀。

2. 滴丸丸重差异大

滴制温度变化影响熔融液滴大小，因而产生大小不一的滴丸。滴管口距离冷凝介质液面的距离太大，会因熔融液滴撞击冷凝介质液面而产生小丸。

> **思考与讨论**
> 生产滴丸时，如何控制圆整度？

思考题

1. 丸剂发展历史久远，历代医家不断充实其理论内容，关于丸剂的核心理论有哪些？如何理解？
2. 传统蜜丸、水丸服用量大，如何借助现代科学手段探究丸剂剂型内涵，更好地传承创新丸剂？

3. 丸者"缓"也，传统医药理论的"缓"与现代缓释制剂的"缓"有哪些异同？如何提高丸剂中成分（特别是毒性成分）释放的可控性？

（王艳宏、杨志欣）

 数字资源详见　新形态教材网

　视频　　　知识拓展　　　推荐阅读　　　参考文献　　　教学课件　　　自测题

第九章

颗粒剂

中药颗粒剂是在汤剂和糖浆剂等剂型基础上发展起来的剂型，临用前加水溶解或混悬后服用，兼有固体制剂和液体制剂的双重优点，其生产、应用、携带、贮藏、运输方便，非常适宜并广泛应用于中药复方制剂。中药颗粒剂多由中药提取、分离、浓缩或进一步干燥后的浸膏加适宜辅料制粒而成，其制粒技术较为丰富，如何做好颗粒剂处方设计？如何选用适宜的制粒方法？中药颗粒剂的常见问题如何解决？本章将系统学习颗粒剂的基本知识，并进一步掌握中药颗粒剂的研制、生产与应用。

第一节 概 述

颗粒剂（granule）系指原料药物与适宜的辅料混合制成具有一定粒度的干燥颗粒状制剂。

知识拓展9-1：中药颗粒剂的历史沿革

一、颗粒剂的特点

颗粒剂适于工业化生产，产品质量稳定；便于携带、贮藏和运输，深受患者欢迎；必要时也可包衣，以增加防潮性。中药颗粒剂既保持汤剂吸收快、作用迅速的特点，又克服汤剂临用时煎煮不便、服用量大、易霉败等缺点。

二、颗粒剂的分类

颗粒剂可分为可溶颗粒、混悬颗粒、泡腾颗粒、肠溶颗粒，根据药物释放特性不同还有缓释颗粒等。

（1）可溶颗粒　系指可溶性药物与可溶性辅料混合制成的颗粒剂，如感冒清热颗粒、九味羌活颗粒。

（2）混悬颗粒　系指难溶性药物与适宜辅料混合制成的颗粒剂，临用前加水或其他适宜的液体振摇即可分散成混悬液，如三七伤药颗粒、清脑降压颗粒。

（3）泡腾颗粒　系指含有碳酸氢钠和有机酸，遇水可放出大量二氧化碳气体而呈泡腾状的颗粒剂，如阿胶泡腾颗粒。泡腾颗粒中的原料药物应是易溶性的，加水产生气泡后应能溶解。泡腾颗粒一般不得直接吞服。

（4）肠溶颗粒　系指采用肠溶材料包裹颗粒或其他适宜方法制成的颗粒剂。肠溶颗粒耐胃酸而在肠液中释放活性成分或控制药物在肠道内定位释放，可防止药物在胃内分解失效，避免对胃的刺激。肠溶颗粒不得咀嚼。

（5）缓释颗粒　系指在规定的释放介质中缓慢地非恒速释放药物的颗粒剂。缓释颗粒不得咀嚼。

第二节 颗粒剂的制备

一、常用的制粒方法与设备

制粒方法分为湿法制粒、干法制粒两类。湿法制粒常用于对湿热稳定的物料制粒。干法制粒可避免引入水分，适合对湿热不稳定的物料制粒。

制粒技术是固体制剂制备中的关键技术之一，不仅应用于颗粒剂制备，在胶囊剂与片剂制备中亦有广泛应用。通过制粒，可以减少粉尘飞扬、提高药物的分散均匀性和含量均匀度、增加物料的流动性、改善压缩性与充填性等。

(一) 湿法制粒

湿法制粒系指原辅料细粉中加入润湿剂,必要时加入黏合剂,在液体架桥或黏结作用下使粉末聚集在一起形成湿颗粒,湿颗粒需及时干燥。根据制粒设备原理不同,湿法制粒的方法包括挤出制粒、高速搅拌制粒、流化喷雾制粒等。

1. 挤出制粒

挤出制粒系指药物细粉加入适量的润湿剂或黏合剂制成软材后,用强制挤压的方式使其通过具有一定孔径的筛网或孔板而制粒的方法。

挤出制粒过程中,制软材是制粒的关键步骤,黏合剂用量过多时软材被挤出成条状,或黏合成团;黏合剂用量少时不能制成完整的颗粒,而成粉粒状。在中药颗粒剂制备过程中,作为中间物料的稠浸膏亦可发挥黏合剂作用。在制软材的过程中,黏合剂品种及用量筛选、稠浸膏相对密度控制在颗粒剂处方设计中显得非常重要。

挤出制粒最常用设备是摇摆式制粒机,如图9-1所示。一般与槽式混合机配套使用,槽式混合机将物料制成软材后,经摇摆式制粒机制成湿颗粒。摇摆式制粒机主要由加料斗、滚筒、筛网和传动装置构成。加料斗下部装有一个可正反方向旋转的滚筒,滚筒上装有7根截面形状为梯形的转动轴,滚筒下面紧贴着筛网,筛网可用带手轮的管夹固定。工作时,电动机带动胶带轮转动,使滚筒做正反方向转动,在滚筒上转动轴的挤压与剪切作用下,软材挤出筛网形成湿颗粒,落于接收盘上。

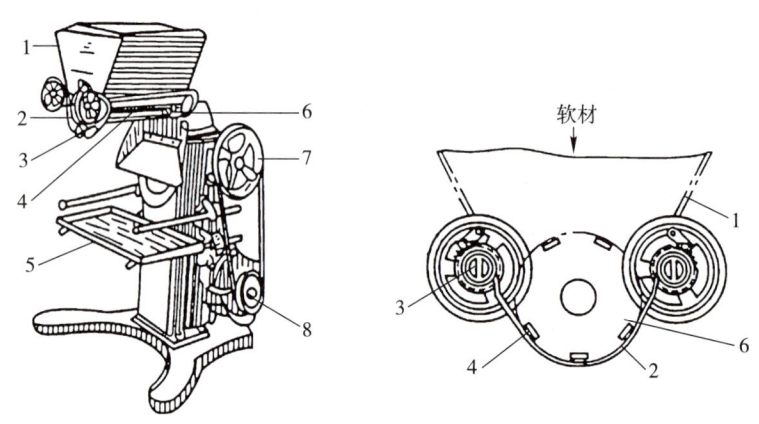

图9-1 摇摆式制粒机示意图

1. 加料斗;2. 筛网;3. 管夹;4. 转动轴;5. 接受盘;6. 滚筒;7. 胶带轮;8. 电动机

滚筒下面紧贴着筛网具有弹性,制粒时应调节好其与转动轴接触的松紧程度。所制成湿颗粒的松紧、粗细与软材加入加料斗中的量和筛网装置的松紧程度有关。如加料斗中软材存量多而筛网装得比较松,转动轴往复转动时可增加软材的黏性,制得的湿颗粒粗而紧,反之制得的湿颗粒细而松。

摇摆式制粒机的特点:①结构简单,生产能力大,操作、拆装与清理方便,所得颗粒的粒径分布较为均匀;②颗粒的粒度由筛网的孔径大小调节,粒子表面较粗糙,形状呈角柱状,粒度分布较窄;③颗粒的软硬程度可通过优选黏合剂种类及其加入量进行调节;④适用于处方中药浸膏占比较大时的制粒;⑤制粒过程经过物料混合、制软材、制粒、干燥、整粒等操作,需要在不同设备上完成,程序多,劳动强度较大,易污染。

2. 高速搅拌制粒

高速搅拌制粒又称湿法混合制粒,是将药物细粉、润湿剂或黏合剂加入同一容器内,依靠高速旋转的搅拌桨和切割刀的作用迅速完成混合、切割而制成颗粒的方法。该方法在一个容器内进行物料的混合、捏合、制粒,与挤出制粒相比较,具有省工序、操作简单、快速等优势。

高速搅拌制粒机主要由混合容器、搅拌桨、切割刀、盖板(附有可密闭的加料口)及电动机所组成,如图9-2所示。其工作原理是在混合容器中加入原辅料细粉,于盖板上的加料口加入黏合剂溶液,在搅拌桨的作用下使物料混合、翻动、分散,甩向器壁后向上运动,形成从盛器底部沿器壁抛起旋转的波浪,波峰正好通过高速旋转的切割刀,使均匀混合的物料在切割刀的作用下将大块颗粒绞碎、切割成带有一定棱角的小块,小块间互相摩擦,并与搅拌桨的搅拌作用相呼应,使颗粒互相挤压、滚动而形成均匀的颗粒。

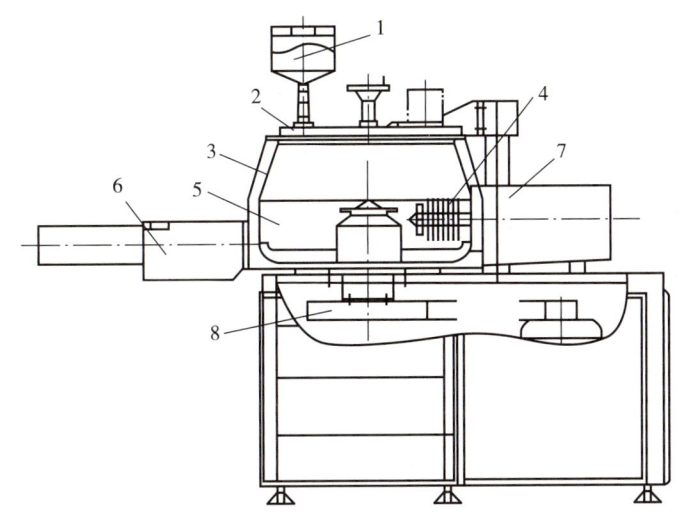

图9-2 高速搅拌制粒机示意图
1. 加料口;2. 盖板;3. 容器;4. 切割刀;5. 搅拌桨;6. 出料装置;7. 切割刀传动;8. 搅拌传动

影响颗粒粒径大小与致密性的主要因素有:①黏合剂的种类、加入量、加入方式;②原辅料细粉的粒度(粒度越小,越有利于制粒);③搅拌桨的形状、安装角度及搅拌速度;④切割刀的位置与转速等。

高速搅拌制粒的特点:①在一个容器内进行混合、捏合、制粒,混合均匀,黏合剂用量少,捏合能力强;②与挤出制粒相比,生产过程密闭,省工序,操作简单且快速;③制成的湿颗粒呈松散雪花状,无坚实团块,且细粉少,适用于改善粉体流动性、灌装胶囊、压片前制粒。

挤出制粒与高速搅拌制粒所制得的湿颗粒均需及时干燥。以乙醇作为润湿剂制得的湿颗粒,在干燥时需注意防爆,以保证安全生产。

3. 流化喷雾制粒

流化喷雾制粒又称沸腾制粒,是在自下而上通过的热空气的作用下,使药料细粉保持悬浮流化状态的同时,喷入黏合剂溶液,使药料细粉结聚成颗粒的方法。该方法将常规湿法制粒的混合、制粒、干燥,甚至包衣等操作在一台设备内完成,故又称一步制粒。该制粒方法生产效率高,辅料用量少,制得的颗粒疏松多孔,粒度均匀,流动性好;生产在密封环境中进行,避免外界对药物的污染,符合GMP要求。

流化喷雾制粒机如图9-3所示，主要结构由流化床机身、气体分布装置（如筛网）、喷雾系统、气固分离装置（如袋滤器）、物料进出装置、空气进风系统和排风系统、控制系统组成。其工作原理是空气经过滤装置净化后，再经热交换器加热，通过流化床下部的气体分布装置进入流化床，物料细粉在热空气作用下呈环形流化状态，随后，黏合剂溶液（或中药流浸膏）由蠕动泵与压缩空气经管道打入喷枪，雾化成细小液滴，均匀喷洒在物料中，使细粉聚集成粒，经反复喷雾和干燥，颗粒不断增大，当颗粒大小符合要求时停止喷雾，形成的颗粒继续在床层中进行流化态干燥，最终得到所需颗粒，出料即可。

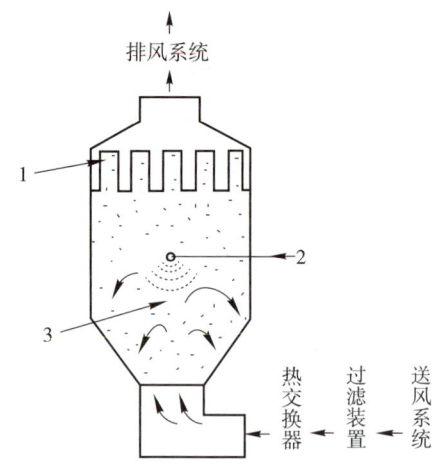

图9-3 流化喷雾制粒机示意图
1. 袋滤器；2. 喷雾装置；3. 流化床

根据喷枪的位置不同，流化喷雾装置可分为顶喷、底喷和切线喷三种方式，如图9-4所示。顶喷是喷枪位置在物料运动的最高点，喷液方向与物料运动方向相反；底喷是喷枪安装在隔圈内部，喷液方向与物料的运动方向相同；切线喷是喷枪装在物料槽侧壁上，物料置于旋转盘上，喷液方向沿着物料运动的切线方向。顶喷因能减少黏性物料的吸附作用，有利于颗粒的分散和形成，故在流化喷雾制粒中应用最广泛。

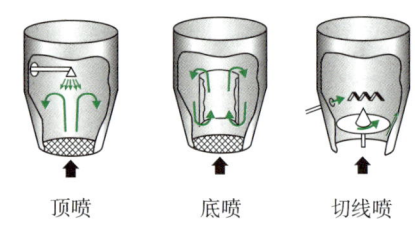

图9-4 流化喷雾制粒机喷雾装置示意图

该法制得颗粒，多为均匀的多微孔球状颗粒，大部分近于球形。这是由于流化床内物料粒子的运动是回转循环的，即物料粒子由设备的中心向四壁运动，形成圆形的循环，使物料粒子间相互碰撞、物料粒子与壁面摩擦，结果使所制得的颗粒近似球形。因此，床层内物料粒子运动得越激烈，所得颗粒的球形度越好。流化喷雾制粒机制得的颗粒细小均匀，流动性好。缺点是动力消耗大，药物细粉飞扬，极细粉不易全部回收。

流化喷雾制粒机制得的颗粒外形圆整，流动性和可压性好，进一步用于压片，片重差异小，所得片剂崩解性能好，外观质量佳。流化喷雾制粒辅料用量少，使中药浸膏在颗粒中的含量可达50%~70%，很适合低辅料、无糖颗粒的制粒。制粒过程中物料受热温度低，适合湿热敏感的物料制粒。

知识拓展9-2：影响流化喷雾制粒的因素

（二）干法制粒

干法制粒又称干压制粒，系将药物细粉（或中药干浸膏粉）与辅料混匀后，依靠重压或辊压机挤压成薄片状或大片状，再经粉碎和过筛，制成一定大小的颗粒。干法制粒靠压缩力使粒子间产生结合，必要时可添加干燥黏合剂以增加粒子间的结合力。干法制粒的优点主要包括：①药物免受湿、热的影响，适用于热敏性物料及遇水易分解的药物制粒；②制得的颗粒较为紧实，比重较大，体积缩小；③免去颗粒干燥过程，可以缩短工时，提高生产效率。

1. 滚压法

将原辅料粉末混匀后使之通过转速相同的两个压辊间的缝隙，压成所需硬度的薄片，再经破碎、过筛得到所需大小的颗粒。用滚压法制粒时，粉层厚薄易于控制，粉末间空气易排出，制得的颗粒硬度较大。目前滚压法较多地用于中药浸膏粉制粒，制粒时干浸膏粉一般加 0.5～1 倍辅料即可制粒，辅料用量较少，但中药浸膏引湿性强，应选用引湿性小的辅料，如乳糖、甘露醇等。

干法制粒机如图 9-5 所示。制粒过程中，因各种物料的性质及结晶性状不一，给干法制粒带来一定的困难，如在薄片破碎制成颗粒时易产生较多的细粉，造成成品率低。另外，辊压中可因压力过大使受压物料内部温度快速升高而使颗粒内部产生"焦化"现象。目前已通过改进辊压控制技术，使压力可控，从而高效地生产出高质量的颗粒。

知识拓展 9-3：影响干法制粒的因素

2. 重压法

将药物和辅料混匀后经较大压力压片机压成直径为 20～25 mm 的大片，再经破碎、过筛得到所需大小的颗粒。重压法制粒时，大片击碎时的细粉较多，需反复重压、击碎，耗费时间多，机械损耗率较大，原料亦有损失，故此法应用较少。

微视频 9-1：中药颗粒剂的制备

图 9-5　干法制粒机示意图
1. 加料口；2. 送料螺杆；3. 压辊；
4. 破碎齿轮；5. 制粒滚筒；6. 筛网

二、中药颗粒剂的制备

（一）可溶颗粒的制备

1. 工艺流程

可溶颗粒的制备工艺流程见图 9-6。

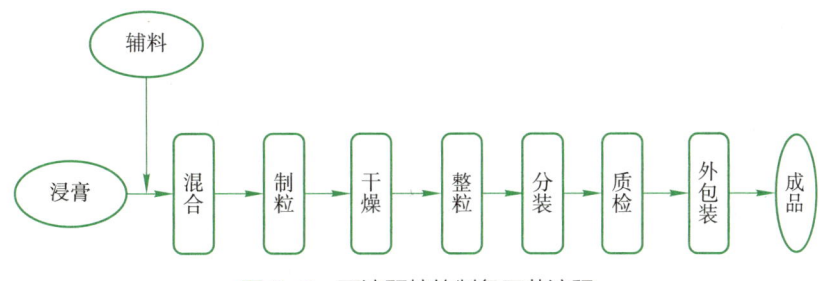

图 9-6　可溶颗粒的制备工艺流程

2. 制法

（1）中药饮片提取　制备可溶颗粒时饮片多采用煎煮法提取，也可采用渗漉法、浸渍法、回流法等提取方法。含挥发油的中药多采用水蒸气蒸馏法合并煎煮法，简称"双提法"，或采用一些低温动态浸提新工艺。

（2）提取液的精制、浓缩、干燥　中药水提液经静置、滤过澄清，必要时经高速离心或膜分离法获得澄清液体，或适当浓缩后采用水提醇沉法、絮凝沉淀法获得精制提取液。精制提取液进一步浓缩成相对密度适宜的稠浸膏，或干燥成干浸膏。

（3）辅料的选择　可溶颗粒常用的辅料为糖粉和糊精。糖粉系蔗糖结晶的细粉，有矫味及黏合作用。糖粉易吸湿结块，应注意密闭保存，用前一般经低温（60℃）干燥，粉碎过 80～100 目筛,备用。糊精系淀粉的水解产物,宜选用可溶性糊精,使用前应低温干燥,过筛。其他辅料如乳糖、可溶性淀粉、甘露醇、预胶化淀粉等也可选用。根据需要,制备颗粒时可添加适量的糖类、糖苷类等作为矫味剂,以及天然芳香油或香精作为芳香剂。

(4)制粒 可采用湿法制粒,也可采用干法制粒。湿法制粒的关键工序是制软材,即将辅料置适宜的容器内,加入中药清膏(或干浸膏粉)混合均匀,必要时加适宜浓度乙醇调整,制成"手捏成团,轻按即散"的软材。

制软材时,辅料的用量可根据稠膏的相对密度、黏性强弱适当调整,一般清膏、糖粉、糊精的比例为1∶3∶1,也可单用糖粉为辅料,辅料总用量一般不宜超过清膏量的5倍。若采用干浸膏粉制粒,辅料的用量一般不超过其重量的2倍。

软材的软硬度与制粒操作的难易及颗粒的质量密切相关。若软材过软,制粒时易黏附在筛网中或压出来的颗粒呈条状物,可加入适当辅料调整;若软材过黏,则形成团块不易压过筛网,可适当调整浸膏与辅料的比例,或加入高浓度乙醇调整,以降低软材黏性,并迅速过筛;若软材太干,黏性不足,通过筛网后呈疏松的粉粒或细粉过多,可选用黏性较强的黏合剂。

(5)干燥 制得的湿颗粒应及时干燥,否则久置易结块变形。干燥温度一般以60~80℃为宜。干燥时应逐渐升温,以免因颗粒表面干燥过快结成硬壳而影响内部水分的蒸发,且颗粒中的糖粉骤遇高温时会熔化,使颗粒变得坚硬,尤其是糖粉与柠檬酸共存时,温度稍高更易黏结成块。

颗粒的干燥程度应适宜,含水量一般控制在2%以内。生产中常用的干燥设备有沸腾干燥机、隧道式干燥设备、烘箱等。沸腾干燥由于热风与物料形成流态化达到气固两相的热质动态交换,增强了传热传质的过程,因此在较短时间内就可干燥。使用烘箱则应注意颗粒置放厚度,及时翻动,以免颗粒间受压结块。

(6)整粒 湿颗粒干燥后,可能会有部分结块、粘连。因此,颗粒干燥冷却后需过筛。一般先经一号筛筛去粗大颗粒,再经五号筛筛去细粉,使颗粒均匀。未过筛的粗粒可重新粉碎制粒,筛下的细粉并入同一批号药粉中混匀制粒。常用的筛分设备有整粒机或振动筛粉机等。

处方中如有挥发性成分,可溶于适量乙醇中,雾化喷入干燥颗粒中,混匀,密闭至规定时间,待闷吸均匀后包装,或将挥发性成分制成β-环糊精包合物后混入干颗粒中。为防潮、掩盖药物的不良气味或控制药物释放速度,颗粒也可进行薄膜包衣。

(7)分装 整粒后的干颗粒质量检查合格后应及时分装。选用不易透气、透湿的包装材料,如复合铝塑袋、铝箔袋等,采用自动颗粒包装机、多列颗粒包装机和四边封包装机等设备进行分装。

案例9-1 感冒止咳颗粒

【处方】柴胡100 g 山银花75 g 葛根100 g 青蒿75 g 连翘75 g 黄芩75 g 桔梗50 g 苦杏仁50 g 薄荷脑0.15 g

【制法】以上九味,除薄荷脑外,其余柴胡等八味加水煎煮二次,每次4 h,煎液滤过,滤液合并,浓缩至适量,加入蔗糖和糊精,制成颗粒,干燥,薄荷脑加乙醇适量溶解后,喷入颗粒中,混匀,制成1 000 g;或将浓缩液喷雾干燥成细粉,加糊精适量及薄荷脑(用β-环糊精包合),混匀,干法制粒,制成300 g(无蔗糖),分装[每袋装10 g或3 g(无蔗糖)],即得。

【性状】本品为黄色至棕黄色颗粒;味甜、微苦,具清凉感,或味微苦,具清凉感(无蔗糖)。

【功能与主治】清热解表,止咳化痰。用于外感风热所致的感冒,症见发热恶风,头痛鼻塞,咽喉肿痛，咳嗽，周身不适。

【用法与用量】开水冲服。一次1袋，一日3次。

【注解】

（1）感冒止咳颗粒原收载于卫生部药品标准《中药成方制剂》第二册，后其标准进行了提升，现有感冒止咳颗粒和感冒止咳糖浆等制剂品种收载于《中国药典》。

（2）本品为可溶颗粒，有规格Ⅰ（蔗糖型）和规格Ⅱ（无蔗糖型）两种。除薄荷脑外，其余八味饮片均采用水煎煮法提取，提取液浓缩至适量，即得规格Ⅰ中间物料；继续将浓缩液喷雾干燥成细粉，即得规格Ⅱ中间物料。

（3）规格Ⅰ采用湿法制粒，中间物料加入蔗糖和糊精，制成湿颗粒，干燥，薄荷脑加乙醇适量溶解后，喷入干颗粒中，混匀制粒。规格Ⅱ（无蔗糖型）采用干法制粒，中间物料加糊精适量，薄荷脑用β-环糊精包合后加入，混匀制粒。

（二）混悬颗粒的制备

1. 工艺流程

混悬颗粒的制备工艺流程见图9-7。

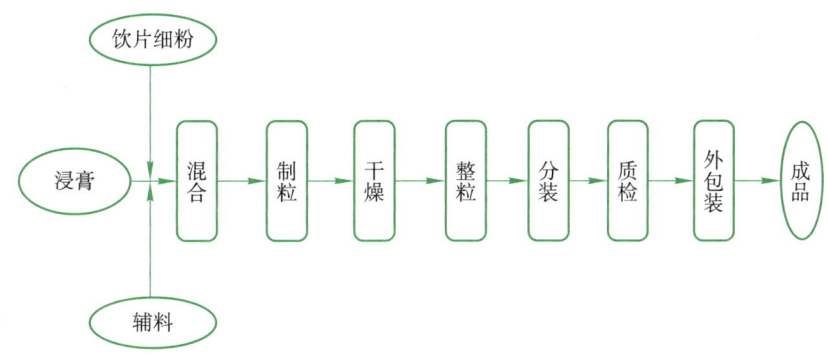

图9-7 混悬颗粒的制备工艺流程

2. 制法

混悬颗粒是部分饮片提取得到的浸膏加剩余饮片细粉（必要时加适宜辅料）制成的颗粒剂。饮片细粉通常兼有赋形剂和治疗疾病的双重作用。

一般将处方中含有热敏性、挥发性、湿敏性活性成分以及贵重细料药等粉碎成细粉，过六号筛，备用；一般中药饮片，以水为溶剂煎煮提取，煎液（必要时精制）浓缩至稠膏（清膏）备用；将稠膏与饮片细粉，必要时加适量辅料混匀，制颗粒，60℃以下干燥，整粒，分装即得。

> **案例9-2　稳心颗粒**
>
> 【处方】党参300 g　黄精400 g　三七60 g　琥珀40 g　甘松200 g
>
> 【制法】以上五味，琥珀粉碎成细粉，甘松提取挥发油，提取后的水溶液另器收集；三七粉碎成粗粉，用80%乙醇回流提取二次，每次2 h，滤过，滤液合并，减压浓缩至适宜的清膏，药渣加水煎煮二次，第一次2 h，第二次1.5 h，煎液合并；党参、黄精加水煎煮二次，第一次2 h，第二次1.5 h，煎液与上述煎液合并，滤过；滤液浓缩至相对密度为1.20～1.30（60℃）的清膏，加乙醇使含醇量达65%，搅拌，静置24 h，滤过，滤液减压浓缩至适宜的稠膏，与三七清膏合

并，混匀。加入上述琥珀细粉、蔗糖518 g、β-环糊精100 g、阿司帕坦2.47 g、糊精适量，混匀，制粒，干燥，喷入甘松挥发油，混匀，制成颗粒1 000 g；或加入上述琥珀细粉、阿司帕坦、糊精与可溶性淀粉适量，混匀，制粒，干燥，喷入甘松挥发油，混匀，制成颗粒556 g（无蔗糖），分装，即得。

【性状】本品为棕黄色至棕色的颗粒；味甜、微苦或味微苦（无蔗糖）。

【功能与主治】益气养阴，活血化瘀。用于气阴两虚，心脉瘀阻所致的心悸不宁、气短乏力、胸闷胸痛；室性早搏、房性早搏见上述证候者。

【用法与用量】开水冲服。一次1袋，一日3次，或遵医嘱。

【注解】

（1）本品孕妇慎用，缓慢性心律失常禁用。现有稳心颗粒、稳心胶囊、稳心片等不同制剂品种收载于《中国药典》。

（2）该颗粒为混悬颗粒。制备时选择琥珀以全粉入药，既保留了有效成分，还可兼作颗粒剂辅料。甘松含挥发油，须先提取挥发油，蒸馏后的水溶液备用。三七先用80%乙醇回流提取，减压浓缩至适宜的清膏，药渣继续加水煎煮，得煎液；党参、黄精水煎煮，得煎液；上述煎液合并，浓缩后进行醇沉处理，滤液减压浓缩至适宜的稠膏，与三七清膏合并，混匀。

（3）本品采用湿法制粒。中间物料加入琥珀细粉、蔗糖、β-环糊精、阿司帕坦、糊精适量，制粒，干燥，喷入甘松挥发油，制成颗粒；或将蔗糖用适量可溶性淀粉代替，制成无蔗糖颗粒。

> 思考与讨论
>
> 制备过程中加入的蔗糖、β-环糊精、阿司帕坦、糊精、可溶性淀粉在制剂中起哪些作用？

（三）泡腾颗粒的制备

将处方药料按可溶颗粒提取、精制得到稠膏或干浸膏细粉，分成两份，一份中加入有机酸（如枸橼酸、酒石酸）及其他适量辅料制成酸性颗粒，干燥备用；另一份中加入弱碱（如碳酸氢钠）及其他适量辅料制成碱性颗粒，干燥备用。再将两种颗粒混合均匀，整粒，包装即得。应严格控制酸性颗粒和碱性颗粒中的水分，以免服用前酸碱发生中和反应，降低或消除泡腾作用。

案例9-3　阿胶泡腾颗粒

【处方】阿胶

【制法】将阿胶、蔗糖粉碎，过筛，分成两等份。一份加入碳酸氢钠等混匀，制成碱性颗粒，干燥，整粒；另一份中加入枸橼酸等混匀，制成酸性颗粒，干燥，整粒。将两种干燥颗粒混匀，喷入香精，密封一定时间后，分装，即得。

【性状】本品为黄棕色的颗粒；味酸甜。

【功能与主治】补血滋阴，润燥，止血。用于血虚萎黄，眩晕心悸，心烦不眠，肺燥咳嗽。

【用法与用量】开水冲服，一次2袋，一日3次，或遵医嘱。

【注解】

（1）本品为泡腾颗粒，阿胶传统的服用方法是加水烊化后趁热服用，极不方便，且味道较腥，口感差，其应用受到很大影响。而阿胶泡腾颗粒具有改善口感、服用和携带均方便等优点。

（2）泡腾崩解剂由有机酸和弱碱组成，本品选择枸橼酸为酸源，碳酸氢钠为碱源，有机酸的用量通常多于碱，偏酸性口感较好。由于酸碱直接接触会发生中和反应，所以要分别制备酸性颗粒和碱性颗粒，颗粒干燥、整粒后再混合，制得泡腾颗粒。

> **思考与讨论**
> 如何根据中药制剂中间物料的性质选择适宜的颗粒类型、辅料和制粒方法？

第三节　颗粒剂的质量评价

一、颗粒剂的质量要求

颗粒剂应干燥，颗粒均匀，色泽一致，无吸潮、软化、结块、潮解等现象。根据原料药物和制剂的特性，除来源于动、植物多组分且难以建立测定方法的颗粒剂外，溶出度、释放度、含量均匀度等应符合要求。除另有规定外，颗粒剂应密封，置干燥处贮存，防止受潮。

除另有规定外，中药颗粒剂应按照《中国药典》颗粒剂制剂通则的要求进行以下相应检查。

1. 粒度

除另有规定外，不能通过一号筛与能通过五号筛的总和不得超过15%。

2. 水分

除另有规定外，中药颗粒剂的水分不得超过8.0%。

3. 溶化性

可溶颗粒检查时，取颗粒10 g（或中药单剂量包装1袋）加热水200 mL，搅拌5 min，立即观察，应全部溶化或轻微浑浊，不得有异物与焦屑。

泡腾颗粒检查时，取颗粒3袋，在水温15～25℃的200 mL水中，应迅速产生气体而呈泡腾状，5 min内颗粒均应完全分散或溶解在水中，不得有异物与焦屑。

混悬颗粒以及规定检查溶出度或释放度的颗粒剂可不进行溶化性检查。

4. 装量差异

单剂量包装的颗粒剂需进行装量差异检查，应符合规定。凡规定检查含量均匀度的颗粒剂，一般不再进行装量差异检查。

5. 装量

多剂量包装的颗粒剂需进行装量检查，应符合规定。

6. 微生物限度

以动物、植物、矿物质来源的非单体成分制成的颗粒剂照非无菌产品微生物限度检查，应符合规定。

二、中药颗粒剂常见问题及原因分析

中药颗粒剂易吸湿，吸湿会导致颗粒变色、结块甚至霉变。针对其吸湿的原因，防潮举措涉及中药饮片的提取与精制、辅料的选用、制粒工艺、包装及环境因素等诸多方面，贯穿于药品生产、贮存、使用全过程，全面分析原因，精准施策，才能有效解决中药颗粒剂的吸湿问题。

1. 中药制剂中间物料中含有水溶性好、吸湿性强的活性成分

中药颗粒剂中常含有易吸湿成分，在储存过程中易吸湿而发生外观、品质的变化。通过选择适宜辅料、制备技术和包装方式等，可改善物料的引湿性。

（1）选用吸湿性小的辅料　辅料品种选择及辅料用量对颗粒的成型和稳定性影响很大，特别是一些中药中既是有效成分，本身又引湿性特别强的成分如皂苷、强心苷等。选用吸湿性小辅料可以降低或克服中药颗粒剂的引湿性。

（2）选用适宜的制粒、干燥及包衣技术　不同的制粒方法需要的辅料品种及用量不同，物料混合方式不同，所制得颗粒形状不同，导致颗粒引湿性存在差别。挤出制粒是中药颗粒剂制备常用方法，其所用辅料常局限于糖粉、淀粉、糊精等，其中糖粉、糊精有明显的引湿性，淀粉遇酸碱或在潮湿及加热状态下，均会逐渐水解而失去膨胀作用。运用新型制粒技术可降低颗粒引湿性，如干法制粒可大幅度降低中药颗粒剂含糖量，可制成无糖颗粒，并且由于无润湿及干燥过程，制出的颗粒比较均匀、紧密、不易吸湿。又如流化喷雾制粒法可减少辅料量，改变引湿性物料的空间分布，尽可能阻止水分进入而提高防潮能力。

干燥方式可能影响干燥物料的结构及其引湿性。烘箱干燥为中药浸膏的传统干燥方法之一，干燥耗时长且浸膏呈块状，再经粉碎后的干浸膏粉流动性差，所制得颗粒往往极易吸湿。喷雾干燥可以大大改善干浸膏粉的引湿性与流动性。

包衣在中药颗粒防潮中是比较成熟的技术之一，颗粒包衣后，引湿性显著下降。如新雪颗粒包薄膜衣，既可以掩盖苦味，又可起到防潮作用。

（3）选择防潮包装，控制贮存环境湿度　通常选用低透湿透气的材料或容器对药品密封包装，或在包装内装入适量干燥剂等措施使颗粒具有更好的防潮性能。不同包装材料对颗粒稳定性的影响差异很大，从阻滞气体通透性方面看，玻璃＞纯铝复合膜＞镀铝复合膜＞塑料。

控制环境湿度是降低中药颗粒剂吸湿的一种简单而有效的方法。在中药颗粒剂的生产和贮存过程中，应严格控制环境湿度，使其低于浸膏或颗粒的临界相对湿度，采用密封方式贮藏，有效防止吸湿。长期贮存还应放置干燥处，避免高温、高湿、曝晒等情况，确保适宜的贮存条件。

2. 中药制剂中间物料中含有易吸湿的大分子杂质

针对大分子吸湿杂质，选择大孔树脂吸附、膜分离等技术进行精制分离，去除引湿性强的大分子杂质，不仅可降低服用剂量，还可降低物料的引湿性。

思考题

1. 试分析颗粒成型方法对颗粒结构及其吸湿性、溶化性的影响。
2. 含有挥发油的中药颗粒剂，制备时挥发油可采用不同的加入方法，试分析不同加入方法如何确保挥发油在颗粒中分散均匀？
3. 中药复方制剂在什么情况下考虑选择制备成泡腾颗粒？

（肖学凤、李英鹏）

第十章

胶囊剂

外观精美、大小不一、形状各异的胶囊剂因其使用方便而深受患者的青睐，更因规模化生产自动化程度高而成为生产、应用广泛的固体剂型之一。由于制剂成分组成和物理性质复杂，日服剂量较大，给中药胶囊剂的制备带来挑战。胶囊剂不仅有硬胶囊、软胶囊，还有满足药物治疗需要的肠溶胶囊、缓释胶囊和控释胶囊，你知道如何选择应用吗？中药胶囊剂的制备有哪些关键技术？生产、贮藏、应用等过程中常常会出现哪些问题？这些问题又如何解决？通过本章的学习可了解中药胶囊剂的特点，掌握不同类型胶囊剂的制备方法，分析其质量优劣的影响因素，进而掌握中药胶囊剂研制、生产与应用。

第十章 胶囊剂

第一节 概　述

胶囊剂（capsule）系指原料药物或与适宜辅料充填于空心胶囊或密封于软质囊材中制成的固体制剂。

知识拓展10-1：*胶囊剂的历史沿革*

一、胶囊剂的特点

胶囊剂外观光洁美观，可掩盖药物的不良气味，改善患者服药的依从性。药物充填于胶囊中，受光线、空气影响较小，可改善药物的稳定性。含油量高的药物或液态药物难以制成丸剂、片剂等，可考虑制成胶囊剂。药物以粉末或颗粒、液体或半固体直接填装于囊壳中，不受压力等因素的影响，在胃肠道中能较快崩解和溶出，可改善某些药物的生物利用度，其生物利用度高于丸剂、片剂等剂型。根据释药需要，可将药物用不同性质的高分子材料包衣或制成微囊等，充填于胶囊中制成缓释、肠溶等多种类型的胶囊剂。胶囊剂囊壁能着色、印字，利于识别。

下列药物一般不宜直接填充于胶囊中：①药物的水溶液或稀乙醇溶液，易致明胶等成囊材料溶解；②易风化或吸湿的药物，因水分迁移易致胶囊壳软化或变脆；③易溶解且有刺激性的药物，在胃肠道中溶解后局部浓度过高易产生黏膜刺激性。

二、胶囊剂的分类

胶囊剂可分为硬胶囊和软胶囊。根据释放特性不同还有缓释胶囊、控释胶囊、肠溶胶囊等。胶囊剂主要供口服用，也可制成特殊胶囊用于直肠、阴道等部位，如双唑泰阴道软胶囊；吸入粉雾剂用胶囊应置于吸入装置中使用，如茚达特罗格隆溴铵吸入粉雾剂用胶囊。

> **思考与讨论**
> 中药制成胶囊剂能够解决哪些问题？举例说明。

第二节　胶囊剂的制备

一、硬胶囊的制备

硬胶囊（hard capsule）系指采用适宜的制剂技术，将原料药物或加适宜辅料制成均匀粉末、颗粒、小丸、小片、半固体或液体等，充填于空心胶囊中而制成的胶囊剂。硬胶囊的制备工艺流程见图10-1。

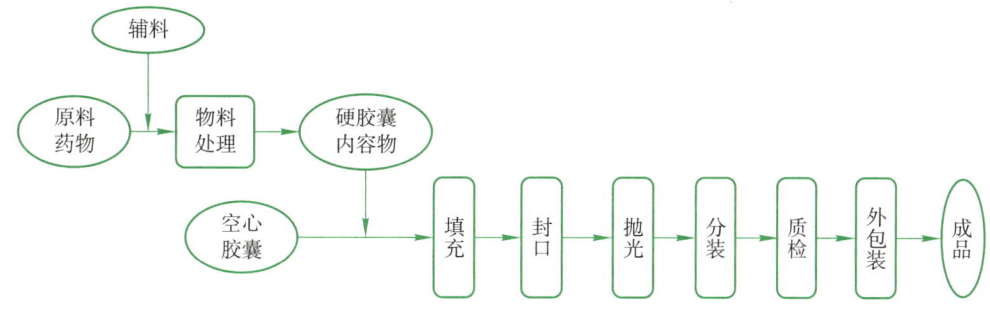

图 10-1　硬胶囊的制备工艺流程

（一）空心胶囊

空心胶囊呈圆筒状，由囊体与囊帽两节套合组成，质硬且有弹性。根据套合方式分为平口型和锁口型两类，锁口型又分为单锁口型和双锁口型两种，如图 10-2 所示。锁口型胶囊通过胶囊壁上相互吻合的锁沟使囊体与囊帽套合，密封性能良好，可避免药粉泄漏，目前较为常用。

图 10-2　空心胶囊

1. 空心胶囊的囊材

根据主要囊材的来源不同，空心胶囊分为动物源和非动物源两类。动物源空心胶囊的主要成囊材料应用最多的是明胶。胶囊用明胶为动物的皮、骨、腱与韧带中胶原蛋白不完全酸水解、碱水解或酶降解后纯化得到的制品，或为上述三种不同明胶制品的混合物，质量应符合《中国药典》规定；原料供应商应出具相应机构的检疫合格证书和相应记录，做到来源可追溯；牛源性材料应来源于无疯牛病疫情地区。非动物源的空心胶囊俗称植物胶囊，成囊材料为非动物源性且不含有任何动物源物质，常用的有羟丙甲纤维素（HPMC）、普鲁兰多糖、羟丙基淀粉等。

空心胶囊成型时囊材中添加的辅料主要有增塑剂、增光剂、遮光剂、着色剂等。甘油、山梨醇等增塑剂可增加胶囊壳的韧性与弹性，十二烷基硫酸钠等可以增加胶囊壳的光泽度，二氧化钛等遮光剂可防止光对药物的催化氧化。空心胶囊生产中多采用食用天然色素，应避免和减少合成着色剂的使用，如果需要使用，应为《食品安全国家标准　食品添加剂使用标准》（GB 2760—2024）和《中国药典》中允许使用的种类。空心胶囊每种颜色配色使用的着色剂不得超过三种，添加总量原则上不超过空心胶囊总重量的 0.5%。生产企业应对空心胶囊的生产过程进行全面控制，有效控制微生物的污染，原则上配方中不使用抑菌剂，如要使用，应选择安全性高的抑菌剂，并根据抑菌效力试验确定抑菌剂的用量，对所使用抑菌剂的剂量进行安全性评估，经确认的抑菌剂种类和用量，应在配方中加以标注，不得随意变更，同时建立科学有效的抑菌剂含量测定方法。

2. 空心胶囊的制备

空心胶囊系由成囊材料和相应辅料加工制成，其制备工艺流程见图 10-3。

空心胶囊须在洁净区生产，至少应符合 D 级洁净度要求，采用空心胶囊生产线，确保空心胶囊质量符合规定。

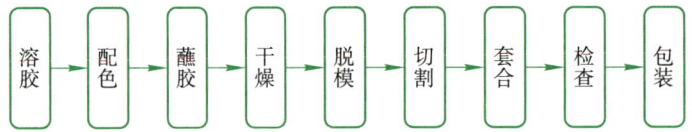

图 10-3 空心胶囊的制备工艺流程

3. 空心胶囊的规格

空心胶囊的规格分为 00#、0#、1#、2#、3#、4#、5#，容积由大到小，其容积见表 10-1。除此之外，也可根据需要制备非标准尺寸的空心胶囊以满足产品研发的需要。

表 10-1 常用空心胶囊的规格与容积

胶囊规格	00#	0#	1#	2#	3#	4#	5#
胶囊容积 /mL	0.95	0.68	0.50	0.37	0.30	0.21	0.17

4. 空心胶囊的选用

空心胶囊与充填物料应有良好的相容性，胶囊剂的内容物不应造成囊壳的变质。含醛基或在一定条件下反应生成醛基的内容物，可能会导致明胶的交联反应，造成明胶胶囊崩解时间延长、药物溶出度降低。植物胶囊安全性好，没有交联反应的风险，化学稳定性较高。

水分对明胶胶囊的质量影响较大。明胶空心胶囊的干燥失重应为 12.5%～17.5%，若充填物料的吸湿性强，贮存时物料逐渐吸湿，明胶胶囊壳中水分减少会发生脆裂。羟丙甲纤维素空心胶囊含水量低、韧性好，对环境的适应性强，适合于吸湿性或对水分敏感内容物的填充。

空心胶囊选用规格应根据胶囊中充填物料所占容积而定。由于充填物料的形态、粒径大小、松紧程度不同，所占容积亦不同，可先测定待充填物料的堆密度，然后根据应装剂量计算该物料的容积，参考空心胶囊生产企业提供的胶囊容积参数，试装后决定选用胶囊的规格。常用空心胶囊装量参考值见表 10-2。

表 10-2 常用空心胶囊的装量参考值（mg）

药粉堆密度 /（g/mL）	00#	0#	1#	2#	3#	4#	5#
0.6	570	408	300	222	180	126	102
0.8	760	544	400	296	240	168	136
1.0	950	680	500	370	300	210	170
1.2	1140	816	600	444	360	252	204

（二）充填物料的制备

中药硬胶囊中物料的充填形式最常见的是直接填充药物粉末，或将药物粉末（全粉末、全浸膏粉末或半浸膏粉末）与辅料混合制成的颗粒、小片、小丸等充填胶囊。中药硬胶囊充填物料制备时，须特别注意考察中药物料的流动性、堆密度、吸湿性，选择适宜的辅料和充填物料形态制备方法，确保硬胶囊制备工艺可行、质量和稳定性符合规定要求。

1. **全粉末充填物料**

空心胶囊中可以直接填充药物粉末，如小剂量贵重细料药、毒剧药可粉碎成细粉，与适量稀释剂混匀后填充。全粉末充填胶囊应特别关注粉体的混合均匀性、流动性、吸湿性。流动性差的中药粉末充填胶囊时，应添加适量的助流剂，常用的助流剂有微粉硅胶；吸湿性强的中药粉末，可添加适宜的稀释剂或进行粉体表面改性。若吸湿性、流动性、稳定性等仍不符合要求者，可考虑进一步制备成颗粒、小丸或其他物料形态进行充填。

2. **颗粒充填物料**

颗粒填充是中药胶囊剂最常见的制备方法。中药复方制剂常根据处方中药性质、日服生药剂量，分类处理中药饮片。即部分贵重中药或毒性中药饮片粉碎成细粉，其余中药饮片根据所含活性成分性质，采取适宜的提取、分离、浓缩或干燥方法制成稠浸膏或干浸膏粉末。将饮片细粉或提取物添加适宜辅料制备成干燥颗粒后填充。

3. **小丸、小片等充填物料**

将中药提取物制成普通小丸、速释小丸、缓释小丸、控释小丸或肠溶小丸或小片，单独填充或混合填充，必要时可加入适量空白小丸或小片作填充剂。也可将原料药物制成包合物、固体分散体、微囊或微球后填充。含挥发性成分较多的中药饮片可先提取挥发性成分，再进行β-环糊精包合后添加到中药浸膏粉中混匀，进一步制成小丸、小片等填充。

知识拓展10-2：小丸充填胶囊的应用研究进展

4. **液体与半固体充填物料**

将中药制成溶液、混悬液、微乳或熔融冷却后的半固体物料等，采用硬胶囊液体充填机填充于空心胶囊中，封口后制得。

知识拓展10-3：液体、半固体充填胶囊的应用研究进展

> 思考与讨论
> 如何根据处方中药物的性质设计胶囊充填物料的制备工艺？

（三）药物填充

硬胶囊的填充方式有手工填充和机械填充两种。少量制备可用胶囊填充板手工填充，大量生产可用半自动硬胶囊填充机或全自动硬胶囊填充机，充填物料为液体的可用全自动硬胶囊液体充填封口联动线设备。全自动硬胶囊填充机运行示意图见图10-4。

全自动硬胶囊液体充填封口联动线设备是由全自动硬胶囊液体充填机和封口机联动线设备组成，该设备可对硬胶囊帽体套合部位进行封口处理，使胶囊内装物料在包装、运输及使用过程中始终处于密封状态，从而提高产品的稳定性和安全性。

（四）胶囊封口

使用锁口型空心胶囊充填固体物料后一般不必封口；充填物料为半固体、液体时，需要将囊帽和囊体锁合处进行封口处理。目前常用的封口方法是液封法和微型喷雾法。

微视频10-1：中药硬胶囊剂的制备

案例 10-1　连花清瘟胶囊

【处方】连翘255 g　金银花255 g　炙麻黄85 g　炒苦杏仁85 g　石膏255 g　板蓝

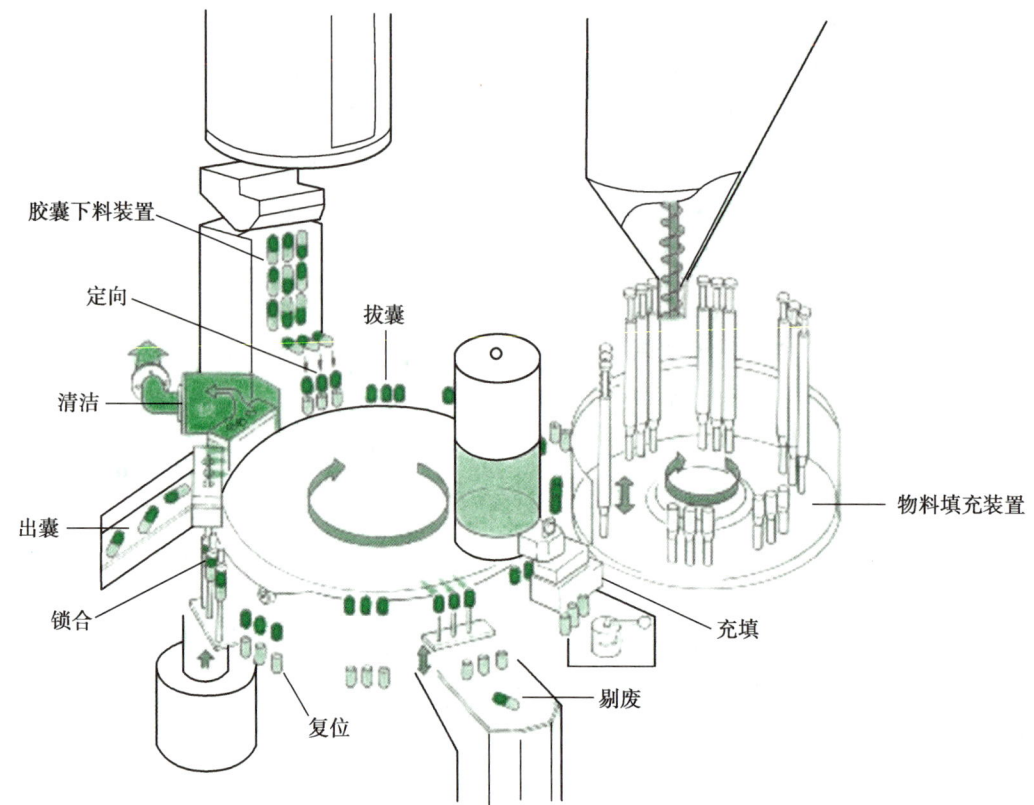

图 10-4 全自动硬胶囊填充机运行示意图

根 255 g　绵马贯众 255 g　鱼腥草 255 g　广藿香 85 g　大黄 51 g　红景天 85 g　薄荷脑 7.5 g　甘草 85 g

【制法】以上十三味，广藿香加水蒸馏提取挥发油，收集挥发油，水提取液滤过，备用；连翘、炙麻黄、鱼腥草、大黄用 70% 乙醇提取二次，第一次 2 h，第二次 1.5 h，提取液滤过，合并，回收乙醇、备用；金银花、石膏、板蓝根、绵马贯众、甘草、红景天加水煎煮至沸，加入炒苦杏仁，煎煮二次，第一次 1.5 h，第二次 1 h，煎液滤过，滤液合并，加入广藿香提油后备用的水溶液，浓缩至相对密度为 1.10~1.15（60℃），加乙醇使含醇量达 70%，在 4℃冷藏 24 h，滤过，滤液回收乙醇，与上述连翘等四味的备用醇提取液合并，浓缩至相对密度为 1.15~1.20（60℃），喷雾干燥，与适量淀粉混匀，制成颗粒，干燥，过筛，筛出适量细粉，将薄荷脑、广藿香挥发油用适量乙醇溶解，喷入细粉中，混匀，与上述颗粒混匀，密闭 30 min，装入胶囊，制成 1 000 粒，即得。

【性状】本品为硬胶囊，内容物为棕黄色至黄褐色的颗粒和粉末；气微香，味微苦。

【功能与主治】清瘟解毒，宣肺泄热。用于治疗流行性感冒属热毒袭肺证，症见发热，恶寒，肌肉酸痛，鼻塞流涕，咳嗽，头痛，咽干咽痛，舌偏红，苔黄或黄腻。

【用法与用量】口服，一次 4 粒，一日 3 次。

【注解】

（1）连花清瘟胶囊组方源于汉代张仲景《伤寒论》的麻杏石甘汤、清代吴鞠通《温病条辨》银翘散中主要药味和明代吴又可《瘟疫论》治疫证用大黄的经验，并配伍红景天、绵马贯众、板蓝根、广藿香、鱼腥草而成。因其有利于治疗流行性感冒等具有较强传染性的疾病（中医"瘟疫"范畴），故名"清瘟"。现有连花清瘟片、连花清瘟胶囊、连花清瘟颗粒等不同制剂品种收载于《中国药典》。

（2）广藿香含挥发油，须先提取挥发油，蒸馏后的水溶液备用；药渣与金银花、石膏、板蓝根、绵马贯众、甘草、红景天、炒苦杏仁加水煎煮（炒苦杏仁不宜久煎，应在其他饮片加水煎煮至沸后加入），并进行醇沉处理以除去杂质，减少服用剂量；连翘、炙麻黄、鱼腥草、大黄采用70%乙醇回流提取；上述药液，回收乙醇，合并后浓缩，喷雾干燥，获得中间物料。

（3）该胶囊的内容物填充形式为颗粒。在中间物料中加入适量淀粉确保颗粒成型和批间颗粒得率稳定；将薄荷脑、广藿香挥发油用适量乙醇溶解，喷入制粒后筛出的适量细粉中，混匀，装入胶囊。

> **思考与讨论**
> 请对比分析连花清瘟片、连花清瘟胶囊、连花清瘟颗粒这三种制剂品种各自的剂型优势。

二、软胶囊的制备

软胶囊（soft capsule）又称胶丸，系指将一定量的液体原料药物直接密封，或将固体原料药物溶解或分散在适宜的辅料中制备成溶液、混悬液、乳状液或半固体，密封于软质囊材中的胶囊剂。

（一）软胶囊的囊材

软质囊材一般是由胶囊用明胶、甘油或其他适宜辅料单独或混合制成。甘油为增塑剂、其他辅料包括抑菌剂、遮光剂、色素、水等。软质囊材的可塑性和弹性与胶囊用明胶、甘油和水的比例密切相关，三者比例通常为 1.0 :（0.4~0.6）:（1.0~1.6）。若甘油用量过高则囊壳过软，甘油用量过低则囊壳过硬。

（二）药物的处理

软胶囊可填充各种油类或对囊壁无溶解作用的药物溶液或混悬液，也可填充半固体物料。填充药物混悬液时，分散介质常用植物油或 PEG 400。油状介质常用 10%~30% 的油蜡混合物作助悬剂，PEG 400 则常用 1%~15% PEG 4000 或 PEG 6000 作助悬剂。必要时可加用抗氧剂、表面活性剂等附加剂。填充液的 pH 应控制在 4.5~7.5 之间，强酸性可导致囊壳中明胶水解而泄漏，强碱可引起明胶变性而影响囊壳溶解释药。

充填物料为相对分子质量低的水溶性或挥发性有机物（如乙醇、丙酮、羧酸等）或充填含水量超过 5% 的物料，会使软胶囊壳溶解或软化；醛类成分可使囊壳中明胶变性；O/W 型乳剂会使囊壳失水破坏，均不宜作为软胶囊的填充物。填充固体药物时，药粉应过五号筛，并混合均匀。

在保证所充填的药物达到治疗量的前提下，软胶囊的容积应尽可能小。当内容物是混悬液时，可计算基质吸附率（指 1 g 固体药物制成填充软胶囊的混悬液时所需要液体基质的克数，基质吸附率 = 基质质量 / 固体药物质量）来确定软胶囊的大小。

（三）软胶囊的制备

软胶囊的制备方法有压制法和滴制法。

1. 压制法

该法系将囊材胶液制成厚薄均匀的软质胶片,再将药液置于两张胶片之间,用滚模式软胶囊机压制而成软胶囊。压制法制备软胶囊的工艺流程见图10-5,滚模式软胶囊机示意图见图10-6。

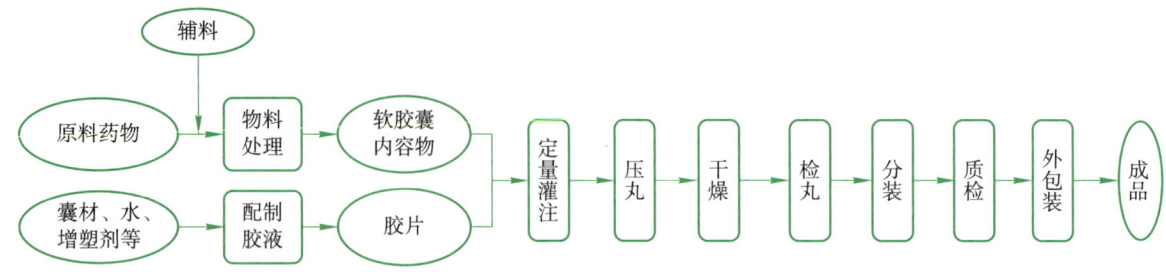

图10-5 压制法制备软胶囊的工艺流程

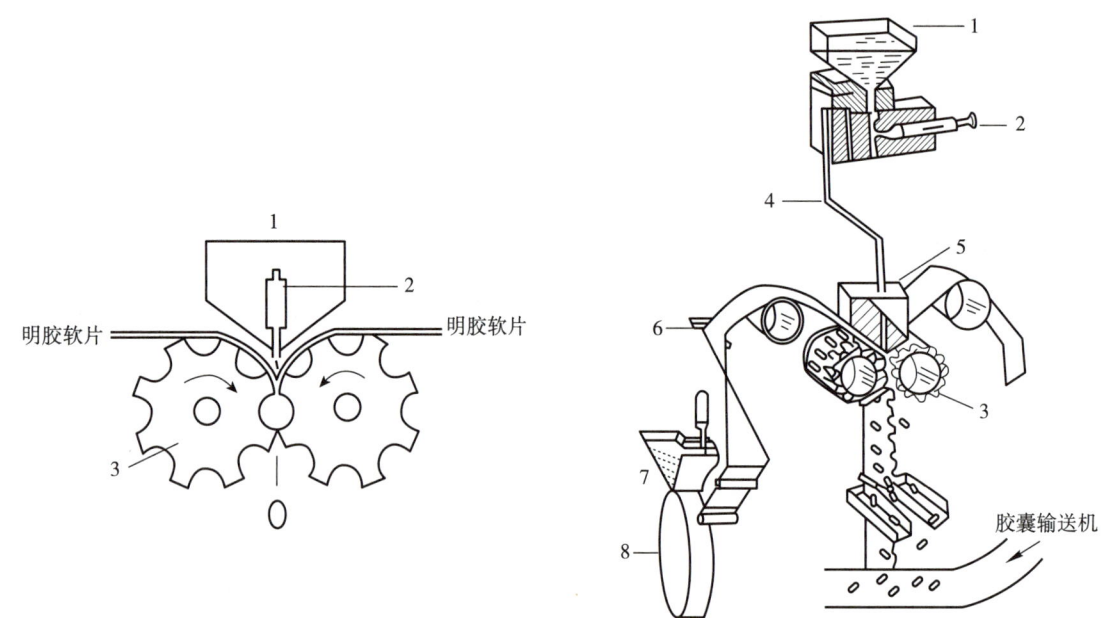

图10-6 滚模式软胶囊机示意图
1. 贮液槽;2. 定量填充泵;3. 轮状模;4. 导管;5. 楔形注入器;6. 胶片导杆;7. 涂胶机箱;8. 鼓轮

(1)胶液制备 将确定比例的明胶、增塑剂及水加入化胶罐中,加热搅拌,化胶温度一般控制在70~80℃为宜。可加入色素或遮光剂,如二氧化钛、氧化铁等,应将其分散于水中,用胶体磨研磨分散后加入明胶液中,以避免制备的胶片有麻点或孔隙。胶液流入储存罐用真空泵脱气,真空脱气一般真空度要达到 –0.08~–0.07 MPa。胶液保温温度一般控制在50~60℃,需静置4h以上,使胶液中气泡充分排出。

(2)内容物配制 内容物可根据要求配制成溶液、混悬液等。若原料有光、热、氧不稳定的情况,可考虑避光、冷却或充氮。

(3)压丸 胶液通过输胶管压送至软胶囊机,铺在冷却带上,凝固后变成一张具有延展的厚薄均匀的胶片,胶片经过一个带有胶囊形状凹槽的滚模,当两张胶片相遇时,填充泵将内容物定量注入胶片中间,压力将胶片推向凹槽,同时机器加热通过模具使两张胶片压合,将胶片与内容物压制成软胶囊,随后模具边缘把胶囊从胶片中切下,经斜槽落在胶囊输送机上,送到干燥转笼中。

微视频 10-2: 压制法制备软胶囊

(4)干燥 干燥工序一般分为两步,即定型干燥及静置干燥。新压制的软胶囊囊壳中含有较多水分,需立即将其传送至转笼干燥机中进行定型干燥,软胶囊在干燥的冷风中高速转动 3 h,使水分降至 25%～30%,软胶囊基本定型。将定型干燥后的软胶囊转移至托盘中继续干燥 36 h,一般软胶囊壳水分控制在 8%～12% 之间。

(5)检丸 检丸工序是为了剔除干燥软胶囊中的不合格品,如大小丸、瘪丸、气泡丸、异型丸等。一般检丸方式是将软胶囊置于灯检台上,人工挑拣。质量检查合格后包装。

案例 10-2 藿香正气软胶囊

【处方】苍术 195 g 陈皮 195 g 厚朴(姜制)195 g 白芷 293 g 茯苓 293 g 大腹皮 293 g 生半夏 195 g 甘草浸膏 24.4 g 广藿香油 1.95 mL 紫苏叶油 0.98 mL

【制法】以上十味,苍术、陈皮、厚朴(姜制)、白芷用乙醇提取二次,合并乙醇提取液,浓缩成清膏;茯苓、大腹皮加水煎煮二次,煎液滤过,滤液合并;生半夏用冷水浸泡,每 8 h 换水一次,泡至透心后,另加干姜 16.5 g,加水煎煮二次,煎液滤过,滤液合并;合并二次滤液,浓缩后醇沉,取上清液浓缩成清膏;甘草浸膏打碎后水煮化开,醇沉,取上清液浓缩制成清膏;将上述各清膏合并,加入广藿香油、紫苏叶油与适量辅料,混匀,制成软胶囊 1 000 粒,即得。

【性状】本品为软胶囊,内容物为棕褐色的膏状物;气芳香,味辛、苦。

【功能与主治】解表化湿,理气和中。用于外感风寒、内伤湿滞或夏伤暑湿所致的感冒,症见头痛昏重、胸膈痞闷、脘腹胀痛、呕吐泄泻;胃肠型感冒见上述证候者。

【用法与用量】口服。一次 2～4 粒,一日 2 次。

【注解】

(1)该方源于宋代《太平惠民和剂局方》藿香正气散,被尊为"祛湿圣药"。原方为散剂,现有藿香正气口服液、藿香正气水(酊剂)、藿香正气软胶囊、藿香正气滴丸等制剂品种收载于《中国药典》。

(2)茯苓、大腹皮加水煎煮提取;生半夏也采用水煎煮提取,但为了减毒增效需另煎(先用冷水浸泡至透心后,再加干姜煎煮);上述药液合并浓缩后醇沉处理。甘草浸膏打碎后水煮化开,醇沉处理。苍术、陈皮、厚朴(姜制)、白芷用乙醇提取。上述醇溶液,分别回收乙醇浓缩成清膏后,合并,即得中间物料。将各清膏合并,加入广藿香油、紫苏叶油与适量辅料,混匀,制成软胶囊。

思考与讨论

请分别查阅现行版《中国药典》中藿香正气口服液、藿香正气水、藿香正气软胶囊、藿香正气滴丸的制法,并对比分析各制剂品种中间物料制备方法的异同点。处方中生半夏能否用姜半夏替代?

2. 滴制法

该法系用滴制式软胶囊机制备软胶囊。将明胶液与药液分别由滴制式软胶囊机双层滴头的外层与内层以不同速度流出,一定量的明胶液将定量的药液包裹后,滴入另一种不相混溶的冷却液中,胶液接触冷却液后,由于表面张力作用而使之形成球形并逐渐凝固成软胶囊。滴制法制备软

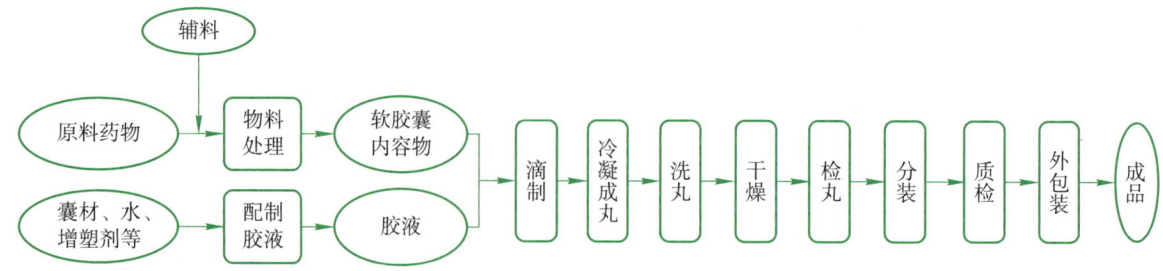

图 10-7 滴制法制备软胶囊的工艺流程

胶囊的工艺流程见图 10-7，滴制式软胶囊机示意图见图 10-8。

（1）胶液和药液处理　胶液由明胶、甘油和蒸馏水配制而成，其组成为明胶 40%、甘油 12%、蒸馏水 48%。胶液贮槽外设有可控温电加热装置，以使胶液保持熔融状态。药液贮槽外也设有可控温电加热装置，控制适宜的药液温度。工作时，一般将明胶液的温度控制在 75~80℃，药液的温度宜控制在 60℃ 左右。

（2）滴制、冷凝成丸　滴制式软胶囊机是滴制法生产软胶囊剂的专用设备。药液和胶液由活塞式计量泵完成定量。工作时，药液和明胶液分别由计量泵的活塞压入喷嘴的内层和外层，并以不同的速度喷出。明胶液和药液应当在严格条件下先后有序地喷出，为使药液包裹到胶液膜中并形成合格的软胶囊，胶液的喷出时间应略长，而药液喷出过程应处于胶液喷出过程的中间时段，当一定量的药液被定量的明胶液包裹后，滴入冷却柱中，外层明胶液被冷却液冷却，并在表面张力的作用下将药滴完整地包裹成球形，逐渐凝固成胶丸。

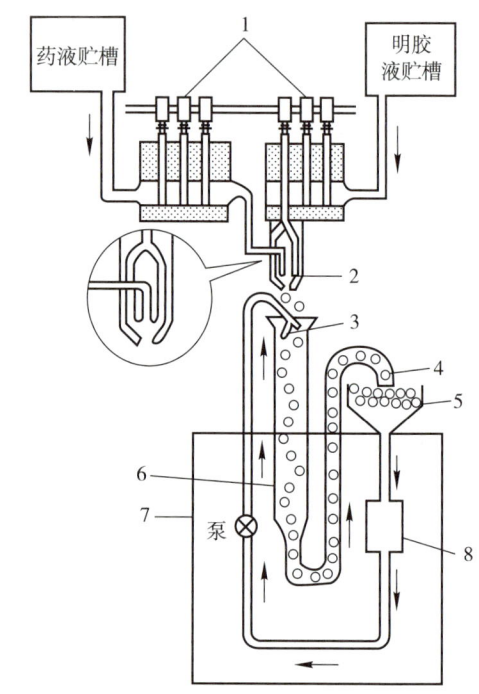

图 10-8 滴制式软胶囊机示意图
1. 定量控制器；2. 喷头；3. 冷却液状石蜡出口；
4. 胶丸出口；5. 胶丸收集箱；6. 冷却柱；
7. 冷却箱；8. 液状石蜡贮箱

冷却柱中的冷却液通常为液状石蜡，其温度一般控制在 13~17℃。在冷却箱内通入冷冻盐水可对液状石蜡进行降温。由于液状石蜡由循环泵输送至冷却柱，其出口方向偏离柱心，故液状石蜡进入冷却柱后即向下作旋转运动。

（3）其他工序　胶丸随液状石蜡流入过滤器，并被收集于滤网上。所得胶丸经清洗、干燥等工序后即得软胶囊。软胶囊质量检查合格后包装。

案例 10-3　牡荆油胶丸

【处方】牡荆油 20 g　大豆油 230 g

【制法】取牡荆油与经加热灭菌的大豆油充分搅拌，即得淡黄色的透明牡荆油药液。取明胶加入适量的水使其溶胀，另将甘油、水置胶锅中加热到 70~80℃，混合均匀，加入已溶胀的明胶搅拌，溶化，加适量羟苯乙酯，保温 1~2 h，静置，使泡沫上浮、除去，滤过，即得明胶液。

采用滴制法，将制好的明胶液置胶液贮槽中，牡荆油药液放入药液贮槽内；药液与明胶液应保持 60℃；将药液与明胶液滴入冷却的液状石蜡中，制得胶丸 1 000 丸，整丸，干燥，即得。

【性状】本品为黄棕色的透明胶丸，内容物为淡黄色至橙黄色的油质液体；有特殊的香气。

【功能与主治】祛痰、镇咳、平喘。用于慢性支气管炎。

【用法与用量】口服。一次 1~2 丸，一日 3 次。

【注解】

（1）本品收载于《中国药典》，牡荆油为马鞭草科植物牡荆 Vitex negundo L. var. cannabifolia (Sieb.et Zucc.) Hand.-Mazz. 的新鲜叶，经水蒸气蒸馏提取的挥发油。

（2）明胶液的配方一般为明胶 100 g、甘油 30 mL、水 130 mL。作为增塑剂的甘油用量过少或过多，囊壁会相应地过硬或过软；另外还要考虑软胶囊在制备以及放置过程中水分的蒸发等情况。液状石蜡为冷凝液；牡荆油在不同的油脂性基质中溶解性有所差异，常用油脂性基质为大豆油，牡荆油溶于大豆油中制成牡荆油药液。

（3）本品采用滴制法制备，滴制时，应选择合适的喷头口径，设置好熔融液温度、冷凝液温度及喷头距冷凝液面距离等工艺参数，以保证胶丸丸形良好、装量差异可控。

（4）在胶丸干燥的过程中，滴出的胶丸先均匀摊于纱网上，在 10℃以下低温吹风 4 h 以上，再用擦丸机擦去表面的液状石蜡，然后再低温（10℃以下）风干 20 h 以上，取出。用乙醇与丙酮 5∶1 的混合液或石油醚洗去胶丸表面油层，再吹干残留的溶剂，于 40~50℃下干燥约 24 h。取出干燥的胶丸，用乙醇洗涤，在 40~50℃下吹干，即可。

三、肠溶胶囊的制备

肠溶胶囊（enteric capsule）系指用肠溶材料包衣的颗粒或小丸充填于空心胶囊而制成的硬胶囊，或用适宜的肠溶材料制备而得的硬胶囊或软胶囊。肠溶胶囊不溶于胃液，但能在肠液中崩解而释放活性成分。

1. 宜制成肠溶胶囊的药物

宜制成肠溶胶囊的药物有：①遇胃液不稳定的药物；②对胃刺激性较强的药物；③作用于肠道的驱虫药、肠道消毒药，以及需控制药物在肠道内定位释放并在肠道保持较久作用时间而治疗肠道部位疾病的药物。

2. 肠溶胶囊的制备

肠溶胶囊的制备方法分两种：①胶囊内的填充物具有肠溶性，如将药物与辅料制成颗粒、小丸或小片，用肠溶材料包衣，再填充于空心胶囊中，制成肠溶胶囊；②胶囊壳具有肠溶性，如在空心胶囊表面用适宜的肠溶材料包衣后，使胶囊壳具有肠溶性，再填充内容物。

常用的肠溶包衣材料有纤维醋法酯（cellacefate，CAP）、邻苯二甲酸羟丙甲纤维素酯（hypromellose phthalate，HPMCP）、聚丙烯酸树脂Ⅱ、聚丙烯酸树脂Ⅲ等。

> **案例 10-4　三七总皂苷肠溶微丸胶囊**
>
> 【处方】三七总皂苷提取物 120 g　微晶纤维素 90 g　淀粉 90 g　聚维酮 K30 6 g　肠溶包衣材料适量
>
> 【制法】将三七总皂苷提取物、微晶纤维素、淀粉和聚维酮 K30 混匀，加水制软材，挤出滚圆制丸、干燥，小丸置于流化床包衣机中，以肠溶包衣液进行包衣，干燥，装胶囊，即得。
>
> 【功能与主治】活血化瘀，通脉活络。用于脑络瘀阻，中风偏瘫，心脉瘀阻，胸痹心痛；脑血管后遗症，冠心病心绞痛属上述证候者。
>
> 【用法与用量】口服。一次 1 粒，一日 3 次。

【注解】

（1）三七总皂苷为五加科植物三七 *Panax notoginseng*（Burk.）F.H.CHen 的主根或根茎经加工制成。具体制法为：取三七粗粉，用 70% 乙醇提取，滤过，滤液减压浓缩，滤过，过苯乙烯型非极性或弱极性共聚体大孔吸附树脂柱，用水洗涤，水洗液弃去，以 80% 乙醇洗脱，洗脱液减压浓缩，脱色，精制，减压浓缩至浸膏，干燥，即得。

（2）三七总皂苷制剂用于治疗慢性心脑血管疾病，已上市三七总皂苷制剂的剂型包括软胶囊、滴丸、颗粒、片剂、注射剂等。由于三七总皂苷口服易被胃酸破坏，目前已上市口服制剂均存在着生物利用度低、服用次数频繁等缺点。注射剂使用过程中易发生过敏现象，患者用药依从性差。因此，将三七总皂苷制成肠溶微丸胶囊，选用肠溶包衣材料对微丸进行包衣，避免药物口服后，被胃酸降解，进入到小肠部位时，在特定的 pH 环境中释放药物，提高药物生物利用度。

（3）微丸是粒径 0.5～2.5 mm 的球形或类球形口服固体制剂，具有生物利用度高、释药稳定、对消化道刺激小等特点。肠溶微丸可有效防止三七总皂苷在胃液中被胃酸及酶破坏，在 pH 6 以上的十二指肠和小肠中崩解、吸收，发挥疗效。肠溶微丸的抗酸性主要由衣膜厚度决定，厚度过薄，则药物在胃中释放较多，达不到肠溶效果；若厚度过厚，则后期释药不完全。

四、缓释胶囊和控释胶囊的制备

胶囊剂是缓释、控释制剂最常采用的剂型之一。缓释胶囊系指在规定的释放介质中缓慢地非恒速释放药物的胶囊剂；控释胶囊系指在规定的释放介质中缓慢地恒速释放药物的胶囊剂。

缓释、控释胶囊的制法有两种：①将药物制成缓释或控释颗粒、小丸、小片等，填充于空心胶囊中制成；②对胶囊壳进行缓释、控释包衣，以达到药物缓释、控释的目的。缓释、控释制剂的释药原理和制备技术参见第十七章第一节。

第三节　胶囊剂的质量评价

一、胶囊剂的质量要求

胶囊剂应整洁，不得有黏结、变形、渗漏或囊壳破裂等现象，并应无异臭。根据原料药物和制剂的特性，除来源于动、植物多组分且难以建立测定方法的胶囊剂外，难溶性药物胶囊剂的溶出度、缓释或控释胶囊的释放度、含量均匀度等应符合相应品种的要求。必要时，内容物包衣的胶囊剂应检查残留溶剂。

除另有规定外，胶囊剂应密封贮存，其存放环境温度不高于 30℃，湿度应适宜，防止受潮、发霉、变质，并按照《中国药典》胶囊剂制剂通则的要求进行以下相应检查。

1. 水分

中药硬胶囊剂内容物为固体时应对内容物进行水分检查，除另有规定外，内容物水分不得过 9.0%。硬胶囊内容物为液体或半固体者不检查水分。

2. 装量差异

除另有规定外，平均装量或标示装量＜0.30 g 者，其装量差异限度为 ±10%，平均装量或标示装量≥0.30 g者，其装量差异限度为±7.5%（中药为±10%）。凡规定检查含量均匀度的胶囊剂，一般不再进行装量差异检查。

3. 崩解时限

用升降式崩解仪，在37℃±2℃的水中，中药胶囊加挡板进行检查。除另有规定外，硬胶囊应在30 min内全部崩解；软胶囊应在1 h内全部崩解，以明胶为囊材的软胶囊可改在人工胃液中进行检查。

肠溶胶囊，除另有规定外，先在盐酸溶液（9→1 000）中不加挡板检查2 h，每粒的囊壳均不得有裂缝或崩解现象；继将吊篮取出，用少量水洗涤后，每管加入挡板，改在人工肠液中进行检查，1 h内应全部崩解。

结肠肠溶胶囊，除另有规定外，先在盐酸溶液（9→1 000）中不加挡板检查2 h，每粒的囊壳均不得有裂缝或崩解现象；继将吊篮取出，用少量水洗涤后，在磷酸盐缓冲液（pH 6.8）中不加挡板检查3 h，每粒的囊壳均不得有裂缝或崩解现象；续将吊篮取出，用少量水洗涤后，每管加入挡板，改在磷酸盐缓冲液（pH 7.8）中检查，1 h内应全部崩解。

凡规定检查溶出度或释放度的胶囊剂，一般不再进行崩解时限的检查。

4. 微生物限度

以动物、植物、矿物质来源的非单体成分制成的胶囊剂，照非无菌产品微生物限度检查，应符合规定。

二、胶囊剂常见问题及原因分析

1. 中药硬胶囊内容物吸湿甚至变质

中药硬胶囊内容物吸湿后常常出现硬胶囊壳变软，内容物吸湿结块甚至产生霉变现象，其原因有以下方面。

（1）胶囊壳材料的特性　传统硬胶囊壳的主要材料为明胶，其分子中含有大量亲水基团（如羟基、氨基），易与环境中水形成氢键而吸湿。另外，硬胶囊在贮存过程中发生水分从胶囊壳向吸湿性强的内容物迁移，导致内容物吸湿，胶囊壳变脆。

（2）内容物含有易吸湿性成分　中药硬胶囊内容物常为中药提取浸膏，其中常含有淀粉、糖类、黏液质、无机盐等易吸湿性成分，若包装或贮藏不当易吸湿。制备时常添加磷酸氢钙、磷酸钙等辅料，降低浸膏的引湿性。

（3）充填物料制备不当　通常中药浸膏粉末越细，比表面积大，其引湿性越强。以颗粒或小丸充填胶囊较浸膏粉末充填胶囊的吸湿性小。

（4）包装材料选用不当　非防潮材料（如普通塑料）包装或包装不严密易导致内容物吸湿。铝塑包装或镀铝膜包装可缓解胶囊的吸湿。

（5）贮藏条件不当　在相对湿度较大的贮藏环境中胶囊易吸湿，因此应加强胶囊产品的在库养护，保持好规定温湿度的贮存环境。

2. 中药硬胶囊的装量差异超限

（1）充填物料的流动性　胶囊填充时物料应具有较好的流动性，否则易引起胶囊装量差异超限。将内容物制成颗粒、小丸形式填充胶囊，可减小全粉末充填易产生的装量差异。全粉末充填时常添加一定量助流剂，可以改善物料的流动性，减小装量差异。充填物料吸湿也会降低其流动性。

（2）胶囊填充机械因素　胶囊填充机落料位置、车速快慢、计量盘厚度及充填杆充入深度、压缩弹簧的硬度、装药凸轮的角度等设备参数均对装量差异有影响。故通过胶囊充填机的准确安装、调节装量精度，可以降低胶囊的装量差异。

3. 崩解时间超限

（1）硬胶囊崩解时间超限　①中药硬胶囊崩解快慢与空心胶囊质量的好坏有直接关系，应选用符合《中国药典》规定的空心胶囊；②当胶囊吸湿受潮，内容物黏结成块时，常常不能在规定时间内完全崩解，应采用适宜方法防止胶囊剂吸湿受潮；③中药硬胶囊的内容物多为浸膏，黏性强，制成的胶囊剂往往会遇到难崩解的问题，醇提的浸膏中脂溶性成分相对较多，不利于水渗入到浸膏内部，从而延缓胶囊的崩解，而且醇浓度越高，所得浸膏制成的胶囊崩解时间越长。中药硬胶囊制备过程中，可加适量的崩解剂，如羧甲淀粉钠、微晶纤维素或低取代羟丙纤维素以加速崩解。

（2）软胶囊崩解时间超限　明胶自氧化过程和内容物溶剂中低分子醛类物质的产生均可使明胶中氨基酸侧链基团之间产生交联引起老化，这是软胶囊出现崩解迟缓的主要原因。PEG 400 是软胶囊中常用的分散介质，在储存过程中容易发生氧化通过高分子链式反应生成低分子醛类物质，同时遮光剂、色素等辅料能诱导 PEG 400 中低分子醛类物质的产生，甘油、山梨醇两种增塑剂能增加明胶自氧化作用。故应减少软胶囊胶液处方中增塑剂、遮光剂和色素等用量，在胶囊囊皮和内容物中加一定量的抗氧剂（如甘氨酸、焦亚硫酸钠等），可改善软胶囊崩解迟缓的现象。

4. 软胶囊渗漏

软胶囊储存过程中随着胶囊囊壳水分的流失，软胶囊逐渐失去弹性，在胶片压合接缝的薄弱处发生渗漏，甚至出现软胶囊爆裂。

（1）囊壳因素　大部分软胶囊的囊壳以明胶为主要材料，会吸收环境及内容物中的水分而引起软胶囊软化、变形，甚至渗漏。软胶囊对明胶胶动力、黏度、稳定性要求较高，在考虑成本的同时要保证明胶的质量。调整胶皮厚度至 0.7~0.8 mm，胶皮过厚或过薄都易导致软胶囊漏液。

（2）内容物的黏度和粒度　软胶囊的成型过程是料液在瞬间注入两张胶片中间，同时胶片经模具压合而成。如内容物料液黏性大，必须在注液时加大压力，经常会因为没有全部注入，使部分料液粘连在喷体或模具上，导致胶囊合缝处泄漏。通常加稀释剂降低黏度，可选用辛癸酸甘油酯、亚油酸乙酯、乙酯化大豆油。若固体颗粒附着在软胶囊接缝处，使接缝处形成空隙，会导致漏液，因此要严格控制配制后的内容物粒度，一般经胶体磨研磨后内容物应能通过 100 目筛网。

（3）生产工艺因素　软胶囊生产过程中，化胶罐、压丸机、模具、喷体等的参数设置不当均会导致软胶囊渗漏。化胶罐的加热循环系统不稳定会使明胶溶解不充分，压丸时软胶囊接缝处会产生渗漏，一般采用热水系统加热，水温保持在 90~95℃。压丸机作为软胶囊生产的主要设备，其主轴跳动是直接影响软胶囊漏液的主要因素，故严格控制主轴圆跳动在 0.05 mm 以内，安装模具后圆跳动保持在 0.15 mm 以内，胶皮轮圆跳动在 0.05 mm 以内。模具压力过低会导致漏液率升高，一般模具压力调整在 0.4 MPa 作业。泵芯注料时间有异常，网格胶内有多余的内容物溶液，倒角切合时软胶囊无法压合完整导致漏液，故需要调整泵芯喷料时间。

除此之外，人员操作、存储环境也是导致软胶囊渗漏的原因。

思考题

1. 中药复方硬胶囊制备工艺设计应考虑哪些问题？为什么？
2. 中药软胶囊制备时，胶皮的配方原料组成及比例如何优化？内容物配方如何优化？
3. 中药胶囊剂生产过程质量控制的关键环节有哪些？
4. 肠溶胶囊设计的依据有哪些？如何开展评价研究？

（肖学凤、李英鹏）

🌐 数字资源详见　新形态教材网

▶ 视频　　🔗 知识拓展　　📖 推荐阅读　　🌐 参考文献　　🖥 教学课件　　✖ 自测题

第十一章

片 剂

从模印片到压制片,从手工片到机械片,从素片到包衣片,从普通片到缓控释片,从胃内崩解片到口崩片、肠溶片、定位释药片,起源于19世纪初的片剂,历经二百多年发展,已成为临床应用剂型中的大家族。粉体理论、成型理论、包衣理论、崩解理论、溶出理论等构成了片剂丰富的理论框架;粉碎技术、干燥技术、制粒技术、压片技术、包衣技术等形成了片剂完整的技术体系。正是这些理论和技术的不断创新发展,给片剂家族带来了一个又一个新的成员。你想知道这些新成员及其制备原理和相关技术吗?你想预见片剂未来的发展吗?本章的学习,将让你深入了解片剂,从处方设计到工艺成型,从吸收路径到临床应用,从辅料开发到剂型创新,全面掌握片剂研究、制备和应用。

第一节 概 述

片剂（tablet）系指原料药物或与适宜辅料混匀制成的圆形或异形的片状固体制剂。

知识拓展 11-1：片剂的起源

一、片剂的特点

片剂是临床上广泛应用的剂型之一，其主要优点有：①体积小，与光线、水分、空气等的接触面积小，并且可以包衣，物理与化学稳定性强，贮存时间相对较长；②服用、携带、运输和贮存方便；③生产自动化程度高，产量大。

片剂的不足之处有：①儿童及昏迷患者使用不方便；②制备时需要加入赋形剂压缩成型，处方设计不当可能会影响片剂崩解、药物的溶出和生物利用度。

二、片剂的类型

（一）按给药途径及制备方法分类

1. 口服片剂

（1）普通压制片　又称素片，系指原料药物与辅料混合后压制而成的片剂。此类片剂应用较为广泛。如川芎茶调片、小儿金丹片等。

（2）包衣片　系指在压制片（片芯）的表面包上一层衣膜的片剂。根据所用包衣物料及作用不同又分为糖衣片、薄膜衣片、肠溶片。如山菊降压片、元胡止痛片等。

（3）咀嚼片　系指在口腔中咀嚼后吞服的片剂。适用于小儿或吞咽困难的患者。通常用湿法制颗粒压片法制备，一般需要加入多种辅料以改善口味和色泽，不需要加入崩解剂。如小儿消食片、感冒清热咀嚼片等。

（4）多层片　系指为避免制剂中不同成分之间的配伍变化，或达到缓、控释作用，以及改善片剂外观而制成的两层或多层片剂，片剂中各层可含不同的药物，或各层的药物相同而辅料不同。如维 C 银翘片、胃仙 U 双层片。

（5）泡腾片　系指含有碳酸氢钠和有机酸，遇水快速崩解并产生大量二氧化碳气体而呈泡腾状的片剂，以方便儿童、老年人和不能吞服固体制剂的患者使用。该片的原料药物要求水溶性好。如小柴胡泡腾片、大山楂泡腾片等。

（6）分散片　系指在水中能迅速崩解并均匀分散的片剂。水中分散后服用，也可含于口中吮服或吞服。分散片主要适用于难溶性药物，可提高其生物利用度。如芩暴红止咳分散片、益心酮分散片等。

（7）口崩片　系指无需或只需用少量水，置于口腔内遇唾液迅速崩解或溶解后，借吞咽动力，药物即可入胃起效的片剂。该类片剂适于有吞咽困难的患者、儿童、老年、卧床不起和严重伤残患者。如颠茄口腔崩解片等。

（8）缓释片　系指服用后能在机体内缓慢地非恒速释放药物，使药物在较长时间内维持有效血药浓度的片剂。缓释片具有药物作用时间长、服药次数少等特点。如茶碱缓释片、布洛芬缓释片等。

（9）控释片　系指服用后能在机体内以恒速或接近恒速释放药物的片剂。控释片具有血药浓度平稳、副作用小、药物作用时间长、服药次数少等特点。如硝苯地平控释片、硫酸吗啡控释片等。

2. 口腔用片剂

（1）含片　系指含于口腔中缓慢溶化产生局部或全身作用的片剂。含片比一般内服片大且硬，味道适口，多用于口腔及咽喉疾患，在局部维持较久的药物浓度。如复方草珊瑚含片、金果含片等。

（2）口腔贴片　系指粘贴于口腔起局部作用，或经黏膜吸收后起全身作用的片剂。口腔贴片用作局部治疗时剂量小，副作用少，维持药效时间长，便于终止给药；经口腔黏膜吸收，可迅速达到治疗浓度，避免肝脏的首过作用。这类片剂常用卡波姆、羧甲纤维素等黏着力较强，无刺激性，又能控制药物溶出的高分子材料作为赋形剂。如吲哚美辛贴片、冰硼贴片等。

（3）舌下片　系指置于舌下能迅速溶化，药物经舌下黏膜吸收发挥全身作用的片剂。药物经舌下黏膜吸收，作用迅速，且可防止胃肠液、酶等对药物的不良影响，提高药物的生物利用度。舌下片的药物与辅料应是易溶性的，主要适用于急症的治疗。如硝酸甘油片、喘息定片等。

3. 外用片剂

（1）阴道片　系指置于阴道内使用的片剂。在阴道内应易溶化、溶散或融化、崩解并释放药物，主要起局部消炎杀菌作用。具有局部刺激性的药物，不得制成阴道片。阴道片常用于阴道炎等临床疾病。如妇必舒阴道泡腾片等。

（2）外用溶液片　系指临用前加适量水使溶解成一定浓度溶液的片剂。所用药物和辅料都应是可溶性的，一般多用于漱口、消毒、洗涤伤口等。此类片剂常制成特殊形状或通过着色使其便于识别。如复方硼砂漱口片等。

4. 其他片剂

微囊片系指固体或液体原料药物利用微囊化工艺制成干燥的粉粒后经压制而成的片剂。微囊化可以提高药物的稳定性、掩盖不良气味、改善口感、减少对胃的刺激性等。

> **思考与讨论**
> 不同给药途径的片剂，临床应用时应注意什么？

（二）按中间物料特性分类

中药片剂的中间物料可以是饮片全粉末、全浸膏、半浸膏、有效部位或有效成分等，由此制得的片剂可分为下列类型。

（1）全粉末片　系指将处方中全部饮片粉碎成细粉，加适宜赋形剂制成的片剂。如三七片、安胃片等。

（2）全浸膏片　系指将处方全部饮片用适宜的溶剂和方法提取制得浸膏后，加适宜赋形剂制成的片剂。如三金片、当归片等。

（3）半浸膏片　系指将处方中部分饮片粉碎成细粉，其余饮片提取制得浸膏后，混合制成的片剂。如三黄片、复方丹参片等。

（4）有效部位或有效成分片　统称为提纯片，系指将处方中的中药经提取后得到单体成分或有效部位，以此提纯物为中间物料，加适宜赋形剂制成的片剂，如黄杨宁片等。

第二节　片剂的辅料

中药片剂中间物料应具有良好的流动性、可压性和一定的黏着性，成型后遇水或胃肠液能迅速崩解。但是，通常中药片剂中间物料需要另加辅料，亦称赋形剂，才能达到上述要求。辅料的品种、用量及其使用方法的优选是中药片剂处方设计的重要内容。为了进一步提升压片物料的可压性、流动性等制剂学特性，预混与共处理辅料越来越多地应用于片剂制备中。

知识拓展 11-2：预混与共处理辅料

一、填充剂

填充剂（filler）是稀释剂和吸收剂的统称。为了易于制备和便于临床应用，通常片剂的片重在 100 mg 以上，直径不小于 6 mm。因此，当药物剂量小于 100 mg 时，需要加入稀释剂增加片剂的重量和体积以利于成型和分剂量；当压片的原料药物含浸膏量多或黏性太大时，也需要加入稀释剂以利于制片。压片的原料药物含有较多的挥发油或其他液体成分时，需要加入吸收剂便于片剂成型。

1. 淀粉

淀粉为无臭、无味的白色粉末，性质稳定，可与多数药物配伍，在空气中易吸湿但不潮解，不溶于冷水和乙醇，在水中加热到 62~72℃ 时可糊化。常用的品种有小麦淀粉、马铃薯淀粉、玉米淀粉、豌豆淀粉等。淀粉是最常用的稀释剂，同时可用作吸收剂。淀粉可压性差，用量过多时易造成松片，必要时可与适量糖粉或糊精等合用以增加片剂的黏合性和硬度。

2. 糊精

糊精为白色或类白色的无定形粉末，不溶于乙醇，易溶于沸水，其水溶液具有较强的黏性，黏度随水解程度的不同而变化。常与淀粉配合一起作为片剂的稀释剂，并兼有黏合作用。以大量糊精作稀释剂时，应严格控制淀粉浆的用量，否则会出现麻点、水印等现象，影响片剂的崩解。

3. 蔗糖

蔗糖为无色结晶或白色结晶性的松散粉末，在水中极易溶解，在乙醇中微溶，在无水乙醇中几乎不溶。在高温（110~145℃）或酸性条件下不稳定，生成转化糖。蔗糖溶解性好，黏合力强，兼有矫味作用，可增加片剂的硬度和美观度，常用于含片、咀嚼片以及纤维性较强的药物制片。不宜用于酸、碱性药物，以防蔗糖转化而增加引湿性。

可压性蔗糖系由蔗糖与其他辅料，如麦芽糊精共结晶制得，也可用干法制粒工艺制得，为白色或类白色结晶性粉末或微小颗粒，在水中极易溶解，常用作稀释剂、甜味剂。

4. 乳糖

乳糖为白色至类白色的结晶性颗粒或粉末，甜度约为蔗糖的 70%。易溶于水，不溶于乙醇。乳糖性质稳定，与大多数药物配伍不起化学反应，无吸湿性，有良好的可压性、流动性和黏合性，制成的药片表面光洁美观，释药迅速，是理想的填充剂和矫味剂，可供全粉末直接压片使用。

5. 微晶纤维素

微晶纤维素（MCC）系含纤维素植物的纤维浆制得的 α- 纤维素，在无机酸的作用下部分解聚、纯化而成的白色或类白色粉末或颗粒状粉末。在水、乙醇、乙醚、稀硫酸或 5% 氢氧化钠溶液中几乎不溶，在稀碱中部分溶胀并溶解。微晶纤维素分子之间存在氢键，受压时氢键缔合，具有高度的可压性，是良好的干燥黏合剂和稀释剂。含有微晶纤维素的片剂口服后，因胃肠液中水分迅速进入片剂内部，引起微晶纤维素分子间氢键断裂而促进崩解。因此，微晶纤维素是一种集稀释、黏合、崩解多功能于一体的赋形剂。选用时应注意不同产品型号的微晶纤维素，有其相应的粒度分布和堆密度，呈现出不同的应用特点。

6. 预胶化淀粉

预胶化淀粉系淀粉经物理方法加工，改善其流动性和可压性而制得的辅料，亦称可压性淀粉。本品为白色或类白色粉末，无臭、微有特殊口感，可用作填充剂、崩解剂和黏合剂等，多用于粉末直接压片。但本品有引湿性，在水中可溶胀。

7. 糖醇类

甘露醇为白色、无臭的结晶性粉末或颗粒。甘露醇无吸湿性，化学性质稳定，易溶于水，可溶于甘油，在乙醇中几乎不溶，具有甜味，在口中有清凉感。常用作咀嚼片的稀释剂，所制片剂表面光洁美观，味佳无沙砾感。

山梨醇是甘露醇的异构体，两者性质相似，但山梨醇有较强的吸湿性，使其在片剂的应用中有一定局限性。

赤藓糖醇为四碳糖醇，可由葡萄糖发酵制得，为白色结晶粉末，具有爽口的甜味，不易吸收。赤藓糖醇结晶性好，吸湿性极低，对热、酸十分稳定；溶解度较低，20℃时仅为 37%，溶于水中时会吸收较多的热量，溶解热为 -97.4 J/g，约为葡萄糖的 3 倍、山梨醇的 1.8 倍，因此在口中溶解时有温和的凉爽感。赤藓糖醇的甜度为蔗糖的 70%~80%，具有糖醇特有的清淡口味，而且其甜味在口腔内的停留时间非常短暂，是制备口崩片的最佳辅料。

8. 硫酸钙

硫酸钙为白色或类白色，无臭、无味粉末或颗粒，在水中微溶，在乙醇中不溶，性质稳定，有较好的防潮性，可与多种药物配伍，制成的片剂表面光洁美观，硬度和崩解度均好。对油类有较强的吸收能力，常作为稀释剂和挥发油的吸收剂。

9. 磷酸氢钙

磷酸氢钙为白色、无臭、无味的粉末或结晶，呈微碱性。磷酸氢钙具有良好的流动性和稳定性，但可压性较差，仅用于湿法制颗粒压片。磷酸钙与磷酸氢钙的物理性状相似，无吸湿性，均可用作中药浸出物、油类及含油浸膏类的良好吸收剂，制成的片剂硬度较大。本品不宜与对碱性敏感的药物配伍使用。

10. 其他

氧化镁、碳酸镁、碳酸钙、氢氧化铝凝胶粉及活性炭等亦可作为片剂的吸收剂，用于吸收挥发油和脂肪油。

二、润湿剂与黏合剂

物料必须具有适宜的黏合性，方能压制成片，为了调整物料细粉的黏合性，常需要加入润湿剂或黏合剂。润湿剂（moistening agent）为水或水性液体，其本身无黏性，但可通过润湿诱导物料自身产生黏性从而使粉粒黏结成型。黏合剂（binder）多为能使物料聚集黏合成颗粒的固体粉末或黏稠液体。

1. 纯化水

纯化水为常用润湿剂，引湿性最强，适用于本身具有一定黏性成分的物料，如中药浸膏粉、半浸膏粉等。物料被水润湿后，需较高温度方能干燥，故对不耐热、遇水易变质的药物不宜使用。物料吸收水分，可能引起物料结块、溶解，且制得颗粒松紧不均匀，因此很少单独使用。

2. 乙醇

乙醇为常用润湿剂，多用于黏性较强的药物、加热干燥时易引起变质的药物、在水中溶解度大而制粒困难的药物，以及颗粒干燥后硬度过大、压片时产生花斑或崩解时间过长的药物。当片剂的赋形剂为淀粉、糊精和糖粉时，常用乙醇作润湿剂。乙醇浓度依据辅料、药物的性质以及环境温度而定，通常为30%~70%。药物的水溶性大、黏性强，或环境气温较高时，乙醇的浓度应稍高；反之，则浓度可稍低。使用乙醇作润湿剂时应迅速搅拌，立即制粒，以免乙醇挥发造成软材或颗粒结团。

3. 淀粉浆

淀粉浆为淀粉混悬液加热糊化后的黏稠胶浆，采用煮浆法或冲浆法制备。煮浆法是将淀粉混悬于全量水中，边加热边搅拌，直至糊化；冲浆法是先将淀粉混悬于少量（1~1.5倍）水中，然后按浓度要求冲入适量沸水，不断搅拌糊化而成。一般浓度为8%~15%，10%者最为常用，根据药物的黏性、可溶性及颗粒松紧等调节淀粉浆的浓度。淀粉浆不适用于遇水不稳定的药物。

4. 糖浆、饴糖、炼蜜、液状葡萄糖

此类液体的性质相似，黏合力强，适用于纤维性强、质地疏松的药物粉末，或弹性较大的动物组织类药物。

糖浆常用浓度为50%~70%，黏性很强，不宜用于酸性或碱性较强的药物，以免产生转化糖，增加颗粒的引湿性，不利于压片和片剂的稳定。

饴糖俗称麦芽糖，呈浅棕色稠厚液体，常用浓度25%或75%。不宜用于白色片剂，制成的颗粒不易干燥，压成的片剂易吸湿。

炼蜜是指经过加热熬炼的蜂蜜，常根据物料黏性特点或处方要求配制成不同浓度进行制粒。常用于含有生药原粉的中药片剂。

液状葡萄糖是淀粉的不完全水解产物，含糊精、麦芽糖等。常用浓度有25%与50%两种。本品对易氧化的药物如亚铁盐有稳定作用，有引湿性，制成的颗粒不易干燥，压成的片亦易吸湿。

5. 胶浆

常用10%~20%的明胶溶液或10%~25%的阿拉伯胶溶液作黏合剂。胶浆黏性大，适用于易松散或不能用淀粉浆制粒的药物，以及要求硬度较大的片剂，如含片等。

6. 聚维酮

聚维酮（polyvidone，PVP）为白色或黄白色粉末或片状固体，在水、乙醇中易溶，常用作黏合剂，但极具引湿性。根据分子量不同分为多种规格，如K30、K60、K90等，其中最常用的型号是聚维酮K30（PVP K30），其平均分子量为3.8×10^4，分子式为$(C_6H_9NO)_n$，可用其10%左右的水溶液作为黏合剂。对湿热敏感的药物，常采用3%~15%的无水乙醇溶液制粒，以避免水分对制粒的影响，并且可以降低干燥温度。对于疏水性药物，可用聚维酮水溶液作黏合剂，可使药物均匀湿润。5%聚维酮无水乙醇溶液可用于泡腾片中酸、碱混合粉末的制粒，避免在水存在下发生化学反应。聚维酮干粉还可用作直接压片的干燥黏合剂。聚维酮亦为咀嚼片、分散片的优良黏合剂。

7. 纤维素衍生物

纤维素衍生物的聚合度和取代程度不同，其黏度等性质亦不相同。

（1）羟丙甲纤维素（hypromellose，HPMC） 本品为2-羟丙基醚甲基纤维素，为半合成品，根据甲氧基与羟丙氧基含量的不同，将羟丙甲纤维素分为4种取代型，即1828、2208、2906、2910型。本品无臭无味，白色或乳白色纤维状或颗粒状粉末，性质稳定，不溶于热水及乙醇，在冷水中溶胀形成胶体溶液。用作片剂黏合剂，制成的片剂硬度、崩解度、溶出度均良好。本品常与淀粉浆合用，常用浓度为2%~5%，用量一般为处方量的1%~4%。

（2）羧甲纤维素钠（carboxymethylcellulose sodium，CMC-Na） 为白色或乳白色、无味颗粒状粉末，在水中溶胀成胶状溶液，不溶于乙醇，极具引湿性。常用于水溶性与水不溶性药物，使用时应避免与强酸溶液、可溶性铁盐以及铝、汞和锌等金属共同使用。本品兼用作崩解剂和填充剂等。

（3）甲基纤维素（methylcellulose，MC） 为白色或类白色纤维状或颗粒状粉末，在水中溶胀成澄清或微浑浊的胶状溶液，应用于水溶性及水不溶性药物，所得颗粒的压缩成型性好，且不随时间的延长而变硬。

（4）乙基纤维素（ethylcellulose，EC） 为白色或类白色的颗粒或粉末，溶于二氯甲烷，略溶于乙酸乙酯，不溶于水、丙三醇或丙二醇。其10%左右的乙醇溶液可用作水敏感性药物的黏合剂，但对片剂的崩解和药物的释放有阻碍作用，可用于缓释制剂。

（5）羟丙纤维素（hydroxypropyl cellulose，HPC） 根据取代基丙氧基含量的不同，分为低取代羟丙纤维素（L-HPC）和高取代羟丙纤维素（H-HPC）。L-HPC的羟丙氧基含量为5.0%~16.0%，而H-HPC的羟丙氧基含量为53.4%~80.5%。L-HPC不溶于水，在水中溶胀成胶体溶液；在乙醇、丙酮或乙醚中也不溶，具有容易压制成型和膨胀体积较大的特点，主要用作片剂干燥黏合剂和崩解剂。H-HPC在水、乙醇或丙二醇中溶胀成胶体溶液；在热水中几乎不溶。具有良好的热塑性、黏结性和成膜性，可以用作黏合剂、成膜剂、亲水骨架和热熔挤出载体等。

8. 其他

海藻酸钠、聚乙二醇及硅酸镁铝等也可用作黏合剂。中药稠膏也用作中药片剂的黏合剂，既能起治疗作用，又能起黏合作用。

三、崩解剂

崩解剂（disintegrant）系指能促使片剂在胃肠液中迅速崩解成细小颗粒而加入的辅料。片剂压制成型后，物料孔隙率变小，结合力很强，若难于在规定的时间内完成崩解，可加入崩解剂。有些类型的片剂可以不加崩解剂，如含片、舌下片、咀嚼片、植入片、长效片等。中药半浸膏片中含有中药细粉，若本身遇水后能达到崩解要求，可不加崩解剂。

1. 干燥淀粉

淀粉经100~105℃干燥1 h，含水量达8%以下为干燥淀粉，具有较强的亲水性，是毛细管形成剂，可增加孔隙率而改善片剂的渗水性。通常适用于不溶性或微溶性药物，易溶性药物遇水溶解堵塞毛细管而致崩解作用较差。淀粉的流动性与可压性较差，外加时用量过多会使颗粒的流动性降低并且影响片剂的硬度，其用量一般为干颗粒的5%~20%。

2. 羧甲淀粉钠

羧甲淀粉钠（sodium starch glycolate，CMS-Na）为白色或类白色粉末，不溶于乙醇。本品具有较强的吸水性和膨胀性，能吸收其干燥体积30倍的水，吸水膨胀后体积可增大至原体积的200~300倍。本品具有良好的流动性及可压性，制得的片剂有适宜的硬度和较快的溶出速度。《中国药典》收载了四种型号羧甲淀粉钠，其中B型为低pH型，C型为低氯化钠型，A型与D型为常用型，既可用于直接压片，又可用于湿法制颗粒压片，其用量一般为干颗粒的4%~8%。

3. 纤维素衍生物

纤维素衍生物吸水性强，易于膨胀，可作为片剂良好的崩解剂。

（1）低取代羟丙纤维素（low-substituted hydroxypropyl cellulose，L-HPC） 有良好的吸水性，同时具有较大的吸水速度和吸水量，是一种良好的膨胀剂。另外，L-HPC的毛糙结构与颗粒之间有较大的镶嵌作用，使黏度增强，可提高片剂的硬度和光洁度，一般用量为2%~5%。

（2）交联羧甲纤维素钠（croscarmellose sodium，CCMC-Na） 白色细颗粒状粉末，在乙醇、乙醚和大多有机溶剂中不溶解。其吸水性强，易于膨胀，具有可压性与崩解性均较强的特点，可用于湿法制颗粒压片，也可用于粉末直接压片。CCMC-Na常用作酸性药物的崩解剂，但应避免与有机碱类药物共同使用，用量一般为0.5%~5%。

4. 交联聚维酮

交联聚维酮（crospovidone，PVPP）为白色或类白色粉末，流动性好，不溶于水、乙醇、乙醚等溶剂，但有极强的引湿性，水合能力极强，吸水迅速，溶胀系数为2.25~2.30，具有强烈的毛细管作用，水分能迅速渗入从而促使片剂膨胀崩解。制得的片剂硬度大，外观光洁，是性能优良的崩解剂。

5. 泡腾崩解剂

泡腾崩解剂由酸性辅料（有机酸）与碱性辅料（碳酸盐）组合而成，是专用于泡腾制剂的特殊崩解剂。遇水时，上述两种物质发生酸碱反应，连续不断地产生二氧化碳气体，使片剂在几分钟之内迅速崩解。使用泡腾崩解剂时应严格控制水分，一般将酸碱两种辅料分别制颗粒、干燥后，压片前混匀。泡腾崩解剂的酸性辅料可选用枸橼酸、酒石酸、富马酸、苹果酸等有机酸，碱性辅料可选用碳酸钠、碳酸氢钠、碳酸钾、碳酸氢钾等。

6. 表面活性剂

表面活性剂能增加片剂的润湿性，使水分易于渗入而促进片剂崩解，为崩解辅助剂。常用的表面活性剂有聚山梨酯80、泊洛沙姆、十二烷基硫酸钠、溴化十六烷基三甲铵等，一般用量为0.2%。表面活性剂适用于疏水性或不溶性药物，单独使用崩解效果不好，常与其他崩解剂如干燥淀粉混合使用。可以将表面活性剂溶解于黏合剂中，也可以与外加崩解剂混合后加入干颗粒中，还可以制成醇溶液后喷在干颗粒上。

四、润滑剂

润滑剂（lubricant）是指在充填物料压片时加入的能够增加颗粒流动性，减少物料黏附冲头、模孔，便于压成的片剂从模孔中出片的一类辅料。润滑剂包括助流剂、抗黏剂和润滑剂。其中，助流剂可降低粒子间的摩擦力而改善粉末（颗粒）流动性，减小片重差异。抗黏剂可防止片剂颗粒或物料黏附在冲头的表面和模孔壁上，保证压片过程顺利进行及片剂表面光洁。润滑剂可降低颗粒之间及颗粒、片剂与冲头或模孔壁之间的摩擦力，改善力的传递与分布，易于成片和出片。

1. 硬脂酸镁

硬脂酸镁为白色细腻的粉末，堆密度小（0.159 g/cm³），比表面积大（1.6~14.8 m²/g），有良好的附着性，所制得片剂光滑美观，为优良的润滑剂和抗黏剂。为疏水性物质，用量过大会影响片剂崩解且容易造成裂片，一般用量为 0.3%~1%。

2. 滑石粉

滑石粉是经过纯化的含水硅酸镁，为白色结晶粉末，不溶于水，但有亲水性，对片剂的崩解影响不大，为优良的助流剂与抗黏剂。滑石粉性质稳定，与大多数药物不发生反应，廉价易得，但对胃肠道有一定刺激性，故用量不宜过大。滑石粉颗粒细而比重大，附着力较差，在颗粒中分布不均匀，很少单独使用，常与疏水性润滑剂如硬脂酸镁联合应用，以改善疏水性润滑剂对片剂崩解的不良影响，一般用量为 0.3%~3%。

3. 微粉硅胶

微粉硅胶又称胶态二氧化硅，为白色的轻质粉末，比表面积大，化学性质稳定，流动性好，对药物有较强的吸附力，特别适用于油类和浸膏类药物。微粉硅胶有较强的亲水性，是优良的助流剂和润滑剂，一般用量为 0.1%~0.5%。使用本品时，应控制其比表面积 > 200 m²/g，助流作用及用量与其比表面积相关。

4. 氢化植物油

氢化植物油系由植物油经过精制、漂白、氢化脱色及除臭，喷雾干燥而制得，主要含硬脂酸和棕榈酸的甘油三酯。一般呈白色微细的粉末或蜡状固体，熔点为 57~61℃，可溶于热轻质矿物油、乙烷、三氯甲烷、石油醚和热异丙醇，不溶于水。使用时将其溶解于轻质液状石蜡或已烷中，再喷洒于干颗粒上，以利于其均匀分布。氢化植物油是一种良好的润滑剂，可与对碱性敏感的药物共同使用。一般用量为 1%~6%。

5. 聚乙二醇类

聚乙二醇（polyethylene glycol，PEG）类为环氧乙烷与水缩聚而成的混合物，常用的有 PEG 4000 或 PEG 6000。PEG 类在水中易溶，溶解后可得到澄明的水溶液，具有良好的润滑作用，且不影响片剂的崩解和溶出。此类润滑剂为水溶性润滑剂，主要用于水溶性片剂。

6. 十二烷基硫酸钠

十二烷基硫酸钠为以十二烷基硫酸钠（$C_{12}H_{25}NaO_4S$）为主的烷基硫酸钠混合物，为白色至淡黄色结晶或粉末，有特征性微臭，在水中易溶。

处方设计时必须注意，片剂辅料往往兼有几种功能与作用，如淀粉可用作稀释剂或吸收剂，同时也是良好的崩解剂，淀粉加水加热糊化后又可用作黏合剂。中药片剂的原料药物，既有治疗作用，也兼作辅料，如含淀粉较多的药物细粉可用作稀释剂和崩解剂，药物的稠膏也可用作黏合剂。因此，必须掌握各类辅料和原料药物的特点，在处方设计中灵活运用，达到既节省辅料又能提高片剂质量的目的。

第三节　片剂的制备

片剂种类较多，制法各异，应根据药物的性质和临床需要选择适宜的片剂类型和制备方法。片剂的制法可分为颗粒压片法和直接压片法两大类，目前以颗粒压片法应用较多。依据制粒方法不同，又分为湿法制粒压片法和干法制粒压片法。直接压片法分为粉末直接压片法和结晶直接压片法。

一、颗粒压片法

颗粒压片系将中药制剂中间物料与辅料混合制成颗粒，再进一步压片成型。其中，制颗粒是关键工序，颗粒的质量直接影响压片过程及片剂质量。药物制颗粒的目的是：①增加压片物料的流动性，使物料能顺利填充入模孔，避免出现松片，以保证片剂的重量差异符合要求；②改善物料的表面物性，增加可压性；③减少细粉表面吸附和粉末间容存空气，避免粉直接压片易出现药片松裂、顶裂等现象；④消除压片过程中因机械振动引起的不同粒径或不同密度粉末的分层，使片剂药物含量均匀；⑤减少粉末压片时容易出现的粉尘飞扬，防止粉末压片时容易出现黏冲、拉模等现象。

（一）湿法制粒压片

1. 制备工艺流程

湿法制粒压片法的工艺流程见图11-1。

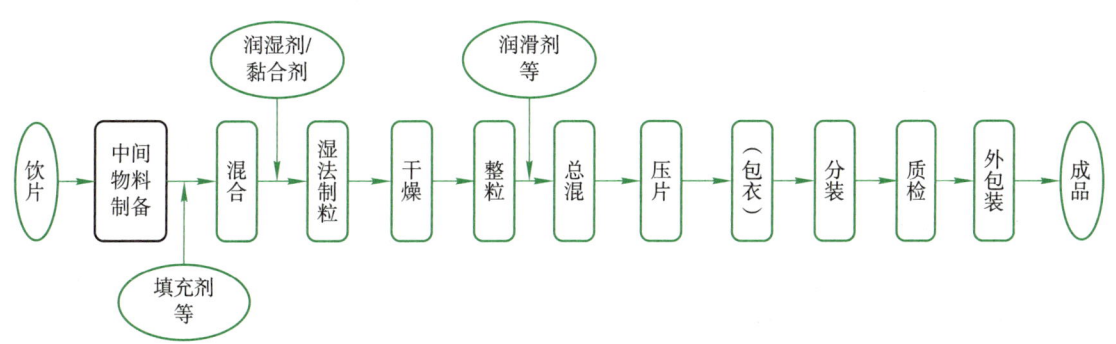

图11-1　湿法制粒压片法的工艺流程

2. 中药片剂中间物料的制备

在处方饮片组成及其有效成分、有效部位或提取浸膏研究基础上，结合临床日服饮片及其中间物料剂量情况，选择中药片剂类型及其中间物料制备方法。

（1）有效成分或有效部位明确的中药饮片，应按照有效成分或有效部位制备方法制备成符合质量要求的提取物，作为提纯片制备用物料。

（2）大多数中药片剂，由于处方中饮片性质及其所含活性成分性质不同，片剂中间物料制备时应根据其性质并结合预试验制成片剂的服用剂量，选择好中药片剂的类型，确定片剂中间物料制备工艺。①对日服剂量允许制成全粉片的贵重细料中药饮片，可选择适宜的粉碎方法制成符合要求的饮片细粉，如参茸片；②对日服饮片用量较大的处方，饮片须经浸提、分离、浓缩、干燥等制成稠浸膏或干浸膏粉，制成全浸膏片，满足中药片剂日服用量需要；③处方中的贵重药（如牛黄、麝香等）、毒性药（如雄黄等）应粉碎成细粉；某些含芳香挥发性成分药物（如冰片等）、含淀粉较多的中药饮片，可根据片剂剂量许可情况将其部分或全部粉碎成细粉，兼作填充剂和崩解剂，制成半浸膏片。

（3）处方中含有挥发油有效部位的饮片，一般须提取挥发油另外保存，在颗粒压片前以适宜方式加入。

3. 湿法制粒

在第九章第二节中已介绍了常用的湿法制粒技术，如挤出制粒、高速搅拌制粒、流化喷雾制粒等，可根据制粒物料的性质和颗粒质量要求进行选用。

4. 颗粒干燥

制成的湿颗粒应及时干燥，以避免结块或变形。干燥的方式多采用箱式干燥或流化床干燥。干燥温度一般为60~80℃。干燥温度过高会使颗粒中的淀粉粒糊化，影响片剂崩解，还可能引起含浸膏的颗粒软化结块。对于含挥发性成分及热敏感成分的颗粒，干燥温度应控制在60℃以下，避免有效成分散失或被破坏。颗粒干燥应控制一定的含水量，中药片剂压片用颗粒的含水量通常控制在3%~5%，含水量过高易黏冲，过低则易松片。

5. 整粒

采用箱式干燥器干燥的颗粒常常出现颗粒相互粘连现象，需在干燥后再经摇摆式颗粒机整粒，使之分散均匀。整粒时须视颗粒松紧程度选择适宜孔径的筛网，一般选择二号筛。若颗粒较疏松，应选用孔径较大的筛网，以免破坏颗粒而增加细粉；若颗粒较粗硬，应用孔径较小的筛网，以免颗粒过于粗硬。

颗粒的粒度、含细粉量、松紧程度应符合要求。颗粒粒度应根据片重及药片直径选择，中药片剂通常选用能通过二号筛或更细的颗粒；干颗粒的松紧度影响片剂的外观，硬颗粒在压片时易产生麻面，松颗粒则易产生松片。干颗粒中粗细颗粒的比例应适宜，细颗粒过少，片重差异大，片剂中药物含量不均匀，细粉过多，易引起松片。通常以含有能通过二号筛的颗粒占总量的20%~40%为宜，且无通过六号筛的细粉。

6. 压片前物料的处理

（1）挥发性液体或固体药物的加入方法　少量挥发性液体药物如挥发油，可先用从混匀的干颗粒中筛出的部分细粉将其吸收后，再与全部干颗粒混匀；若挥发性液体较多时，需用适量的吸收剂将其吸收后，再与其他颗粒混匀；亦可将挥发油微囊化或制成环糊精包合物后加入干颗粒中，既便于压片又可以减少挥发性成分的损失。挥发性固体药物，如薄荷脑，可先用少量乙醇溶解后均匀地喷洒在颗粒上。挥发性药物加入后，均应密闭贮放数小时，使挥发性成分在颗粒中渗透均匀，以免压片时产生裂片等现象。

（2）崩解剂、润滑剂的选用及加入方法　根据片剂崩解需要选择适宜的崩解剂并选用合适的加入方法。润滑剂一般在整粒后筛入干颗粒中混合均匀，但应注意加入量与混合时间。

崩解剂的加入方法有：①内加法，即先将崩解剂与处方物料混合，再制成颗粒，崩解作用力起源于颗粒内部，颗粒崩解较完全彻底，但由于崩解剂被颗粒包裹，与水接触较为迟缓，崩解作用较弱。同时在制粒过程中，淀粉等崩解剂需要接触湿、热，崩解性能会受到影响。②外加法，即药物与其他辅料制成颗粒干燥后，再加入崩解剂与颗粒混合、压片。外加法制成的片剂崩解迅速，但因颗粒内无崩解剂，片剂不易崩解成细粉，药物的溶出会受到影响。③内、外加法，即取部分崩解剂与处方物料混合在一起制成颗粒，剩余部分崩解剂与已干燥的颗粒混合均匀压片。此法整合了前两种方法的优点，使片剂的崩解更为理想，崩解剂内、外加的比例通常为3∶1。

润滑剂的作用与表面积有关，粉末越细，其润滑效果也越好，一般通过200目筛；某些润滑剂与颗粒混合时，因混合时的剪切作用，可使其比表面积增加，因此应控制混合的条件；润滑剂一般在压片前的最后一个工序加入，加入方法有：①用60目筛筛出颗粒中的部分细粉，将细粉与润滑剂混合均匀后再加入干颗粒中；②将润滑剂溶于或分散于适宜的溶剂中制成溶液或混悬液，将其喷于颗粒中混匀。

7. 压片

（1）片重的计算

方法1：根据压片前日服片剂物料总重量，包括制剂中间物料和辅料的总量，结合日服片数，计算片重，见式（11-1）。

$$片重 = \frac{压片物料总重量}{日服次数 \times 单服片数} \tag{11-1}$$

方法2：若已知每片主药含量（标示量），可先测定压片物料中主药含量，再用式（11-2）计算片重。此种情况适合于化学药物和中药提纯片片重的计算。

$$片重 = \frac{每片含主药量}{压片物料中测得的主药百分含量} \tag{11-2}$$

（2）压片机及压片过程　压片机按其压片方式可分为单冲压片机和旋转式压片机，按压制成的片形可分为圆形片压片机和异形片压片机，按压缩次数可分为一次压制压片机和二次压制压片机，按片层可分为单层压片机和双层压片机。

知识拓展11-3：我国压片机的发展与现状

目前国内常用的压片机有单冲压片机和旋转压片机。

1）单冲压片机：主要由冲模、加料机构、填充调节机构、压力调节机构和出片机构组成（图11-2）。其原理是通过偏心轮的转动带动上下冲运转，使之产生相对运动而压制成药片（图11-3）。压力调节器的作用是调整上冲下降的距离，在充填量一定的情况下，上冲下降愈多，上下冲之间的距离愈近，压力就愈大，反之就愈小。填充调节机构包括片重调节器和出片调节器，片重调节器用来调整下冲下降的深度（即下冲的最低位置），目的是控制中模孔内物料的容积即片重；出片调节器用来调整下冲升起的高度位置，一般调整至与中模上缘相平。

单冲压片机是间歇式生产设备，生产效率低，一般每分钟40~100片；压片时由于上冲单向加压而容易产生裂片、噪声大。单冲压片机可以手摇，也可以电动连续压片，一般适用于小批量生产和实验室试制。

2）旋转压片机：主要由工作转盘、加料机构、填充调

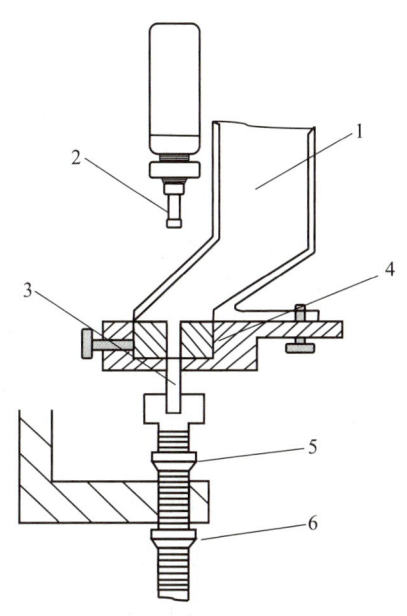

图11-2　单冲压片机结构示意图

1. 加料斗；2. 上冲；3. 下冲；4. 模圈；
5. 出片调节器；6. 片重调节器

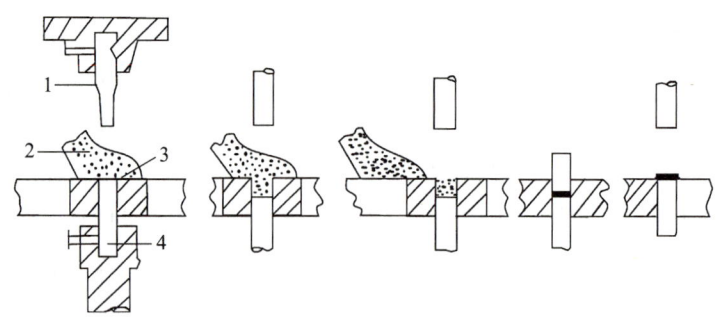

图 11-3 单冲压片机工作流程示意图
1. 上冲；2. 颗粒；3. 模圈；4. 下冲

节机构、上下冲的导轨装置和压力调节机构组成。工作转盘由 3 部分组成：上层为上冲、中层为中模、下层为下冲，中层位置装有填料斗。

旋转压片机的工作原理是将多副冲模呈圆周状装置在工作转盘上，各上、下冲的尾部由固定不动的升降导轨控制；工作转盘由传动设备带动旋转，使得上下冲随其作同步旋转，同时又受导轨控制作轴向的升降运动，填料斗中的颗粒连续加入冲模；在上冲上面及下冲下面装有压轮，当上下冲转动到压轮时，物料被连续压制成片并连续出片。

旋转压片机按工作转盘旋转速度分为普通旋转压片机、高速旋转压片机和亚高速旋转压片机，可满足不同的生产需求，如表 11-1 所示。

旋转压片机因其振动小、噪声低、能耗小、产量高、质量稳定以及适合规模生产等特点在国内外得到广泛应用，已成为片剂生产的主要机械设备。

表 11-1 旋转压片机性能比较

压片机	最高转速 /（r/min）	生产能力 /（万片 /h）
普通旋转压片机	30	10
高速旋转压片机	50～90	20～50
亚高速旋转压片机	40	20～26

3）花篮式压片机：是一种小型连续自动压片机，其工作原理与单冲压片机不尽相同。它主要通过三角皮带和一级圆柱齿轮，带动主轴旋转，主轴上装 3 种凸轮机构，通过三者协调运作，完成填充、压制、出片 3 个工艺程序。

花篮式压片机与单冲压片机相比较为笨重，难以进行手摇式压片，其生产能力与单冲压片机相差无几，一般也只适用于实验室、医院等部门的小批量生产。由于其冲模较大，装量也大，因此还适用于大剂量片剂、各种异形片剂以及双面刻有商标、文字和简单图形片剂的压制。

（二）干法制粒压片

干法制粒压片可用于遇水不稳定药物片剂的制备。其工艺过程除制粒方式与湿法制粒不同外，其余均按照颗粒压片法进行。干法制粒时，将药物粉末与适宜固体辅料混匀，可添加甲基纤维素、羟丙甲纤维素和微晶纤维素等干燥黏合剂，以保证片剂的硬度和脆碎度，常采用滚压法制粒。干颗粒整粒后与润滑剂和崩解剂混匀后压片。

二、粉末直接压片法

粉末直接压片法系指将药物粉末与适宜辅料混合后，不经过制颗粒而直接进行压片的方法。粉末直接压片法工艺过程简单、省时、节能；不加水，不受热，适用于对湿热敏感药物的压片；片剂崩解完全彻底，有利于药物的溶出，工业自动化程度高，因此越来越受到研究人员和制药企业的重视。其不足之处是对原料及辅料的性能要求高，生产过程中粉尘较多。

1. 制剂中间物料的性质表征

全粉末压片用药物原料应具有适当的粒度、结晶形态、可压性和流动性。中药制剂中间物料须进行流动性、引湿性、可压缩性测定，为进一步评估压片工艺的可行性和辅料优选奠定基础。为了更好地满足粉末直接压片要求，常常需要重视中药粉体原料的性能改性，如采用冷冻干燥、喷雾干燥以及其他粉体改良技术等，改善中药粉体的流动性、压缩性、润湿性、吸湿性和崩解性等。

2. 优选适宜辅料品种和用量

粉末直接压片中辅料的选择至关重要，对辅料的要求除了具备一般片剂辅料的性能外，必须要有良好的流动性和可压性，还需要有适宜的松密度和较大的药品容纳量，即加入较多的药物而不至于对其流动性和可压性产生显著的影响。常用于全粉末直接压片用的辅料有：①干燥黏合剂，如羟丙甲纤维素、微晶纤维素等；②助流剂，如微粉硅胶、氢氧化铝等；③崩解剂，如干燥淀粉、羧甲淀粉钠等。必要时，可根据需要选用由两种或两种以上辅料按照特定方法制备成的预混辅料，使辅料在亚颗粒状态反应，产生功能协同作用，同时掩盖单一辅料的不足之处，以解决粉末直接压片问题。

3. 选用适宜的压片机械装置

粉末直接压片时，可采用振荡器，利用上冲转动时产生的动能撞击物料，使粉末均匀流入模孔，也可在压片机上加装强制供料装置使粉末均匀流入模孔。减慢压片机车速延长压缩时间，或采用预压、终压二次压缩成片工艺，排出粉末中的空气，减少裂片现象，增加片剂的硬度。压片机应具自动密闭加料装置、较好的除尘装置和刮粉器与转台间的严密接合，防止压片粉末飞扬。

微视频 11-1：中药片剂的制备

案例 11-1 银翘解毒片

【处方】金银花 200 g　连翘 200 g　薄荷 120 g　荆芥 80 g　淡豆豉 100 g　牛蒡子（炒）120 g　桔梗 120 g　淡竹叶 80 g　甘草 100 g

【制法】以上九味，金银花、桔梗分别粉碎成细粉，过筛；薄荷、荆芥提取挥发油，蒸馏后的水溶液另器收集；药渣与连翘、牛蒡子（炒）、淡竹叶、甘草加水煎煮二次，每次 2 h，滤过，合并滤液；淡豆豉加水煮沸后，于 80℃温浸二次，每次 2 h，合并浸出液，滤过。合并以上各药液，浓缩成稠膏，加入金银花、桔梗细粉及淀粉或滑石粉适量，混匀，制成颗粒，干燥，放冷，加入硬脂酸镁，喷加薄荷、荆芥挥发油，混匀，压制成 1 000 片，或包薄膜衣，即得。

【性状】本品为浅棕色至棕褐色的片或薄膜衣片，除去包衣后显浅棕色至棕褐色；气芳香，味苦、辛。

【功能与主治】疏风解表，清热解毒。用于风热感冒，症见发热头痛、咳嗽口干、咽喉疼痛。

【用法与用量】口服，一次 4 片，一日 2~3 次。

【注解】

（1）该方来自清代吴鞠通《温病条辨》中辛凉平剂"银翘散"，是治疗风温初起之常用方。原方为煮散剂，现有银翘解毒片、银翘解毒颗粒、银翘解毒胶囊、银翘解毒软胶囊、银翘解毒丸（浓缩蜜丸）等不同制剂品种收载于《中国药典》。

（2）该片剂为半浸膏片，制备时选择金银花、桔梗以全粉入药，既保留了有效成分，还可兼作片剂赋形剂。薄荷、荆芥含挥发油，须先提取挥发油，蒸馏后的水溶液备用，药渣与连翘、牛蒡子（炒）、淡竹叶、甘草合并煎煮；淡豆豉加水煮沸后，80℃温浸提取，以防止长时间煎煮造成滤过困难；上述药液合并浓缩成稠浸膏。

（3）本品采用颗粒压片法制备。颗粒制备时，根据批间稠浸膏得率和颗粒制备情况，添加适量淀粉或滑石粉，确保颗粒成型和批间颗粒得率稳定。压片前，加入硬脂酸镁为润滑剂，喷加薄荷、荆芥挥发油于干颗粒，混匀后压片。

> **思考与讨论**
>
> 《温病条辨》中记载银翘散煎药方法为："上杵为散，香气大出，即取服，勿过煮，过煮则味厚而入中焦矣"。请结合此煎煮方法对银翘解毒片的制法进行评价。

案例11-2 银杏叶片

【处方】银杏叶提取物 40 g

【制法】取银杏叶提取物，加辅料适量，制成颗粒，压制成1 000片，包糖衣或薄膜衣，即得。

【性状】本品为糖衣片或薄膜衣片，除去包衣后显浅棕黄色至棕褐色；味微苦。

【功能与主治】活血化瘀通络。用于瘀血阻络引起的胸痹心痛、中风、半身不遂、舌强语謇；冠心病稳定型心绞痛、脑梗死见上述证候者。

【用法与用量】口服。一次2片，一日3次；或遵医嘱。

【注解】

（1）银杏叶提取物是以银杏科植物银杏 *Ginkgo biloba* L. 的干燥叶为原料，经稀乙醇加热回流提取，大孔吸附树脂纯化，喷雾或真空干燥后制成的提取物，主要有效成分为总黄酮醇苷和萜类内酯。现有银杏叶片、银杏叶胶囊、银杏叶软胶囊、银杏叶滴丸、银杏叶口服液等不同制剂品种收载于《中国药典》。

（2）该片剂为采用颗粒压片法制备的提纯片。在制备过程中，可根据需要加入辅料适量；可以选择包糖衣或薄膜衣，以改善药物的外观和口感，同时提高稳定性。

> **思考与讨论**
>
> 银杏叶片、银杏叶胶囊、银杏叶软胶囊制法中均提到了"取银杏叶提取物，加辅料适量，……"请谈一下你对银杏叶不同剂型制法中"加辅料适量"的理解。

案例11-3 消炎利胆片

【处方】穿心莲868 g　溪黄草868 g　苦木868 g

【制法】以上三味，穿心莲、苦木用80%～85%乙醇加热提取二次，每次2 h，提取液滤过，滤液合并，回收乙醇并浓缩成稠膏；溪黄草加水煎煮二次，煎液滤过，滤液合并，浓缩至相对密度为1.20～1.25（55～60℃），加五倍量70%乙醇，搅匀，静置24 h，滤过，滤液回收乙醇并浓缩至适量，与上述稠膏合并，混匀，干燥，加适量辅料，混匀，制成颗粒，干燥，压制成1 000

片或 500 片，包糖衣或薄膜衣，即得。

【性状】本品为糖衣片或薄膜衣片，除去包衣后显灰绿色至褐绿色；味苦。

【功能与主治】清热，祛湿，利胆。用于肝胆湿热所致的胁痛、口苦；急性胆囊炎、胆管炎见上述证候者。

【用法与用量】口服。一次 6 片（薄膜衣小片、糖衣片）或 3 片（薄膜衣大片），一日 3 次。

【注解】

（1）该制剂的使用可追溯至 1969 年广州部队后勤部卫生部编纂的《常用中草药手册》和《广西中草药新医疗法展览资料选编》，由穿心莲、溪黄草、苦木等中药配伍组方制成，处方药物量大且均为普通中药，故制成全浸膏片。

（2）穿心莲、苦木用 80%～85% 乙醇回流提取，回收乙醇并浓缩成稠膏；溪黄草采用水提醇沉法提取和纯化，回收乙醇并浓缩至适量，与上述稠膏合并，混匀，干燥，获得中间物料。

（3）采用颗粒压片法制备片剂。在制备过程中，可根据需要加入辅料适量；可以选择包糖衣或薄膜衣，以改善药物的外观和口感，同时解决易吸湿、质量不稳定问题。

案例 11-4　安胃片

【处方】醋延胡索 63 g　枯矾 250 g　海螵蛸（去壳）187 g

【制法】以上三味，粉碎成细粉，过筛，混匀，加蜂蜜 125 g 与适量的淀粉制成颗粒，干燥，压制成 1 000 片，或包薄膜衣，即得。

【性状】本品为类白色至浅黄棕色的片；或为薄膜衣片，除去包衣后显浅黄棕色；气微，味涩、微苦。

【功能与主治】行气活血，制酸止痛。用于气滞血瘀所致的胃脘刺痛、吞酸嗳气、脘闷不舒；胃及十二指肠溃疡、慢性胃炎见上述证候者。

【用法与用量】口服。一次 5～7 片，一日 3～4 次。

【注解】

（1）该方组方简单，剂量较小，主要用于治疗胃部疾病，故选择全粉末片，不仅可以最大限度保留有效成分，还起到药辅合一作用，节约了辅料。

（2）醋延胡索、枯矾、海螵蛸（去壳），分别为植物药、矿物药、动物药，质地差异较大，宜分别单独粉碎。

（3）采用颗粒压片法制备片剂。制备中，加蜂蜜与适量的淀粉确保颗粒成型和批间颗粒得率稳定；可根据需要包薄膜衣。

第四节　压片成型原理及常见问题

一、压片成型原理

（一）片剂成型过程

依据颗粒受压过程中粒子形态结构及相对体积的变化情况，可将压片过程分为以下四个阶段：第一阶段，压力较小，粒子因受压而移动并处于最合理的位置，排列紧密；第二阶段，压力稍大，颗粒之间的接触点处发生塑性变形和弹性变形，体积变化的幅度增大；第三阶段，压力已足够大，致使大量颗粒破碎并伴随着塑性变形及弹性变形，使其密度增大，相对体积减小的幅度最大；第四阶段，粒子结合而致体积缩小，但变化幅度不是很大。实际上四个阶段不是截然分开的，而是一个连续的过程。

（二）片剂成型原理

压片是在一定压力下把颗粒（或粉末）状物料压实的过程，片剂成型是由多种因素综合作用的结果。颗粒在未受压时，彼此间只有内聚力而无结合力，且在颗粒的间隙内充满着空气。压片时，由于压力的作用，颗粒发生移动或滑动而排列紧密，同时颗粒受压变形或破碎，压力越大破碎越多，致使粒子间的距离缩短，接触面积增大而使粒子间的范德华力等发挥作用，同时因粒子破碎而产生了大量的新表面，有较大的表面自由能，使粒子结合力增强。在压力继续作用下，颗粒黏结，比表面积减少，颗粒产生塑性变形，变形的颗粒则借助于分子间力、静电力等而结合成较坚实的片剂。

另一方面，物料受压时，由于颗粒之间、颗粒与冲模壁之间的摩擦力以及物料发生塑性或弹性变形等作用可产生热量，所以局部温度可能较高，致使颗粒间接触支撑点部分可因高温而产生熔融，由于两种以上组分形成了低共熔混合物，当压力解除后又再结晶，并在颗粒间形成固体桥，将相邻粒子连起来而有利于颗粒的固结成型。

片剂的结合力主要有以下几种：

（1）机械嵌合力　颗粒形态不规则，表面粗糙或因压缩而变形等，使被压缩的粒子间相互嵌合，从而使片剂成型。

（2）粒子间力　压缩时因颗粒破碎或塑性形变等，使粒子间的距离高度接近而接触面积增大，使颗粒间范德华力、静电力等发挥作用。

（3）固体桥　一是组分熔融固体桥，颗粒压缩时可产生热量，产生热量的大小与压力大小等有关。由于颗粒的形态不规则，粒子间实际接触面积很小，又由于药物及辅料的导热性很差致使接触点的局部温度很高，达到某些药物及辅料的熔点，使其熔融并在粒子间形成固体桥；二是可溶性成分重结晶固体桥，压片时颗粒中一般均含有适量水分，水溶性成分溶于这些水中成饱和溶液，压制时，可溶性成分失水重结晶形成固体桥。

（三）压片过程中压力的传递和分布

1. 压力的传递

压片过程中，由上冲（和下冲）施加压力，压力在模孔内通过颗粒传递。压力在向垂直方向（轴向）传递的同时，也沿水平方向（径向）传递。单冲压片机压片时，由于颗粒与颗粒、颗粒与模孔壁的摩擦，使下冲压力小于上冲压力，而旋转压片机上下冲的压力接近；压片时，冲头由轴向施加压力，径向传递而产生径向力，即作用于模壁的力，径向力远小于轴向力。

2. 压力的分布

压片时压力在颗粒中的分布是不均匀的，所以药片周边、片芯及片面各部分的压力和密度的分布也不均匀。单冲压片机压片时，面向上冲边缘处的压力较大，面向下冲面边缘处的压力较低，其原因是近模壁处因受摩擦力的影响而使力的损失较多，而轴向中心部位的力损失较少，所以在靠近下冲的轴心部位有高压区。片剂的密度分布与压力相似。旋转压片机压片时，上、下两面的压力相近。

（四）片剂的弹性复原

固体颗粒被压缩时，既发生塑性变形，又发生一定程度的弹性变形，因此在压制的片剂内聚集一定的弹性内应力，其方向与压缩力相反，当外力解除后弹性内应力趋向松弛和恢复原状，使体积增大达2%~10%，片剂的这种膨胀现象称为弹性复原。由于压缩时片剂各部分受力不同，各方向的内应力也不同，当上冲上提时，片剂在模孔内呈轴向膨胀，推出模孔后，同时呈径向膨胀。膨胀过大，造成裂片。

（五）片剂的崩解机理

片剂崩解机理主要有下几种，或由多种机制协同作用完成。

1. 毛细管作用

崩解剂在片剂中形成易于润湿的孔隙结构和毛细管道，遇到水性介质时，水能迅速地随毛细管进入片剂内部使整个片剂湿润而崩解。如淀粉及其衍生物和纤维素类衍生物等。

2. 膨胀作用

崩解剂具有较强的遇水膨胀性能，片剂遇水后体积显著增大，使其内部黏合力瓦解而崩解；某些崩解剂遇水后产生润湿热，导致片剂中残存的空气膨胀，致使片剂崩解。如羧甲淀粉钠等。

3. 产气作用

崩解剂由于化学反应产生大量气体，借气体膨胀而使片剂崩解，如泡腾崩解剂。

4. 酶解作用

在片剂中加入对黏合剂及稀释剂有酶解作用的特殊酶，遇水发生酶解反应而促使片剂崩解。如淀粉与淀粉酶、纤维素类与纤维素酶、树胶与半纤维素酶等。

二、压片过程常见问题及原因分析

（一）中药颗粒压片过程常见问题

1. 松片

通常认为，片剂硬度低于40 N就会出现松片现象；或将片剂置中指与食指之间，用拇指轻轻加压就碎裂即为松片。松片的原因有：

（1）物料质地的影响　物料黏性小，黏合剂用量不足或选择不当，所制颗粒质地疏松细粉过多等，都可能造成松片，此时应视药物的特性调整原处方中黏合剂种类或增加黏合剂用量，以增加黏性。若物料中含有较多挥发油、脂肪油，可加适宜吸收剂吸油。物料中若含饮片粉末，粉末粒度太粗会降低粒子间的内聚力，产生松片，因此需要控制饮片粉末粒度。

（2）含水量的影响　含有适宜水分的颗粒因可塑性大，压成的片剂硬度较好。过分干燥的颗粒受压时弹性较大，压成的片剂硬度较差；颗粒含水量过多时亦会降低片剂的硬度。

（3）压片机运作的影响　压片时压力不够，冲头长短不齐，下冲下降不灵活导致模孔中颗粒填充不足，压片速度过快、受压时间太短等，都可能造成松片。可适当增加压力，减慢压片速度增加受压时间，或调换冲头。

2. 黏冲

药片表面被冲头黏去，造成药片表面有缺损的现象称为黏冲。黏冲的主要原因有：

（1）颗粒的影响　颗粒湿度大或含有引湿性成分，室内温度、湿度过高等，均易产生黏冲。应重新干燥颗粒或控制室内温度与湿度。

（2）润滑剂的影响　润滑剂用量不足或分布不均匀。适当增加润滑剂用量并将其混匀。

（3）冲头的影响　冲头表面锈蚀、粗糙不光或刻字太深。调换冲头，或用凡尔砂擦亮使之光滑。

3. 裂片

片剂压成后，从腰间开裂或顶部脱落的现象称为裂片。产生裂片的原因有：

（1）黏合剂或润湿剂的影响　制粒时黏合剂或润湿剂选择不当，或用量不足。

（2）颗粒质量的影响　颗粒含油类成分较多，减弱了颗粒间的黏合力，可加入适当吸收剂改善；或颗粒中含纤维性细粉过多，富有弹性而引起裂片，可加入糖粉克服；颗粒干燥过度也可引起裂片，可加入适量的乙醇，或与含水量较多的颗粒混合，亦可增加压片室空气的湿度。

（3）压片机及压片参数的影响　压片机转速太快，颗粒中容存的空气来不及逸出而引起裂片，可调节压片机的压力或减慢压片速度以克服；冲模不符合要求，上冲与模圈不吻合，冲头向内卷以及模孔口径改变，均可导致裂片。

4. 变色与斑点

变色与斑点即片剂表面出现花斑或色差，产生的原因有：

（1）颗粒硬度过大，或润滑剂混合不均匀　需重新制粒，或将润滑剂粉碎成细粉、过筛，与颗粒充分混匀。

（2）压片机上冲涂抹的润滑油过多，污染颗粒　可在上冲头上装橡皮圈以防油垢滴入颗粒中，并应经常擦拭冲头和橡皮圈。

5. 引湿受潮

引湿受潮即在制备过程及压成片剂后，出现的吸湿受潮、黏结等现象。解决方法：①在干浸膏中加入适量辅料，如磷酸氢钙、氢氧化铝凝胶粉、淀粉、糊精、活性炭等；②加入部分中药细粉，用量通常为原药总量的10%～20%；③优化提取、分离、纯化工艺，除去部分水溶性杂质；④将5%～15%的玉米朊乙醇溶液、聚乙烯醇溶液喷雾或混匀于浸膏颗粒中，颗粒干燥后进行压片。

（二）中药粉末直接压片常见问题

中药复方粉末通常在片剂的处方中所占的比例较大，因此粉末的粉体学性质以及辅料的类型和用量需要重点评价和控制。如何使用最小量的辅料来制备各种质量指标均合格的片剂值得探讨，研究其粒径大小以及粉末形态对可压性的影响是非常重要的。粉末直接压片常见的粉末特征影响压片的问题有以下方面。

1. 中药粉末的吸湿性强

中药粉末通常为含多种吸湿成分的混合物，如蛋白质、多糖、淀粉、黏液质、无机盐等，普遍具有较强的吸湿性，吸湿后的物料会表现出流动性差、黏性强等不良特点。中药全粉末压片前必须考察粉末的吸湿性，通常用平衡吸湿率、临界相对湿度等特征参数来表征，参见第十八章第三节。粉末吸湿易改变流动性，影响片剂物料充填，同时易引起压片黏冲。

2. 中药粉末流动性差

在粉末压片生产过程中，中药粉末的流动性将影响产品质量（如质量差异、均匀度等）、物料利用率（掐头、去尾），以及生产周期（如混合时间、压片速度）等。中药粉末的流动性决定于物料本身的特性（如粒度、形态、含水量、密度等）及环境的温度、压力等。

（1）粒度　中药粉末越细，粉粒比表面积越大，粉体分子引力、静电引力作用增大，影响粉粒的流动；粉粒越细，粒子间越容易吸附、结团，黏结性增大，导致休止角增大，流动性变差；粉粒越细（＜74 μm，通过200目筛）越容易形成紧密堆积，透气率下降，压缩率增大，同样使流动性变差。

（2）形态　粒径大小相等，形状不同的粉末其流动性也不同。球形粒子因其相互间的接触面积最小而具有最好的流动性，片状或枝状的粒子表面有大量的平面接触点和不规则粒子间的剪切力，故流动性差。

（3）含水量　当含水量很少时，最初水分都被吸附在表面，这种吸附水对粉体的流动性影响不大；随着水分的增加，在吸附水的周围形成了薄膜水，物料间就不容易发生相对移动，故限制了物料整体的流动性；当水分增加到超过最大分子结合水时，整个物料的流动性变差，甚至整体会失去流动性。干燥粉末的流动性一般较好，静电引力作用粉粒相互吸引黏结会导致流动性变差。

（4）密度　热处理过的粉末其松装密度和振实密度随热处理温度的升高有增加的趋势，可能是随温度的升高，粉末颗粒的致密度提高所致。但温度如果不断地升高，粉体的流动性会下降。在高温容器内，物料受高温作用后黏附性明显增加，易发生物料间黏附以及粉体与器壁黏附；如果温度更高时，料粉会发生化学反应而少量液化，使黏附作用进一步增强。

3. 中药粉末可压性差

中药粉末的压缩特性也称可压性，系指中药粉末在压缩过程中压制成型的可能性、紧密性及坚实性，是粉末弹性、塑性等多种性质的综合效应。对中药粉末可压性的研究需要了解中药粉末的粉体性质与压缩成型性之间的关系或规律，弄清粉末压片生产工艺各环节中药粉末物理性质变化对可压性的影响，掌握各种辅料对中药粉末压缩成型性的改善或不良作用，建立片剂强度与各种影响因素之间关系的数学模型，开发应用范围较为广阔的计算机预测模型或专家系统，以解决处方设计、工艺放大和大规模生产中可能存在的粉末可压性问题。

（1）粉末的弹性变形和塑性变形影响片剂可压性　全粉末压片过程包括初步压缩、粉末堆积、初始结构形成、弹性形变、塑性形变、结合键形成及去除压力后的弹性回复等一系列变化。塑性、弹性、弹性塑性比等是与压缩性密切相关的性质。一般塑性好的物质具有较好的可压性。中药粉末中含有大量的纤维性物质，如动物角质类、动植物皮类、矿物类等，弹性形变大，塑性小，会严重导致片剂的可压性不好。此外粉末的粒径过大，也会影响片剂的塑性形变。通常运用弹性回复率、抗张强度等参数来表征中药粉末可压性的好坏，进而筛选合适的辅料改善中药粉末的可压性能。

（2）粉末组成成分影响片剂可压性　中药粉末中含有多糖、黏液质、挥发油、脂肪油等黏性成分，熔点比较低，加压时物料受压导致粉末的接触面滑动摩擦而产生热量，以及物料受压而产生弹性变形或塑性变形所消耗的能量转化为热能等因素会使物料部分熔融，解除压力后再固化，可减少粉末粒子间的内聚力，从而会影响片剂的可压性。

4. 中药粉末润滑性不足

中药全粉末压片时一般均需要加入适宜的润滑剂，如滑石粉、硬脂酸镁等，以降低粉末与模圈壁间的摩擦力。中药全粉末压片研究中应严格筛选润滑剂的种类及控制用量，优选混合方式及混合时间，通过上下冲的压力比、推片力等特征参数进行表征，以筛选合适的辅料。

5. 中药粉末压片时易分层

除流动性和可压性外，中药粉末量的均一性对于全粉末压片同样至关重要。首先，中药复方粉末因相容性问题易发生迁移分层；其次，混合物湿气的减少也会导致粉粒产生静电电荷而发生聚集分层；而且，原料药和辅料由于粒子大小及密度的差异也可能会产生重排分层，特别是在压片机料斗和饲料部位更容易发生。分层问题可以通过保持原辅料粒径大小或密度的一致性来解决。另外，固定原辅料的混合顺序也能克服分层问题。

第五节 片剂的包衣

包衣系指使用特定的设备，按特定的工艺将包衣物料涂覆在片芯的外表面，使其干燥成不同厚薄（通常 20~100 μm）、不同弹性的多功能塑性保护层的操作。根据包衣材料不同，片剂的包衣可分为糖衣和薄膜衣。薄膜衣又可分为胃溶型、肠溶型和水不溶型（缓释型）三类。

片剂包衣的目的：①防潮、避光、隔绝空气，增强片剂的稳定性；②掩盖片剂的不良气味，提高患者用药依从性；③根据药物性质的要求，控制药物在胃肠道的释放部位、释放方式及释放速度；④改善片剂的外观，便于识别片剂的种类。

包衣片芯的外形应有适宜弧度，棱角小，有较大的硬度和较小的脆度。衣膜要均匀牢固，且不与片芯发生化学反应；包衣后崩解度符合相关规定；在较长的贮藏时间内片面保持光亮美观，颜色一致，并不得有裂纹等。

一、常用包衣方法与设备

常用的包衣方法有滚转包衣法、流化包衣法及压制包衣法等。

（一）滚转包衣法

1. 普通包衣机

普通包衣机一般由包衣锅、动力部分、加热器、鼓风设备及排风部分组成。包衣锅有荸荠形和球形（莲蓬形）两种形式。包衣锅的转轴与水平面呈 30°~50° 夹角，在适宜的转速下，使物料既能随锅的转动方向滚动，又能沿轴的方向作均匀而有效地翻转，通过人工加料、加热、通风、干燥等过程的反复操作，完成包衣。工作时，包衣锅的温度、风速及锅的旋转速度均可调节，但存在锅内空气交换效率低，干燥慢，气路不能密闭，有机溶剂污染环境，手工添加包衣料液等缺点。为克服上述问题，出现了埋管式包衣锅、高效包衣锅等改进式包衣锅。

2. 高效包衣机

高效包衣机设备结构示意图见图 11-4，由主机系统（包括包衣滚筒、搅拌器、驱动机构、清洗盘、喷枪、热风排风分配管、密闭工作室等）、热风系统（包括风机、初效过滤器、中效过滤器、高效过滤器、热交换器等）、防尘排风系统、包衣液恒温搅拌喷洒系统（包括恒温搅拌罐、蠕动泵、流量调节器、多嘴分配器等）、程序控制系统组成。

机器工作时，片芯在密闭的包衣滚筒内，在导流板的作用下，连续地做特定的复杂运动，包衣液由程序控制，按工艺顺序和选定的工艺参数经喷枪喷洒在片芯表面，同时送入洁净热风对药片包衣层进行干燥，废气排出，快速形成坚固、细密、光整圆滑的包衣膜。

高效包衣机密闭性能好，符合 GMP 要求；自动化程度高，产品质量重现性好；生产效率高，一批只需 2～3 h 即可完成。

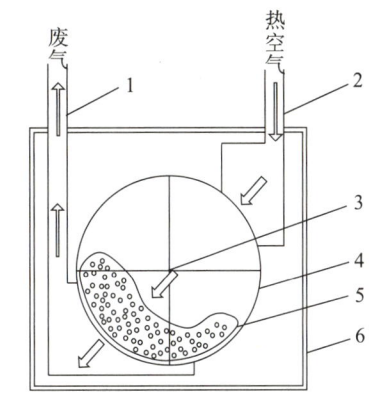

图 11-4　高效包衣机设备结构示意图
1. 排风管；2. 进风管；3. 喷雾装置；
4. 锅体；5. 片芯；6. 外机身

（二）流化包衣法

流化包衣机由包衣室、喷嘴、衣料盛装器、加热过滤器及鼓风设备等组成。借急速上升的热空气流使全部片芯悬浮在空气中，上下翻动呈良好的沸腾状态，包衣溶液由喷头呈雾状喷射于片芯上，继续通入热空气干燥，依照此法包若干层至符合要求。此设备适宜于包薄膜衣。

流化包衣设备的特点是：物料在洁净的热气流（负压）作用下悬浮形成流化状态，其表面与热空气完全接触，受热均匀，热交换效率高，速度快，包衣时间短。缺点是物料的运动主要依赖于气流的推动，不适用于大剂量片剂的包衣，并且流化过程中物料相互间的摩擦和与设备间的碰撞较为激烈，对物料的硬度具有较高要求。

（三）压制包衣法

常见的压制包衣机是将两台旋转式压片机用单传动器相连配套而成，传动器由传递杯和柱塞以及传递杯和杆相连接的转台组成。当用常规方法压制的片芯从模孔推出时，即由传递杯捡起，通过桥道输送到包衣转台。桥道上具有许多小孔并与吸气泵相连接，吸除片面上的粉尘，以清除混杂的片芯颗粒。在包衣转台上一部分包衣物料填入模孔作为底层、然后将片芯置于其上，再加上包衣材料填满模孔，压成包衣片。压制包衣法适用于对热敏感的药物和有配伍禁忌的药物，该方法生产流程短、自动化程度高、劳动条件好，但对设备精密度要求较高。

二、包衣物料与包衣工序

（一）薄膜包衣

1. 包衣物料

（1）成膜材料

1）胃溶型成膜材料

① 纤维素衍生物：常用的有羟丙甲纤维素（HPMC）、羟丙纤维素（HPC）等。HPMC 为目前广泛应用的水溶性薄膜衣料，其特点是成膜性能好，包衣时没有黏结现象，不与其他附加剂发生反应，衣膜在热、光及一定的湿度下较稳定。HPMC 溶解于胃肠液，以及 70% 以下的乙醇、丙酮、异丙醇及异丙醇和二氯甲烷（1:1）混合溶剂中，不溶于热水及 60% 以上的糖浆。HPC 与 HPMC 相似，但在包衣时易发黏，不易控制，常与其他薄膜衣料混合使用。

② 聚维酮（PVP）：性质稳定、无毒、能溶于水及多种溶剂，可形成坚固的衣膜，有吸湿

性。常与虫胶、甘油醋酸酯、聚乙二醇等成膜材料配合使用。

③ 聚丙烯酸树脂Ⅳ：为甲基丙烯酸二甲氨基乙酯与甲基丙烯酸甲酯、甲基丙烯酸丁酯的共聚物。淡黄色粒状或片状固体，有特臭。溶于有机溶剂，在温乙醇中1h内溶解，在盐酸溶液（9→1 000）中1h内略溶，在水中不溶。形成的衣膜性质较好，光滑、平整。

④ 其他：如聚乙二醇类（PEG）、聚乙烯乙醛二乙胺乙酯（AEA）等，也可用作胃溶型包衣材料。

2）肠溶型成膜材料

① 纤维醋法酯（CAP）：为白色纤维状粉末，具有吸湿性，不溶于水和乙醇，但能溶于丙酮或乙醇与丙酮的混合溶剂中。通常用8%～12%的乙醇、丙酮混合液，成膜性能好，衣膜可在小肠上端（微酸性及消化酶环境下）溶化。

② 邻苯二甲酸羟丙甲纤维素酯（HPMCP）：常见型号HP-55、HP-55S、HP-50，可溶于pH 5以上的缓冲液，但不溶于水及酸性溶液。本品成膜性较好，膜的抗张强度大，安全无毒。

③ 聚丙烯酸树脂类：常用的有聚丙烯酸树脂Ⅱ、聚丙烯酸树脂Ⅲ，二者均为白色条状物或粉末，不溶于水，在乙醇中易结块，在温乙醇中1h内溶解，溶于甲醇或异丙醇与二氯甲烷（1∶1）或异丙醇与丙酮（1∶1）的混合溶剂中。成膜性良好，二者混合使用效果更好。

④ 醋酸琥珀酸羟丙甲纤维素酯（HPMCAS）：不溶于水、乙醚，溶于丙酮、甲醇、乙醇、乙醇-水混合溶剂，溶液的黏度随浓度增大而增加。HPMCAS为良好的肠溶性成膜材料，稳定性较CAP及HPMCP好。

3）水不溶型成膜材料：这类材料难溶或不溶于水，但水可穿透包衣膜，通过扩散的方式控制药物的释放速度。常用的有醋酸纤维素（CA）、乙基纤维素（EC）和聚丙烯酸树脂（Eudragit RL100、Eudragit RS100）等。其中聚丙烯酸树脂具有溶胀性，对水和水溶液具有通透性，可作为调节释药速度的包衣材料；CA和EC通常与致孔剂HPMC或PEG混合使用，调节药物扩散释放。

（2）溶剂　溶剂或分散介质的主要作用是将包衣材料溶解或分散后均匀地传递到片剂表面，使其形成均匀光滑的薄膜。包衣材料的溶剂或分散介质可分为有机溶剂和水两类。有机溶剂常用乙醇和丙酮等，溶液黏度低、延展性好且易挥发除去，缺点是当使用量大时有一定毒性且易燃。现多用包衣材料的水分散体替代有机溶液，如Eudragit E30D水分散体。

（3）增塑剂、释放速率调节剂、着色剂和掩蔽剂

1）增塑剂：是指能增加成膜材料可塑性的材料。某些成膜材料的玻璃化转变温度高于室温，当贮藏温度低于玻璃化转变温度时，成膜材料的物理性质发生变化，如大分子的可流动性变小，使衣层硬而脆，容易破碎。加入增塑剂可使其玻璃化转变温度降低至室温以下，从而使衣层在室温时保持较好的柔韧性。常用的增塑剂有：①水溶性的多元醇类，如甘油、丙二醇、聚乙二醇等，可用作HPMC等纤维素类聚合物的增塑剂；②水不溶性的油类或酯类，如酞酸酯、甘油单醋酸酯、液状石蜡等可作脂肪族非极性聚合物的增塑剂。

2）释放速度调节剂：又称致孔剂，常用水溶性极强的小分子糖、盐或高分子材料，如蔗糖、氯化钠、聚乙二醇或表面活性剂，主要用于调整药物透过衣膜的速率而控制药物的释放速度。

3）着色剂和掩蔽剂：使用目的在于增加片剂的识别性和美观性，常用的着色剂有水溶性、水不溶性和色淀等三个类别。色淀是用氢氧化铝、滑石粉或硫酸钙等惰性物质使水溶性色素吸着沉淀而成。采用水不溶性色素和色淀着色效果较好。掩蔽剂常用二氧化钛。

（4）薄膜包衣预混剂　薄膜包衣预混剂是指将成膜材料和其他辅助材料如增塑剂、填充剂和

着色剂等按一定的比例,用一定的生产工艺制成的,供包在固体药物制剂表面,对药物制剂起到保护、改变释药规律、改善外观、掩盖药物不良气味作用的一种粉末状混合物。

薄膜包衣预混剂品种较多,不同品种的配方组成及加工工艺和相应的质量标准也不同,包衣时可以根据所生产品种的片芯性质、包衣要求选择适宜的包衣预混剂。

2. 包衣工序

将片芯置入已预热的、有适当形状挡板的包衣锅内。喷入适量包衣液,使片芯表面均匀润湿。吹入热风,缓缓蒸发溶剂。重复喷液、干燥操作,使片芯增重至符合要求。在室温或略高于室温下放置 6~8 h,使薄膜衣固化。若使用有机溶剂,应在 50℃以下继续缓慢干燥 12~24 h,以除尽有机溶剂。

微视频 11-2:*片剂的薄膜包衣*

3. 薄膜包衣的原理

(1)薄膜的形成机理 水性聚合物分散体系的薄膜形成比较复杂。通常认为,在润湿的阶段,聚合物以大量的不连续粒子存在,随着干燥进行,水分减少,粒子间距离变小直至紧密接触、变形、凝聚,最后相互融化,形成一个不连续膜。在此过程中,水以水蒸气的形式挥发而聚合物粒子则彼此相连,粒子周围水膜的毛细管作用极大地加速了这个过程,当相邻粒子相互扩散时,出现了完全凝聚状态,形成薄膜。

(2)片剂表面膜形成的过程 包衣液在片剂表面形成膜需经过成膜和膜的增厚两个过程。成膜包括受液→铺展→溶剂挥发→成膜四个阶段。受液即片芯接受包衣液;铺展是指包衣液接触片芯后浸润片芯的过程;溶剂的挥发是指包衣液中的溶剂受热后变成蒸汽,再被排风带走的过程;成膜则是溶剂挥发后、高分子成膜剂借助黏性,分子缠绕、黏结在一起成膜。膜的增厚是多个单次成膜叠加累积过程,膜的每一次增厚,都发生在前一次成膜的基础上,每一层衣膜靠分子间力、黏性等一层一层增厚,其中如果有一次成膜较差,则以后每次均不能形成完整衣膜。

(3)影响成膜的因素 包衣过程是一个物料平衡和热量平衡的维持过程,是传热、传质的动态平衡。

包衣液喷到片芯上后,需要一个合适的环境,才能形成最好的膜。进风量、进风温度、排风量、喷量、喷程以及雾化等参数,决定了片床湿度、温度和压力。锅体转速决定片芯在包衣时所处的运动状态、受到的撞击和摩擦等。温度、湿度、压力、撞击、摩擦构成了包衣材料成膜的环境。影响这个环境的因素,就是影响包衣成膜的因素。

4. 薄膜包衣常见问题及解决方法

(1)粘连和起泡 粘连是指在包衣过程中,当作用于片与片界面之间的黏合力大于分离力时,会发生多个片芯短暂黏结而后又分开,致使片面衣膜被撕脱;包衣时当包衣液的喷量大于溶剂挥发速度时,片芯过湿,片芯会粘在锅壁或相互黏结,造成粘连处衣膜破裂的现象;起泡是指当片面上的雾滴未及时充分干燥时,未破裂的雾滴会停留在局部衣膜中,形成的带泡衣层。此种现象多是由于加浆太快、包衣锅转速过慢、干燥不及时等引起。可通过调整工艺参数;将粘连片剔除;或洗除、剥落、干燥后重新包衣解决。

(2)起皱和"橘皮"膜 衣膜表面有皱纹,粗糙不平,外观类似橘子皮,也叫起皱和"橘皮"膜。主要是由于干燥速度过快,薄膜衣材料尚未在片剂表面铺展均匀就已被干燥所引起的。出现这些现象时应增加包衣液喷量、控制蒸发速率。

(3)标识架桥 标识架桥是指刻字片包衣后,衣膜脱离片芯的标识形成一条跨过标识的架桥，致使标识刻痕模糊的现象。这是由成膜材料与片芯表面之间附着力下降引起的，可通过改进包衣浆配方、增加片芯表面粗糙度或在片芯内添加一些能与衣膜内某些成分形成氢键的物质，如微晶纤维素类，以提高衣膜与片芯表面的黏着力等措施改进。

（4）色斑和色差　色斑系指在干燥过程中可溶性着色剂在片剂表面分布不均匀而引起的斑纹；色差是指包同一锅片芯时，由于片芯接受包衣液的数量不均，导致产品片与片之间的颜色出现差别。可通过提高包衣锅的转速，调整喷枪的雾化效果，使着色剂在包衣液中均匀分散，设计隔离层等方法解决。

（二）糖包衣

糖衣系指以蔗糖为主要包衣材料在片芯上包裹形成的衣层。糖衣具有改善片剂口感，改善外观和一定的防潮、隔绝空气的作用。糖衣存在包衣时间长、片剂增重多、防潮性能差等缺点。

1. 包衣物料

常用的包衣物料有糖浆、胶浆、滑石粉、白蜡等。

（1）糖浆　为蔗糖的浓溶液，浓度为65%~75%（g/g），用于黏合粉衣层和包糖衣层。可通过在糖浆中加入可溶性食用色素，改变糖衣的颜色，色素的用量一般为0.03%左右。

（2）胶浆　为天然胶的水溶液，常用15%明胶浆、35%阿拉伯胶浆、1%西黄蓍胶浆、4%白及胶浆等，主要用于包隔离层。胶浆具有黏性和可塑性，对含有酸性、易溶或易吸湿成分的片芯起保护作用。

（3）滑石粉　主要用于包粉衣层，使用前过六号筛备用。

（4）白蜡　又名虫蜡，用作打光剂，增加片衣的亮度，防止片衣吸湿。使用前粉碎，过五号筛备用。

2. 包衣工序

包糖衣的工序依次为包隔离层、粉衣层、糖衣层、有色糖衣层及打光等。

（1）隔离层　是指对片芯和糖衣起隔离作用的衣层。酸性、水溶性及含引湿性药物能水解蔗糖、吸收糖衣中的水分，需要包隔离层。隔离层由胶浆和滑石粉形成。

操作时将片剂置包衣锅中滚动，加入适量胶浆并使其均匀黏附于片芯上，吹热风，同时加入少量滑石粉至恰好不再粘连为止，吹干。重复此操作4~5层次至达到规定厚度，并将片芯包裹完全为止。每层必须充分干燥后再包下一层，干燥温度以30~50℃为宜。

（2）粉衣层　是指由糖浆和滑石粉形成的衣层。粉衣层的作用是消除片芯原有的棱角，形成平整圆滑的片芯体，为包糖衣层打基础。操作时，将片芯或已包隔离层的片芯置包衣锅中滚转，加入糖浆使片芯表面均匀润湿后，加入适量滑石粉，使黏附在片芯表面，继续滚转加热并吹风至干，重复操作15~18次，至片芯棱角全部消失，片体圆整、平滑为止。包粉衣层的关键是要做到层层干燥，薄层多次，温度控制在35~50℃。

（3）糖衣层　是指在粉衣层外单纯由糖浆形成的衣层。糖衣的作用是在片剂表面形成坚实、细腻的蔗糖晶体薄膜，增加衣层的牢固性和美观性。操作方法与包粉衣层相同，但包糖衣层只用糖浆而不用滑石粉。一般温度控制在40℃左右，包裹10~15层。

（4）有色糖衣层　是指在糖衣层外面，将含适宜色素的糖浆润湿黏附于表面，经干燥而形成的有色糖衣。其目的是使片剂美观，便于识别，并有遮光作用。一般在包完糖衣层的片剂上继续包不同浓度的有色糖衣层，有色糖衣层应该颜色由浅到深，并注意层层干燥。

（5）打光　是指在糖衣外部涂上极薄的蜡层的操作，其目的是使片剂表面光亮美观，兼有防潮作用。操作时将白蜡细粉加入已包裹有色糖衣的片剂中，利用片剂之间及片剂与锅壁间的摩擦作用，使糖衣表面产生光泽。

第六节　片剂的质量评价

片剂是经高强压力及特殊包衣制得的固体制剂，药物在消化道的释放需经历崩解、溶散、溶解等一系列过程，影响因素相对较多，其质量直接影响药效和用药的安全性。因此，除在片剂的生产过程中，对生产的各个环节进行质量控制外，还必须制定系统的质量评价体系和标准，对生产的片剂质量进行评价。

一、片剂的质量要求

片剂外观应完整光洁，色泽均匀，有适宜的硬度和耐磨性，以免包装、运输过程中发生磨损或破碎。根据原料药物和制剂的特性，除来源于动、植物多组分且难以建立测定方法的片剂外，溶出度、释放度、含量均匀度等应符合要求。

片剂应密封贮存，按照《中国药典》片剂制剂通则的要求进行以下相应检查。

1. 重量差异

片剂需检查重量差异，应符合规定。糖衣片的片芯应检查重量差异并符合规定，包糖衣后不再检查重量差异。薄膜衣片应在包薄膜衣后检查重量差异并符合规定。凡规定检查含量均匀度的片剂，一般不再进行重量差异检查。

2. 脆碎度

脆碎度系指将一定量的药片置于脆碎度检查仪中检查后，重量减失的百分率。除另有规定外，非包衣片应符合片剂脆碎度检查法的要求。

片重为 0.65 g 或以下者取若干片，使其总重约为 6.5 g；片重大于 0.65 g 者取 10 片。吹去片剂脱落的粉末，精密称定，置圆筒中，转动 100 次。取出，同法吹去粉末，精密称重，减失重量不得过 1.0%，且不得检出断裂、龟裂或粉碎的片。

3. 崩解时限

崩解系指口服固体制剂在规定条件下全部崩解溶散或成碎粒的过程。除阴道片、供含化及咀嚼的特殊片剂以及规定检查溶出度、释放度或分散均匀性的片剂外，所有片剂均需进行崩解时限检查。

用升降式崩解仪检查，除另有规定外，在 37℃±2℃ 的水中，每管加挡板 1 块，中药浸膏片、半浸膏片应在 1 h 内崩解，中药全粉片应在 30 min 内崩解。

薄膜衣片，可改在盐酸溶液（9→1 000）中进行检查，中药薄膜衣片，每管加挡板 1 块，应在 1 h 内崩解。

糖衣片，在 37℃±2℃ 的水中，中药糖衣片，每管加挡板 1 块，应在 1 h 内崩解。

肠溶片，先在盐酸溶液（9→1 000）中检查 2 h，每片均不得有裂缝、崩解或软化现象；然后将吊篮取出，用少量水洗涤后，每管加入挡板 1 块，在磷酸盐缓冲液（pH 6.8）中进行检查，

1 h 内应全部崩解。

结肠定位肠溶片，除另有规定外，在盐酸溶液（9→1 000）及 pH 6.8 以下的磷酸盐缓冲液中均应不得有裂缝、崩解或软化现象，在 pH 7.5~8.0 的磷酸盐缓冲液中 1 h 内应崩解。

含片，除另有规定外，不应在 10 min 内崩解或溶化。

舌下片，除另有规定外，应在 5 min 内崩解。

可溶片，除另有规定外，水温为 20℃±5℃，应在 3 min 内崩解。

泡腾片，取 1 片，置 250 mL 烧杯（内有 200 mL 温度为 20℃±5℃的水）中，即有许多气泡放出，当片剂或碎片周围的气体停止逸出时，片剂应溶解或分散在水中，无聚集的颗粒剩留。除另有规定外，泡腾片应在 5 min 内崩解。

口崩片，采用规定的检查装置和方法进行检查，应在 60 s 内全部崩解并通过筛网。

4. 融变时限

阴道片照融变时限检查法检查，应在 30 min 内全部溶化或崩解溶散并通过开孔金属圆盘，或仅残留无硬心的软性团块。

5. 发泡量

阴道泡腾片依法检查，应符合规定。

6. 分散均匀性

分散片照崩解时限检查法检查，在 15~25℃的水中，应在 3 min 内全部崩解并通过筛孔内径为 710 μm 的筛网。

7. 微生物限度

以动物、植物、矿物来源的非单体成分制成的片剂，以及黏膜或皮肤炎症或腔道等局部用片剂（如口腔贴片、外用可溶片、阴道片、阴道泡腾片等），照非无菌产品微生物限度检查，应符合规定。

二、中药片剂常见问题及原因分析

1. 硬度不足

片剂的硬度一般是指其抗压强度，即片剂的径向破碎力，是反映片剂弹性、塑性、强度和韧性等力学性能的综合指标。片剂硬度一般在处方和工艺开发的阶段结合溶出、崩解和脆碎等参数确定。通常片剂的硬度在 4~12 kg 之间，小片剂（片径在 7 mm 之内）在 3~4 kg，大片剂在 9 kg 以上，包衣片在 4~6 kg，胃漂浮片大约 3 kg，缓释片在 5~8 kg。

影响片剂硬度的因素主要有：颗粒的粒度、水分、黏合剂的种类及用量和加入方法、压片机的压力、转速及压片机质量，以及原料本身的特性（药粉的性质和生药粉与浸膏粉的比例）等。

片剂硬度不足时可针对原因采取对应措施加以解决。一般首先检查颗粒含水量，若含水量过低，可用适宜浓度乙醇加以调整。其次，考虑压片机压力、转速是否适宜，通过优化调整加以解决。以上措施尚不能解决，则需重新研究制剂处方和片剂制备技术应用。

2. 崩解迟缓

生理液体与片剂接触后通过孔隙渗入，引发溶胀、应变恢复等行为，使片剂在内部应力的作用下分解成较小的凝聚体或初级颗粒，这些步骤的组合即是崩解过程。根据片剂的崩解机制，水分渗入到片剂内部是片剂崩解的首要条件，片剂虽是一个高密度的压实体，但其仍是一个多孔体，内存孔隙并构成毛细管网络。水分正是通过这些孔隙而渗入片剂内部与崩解剂作用产生崩解。因此，片剂内部的孔隙率和孔隙结构、片剂的润湿性、片剂内部的结合力、物料的吸水膨胀性是片剂崩解是否顺利的关键点，所有与这些关键点有关联原料、辅料、工艺等，都是影响片剂崩解的因素。

影响片剂崩解的因素有：药物的性质（晶型、粒度、结晶水、黏度及溶解度等）、崩解剂（崩解剂的种类、加入方式、用量、协同作用等）、制备工艺（制粒方法、设备、干燥温度、干燥时间等）和崩解介质（pH、组成、类型、黏度等）等。

出现崩解迟缓现象时一般先考虑重新优选崩解剂的品种、用量和加入方法。对于其他原因导致崩解迟缓的，可采取对应措施加以解决。

3. 难溶性药物成分溶出度不好

固体制剂口服给药后，药物的吸收取决于药物从制剂中的溶出或释放、药物在生理条件下的溶解以及在胃肠道的渗透。由于药物的溶出和溶解对吸收具有重要影响，因此，体外溶出度试验有可能预测其体内行为。

根据 Noyes-Whitney 溶出扩散公式，影响片剂溶出度的因素有：药物活性成分的溶解度、比表面积、pKa 与晶型等。制剂对溶出的影响主要与处方（辅料、表面活性剂等）、工艺和药物相互作用等因素有关。

中药片剂多为普通片剂，由于成分复杂，作用机制不够明确，目前很少关注有效成分的溶出度。但是，对于活性成分已经明确的难溶性成分，可以建立溶出度测定方法，评价其药物溶出情况，并在片剂中间物料制备时采用固体分散技术、环糊精包合技术等解决难溶性活性成分的溶出问题。

4. 片重差异较大

压片机压片时是依据冲模的容积进行分剂量的，所以任何影响压片物料填充的因素都可导致片重差异，具体原因如下：

（1）颗粒问题　①颗粒内细粉太多或颗粒的大小相差悬殊，颗粒粗细分布不匀；②颗粒流动性不好，流入中模孔的颗粒量时多时少，引起片重差异过大而超限；③较小的药片选用较大颗粒的物料充填、致充填不均匀。

（2）加料器问题　加料斗内的颗粒时多时少。加料斗被堵塞，此种现象常发生于黏性或引湿性较强的药物。应疏通加料斗、保持压片环境干燥，并适当加入助流剂解决。

（3）冲头冲具问题　①冲头与中模孔吻合性不好；②下冲长短不一，造成充填量不均；③下冲塞模，下冲带阻尼，阻尼螺钉调整的阻尼力不佳。

（4）机械调整机构及运行速度问题　①刮粉板不平或安装不当；②充填轨道磨损或充填机构不稳定；③转台转速过快，填充量不足；④压片机震动过大，结构松动，装配不合理，或导致药粉充填不匀。

针对以上原因，采取相应措施加以解决。

5. 低丰度活性成分含量均匀度不佳

低剂量药物制剂中的活性成分通常为高活性药物，具有生物利用度高、治疗窗狭窄等特点。《中国药典》要求标示量小于 25 mg 或主药含量小于每一个单剂重量 25% 者，应进行含量均匀度检查。因此，此类药物的新药开发必须进行混合均匀度和中控剂量单位均匀度的研究。

低剂量药物制剂有如下特点：极低的单元药物含量，辅料／药物比例大，生产过程中极易遭受损失与污染，要求灵敏度极高的分析方法和极为精细的前处理方法，终产品的含量均匀性与生产贮存中产品的稳定性要求较高等。对于低剂量药物制剂，其处方研究、工艺开发与放大生产、质量控制与分析方法的建立等与常规制剂相比难度更高。

影响片剂含量均匀度的因素有：①原料，使用微粉化原料药可以提高原辅料的接触面积，有利于低剂量药物的均匀分散；②辅料，包括辅料的种类、粒度、水分、颗粒度、密度、生产方式、可分散均匀性等，以及辅料的加入顺序、混合方式、混合/静止时间等；③制备工艺，如采用的制粒方法等。

中药制剂低丰度活性成分是中药制剂的作用特点，但是由于成分复杂，作用机制不够明确，目前主要对有毒中药活性成分的含量均一性予以关注，并采取相应措施确保其含量均一。

思考题

1. 预混与共处理药用辅料在中药片剂制备中有哪些优势？
2. 将中药汤剂开发成片剂的具体路径及需要重点解决的问题有哪些？

（肖学凤、李英鹏）

数字资源详见　新形态教材网

视频　　知识拓展　　推荐阅读　　参考文献　　教学课件　　自测题

第十二章

外用膏剂

外用膏剂应用历史悠久,秦汉时期便已出现铅硬膏(膏药)制剂。随着新技术和新辅料的应用,外用膏剂得到快速发展,如临床常用的各种软膏、凝胶、贴膏、贴剂以及化妆品中琳琅满目的护肤霜等。这些剂型是如何制备的?各有什么特点?用于全身治疗的外用膏剂中药物经皮吸收的途径、影响因素有哪些?中药穴位贴敷有何特点?通过对本章的学习,既可以让我们感知传统外用制剂的技艺传承,分享现代制剂技术的日新月异,又让我们掌握外用膏剂的制作工艺与质量评价,创新设计更多的外用膏剂产品,满足临床用药需要。

第十二章 外用膏剂

第一节 概述

外用膏剂系指采用适宜的基质将原料药物制成专供外用的半固体或近似固体的一类剂型。外用膏剂按基质及形态分为软膏剂、乳膏剂、凝胶剂,以及膏药、贴膏剂、贴剂等。

一、外用膏剂的特点

外用膏剂易涂布或粘贴于皮肤、黏膜或创面上,起到保护创面、润滑皮肤和局部治疗作用,或透过皮肤、黏膜吸收发挥全身治疗作用。其特点有:①避免胃肠道影响和肝首过效应,提高药物疗效;②药物有效作用时间延长、可减少用药次数,实现缓释长效、降低药物毒副作用;③患者可自主给药且可随时中断给药,具有良好的用药依从性。

二、药物的经皮吸收

(一)药物经皮吸收的途径

药物经皮吸收的途径包括表皮途径和皮肤附属器途径,如图12-1所示。

1. 表皮途径

药物透过表皮角质层进入活性表皮是药物经皮吸收的主要途径。根据路径不同,可细分为跨细胞途径和细胞间途径。小分子药物可经跨细胞途径进入体内,但药物通过速率较慢;细胞间途径是大部分药物分子进入活性表皮的主要途径。药物主要以被动扩散方式经表皮吸收,即药物分子通过角质层间隙,由高浓度向低浓度扩散,受到角质层通透性和水合作用的影响。为了改善药

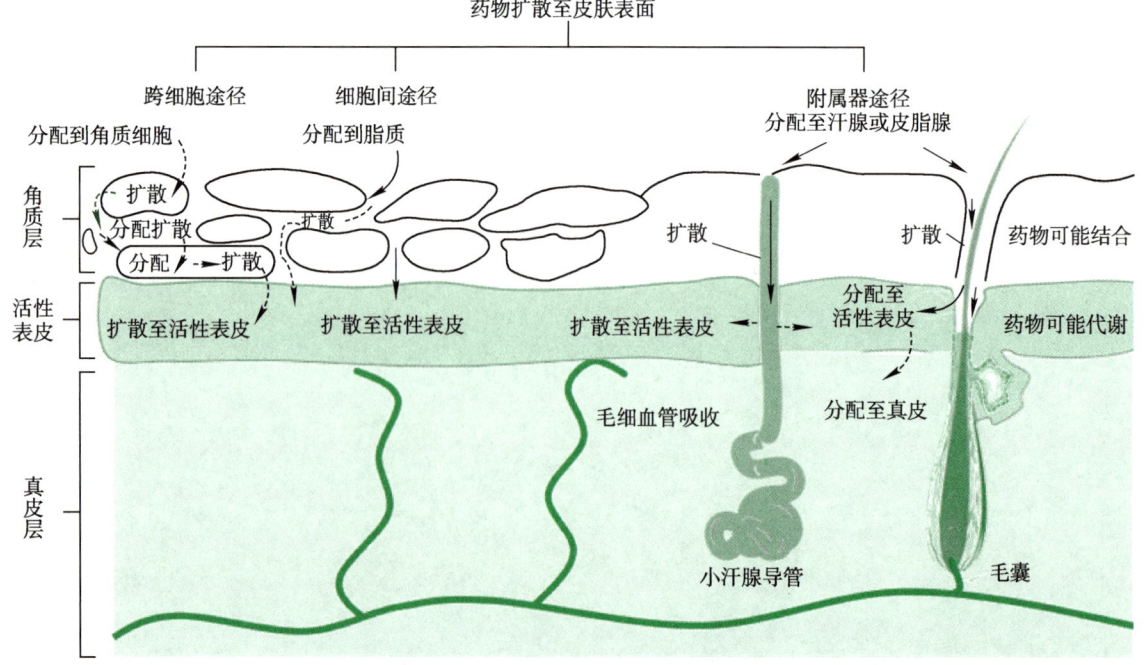

图 12-1 药物经皮吸收途径示意图

物经皮吸收，常采取物理促渗、化学促渗和药物载体技术等增加角质层的通透性。

2. 皮肤附属器途径

药物可通过毛囊、皮脂腺和汗腺实现经皮吸收。经此途径的药物渗透速度比表皮途径快，但因皮肤附属器在皮肤表面所占面积仅约 0.1%，导致药物整体渗透量有限，因此，一般认为其不是药物经皮吸收的主要途径。但是，对于一些离子型及水溶性大分子药物，难以通过富含类脂的角质层，此时汗腺是其主要的经皮渗透途径。毛囊与皮脂腺则是治疗痤疮和脱发等毛囊疾病理想的药物递送部位。治疗毛囊系统疾病，可根据毛囊结构特点，选择微粒给药系统，利于进入毛囊漏斗，增加药物在毛囊部位的蓄积。

知识拓展 12-1：毛囊靶向给药系统的设计

（二）药物经皮吸收的影响因素

药物经皮吸收过程复杂，主要影响因素包括给药部位特性、药物理化性质、基质组成等，其间关系可用式（12-1）表示。

$$dQ/dt = KCDA/T \quad (12-1)$$

式中，dQ/dt 为达到稳态时的药物经皮渗透速率；K 为药物的皮肤/基质分配系数，即药物在皮肤与基质中相对分配的指数；C 为基质中的药物浓度；D 为药物在皮肤屏障中的扩散系数；A 为给药面积；T 为有效屏障厚度。当 A、D、T 不变时，C 为影响药物透皮最重要的理化性质；K、C 的乘积可代表药物的热力学活性，即药物与基质亲和力越弱，在基质中浓度越高，经皮渗透速率越大。

1. 皮肤条件

（1）年龄与性别　男性皮肤通常比女性的厚，而女性在不同年龄段角质层中的脂质含量也不同，男性则变化不大。因此，经皮给药的药物渗透可能存在性别和年龄差异。

（2）皮肤的部位　不同部位的皮肤性质差异较大，如耳后、腋下和阴囊的皮肤通常对药物吸收更敏感，而手指和足趾的皮肤相对较难吸收。此外，毛囊和皮脂腺等皮肤附属器分布较多的部位有利于药物经皮吸收，例如外阴和头皮等。

中医学认为，选择人体某些穴位给药可获得更好的疗效，这可能与药物在穴位存在特殊吸收和对穴位的刺激效应有关。例如人体脐部为神阙穴所在部位，皮下脂肪层较薄，紧贴腹膜，临床常以丁香、肉桂、吴茱萸等温里药制成贴膏，脐部给药治疗腹痛、腹泻等症。

知识拓展 12-2：脐部给药研究

（3）皮肤状态　皮肤的生理状态不同对角质层有不同影响，如水化后的皮肤软组织软化、膨胀，结构致密性减小，药物透过量增加。对于一些具有皮肤溃破特征的皮肤疾病，因角质层的物理屏障丧失，药物吸收率显著增加。银屑病、增生性瘢痕皮肤异常增厚，药物难以渗透。黄褐斑患者表皮基底膜破坏，皮肤屏障功能减弱，可考虑在外用制剂处方中配伍具有皮肤屏障修复功能的生理性脂质，如神经酰胺、胆固醇和游离脂肪酸等，有助于症状改善。

知识拓展 12-3：中药皮肤靶向给药系统

（4）皮肤的温度和含水量　皮肤温度升高，药物扩散速度加快；角质层含水量增加，通透性增加，有助于药物渗透。

（5）皮肤的代谢作用　皮肤中血流量较小（仅约为肝的 7%）、酶含量低，因此，皮肤酶代谢对多数药物经皮吸收无明显影响。另外，皮肤表面菌群微生态可能对某些药物渗透和代谢有潜在影响。

2. 药物性质

（1）油/水分配系数与溶解度　药物的油/水分配系数是影响药物经皮吸收的最主要因素之一。皮肤细胞膜具有类脂质特性，一般脂溶性药物相较于水溶性药物更易于穿透皮肤，而组织液是极性的，因此既有一定脂溶性又有一定水溶性的药物更易穿透皮肤。理想的易于经皮渗透药物的油/水分配系数对数值在1~4，在液状石蜡和水中的溶解度都大于1 mg/mL。

（2）相对分子质量与分子结构　相对分子质量小于500的药物易渗透进入皮肤，而大于600的药物较难透过皮肤角质层；相对分子质量相同的药物，线性分子较非线性分子透皮速率高。如果药物分子具有氢键供体或受体，可与角质层中的类脂成分形成氢键，阻碍经皮渗透。另外，手性药物分子的左旋体和右旋体通常有不同的经皮渗透性能。

（3）pK_a　分子型药物较离子型药物有较大的透皮性能，如有机弱酸或有机弱碱性药物的分子型比离子型脂溶性强，故易透过皮肤吸收。一般表皮内pH为4.2~5.6，真皮pH约7.4，如果药物在经皮渗透过程中产生解离成为离子，则可能影响其经皮渗透。

（4）熔点　熔点高的药物在角质层的渗透率较低；低熔点的药物则因晶格能较小，在介质或基质中的热力学活度较大，更容易透过皮肤。如薄荷醇的熔点在34~36℃，在体温下能够迅速液化并经皮吸收，可配合熔点高的药物形成低共熔物，增加高熔点药物的渗透率。

3. 剂型

（1）剂型因素　药物从剂型中释放快，有利于经皮吸收，如半固体外用制剂中药物释放一般较快，而贴剂中药物释放一般相对较慢。

（2）基质pH　有机酸或有机碱类药物分子在不同pH条件下可能会发生离子化或非离子化，这将直接影响其渗透性和吸收效率。应当控制基质的pH，使药物保持分子状态，有利于药物经皮吸收。

（3）基质对药物的亲和力　不同基质对药物的亲和力会影响药物释放和经皮渗透。若亲和力过大，则难以从基质中释放；反之，则载药量难以达到要求。

4. 其他因素

中药成分之间存在广泛的相互作用，可能是促进吸收的作用机制之一。局部摩擦、药物浓度、给药面积和给药时间等也是影响经皮给药的相关因素。多数药物在被动扩散机制下的稳态经皮渗透量与皮肤两侧浓度梯度成正比，因此基质中所载药物浓度越高，药物经皮渗透量越大，但当浓度超过一定范围，经皮渗透量不再增加。另外，给药面积越大，药物经皮渗透量越大，但考虑到患者依从性，一般不宜超过60 cm^2。

（三）促进药物经皮吸收的方法

促进药物经皮吸收的方法主要有化学促渗法、物理促渗法，以及以纳米载体为主的药剂学方法等。

1. 化学促渗法

化学促渗法是利用透皮促进剂促进药物经皮吸收。透皮促进剂可通过提高皮肤通透性，使药物更容易穿过皮肤屏障，进入局部组织或血液循环。

（1）表面活性剂　阳离子型表面活性剂的促渗作用优于阴离子型表面活性剂和非离子型表面活性剂，但毒性较大，故常使用非离子型表面活性剂，如苄泽和司盘类等。

（2）醇类　低级醇类可以增加药物的溶解度，改善其在组织中的溶解性，促进药物经皮吸收，如乙醇和丙二醇常被作为溶剂和保湿剂应用于外用制剂中。

（3）中药挥发油　是一类天然的透皮促进剂，含有萜烯类物质。倍半萜在角质层驻留能力与其降低皮肤屏障功能显著相关。

（4）月桂氮䓬酮　简称氮酮，是强亲脂性液体，促渗作用强，常用浓度为1%～5%，常与极性溶剂丙二醇联用，发挥协同作用。

（5）离子液体　具有良好的化学稳定性和生物相容性等性质，近年来被报道有较好的促渗效果。

2. 物理促渗法

物理促渗方法是指应用离子导入、超声导入、微针、电穿孔等物理方法促进药物的经皮渗透。物理促渗技术可有效扩大蛋白质、肽类等大分子药物的经皮吸收。此处仅介绍离子导入（iontophoresis）和微针（microneedle）。

（1）离子导入　系指一种以电流为驱动力，将离子型的药物输送到皮肤中的物理方法。药物渗透产生的离子通量主要有电排斥和电渗透两种动力学机制。电排斥为药物离子直接提供电场，使其能够通过滤泡输送。电渗透既可用于药物离子，也可用于中性药物分子。当中性分子通过皮肤时，电渗透发挥了主导作用。

（2）微针　系由多个微米级的细小针尖以阵列的方式连接在基座上组成的促渗材料，一般高10～2 000 μm，宽10～50 μm。微针能在小面积的皮肤上造成数十至数百个细小的针孔，通过破坏角质层，暂时穿透表皮，为药物通过皮肤吸收创造微通道。药物可以在移除微针后导入微孔中或直接储存在微针中释放到真皮层。微针可用于经皮递送难以渗透的大分子药物，还可以与包括纳米制剂在内的多种技术联用，满足不同药物经皮给药需要。

知识拓展12-4：中药微针经皮给药系统

3. 经皮纳米给药技术

经皮纳米给药技术的实现主要借助新型纳米载体的使用，包括微乳、脂质体、传递体、醇质体、脂质囊泡等。

知识拓展12-5：有毒中药经皮纳米给药系统

三、药物经皮吸收的试验方法

常采用体外经皮吸收试验和体内药动学试验评价药物的经皮吸收，通过检测体外接收介质、皮肤组织、血液中的药物含量，分析药物的经皮渗透行为，计算生物利用度，评价各种因素对药物经皮渗透的影响。

体外释放试验（in vitro release test，IVRT）和体外透皮试验（in vitro permeation test，IVPT）是经皮给药制剂体外关键质量属性研究的重要方法，其中体外释放试验可用于评估制剂的药物释放率，体外透皮试验可用于评价药物经皮渗透行为，模拟药品在生理条件下的透皮过程。在经皮给药制剂开发的各个阶段，如早期处方工艺开发、上市后变更、生命周期管理等，体外释放试验与体外透皮试验均可作为控制药品质量和评价制剂性能的有效方法。体外释放试验可参照《中国药典》"溶出度与释放度测定法"中透皮贴剂的测定方法进行试验。

（一）体外透皮试验

1. 试验方法

一般采用扩散池进行体外研究，将离体皮肤固定于扩散池的供给池和接收池之间，皮肤角质层朝向供给室，将药物与角质层接触，在预设时间节点从接收池中抽取接收介质并检测药物浓度，分析药物经皮渗透的动力学行为，计算药物经皮渗透的稳态速率、扩散系数、透过系数、时滞等参数。

2. 皮肤模型

体外透皮试验常用的离体皮肤有小鼠、大鼠、家兔、猪及人类皮肤，其中鼠皮与兔皮对药物透过性大于猪皮，而猪皮透过性与人体皮肤较为接近。除另有规定外，猪皮可作为首要选择，尤其是乳猪皮肤更为适宜。在正式进行体外透皮试验时，不鼓励使用全层皮肤、啮齿类动物皮肤、合成/人工材料膜等。用于实验的皮肤需要保持屏障的完整。离体皮肤通常于-20℃或-80℃中保存。

3. 接收介质

接收介质的组成与pH应根据其与皮肤模型的相容性、药物在接收介质中的稳定性和溶解度进行确认。接收介质应满足漏槽条件，常用生理盐水、等渗磷酸盐缓冲液等，也可加入适量的醇类（不宜用乙醇）和非离子型表面活性剂来增加脂溶性强的药物的溶解度，通常使用0.1%~0.2%（w/v）的聚氧乙烯20油醚（别名Oleth-20、Volpo-20、Brij-20），还可用20%~40%聚乙二醇400的生理盐水。使用接收液前需进行脱气，以免含有气泡影响药物渗透。实验时，控制扩散池夹层温度接近于皮肤表面温度（32℃±0.5℃）。

4. 数据处理

一般认为药物经皮渗透为被动扩散过程，可用Fick扩散定律描述。以累积经皮渗透量-时间数据求算药物稳态透皮速率（flux, J_s）、扩散系数（diffusion coefficient, D）、经皮渗透系数（permeation coefficient, P）、时滞（lag time, t_L）等参数评价药物透皮行为。

若所测药物为饱和系统，扩散过程中药物浓度不变，皮肤可被视为均质膜，药物累积经皮渗透量（M）为：

$$M = \frac{DC'_0 t}{h} - \frac{hC'_0}{6} - \frac{2hC'_0}{\pi^2} \sum_{n=1}^{\infty} \frac{(-1)^n}{n^2} \exp\left(-\frac{Dn^2\pi^2 t}{h^2}\right) \tag{12-2}$$

其中D为药物在皮肤中的扩散系数（cm²/s），C'_0为皮肤最外层组织中的药物浓度，h为皮肤厚度，n为从1到∞的整数，依计算精度确定。M与t呈曲线相关（图12-2），当时间t足够大时，式（12-2）的无穷极数项趋近于零，故简化为：

$$M = \frac{DC'_0}{h}\left(t - \frac{h^2}{6D}\right) \tag{12-3}$$

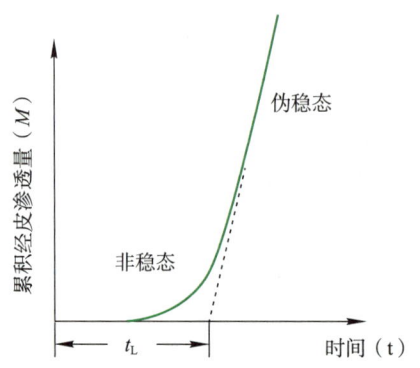

图12-2 药物累积经皮渗透量-时间曲线

该公式表征药物经皮扩散至稳态时的 M 与时间呈直线相关（图12-2直线部分）。当与皮肤接触的介质中的药物浓度为 C_0，因 C'_0 难以测定，二者达到平衡后，可由分配系数（K）求得 C'_0：

$$C'_0 = KC_0 \tag{12-4}$$

将式（12-4）代入式（12-3），微分，得 J_s：

$$J_s = \frac{dM}{dt} = \frac{DKC_0}{h} \tag{12-5}$$

J_s 即为 M–t 曲线的直线部分的斜率。经皮渗透系数 P 为 DK/h（单位为 cm/s 或 cm/h），表示经皮渗透速率与药物浓度之间的关系，即：

$$J_s = PC_0 \tag{12-6}$$

若皮肤内表面环境不满足漏槽条件，则经皮渗透速率与皮肤两侧药物浓度差 ΔC 为正比关系：

$$J_s = P\Delta C \tag{12-7}$$

进而得出 t_L（$M=0$ 的时间）为图12-2中直线部分与时间轴相交的截距：

$$t_L = \frac{h^2}{6D} \tag{12-8}$$

（二）体内经皮吸收研究

体内研究主要是测定制剂的生物利用度，常用方法有血药浓度法和尿药浓度法。血药浓度法是在给予制剂后，测定一系列时间的血药浓度，根据血药浓度-时间曲线下面积（AUC）来计算生物利用度：

$$经皮吸收量 = Cl \times AUC_{TDDS} \tag{12-9}$$

其中，AUC_{TDDS} 为经皮给药后测得的 AUC；Cl 为药物总清除率，由静脉注射一个剂量的 $D_{i.v.}$ 后，通过测定 $AUC_{i.v.}$ 计算得出：

$$Cl = \frac{D_{i.v.}}{AUC_{i.v.}} \tag{12-10}$$

$$F = \frac{吸收量}{剂量} = Cl \times \frac{AUC_{TDDS}}{D_{TDDS}} = \frac{AUC_{TDDS}}{D_{TDDS}} \times \frac{D_{i.v.}}{AUC_{i.v.}} \tag{12-11}$$

式中 D_{TDDS} 为经皮给药制剂的剂量。

第二节　软膏剂与乳膏剂

一、软膏剂

软膏剂（ointment）系指原料药物溶解或分散于油脂性或水溶性基质中制成的均匀半固体外用制剂。

(一)软膏剂的特点

软膏剂主要发挥保护创面、润滑皮肤和局部治疗作用,某些药物能通过皮肤吸收进入体循环,产生全身治疗作用。

因原料药物在基质中分散状态不同,软膏剂可分为溶液型软膏剂和混悬型软膏剂。溶液型软膏剂为原料药物溶解(或共熔)于基质中制成的软膏剂;混悬型软膏剂为原料药物细粉均匀分散于基质中制成的软膏剂。软膏剂应避光密封贮存。

(二)软膏剂的基质

基质是软膏剂成型和发挥药效的重要组成部分,理想的基质应有以下特点:①性质稳定,能与多种药物配伍并不产生配伍禁忌,长期贮存不变质;②能促进药物吸收但不妨碍皮肤的正常功能;③有适宜的黏稠度,易于涂布,黏稠度随季节变化小;④均一性、润滑性和释药性好,对皮肤或黏膜无刺激性、过敏性;⑤具有吸水性,能吸收伤口分泌物;⑥易清除,不污染衣物;⑦用于眼部、大面积烧伤或严重创面时,应无菌。在实际工作中,应根据治疗目的与药物性质,在基质中加入适当的附加剂,如抗氧剂、抑菌剂、保湿剂、透皮促进剂等。软膏剂基质包括油脂性基质和水溶性基质。

1. 油脂性基质

油脂性基质包括油脂类、类脂类、烃类和硅酮类等物质。该类基质对皮肤的润滑、保护作用较其他基质强,性质稳定,不易霉变,涂于皮肤上能形成封闭性的油膜,能够促进皮肤的水合作用,使皮肤柔润,防止水分蒸发和干裂。但是,本类基质油腻性与疏水性大,不易用水洗除,药物释放性能差。油脂性基质适用于遇水不稳定的药物制备软膏,加入表面活性剂可增加其吸水性。

(1)油脂类 系从动物或植物得到的高级脂肪酸甘油酯及其混合物。动物油脂,如豚脂,已很少使用。植物油由于分子结构中存在不饱和键,易氧化,需添加抗氧剂,常用芝麻油、棉籽油、大豆油、花生油、橄榄油等。一般植物油常与熔点较高的蜡类混合使用,如单软膏处方中蜂蜡与植物油的比例是1:2(w/w)、中药油膏常以麻油与蜂蜡熔合为基质。氢化植物油比植物油稳定,稠度大,不易酸败,可用作软膏基质。

(2)类脂类 类脂化学性质比脂肪稳定,具有一定的表面活性作用和吸水性能,常与其他油脂性基质共同使用。

1)羊毛脂:其性质与皮脂接近,利于药物渗透进入皮肤,但黏性太大,且具有过敏原性,很少单独使用,常与凡士林合用,以改善凡士林的吸水性与渗透性;无水羊毛脂过于黏稠,难于取用,常用含30%水分的羊毛脂(称为含水羊毛脂)。

2)蜂蜡:熔程为62~67℃,性质稳定,不易酸败,具有弱的表面活性作用,用于调节基质稠度或提高稳定性。

3)鲸蜡:熔程为42~50℃,性质稳定,不易酸败,有较好的润滑性,具有弱的表面活性作用,用于调节基质稠度或提高稳定性。

(3)烃类 系石油分馏得到的各种烃的混合物,大部分为饱和烃类,性质稳定,不易酸败。此类基质较少单独使用,多与其他基质合用。

1)凡士林:分为黄凡士林和白凡士林两种,后者是经脱色而成。凡士林化学性质稳定,无刺激性,有适宜的黏稠性和涂展性,能与大多数药物配伍,特别适于遇水不稳定的药物,可单独用作软膏基质。但其油腻性大、吸水性差（仅能吸收约占自身重量5%的水分），在皮肤表面形成的封闭性油膜会妨碍水性分泌物排出和热量散发，故不适于急性且有多量渗出液的创面。使用凡士林时常加入适量羊毛脂、胆固醇、鲸蜡醇和一些高级脂肪醇类，或与表面活性剂合用，以增加其吸水性。

2）石蜡和液状石蜡：前者能溶于挥发油、矿物油和大多数脂肪油，后者能与多数脂肪油和挥发油混合。二者主要用于调节基质的稠度。

3）微晶石蜡：熔程为60~85℃，黏附性好，与其他液态油合用可防止油分分离，可用作膏状产品的上光剂。

4）地蜡：主要用于调节软膏的稠度。

（4）合成或半合成油脂性基质 该类基质组成成分与原料油脂类似，但在稳定性、皮肤相容性和经皮渗透性上均优于原料油脂。

1）羊毛脂衍生物：氢化羊毛脂色浅、味淡、不黏，稳定性和吸水性均较佳，可替代天然羊毛脂使用。羊毛醇颜色浅、气味淡、不黏，乳化性能好，所得W/O型乳剂稳定性好，凡士林中含有5%羊毛醇即可吸收3倍量水，且使乳剂耐弱酸，另与鲸蜡醇、硬脂醇合用可使乳剂稳定性更佳。乙酰化羊毛脂除具有羊毛脂的所有优点外，油溶性更佳，可在皮肤表面形成疏水薄膜，减少皮肤水分流失。聚氧乙烯羊毛脂为非离子表面活性剂，皮肤相容性好，可用作乳化剂和分散剂。

2）脂肪酸/醇/酯类：常用脂肪酸有硬脂酸、棕榈酸、异硬脂酸等，与氢氧化钾或三乙醇胺成皂作为乳化剂。常用脂肪醇有鲸蜡醇、硬脂醇等。脂肪酸酯多以高级脂肪酸与低分子一元醇酯化制得，互溶于油脂，黏度低，延展性佳，利于皮肤渗透。

3）硅酮类：常用二甲硅油。化学性质稳定，疏水性强，能与羊毛脂、硬脂酸、鲸蜡醇、单硬脂酸甘油酯、聚山梨酯类和脂肪酸山梨坦类等混合。其最大优点是在应用温度范围内（-40~150℃）黏度变化极小，润滑作用好，易于涂布，无刺激性，常用于乳膏剂中作润滑剂，调节基质的润滑性能；或常与其他油脂性基质合用，制成防护性软膏防止水性物质及酸、碱等的刺激。本品对眼有刺激性，不宜用作眼膏基质。

4）角鲨烷：无色无臭油状液体，润滑性、皮肤相容性及皮肤渗透性均较佳。

2. 水溶性基质

此类基质易溶于水，无油腻性，易涂展，易洗除，释药速度快，能吸收组织渗出液，适用于湿润或糜烂的创面，也常用于腔道黏膜或防油保护性软膏。其缺点是润滑作用较差。

常用基质有聚乙二醇（PEG）、纤维素衍生物。在软膏剂中常用适当比例的PEG 4000与PEG 400混合得到稠度适宜的软膏基质。此类基质易洗除，能与渗出液混合，化学性质稳定，能耐高温，不易腐败。缺点是吸湿性较强，对皮肤有刺激性，润滑作用差，久用会引起皮肤干燥；一些含羟基、羧基的药物（如苯酚、水杨酸、苯甲酸、鞣酸等）可与PEG络合，导致基质过度软化；不宜用于遇水不稳定药物的软膏；PEG还会降低酚类、季铵盐类、羟苯酯类的抑菌活性。目前PEG基质已逐渐被水性凝胶基质代替。

国外还使用一种无水无油基质，名为fatty alcohol-propylene glycol（FAPG）主要组成为硬脂醇（15%~45%）和丙二醇（45%~85%），少量聚乙二醇（0%~15%）作增塑剂，少量甘油或硬脂酸作增黏剂，另有透皮促进剂。该基质制品润滑性好，色泽白皙有珠光，质地柔软。因其不含水，可用于水中稳定性差的药物；易于涂抹于皮肤，且有良好的延展性和黏附性，可形成封闭的薄膜而利于皮肤水合和促进药物经皮渗透；稳定性好，易于洗除。

（三）软膏剂的制备

1. 药物和基质的处理

（1）**药物的处理** 不溶于基质或基质任何组分的药物，需将其研成细粉过六号筛后使用。药物细粉先与少量基质研匀或与液体基质研成糊状，再与其余基质混匀；或将药物细粉在不断搅拌下加到熔融的基质中，继续搅拌至冷凝。

可溶于油脂性基质或水溶性基质的药物，应先用适宜的溶剂溶解，再与基质混匀。若为脂溶性药物，则将药物先溶解于少量有机溶剂或液体油中，再与其余油脂性基质混合均匀；若为水溶性药物，则需先将药物溶于少量水中，再用羊毛脂或吸水性基质吸收，然后加入其余的水溶性基质并混合均匀。饮片提取物可根据极性大小选择加入油脂性基质或水溶性基质中混合。遇水不稳定的药物不宜选用含水基质。

半固体黏稠性药物，如鱼石脂不易与凡士林直接混合，必要时可先与少量羊毛脂或蓖麻油混匀，再与其余油脂性基质混匀。中药煎液、浸膏等可先将其浓缩至稠膏状，再与基质混合。固体浸膏可加少量溶剂如水、稀醇等使之软化或研成糊状，再与基质混匀。共熔组分，如樟脑、薄荷脑、麝香草酚等挥发性低共熔成分，可先使其共熔，再与冷却至40℃以下的基质混匀。挥发性、热敏感药物应在基质温度降至40℃左右时添加。

（2）**基质的处理** 油脂性基质一般加热熔融，趁热滤除杂质，再于150℃干热灭菌1 h以上，并除去水分。水溶性基质若熔点不高，也可加热至熔化，或加少量水与药物研成糊状，或直接加入药物的水提取稠膏中。

2. 制备方法

（1）**研和法** 又称研合法、研磨法，适用于由半固体和液体组分组成的软膏基质的制备。先将药物粉末与适量基质研成糊状，再按等量递增法与其余基质混匀，研磨至无颗粒感即可，工艺流程见图12-3。

本法适用于少量软膏剂的制备，且药物不溶于基质或遇热不稳定的情况。实验室制备时可采用研钵研磨，大量制备时常用三滚筒研磨机。

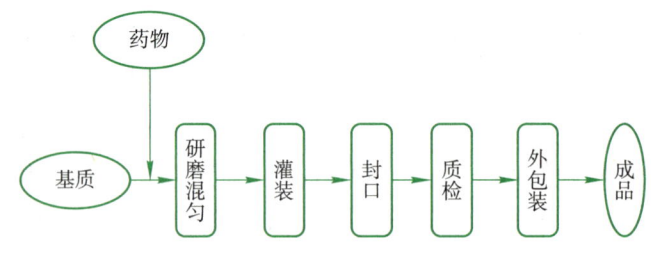

图12-3 研和法制备软膏剂的工艺流程

（2）**熔和法** 又称熔合法、熔融法、融合法，指将高熔点的基质（如蜂蜡、石蜡、硬脂酸等）加热熔化，然后将其余基质依熔点高低顺序逐一加入，最后加入液体成分，熔合成均匀基质，再经过灭菌、过滤，称量后，加入药物（溶解或混悬其中），不断搅拌，均匀冷却至膏状，工艺流程见图12-4。

此法适用于熔点较高、处方中基质熔点不同、常温下不能混合均匀的基质，也适用于需用基质加热浸取其有效成分的中药。此法适用于大生产。若软膏不够细腻，通常用三滚筒研磨机进一

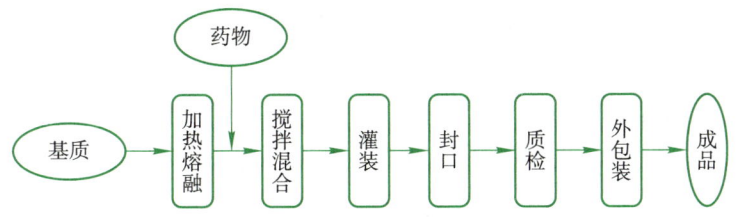

图 12-4　熔和法制备软膏剂的工艺流程

步研磨使软膏更细腻均匀。

案例 12-1　老鹳草软膏

【处方】老鹳草 1 000 g

【制法】取老鹳草,加水煎煮二次,每次 1 h,煎液滤过,滤液合并,浓缩至相对密度为 1.05~1.10(80~85℃),加等量的乙醇使沉淀,静置,滤取上清液,浓缩至适量,加入羟苯乙酯 0.3 g、羊毛脂 50 g 与凡士林适量,混匀,制成 1 000 g,即得。

【性状】本品为棕黄色至棕褐色或褐紫色的软膏。

【功能与主治】除湿解毒,收敛生肌,用于湿毒蕴结所致的湿疹、痈、疔、疮、疖及小面积水、火烫伤。

【用法与用量】涂敷患处,一日 1 次。

【注解】

(1) 临床常以老鹳草煎汤外洗使用,因此遵临床制药方法,采用水煎煮法进行提取。采用醇沉法除去水溶性的大分子物质,以提高有效成分的含量,同时保留醇溶性成分,以便更好地融入油脂性基质中制备软膏。

(2) 选用油脂性基质,以羊毛脂改善凡士林的吸水性和渗透性,且二者均无生理活性。另外浓缩浸膏同时充当基质和药物,有"药辅合一"之用意。局部敷药后原浓缩浸膏所含水分蒸发,增强软膏吸水性,可吸收创面分泌物。羟苯乙酯为抑菌剂。

(3) 因老鹳草提取物为水提醇沉法制备,难溶于油脂性基质中,因此先用羊毛脂吸收后再与凡士林混匀,采用研和法在常温下制备软膏。

案例 12-2　苦参软膏

【处方】苦参总碱 66.7 g

【制法】取苦参总碱加水 667 mL,滴加稀盐酸,搅拌使溶解,并用稀盐酸调节 pH 至 4~5,溶液备用;另取甘油 100 g 与羧甲纤维素钠 30 g,混匀,边搅拌边加入苦参总碱溶液,加水适量,混匀,制成 1 000 g,分装,即得。

【性状】本品为棕褐色或棕黄色的软膏。

【功能与主治】清热燥湿,杀虫止痒。用于湿热下注所致的带下、阴痒。

【用法与用量】阴道用药。每晚 1 支,将软膏轻轻挤入阴道深处,连用 7 日为一疗程,或遵医嘱。

【注解】

(1) 水溶性基质软膏或水凝胶为阴道给药常用剂型,生物黏附性好,在腔道水性环境内易于涂展扩散至患处,药物在局部释放吸收快,适于腔道局部病症治疗。

(2) 因苦参总碱难溶于水,因此先加稀盐酸生成盐,然后溶于水中制成软膏。

第十二章　外用膏剂

（3）羧甲纤维素钠为纤维素衍生物，其在水中可吸水膨胀形成凝胶状半固体，黏附性较强，腔道给药后可黏附于黏膜；另外，该基质对pH适应范围大，能适应苦参碱盐pH，以及在阴道酸性环境中保持稳定。纤维素类衍生物易失水干燥而有不适感，因此加入甘油作为保湿剂。

（4）本品采用研和法制备。甘油增加羧甲纤维素钠润湿性，加水后迅速吸水溶胀形成软膏。

> **思考与讨论**
> 1. 制备苦参软膏为何不选聚乙二醇类或卡波姆类作为水溶性基质？
> 2. 苦参软膏中为何不加抑菌剂？

二、乳膏剂

乳膏剂（cream）系指原料药物溶解或分散于乳状液型基质中形成的均匀半固体制剂。根据基质不同，乳膏剂可分为O/W型乳膏剂和W/O型乳膏剂。

（一）乳膏剂的特点

乳膏剂主要起润滑、保护和局部治疗作用，少数能经皮吸收产生全身治疗作用，多用于慢性皮肤病，禁用于急性皮肤损害部位。O/W型乳膏剂能与大量水混合，无油腻性，易于涂布和洗除，俗称"雪花膏"；W/O型乳膏剂油腻性比油脂性基质小，能吸收部分水分，水分从皮肤表面蒸发时有缓和冷却作用，且蒸发缓慢，俗称"冷霜"。

乳膏剂应避光密封，置25℃以下贮存，不得冷冻。

（二）乳膏剂的基质

乳膏剂的基质是由水相、油相借乳化剂的作用在一定温度下乳化制成，分为O/W型和W/O型两类。油相物质多为固体或半固体，如硬脂酸、蜂蜡、石蜡、高级醇等，为调节稠度加入液状石蜡、凡士林、植物油等；水相为蒸馏水或药物的水溶液及水溶性的附加剂；通常以非离子型表面活性剂或阴离子型表面活性剂作为乳化剂，常用乳化剂见表12-1。

表12-1　乳膏剂基质中常用的乳化剂

类别	常用品种	作用
非离子型表面活性剂	平平加O、山嵛醇氧乙烯醚、乳化剂OP、吐温20、吐温80、聚乙二醇-20-硬脂酸酯、聚乙二醇-7-硬脂酸酯	O/W型乳化剂
	司盘60、司盘80	W/O型乳化剂，单用效果差，多与O/W型乳化剂合用
	硬脂醇、鲸蜡醇	弱W/O型乳化剂，稳定剂、增稠剂
	聚乙二醇-7-氢化蓖麻油	W/O型乳化剂
	硬脂酸甘油酯	弱W/O型乳化剂，仅作辅助乳化剂；常与O/W型乳化剂合用，有稳定和增稠作用
阴离子型表面活性剂	十二烷基硫酸钠、十二烷基聚氧乙烯醚磷酸单乙醇胺、碱金属皂、三乙醇胺皂	O/W型乳化剂
	碱土金属皂	W/O型乳化剂

乳膏剂基质对油、水均有一定亲和力，能与创面渗出液混合，不阻止皮肤表面分泌物的分泌和水分蒸发，因此对皮肤正常功能影响小。O/W 型乳膏剂可促使药物与皮肤接触，药物释放、穿透、透皮吸收较快，但也可促使病变处分泌物反向吸收重新进入皮肤而导致炎症恶化，故分泌物较多的病变部位不宜使用，适用于亚急性、慢性、无渗出的皮损和皮肤瘙痒症，忌糜烂、溃疡、水疱及化脓性创面。O/W 型乳膏剂含有大量水，易发霉，需加入抑菌剂（如羟苯酯类、氯甲酚、三氯叔丁醇等），同时水分也易蒸发而使乳膏剂变硬，故常需加入保湿剂（如甘油、丙二醇、山梨醇等），一般用量为 5%～20%。

（三）乳膏剂的制备

1. 基质和药物的处理

（1）基质的处理 将处方中的油脂性和油溶性组分一起加热至 80℃左右使熔化，过滤后得到油相；另将水溶性成分溶于水中，并加热至 80℃左右成水溶液。

（2）药物的处理 通常将脂溶性药物溶解在油相，水溶性药物溶解在水相，两相混合制备乳膏剂。

2. 制备方法

一般采用乳化法制备，工艺流程见图 12-5。

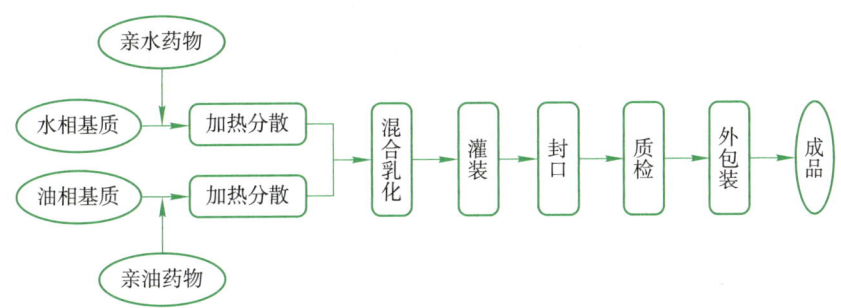

图 12-5 乳膏剂制备的工艺流程

经过前期的基质与药物处理后，两相混合时，将水相逐渐加入油相中，边加边搅拌，直至冷凝。为了防止油相中固体成分过早析出或冷凝，要使水相温度略高于油相温度。在温度降低至 30℃时再通过胶体磨或软膏研磨机使其更细腻均匀。

乳化法中油、水两相有三种混合方法：①两相同时掺和，适用于大批量的机械操作；②分散相加入到连续相中，适合小体积分散相的乳剂系统；③连续相加到分散相中，适用于多数乳剂系统。例如制备 O/W 型乳膏基质时，在搅拌下将水相缓缓加入油相；开始时水相的量小于油相，先形成 W/O 型乳液，随着水相不断增加，乳液黏度继续增大，直到 W/O 型乳液水相的体积增大到最大限度，超过此限度后乳液黏度降低，发生转相而成为 O/W 型乳液。此法可使内相（油相）分散得更细，冷却后形成 O/W 型乳膏基质。

影响乳膏剂质量的因素有：①搅拌速度：搅拌速度过慢，无法充分混合，搅拌速度过快，会把气泡带入体系，使之成为三相体系，导致乳状液不稳定，因此宜用中等速度、间隔搅拌的方式；②乳化温度：乳化温度取决于两相中所含的高熔点物质的熔点，此外提高温度能有效降低基质的黏度，并使基质中各成分混合均匀，一般乳化温度控制在 75～85℃；若有转相温度，则乳化温度应控制在转相温度附近；③乳化时间：要根据油相与水相的容积比、两相的黏度、乳化剂的类型和用量及乳化设备等确定。

案例 12-3　康妇软膏

【处方】白芷 145 g　蛇床子 145 g　花椒 145 g　土木香 30 g　冰片 30 g

【制法】以上五味，除冰片外，其余白芷等四味用水蒸气蒸馏，分别收集芳香水和水煎液，芳香水进行重蒸馏，得精馏液；水煎液滤过，滤液浓缩至相对密度约为 1.20（25℃）的清膏，加乙醇使含醇量达 70%，静置，取上清液用 10% 氢氧化钠溶液调节 pH 至 8，静置过夜，回收乙醇，灭菌 30 min，与精馏液合并，搅匀，备用；冰片研为细粉，过筛，备用。另将油相硬脂酸、羊毛脂、液状石蜡与水相三乙醇胺、甘油、蒸馏水分别加热至 70℃，在搅拌下将水相加入油相中，冷却至 40℃，加入 3.6 g 羟苯乙酯，搅匀，制成基质。取上述药液，加热至 50~60℃，加入基质中，搅拌，加入冰片细粉，搅匀，制成软膏 1 000 g，即得。

【性状】本品为淡黄棕色的乳膏，气清香。

【功能与主治】祛风燥湿，杀虫止痒。用于湿热下注所致的阴痒、带下病。

【用法与用量】外用。涂于洗净的患处，一日 2~4 次。

【注解】

（1）根据临床病症及药物特征选择剂型。O/W 型乳膏剂释药与药物吸收快，利于迅速发挥消炎止痒作用。另外，该基质易于清洗，患者依从性好。

（2）采用双提法提取饮片，先用蒸馏法提取挥发性成分，再以水提醇沉法提取非挥发性成分，再将两者合并备用。此处采用碱性醇沉法除去鞣质，即加氢氧化钠与鞣质生成钠盐且不溶于水而除去，一般醇浓度和 pH 越高则除鞣质越多，但有些酸性成分也会被除去，因此 pH 不宜超过 8。

（3）硬脂酸和三乙醇胺作用生成硬脂酸三乙醇胺皂，作为 O/W 乳化剂使软膏细腻有光泽，剩余的硬脂酸作为油相并有调节软膏稠度的作用，涂于皮肤后水分蒸发形成脂质膜，具有保护作用。甘油作为保湿剂。

（4）采用新生皂乳化法制备。由于冰片受热易挥发，因此先以乳化法制备基质，再在较低温度下加入冰片并迅速混匀。水相三乙醇胺、甘油、蒸馏水，油相硬脂酸、羊毛脂、液状石蜡，两相分别加热至 70℃，在不断搅拌下将水相加入油相中。

> **思考与讨论**
> 康妇软膏用于阴道局部给药，可否改为栓剂？两种剂型用于阴道给药有何异同？

三、软膏剂与乳膏剂的质量评价

（一）软膏剂与乳膏剂的质量要求

软膏剂与乳膏剂应均匀、细腻、具有适当的黏稠度，易涂布于皮肤或黏膜上，不融化，黏稠度随季节变化小，并无刺激性；无酸败、变色、变硬、异臭、油水分离、胀气等变质现象。

按照《中国药典》软膏剂与乳膏剂制剂通则的要求，软膏剂与乳膏剂的装量应符合规定，混悬型软膏剂、含饮片细粉的软膏剂不得检出大于 180 μm 的粒子。

用于烧伤［除程度较轻的烧伤（Ⅰ°或浅Ⅱ°外）］、严重创伤或临床必须无菌的软膏剂与乳膏剂，需做无菌检查，应符合规定。除此以外的非无菌产品，照非无菌产品微生物限度检查，应符合规定。

软膏剂、乳膏剂用于烧伤治疗如为非无菌制剂的,应在标签上标明"非无菌制剂";产品说明书中应注明"本品为非无菌制剂",同时在适应证下应明确"用于程度较轻的烧伤(Ⅰ°或浅Ⅱ°)";注意事项下规定"应遵医嘱使用"。

(二)软膏剂与乳膏剂常见问题及原因分析

1. 软膏剂的常见问题及原因分析

(1)粉末粒径超标 应严格控制含饮片细粉等混悬型软膏剂的原料药粉末粒径。注意植物来源饮片细粉可能因吸水膨胀导致超标问题,尽量在投料前减小药粉粒径。在制备软膏过程中,应确保混合均匀,对于疏水性粉末可以适当添加润湿剂,减少粉末聚集。

(2)发硬、流油 软膏基质中含有石蜡、蜂蜡等熔点较高物质或该类物质用量过多时,软膏易发硬;软膏基质中含有液状石蜡等熔点较低物质或该类物质用量过多时,软膏易流油;软膏剂贮存温度过低易发硬,过高则易流油;亲水性基质软膏长期贮存易损失水分发硬。

(3)药物与基质分离 含不溶性药物的油脂性软膏,受热后基质熔化变稀,药物易沉于底部而分离。含松馏油等的软膏贮于冷处亦可能发生分离。

(4)酸败与霉变 用动植物油脂类基质制成的软膏,在光、热、空气、微生物等的影响下可能氧化酸败,产生败油臭。水溶性基质软膏、含中药成分软膏等,水分含量较多,易发生霉变。

(5)变色 某些含有不稳定药物的软膏,易受空气、光线、温度、容器等因素影响而降解变色。如磺胺类软膏遇光颜色变暗;水杨酸类软膏遇光、接触金属容易氧化变成红色;白降汞软膏见光、接触金属器皿易分解变灰色;黄氧化汞软膏遇光线、空气析出金属汞,使颜色变黑,毒性及刺激性增加。

2. 乳膏剂的常见问题及原因分析

(1)质地粗糙 采用乳化法制备乳膏剂时搅拌速率过快或过慢,使乳膏剂中混入大量空气或乳化不完全,造成乳膏剂质地粗糙、失去光泽。另外,水、油两相混合时温度应基本相同,且应在80℃以下,否则可能乳化不完全从而造成乳膏剂质地粗糙。

(2)油水两相分离 乳膏剂在久贮或受冻后易使其中水相与油相分离,失去其均匀性。可优化制剂处方,选择稳定性更佳的制剂处方配伍。如不可变动处方,则应合理确定产品有效期,并说明贮存条件。

(3)霉变 乳膏剂贮存不当时易发生霉变。可通过添加抑菌剂和优化贮存条件解决。

第三节 凝 胶 剂

凝胶剂(gel)系指原料药物与能形成凝胶的辅料制成的具凝胶特性的稠厚液体或半固体制剂。

一、凝胶剂的特点

除另有规定外,凝胶剂限局部用于皮肤及体腔,如鼻腔、阴道和直肠等。根据基质类型不同,凝胶剂可分为溶液型凝胶、乳状液型凝胶和混悬型凝胶。乳状液型凝胶剂又称为乳胶剂,由高分子基质如西黄蓍胶制成的凝胶剂也可称为胶浆剂。混悬型凝胶剂是由分散的药物小粒子以网状结构存在于液体中组成的,如氢氧化铝凝胶剂,属两相分散系统。混悬型凝胶剂可有触变性,静止时形成半固体而搅拌或振摇时成为液体。

水凝胶通过吸收大量水分使其能够包封治疗药物,并具有调控药物释放的特性,有较高的临床应用价值。这种特性一般基于被动扩散实现,也受水凝胶的交联度、网格尺寸、溶胀度等因素的影响。凝胶剂应避光、密闭贮存,并应防冻。

二、凝胶剂的基质

凝胶剂基质属单相分散系统,有水性与油性之分。水性凝胶基质一般由水、甘油或丙二醇与纤维素衍生物、卡波姆和海藻酸盐、西黄蓍胶、明胶、淀粉等构成;油性凝胶基质由液状石蜡与聚乙烯或脂肪油与胶体硅或铝皂、锌皂等构成。以下介绍两类常用水性凝胶基质。

1. 纤维素衍生物

凝胶剂中使用的改性纤维素主要是羧甲纤维素钠、甲基纤维素和羟丙甲纤维素等,常用浓度为2%~6%。羧甲纤维素钠易分散于水中形成透明胶状溶液。当pH大于10或小于5时,其黏度迅速下降,另应避免遇强酸、多价金属离子和阳离子,否则易形成沉淀。甲基纤维素在冷水中膨胀形成澄明及乳白色的黏稠胶体溶液,在pH 2~12时稳定。羟丙甲纤维素黏附性较强,较易失水干燥而有不适感,常需加入保湿剂。

2. 卡波姆

根据聚合物单体的不同结构,卡波姆(carbomer)分为卡波姆共聚物、卡波姆均聚物和卡波姆间聚物,其中属于均聚物的卡波姆900系列在凝胶剂中较为常用。卡波姆水分散液呈酸性(pH 2.7~3.5),与皮肤和黏膜具有良好的耦合性。当用碱中和时,其在水中逐渐溶解,黏度迅速增大,浓度较大时形成具有一定强度和弹性的半透明状凝胶,在pH 6~11时达到最大黏度或稠度,pH<3或pH>12时黏度降低。卡波姆凝胶具有显著的塑性流变性质。以卡波姆为基质的凝胶剂具有释药快、无油腻性、易于涂展、润滑舒适、对皮肤和黏膜无刺激性等优点,特别适于治疗脂溢性皮肤病。应注意避免与阳离子药物和强酸碱等的配伍,如苯甲酸及其钠盐、苯扎氯铵会使凝胶黏度减小,甚至产生沉淀。

三、凝胶剂的制备

通常将基质材料在溶剂中溶胀配成水凝胶基质,再加入药物溶液及其他附加剂。水溶性药物可先溶于部分水或甘油中,必要时加热,制成溶液加于凝胶基质中;水不溶性药物可先用少量水或甘油研细、分散,再与凝胶基质搅拌混匀;最后加入附加剂混匀即得。

案例12-4 肿痛凝胶

【处方】七叶莲18g 滇乌草18g 三七18g 雪上一枝蒿18g 金铁锁18g 金叶子18g 八角莲18g 葡萄根18g 白芷18g 栀子18g 火把花根18g 重楼18g 薄荷脑6g 甘草6g 冰片6g 麝香0.8g

【制法】以上十九味饮片，麝香、冰片、薄荷脑加乙醇溶解，其余七叶莲等十六味粉碎成粗粉，混匀，用65%~70%的乙醇作溶剂渗漉，收集渗漉液960 mL，冷藏48 h，滤过，备用。取聚乙烯醇40 188 g，加入上述备用药液，搅拌均匀，室温溶胀24 h，水浴加热使溶解，冷至4℃时，加入薄荷脑等乙醇溶液及甘油47 g，搅拌均匀，分装，即得。

【性状】本品为棕色黏稠凝胶状液体。规格为每瓶30 g。

【功能与主治】用于跌打损伤，风湿关节痛，肩周炎，痛风，乳腺小叶增生。

【用法与用量】取本品适量，涂一薄层于患处，待药形成一层薄膜，约12 h后将药膜揭下，次日再涂上新药膜即可。

【注解】

（1）肿痛凝胶是由肿痛搽剂剂型改变而成，将其制成以亲水性高分子材料为基质的凝胶，具有局部黏附性好、作用持久、给药方便等优点。使用前为水性凝胶态，使用时因溶剂蒸发而成膜。

（2）方中贵重药麝香与冰片、薄荷脑的有效成分为挥发性物质，单独处理，后期低温时加入。保留原制剂的药物提取工艺以保持原有物质基础，其余药味的65%~70%乙醇渗漉液不经浓缩，过滤后直接作为聚乙烯醇40的分散介质制成凝胶。

（3）聚乙烯醇40吸水溶胀形成水凝胶，再加热促进溶解，冷却形成水凝胶后再混入其他溶液。甘油作为保湿剂。

> 思考与讨论
>
> 本品与常规凝胶剂相比有何异同？

案例12-5 黑豆馏油凝胶

【处方】黑豆馏油100 g　桉油20 g　氧化锌150 g　冰片10 g

【制法】将黑豆馏油、氧化锌与适量的经加热熔融并滤过的黄凡士林和植物油基质混匀，再加入溶于桉油的冰片及适量黄凡士林和植物油基质，使成1 000 g，混匀，即得灰褐色凝胶。

【性状】本品为油性凝胶剂，为灰褐色的凝胶；气特异。每支15 g（含氧化锌2.25 g）。

【功能与主治】消炎，收敛，止痒，使角质再生。用于神经性皮炎，慢性湿疹，亚急性、慢性皮炎等。

【用法与用量】外用，取适量涂抹于患处，一日1~2次。

【注解】

（1）黑豆馏油主要为亲脂性物质，选用油凝胶。油性凝胶基质由液状石蜡与聚乙烯、脂肪油与胶体硅，或铝皂、锌皂等构成。此类凝胶基质性质较为稳定，油腻性较大，但与油脂性软膏基质相比油腻性小，对皮肤表面水分蒸发具有缓和作用。

（2）本品主要基质为氧化锌、黑豆馏油和凡士林，其中氧化锌为胶凝剂；桉油为赋香剂，另有一定杀菌防腐作用。设计体现"药辅合一"理念，简化了配方。

（3）药物为水不溶性，因此与少量黄凡士林和植物油基质混合均匀，再与凝胶基质搅拌混匀即得。

四、凝胶剂的质量评价

（一）凝胶剂的质量要求

凝胶剂应均匀、细腻，在常温时保持凝胶状，不干涸或液化。混悬型凝胶剂中胶粒应分散均匀，不应下沉、结块。按照《中国药典》凝胶剂制剂通则的规定，混悬型凝胶剂不得检出大于180μm的粒子；凝胶剂的pH、装量检查应符合规定。

用于烧伤[除程度较轻的烧伤（Ⅰ°或浅Ⅱ°外）]、严重创伤或临床必须无菌的凝胶剂，需做无菌检查，应符合规定。除此以外的非无菌产品，照非无菌产品微生物限度检查，应符合规定。

凝胶剂用于烧伤治疗如为非无菌制剂的，应在标签上标明"非无菌制剂"；产品说明书中应注明"本品为非无菌制剂"，同时在适应证下应明确"用于程度较轻的烧伤（Ⅰ°或浅Ⅱ°）"；注意事项下规定"应遵医嘱使用"。

（二）凝胶剂常见问题及原因分析

1. 分层

凝胶剂受到高温或冷冻后可能发生不可逆的分层，贮藏过程中应注意温度。

2. 霉变

凝胶剂含水量过高或贮藏不当时易滋生霉菌，从而发生霉变。应注意改善贮存条件、适当添加抑菌剂。

第四节　眼用膏剂

眼用膏剂系指直接用于眼部发挥治疗作用的无菌半固体制剂。

一、眼用膏剂的特点

与滴眼剂相比，眼用膏剂在结膜囊内的保留时间长，可起到长效作用；能减轻眼睑与眼球的摩擦，有助于角膜损伤的愈合，常用于眼科术后用药；夜晚使用可减少给药次数，延长眼内滞留时间。眼用膏剂的缺点是使用时有油腻感并使视力模糊。

二、眼用膏剂的分类

眼用膏剂包括眼膏剂、眼用乳膏剂、眼用凝胶剂等。

眼膏剂系指由原料药物与适宜基质均匀混合，制成溶液型或混悬型膏状的无菌眼用半固体制剂。

眼用乳膏剂系指由原料药物与适宜基质均匀混合，制成乳膏状的无菌眼用半固体制剂。

眼用凝胶剂系指原料药物与适宜辅料制成的凝胶状无菌眼用半固体制剂。

三、眼用膏剂的制备

（一）眼用膏剂的基质

眼用膏剂的基质应均匀、细腻、无刺激性，并易涂布于眼部，便于药物分散和吸收。油脂性基质的眼膏剂常用基质由黄凡士林、液状石蜡、羊毛脂（8∶1∶1）混合而成，具有无水和化学惰性的特点，适用于遇水不稳定的药物，如某些抗生素；羊毛脂具有较强的吸水性和黏附性，较单用黄凡士林更易与药液及泪液混合和附着在眼黏膜上，促进药物渗透。

（二）眼用膏剂的制备方法

眼用膏剂的制备应在清洁避菌条件下进行。基质用前必须加热过滤，并于150℃干热灭菌1 h，必要时可酌加适宜抑菌剂。基质与药物的混合方法基本同软膏剂、乳膏剂或凝胶剂。一般先制备基质，然后采用适宜方法加入药物。如若主药溶于水且性质稳定，可用适量的注射用水溶解后与灭菌基质研和至水吸尽，再以倍量稀释加入其余基质，研磨均匀；如若主药不溶于水，需在无菌的环境下将药物研细并通过九号筛，再与基质研磨均匀。

案例 12-6 马应龙八宝眼膏

【处方】煅炉甘石 32.7 g 琥珀 0.15 g 人工麝香 0.38 g 人工牛黄 0.38 g 珍珠 0.38 g 冰片 14.8 g 硼砂 1.2 g 硇砂 0.05 g

【制法】以上八味，煅炉甘石、琥珀、珍珠、硼砂、硇砂分别粉碎成极细粉；人工麝香、人工牛黄、冰片分别研细，与上述粉末配研，过筛，加至经灭菌、滤过后放冷的液状石蜡 20 g 中，搅匀，再加至已干热灭菌、滤过并冷至约 50℃ 的凡士林 890 g 和羊毛脂 40 g 中，搅匀，使凝固，即得。

【性状】本品为浅黄色至浅黄棕色的油脂性基质软膏，气香，有清凉感。每支装 2 g。

【功能与主治】清热退赤，止痒去翳。用于风火上扰所致的眼睛红肿痛痒、流泪、眼睑红烂；沙眼见上述证候者。

【用法与用量】点入眼睑内。一日 2～3 次。

【注解】

（1）处方中矿物类药物较多，选用油脂性基质软膏可较好地与疏水性药粉相容，用于眼部后可黏附较长时间发挥药效，不易被眼泪冲洗掉。

（2）煅炉甘石、琥珀、珍珠、硼砂、硇砂质地坚硬不易粉碎，应先分别粉碎成极细粉；人工麝香、人工牛黄为贵重药，冰片为易挥发物质，应另外分别研细，低温加入。

（3）液状石蜡用以调节稠度，羊毛脂改善凡士林的吸水性，而凡士林则改善羊毛脂的黏性。另外，选用未经漂白处理的黄凡士林，因其具有更好的生物相容性。

（4）基质辅料均先经灭菌处理。药粉先分散于黏度较小的液状石蜡中，再一起与黏度较大的凡士林和羊毛脂混合，便于搅匀。

四、眼用膏剂的质量评价

眼用半固体制剂的基质应过滤并灭菌，不溶性原料药物应预先制成极细粉。眼膏剂、眼用乳膏剂、眼用凝胶剂应均匀、细腻、无刺激性，并易涂布于眼部，便于原料药物分散和吸收。除另有规定外,每个容器的装量应不超过 5 g。包装容器应无菌、不易破裂,其透明度应不影响可见异物检查。除另有规定外,眼用制剂应遮光密封贮存。眼用制剂在启封后最多可使用 4 周。

按照《中国药典》眼用制剂通则的规定,混悬型及含饮片原粉的眼用制剂不得检出大于 90 μm 的粒子。单剂量包装的眼用半固体制剂需检查装量差异,凡规定检查含量均匀度者一般不再进行装量差异检查;多剂量包装的眼用半固体制剂需检查装量;眼用半固体制剂还需进行金属性异物、无菌检查,均应符合规定。

第五节 膏 药

膏药系指饮片、食用植物油与红丹(铅丹)或官粉(铅粉)炼制成膏料,摊涂于裱褙材料上制成的供皮肤贴敷的外用制剂。前者称为黑膏药,后者称为白膏药。

一、膏药的特点

膏药为传统剂型,可发挥局部治疗或全身治疗作用;其作用效果比软膏剂持久,并可随时终止给药。膏药外治可消肿、拔毒、生肌,主治肌肤红肿、痈疽、疮疡等症;内治可活血通络、祛风止痛、消痞、壮筋骨,主治跌打损伤、风湿痹痛等。膏药应密闭,置阴凉处贮存。

二、膏药的制备

(一)黑膏药

黑膏药是食用植物油与红丹经高温炼制的铅硬膏,一般为黑褐色的坚韧固体,乌黑光亮,油润细腻。用前须烘热软化后贴于皮肤上,能够在皮肤上保持不移动的状态。

1. 黑膏药的基质

黑膏药的基质原料主要是植物油和红丹。炼油时加入红丹,两者在高温下反应生成脂肪酸铅盐,同时脂肪酸铅盐又促进油脂氧化、聚合、增稠而成膏。

(1)植物油 应选用质地纯净、沸点低、熬炼时泡沫少、制成品软化点及黏着力适当的植物油。麻油是最佳选择,不仅熬炼时泡沫少,而且成品外观油润、性黏、质量好,且药性清凉,具有消炎功效。棉籽油、豆油、菜油、花生油等亦可,但炼制时易产生泡沫。

(2)红丹 红丹又称铅丹、樟丹、黄丹、陶丹,为橘红色粉末,质重,主要成分为四氧化三铅(Pb_3O_4),含量应在 95% 以上。红丹使用前应炒除水分,过五号筛;若含水分易聚成颗粒,下丹时沉于锅底,不易与油充分反应,故需去除水分保证干燥。

2. 黑膏药的制法

黑膏药传统制备的工艺流程见图 12-6。

(1)提取药料 药料的提取按其质地有先炸后下之分。药料可分为一般药料和细料药,细料药系指芳香挥发性药物、贵重药物等,如乳香、没药、朱砂、雄黄、冰片、樟脑等。一般药料提取前先适当切碎并用植物油浸泡。质地较坚硬的中药、含水量高的肉质类、鲜药类中药加热先炸,油温控制在 200~220℃;质地疏松的花、草、叶、皮类中药宜在上述药料炸至枯黄后入锅,

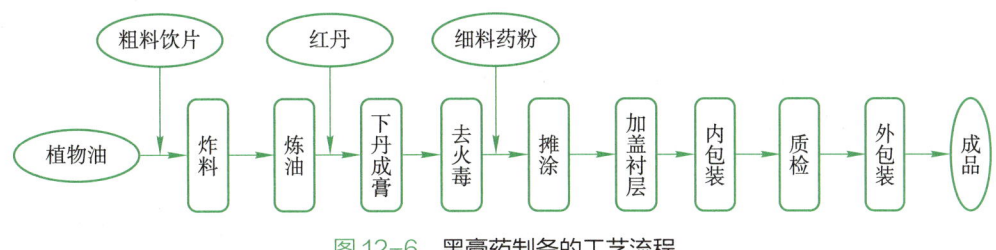

图12-6 黑膏药制备的工艺流程

炸至药料表面呈深褐色,内部焦黄色。提取的过程中需防止泡沫溢出。细料药或挥发性药物如冰片等摊涂前应与膏料混匀;贵重药如麝香等应撒于膏药表面。

药料与油经高温处理,有效成分可能破坏较多。现也有采用适宜的溶剂和方法提取有效成分,例如将部分饮片用乙醇提取,浓缩成浸膏后再加入膏药中,可减少成分的损失。

(2)炼油 系指继续熬炼去渣后的药油,使油脂在高温下氧化聚合、增稠。炼油温度控制在270~320℃,炼至"滴水成珠":即取油少许滴在水中,以药油聚集成珠不散为度。炼油为制备膏药的关键,炼油过"老"则膏药质脆,黏着力小,贴于皮肤易脱落。炼油过"嫩"则膏药质软,贴于皮肤易松动。

(3)下丹成膏 系指在炼成的油中加入红丹反应生成脂肪酸铅盐的过程。按照植物油的1/3~1/2的比例投入红丹(提前干燥处理)。在温度高于320℃时,在搅拌下缓慢加入红丹,确保油与红丹充分反应,搅拌至成为黑褐色稠厚状液体。

传统下丹工艺分为火上下丹和离火下丹两种。火上下丹指转为微火加热后,将提前炒干的红丹缓慢倒入沸油中,用木棍顺时针搅拌,待油中气泡上溢烟气散尽后,迅速用竹筷点油滴到凉水中三四滴检查膏药老嫩程度,检查合格后停止加热,继续搅拌凉至室温。离火下丹是指将红丹倒入已停止加热但具有所需温度的药油中搅拌均匀的操作。火上下丹温度较离火下丹高,红丹与油的反应较为剧烈和完全;离火下丹较为安全,油不容易外溢,反应温度也较易控制。

检查膏药老嫩程度的传统方法:取少量样品滴入水中数秒钟后取出,若手指拉之有丝不断则太嫩,应继续熬炼。若拉之发脆则过老。膏不粘手,稠度适中,表示合格。现代常用软化点测定仪对其老嫩程度进行测定。

(4)去火毒 "火毒"系指膏药对皮肤局部产生刺激性,轻如红斑、瘙痒,重如发疱、溃疡,其间产生的刺激性因素。传统观点认为"火毒"是经高温炼熬后膏药产生的"燥性",在水中浸泡或久置阴凉处可除去。现代研究认为,"火毒"是油在高温下氧化聚合反应中生成的低分子分解产物,如醛、酮、低级脂肪酸等。现代去"火毒",通常将炼成的膏药以细流倒入冷水中,不断强烈搅拌,待冷却凝结取出,反复揉搓,浸于冷水中24 h或数日,直至去尽"火毒"。

(5)摊涂 将去"火毒"的膏药团块用文火熔化,挥发性药物、矿物药、贵重类药可先研成细粉,于摊涂前加入,温度不超过70℃;麝香等可研成细粉,待摊涂后撒于膏药表面。按规定量涂于裱褙材料上(皮革、布或多层韧皮纸制成的),膏面覆盖衬纸,于干燥阴凉处密闭贮藏。

现代工业已实现半自动或全自动化机械生产,不再采用直火加热,炼油和下丹成膏加热流程标准化,所得膏药少"火毒"刺激,可直接进行摊涂或切块。

微视频12-1:黑膏药的制备

案例12-7 狗皮膏

【处方】生川乌80 g 生草乌40 g 羌活20 g 独活20 g 青风藤30 g 香加皮30 g 防

风30 g 铁丝威灵仙30 g 苍术20 g 蛇床子20 g 麻黄30 g 高良姜9 g 小茴香20 g 官桂10 g 当归20 g 赤芍30 g 木瓜30 g 苏木30 g 大黄30 g 油松节30 g 续断40 g 川芎30 g 白芷30 g 乳香34 g 没药34 g 冰片17 g 樟脑34 g 丁香17 g 肉桂11 g

【制法】乳香、没药、丁香、肉桂分别粉碎成粉末,与樟脑、冰片粉末配研,过筛,混匀;其余生川乌等23味药,酌予碎断,与食用植物油3 495 g同置锅内炸枯,去渣,滤过,炼至滴水成珠。另取红丹1 040～1 140 g,加入油内,搅匀,收膏,将膏浸泡于水中。取膏,用文火熔化,加入上述粉末,搅匀,分摊于兽皮或布上,即得。

【性状】本品为摊于兽皮或布上的黑膏药。每张净重12 g,或15 g,或24 g,或30 g。

【功能与主治】祛风散寒,活血止痛。用于风寒湿邪、气血瘀滞所致的痹病。

【用法与用量】外用。用生姜擦净患处皮肤,将膏药加温软化,贴于患处或穴位。

【注解】

(1) 含挥发性成分的丁香、肉桂、樟脑、冰片与树脂类乳香、没药等,不"炸料",而在去"火毒"后较低温度下混合加入,以保留有效成分。方中乳香、没药、冰片与樟脑等可溶于膏药基质。

(2) 采用离火下丹,较为安全,油不容易外溢,反应温度较易控制。

> 思考与讨论
> 黑膏药制备过程中,贵重类和芳香类饮片如何处理?

(二)白膏药

白膏药的制法与黑膏药基本相同,唯下丹时油温要冷却到100℃左右,缓缓递加官粉,防止产生大量二氧化碳气体使药油溢出。官粉又称铅粉,主要成分是碱式碳酸铅$2PbCO_3 \cdot Pb(OH)_2$,其氧化作用不如红丹剧烈。官粉用量较红丹多,与油的比例为1∶1或1.5∶1,允许有部分多余的官粉存在。加入官粉后需搅拌,在将要变黑时投入冷水中,成品为黄白色。

白膏药的制备较黑膏药难度大,在炼油时需适当将油炼老,保证油纯净清亮。由于下丹温度较低,加入的官粉可能无法皂化完全,因此安全性较黑膏药低。

三、膏药的质量评价

(一)膏药的质量要求

膏药的膏体应油润细腻、光亮、老嫩适度、摊涂均匀、无飞边缺口,加温后能粘贴于皮肤上且不移动。黑膏药应乌黑、无红斑;白膏药应无白点。按照《中国药典》膏药制剂通则的规定,膏药的软化点、重量差异检查均应符合规定。

(二)膏药常见问题及原因分析

1. 膏药过老或过嫩

膏药过老,贴于皮肤上易脱落;膏药过嫩,贴于皮肤上易移动。膏药过老的可能原因,一是炼油温度过高或时间过长,导致炼油过老;二是加用的铅丹用量过大;三是油丹混合炼制的时间过长。反之,易导致膏药过嫩。针对以上原因,采取针对性措施解决。

2. 黑膏药中有红斑、白膏药中有白点

主要原因一是铅丹或官粉用量过大；二是植物油与铅丹或官粉混合后炼制温度、时间不符合要求。

第六节 贴膏剂

贴膏剂（adhesive plaster）系指将原料药物与适宜的基质制成膏状物，涂布于背衬材料上供皮肤贴敷，可产生全身性或局部作用的一种薄片状柔性制剂，古称薄贴。贴膏剂通常由含有活性物质的支撑层和背衬层及覆盖在药物释放表面上的盖衬层组成，盖衬层起防黏和保护制剂的作用。常用的背衬材料有棉布、无纺布、纸等；常用的盖衬材料有防粘纸、塑料薄膜、铝箔－聚乙烯复合膜、硬质纱布等。

贴膏剂敷贴于皮肤后，其黏性表面应与皮肤表面产生适宜的黏附力，使贴膏在用药期间能独立附着于皮肤。黏附力的大小可依据《中国药典》黏附力测定法进行测定，评价指标包括初黏力、持黏力、剥离强度、黏着力。初黏力系指黏性表面与皮肤在轻微压力接触时对皮肤的黏附力，即轻微压力接触情况下产生的剥离抵抗力；持黏力可反映膏体抵抗持久性外力所引起变形或断裂的能力；剥离强度表示膏体与皮肤的剥离抵抗力；黏着力表示黏性表面与皮肤附着后对皮肤产生的黏附力，一般建议橡胶贴膏的黏着力为 3 000 ~ 6 000 mN，凝胶贴膏的黏着力为 1 000 ~ 2 000 mN。

贴膏剂包括橡胶贴膏（rubber plaster）和凝胶贴膏（gel plaster）。

一、橡胶贴膏

橡胶贴膏系指原料药物与橡胶等基质混匀后涂布于背衬材料上制成的贴膏剂。橡胶贴膏可直接贴于皮肤使用，不污染衣物；但膏层较薄，容纳药物量少，药效维持时间较短。

知识拓展 12-6：*橡胶贴膏的剂型改革*

（一）橡胶贴膏的基质组成

1. 橡胶

橡胶是基质的主要原料，应有良好的弹性、黏性，不透气、不透水。

2. 增黏剂

常用松香作为增黏剂，因其含有的松香酸会加速橡胶膏剂的老化，故应选择软化点 70 ~ 75℃（最高不超过 77℃）、酸价 170 ~ 175 的松香。此外还可选用甘油松香酯、氢化松香、β-蒎烯等。

3. 软化剂

常用有凡士林、羊毛脂、液状石蜡、植物油等作为软化剂，可软化生胶，增加可塑性、成品柔软性、耐寒性及黏性，用量应适宜。

4. 填充剂

常用的填充剂有氧化锌、锌钡白（俗称立德粉）等。氧化锌具有缓和的收敛作用，其与松香

酸生成的松香酸锌盐，能增加膏料层与裱褙材料间的黏着性，并降低皮肤刺激性。锌钡白常用作热压法制备橡胶膏剂的填充剂，其特点是遮盖力强，胶料硬度大。

（二）橡胶贴膏的制备

橡胶贴膏的常用制备方法有溶剂法和热压法。

1. 溶剂法

溶剂法操作简单、含膏量稳定、持黏性好，皮肤残留物少，但由于需加热，故不适用于挥发性中药成分，一般工艺流程如图12-7所示。

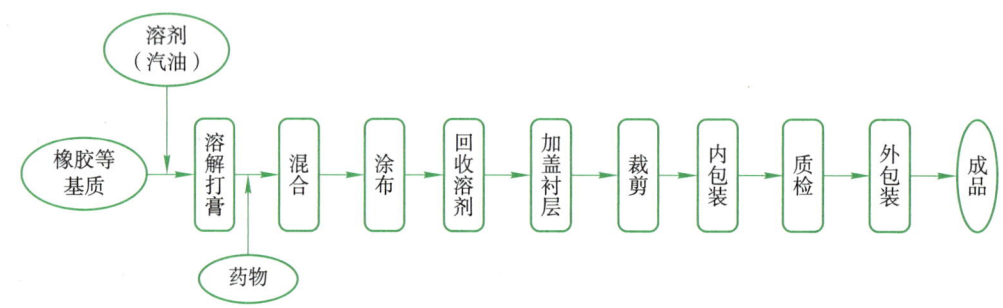

图12-7 溶剂法制备橡胶贴膏的工艺流程

（1）提取药料　药料用适当的有机溶剂和方法提取、滤过、浓缩后备用。能溶于橡胶基质中的药物如薄荷脑、冰片、樟脑等可直接加入。

（2）制膏料　将生橡胶洗净，于50~60℃加热干燥或晾干后切成大小适宜的条块，在炼胶机中塑炼成网状胶片，摊开放冷，消除静电，浸入适量汽油中浸泡至完全溶胀成凝胶状，移入打膏机内搅拌3~4 h，依次加入凡士林、羊毛脂、松香、氧化锌等制成基质，再加入药物浸膏或细粉，继续搅拌4 h，待成均匀胶浆时，在滤胶机上压过筛网，即得膏料。

（3）涂膏　将膏料置于装好布裱褙的涂料机上涂膏。

（4）回收溶剂　涂布膏料的胶布，以一定速度进入封闭的溶剂回收装置，经蒸汽加热管加热，溶剂（汽油）经鼓风机送入冷凝系统吸收和排出。

（5）切割加衬与包装　将膏布在切割机上切成规定的宽度，再移至纱布卷筒装置上，使膏面覆上脱脂硬纱布或塑料薄膜等，切成小块后包装。除另有规定外，贴膏剂应密封贮存。

2. 热压法

将胶片用处方中的油脂性药物等浸泡，待溶胀后再加入其他药物和立德粉或氧化锌、松香等，炼压均匀，涂膏，切割，盖衬。此法不用汽油，无须回收装置，挥发性药物损失少，但成品欠光滑。

> **案例12-8　少林风湿跌打膏**
>
> 【处方】生川乌16 g　生草乌16 g　乌药16 g　白及16 g　白芷16 g　白蔹16 g　土鳖虫16 g　木瓜16 g　三棱16 g　莪术16 g　当归16 g　赤芍16 g　肉桂16 g　大黄32 g　连翘32 g　血竭10 g　乳香（炒）6 g　没药（炒）6 g　三七6 g　儿茶6 g　薄荷脑8 g　水杨酸甲酯8 g　冰片8 g
>
> 【制法】以上23味，除薄荷脑、水杨酸甲酯、冰片外，血竭、乳香、没药、三七、儿茶粉碎成粗粉，用90%乙醇制成相对密度1.05的流浸膏，其余生川乌等15味，加水煎煮三次，第一、

二次各 3 h，第三次 2 h，合并煎液，滤过，滤液浓缩至相对密度为 1.25～1.30（80℃）的稠膏。与上述流浸膏合并，待冷却后加入薄荷脑、水杨酸甲酯、冰片，混匀，另加 8.5～9.0 倍重的由橡胶、松香等制成的基质，制成涂料，进行涂膏，切段，盖衬，打孔，切成小块，即得。

【性状】本品为微红色的片状橡胶膏，布面具有小圆孔；气芳香。规格有 5 cm×7 cm 和 8 cm×9.5 cm。

【功能与主治】散瘀活血，舒筋止痛，祛风散寒。用于跌打损伤、风湿痹病，症见伤处瘀肿疼痛、腰肢酸麻。

【用法与用量】贴患处。

【注解】

（1）处方中薄荷脑、水杨酸甲酯、冰片均为提纯药物，且不耐热，因此后期加入；血竭、乳香、没药、三七、儿茶以高浓度乙醇浸提其脂溶性部位；其余药味多质地疏松，加热水提制成稠膏，以减少物料质量，便于后续制剂制备。另外，头煎时长达 3 h，可使川乌、草乌所含剧毒乌头碱水解而起到减毒作用。

（2）本品孕妇慎用或遵医嘱。密封，置阴凉处贮藏。

> 思考与讨论
> 如何优化橡胶贴膏剂处方，改善其常见质量问题？

（三）橡胶贴膏的质量评价

1. 橡胶贴膏的质量要求

膏面应光洁、色泽一致，无脱膏、失黏现象；背衬面应平整、洁净、无漏膏现象。涂布中若使用有机溶剂的，必要时应检查残留溶剂。根据原料药物和制剂的特性，除来源于动、植物多组分且难以建立测定方法的贴膏剂外，含量均匀度、释放度等应符合要求。按照《中国药典》贴膏剂制剂通则的规定，橡胶贴膏的含膏量、耐热性、黏附力、微生物限度等检查均应符合规定。

2. 橡胶贴膏常见的质量问题与原因分析

（1）涂胶工艺影响黏接性能　涂胶是橡胶贴膏生产过程中的关键步骤，直接影响贴膏的黏接性能，目前常用涂胶工艺有直涂法和反涂法。直涂法是将胶料直接涂于胶布上的操作方法，在我国已有近百年的应用历史，其优点是工艺成熟、胶膏成型快，但对胶布要求较高，需要不透胶、不变形、抗拉力的布料作背衬材料。反涂法是先涂胶至防粘材料上，后与胶布复合的操作方法。与直涂法相比，反涂法胶布选择范围更广，软化点更低，胶料柔软，施用后运动时不受限制，更适合自动化包装设备，但胶料必须柔软易涂，对其软化点要求严格。

（2）橡胶易老化　橡胶制品在长期的贮存过程中，受湿热、光照、臭氧、疲劳等各种因素的影响，其化学特性和物理特性会逐渐变化，易出现老化现象，影响药物疗效，需根据不同的老化机理采取相应的防老化措施，主要有物理防护及化学防护法。物理防护法是指尽量避免橡胶与各种老化因素相互作用，化学防护法是指处方中加入能防止或延缓橡胶老化反应的物质，如加入胺类或酚类化学防老剂。

（3）易致皮肤过敏性　传统橡胶贴膏存在皮肤刺激性，通常与含有天然橡胶成分有关。有报道国内天然橡胶蛋白质多引起 I 型变态反应，而 IV 型变态反应多由橡胶添加剂引起，其中卡巴混合物（4.60%）致敏率最高，黑橡胶混合物（1.27%）和 N-环乙基硫酞内酯（1.11%）次之。

另外，传统橡胶贴膏贴于皮肤后，往往因透气性差而使汗水或疮口的排泄物滞留于皮肤表面，易致菌丛繁殖而引发皮肤刺激症状。

（4）生产周期长，载药量低　传统橡胶贴膏常需要 3~5 天生产周期，时间长；多用溶剂法制备，安全性较低，生产成本高。传统橡胶膏剂厚度只有 0.1 mm 左右，由于药物与橡胶兼容性不佳，药物含量通常仅为百分之几。

二、凝胶贴膏

凝胶贴膏系指原料药物与适宜的亲水性基质混匀后涂布于背衬材料上制成的贴膏剂，曾被称为巴布膏剂（cataplasm）。

（一）凝胶贴膏的特点

与橡胶贴膏相比，凝胶贴膏载药量大，尤其适于中药浸膏；与皮肤生物相容性好，亲水高分子基质具透气性、耐汗性、无致敏性、无刺激性；使用方便，不污染衣物，易洗除，反复揭贴仍能保持黏性；释药性能好，有利于药物透皮吸收，与皮肤亲和性强，能提高角质层的水化作用。

（二）凝胶贴膏的基质组成

1. 骨架材料（黏合剂）

骨架材料是影响贴膏持黏力、剥离强度及稳定性的主要因素。传统凝胶贴膏的基质为非交联型基质，以动植物胶为主，无须交联即可成型。但环境湿度高时，膏体容易出现吸潮、变稀、溢出，揭下药贴往往有基质残留，易污染衣物。海藻酸钠、明胶、阿拉伯胶、琼脂、淀粉、西黄蓍胶等都是常见的天然高分子基质材料。明胶可增加凝胶贴膏的内聚力而最为常用。

交联型基质成型的机理是高价金属离子与高分子聚合物的羧基结合，构建桥式结构而形成具有三维网络结构的水凝胶，该结构可极大地提高基质的内聚强度，解决了非交联型基质残留和污染衣物等问题。因此，目前凝胶贴膏的基质以交联型为主。研究较多的骨架材料主要以不同型号的聚丙烯酸钠（如 NP600、NP700、NP800 等）为主，也有将合成、半合成及天然高分子聚合物（如羧甲纤维素及其钠盐、聚维酮、聚乙烯醇等）以适当比例混合使用。

2. 交联剂和交联调节剂

在交联型基质中骨架材料需与交联剂、交联调节剂配合使用。常用的交联剂主要以铝盐为主，包括甘羟铝、氯化铝、氢氧化铝、甘氨酸铝等。此外还有新型交联剂，如以 Eudragit RS100 作为交联剂，避免了应用金属离子（如 Al^{3+}）作为交联剂而造成的药物降解，扩展了凝胶贴膏基质材料选择范围。当交联剂微溶于水或不溶于水时，体系中游离的金属离子很少或不存在，因此需要在交联调节剂作用下形成有机酸金属离子络合物，金属离子逐步解离，与骨架材料结合交联。常用的交联调节剂包括柠檬酸、酒石酸、乳酸、苹果酸、依地酸和羟基丁二酸等。

3. 填充剂

填充剂是凝胶贴膏成型的关键，填充剂通过吸附和分散药物，提高药物的分散均匀度，进而改善基质的黏附性和内聚力。该类物质多为不含水、中性且不与主药发生反应的化合物，常用微粉硅胶、二氧化钛、碳酸钙、高岭土及氧化锌。

4. 保湿剂

凝胶贴膏的基质含水量高，一般膏体含水量达到 30% 左右时，可达到黏弹性好、贴敷后无异物感等较为理想的状态。加入保湿剂,既延缓基质水分流失,促进皮肤的水合作用,又可保证凝胶贴膏具有较好的赋形性,还在很大程度上影响基质黏附性及药物经皮渗透情况。常用的保湿剂是甘油、丙二醇、聚乙二醇、山梨醇及其混合物。

5. 透皮促进剂

常用的透皮促进剂主要有芳香挥发性物质(如薄荷脑、冰片、桉油等)、氮酮、丙二醇等,其中中药挥发油类透皮促进剂以其来源广、毒性低、协同增效等优势被广为重视。

另外,为了方便储存和达到良好的临床效果,还可根据需要加入表面活性剂、抑菌剂、pH调节剂等其他附加剂。

(三)凝胶贴膏的制法

凝胶贴膏的制备工艺因主药的性质、基质原料类型的不同而有差异。一般工艺流程如图12-8所示。

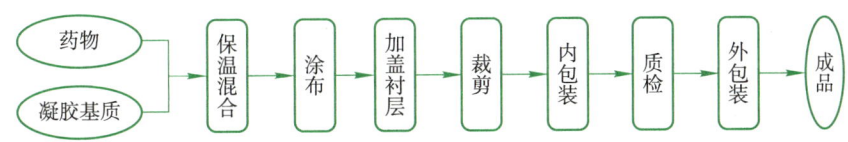

图 12-8 凝胶贴膏成型工艺流程

案例 12-9 消胀贴膏

【处方】生大黄 1 000 g　制甘遂 1 000 g　莱菔子 1 000 g　丁香 1 000 g　沉香 200 g　人工麝香 4 g　冰片 40 g

【制法】大黄、莱菔子、甘遂、沉香四味药以 10 倍量 70% 的乙醇加热回流提取两次,每次提取 1 h,提取液合并,回收乙醇,浓缩至相对密度 1.10~1.12(65℃),减压干燥,得浸膏粉;丁香粉碎成 20 目的粗粉,加 8 倍量的水,浸泡 40 min,水蒸气蒸馏法提取 6 h,收集丁香挥发油。将浸膏粉用 35% 乙醇搅拌溶解,加处方量的交联聚维酮(polyplasdone XL-10),搅拌均匀,为 A 相;将冰片和人工麝香用乙醇溶解,加入丁香挥发油、甘油、甘羟铝、部分中和聚丙烯酸钠(viscomate NP700)搅拌均匀,为 B 相;将依地酸二钠(EDTA-Na₂)、L-酒石酸加入纯化水中溶解,再加入聚维酮(plasdone K90),溶胀至溶解,搅拌均匀,为 C 相。先将 A、B 相搅拌均匀,再与 C 相混合,搅拌成适宜涂布的膏状物,涂布,分切,包装,即得。

【性状】本品为棕黑色水凝胶贴膏,药物香气浓郁。每贴 7 cm×7 cm。

【功能与主治】行气化瘀、通络逐水,用于缓解肝硬化腹水症。

【用法与用量】使用前先对脐部周围皮肤进行清洁消毒,再直接于脐部外敷。

【贮存】密封,置阴凉处。

【注解】

(1)消胀贴膏原为饮片粉碎后醋调敷脐使用,药量较大,药物吸收较差,且用药不便,患者依从性差。凝胶贴膏剂载药量大,药物释放快,利于经皮吸收入血治疗全身疾病。

(2)为方便制剂,将除人工麝香和冰片外的药物分别进行提取处理。

(3)部分中和聚丙烯酸钠通常作为亲水性凝胶骨架材料使用,有较强黏性;交联聚维酮作为骨架材料,起到支撑作用,帮助药物在贴敷过程中均匀释放;甘羟铝作为交联剂,在成型过程中

提供 Al^{3+} 与聚合物中骨架材料相结合，使贴膏更容易涂布，在适宜用量范围内其用量越多，交联密度、内聚强度越高。L-酒石酸为交联调节剂，可维持凝胶贴膏酸性环境，助于 Al^{3+} 解离，控制交联速度，调节黏度、涂布情况，改善胶体状况。依地酸二钠常作为交联调节剂使用，可以调节交联固化的反应时间和程度，影响贴膏的物理性质；甘油具有保湿性，会对贴膏柔韧性产生重要影响，但其用量过大时会降低贴膏黏附能力，添加增稠剂聚维酮可增加贴膏的黏度和保湿性。

（4）本品采用交联工艺制备。在制备过程中应严格控制交联速度。

（四）凝胶贴膏的质量评价

1. 凝胶贴膏的质量要求

膏面应光洁、色泽一致，无脱膏、失黏现象；背衬面应平整、洁净、无漏膏现象。涂布中若使用有机溶剂的，必要时应检查残留溶剂。根据原料药物和制剂的特性，除来源于动、植物多组分且难以建立测定方法的贴膏剂外，含量均匀度、释放度等应符合要求。按照《中国药典》贴膏剂制剂通则的规定，凝胶贴膏的含膏量、赋形性、黏附性、微生物限度等检查均应符合规定。

2. 凝胶贴膏常见的质量问题与原因分析

（1）凝胶交联程度影响膏体质量　交联时，膏体搅拌时间、速度及温度是中药凝胶贴膏制备过程中的重要影响因素：搅拌时间过长，交联反应过度使膏体强度过大不易涂布；搅拌时间过短，聚合物尚未完全交联，结构刚性低；搅拌速度过快，容易使膏体中气泡过多，破坏膏体内部各物质的连接而导致黏性下降；速度过慢，基质难以混匀；温度高，膏体相对较软，易于混合均匀，但会影响膏体黏性且容易渗布；温度低，膏体搅拌困难，组分难混匀，影响交联程度。此外，交联过程中金属离子与凝胶骨架所形成络合物的稳定性、解离速度、交联速度、交联程度及各类成分在交联过程中所表现的行为特点均会影响凝胶的质量。

（2）中药凝胶贴膏质量评价体系不够完善　凝胶贴膏成型工艺复杂，技术壁垒较高。同时，中药临床应用多以复方居多，药味多，中药凝胶贴膏制备工艺要求高，还缺少系统、完善的质量评价体系。虽然临床前研究较多，但目前我国获批的凝胶贴膏多为化学药物凝胶贴膏，行业尚处于发展初期，未来发展空间巨大。

第七节　贴　剂

贴剂（patch）系指原料药物与适宜的材料制成的供贴敷在皮肤上的，可产生全身性或局部作用的一种薄片状柔性制剂，通常由背衬层、含有活性物质的支撑层、覆盖在药物释放表面上起防黏和保护制剂作用的防黏层组成。

一、贴剂的特点

贴剂可用于完整皮肤表面，也可用于有疾患或不完整的皮肤表面。用于完整皮肤表面能将药物透过皮肤进入血液循环系统起全身作用的贴剂称为透皮贴剂。当用于干燥、洁净、完整的皮肤表面，用手或手指轻压，贴剂应能牢牢地贴于皮肤表面，从皮肤表面除去时应不对皮肤造成损伤，或引起制剂从背衬层剥离。

适于制备贴剂的药物日剂量最好小于 10 mg，生物半衰期短，对皮肤无刺激性；药物油/水分配系数对数值为 1~2，熔点小于 200℃，分子中氢键受体或供体小于 2 个；药物饱和水溶液 pH 在 5~9 之间，在液状石蜡和水中溶解度均大于 1 mg/mL。

二、贴剂的类型

按结构类型分，贴剂可分为黏胶分散型（drug in adhesive）、周边黏胶型（peripheral adhesive）、储库型（drug in reservoir）三类（图 12-9）。

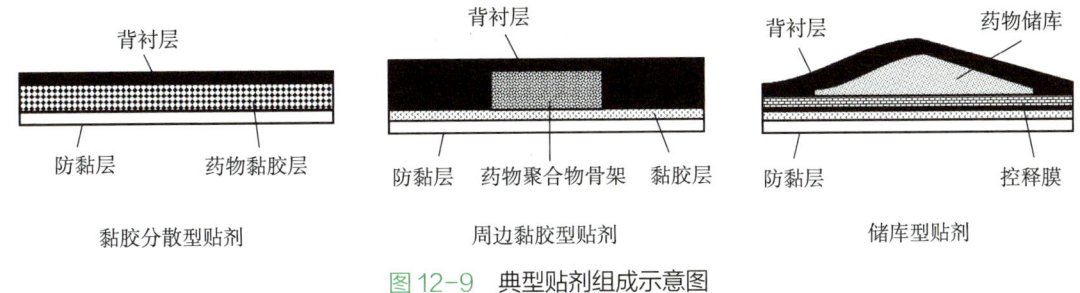

图 12-9　典型贴剂组成示意图

（1）黏胶分散型贴剂　系指将药物分散于压敏胶中，涂布于背衬材料上，覆盖防黏层而制得的贴剂。生产和使用均方便，成本低，但药物释放随给药时间延长而减慢，易致吸收药量不足而影响药效。

（2）周边黏胶型贴剂　系在载药骨架周边涂布压敏胶，黏附于背衬层，加防黏层制得。亲水性骨架贴附皮肤释放药物经皮渗透，骨架组成及药物浓度影响药物释放速率。

（3）储库型贴剂　一般分背衬层、药物储库、控释膜、黏胶层、防黏层等部分。药物分散于半固体基质中形成储库，以控释膜控制药物释放，控释膜表面常涂有药物作为冲击剂量来缩短用药时滞。该类型贴剂生产工艺较为复杂，若控释膜破损，将导致大量药物释放而可能引发不良反应。

三、贴剂的组成材料

（一）压敏胶

压敏胶（pressure sensitive adhesive，PSA）是贴剂的关键辅料，无须借助热、溶剂或其他手段即可实现粘贴，同时易剥离。

1. 聚硅氧烷类压敏胶

聚硅氧烷类压敏胶是硅树脂与聚二甲基硅氧烷弹性体聚合而成的聚合物。增加硅树脂的比例，制得的压敏胶黏性较低，但易于干燥；增加聚二甲基硅氧烷弹性体的比例则可提高压敏胶的柔软性和黏着力。

2. 聚丙烯酸酯压敏胶

聚丙烯酸酯压敏胶由丙烯酸酯、甲基丙烯酸、丙烯酰胺、甲基丙烯酰胺等多种丙烯酸类单体共聚而成，不需另加增黏剂和抗氧剂，生物安全性好，具有良好的耐热性、耐寒性、耐老化性、耐水耐油性及可剥离性，在中药透皮贴剂中被广泛应用。

3. 聚异丁烯压敏胶

聚异丁烯压敏胶由异丁烯单体通过阳离子聚合而成。贴剂中药物的累积释放量及透皮量随聚异丁烯分子聚合度的增加而减小。有研究表明，对于水溶性成分苦杏仁苷，中等相对分子质量聚异丁烯基质贴溶出 8 h 时药物溶出度约为 10%，高相对分子质量聚异丁烯基质贴在此时间段内未检测到药物的释放。

此类压敏胶具有基质性能稳定、基质成分安全无毒、黏度可控、药物包容量大、可规模生产等特点，但由于其极性较小，对极性膜材的黏性较弱，常加入树脂或其他增黏剂予以克服。

4. 热熔压敏胶

热熔压敏胶制备时无须加入有机溶剂，一般由苯乙烯 – 异戊二烯 – 苯乙烯嵌段共聚物制备，该基质加热至 100℃ 即具可塑性，与药物混合性好，过敏性与刺激性低于天然橡胶。有研究通过物理改性方式混合二壬基环己烷 –1,2– 二羧酸酯、聚丙烯蜡和液体橡胶制备载肉桂挥发油的热熔压敏胶。

（二）其他组成材料

1. 背衬材料

各类聚酯膜、聚乙烯膜、复合膜，以及无纺布、弹力布等。

2. 控释膜

多孔聚丙烯膜、乙烯 – 醋酸乙烯共聚物（EVA）控释膜、聚乙烯膜及多孔聚乙烯膜等。

3. 骨架和储库材料

一般用压敏胶、EVA、月桂酸甘油酯、肉豆蔻酸异丙酯、月桂酸甲酯、胶态二氧化硅、纤维素类、卡波姆、聚乙二醇、乳糖、硅油、油酸乙酯、甘油等。

4. 防黏层

通常为硅化聚酯薄膜、硅化铝箔、硅纸、铝箔 – 硅纸复合物等。

四、贴剂的制备

透皮贴剂的类型与结构不同，生产工艺各异。已上市黏胶分散型贴剂和储库型贴剂的生产工艺分别如图 12-10 所示。

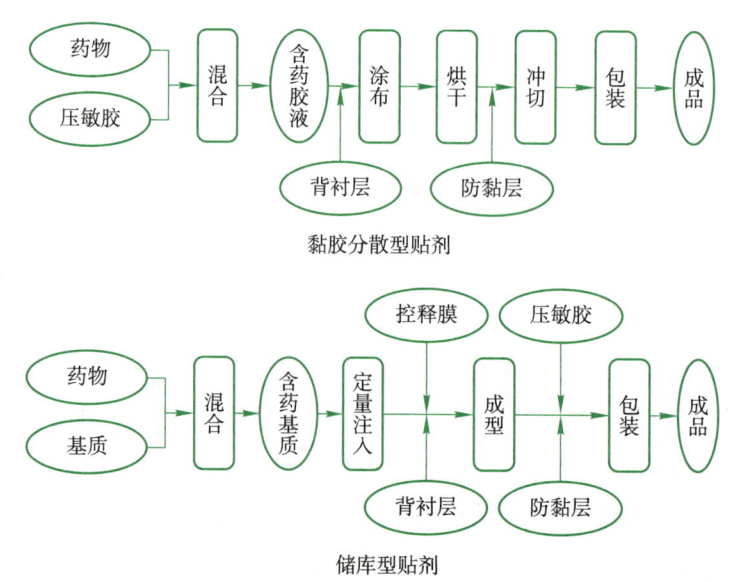

图 12-10　已上市两大类贴剂生产工艺流程图

案例 12-10 东莨菪碱贴剂

【处方】东莨菪碱贴剂的组成见表 12-2。

表 12-2 东莨菪碱贴剂的组成

组成	储库层（份）	黏附层（份）
聚异丁烯 MML-100	29.2	31.8
聚异丁烯 LM-MS	36.5	39.8
矿物油	58.4	63.6
东莨菪碱	15.7	4.6

【制法】按药物贮库层处方和黏附层处方量称取各成分，分别溶解于三氯甲烷中，将药物贮库层溶液涂布在 65 μm 厚的铝塑膜上，烘干或自然干燥，形成约 50 μm 厚的药物贮库层；将黏附层溶液涂布在 200 μm 厚的硅纸上，干燥，制成约 50 μm 厚的黏附层；将 25 μm 厚的聚丙烯控释膜复合到药物贮库层上，将黏附层复合到控释膜的另一面，切成 1 cm² 的圆形贴剂。所设计的释药量为初始量 150～250 μg/（cm²·h），维持量 1～3 μg/（cm²·h）。

【性状】本品为小块含药膏布，膏面淡黄色。

【功能与主治】用于防治乘车、船和飞机引起的眩晕、恶心和呕吐等晕动症状。

【用法与用量】外用，于乘车、船、机前 20 min，取本品贴于翳明或内关双侧穴位。

【注解】

（1）东莨菪碱贴剂为抗晕药，属贮库型膜控释贴剂。

（2）聚异丁烯作为贴剂压敏胶基质及黏合剂，化学性质稳定，适用于不同性质的药物，且不同配比的高、低相对分子质量的聚异丁烯混合能影响贴剂中东莨菪碱的累积释放量及透皮效果，矿物油可以调节基质稠度，并采用聚丙烯控释膜调控药物释放速度。

（3）由于耳后皮肤角质层较薄，药物吸收快，因此建议将该贴剂用于耳后皮肤。最初将从黏附层释放出东莨菪碱的负荷剂量以饱和局部皮肤，随后向血液中传输东莨菪碱的速率则取决于控释膜，以期在治疗期间形成稳定的血药浓度。贴剂使用完毕后除去，仍有一定量的东莨菪碱存在于皮肤层内，可继续吸收入体内。

> 思考与讨论
> 请分析与口服制剂相比，将东莨菪碱制备成贴剂经皮给药的优势有哪些？

五、贴剂的质量评价

（一）贴剂的质量要求

贴剂外观应完整光洁，有均一的应用面积，冲切口应光滑无锋利的边缘。除另有规定外，贴剂应在标签和/或说明书中注明每贴所含药物剂量、总的作用时间及药物释放的有效面积。

原料药物可以溶解在溶剂中，填充入贮库，贮库应无气泡和泄漏。原料药物如混悬在制剂中则必须保证混悬和涂布均匀。粘贴层涂布应均匀，用有机溶剂涂布的贴剂，应对残留溶剂进行检查。

除另有规定外，按照《中国药典》贴剂制剂通则的规定，贴剂的黏附力、重量差异、释放度、微生物限度等检查均应符合规定。进行含量均匀度检查的品种，可不进行重量差异检查。

（二）贴剂常见的质量问题及原因分析

1. 混料和涂胶操作温度过高，药物有效成分易损失

当贴剂基质为热熔胶基质时，其具有热塑性。中药及易挥发性药物对温度比较敏感，操作温度超过100℃时，可能破坏有效成分，影响疗效，因此选择低软化点热熔胶基质或通过物理方法降低混料和涂胶温度可有效减少药物活性成分损失。

2. 药物释放不均匀

药物在贴剂中的分布不均匀或者贴剂的基质材料性质不均匀，易导致药物释放不均匀，需改进药物的混合和装载工艺，以及选择合适的基质材料来解决。

3. 皮肤黏附性不足

如果透皮贴剂的黏附性不足，可能会导致贴剂在使用过程中脱落，影响药物的释放和疗效，这需要改进贴剂的黏附性能，确保其在使用过程中的稳定性。如目前的热熔胶产品多为疏水性，虽然初黏性和持黏性都比较好，但与汗液接触后，容易从皮肤固定部位脱落，选择亲水性材料制成热熔胶基质能够改善其耐汗性。

4. 挥发油成分不稳定

贴剂中的挥发油具有促渗作用，然而由于中药挥发油成分不稳定，且自身存在溶解度低、受热易挥发等问题，可通过降低工艺温度、对挥发油预先处理（如包合）或制备贮库型贴剂等方式提高贴剂中挥发油的稳定性。

思考题

1. 软膏剂与凝胶剂在内部结构上有何异同？
2. 试分析黑膏药的优缺点，并提出可能的剂型改革设想。
3. 热熔胶和高分子凝胶被认为是性能良好的中药外用贴膏载体，但目前上市产品较少，试分析其原因。

（冯年平、张永太）

数字资源详见　新形态教材网

视频　知识拓展　推荐阅读　参考文献　教学课件　自测题

第十三章

栓　剂

栓剂，古代称为"坐药"或"塞药"，应用历史悠久，载于《伤寒论》《千金要方》《肘后备急方》《本草纲目》等著作中，临床常选择用于腔道给药，既可发挥局部治疗作用，又可通过腔道黏膜吸收产生全身作用。近年来，随着辅料及制剂水平的发展，腔道给药制剂不断丰富，特色优势更加彰显，临床应用不断扩大。作为以直肠或阴道给药途径为主的栓剂，你知道它的吸收途径与特点吗？不同腔道给药的栓剂，其制备要求、质量要求以及药物吸收与影响因素情况如何？本章学习将让我们了解腔道给药特点，掌握不同腔道给药剂型的设计与制备，为临床用药提供更好的选择。

第十三章 栓 剂

第一节 概 述

栓剂（suppository）系指原料药物与适宜基质等制成供腔道给药的固体制剂。

一、栓剂的特点

栓剂在常温下为固体，通常具有一定的形状和适宜的硬度，塞入腔道后，在体温下可迅速软化、熔融或溶解于分泌液，逐渐释放药物而产生局部或全身作用。栓剂主要被应用于腔道局部治疗，在患处发挥杀菌消炎、收敛止痛等作用。直肠给药栓剂也可被用于全身给药，利用直肠部位吸收较口服给药干扰少，使药物免于胃肠道的降解，并减少肝脏首过效应，尤其适用于不能口服给药的患者。全身作用的栓剂，特别是解热镇痛类药物，一般要求药物迅速释放并吸收发挥作用。

二、栓剂的分类

按施用部位不同分类，栓剂可分为直肠栓、阴道栓、尿道栓等，其中直肠栓与阴道栓为临床上较常用的栓剂类型，形状如图 13-1 所示。直肠栓常见为鱼雷形、圆锥形或圆柱形等，其中以鱼雷形较好，塞入肛门后，因括约肌收缩容易压入直肠内。阴道栓为鸭嘴形、球形或卵形等，可分为普通栓和膨胀栓。阴道膨胀栓系指含药基质中插入具有吸水膨胀功能的内芯后制成的栓剂，膨胀内芯以脱脂棉或黏胶纤维等经加工、灭菌制成。

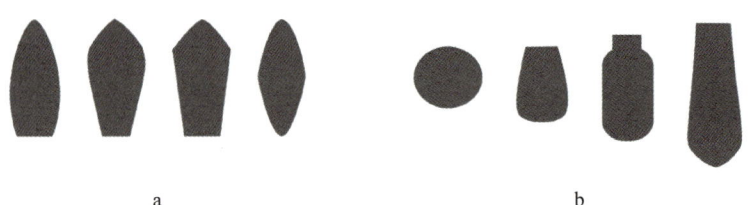

图 13-1 常用栓剂的形状
a. 直肠栓外形；b. 阴道栓外形

按制备工艺与释药特点分类，栓剂可分为双层栓、中空栓、泡腾栓、微囊栓、凝胶栓、渗透泵栓、缓释栓、控释栓等。

按临床治疗目的分类，栓剂可分为局部作用的栓剂和全身作用的栓剂。

三、直肠给药吸收途径与影响因素

（一）药物直肠吸收的途径

栓剂中的药物可通过直肠黏膜吸收进入血液发挥全身治疗作用。栓剂中药物直肠吸收途径有：①通过直肠中、下及肛管静脉，绕过肝进入体循环，该途径占 50%～70%；②通过直肠上静脉，经门静脉进入肝脏代谢，从而进行体循环；③直接通过淋巴系统吸收。栓剂药物的生物利用度与直肠施药部位有密切的联系，当给药深度距肛门口约 6 cm 时，药物由途径②进入肝代谢，生物利用度较低。当给药深度距肛门口约 2 cm 时，药物主要通过途径①进行吸收，可减少肝首过效应，因此栓剂塞入直肠的位置以距肛门 2 cm 处为宜。

知识拓展 13-1：直肠生理结构与药物吸收特点

（二）药物直肠吸收的影响因素

1. 生理因素

（1）直肠黏液　用于栓剂溶解的体液体积通常低于 3 mL，脂溶性药物较水溶性药物吸收速度会更慢。一般情况下直肠液的 pH 为 7.4，无缓冲能力，环境中的 pH 可能会影响药物的吸收程度及速度。直肠黏液的黏度及表面张力均可能影响药物的吸收。

（2）直肠内容物　直肠内粪便残留物可导致药物吸收减少，因此使用栓剂前应排便。

（3）直肠壁运动机制　当身体处于直立状态时，腹部器官对直肠的压迫会促进药物吸收；正常发生的结肠移行性复合运动所产生的收缩波也会对直肠壁产生压力。

2. 基质因素

通常脂溶性药物在水溶性基质中释放较快，而水溶性药物在脂肪性基质中释放较快。较快的释放速度利于药物吸收，具有更高的生物利用度。

3. 药物因素

（1）药物性质　非解离型药物比解离型更易透过直肠黏膜吸收，脂溶性非解离型药物最易吸收；药物的 pH 在 4~8.5 范围内可被直肠黏膜迅速吸收；季铵类化合物等完全解离的药物则吸收较差。因此可以在栓剂处方中采用少量 pH 缓冲剂以改变直肠部位 pH，由此增加非解离型药物的浓度，促进其吸收。

（2）药物的分散度　以混悬分散状态存在于栓剂中的药物，粒度越小，分散度越大，越利于药物溶解和吸收。

4. 其他因素

栓剂处方中加入表面活性剂可增加药物的亲水性，加速药物向分泌物中转移，增加药物的释放和吸收。但表面活性剂浓度较大时，产生的胶团会将药物包裹，反而不利于吸收。

第二节　栓剂的制备

一、栓剂的基质

基质对栓剂成型起着决定性作用，而且影响药物的释放、吸收、生物利用度及疗效等。

（一）栓剂基质的性质

栓剂的基质应符合以下要求：在室温下有适宜硬度，塞入腔道时不变形、不碎裂；在体温下易软化，在一定时间内应熔融或溶解于体液；无毒、无刺激性，避免引起组织过敏或损伤；性质稳定，不与主药发生反应，不妨碍主药的药效与含量测定，存储时不易霉变和酸败；基质的熔点与凝固点的间距不宜过大,脂肪性基质的酸价应在 0.2 以下,皂化值应在 200~245 之间,碘值低于 7;易于脱模,避免药物浪费。

(二)栓剂基质的种类

栓剂基质可分为脂肪性基质、水溶性基质和乳剂型基质,其中以脂肪性基质和水溶性基质较为常用。

1. 脂肪性基质

脂肪性基质又称油脂性基质。若载水溶性药物,则药物能很快释放于体液中;若为脂溶性药物,则药物须先从脂肪性基质(油相)中转入水性体液(水相)中,才能发挥作用,转相速度与药物的油/水分配系数有关。

(1)可可脂 由梧桐科植物可可树的种仁经烘烤、压榨而得的一种固体脂肪,主要含硬脂酸、棕榈酸、油酸、亚油酸和月桂酸的甘油酯,是最早应用的栓剂基质。具有 α、β、β′、γ 四种晶型,其中 β 型最稳定,α 及 γ 型为不稳定型,熔点分别为 34℃、22℃和 18℃。本品在常温下为白色或淡黄色脆性蜡状固体,可塑性好,无刺激性。通常 β 型应缓缓升温加热待熔化至 2/3 时,停止加热,让余热使其全部熔化,避免加热超过其熔点再凝固时晶型转化影响成型。

每 100 g 可可脂的吸水量为 20~30 g,可通过加入 5%~10% 聚山梨酯 61 增加吸水量,还有助于药物混悬在基质中。有些药物如樟脑、薄荷脑、冰片、水合氯醛、苯酚等可降低本品熔点,而加入 3%~6% 的蜂蜡、鲸蜡等能提高其熔点。但该类基质需要加适量乳化剂进行乳化后才能与药物的水溶液混合,且国内产量少,价格较昂贵,因此应用不广泛。

(2)半合成或全合成脂肪酸甘油酯 半合成脂肪酸甘油酯系由椰子油或棕榈油等天然植物油水解、分馏所得 C_{12}~C_{18} 游离脂肪酸,经部分氢化再与甘油酯化而得的甘油三酯、甘油二酯、甘油一酯的混合物。该类基质化学性质稳定,成型性能良好,具有保湿性和适宜的熔点,不易酸败,是较为理想的栓剂基质,其中以半合成脂肪酸酯和混合脂肪酸甘油酯应用最多。目前常用的有半合成椰油酯、半合成山苍子油酯、半合成棕榈油酯、硬脂酸丙二醇酯等。

2. 水溶性基质

水溶性基质借助其亲水性,吸水膨胀、溶解、分散后,在体液中释放药物。药物的释放速度与基质在体液中的溶解性相关。

(1)甘油明胶 本品具有很好的弹性,不易折断,体温下不熔融,但在腔道内能软化并缓慢溶于分泌液中而释放药物。本品多用作阴道栓剂基质,其溶解速度与明胶、甘油及水三者用量有关,甘油与水的含量越高则越易溶解,同时甘油能防止栓剂干燥变硬。通常用量为明胶与甘油约等量,水分含量在 10% 以下,水分过多易致成品变软。明胶是胶原的水解产物,凡与蛋白质能产生配伍变化的药物,如鞣酸、重金属盐等均不能用甘油明胶作基质。该类基质易长霉菌,制备栓剂的时候需加入适当的抑菌剂以防止其腐败。

(2)聚乙二醇类 一般由两种或两种以上不同相对分子质量的聚乙二醇(PEG)以适当比例混合以熔融法制备而成,为结晶性载体,易溶于水,熔点较低,于体温不熔化,但能缓缓溶于体液中而释放药物,为难溶性药物的常用载体。本品吸湿性较强,对黏膜有一定刺激性,加入约 20% 的水、在纳入腔道前先用水湿润或在栓剂表面涂一层蜡醇或硬脂醇薄膜,可减轻刺激性。PEG 栓剂中含 30%~50% 的液体时,硬度较为适宜,为 2~2.7 kg/cm^2,栓剂在水中的溶解随液体 PEG 比例的增多而加速。PEG 基质不宜与银盐、鞣酸、奎宁、水杨酸、乙酰水杨酸、苯佐卡因、氯碘喹啉、磺胺类配伍。

（3）聚氧乙烯（40）硬脂酸酯　本品商品名为 Myri52，商品代号为 S-40，为呈白色或微黄色的蜡状固体，无臭或稍有脂肪臭味。熔点为 46~51℃；可溶于水、乙醇、丙酮等，不溶于液状石蜡。该类基质是目前应用较为广泛的一类亲水性基质。

（4）泊洛沙姆　本品易溶于水，较常用的型号为 188 型，熔点为 52℃。

二、栓剂的附加剂

在栓剂的处方中，为了改变栓剂的物理性状及改善药物的吸收、稳定性，可根据不同目的加入一些附加剂。

1. 吸收促进剂

基质中加入某些吸收促进剂能促进药物被直肠黏膜吸收，目前常用的有非离子型表面活性剂、月桂氮䓬酮类、水杨酸类及其衍生物、碳酸氢钠、尿素、β-环糊精、N-酰氨基酸、己二酸等。有些芳香开窍类中药也具有促进药物吸收的作用，如金华栓由川贝母、冰片、滑石等 6 味中药组成，其中冰片不仅具有清热止痛之功效，也能有效促进药物透过黏膜屏障。

2. 吸收阻滞剂

某些栓剂为了达到缓释或控释的目的，需要加入适当的附加剂以阻滞药物吸收，延缓药物作用时间，常用的吸收阻滞剂有天然或氢化大豆磷脂、海藻酸、硬脂酸和蜂蜡、羟丙甲纤维素等。

3. 乳化剂

当栓剂处方中含有与基质不相混溶的液相，特别是在此相含量较高时（大于 5%），可加适量的乳化剂，乳化剂的选用需根据制剂的要求与所含药物的性质来确定。

4. 增塑剂

栓剂需要具备一定的塑性、弹性、耐热性等，如在基质中加入少量的甘油、聚山梨酯 80、丙二醇等能降低栓剂的脆性，增加其塑性和弹性，加入甘露醇可增加栓剂的耐热性。

5. 硬度调节剂

白蜡、鲸蜡醇、硬脂酸、巴西棕榈蜡等可防止栓剂在贮藏或使用过程中变软，氢化蓖麻油、单硬脂酸甘油酯等可增加基质黏稠度以调节药物释放。

6. 着色剂

分为脂溶性着色剂和水溶性着色剂。水溶性着色剂应用后可能会对 pH 和乳化剂乳化效率产生影响，同时应注意控制脂肪的水解和栓剂中的"色移"现象。

另外，对易氧化的药物应加入抗氧剂。栓剂中含有中药浸膏或水性溶液时，可添加抑菌剂。

三、栓剂的制备方法

（一）基质品种选用与用量确定

1. 基质品种的选择

应根据药物的理化性质、给药途径特点和临床用药目的等选择基质品种。

（1）根据药物的理化性质选用　当栓剂塞入人体腔道后，药物首要从基质中释放出来才能经腔道黏膜吸收。为了保证药物的释放，一般选择与药物溶解性相反的基质，即水溶性强的药物选择脂肪性基质，脂溶性强的药物选择水溶性基质。

中药物料性质复杂，对于纯化程度较高的中药活性成分，可借鉴化学药物栓剂的制备方法选择适宜基质；对于中药粗提物和直接粉碎入药的中药细粉，因其一般给药剂量大，往往在栓剂中所占体积比高，选择基质时还需综合考虑中药物料"药辅合一"的特点。

（2）根据给药途径选用　栓剂有多种类型，选择基质时要结合给药途径进行筛选。由于栓剂的脂肪性基质在阴道外流时容易引起不适感，因此较少选用脂肪性基质制成阴道栓。

（3）根据临床治疗目的选用　临床用于局部治疗或全身治疗的栓剂对于基质液化时间有不同的要求。一般而言，脂肪性基质进入腔道内液化较快，而水溶性基质所需溶解时间长，如可可脂和半合成椰油酯进入人体腔道内液化时间为 4~5 min，一般脂肪性基质约 10 min，而水溶性基质甘油明胶和聚乙二醇为 30~50 min，所以用于全身治疗作用的栓剂一般优先选用脂肪性基质。

2. 基质用量的确定

制备栓剂时，通常情况下栓剂模具的容量是固定的。由于药物与基质密度有时会差别较大，同体积的药物和基质重量会不相同，故需要加入的基质量不是简单地等于模孔空白基质重量与药物重量之差，就要考虑引入置换价（displacement value，DV）以计算所需加入的基质量。

置换价系指药物的重量与同体积基质重量的比值，可以用式（13-1）表示。

$$DV = \frac{W}{G-(M-W)} \quad (13\text{-}1)$$

式中，G 为纯基质栓的平均栓重，M 为含药栓的平均栓重，W 为含药栓的平均含药量，$M-W$ 为含药栓重基质的重量，$G-(M-W)$ 为纯基质栓与含药栓中基质重量之差，即与药物同容积的基质重量。

用测定的置换价可计算出制备含药栓需要的基质重量 x，用式（13-2）表示。

$$x = \left(G - \frac{y}{DV}\right) \cdot n \quad (13\text{-}2)$$

式中，y 为处方中药物的剂量，n 为拟制备栓剂的枚数。

> **思考与讨论**
>
> 已知栓模每孔的基质装量为 2 g，欲制 20 枚鞣酸栓剂，每粒含鞣酸 0.2 g，鞣酸对基质的置换价为 1.6，请问共需多少克基质？每粒鞣酸栓剂的实际重量是多少克？

（二）普通栓剂的制备

栓剂一般采用搓捏法、冷压法和热熔法制备。搓捏法适宜于脂肪性基质小量制备，工业生产一般采用冷压法和热熔法制备。制备栓剂用的固体原料药物，除另有规定外，应预先用适宜方法制成细粉或最细粉。可根据施用腔道和使用需要，制成各种适宜的形状。

1. 冷压法

此法系用器械压制成栓剂，适宜于大量生产脂肪性基质栓剂。取药物置适宜的容器内，加等量的基质研匀，再加剩余的基质研匀，制成团块，冷却后，再制成锉末或粒状，然后装置于制栓机的管内，通过模具压成一定的形状。制栓机的种类较多，有卧式制栓机与立式栓剂压制机等，其基本原理相同。

2. 热熔法

热熔法适用于脂肪性基质和水溶性基质栓剂的制备，是目前应用最为广泛的制备方法。其制备工序主要包括：

（1）栓模的准备与润滑　根据给药用途及特点选择合适的模具，如直肠栓一般选择鱼雷型栓模；阴道栓一般选择鸭嘴型栓模，清洗，干燥，备用。为了便于脱模，必要时可用少量润滑剂涂擦栓模内表面进行润滑。脂肪性基质的栓剂常用润滑剂为软肥皂、甘油各1份与90%乙醇5份制成的醇溶液。水溶性或亲水性基质的栓剂，则用油类润滑剂如液状石蜡、植物油等作润滑剂。

（2）药物的处理与混合　制备栓剂时，脂溶性药物可以直接加入熔化的脂肪性基质中，使之溶解。加入的药物会降低基质的熔点或使栓剂过软时，可加适量石蜡或蜂蜡调节硬度。挥发油量大时可考虑加入适宜的乳化剂，制成乳剂型基质。水溶性的药物如稠浸膏等可以加入熔化的水溶性基质中，或用少量水制成浓溶液，以适量羊毛脂吸收后与脂肪性基质混合。中药浸膏粉、难溶性药物如矿物药等应制成最细粉，通过六号筛，再与基质采用等量递增法进行混合。

（3）制备方法　热熔法制备的一般工艺流程见图13-2。

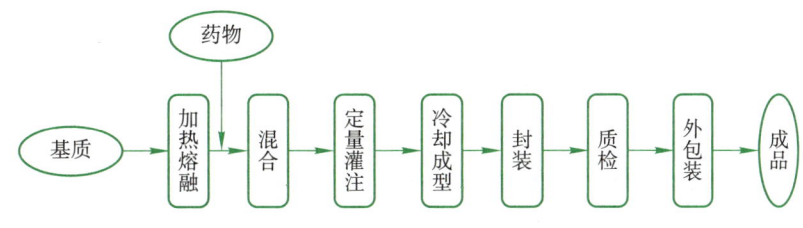

图13-2　热熔法制备栓剂的工艺流程

将计算量的基质锉末在水浴上或蒸汽浴加热熔融，以免局部过热。基质的熔化温度不宜太高，加热时间不宜过长，以免基质晶型等物理性质变化大而影响成品质量，一般至2/3量基质熔化即停止加热，待余温将剩余基质熔化完全。然后按药物性质以不同方法加入药物，混合均匀。注模应迅速且一次性完成，以防部分基质先行凝固，影响成型质量。另外，液态基质温度过高时黏度小，易致不溶性药物和与基质相对密度相差较大的其他物料沉降，因此应注意注模时温度不宜过高。手工制备栓剂时注模量以稍溢出模口为度。冷却时应避免温度过低或冷却时间过长，以防栓剂过度收缩甚至碎裂。待完全凝固后，用刀削去溢出部分，开启栓模将栓剂推出。

规模生产时采用全自动栓剂生产线，成卷包材（PVC/PE）吹塑制壳，将熔融基质与药物的混合液定量灌注入栓壳中，冷却定型后封尾。

案例13-1　化痔栓

【处方】次没食子酸铋200 g　苦参370 g　黄柏92.5 g　洋金花55.5 g　冰片30 g

【制法】苦参、黄柏、洋金花加水煎煮二次，第一次4 h，第二次2 h，合并煎液，滤过，静置12 h，取上清液浓缩至相对密度为1.12（60～65℃）的清膏，干燥，粉碎成最细粉；将羟苯乙酯2.6 g用适量乙醇溶解；另取基质适量，加热熔化，加入次没食子酸铋、上述最细粉、冰片以及聚山梨酯80 16.8 g、羟苯乙酯乙醇液，混匀，灌注，制成1 000粒，即得。

【性状】本品为暗黄褐色的栓剂。每粒重1.7 g。

【功能与主治】清热燥湿，收湿止血。用于大肠湿热所致的内外痔、混合痔疮。

【用法与用量】患者取侧卧位，置入肛门2~2.5 cm深处。一次1粒，一日1~2次。

【注解】

（1）痔疮常以栓剂进行局部给药治疗。为减少全身吸收，应注意控制给药部位。

（2）饮片经水提处理；冰片为挥发性成分，后续低温加入。次没食子酸铋通常与脂肪性基质混合，在制备过程中可能对光敏感，因此在储存和处理时应避免直接暴露于光照。

（3）次没食子酸铋为疏水性药物，具有较强的收敛止血作用；饮片提取物为水溶性。选择脂肪性基质（混合脂肪酸甘油酯、蜂蜡），使水溶性药物迅速释放和吸收，发挥杀菌消炎等作用，而疏水性的次没食子酸铋释放吸收较慢，可减少局部刺激。另外，聚山梨酯80对疏水性药粉具有润湿性，并有促进吸收作用；羟苯乙酯为抑菌剂。

（4）本品采用热熔法制备。

> 思考与讨论
>
> 该栓剂能否选择水溶性基质或乳剂型基质？

案例13-2 保妇康栓

【处方】莪术油82 g　冰片75 g

【制法】以上二味，加入适量乙醇中，搅拌使溶解。另取聚氧乙烯（40）硬脂酸酯1 235 g和PEG 4000 200 g，加热使熔化，加入PEG 400 120 g和月桂氮䓬酮17.5 g，搅匀，加入上述药液，搅匀，灌入栓模中，冷却后取出，制成1 000粒，即得。

【性状】本品呈乳白色、乳黄色或棕黄色的子弹形。每粒重1.74 g。

【功能与主治】行气破瘀，生肌止痛。用于湿热瘀滞所致的带下病，症见带下量多、色黄、时有阴部瘙痒；真菌性阴道炎、老年性阴道炎、宫颈糜烂见上述证候者。

【用法与用量】洗净外阴部，将栓剂塞入阴道深部；或在医生指导下用药。每晚1粒。

【注解】

（1）本品为阴道栓，一般采用水溶性基质制备，以栓剂进行局部给药治疗。本品孕妇禁用，哺乳期妇女在医生指导下用药。

（2）聚氧乙烯（40）硬脂酸酯和PEG 4000均为水溶性基质，易吸湿受潮变形，适合用于敏感的阴道黏膜，辅以PEG 400和月桂氮䓬酮能够促进药物的溶解与吸收。

（3）冰片和莪术油为脂溶性成分，在水溶性基质中不易溶解，应先溶解在少量适宜的溶剂中，例如乙醇或其他适宜的有机溶剂，然后与基质混合。

> 思考与讨论
>
> 阴道栓与直肠栓有什么不同？

（三）特殊栓剂的制备

为了更好地适应临床应用或不同药物性质的需要，出现了多种类型的栓剂，部分特殊栓剂如图13-3所示。

1. 中空栓

中空栓（hollow suppository）一般外壳为空白或含药基质，中空腔填充液体、固体或半固体药物或与辅料的混合物。当外层栓壳融化或溶解后，内部的药物可快速地释放出来。中空栓中心

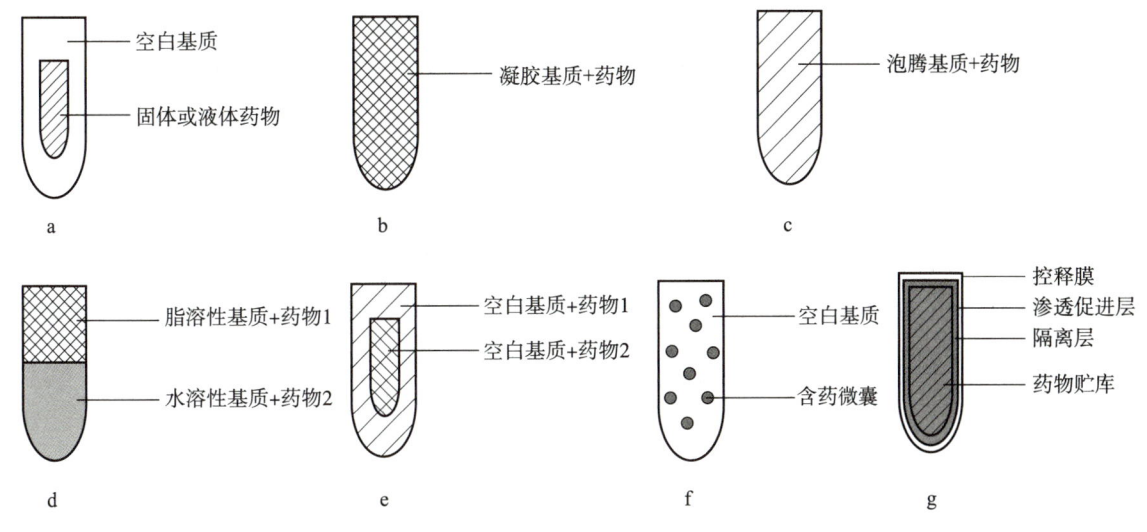

图13-3 部分特殊栓剂示意图
a. 中空栓；b. 缓释栓；c. 泡腾栓；d、e. 双层栓；f. 微囊栓；g. 渗透泵栓

的药物添加适当赋形剂或制成固体分散体也可以实现药物快速或缓慢释放，从而具有速释或缓释作用。已被报道或使用的中药中空栓剂有红藤中空栓、枳朴中空栓、痔舒宁中空栓、穿琥宁中空栓等。

2. 缓释栓

缓释栓（sustained-release suppository）主要通过基质中加入缓释材料实现药物的缓慢释放，是一种长效制剂。例如由乙烯氧化物交联而成的亲水凝胶栓，由于这种材料不溶于水，具有亲水性、生物黏附性和生物学惰性，因此当其失水时较坚硬，可注模、成型，制备成水凝胶栓。遇水后，体积膨胀为原来的2～4倍，柔软而富有弹性，较适于制备水溶性或醇溶性药物的缓释栓剂。

3. 泡腾栓

泡腾栓（effervescent suppository）系在栓剂基质中加入发泡剂，使用时由于泡腾作用加速栓剂熔融和药物释放。有以聚氧乙烯（40）硬脂酸酯及甘油混合物作为泡腾栓基质，发泡效果佳。此类栓剂崩解后可产生大量气泡，增加药物与病变部位的接触面积，适合于黏膜皱襞较多的腔道内给药，尤其适用于阴道给药。

4. 双层栓

双层栓（double-layer suppository）由两层组成，可分为上下双层栓剂和内外双层栓剂。内外双层栓剂由内外两层组成，各含不同的药物，由于外层熔融较快，先释放药物，故给药后可先后发挥两种药物的作用。上下双层栓剂有三种形式：第一种是将两种理化性质不同的药物分别分散于脂肪性基质和水溶性基质中，制成上下两层，以便药物吸收或避免药物发生配伍禁忌；第二种是将一种药物分别分散于脂肪性基质和水溶性基质中，制备成上下两层，使栓剂在使用时具有速释和缓释作用；第三种是将空白基质和含药基质制成上下两层，上层空白基质可起到阻止药物向上扩散，减少药物自直肠上静脉吸收，不但可提高栓剂的生物利用度，还可减少药物的毒副作用，如雷公藤双层栓、儿黄缓释双层栓。

5. 液体栓

液体栓（liquid suppository）使用前为液态，给药后在腔道生理温度下可形成半固体凝胶，具有生物黏附性，还有缓释长效、生物利用度好的特点。如黄芩苷在水中溶解度很小，极大地限制了其在临床上的应用，将黄芩苷制备成液体栓后，释药量增加，增加药物局部吸收。温敏型凝胶基质如泊洛沙姆常被用作液体栓剂的基质，与壳聚糖合用可增加其胶凝温度、胶凝强度和生物黏附力。

6. 微囊栓

微囊栓（microcapsule suppository）是将药物预先制备成微囊，然后再与基质混合而制成的栓剂。其制备工艺较普通栓剂复杂，微囊栓中主药投药量需根据微囊含药量来折算；同时，若采取热熔法制备，则在制备中应严格控制温度，防止温度过高微囊破裂，影响栓剂中药物的释放。微囊栓具有血药浓度稳定、维持时间长的特点，其控释效果取决于微囊囊材和制备方法等。

7. 渗透泵栓

渗透泵栓（osmotic pump suppository）是利用渗透压原理研制的一种长效栓剂，其最外层为一层不溶性微孔膜，药物从微孔中慢慢渗出，其优点是可维持长时间疗效。

第三节 栓剂的质量评价

栓剂的外形应完整光滑；放入腔道后应无刺激性，能融化、软化或溶化，并与分泌液混合，逐步释放出药物，产生局部或全身作用；并应有适宜的硬度，以免在包装、贮存时变形。除另有规定外，应在30℃以下密闭贮存和运输，防止因受热、受潮而变形、发霉、变质。

除另有规定外，应按照《中国药典》栓剂制剂通则的要求进行以下相应检查。

1. 重量差异

栓剂需检查重量差异，应符合规定。凡规定检查含量均匀度的栓剂，一般不再进行重量差异检查。

2. 融变时限

融变时限反映栓剂在规定条件下的融化、软化情况。取栓剂3粒，在室温放置1 h后，将其置于融变时限检查仪中检查。除另有规定外，在37.0℃±0.5℃水中，脂肪性基质的栓剂3粒均应在30 min内全部融化、软化或触压时无硬心；水溶性基质的栓剂3粒均应在60分钟内全部溶解。

3. 膨胀值

除另有规定外，阴道膨胀栓应检查膨胀值，供检查的3粒栓的膨胀值均应大于1.5。

4. 微生物限度

除另有规定外，照非无菌产品微生物限度检查，应符合规定。

思考题

1. 如何从提高患者依从性的角度设计栓剂？
2. 如何利用腔道微环境，设计响应型释药栓剂？
3. 某栓剂中含有冰片，采用热熔法制备时，处方中的冰片如何添加？
4. 栓剂直肠给药时，不同部位有不同的吸收途径。如果是幼儿用栓剂发挥局部治疗作用，在给药时有何注意事项?

(冯年平、张永太)

🌐 数字资源详见　新形态教材网

▶ 视频　　∞ 知识拓展　　📖 推荐阅读　　🌐 参考文献　　🖥 教学课件　　✖ 自测题

第十四章

气雾剂、喷雾剂与粉雾剂

　　气雾剂、喷雾剂与粉雾剂可以直接作用于疾病的局部，减少系统性副作用，还能通过肺部快速吸收，发挥全身作用而成为当下吸入给药、外用制剂、儿童用药等的应用研究热点。我国传统制剂中即有熏吸疗法的蒸气剂、烟熏剂、吸散剂等剂型。《五十二病方》载有熏剂、《备急千金要方》中有吸入烟剂用于治疗咳嗽，同时提出了研作细末吸入的钟乳七星吸散的记载。研究开发中药气雾剂、喷雾剂和粉雾剂，如何彰显好该类剂型的优势？如何应用好粒子设计等现代制剂技术解决好该类制剂的有效性和安全性问题？通过本章的学习，将深入理解中药气雾剂、喷雾剂和粉雾剂的制备原理，详细了解其剂型特点及其临床应用价值，为该类剂型产品的研发和生产奠定基础。

第一节 概 述

吸入制剂系指原料药物溶解或分散于适宜介质中,以气溶胶或蒸气形式递送至肺部发挥局部或全身作用的液体或固体制剂。吸入制剂包括吸入气雾剂、吸入粉雾剂、吸入喷雾剂、吸入液体制剂和可转变成蒸气的制剂。

一、吸入给药的特点

吸入制剂直接作用于呼吸道和肺部,在治疗呼吸系统疾病时具有起效快、局部药物浓度高的优势,且能够降低全身给药的药物剂量和副作用。吸入给药具有以下特点:

(1)呼吸性气道表面积约 102 m^2,其中肺部总面积达 70~100 m^2,药物吸收面积大。

(2)肺泡壁或肺泡隔内毛细血管分布丰富,且肺泡上皮细胞及毛细血管总厚度仅 0.5~1.0 μm,使得药物在肺部迅速吸收进入血液循环。

(3)药物在肺部吸收避免了肝首过效应,另外肺部生物代谢酶主要在肺泡Ⅱ型细胞中分布,活性低,药物在肺部经化学降解和酶降解反应较低,被破坏程度小,因此肺部给药的药物生物利用度较高。

(4)适于需长期局部给药治疗的疾病,可经肺部吸入直接到达靶部位,降低给药剂量、减少毒副反应。

(5)肺部给药主要不足为药物在肺部沉积的重现性较差,另因肺部不同部位上皮细胞厚度不一,导致药物在不同部位的吸收速度可能存在差异。

二、吸入给药吸收途径

药物在肺部吸收的主要部位是肺泡,药物先跨越气血屏障(air-blood barrier)再进入血液循环。递送至肺部的药物先与肺泡表面活性物质发生作用,再穿越下方的衬液层,经被动扩散或主动转运方式穿越附着于基底膜上的上皮细胞,继续穿过肺间质、毛细血管内皮细胞层而进入血液循环。对于被动扩散性较差的相对分子质量小于 1 000 的药物,可分别通过溶质载体家族(solute carrier family)和 ATP 结合盒家族(ATP-binding cassette family)的转运体(transporter)促进药物入胞和出胞,从而决定药物在细胞内的浓度;大分子药物则一般通过囊泡转运跨越上皮细胞层。

三、吸入给药吸收的影响因素

(一)肺部的生理结构与机能状态

肺部的生理结构、机能状态对药物肺部吸收有着重要影响。上呼吸道的不溶性颗粒可被纤毛清除,肺泡部位的不溶性颗粒可被巨噬细胞清除;呼吸道黏膜上覆盖的黏液层影响药物的溶解及扩散过程,继而影响药物的吸收;呼吸道黏膜中的代谢酶可能使药物酶解失活。

呼吸系统分为上呼吸道(从口腔、鼻至喉)和下呼吸道(气管及以下)(图 14-1)。下呼吸

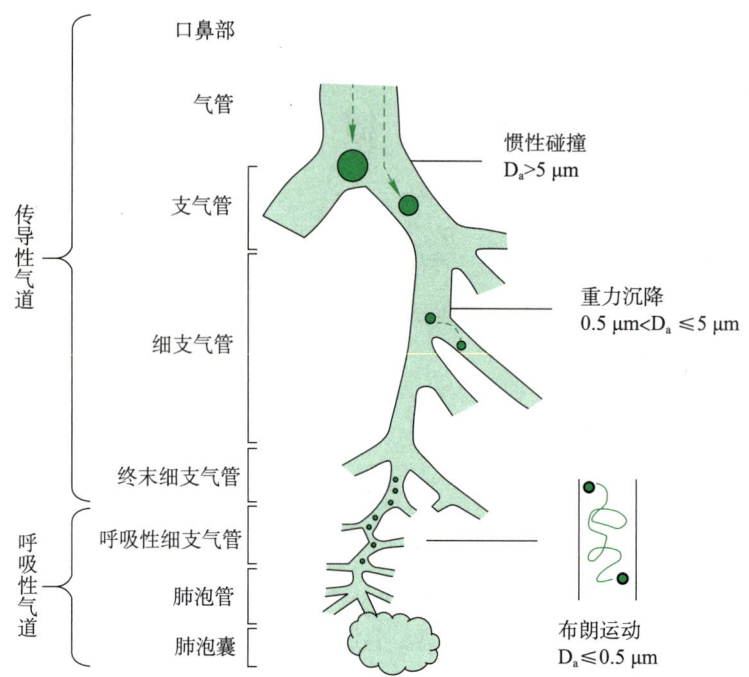

图 14-1　呼吸系统结构和粒子空气动力学直径（D_a）与肺部沉降机制、部位的关系

道又分为传导性气道和呼吸性气道。传导性气道输送气体，并将吸入气体的湿度和温度调节至与呼吸性气道的气体一致。

（1）气道分支　肺部从气管开始，逐渐细分为支气管、细支气管和肺泡。药物颗粒在吸入过程中必须通过这些分支才能到达肺部的深层区域。气道的直径和形状会影响气流和药物颗粒的运动轨迹，从而影响药物的沉积位置。

（2）肺泡　是药物沉积的主要部位，外面覆盖着丰富的微血管网络，有利于药物的快速吸收。肺泡的大小和形状会影响药物与肺上皮细胞的接触面积，进而影响药物的溶解和吸收。

（3）黏液-纤毛系统　气道内的黏液层和纤毛运动对于药物的分布和沉积起着重要作用。黏液层能够捕捉和移除吸入的颗粒，纤毛的协调运动将黏液和药物颗粒向喉咙方向推进，有助于药物在气道内的均匀分布。

（4）肺表面活性物质　肺泡表面覆盖着一层表面活性物质，主要由磷脂组成，能降低肺泡的表面张力，有助于肺泡的扩张和收缩。药物与表面活性物质的相互作用会影响药物的溶解和吸收。

（5）肺血流　肺部的血液循环对于药物的吸收和分布至关重要。药物穿过肺上皮细胞和血管内皮细胞进入血液循环，肺血流的速度和分布会影响药物的吸收速率和效率。

（6）肺的区域差异　肺的不同区域（如中央和外围区域）在解剖和生理上存在差异，导致药物在不同区域的沉积和吸收行为不同。例如，肺的外围区域具有更大的表面积和更高的气体交换效率，更适合药物的吸收。

（7）肺的病理状态　肺部疾病（如哮喘、慢性阻塞性肺疾病等）会改变肺的解剖结构和功能，从而影响药物的分布和沉积。例如，气道炎症导致气道狭窄和黏液分泌增加，阻碍药物颗粒的深入和吸收。

（8）呼吸模式　包括呼吸频率、潮气量变化及屏气时间等对药物粒子的肺部沉降有显著影响，进而影响药物的肺部吸收。气道横截面大小决定了气流速度，呼吸道分支的变化则影响粒子与空气的混合效率。此外，呼吸的体积和频率决定了呼吸系统各区域的平均流量，从而影响粒子的沉积。快速而急促的呼吸会增加大颗粒在上呼吸道的沉积，而缓慢稳定的呼吸则有助于药物颗粒进入下呼吸道，增加肺部的沉积。

（二）药物的理化性质

1. 吸湿性

吸湿性小的药物更易于被递送至肺部而适于肺部给药，而吸湿性大的药物则在经过呼吸道时因吸湿而聚集增大，不利于进入肺的深部。

2. 溶解度与溶出速率

药物在肺黏液中的溶解度对其吸收有重要影响。溶出速率低的药物局部滞留时间较长，有助于发挥局部药效，但其被黏膜纤毛清除和细胞吞噬的概率也较大。

3. 相对分子质量

与其他黏膜吸收途径相似，药物相对分子质量的大小是影响其肺部吸收的主要因素之一，大分子药物难以渗透，加入渗透促进剂有助于药物的肺部吸收。

4. 脂溶性

相对分子质量在 100~1 000 的药物，肺部吸收速率与其在生理 pH 条件下的水溶性有关，亲脂性药物以跨细胞扩散形式被吸收，吸收迅速；亲水性药物通过细胞间途径扩散，吸收较慢。

（三）制剂学因素

制剂学因素主要是通过药物粒子设计影响其在呼吸道内的沉积，进而影响药物的肺部吸收。药物粒子在呼吸道内的沉积机制主要包括撞击、扩散、拦截、重力沉降和静电效应等。在这一过程中，除生理因素、药物因素的影响外，制剂因素对药物的沉积也会产生显著影响。

1. 药物粒径和粒度分布

药物粒子的空气动力学直径 D_a（aerodynamic diameter）是代表雾化气溶胶在肺部沉降的指征，由粒子的密度、几何大小及形态决定。吸入粒子的空气动力学直径大小影响其在吸入过程中的沉积位置和分布，见图 14-1、表 14-1。

表 14-1 药物粒子大小与其在呼吸道沉积位置的关系

药物粒径 /μm	呼吸道沉积位置
5~10	上呼吸道和中央气道
4~5	支气管
1~3	下气道
<0.5	随呼吸排出体外

2. 药物粒子形状、晶型、荷电性等性质

药物粒子形状如球状、针形、纤维状及表面粗糙的不规则形态等，可显著影响其空气动力学属性，如分散性和流动性。药物的晶型影响其溶解性进而影响吸收效率。药物粒子的表面电荷影响其在气道中的行为，荷电粒子会相互排斥或吸附于气道壁，影响沉积。在吸入制剂的生产过程

中，包括药物颗粒从驱动装置喷出至雾化过程中的颗粒间碰撞和摩擦，使粒子表面产生电荷，影响粒子间相互作用力，使得喷出的药物粒子趋于聚集和黏附，形成难以分散的团块，增加了药物在口喉部的沉积，降低了肺部沉积效率。此外，颗粒所带电荷的性质和数量受其理化特性（如形态、大小和表面粗糙度）、驱动装置的材质、碰撞速率及环境湿度等因素的影响。

3. **药用辅料**

气雾剂中抛射剂从耐压容器喷出后迅速汽化，产生高速气流，为气雾剂提供喷射动力并作为药物的分散介质。抛射剂的蒸气压是决定雾化效果的关键参数，抛射剂种类及其配比显著影响罐内蒸气压，影响药物递送效率。助溶剂能够提升药物在抛射剂中的溶解性并减小药物粒径。表面活性剂在溶液型吸入制剂中，可增加药物溶解度并抑制结晶；在混悬型吸入制剂中，能减少药物微粉化后粒子所带的电荷，增加稳定性，并润滑定量阀门以防止阀门黏滞导致剂量不准确。然而，过高用量的表面活性剂会导致药物絮凝，喷雾性能变差。

4. **给药装置**

在吸入给药前，药物需通过驱动器激活喷射，形成气溶胶后进入呼吸道，装置性能和用户操作是影响药物递送效果的关键因素。驱动器孔径的变化会改变吸入气雾剂的雾化性能，影响关键质量指标如空气动力学质量中位径值和微细粒子分数（fine particle fraction），从而影响药物在肺部的沉积。吸入辅助装置，如间隔器或储雾罐，在气雾剂阀门喷口与口腔之间形成缓冲的空间，增加抛射剂挥发时间，并维持喷射和吸气同步，以减少药物在口喉部和上呼吸道的沉积，促使药物微粒有效传送至下呼吸道，同时减轻抛射剂挥发对喉部的刺激。

四、吸入制剂的雾化技术

吸入制剂是一种药械组合产品，由药物处方和雾化设备组成。其给药效果受药物理化属性、设备雾化效能、患者操作技能的综合影响。在临床实践中，气雾吸入器、粉雾吸入器和雾化吸入器被广泛应用，然而，这些设备存在操作技巧门槛高、药物生物利用度不足以及雾化过程耗时等局限。雾化技术的发展为输出更稳定可控的药物气溶胶提供了保障。

（一）压力定量气雾吸入器雾化技术

压力定量气雾吸入器（pressurized metered dose inhaler，PMDI）以其便携性、精确剂量和支持多次给药的特性被广泛应用于临床。其雾化性能受到抛射剂物理特性、药物处方化学特性、吸入器设计和使用环境等多方面因素的影响。PMDI具有操作便利、剂量准确和起效速度快的特点，主要用于治疗哮喘和慢性阻塞性肺疾病等呼吸系统疾病，适用于需要快速缓解呼吸道痉挛和炎症的患者。

（二）粉雾吸入器雾化技术

粉雾吸入器（dry powder inhaler，DPI）因其便携性、使用快速、无抛射剂、操作流程简洁、药物处方稳定而被广泛采用。其雾化效果由药物处方的性质、吸入器设计和患者吸入时的气流强度共同决定。当患者吸入粉雾剂时，气流将药物粉末引入雾化通道，药物粒子在气流的剪切力或载体惯性碰撞下分离，并随着吸气进入呼吸道沉积于肺部，发挥药效。根据药物粉末在DPI装置中的存放形式，分为胶囊式、盘式和储存器式粉雾吸入器。

DPI适用于需要长期治疗的呼吸系统疾病，如哮喘。DPI的使用依赖患者的吸气动作，药物粉末中微细颗粒含量和肺部沉积率与吸气流速直接相关。对于吸气能力正常，需要多剂量便携性使用的患者，DPI是一种理想的雾化技术。

（三）吸入液体制剂雾化技术

配合雾化技术使用的吸入液体制剂无须依赖抛射剂，能够同时传递多种药物以及大剂量药物，操作简便，无须精细的手口协调。其喷雾速度较慢，减少口腔和喉咙的刺激，适用的年龄段广，临床情境多。

1. 射流雾化技术

射流雾化技术以压缩空气或氧气为动力源，通过高速气流产生可吸入的气溶胶粒子。射流雾化技术适用于下呼吸道病变或感染、气道分泌物较多的情况，特别适用于伴有小气道痉挛倾向、有严重低氧血症和气促的患者，常用于临床雾化吸入治疗中，尤其是气管插管患者。

2. 超声雾化技术

超声雾化技术利用超声波振动诱发液体表面波动，促使微量液体从气-液界面分离形成液滴，生成水雾以供吸入。随着雾化时间的增加，液体温度可能上升超过10℃，这不仅影响生物制品的稳定性，还导致蛋白质和多肽类物质失效，因此，超声雾化技术不适用于生物大分子的雾化吸入给药，适用于需要湿化气道、稀释痰液的情况，但因其会影响混悬液雾化释出比例，现已较少使用。尽管其适用于需要较大释雾量的情况，但药物微粒输出效能较低，不适用于哮喘等喘息性疾病的治疗。

知识拓展 14-1：吸入制剂的新型雾化技术

> 思考与讨论
> 举例说明中药吸入制剂在临床中的应用与注意事项。

第二节　气　雾　剂

气雾剂（aerosol）系指原料药物或原料药物和附加剂与适宜的抛射剂共同封装于具有特制阀门系统的耐压容器中，使用时借助抛射剂的压力将内容物呈雾状物喷至腔道黏膜或皮肤的制剂。

一、气雾剂的特点

气雾剂具有速效和定位作用，可将低剂量的雾化药物输送到作用部位。用于肺部吸入的气雾剂能直接将药物递送至气管和支气管的黏膜表面，但仅8%~10%的药物能够进入呼吸道和肺泡，其余约90%沉积在口咽部和消化道。吸入气雾剂对哮喘、肺气肿等呼吸道疾病具有更快、更强的治疗效果，几乎没有全身副作用，但当吸入皮质类固醇等药物时可能引起全身吸收导致不必要的副作用。外用型气雾剂可喷射到皮肤表面或腔道中，形成薄膜，提供局部保护或治疗，例如泡沫型气雾剂黏性小、密度小且能均匀铺展，特别适用于大面积皮肤处理。气雾剂的药物密封在耐压容器中，避光，稳定性好；定量阀门可精确控制剂量；外用气雾剂对创面的机械刺激性小。

但是，气雾剂生产成本较高；遇热或受到猛烈碰撞后易发生爆炸，也可能因抛射剂渗漏而失效；抛射剂高度挥发具有制冷效应，多次使用可产生不适感和刺激作用；吸入给药时用药方法影响药物在肺部的沉积，需要掌握正确的用药方法。

二、气雾剂的分类

1. 按阀门类型分类

（1）定量气雾剂　采用定量阀门系统，揿压阀门可定量释放药物，用于口腔、鼻腔和吸入气雾剂。

（2）非定量气雾剂　采用非定量阀门系统，常见于皮肤、直肠、阴道等部位使用的气雾剂。

2. 按给药途径分类

（1）吸入气雾剂　含药溶液、混悬液或乳状液，与适宜的抛射剂共同装封于具有定量阀门系统和一定压力的耐压容器中。使用时，借助抛射剂的压力将内容物呈雾状物喷出，经口吸入沉积于肺部，发挥局部或全身治疗作用。揿压吸入气雾剂阀门可定量释放药物，通常被称为压力定量吸入剂。

（2）非吸入气雾剂　系指用于皮肤和鼻腔、口腔、阴道等黏膜的气雾剂。其中鼻用气雾剂经鼻吸入沉积于鼻腔，可用于蛋白质、多肽类药物的全身给药。

3. 按分散系统分类

（1）溶液型气雾剂　固体或液体药物溶解在抛射剂中形成溶液，喷射时抛射剂挥发，药物以固体或液体微粒状态到达给药部位。

（2）混悬型气雾剂　固体药物以微粒状态分散在抛射剂中形成混悬液，喷射时随抛射剂挥发，药物以固体微粒状态到达给药部位，又称为粉末气雾剂。

（3）乳状液型气雾剂　液体药物或药物溶液与抛射剂形成 W/O 或 O/W 型乳状液。O/W 型乳状液在喷射时，内相抛射剂的汽化形成泡沫；W/O 型乳状液在喷射时，外相抛射剂汽化形成液流。乳状液型气雾剂内容物喷出后呈泡沫状或半固体状的，又称泡沫气雾剂。

4. 按处方组成分类

（1）二相气雾剂　即溶液型气雾剂，由药物与抛射剂形成的均匀液相与抛射剂部分汽化所形成的气相组成。多数为外用或舌下给药的药物。

（2）三相气雾剂　包括乳状液型气雾剂和混悬型气雾剂，分别由液 – 液或液 – 固二相与抛射剂部分挥发所形成的气相组成。根据药物物态和乳剂类型，可分为 W/O 型乳状液型气雾剂、O/W 型乳状液型气雾剂、S/O 型混悬型气雾剂三种。

三、气雾剂的组成

气雾剂的处方组成包括药物与附加剂、抛射剂、阀门系统与耐压容器。除需根据粒子设计要求选择适宜的抛射剂、阀门系统和耐压容器外，还需根据药物的理化性质选择适宜的附加剂，以配制成相应类型的气雾剂。

1. 抛射剂

抛射剂（propellant）是气雾剂的喷射动力来源。抛射剂在常温下蒸气压大于大气压，需密封在容器中，当阀门开放时，抛射剂急剧汽化，将药物分散成微粒，通过阀门喷射成雾状，到达作用或吸收部位。根据物理特性的不同，抛射剂分为液化气体类和压缩气体类，可根据气雾剂所需压力，将两种或多种抛射剂以适宜比例混合使用，见图14-2。

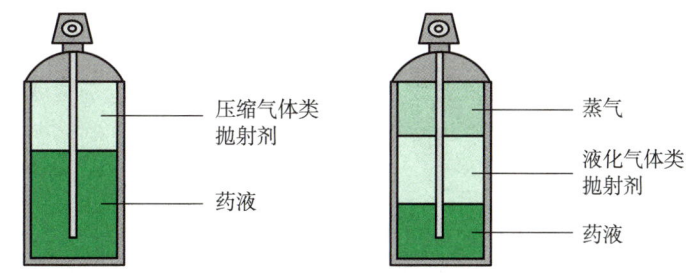

图14-2 压缩气体类抛射剂与液化气体类抛射剂在气雾剂产品中的应用区别

液化气体类抛射剂在常压下沸点低于室温，蒸气压高，可均匀分散在气雾剂产品中，保持恒定的压力和喷雾模式，填充量一般为85%。根据分子结构分为氟氯烷烃类（freon，CFC）、碳氢化合物类、氢氟烷烃类、含氧化合物类。CFC即氟利昂类抛射剂已在制药行业禁用，替代抛射剂主要为氢氟烷烃类（hydrofluoroalkane，HFA），包括四氟乙烷（HFA-134a）和七氟丙烷（HFA-227ea）。这些HFA抛射剂在分子结构上与CFC相似，属于饱和烷烃类，通常具有高度的化学稳定性，不易发生化学反应，无可燃性，在常温常压下与空气混合不形成爆炸性混合物。HFA不含氯原子，因此不破坏臭氧层。但因其属温室气体，根据2016年对《蒙特利尔议定书》进行的《基加利修订案》规定，需自2019年起逐渐淘汰HFA，与HFA-134a有相似溶解性能和低毒性的氢氟烯烃（hydrofluoroolefin，HFO）可能成为新的替代。

2. 药物与附加剂

液体、半固体和固体药物均可制成气雾剂，给药部位不同对药物的要求也不同，如吸入气雾剂应能溶解于呼吸器官的分泌液中，以避免作为异物引发刺激或肺炎（如液状石蜡和某些挥发油类）。

溶液型气雾剂中药物需能溶解在抛射剂中，然而常用的抛射剂如氟氯烷烃类是非极性的，相当一部分常用药物难以与之混溶。为解决这一问题，常添加低相对分子质量烷烃或醇类，如甘油、丙二醇、乙醇等作为潜溶剂，促进药物与抛射剂混溶成均相溶液。在开发溶液型气雾剂时，需要特别关注以下问题：①抛射剂与潜溶剂的混合对药物溶解度和稳定性的影响；②喷出液滴的大小与表面张力；③各种附加剂（如抗氧剂、抑菌剂、潜溶剂等）对用药部位的刺激性；④各种附加剂是否能在肺部代谢或滞留。

混悬型气雾剂通常需加入适量润湿剂和稳定剂以促进药物在抛射剂中的分散和混悬。油酸、司盘85、油醇、月桂醇等低HLB值的表面活性剂及高级脂肪醇类，有助于药物分散，并润滑阀门系统。在混悬型气雾剂的制备过程中常存在颗粒增大、聚集、结块和阀门系统堵塞等问题。设计吸入混悬型气雾剂处方时，需着重提高分散系统的稳定性，并特别关注以下方面：①控制水分含量在0.03%以下，一般低于0.005%，防止药物微粒聚结；②控制吸入药物的粒度在10 μm以下，其中大多数应在5 μm以下，局部用气雾剂的最大粒度一般控制在40~50 μm；③为防止药物微晶在储存过程中变粗，在不影响生理活性的前提下，优先选择在抛射剂中溶解度最小的药物衍生物（如不同的盐基），确保药物在储存过程中保持稳定的微晶尺寸；④调节抛射剂和（或）混悬固体的密度，尽量使二者密度相等；⑤添加适量的表面活性剂或分散剂，增加制剂的分散性和稳定性。

乳状液型气雾剂除含有药物和抛射剂外，还含有乳化剂及水性和油性介质。可根据药物性质将药物溶解在水相或油相中，通常不能与水混溶的抛射剂可以与处方中的油性介质混溶，形成乳剂的内相（O/W 型）或外相（W/O 型）。

3. 包装系统

气雾剂包装系统主要由耐压容器与阀门系统组成。

（1）耐压容器　气雾剂的容器应能耐受气雾剂喷射所需的压力，各组成部件均不得与原料药物或附加剂发生理化作用，其尺寸精度与溶胀性必须符合要求。用于制备耐压容器的材料包括玻璃、塑料和金属三大类。

玻璃容器的化学性质比较稳定，但耐压性和抗撞击性较差，故需在玻璃瓶的外面搪以塑料层。随着新型材料的开发和应用，玻璃容器在气雾剂中已较少使用。塑料容器质地轻，不易破碎，具有良好的抗撞击性和抗腐蚀性。但是塑料制品本身的通透性较高，需要防止抛射剂的渗透以及添加剂对药物的影响。

金属容器耐压性强，但有一定的化学活性，不利于药物稳定，故容器内壁常用环氧树脂、聚氯乙烯或聚乙烯等进行表面处理。目前金属气雾罐应用最广泛。

（2）阀门系统　是控制药物和抛射剂从容器喷出的主要部件，阀门系统的性能不仅关系到产品密封性，也影响喷出效果和产品稳定性。阀门系统需要具备高度的精准性、稳定性和易用性，确保药物能够被准确、有效地送达至治疗部位，实现理想的治疗效果。

定量型吸入气雾剂的阀门系统一般由推动钮、阀门杆、橡胶封圈、弹簧、定量室和浸入管组成，并通过铝制封帽将其固定在耐压容器上，其结构示意图见图 14-3。

知识拓展 14-2：新型吸入装置

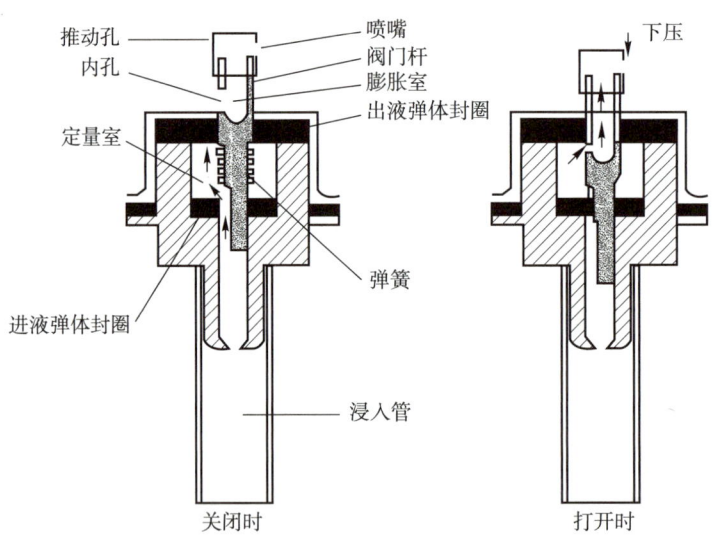

图 14-3　定量型吸入气雾剂阀门系统结构示意图

四、气雾剂的制备

气雾剂应在无菌环境下配制，各种用具、容器等须用适宜方法清洁和消毒，整个操作过程应注意避免微生物的污染。气雾剂制备的工艺过程包括耐压容器和阀门系统的处理与装配、药物配制与分装、填充抛射剂、质量检查、包装等工序。

1. 耐压容器和阀门系统的处理与装配

耐压容器及阀门各部件需确保清洁和干燥，以避免污染。在处理阀门各部件时，需要根据其材质选择适宜的处理方法，以确保阀门系统的密封性和耐用性。例如，塑料和橡胶制品可以在乙醇中浸泡、烘干备用；不锈钢弹簧则需要在1%~3%的碱液中煮沸10~30 min，蒸馏水冲洗至无油腻，在乙醇中浸泡备用。经过处理的部件按阀门系统的构造进行装配。

2. 药物配制与分装

（1）溶液型气雾剂　将药物直接溶解于抛射剂中，必要时加入适量潜溶剂制成澄明溶液，定量分装于容器内。

（2）混悬液型气雾剂　将药物粉碎成10 μm以下的微粉，药物微粉与抛射剂等充分混合，定量分装于容器内。

（3）乳状液型气雾剂　将药物、抛射剂和乳化剂定量分装于容器内。在制备时应选择合适的抛射剂与乳化剂，确保使用时经振摇可形成稳定的乳液并顺利喷出。

3. 抛射剂的填充

抛射剂的填充方法有压灌法和冷灌法两种。

（1）压灌法　系指将配好的药液在室温下灌入容器，装配阀门系统并封闭，抽出容器内空气，使用压装机压入定量的抛射剂。压灌法的设备简单，不需低温操作，抛射剂耗损较少，但生产效率较低，且使用过程中压力的变化幅度较大。

（2）冷灌法　系将药液借助冷却装置冷却至低温（-20℃左右），抛射剂冷却至沸点以下至少5℃。先将冷却的药液灌入容器中，随后加入已冷却的抛射剂（也可同时加入），立即装配阀门并封闭，操作需迅速完成以减少抛射剂的损失。冷灌法速度快，对阀门无不良影响，成品压力较稳定，但需制冷设备和低温操作，抛射剂损失较多。含水产品不宜用此法。

案例14-1　宽胸气雾剂

【处方】檀香油70 mL　荜茇油15 mL　高良姜油32 mL　细辛油23 mL　冰片22.5 g

【制法】以上五味，除冰片外，其余细辛油等四味，混匀，置40℃水浴上，加入冰片，微热使溶解，以无水乙醇调整总量至625 mL，混匀，过滤，灌封，压入抛射剂，即得。

【性状】本品为定量阀门气雾剂，在耐压容器中的药液为浅黄色的澄清液体；喷出时具特异香气，味苦、微辛辣。

【功能与主治】辛温通阳，理气止痛，用于阴寒阻滞、气机郁痹所致的胸痹。

【用法与用量】用时将瓶倒置，喷口对准舌下喷，一日2~3次。

【注解】

（1）本品为气雾剂，将药物喷于舌下部位，药物经舌下黏膜迅速吸收，实现快速起效和高生物利用度。

（2）无水乙醇可提高药物成分在抛射剂中的溶解度，调节溶液的黏度和喷射特性，在喷出时形成均匀的雾滴，提高分散性和吸收效率。

（3）挥发油和冰片易挥发，将其以无水乙醇微热溶解，减少制备过程中的损失。

案例14-2　麝香祛痛气雾剂

【处方】人工麝香0.33 g　红花1 g　樟脑30 g　独活1 g　冰片20 g　龙血竭0.33 g　薄荷脑10 g　地黄20 g　三七0.33 g

【制法】以上九味，取人工麝香、三七、红花，分别用50%乙醇10 mL分三次浸渍，每次

7天,合并浸渍液,滤过,滤液备用;地黄用50%乙醇100 mL分三次浸渍,每次7天,合并浸渍液,滤过,滤液备用;龙血竭、独活分别用乙醇10 mL分三次浸渍,每次7天,合并浸渍液,滤过,滤液备用;冰片、樟脑加乙醇100 mL,搅拌使溶解,再加入50%乙醇700 mL,混匀;加入上述各浸渍液,混匀;将薄荷脑用适量50%乙醇溶解,加入上述药液中,加50%乙醇至总量为1 000 mL,混匀,静置,滤过,灌装,封口,充入抛射剂适量,即得。

【性状】本品为非定量阀门气雾剂,在耐压容器中的药液为橙红色澄清液体;气芳香。

【功能与主治】活血祛瘀,舒经活络,消肿止痛。用于各种跌打损伤,瘀血肿痛,风湿瘀阻,关节疼痛。

【用法与用量】外用。喷涂患处,按摩5~10 min至患处发热,一日2~3次;软组织扭伤严重或有出血者,将药液喷湿的棉垫敷于患处。

【注解】

(1)本品为外用气雾剂,便于局部喷涂,尤其适用于跌打损伤、瘀血肿痛等急性症状的即时缓解。

(2)饮片经50%乙醇浸渍提取,能够广泛浸提极性与非极性的药物成分,同时减少热敏感成分损失。

五、气雾剂的质量评价

(一)气雾剂的质量要求

为确保使用安全,气雾剂应置凉暗处贮存,并避免曝晒、受热、敲打、撞击,制成的气雾剂应进行泄漏检查。定量气雾剂应标明每罐总揿次、每揿主药含量或递送剂量。气雾剂用于烧伤治疗如为非无菌制剂的,应在标签上标明"非无菌制剂";产品说明书中应注明"本品为非无菌制剂",同时在适应证下应明确"用于程度较轻的烧伤(Ⅰ°或浅Ⅱ°)";注意事项下规定"应遵医嘱使用"。

不同类型的气雾剂,应按照《中国药典》气雾剂制剂通则的要求进行相应检查。

1. 每罐总揿次

定量气雾剂需检查每罐总揿次,应不少于标示总揿次。

2. 递送剂量均一性

除另有规定外,定量气雾剂需检查递送剂量均一性。从装置外释放出来的剂量即为递送剂量;多次测定的递送剂量与平均值的差异程度即为递送剂量均一性。

鼻用定量气雾剂、非鼻用定量气雾剂应分别按照《中国药典》鼻用制剂、吸入制剂通则规定的方法检查递送剂量均一性,应符合规定。

3. 每揿主药含量

定量气雾剂需检查每揿主药含量,应为标示量的80%~120%。凡规定测定递送剂量均一性的气雾剂,一般不再进行每揿主药含量的测定。

4. 每揿喷量

定量气雾剂需检查每揿喷量。除另有规定外,应为标示喷量的80%~120%。凡进行每揿递送剂量均一性检查的气雾剂,不再进行每揿喷量检查。

5. 微细粒子剂量

除另有规定外，吸入气雾剂需检查微细粒子剂量。雾滴（粒）分布和微细粒子剂量是评价吸入制剂质量的重要参数。吸入制剂的雾滴（粒）大小，在生产过程中可以采用合适的显微镜法或光阻、光散射及光衍射法进行测定；但产品的雾滴（粒）分布，则应采用雾滴（粒）的空气动力学直径分布来表示。吸入气雾剂照吸入制剂微细粒子空气动力学特性测定法检查，应符合各品种项下规定。除另有规定外，微细药物粒子百分比应不少于标示剂量的15%。

6. 喷射速率

非定量气雾剂需检查喷射速率，应符合规定。

7. 喷出总量

非定量气雾剂需检查喷出总量，每罐喷出量均不得少于标示装量的85%。

8. 装量

非定量气雾剂照最低装量检查法检查，应符合规定。

9. 粒度

除另有规定外，混悬型气雾剂应作粒度检查，应符合各品种项下规定。

10. 无菌

除另有规定外，用于烧伤［除程度较轻的烧伤（Ⅰ°或浅Ⅱ°外）］、严重创伤或临床必须无菌的气雾剂，照无菌检查法检查，应符合规定。

11. 微生物限度

除另有规定外，非无菌的气雾剂产品照非无菌产品微生物限度检查，应符合规定。

（二）中药气雾剂常见的质量问题

在制备中药气雾剂时，应综合考虑以下因素，以确保制剂的安全性、有效性和稳定性。

1. 稳定性问题

若中药物料在微粉化或储存过程中容易聚集、结块或发生其他物理变化，则不适合制备为气雾剂。某些中药物料中的化学成分在储存或使用过程中可能容易发生氧化、水解等化学降解反应，影响药物的稳定性和安全性。

2. 空气动力学特性不佳

混悬型中药气雾剂的制备中，药物的多晶特性增加了中药微粉化工艺的复杂性，药物微粉在一定时间内更容易聚集，影响空气动力学特性，使其不能稳定均匀地喷出。

第三节 喷 雾 剂

喷雾剂（spray）系指原料药物或与适宜辅料填充于特制的装置中，使用时借助手动泵的压力、高压气体、超声振动或其他方法将内容物呈雾状物释出，直接喷至腔道黏膜或皮肤等的制剂。

一、喷雾剂的特点

喷雾剂通常是通过机械泵或压缩空气等物理方法触发装置释放内容物,而不依赖化学抛射剂。喷雾剂产生的液滴相对较大,通常更适合在皮肤、喉咙或鼻腔的局部应用。由于不使用化学抛射剂,喷雾剂被视为更环保的选择。此外,喷雾剂可以是水基或油基的,提供了配方的灵活性,以适应不同的药物和治疗需求。

二、喷雾剂的分类与组成

1. 喷雾剂的分类

按分散系统分为溶液型、乳状液型或混悬型,按给药途径分为吸入喷雾剂、鼻用喷雾剂及用于皮肤、黏膜的非吸入喷雾剂。

2. 喷雾剂的组成

喷雾给药装置主要由容器、喷雾嘴、阀门和雾化器构成,见图14-4。常见容器包括塑料和玻璃两类,塑料容器常采用不透明、质轻但强度较高的白色塑料制成;玻璃容器常使用透明棕色玻璃瓶制成。雾化器的种类很多,如超声波振动雾化器、振动筛网雾化器、电流体动力雾化器等,通过雾化器将药液、乳状液或混悬液分散为小雾滴喷出,直接作用于给药部位。阀门系统控制药物的喷射,是喷雾剂的重要组成部分,影响雾滴形态、喷雾模式等喷雾特性,决定药液的喷量及喷雾次数。喷雾剂装置中各组成部件均应采用无毒、无刺激性、性质稳定且与原料药不发生反应的材料制备。

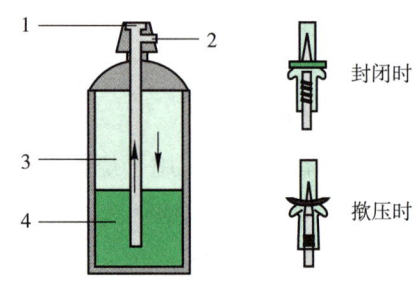

图 14-4 喷雾给药装置

1. 揿压处;2. 出管口;3. 压缩气体;4. 药液

三、喷雾剂的制备

1. 压缩气体的选择

在中药喷雾剂的制备中,选择合适的压缩气体是至关重要的,常用的压缩气体包括二氧化碳、一氧化二氮和氮气,这些气体不仅需有效递送药物至目标部位,还应保持药物的化学稳定性和安全性。二氧化碳由于其较低的极性,可作为中药挥发油的溶剂,但需考虑其对药液 pH 的潜在影响。在含有易氧化中药成分的喷雾剂中,选用氮气作为压缩气体可增强制剂的稳定性,防止活性成分在储存和使用过程中氧化降解。对于不易氧化或对环境不敏感的中药水性提取液,可以使用空气作为驱动气体,既经济又实用。

2. 药液的配制与灌封

喷雾剂应在符合药品生产标准的受控环境中配制。根据配方需要可添加溶剂、助溶剂、抗氧剂、抑菌剂、表面活性剂等附加剂,且这些附加剂应对皮肤或黏膜无刺激性。

配制完成的药液经过严格的质量检验后,灌封于灭菌的洁净干燥容器中,装配阀门系统(雾化装置)和帽盖。使用压缩气体的喷雾剂,安装阀门后需密封并压入压缩气体。工业生产中,喷雾剂的灌封和封闭工作在全自动喷雾剂灌装生产线上进行以确保生产效率和产品一致性。

案例 14-3　鼻炎通喷雾剂

【处方】盐酸麻黄碱 5 g　黄芩苷 20 g　山银花 300 g　辛夷油 2 mL　冰片 1 g

【制法】以上五味，黄芩苷加水适量，搅匀，加40%氢氧化钠溶液适量使溶解，用稀盐酸调节pH至6.5~7.5，药液备用。山银花加水煎煮二次，滤过，合并滤液，浓缩至相对密度约为1.05（50℃）的清膏，放冷，加20%石灰乳，调节pH至12，滤过，沉淀物加乙醇适量，用50%硫酸溶液调节pH至3.5~4.0，搅匀，滤过，滤液用40%氢氧化钠溶液调节pH至6.5~7.0，密封，冷藏2~3天，滤过，滤液回收乙醇，浓缩至约25 mL，加水搅匀，用活性炭处理，滤过，滤液备用。盐酸麻黄碱加水溶解备用。冰片、辛夷油加乙醇溶解，再加入21 g聚山梨酯80，搅匀，加入上述药液，再加入亚硫酸氢钠0.8 g、苯甲醇10 g，混匀，加水至近总量，搅匀，调节pH至6.0~7.0，滤过，加水至1 000 mL，搅匀，灌装，即得。

【性状】本品喷雾剂，药液为黄棕色至棕褐色的澄清液体。

【功能与主治】散风清热，宣肺通窍，用于风热蕴肺所致的鼻塞，鼻流清涕或浊涕，发热，头痛；急、慢性鼻炎见上述证候者。

【用法与用量】喷入鼻腔内，一次1~2撤；一日2~4次。1个月为一疗程。

【注解】

（1）本品为鼻用喷雾剂，药物可直接作用于鼻腔，快速缓解鼻塞等局部症状，便于患者自行给药。

（2）山银花水煎提取，碱沉分离沉淀物，活性炭脱色。聚山梨酯80为增溶剂。亚硫酸氢钠为抗氧剂。苯甲醇为抑菌剂。冰片促进药物吸收，具有药辅合一作用。

> **思考与讨论**
> 鼻炎通喷雾剂在制备过程中经历多次调pH，每次调节的目的分别是什么？

四、喷雾剂的质量评价

喷雾剂应避光密封贮存。喷雾剂用于烧伤治疗如为非无菌制剂的，应在标签上标明"非无菌制剂"；产品说明书中应注明"本品为非无菌制剂"，同时在适应证下应明确"用于程度较轻的烧伤（Ⅰ°或浅Ⅱ°）"；注意事项下规定"应遵医嘱使用"。

不同类型的喷雾剂，应按照《中国药典》喷雾剂制剂通则的要求进行以下相应检查。

1. 每瓶总喷次

多剂量定量喷雾剂依法检查，每瓶总喷次均不得少于其标示总喷次。

2. 每喷喷量

除另有规定外，定量喷雾剂依法检查，应符合规定。凡规定测定每喷主药含量或递送剂量均一性的喷雾剂，不再进行每喷喷量的测定。

3. 每喷主药含量

除另有规定外，定量喷雾剂需检查每喷主药含量，应符合规定。凡规定测定递送剂量均一性的喷雾剂，一般不再进行每喷主药含量的测定。

4. 递送剂量均一性

除另有规定外，吸入喷雾剂、混悬型和乳状液型定量鼻用喷雾剂应检查递送剂量均一性，照吸入制剂或鼻用制剂相关通则项下方法检查，应符合规定。

5. 微细粒子剂量

除另有规定外，吸入喷雾剂照吸入制剂微细粒子空气动力学特性测定法检查，应符合各品种项下规定。除另有规定外,微细药物粒子百分比应不少于标示剂量的15%。

6. 装量差异

除另有规定外,单剂量喷雾剂需检查装量差异,应符合规定。凡规定检查递送剂量均一性的单剂量喷雾剂,一般不再进行装量差异的检查。

7. 装量

非定量喷雾剂照最低装量检查法检查,应符合规定。

8. 无菌

除另有规定外,用于烧伤[除程度较轻的烧伤(Ⅰ°或浅Ⅱ°外)]、严重创伤或临床必须无菌的喷雾剂,照无菌检查法检查,应符合规定。

9. 微生物限度

除另有规定外,非无菌的喷雾剂产品照非无菌产品微生物限度检查,应符合规定。

第四节 粉 雾 剂

粉雾剂(inhalation powder)系指将微粉化药物粉末装填于特殊的给药装置,以干粉形式将药物喷雾于给药部位,发挥全身或局部作用的药物剂型。

一、粉雾剂的分类与特点

粉雾剂按用途可分为吸入粉雾剂和非吸入粉雾剂。吸入粉雾剂系指固体微粉化原料药物单独或与合适载体混合后,以胶囊、泡囊或多剂量贮库形式,采用特制的干粉吸入装置,由患者吸入雾化药物至肺部的制剂,亦称干粉吸入剂。非吸入粉雾剂的用药部位包括皮肤、腔道黏膜等。本节重点介绍吸入粉雾剂。

吸入粉雾剂由患者主动吸入,与吸入气雾剂相比,使用更方便且载药量高;药物呈干粉状,稳定性好,尤其适用于多肽和蛋白质类药物的给药。

二、吸入粉雾剂的处方类型

1. 仅含微粉化药物的吸入粉雾剂

在粉雾剂的处方研究中首先应充分考虑原料药的理化性质。影响粉雾剂质量的药物理化性质主要有pK_a值、密度、粒度分布、微粉形态、晶型、水分、溶解度、溶剂化或水合状态、比旋度、稳定性等。

仅含微粉化药物的吸入粉雾剂,药物粒径和表面形态是影响吸入性能的重要因素,吸入粉雾剂的药物粒径应控制在10μm以下,理想粒径为1~5μm,以优化药物的沉积和生物可用性。

2. 药物加适量附加剂组成的吸入粉雾剂

附加剂包括表面活性剂、分散剂、润滑剂、抗静电剂等,能改善药物微粉的流动性和雾化性能。常用的表面活性剂如泊洛沙姆,也作为抗静电剂,消除微粒之间的静电力,降低药物与载体的吸附作用。分散剂如L-亮氨酸可促进粉末分散,提高制剂的雾化性能。润滑剂如硬脂酸镁、胶体硅等,可以显著提升粉末的流动性和分散性。另外,处方中加入一些微细粒子可以改善药物的沉积和分散性能,如微粉化的乳糖、甘露醇、羟丙基-β-环糊精、硬脂酸镁、磷脂等,但添加不当会降低药物的含量均匀度。附加剂的使用对吸入粉雾剂的稳定性、颗粒形成、药物的沉积和吸收具有显著影响,同时也会带来安全风险,因此要求严格控制附加剂的种类和用量。

3. 药物与载体形成的均匀混合体

吸入粉雾剂中微粉化药物的粒径小于 5 μm,这种粒径的颗粒由于具有巨大的表面自由能,极易吸湿聚集,使得药物粉末流动性降低。常用的解决策略是加入粒径较大的载体颗粒(50~100 μm),以改善药物微粉的流动性和输送效率。在吸入给药时,较大的载体颗粒与药物微粉结合进入上呼吸道,当气流经过呼吸道变窄处加速时,载体与药物微粉分离,分离后的药物微粉在高速气流作用下深入肺部,因此,载体的选择对药物有效到达作用部位至关重要。粒径较大的载体通常沉积在口腔和上呼吸道,而粒径过小、流动性较差的载体会降低微粉从胶囊中的释放率。同时适当增加载体表面粗糙度可以减少颗粒之间的接触,提高微粒的流动性。载体的加入也可能引发一些问题,如含药细粉与载体的表面吸附太强,以致药物吸入后无法与载体分离,到达肺部的有效药量降低。

4. 药物与载体及其他附加剂形成的均匀混合体

添加润滑剂、助流剂以及抗静电剂能够改善粉末的粉体学特性、载体的表面性质以及抗静电性能,以便得到流动性和粒度更佳的粉末。

吸入粉雾剂的不同处方组成及肺部给药过程如图 14-5 所示。

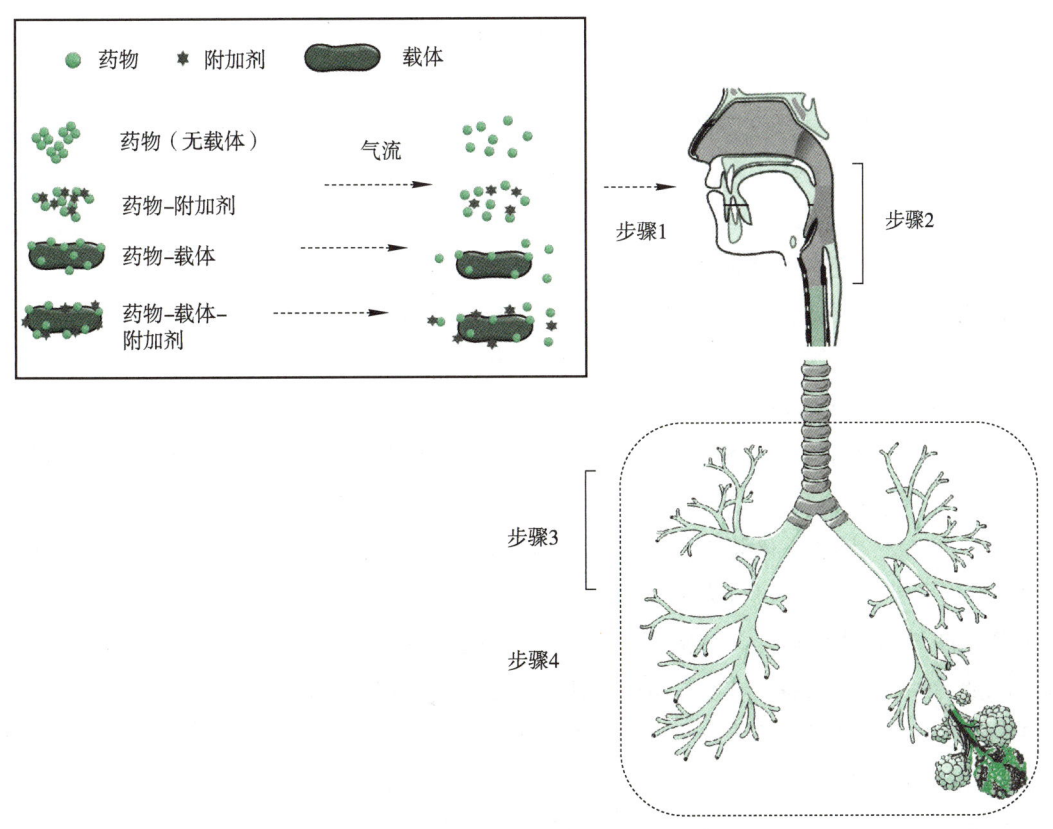

图 14-5　吸入粉雾剂不同处方组成及其递送过程示意图

步骤 1:处方粉末在气流的作用下流化和分散;步骤 2:载体被口咽部截留,药物继续向呼吸道转运;
步骤 3:在主支气管处解聚成单一的药物颗粒;步骤 4:药物颗粒沉积在肺部相应位置

三、吸入粉雾剂的制备

1. 药物的微粉化

药物微粉化是制备吸入粉雾剂的关键工序,其目的是获得可吸入的药物粒子。药物理化性质不同,微粉化处理工艺也不相同。微粉化工艺包括粉碎法、喷雾干燥法、超临界流体法、冷冻干燥法等,其中以喷雾干燥法最为常用。由喷雾干燥法得到的粒子空气动力学粒径小、相互作用力低、在气流作用下易分散。在利用喷雾干燥法进行微粉化处理时,需要注意药物在溶剂中析出结晶或与溶剂反应,同时对于此过程可能产生的水分或其他有机成分也需要在处方筛选时严加控制。

2. 辅料的选择

吸入粉雾剂中添加辅料的目的在于保证能够生产出耐用性和稳定性均良好的产品,以使整个效期内药品安全有效。粉雾剂辅料的特点在于:①对于大多数粉雾剂,辅料的用量在处方中占有很大的比例,因此辅料对于粉雾剂产品的性能起着关键作用;②与胃肠道不同,肺部的缓冲能力有限,因此,辅料应具有肺部内源性,且易被代谢或清除。

吸入粉雾剂中最重要的辅料是载体。将微粉化的原料药和较大的载体粒子混合,能够增加流动性,减少团聚并且帮助分散。选择载体时,需要综合考虑中药物料的特性和治疗目标,以及载体的理化性质和生物学特性,以确保最终制剂的有效性和安全性。

乳糖作为一种常用的载体,因其良好的流动性和稳定性被广泛用于粉雾剂中。对于需要改善流动性和分散性的中药干粉吸入剂,乳糖可以作为载体改善其粉体学特性。

甘露醇的吸湿性低,适合用作对湿度敏感的中药物料的载体,有助于保持制剂的稳定性。例如,对于易吸湿的中药成分,甘露醇可以作为载体减少吸湿结块的风险。

葡萄糖可作为载体用于需要额外能量代谢或对葡萄糖有特别指征的中药成分。例如,对于需要增强机体能量代谢的中药复方,葡萄糖不仅作为载体,还可作为能量来源。

磷脂酰胆碱可以作为载体用于需要增加肺部吸收的中药成分,尤其是脂溶性的成分,磷脂酰胆碱可以促进其在肺泡膜中的溶解和吸收。

氨基酸类可作为载体,特别是用于需要与体内特定受体结合发挥作用的中药活性肽类成分。例如,含有生物活性肽的中药可以通过氨基酸类载体改善其在呼吸道的吸收和稳定性。

3. 吸入粉雾剂的给药装置

干粉吸入器按剂量分为单剂量、多重单元剂量、贮库型多剂量等类型,见图14-6;按装置动力来源分为主动型和被动型;按药物贮存方式分为以下几类:

(1)胶囊型吸入装置　该装置结构简洁,内部阻力小,可多次使用,部分装置支持清洗。

(2)泡囊型吸入装置　可分为单剂量泡囊型和多剂量泡囊型。单剂量泡囊型粉雾剂吸入装置采用分流式的空气动力学设计,结构简洁,可多次使用。多剂量泡囊型吸入装置将每个剂量预填充到独立的泡囊中,启动装置时通过机械作用刺破或撕开泡囊,释放单剂量到定量室中。

(3)贮库型吸入装置　该装置是将药物存贮于内部腔室中,通过激光打孔的转盘或计量杯进行剂量分配,其剂量准确性受操作技巧、环境湿度等因素的影响。

(4)粉末雾化吸入装置　粉末雾化吸入装置中雾化器通过震动或超声波技术将粉末药物雾化成细小颗粒,便于患者吸入。

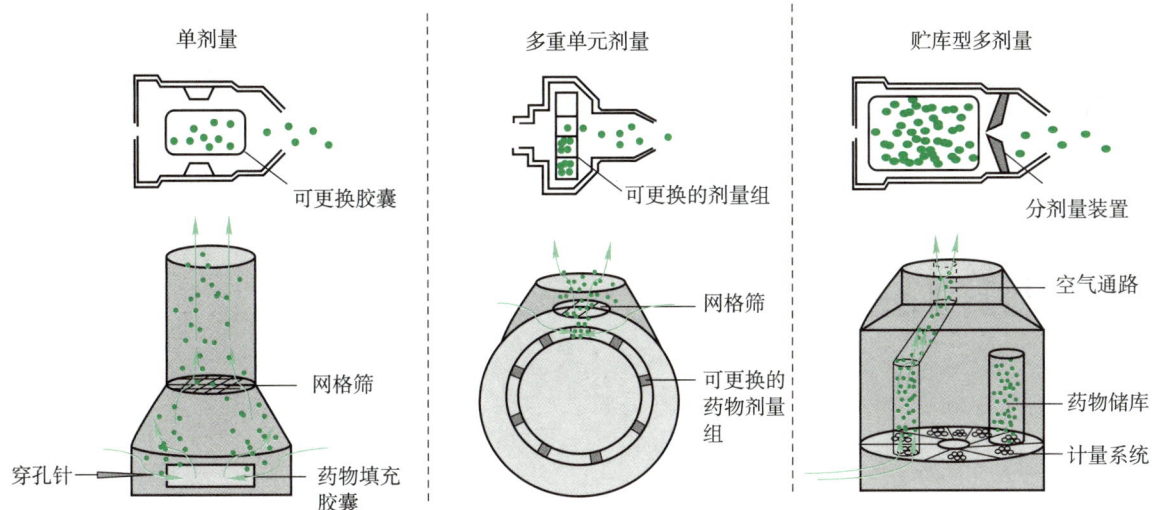

图 14-6 几种不同剂量的干粉吸入器示意图及其常用的装置

四、吸入粉雾剂的质量评价

除另有规定外，吸入粉雾剂应按照《中国药典》吸入制剂通则的要求进行以下检查。

1. 递送剂量均一性

除另有规定外，吸入粉雾剂需依法检查递送剂量均一性，应符合规定。

2. 微细粒子剂量

除另有规定外，照吸入制剂微细粒子空气动力学特性测定法检查，微细药物粒子百分比应不少于标示剂量的 10%。

3. 多剂量吸入粉雾剂总吸次

在设定的气流下，将吸入粉雾剂揿空，记录吸次，不得低于标示的总吸次。

4. 微生物限度

除另有规定外，照非无菌产品微生物限度检查，应符合规定。

思考题

1. 气雾剂、喷雾剂、粉雾剂的区别是什么，结合中药的特点分析这三种剂型分别适用于治疗哪些疾病？
2. 选择已上市的中药气雾剂，分析其应用特点。
3. 中医临床常用芳香开窍类药物经鼻嗅给药，有提神醒脑功效，请从药物吸收角度分析其作用原理。

（冯年平、张永太）

第十五章

其他剂型

中医药经历数千年的发展，剂型品种极为丰富，很多富有中医药特色的传统剂型，如胶剂、熏香剂、线剂、条剂等仍被应用于特色专科临床。如阿胶被《神农本草经》列为上品，广泛应用至今；丹剂起源于道教的炼丹术，也是道家炼丹术的延续与发展；熏香剂是古代香文化的一种传承，制作工艺还在不断进步，品种也日益丰富。这些传统剂型的临床特色和制备技艺值得传承和发展，然而，这些传统剂型的特点如何？科学内涵何在？制作工艺特色有哪些？其蕴含的传统文化和科学内涵如何发扬光大？本章的学习，将让我们进一步了解中药制剂剂型发展的历史和传承，增强专业自信和文化自信，同时为传承创新中药剂型和制剂技术奠定基础。

第一节 膜 剂

膜剂（film）是指原料药物与适宜的成膜材料经加工制成的膜状制剂，供口服或黏膜用。

一、膜剂的特点

膜剂的优点包括：重量轻，体积小，便于携带、贮藏、运输；应用方便、可用于口服、口含、舌下或黏膜部位多途径给药；制备工艺简单，稳定性好；采用不同的成膜材料可制成不同释药速率的膜剂，使药物速释、缓释或控释，满足不同用药需求；多层复方膜剂可防止药物发生配伍变化。

膜剂的缺点是载药量小，只适用于小剂量的药物，所以在品种选择上受到限制。

二、膜剂的分类

按照膜剂的结构不同，膜剂可分为单层膜、夹心膜、多层膜。单层膜较常见，系药物分散在成膜材料中制成，又分为可溶性膜剂和水不溶性膜剂两类；通常厚度不超过 1 mm，可根据给药剂量来调整膜剂的面积，一般用于口服的膜剂为 1 cm^2 以下。夹心膜系药物分布在两层不溶性的高分子膜中间，药物以零级速度释放，属于控释膜剂。复合膜由多层药膜叠合而成，可解决药物配伍禁忌问题，也可制备成缓释和控释膜剂。

除此之外，喷膜剂也称喷雾成膜剂，是制剂领域中一种结合膜剂、喷雾剂优点的新型透皮制剂，其以溶液状态储存，并能以雾状喷出后快速形成通气性良好的可溶性生物膜。溶剂挥发后形成的隔离薄膜对创面具有物理保护作用，同时所含药物被逐渐释放而发挥持续治疗效果。

三、成膜材料与附加剂

（一）成膜材料

成膜材料不仅影响膜剂的成型，而且对膜剂的质量及药效发挥着至关重要的作用。理想的成膜材料应具备下列性质：①性质稳定，无毒、无刺激、无不适臭味，对人体安全；②不影响主药药效，不干扰药物含量测定；③成膜、脱膜性能好，成膜后有足够的强度和柔韧性，满足膜剂的质量要求；④能够根据制剂设计要求，迅速或者缓慢释放药物；⑤来源广泛易获取，价格便宜。

常见的成膜材料分为天然高分子材料与合成高分子材料两类。

1. 天然高分子材料

天然高分子材料有明胶、海藻酸钠、阿拉伯胶、琼脂、淀粉、糊精等。此类成膜材料多数可降解或溶解，但成膜性能较差，故常与其他成膜材料合用。

2. 合成高分子材料

合成的高分子材料如聚乙烯醇（PVA）、乙烯-醋酸乙烯共聚物（EVA）、纤维素衍生物（羧甲纤维素、乙基纤维素、甲基纤维素等）、聚维酮、聚丙烯酸树脂等。其中，PVA 的成膜性能及膜的抗拉强度、柔韧性、吸湿性及水溶性最为理想。

PVA 常用型号为 05-88 和 17-88，平均聚合度分别为 500~600 和 1 700~1 800，醇解度均为 88%±2%。与 PVA05-88 相比，PVA17-88 聚合度较大，水溶性较小，柔韧性较强，二者常以适当比例如 1∶3 混合使用，所得膜剂性能较好。PVA 对皮肤和黏膜均无毒无刺激，不易生菌腐败，口服吸收少，80% 左右可在 48 h 内随粪便排出体外。

EVA 的玻璃化温度和机械强度随分子量增加而增大。分子量相同时，其溶解性、柔韧性和透明度随醋酸乙烯比例增加而增大。EVA 与人体组织有良好的相容性，熔点较低，成膜性能好，膜柔软且强度大，化学性质稳定，可耐强酸强碱，但遇强氧化剂易变性。

（二）附加剂

1. 增塑剂

为增加膜剂的柔韧性和抗拉硬度，可加入增塑剂。常用的增塑剂有甘油、三乙酸甘油酯、山梨醇等。

2. 其他附加剂

可根据膜剂的需求在制备过程中加入着色剂、遮光剂、矫味剂、填充剂、表面活性剂及润湿剂等附加剂。其处方组成及占比见表 15-1。

表 15-1　膜剂的组成

成分	品种	占比 /（%，w/w）
主药	/	≤70
成膜材料	聚乙烯醇等	≥30
增塑剂	甘油、山梨醇等	≤20
表面活性剂	聚山梨酯 80、十二烷基硫酸钠等	1~2
填充剂	碳酸钙、二氧化硅、淀粉等	≤20
着色剂、遮光剂	色素、二氧化钛等	≤2
脱膜剂	液状石蜡等	适量

四、膜剂的制备

1. 匀浆制膜法

匀浆制膜法也称流延法，将成膜材料溶解于适宜的溶剂中，滤过；将药物与增塑剂、着色剂等附加剂加入溶浆中，充分搅拌使其溶解；不溶性药物需粉碎成极细粉加入，静置除去气泡；用涂膜机将含药浆液均匀涂布在载体上，使其成为具有特定厚度和宽度的涂层，经热风干燥后迅速成膜。

2. 热塑制膜法

将药物细粉和热塑性成膜材料（如 EVA）混合，用橡皮滚筒混炼，热压成膜；或将成膜材料（如聚乳酸、聚乙醇酸）在热熔状态下加入药物细粉，使其溶解或均匀混合，在冷却过程中成膜。本法的特点是可以不用或少用溶剂，机械生产效率高。对不溶性原料药物，应粉碎成极细粉，并与成膜材料等混合均匀。

3. 复合制膜法

以不溶性的热塑性成膜材料（如 EVA）为外膜，分别制成具有凹穴的底外膜带和上外膜带，另将水溶性的成膜材料（如 PVA、海藻酸钠）用匀浆制膜法制成含药的内膜带，剪切成单位剂量大小的小块，置于 EVA 的两层膜带中，热封即得。此法一般用于制备缓释与控释膜剂。

案例 15-1　复方青黛膜

【处方】复方青黛散 5.0 g　10% 羧甲纤维素钠溶液 92.0 mL　丙二醇 3.0 g

【制法】将复方青黛散与羧甲纤维素钠溶液混匀，加入丙二醇研匀，除去气泡，涂布于平板玻璃上制膜，干燥，脱膜，分剂量，包装，即得。

【功能与主治】消炎生肌，用于口腔溃疡及烧烫伤、创伤引起的溃疡等。

【用法与用量】局部贴用，用量遵医嘱。

【注解】

（1）复方青黛膜主要供局部应用，另有复方青黛片、复方青黛胶囊等口服制剂上市。

（2）制备时先将龙胆草、甘草、枯矾、黄柏、煅石膏分别粉碎成最细粉；另将薄荷脑与冰片研匀，再加入青黛和牛黄研匀，然后依次加入上述药粉研匀，过筛即得复方青黛散。

（3）选择合适的成膜材料对膜剂的制备尤为重要，可选择一些高分子聚合物，如聚乙烯醇、聚维酮、羧甲纤维素钠等，这些成膜材料应具有生理惰性，无毒、无刺激、无不适臭味，且具有良好的成膜和脱膜性能，成膜后应有足够的强度和柔韧性。本方选择羧甲纤维素钠，吸水性与黏附性均较佳，吸水后转化为凝胶状，黏附于局部黏膜持续释放药物，无不良嗅味，易于降解，适用于口腔黏膜局部给药。

（4）在膜剂制备时，为了便于脱膜，一般需在玻璃板或其他支撑体表面均匀涂抹润滑剂，润滑剂应与制膜浆液极性相反，用量不可过多。

五、膜剂的质量评价

膜剂外观应完整光洁、厚度一致、色泽均匀、无明显气泡。多剂量的膜剂，分格压痕应均匀清晰，并能按压痕撕开。膜剂应密封贮存，防止受潮、发霉和变质。除另有规定外，应按照《中国药典》膜剂制剂通则要求，检查重量差异与微生物限度，凡进行含量均匀度检查的膜剂，一般不再进行重量差异检查。

第二节　胶　　剂

胶剂系指将动物的皮、骨、甲或角等用水煎取胶质，浓缩成稠胶状，经干燥后制成的固体块状内服制剂。

一、胶剂的特点

胶剂主要供口服，多有滋补作用。胶剂易吸湿，需要贮存于密闭干燥容器内，置于阴凉干燥处。

二、胶剂的分类

胶剂按原料的不同可分为以下几类。

皮胶类：以动物皮为原料制成，如以驴皮制成的阿胶，牛皮制成的黄明胶，猪皮制成的新阿胶等。

角胶类：以动物骨化的角为原料制成，如鹿角胶等。

骨胶类：以动物骨骼为原料制成，如狗骨胶等。考虑到对濒危野生动物的保护，部分胶类已经被禁止入药，如虎骨胶、豹骨胶等。

甲胶类：以动物的甲壳为原料制成，如龟甲胶、鳖甲胶等。

三、胶剂的原辅料

1. 胶剂的原料

（1）皮类　动物皮肤以伤少无病者为优。驴皮以张大，毛色黑，质地肥厚为优，其中冬板（冬季宰杀剥取的驴皮）质量优于春秋板（春秋季剥取的驴皮），伏板（夏季剥取的驴皮）最差。另外，黄牛皮以及猪皮也可以作为胶剂的原料。

（2）角类　鹿角以坚硬、质重、有光泽，角尖对光照视呈粉红色者为佳。另外，人工处理的"砍角"优于自然脱落的"脱角"。

（3）甲壳类　龟甲、鳖甲等甲壳类以板大质厚，颜色鲜明，未经水煮者为佳。

（4）骨骼类　动物骨骼以骨骼粗大，质地坚实，质润色黄之新品为佳。

2. 胶剂的辅料

（1）糖类　白糖、冰糖等糖类可改变胶剂的透明度、硬度及黏度，同时也具有矫味作用。其中，冰糖以色白洁净无杂质者为佳。

（2）酒类　黄酒、白酒等酒类有利于胶剂气泡逸散和胺类物质的挥散，也可以矫味矫臭。制胶用酒以黄酒为主，其中又以绍兴黄酒为佳。

（3）油类　油可以降低胶剂的黏度，便于切胶，且在后续浓缩收胶时，易于锅内气泡的逸散。制胶常用油为花生油、大豆油、麻油三种，以纯净无杂质的新制油为佳。

（4）明矾　明矾可以沉淀胶液中的泥沙杂质，保证胶剂的洁净。明矾以色白洁净者为佳。

（5）阿胶　加入少量阿胶，能够增加胶液的黏度，有利于成型，还可与药物发挥协同作用。

四、胶剂的制备

（一）制备工艺流程

胶剂制备的工艺流程见图 15-1。

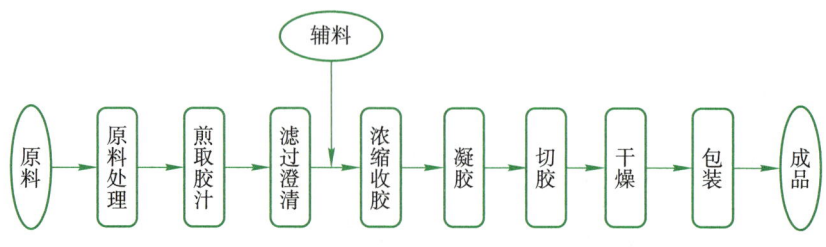

图 15-1　胶剂制备的一般工艺流程

（二）制法

1. 原料的处理

（1）皮类　将皮裁剪成适宜大小，用清水漂洗或浸漂，除去泥沙，将皮洗净。除去毛发、皮下脂肪以及筋膜等非药用部分。将皮切成小块，再用碱水加热至皮皱缩卷起，用清水将皮冲洗至中性，消除腥臭味。现代工艺使用了很多现代化设备和技术，如自动化清洗机等设备，实现自动化清洗，效率更高且清洗更为干净。

（2）角骨类　去除表面泥垢后，用清水浸洗除去腐肉筋膜，每日换水一次，取出后用碱水洗除油脂，再反复用清水冲洗干净，骨胶的原料还需经过破碎等处理。

（3）甲壳类　用温水浸泡软化甲壳，便于后续的处理，对于龟板胶需要经过较长时间的浸泡，以使甲壳软化，再次用清水对甲壳类原料进行彻底清洗，去除多余的杂质和污垢，自然晾干或者使用适当的设备进行干燥处理。

2. 煎取胶汁

将处理好的原料与适量水共同置于加热设备中煎煮，亦可采用加压煎煮法或者蒸球加压煎煮法。直火煎煮法要求加水没过原料，煎煮火力不能太大，并需要及时补充蒸发的水分，避免水分减少而影响胶质的煎出。加压蒸煮法能提高效率，出胶率高，但要求控制适宜的压力、时间与加水量，若温度过高，压力过大，部分氨基酸会发生分解，使臭味增加。若温度过低，水解时间短，会影响胶原蛋白的水解程度，导致胶液的黏度过大。在加压煎煮过程中，应定时减压排气，减少挥发性盐基氮的含量。煎提时间通常 8~48 h，反复 3~7 次，至煎出液中胶质甚少为止，最后一次可将原料残渣进行压榨，收集全部煎液。

龟板胶的熬煮需要多次重复以确保胶质充分提取，而骨胶的熬煮时间可能相对较短。

3. 滤过澄清

趁热过滤煎液并进一步作沉淀处理，但由于胶汁黏度较大，杂质不易沉降，应向过滤后的煎液中加入 0.05%~0.1% 的明矾，充分搅拌后静置，离心除去杂质，得到澄清的胶液。阿胶制备过程中会加入明矾等物质帮助澄清胶液，而骨胶的制备可能更侧重于物理过滤来去除杂质。

4. 浓缩收胶

将得到的澄清胶液进行加热浓缩，除去大部分水分，同时使胶原蛋白水解，并除去部分杂质。在浓缩至相对密度约为 1.25 时，加入豆油、冰糖继续搅拌至全部溶解。继续浓缩至"挂旗"状态后，加入黄酒同时搅拌，此时锅底产生大气泡（俗称"发锅"），至胶液无水蒸气逸出即可出锅。要防止浓缩过度，水分过度丧失。而现代制备阿胶时通常采用真空浓缩或低温浓缩技术，以减少营养成分的损失。阿胶在浓缩过程中可能会加入矫臭剂及矫味剂，如黄酒和砂糖，以及豆油以降低黏性，而龟板胶及骨胶的浓缩过程通常不需要这些添加物。

5. 凝胶与切胶

趁热将浓缩好的稠胶转入涂有少量麻油的凝胶盘中，在 8~12℃ 的环境中静置 12~24 h，胶液即可凝固成胶块（俗称"胶坨"）。按照质量要求，用自动切胶机将胶块切成一定规格的小片。

6. 干燥与包装

将切好的胶片放置于通风防尘的阴凉条件下干燥。每隔 3~5 日翻动胶片，使两面水分均匀蒸发。数日之后，将胶片转入木箱内，保持密封状态，使内部水分向胶片表面扩散（俗称"闷胶"或"伏胶")。2～3日后，将胶片取出并晾干。再将胶片置木箱中闷胶2～3日，如此反复操作2～3次，即可达到干燥的目的。现代制剂工艺也会采用热风干燥法进行产品的干燥。龟板胶的干燥过程则相对简单，主要是阴干，骨胶则主要是自然干燥或烘箱干燥。然后在无菌环境下包装，密闭贮存，防止受潮。

案例 15-2　阿胶

【处方】驴皮　冰糖　黄酒　大豆油

【制法】将驴皮浸泡去毛，切块洗净，分次水煎，过滤，合并滤液，浓缩（可分别加入适量的黄酒、冰糖及豆油）至稠膏状，冷凝，切块，晾干，即得。

【性状】本品呈长方形块、方形块或丁状。棕色至黑褐色，有光泽。质硬而脆，断面光亮，碎片对光照视呈棕色半透明状。气微，味微甘。

【功能与主治】补血滋阴，润燥，止血。用于血虚萎黄，眩晕心悸，肌痿无力，心烦不眠，虚风内动，肺燥咳嗽，劳嗽咯血，吐血尿血，便血崩漏，妊娠胎漏。

【用法与用量】3～9g。烊化兑服。

【注解】

（1）本品为马科动物驴的干燥皮或鲜皮经煎煮、浓缩制成的固体胶。历史上曾以牛皮、驴皮熬制阿胶，宋后期以后主要以驴皮熬制。李时珍在《本草纲目》中明确提出"牛皮、马皮、鞍革不得入内"，并将纯牛皮熬制成的胶称为黄明胶，强调两者功效殊异，黄明胶止血效果较好，阿胶则滋阴润燥，养血止血、补气效果好。另有以马皮煮胶，但马属火性，主散；驴属水性，主收敛，所制阿胶功效收敛，马、驴功效相反，不可混用。以猪皮熬胶，名为"新阿胶"，认为其功用与传统阿胶相近，但猪皮性微寒，主阴虚所导致的心烦、咽痛，与驴皮功效有差别。历版《中国药典》均规定以驴皮为阿胶原料。

（2）处方中的冰糖可矫味，另有增稠作用；黄酒去腥，另有消泡作用。

五、胶剂的质量评价

（一）胶剂的质量要求

胶剂应为色泽均匀、无异常臭味的半透明固体，溶于热水后应无异物。

按照《中国药典》胶剂制剂通则要求，胶剂一般应检查总灰分、重金属、砷盐或重金属及有害元素等，水分不得过15.0%，并应进行微生物限度检查。

（二）阿胶常见的质量问题及原因分析

1. 色泽异常

原料水解时间不足，或原料中混入了杂皮，可引起成品色泽异常。应严格把控原料质量，确保使用纯正驴皮。

2. 胶块弹性降低或碎裂

一般为水解过度或晾胶时湿度过低所致。应控制水解温度和时间，适当降低晾胶室的温度，提高相对湿度。

3. 成品有异臭味

一般因原料质量差，提取温度或压力过高，浓缩时温度低且时间长导致细菌繁殖。应确保原料质量，控制提取温度和压力，优化浓缩工艺。

4. 成品中有油气孔

一般为使用变质植物油或胶液未充分混合均匀导致。应使用新鲜植物油，确保胶液混合均匀后再出胶。

5. 凝胶黏度过高或过低

原因包括水解程度不够或过度，辅料用油量不足或变质。可适当调整加热温度和水解时间，严格控制辅料油的用量和质量。

6. 成品粗糙

原因是生产时间短或提沫不彻底，应延长水解时间，确保提沫彻底。

7. 成品总灰分偏高

与水质硬度高或加入明矾沉淀杂质有关。应使用硬度低的水，改进沉淀工序。

第三节 锭 剂

锭剂系指饮片细粉与适宜黏合剂（或利用饮片细粉本身的黏性）制成不同形状的固体制剂。其形状有纺锤形、长方形、圆柱形、圆片形、圆锥形等。

一、锭剂的特点

锭剂首载于东晋葛洪所著《肘后备急方》，称为"挺"。锭剂内服可吞服或研细以水或黄酒化服，外用多是研细用醋或酒调敷，也可作嗅入或外擦药用。

二、锭剂的制备

锭剂可以通过多种工艺制备，如塑制法、模制法及熔融法等，可根据药物的性质和治疗需求进行选择。作为锭剂黏合剂使用的蜂蜜、糯米粉等应按规定方法进行加工处理。制备时选用适宜的黏合剂或利用饮片细粉本身的黏性，以适宜方法成型，整修，阴干或低温干燥。另外，还可以添加其他辅料，如润滑剂、崩解剂等，以改善药物的口感、溶解速度和稳定性。需包衣或打光的锭剂，可选择适宜包衣材料进行包衣或打光。

案例15-3 紫金锭

【处方】山慈菇 200 g 红大戟 150 g 千金子霜 100 g 五倍子 100 g 人工麝香 30 g 朱砂 40 g 雄黄 20 g

【制法】以上七味，朱砂、雄黄分别水飞成极细粉；山慈菇、五倍子、红大戟粉碎成细粉；将人工麝香研细，与上述粉末及千金子霜配研，过筛，混匀。另取糯米粉 320 g，加水做成团块，蒸熟，与上述粉末混匀，压制成锭，低温干燥，即得。

【性状】本品为暗棕色至褐色的长方形或棍状的块体；气特异，味辛而苦。

【功能与主治】辟瘟解毒，消肿止痛。用于中暑，脘腹胀痛，恶心呕吐，痢疾泄泻，小儿痰厥；外治疔疮疖肿，痄腮，丹毒，喉风。

【用法与用量】口服。一次 0.6～1.5 g，一日 2 次。外用，醋磨调敷患处。

【注解】

（1）紫金锭又名玉枢丹，为著名传统中成药，原方在《片玉心书》《外科正宗》中均有记载。

（2）锭剂手工制作工艺理念与现代工业生产片剂等制剂类似，展现了古人的智慧。

三、锭剂的质量评价

锭剂应平整光滑、色泽一致，无皱缩、飞边、裂隙、变形及空心。除另有规定外，按照《中国药典》锭剂制剂通则要求，检查重量差异、微生物限度，应符合规定。

第四节 茶剂与糕剂

一、茶剂

茶剂系指饮片或提取物（液）与茶叶或其他辅料混合制成的内服制剂。

（一）茶剂的特点

茶剂是一种传统剂型，早在唐代王焘的《外台秘要》中就有"代茶饮方"的记载。茶剂制法简便，多用于治疗感冒咳嗽、食积停滞等，如午时茶等。

（二）茶剂的分类

茶剂可分为块状茶剂、袋装茶剂、煎煮茶剂三类。

块状茶剂可分为不含糖块状茶剂和含糖块状茶剂。不含糖块状茶剂系指饮片粗粉、碎片与茶叶或适宜的黏合剂压制成块状的茶剂；含糖块状茶剂系指提取物、饮片细粉与蔗糖等辅料压制成块状的茶剂。

袋装茶剂系指茶叶、饮片粗粉或部分饮片粗粉吸收提取液经干燥后，装入袋的茶剂，其中装入饮用茶袋的又称袋泡茶剂。

煎煮茶剂系指将饮片适当碎断后，装入袋中，供煎服的茶剂。

（三）茶剂的制备

1. 袋装茶剂和煎煮茶剂

通常将饮片适当粉碎，混合、分装而成；或将部分饮片粉末均匀吸附另一部分饮片的提取液，必要时制成颗粒，干燥后分装而成。

2. 块状茶剂

通常根据处方药物性质，参照颗粒剂的制备方法，制粒，干燥，压制成块。

茶剂制备时，应注意：①饮片应按规定适当粉碎，并混合均匀。凡喷洒提取液的，应喷洒均匀。饮片及提取物在加入黏合剂或蔗糖等辅料时，应混合均匀。②若添加茶叶应符合饮用茶标准的有关要求。分装用饮用茶袋也应符合饮用茶标准的有关要求。③茶剂一般应在80℃以下干燥，含挥发性成分较多的应在60℃以下干燥，不宜加热干燥的应选用适宜的方法进行干燥。④茶剂应密闭贮存，含挥发性及易吸潮原料药物的茶剂应密封贮存。

案例15-4 小儿感冒茶

【处方】广藿香750 g　菊花750 g　连翘750 g　大青叶1 250 g　板蓝根750 g　地黄750 g　地骨皮750 g　白薇750 g　薄荷500 g　石膏1 250 g

【制法】以上十味，石膏250 g、板蓝根粉碎成细粉；地黄、白薇、地骨皮、石膏1 000 g加水煎煮二次，第一次3 h，第二次1 h，煎液滤过，滤液合并；菊花、大青叶加水热浸二次，第一次2 h，第二次1 h，合并浸出液，滤过；广藿香、薄荷、连翘提取挥发油，其水溶液滤过，滤液与上述滤液合并，浓缩至适量，加入上述细粉及蔗糖粉约4 100 g、糊精适量，混匀，制成颗粒，干燥，加入上述挥发油，混匀，压制成1 000块，即得。

【性状】本品为浅棕色的块状物；味甜、微苦。

【功能与主治】疏风解表，清热解毒。用于小儿风热感冒，症见发热重、头胀痛、咳嗽痰黏、咽喉肿痛；流感见上述证候者。

【用法与用量】开水冲服。1岁以内一次6 g，1～3岁一次6～12 g，4～7岁一次12～18 g，8～12岁一次24 g，一日2次。

【注解】

（1）本品疏风解表，清热解毒，用于小儿风热感冒，制成茶剂服用，起效迅速。

（2）制备时，根据处方药物性质和茶剂制备要求，选择部分中药饮片制成粉末与其他中药饮片的提取物，添加糖粉制粒、干燥、压制成每块重6 g的块状茶剂。

（3）本品因含芳香挥发性成分和中药提取物，成品贮藏时应密闭，防潮。

（四）茶剂的质量评价

茶剂应按照《中国药典》茶剂制剂通则要求进行相应检查。

1. 水分

除另有规定外，不含糖块状茶剂、袋装茶剂与煎煮茶剂的水分，不得过12.0%；含糖块状茶剂的水分，不得过3.0%。

2. 溶化性

含糖块状茶剂，取供试品1块，加20倍量的热水，搅拌5 min，应全部溶化，可有轻微浑浊，不得有焦屑等。含饮片细粉的含糖块状茶剂不进行溶化性检查。

3. 重量差异或装量差异

块状茶剂的重量差异检查、袋装茶剂与煎煮茶剂的装量差异检查，应符合规定。

4. 微生物限度

除煎煮茶剂外，茶剂照非无菌产品微生物限度检查，应符合规定。

二、糕剂

糕剂是指将药物细粉与米粉、蔗糖等蒸制而成的块状剂型，多用于小儿、老年消化不良疾病，如脾胃虚弱、面黄肌瘦、腹胀便溏等。糕剂含糖，味甜可口。常见的糕剂有神曲糕、八珍糕等。

（一）糕剂的特点

糕剂呈固态糕点状，便于携带和保存，糕剂无须煎煮，直接食用即可，对于不便煎药或需要外出携带的患者尤为方便,适合需要长期调理的慢性疾病。

(二)糕剂的制备

将中药饮片粉碎,以便于混合和蒸煮。将处理好的药粉与黏合剂等辅料按照一定比例混合均匀,加水揉和成面团,静置至各部分吸水均匀,再通过模具或其他工具制作成圆形、方形或其他形状糕点,放入蒸锅中蒸或烤箱中烘烤至熟透并固化。另外,为提高产品稳定性,必要时可在处方中添加抑菌剂、抗氧剂、pH 调节剂等。

案例 15-5　健脾八珍糕

【处方】党参　白术　茯苓　白扁豆　薏苡仁　山药　芡实　莲子　陈皮　米粉　蔗糖　麻油

【性状】本品为微黄色扁圆形块状;气香,味甜;在温开水中易溶散。

【功能与主治】健脾益胃。用于老年、小儿及病后脾胃虚弱,消化不良,面色萎黄,腹胀便溏。

【用法与用量】口服,每日早晚饭前热水化开炖服,亦可干服,开水溶化后放入微波炉加热效果更佳,成人每次服用 3~4 块,婴儿每次 1~2 块。或遵医嘱。

【注解】

(1)八珍糕首载于《外科正宗》,另《清宫医案》中载有"清宫八珍糕御方",为著名食疗方,受乾隆及其后历代清皇室喜爱。

(2)糕剂的药物需与米粉、蔗糖等食品成分相容,且在蒸制过程中保持其药效成分不被破坏,一些具有健脾养胃、培补后天功效的药物,如山药、茯苓、莲子等,均可用来制作糕剂。米粉是糕剂的主要赋形剂之一。米粉在糕剂中经过蒸制,形成一定的黏性和弹性,使得糕剂具有良好的口感;蔗糖主要起甜味剂的作用,增加糕剂的风味,同时提供一定的能量。此外,蔗糖还有助于糕剂的保湿和保鲜,延长其保质期。

(3)糕剂易"老化",在存放过程中可能会出现口感变硬,风味变差。这主要因淀粉老化所致,即淀粉糊化后重新形成有序结构的过程。糕剂在制作过程中需要添加一定的保湿保鲜剂,以保持其湿润度和新鲜度。在某些类型的糕剂,如米线或米粉类糕剂中,可能出现断条,影响其品质和食用体验。为解决这些问题,可采用一些食品添加剂和改良剂,如磷酸盐、乳化剂、增稠剂等,改善糕剂的品质和延长其保质期。

(三)糕剂的质量评价

制作糕剂所选用的中药气味应易被患者接受;辅料(如糯米粉、蜂蜜等)的选择和用量应适宜,要求既能保证糕剂的成型和口感,又不影响药效。糕剂的形状和大小应规整一致,便于控制服用量和确保药物的均匀释放。糕剂应具有良好的口感,既不过于硬脆,也不过于软糯,易于咀嚼和消化。糕剂在贮存过程中应避免受潮、发霉或变质。

第五节　丹　剂

丹剂系指用汞及某些矿物药,在高温条件下经烧炼而制成的不同结晶形状的无机汞化合物。

第五节 丹 剂

一、丹剂的特点

丹剂具有提脓、去腐、生肌、燥湿、杀虫等功用，主要应用于中医外科，治疗疮疡、骨髓炎等。

二、丹剂的分类

丹剂按其制法可分为升丹和降丹，按其色泽可分为红丹（此处特指丹剂，与制备黑膏药所用之红丹不同）与白丹。红丹中最常用的是红升丹，主要成分为汞的氧化物（HgO）。白丹为汞的氯化物，其中白升丹又称轻粉，主要成分为氯化亚汞（Hg_2Cl_2）；白降丹主要成分为氯化汞（$HgCl_2$）。

三、丹剂的制备

丹剂的制备主要分为升法、降法、半升半降法三种。升法系指药物经过高温煅烧后，生成物凝附在上方覆盖物内侧而得到结晶状化合物的炼制方法。降法系指药物经过高温煅烧后，生成物降至下方接收容器内，冷却后析出晶状化合物的炼制方法。半升半降法系指药物经过高温煅烧后生成气态化合物，一部分上升凝结在上方覆盖物内侧，一部分下降散落在加热容器内的炼制方法。

案例 15-6 红升丹

【处方】水银 30 g　火硝 30 g　白矾 30 g

【制法】采用炭火烧炼升华法制备。

【性状】本品为橙红色片状或粉状结晶。

【功能与主治】去腐，拔毒，生肌。用于溃疡疮口不敛，肉芽暗滞，腐肉不净。

【用法与用量】外用，将患处洗净，拭干，取少许撒入患处，用膏药盖贴或包扎；或与其他药味配成散剂或制成药捻用。

知识拓展 15-1：炭火烧炼升华法制备红升丹

微视频 15-1：红升丹的制备

【注解】

（1）丹剂为传统剂型，对于抗生素耐药的恶疮治疗有临床价值。现代研究应注重阐明其作用机制与科学内涵，充分评估其局部应用的量－效－毒关系，为临床应用提供参考。

（2）水银是一种有毒的重金属，在生产的过程中必须采用有效的防护手段确保操作人员的安全，同时也要避免环境污染。

（3）在炼制丹剂时，要严格控制加热时间和温度。

思考与讨论

请根据红升丹的处方及其制法，分析探讨其科学内涵。

第六节 搽剂、涂剂与涂膜剂

一、搽剂

搽剂系指原料药物用乙醇、油或其他适宜溶剂制成的液体制剂,供无破损皮肤揉擦用。

(一)搽剂的特点

搽剂具有液体制剂的特点,使用方便,通常用于皮肤给药,具有镇痛、收敛、保护、消炎、杀菌和抗刺激等作用。搽剂用时可加在洁净绒布或其他柔软物料上,轻轻涂裹患处。

(二)搽剂的制备

搽剂有溶液型、乳状液型和混悬型等分散类型,可按照所属类型液体制剂的制备方法进行制备,常用的溶剂有水、乙醇、液状石蜡、甘油或植物油等。制备时可根据需要加入抑菌剂或抗氧剂,以提高制剂的稳定性。另外,可考虑添加保湿成分,以增加使用者的舒适感。

为了避免溶剂蒸发,可采用非渗透性容器或包装材料。搽剂除另有规定外,应避光、密封贮存。

> **案例 15-7 麝香祛痛搽剂**
>
> 【处方】人工麝香 0.33 g 红花 1 g 樟脑 30 g 独活 1 g 冰片 20 g 龙血竭 0.33 g 薄荷脑 10 g 地黄 20 g 三七 0.33 g
>
> 【制法】取人工麝香、三七、红花,分别用 50% 乙醇 10 mL 分三次浸渍,每次 7 天,合并浸渍液,滤过,滤液备用;地黄用 50% 乙醇 100 mL 分三次浸渍,每次 7 天,合并浸渍液,滤过,滤液备用;龙血竭、独活分别用乙醇 10 mL 分三次浸渍,每次 7 天,合并浸渍液,滤过,滤液备用;冰片、樟脑加乙醇 100 mL 搅拌使溶解,再加入 50% 乙醇 700 mL,混匀,加入上述各浸渍液,混匀;将薄荷脑用适量 50% 乙醇溶解,加入上述药液中,加 50% 乙醇至总量为 1 000 mL,混匀,静置,滤过,即得。
>
> 【性状】本品为橙黄色至棕黄色的澄清液体,气芳香。
>
> 【功能与主治】活血祛瘀,舒经活络,消肿止痛。用于各种跌打损伤,瘀血肿痛,风湿瘀阻,关节疼痛。
>
> 【用法与用量】外用。涂搽患处,按摩 5~10 min 至患处发热,一日 2~3 次;软组织扭伤严重或有出血者,将药液浸湿的棉垫敷于患处。
>
> 【注解】乙醇可溶解多种药物成分,同时增加药物的经皮渗透。另外,乙醇具有一定的杀菌作用。樟脑、冰片、薄荷脑等强挥发性成分可增加皮肤的渗透性,有助于药物成分更有效地穿透皮肤,提高透皮吸收率;这些成分还具有一定的镇痛作用,减轻皮肤疼痛和炎症;具有清凉感,有助于舒缓皮肤不适。

(三)搽剂的质量评价

搽剂在贮存时,乳状液若出现油相与水相分离,经振摇后应能重新形成乳状液;混悬液若出现沉淀物,经振摇应易分散,并具有足够的稳定性,以确保给药剂量准确。易变质的搽剂应在临用前配制。

除另有规定外,按照《中国药典》搽剂制剂通则要求,以水或稀乙醇为溶剂的一般应检查相对密度、pH;以乙醇为溶剂的应检查乙醇量;以油为溶剂的应无酸败等变质现象,并应检查折光率。搽剂应检查装量、微生物限度,应符合规定。

二、涂剂

涂剂系指含原料药物的水性或油性溶液、乳状液、混悬液,供临用前用消毒纱布或棉球等柔软物料蘸取涂于皮肤或口腔与喉部黏膜的液体制剂。也可为临用前用无菌溶剂制成溶液的无菌冻干制剂,供创伤面涂抹治疗用。

(一)涂剂的特点

涂剂为外科和皮肤科局部用药常用剂型,如六神丸涂剂可用于甲氨蝶呤化疗后诱发的口腔溃疡、口腔黏膜充血、水肿、疱疹等,有效控制患者的口腔感染。硫酸镁涂剂可以消肿,用于治疗肢体外伤后肿胀(包括冻伤),改善粗糙皮肤等。涂剂仅用于局部患处,使用时易沾染正常皮肤或黏膜。

(二)涂剂的制备

涂剂大多为消毒或消炎药物的甘油溶液,也可用乙醇、植物油等作溶剂制备而成。根据不同分散系统,涂剂可采用溶解、乳化、分散等方法制备。

以植物油为溶剂时,植物油应无酸败等变质现象,折光率检查应符合规定。涂剂根据需要可加入抑菌剂或抗氧剂。为了避免溶剂蒸发,可采用非渗透性容器包装。涂剂应闭光、密闭存储。对热敏感的品种,应在2~8℃保存和运输。易变质的涂剂应在临用前配制。

> **案例 15-8 复方黄柏液涂剂**
>
> 【处方】连翘80 g 黄柏40 g 金银花40 g 蒲公英40 g 蜈蚣2.4 g
>
> 【制法】以上五味,加水煎煮三次,第一次1 h,第二次45 min,第三次30 min,合并煎液,滤过,滤液浓缩至相对密度为1.10~1.15(50℃)的清膏,加乙醇使含醇量达70%,静置24 h,滤过,滤液减压浓缩至无醇味,加水至1 000 mL,搅匀,静置,冷藏24 h,滤过,灌装,灭菌,即得。
>
> 【性状】本品为红棕色液体。
>
> 【功能与主治】清热解毒,消肿祛腐。用于疮疡溃后,伤口感染,属阳证者。
>
> 【用法与用量】外用。浸泡纱布条外敷于感染伤口内,或破溃的脓肿内。若溃疡较深,可用直径0.5~1.0 cm的无菌胶管,插入溃疡深部,以注射器抽取本品进行冲洗。用量一般10~20 mL,每日一次。或遵医嘱。
>
> 【注解】
>
> (1)本品局部外用治疗疮疡溃后伤口感染,使用前应注意按常规换药法清洁或清创病灶。
>
> (2)本品为水溶液灭菌制剂,应密封,置阴凉处,开瓶使用后,不宜久存。

（3）本品含有毒中药，孕妇应慎用。

（三）涂剂的质量评价

涂剂贮存时，乳状液若出现油相与水相分离，经振摇后应能重新形成乳状液；混悬液若出现沉淀物，经振摇应易分散，并具有足够的稳定性，以确保给药剂量准确。除另有规定外，涂剂在启用后最多可使用4周。

除另有规定外，应按照《中国药典》涂剂制剂通则要求，进行装量检查，应符合规定。用于烧伤［除程度较轻的烧伤（Ⅰ°或浅Ⅱ°外）］、严重创伤或临床必须无菌的涂剂应进行无菌检查。非无菌产品应进行微生物限度检查。

涂剂用于烧伤治疗如为非无菌制剂的，应在标签上标明"非无菌制剂"；产品说明书中应注明"本品为非无菌制剂"，同时在适应证下应明确"用于程度较轻的烧伤（Ⅰ°或Ⅱ°）"；注意事项下规定"应遵医嘱使用"。

三、涂膜剂

涂膜剂（paint）系指将原料药物溶解或分散于含成膜材料的溶剂中，涂搽患处后形成薄膜的外用液体制剂。涂于患处后，有机溶剂迅速挥发，形成薄膜保护患处，同时逐渐释放药物起治疗作用。涂膜剂一般用于无渗出液的损害性皮肤病等。

（一）涂膜剂的特点

涂膜剂制备工艺简单，使用方便，不易脱落，易洗除。

（二）涂膜剂的辅料

涂膜剂常用的成膜材料有聚乙烯醇、聚维酮、乙基纤维素和聚乙烯醇缩甲乙醛等，增塑剂有甘油、丙二醇、三乙酸甘油酯等，溶剂常用乙醇、丙酮或二者混合液等。必要时可加其他附加剂，如抑菌剂和抗氧剂等，所加附加剂对皮肤或黏膜应无刺激性。

（三）涂膜剂的制备

涂膜剂常用溶解法制备。中药饮片可用乙醇提取，或经适当浓缩，加至成膜材料溶液中混匀；如为中药提取物，可将其溶于乙醇-丙酮溶液，再加至成膜材料溶液中混匀。

除另有规定外，涂膜剂应采用非渗透性容器包装，避光、密闭贮存。

案例15-9　疏痛安涂膜剂

【处方】透骨草143 g　伸筋草143 g　红花48 g　薄荷脑6.7 g

【制法】以上四味，除薄荷脑外，其余透骨草等三味加水适量，用稀醋酸调节pH至4～5，煎煮三次，每次1 h，煎液滤过，滤液合并，浓缩至相对密度为1.12～1.16（80℃），加乙醇使含醇量达60%，放置过夜，滤过，滤液备用。另取聚乙烯醇（药膜树脂04）100 g，加50%乙醇适量使溶解，加入上述备用液，再加薄荷脑及甘油8.3 g，搅匀，加50%乙醇调整总量至1 000 mL，即得。

【性状】本品为棕红色黏稠状的液体。

【功能与主治】舒筋活血，消肿止痛。用于风中经络、脉络瘀滞所致的头面疼痛、口眼歪斜，或跌打损伤所致的局部肿痛；头面部神经痛、面神经麻痹、急慢性软组织损伤见上述证候者。

【用法与用量】涂患处或有关穴位。一日 2～3 次。

【注解】

（1）涂膜剂可以直接涂于患处形成药膜，使药物成分持续快速渗透皮肤，发挥局部治疗效果，尤其适用于局部疼痛、肿胀等症状。

（2）对于溶剂的选择，要求其既能溶解或分散药物和成膜材料，又易于挥发，不影响制剂的最终性能。

（3）涂膜剂在制备时应保证药物与成膜材料充分混合，避免药物分布不均，影响疗效。另外，根据药物的稳定性和皮肤适应性，调节制剂的 pH 至适宜范围。

（四）涂膜剂的质量评价

除另有规定外，应按照《中国药典》涂膜剂制剂通则要求，对涂膜剂进行装量检查，应符合规定。用于烧伤［除程度较轻的烧伤（Ⅰ°或浅Ⅱ°外）］、严重创伤或临床必须无菌的涂膜剂应进行无菌检查。非无菌产品应进行微生物限度检查。

涂膜剂用于烧伤治疗如为非无菌制剂的，应在标签上标明"非无菌制剂"；产品说明书中应注明"本品为非无菌制剂"，同时在适应证下应明确"用于程度较轻的烧伤（Ⅰ°或Ⅱ°）"；注意事项下规定"应遵医嘱使用"。除另有规定外，涂膜剂在启用后最多可使用 4 周。

第七节 灸剂与熏香剂

一、灸剂

灸剂系指将艾叶捣或碾成绒状，捻成卷烟状或其他形状后，供熏灼穴位或其他患部的外用固体制剂。灸剂可以分为艾头、艾炷、艾条、桑枝灸、烟草灸等几类。

（一）灸剂的特点

灸剂是利用"温热刺激"的一种传统物理疗法，通过燃烧特定的中药材料，使其成分伴随热气渗透至皮肤深层，利用其产生的热量和药效作用于人体经络穴位，发挥温通经络、活血化瘀作用，缓解寒凉、疼痛等症状。

（二）灸剂的制备

灸剂在制备时应选择适合的中药原料，如艾叶、桑叶、桂枝等，并根据治疗需求进行搭配。中药原料首先进行干燥处理，以免不易燃烧或燃烧不充分导致烟雾大、温度低。将干燥后的中药研磨成细粉，以便制作成不同形状的灸剂，如艾条、艾炷等。成型的灸剂须干燥处理，确保其内部和外部均充分干燥，燃烧时能够均匀发热。

案例 15-10 药艾条

【处方】艾叶 20 000 g　桂枝 1 250 g　高良姜 1 250 g　广藿香 500 g　降香 1 750 g　香附 500 g　白芷 1 000 g　陈皮 500 g　丹参 500 g　生川乌 750 g

【制法】以上十味，艾叶碾成艾绒；其余桂枝等九味粉碎成细粉，过筛，混匀。取艾绒 20 g，均匀平铺在一张长 28 cm、宽 15 cm 的白棉纸上，再均匀散布上述粉末 8 g，将棉纸两端折叠约 6 cm，卷紧成条，黏合封闭，低温干燥，制成 1 000 支，即得。

【性状】本品呈圆柱状，长 20～21 cm，直径 1.7～1.8 cm；气香，点燃后不熄灭，烟气特异。

【功能与主治】行气血，逐寒湿。用于风寒湿痹，肌肉酸麻，关节四肢疼痛，脘腹冷痛。

【用法与用量】直射灸法。一次适量，红晕为度，一日 1～2 次。或遵医嘱。

【注解】

（1）艾绒的质量直接影响药艾条的疗效，应选用纯净、无杂质的艾绒。

（2）干燥过程应避免高温，减少挥发油损失。

（3）艾灸作用于人体的主要方式是温热促进血管扩张、血流加快等。艾草燃烧时除了提供热源外，还有助于其挥发性物质渗透入体内，发挥温通经络、调和气血的作用。

> **思考与讨论**
>
> 传统灸法为何选择艾条作为热源？

（三）灸剂的质量评价

灸剂一般要求燃烧时应均匀、充分；储存过程中应保持稳定，避免受潮、发霉或变质。

二、熏香剂

熏香剂系指将芳香药物制成适宜剂型，通过按摩、外涂、艾灸、熏香、内服等方式作用于局部或全身，以预防、治疗疾病的一类剂型。常见的传统熏香剂包括卫生香（熏香）和香囊等，前者为香料制成的香饼、香球、线香、棒香、盘香等；后者系将芳香类中药粉末盛装于布袋中，人体吸入挥发性成分而产生保健效果。

（一）熏香剂的特点

熏香剂香料来源包括天然植物香料、精油、合成香料等。不同的熏香剂具有不同的作用，如帮助放松、提升专注力、缓解压力等，熏香剂的香气和类型可以根据个人喜好和需求进行选择。

（二）熏香剂的制备

选择适合的香料材料，根据所需的香气和功效进行搭配。将选好的香料材料研磨成为细粉或小颗粒，以便于混合和成型。

根据特定的配方，将不同的香料粉末混合均匀，可加入黏合剂（如木薯粉、榆树皮粉等）以增加香料的黏性和成型能力。将混合好的香料粉末通过模具或其他工具成型，制作成香柱、香锥、香丸或香片等形状，干燥、包装。包装材料应防潮、避光。传统香囊为将中药粉末直接盛装于布袋中，扎紧制成。

现代有提取中药精油，通过包合技术等制成缓释香囊，或制成缓释凝胶、电加热缓释片等现代熏香制剂。

举例 15-11 温通醒神香囊

【处方】 公丁香　川芎　生艾叶绒　大红袍　冰片

【制法】 将药物粗粉碎，装于绢袋中，扎紧。

【注解】

（1）香囊为传统剂型，具有温通开窍、避秽醒神作用，兼有装饰和清新空气及预防治疗作用。香囊源自我国传统的香文化，历史悠久，至今仍深受人们喜爱。

（2）香囊常用香料包括天然香料如檀香、沉香、丁香、肉桂等，这些香料不仅香气宜人，还具有一定的药用价值；同时，不同香料的混合比例会影响香囊的香气和功效，需要根据具体需求进行调配。除香料外，香囊中还可添加一些具有特定功效的草药，如艾草、薄荷等。

（3）香囊的外袋通常选用棉布、丝绸或棉麻等透气且美观的材质，香气适度散发，香囊美观耐用。在制备过程中，要注意选材的安全性，避免使用可能引起过敏或其他不良反应的香料及布料。

（4）本品芳香开窍，香囊气味较浓郁，头脑昏胀时可置于鼻前闻嗅，不建议放在床头，以免影响睡眠。

（三）熏香剂的质量评价

熏香剂应具有纯正、自然的香气。供点燃使用的熏香应充分干燥，以免水分过多而影响燃烧效果或香气释放。熏香剂应密闭保存，防潮防霉及气味散失。

第八节　糊剂、含漱剂、洗剂、冲洗剂、灌肠剂、熨剂、条剂、线剂、钉剂

一、糊剂

糊剂系指大量的原料药物固体粉末（一般25%以上）均匀地分散在适宜的基质中所组成的半固体外用制剂，可分为含水凝胶性糊剂和脂肪糊剂。

糊剂基质应根据剂型的特点、原料药物的性质、制剂的疗效和产品的稳定性选用。糊剂基质应均匀、细腻，涂于皮肤或黏膜上应无刺激性。

制备糊剂时，先将中药饮片粉碎成细粉，然后与淀粉等基质一起搅成糊状。如需加热，为避免淀粉糊化，温度应低于70℃。

糊剂应无酸败、异臭、变色与变硬现象。除另有规定外，糊剂应避光密闭贮存，置25℃以下贮存，不得冷冻。

二、含漱剂

含漱剂系指用于咽喉和口腔清洗的液体制剂。一般为药物的水溶液，也可添加少量的乙醇、保湿剂、表面活性剂、着色剂等物质。某些可溶片溶解于水中，可供含漱用。含漱剂的pH呈微碱性，有利于去除微酸分泌物并溶解黏液蛋白，去除口腔异味，保护牙齿健康，改善口腔内软组织健康。

三、洗剂

洗剂系指用于清洗无破损皮肤或腔道的液体制剂，洗剂多以水和乙醇为分散介质，包括溶液型、乳状液型和混悬型洗剂，可采用溶解、乳化、分散等工艺制备。洗剂一般具有清洁、消毒、止痒、收敛和保护的作用。洗剂应具有足够的稳定性，以确保给药剂量准确。另外，易变质的洗剂应于临用前配制。

四、冲洗剂

冲洗剂系指用于冲洗开放性伤口或是腔体的无菌溶液，一般由药物、电解质以及等渗调节剂按无菌制剂制备。冲洗剂应无毒、无菌、等渗、无局部刺激性。按照用药部位的不同，冲洗剂可分为开放性伤口冲洗剂和腔道冲洗剂，具有润滑、隔离、清创、抗菌、促进创面组织修复的作用。若要冲洗腔道，需要加热至体温后再使用。除另有规定外，冲洗剂应该严封贮存；开启后应立即使用，未用完的应弃去。

五、灌肠剂

灌肠剂系指灌注于直肠以治疗、诊断或营养为目的的水性或油性溶液、乳状液和混悬液。按应用目的，灌肠剂可以分为泻下灌肠剂、含药灌肠剂与营养灌肠剂三大类，泻下灌肠剂的主要作用为清除粪便，降低肠压，使肠道恢复正常功能，这类药剂使用后必须排出。若需使用大量灌肠剂时应加热至体温。灌肠剂较其他制剂易被直肠吸收，药物吸收快，生物利用度高，可避免肝脏首过效应以及胃和小肠消化液和酶系的破坏，避免口服药物对胃的刺激。

六、熨剂

熨剂系指用铁砂并配合一些治风寒湿痹的药物及适宜辅料，加工制成的一种趁热贴熨于患处的外用制剂。熨剂的制法简便且价格低廉，易于保存，副作用较小。

熨剂的主要作用类似于灸剂，但所用药物与制备方法与灸剂稍有不同。《黄帝内经》中记载"刺布衣者以火焠之，刺大人者以药熨之"，此即用灸用熨有身体强弱之别，其共同点是使热气入内，宣通经络，驱散邪气。

七、条剂

条剂又称纸捻，系将药物研细过筛，混合均匀，用桑皮纸、绵纸、拷贝纸等粘药膏后搓捻成细条，或搓捻成条粘一层薄面糊，再黏附药粉而成的外科常用固体制剂。条剂的制备方法较为简单，使用方便，用时插入疮口或瘘管内，以引流脓液，拔毒去腐，生肌敛口。

清代《医宗金鉴》中有用红升丹和白降丹制成捻条，治疗痈疽和青蛇毒等记载。临床上一般由外科医生自制，鲜少大量生产。近年来有用羧甲纤维素钠、海藻酸钠等可溶性高分子化合物为基质材料制备条剂，因其具有可溶性和适宜的韧性，能够克服纸捻异物残留的缺点，使条剂的制备和应用有了新的发展。

八、线剂

线剂系指将棉线或丝线置于药液中先浸后煮，后经干燥制成的一种外用制剂，主要用于治疗瘘管和痔疮等疾病。线剂是利用所含药物的轻微腐蚀作用和药线的机械扎紧作用，切断痔核的血液供应，有利于疮口愈合。线剂在我国外科医疗上早有应用，如清代《医宗金鉴》有"顶大蒂小，用药线勒于痔根，每日紧线，其痔枯落"的记载。

九、钉剂

钉剂系指将药物细粉加糯米粉混匀后与水共同加热制成软材，分剂量搓成细长而一端或两端尖锐的钉形或锥形的外用固体剂型。钉剂通常插入到瘘管或病灶部位，在局部缓慢释放药物，常用于治疗瘘管及溃疡性疮疡，也有用于治疗早期宫颈癌的报道。通常，钉剂的长度为 2.5 cm，重量 0.06 g。宋代魏岘在《魏氏家藏方》有所记载，其制法与前述类似。

思考题

1. 从传统熨剂到暖宝宝产品研发上市情况分析，如何在传统制剂基础上进行现代产品开发？
2. 试述丹剂的发展现状与前景。

（冯年平、张永太）

数字资源详见　新形态教材网

视频　知识拓展　推荐阅读　参考文献　教学课件　自测题

第十六章

药物制剂新技术

在中药制剂中融入现代新技术是中药制剂发展的时代要求，也是中药制剂守正创新的必由之路。现代制剂新技术，如固体分散技术、环糊精包合技术、药物晶体技术等在解决药物难溶性等问题方面独具优势，并已应用于临床；3D 打印技术、人工智能等与制剂技术结合，很好地推动了药物制剂向精准化、智能化方向发展，极大地方便了患者用药，提升了患者用药依从性。然而，由于中药制剂的复杂性以及理论体系的特殊性，现代制剂新技术是否适用于中药复杂体系？在利用新技术开发新型中药制剂时还面临哪些挑战？如何应对这些挑战？这些问题都值得深入思考。通过本章的学习，你会对固体分散技术、环糊精包合技术、药物晶体技术、3D 打印技术等有系统的了解；同时，也将了解这些新技术在中药制剂领域研究与应用的基本现状，并对中药制剂的守正创新有更深刻的认识和更深入的思考。

第一节 固体分散技术

固体分散体（solid dispersion，SD）系指药物特别是难溶性固体药物以分子、微晶态或无定形状态分散在适宜载体材料中形成的高度分散的固态分散体系。将药物制成固体分散体的技术称为固体分散技术。固体分散体多作为制剂中间物料，可以根据需要制备成胶囊剂、片剂等多种剂型，也可以作为独立剂型，如中药滴丸剂。

一、固体分散体的特点及类型

固体分散体具有以下优点：①不同性质的载体材料可使药物在高度分散状态下达到不同的用药要求，如利用亲水性高分子载体材料增加难溶性药物的溶解度和溶出度，而利用难溶性载体材料可制备缓释制剂，采用肠溶性载体材料可控制药物在肠道中定位释放等；②利用载体材料的包蔽作用可延缓药物的水解和氧化，增加药物的化学稳定性，掩盖药物的不良气味和刺激性；③可使液体药物固体化，便于进一步制备固体制剂。

知识拓展 16-1： 固体分散体的历史沿革

固体分散体存在的主要问题有：①老化问题：固体分散体处于高能不稳定态，在一定条件下会慢慢老化析出结晶，从而降低药物的溶出速率；②载药量低：往往需要大量的载体材料才能达到理想的分散效果，不适用于剂量较大的难溶性药物；③工业化生产问题：固体分散体往往在高温或大量使用有机溶剂的情况下生产，其操作过程比较复杂，影响质量的关键环节较多。

思考与讨论

中药制成固体分散体的难点可能有哪些？

根据药物活性成分（API）和载体的物理状态和分子排列，固体分散体可分为以下类型，见图 16-1。

（1）晶体药物分散在晶体载体中形成的固体分散体（crystalline API-crystalline carrier，C-C类） C-C类固体分散体在固体分散体发展的早期被广泛研究。这类固体分散体的粉末 X 射线衍射（powder X-ray diffraction，PXRD）图具有两种不同的晶体衍射峰，一种是药物晶体峰，一种是载体晶体峰；在差示扫描量热（differential scanning calorimetry，DSC）图中会出现两个熔融峰，一个是药物熔融峰，一个是载体熔融峰。

（2）晶体药物分散在无定形载体中形成的固体分散体（crystalline API-amorphous carrier，C-A类） 在 C-A 类固体分散体中，PXRD 图仅有药物晶体衍射峰，DSC 图中会出现药物熔融峰和载体玻璃化转变温度（T_g）峰。C-C 类和 C-A 类固体分散体较容易制备，但并不是最理想的固体分散体状态，因为与无定形药物相比，晶体药物溶出度的提高有限。

（3）无定形药物分散在晶体载体中形成的固体分散体（amorphous API-crystalline carrier，A-C类） 在 A-C 类固体分散体中，PXRD 图仅有载体晶体衍射峰，DSC 图中会出现药物的 T_g 峰和载体的熔融峰，说明原料药以无定形态存在。因此，这一类固体分散体中的药物通常具有良好的溶出行为。然而，由于无定形态处于不稳定的高能态，且无定形态药物与结晶聚合物载体的相

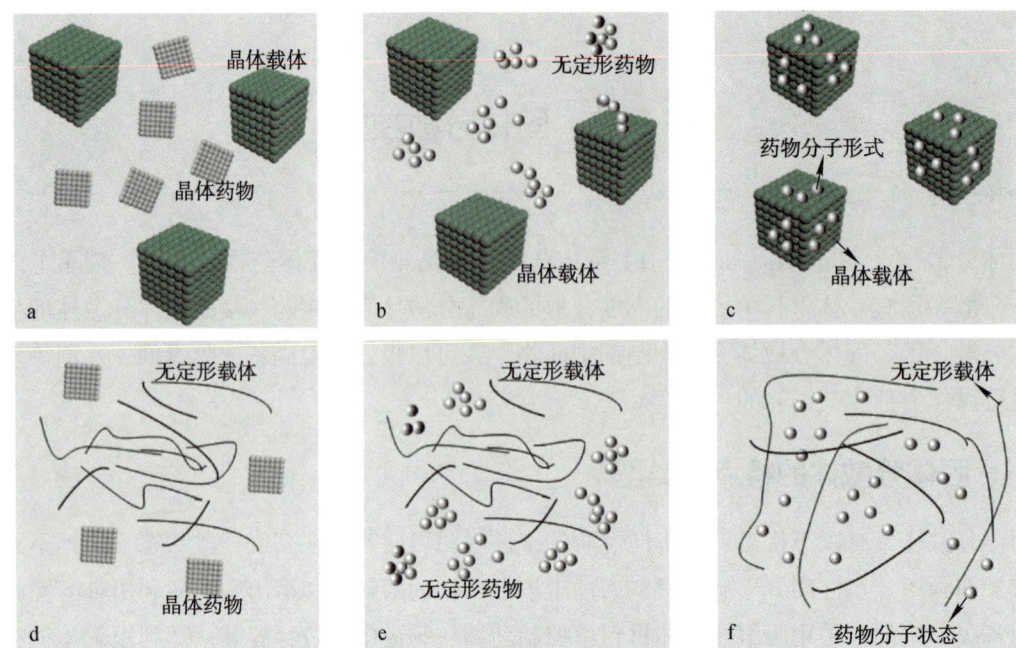

图 16-1 固体分散体的几种类型
a. C-C 类；b. A-C 类；c. M-C 类；d. C-A 类；e. A-A 类；f. M-A 类

容性较差，A-C 类固体分散体可能会存在稳定性隐患（无定形态药物的转晶问题）。

（4）无定形药物分散在无定形载体中形成的固体分散体（amorphous API-amorphous carrier，A-A 类） A-A 类是应用最为广泛的一类固体分散体，其 PXRD 图无晶体衍射峰，但 DSC 图中会出现药物和载体的 T_g 峰。在 A-A 类固体分散体中，原料药以无定形态分散在无定形载体中，并形成氢键、范德华力、静电等相互作用，这些作用力的形成对药物的溶出行为和其固体状态下的物理稳定性起着重要作用。

（5）原料药以分子形式分散在晶体载体中形成的固体分散体（molecular API-crystalline carrier，M-C 类） 在 M-C 类固体分散体中，PXRD 图仅具有一种晶体衍射峰，并且 DSC 图中仅出现单个熔融峰，这说明该类型的固体分散体是单一均相体系，药物和聚合物具有极高的相容性和较强的分子间相互作用，即药物与载体之间的作用力大于药物 - 药物或载体 - 载体本身的内聚力。因此，这种类型的体系是提高难溶性组分溶出度和物理稳定性的较理想的固体分散体体系。在 M-C 类固体分散体中，最常见的是原料药和载体通过非共价键结合力形成共晶。大多数药物共晶具有良好的溶解行为和物理稳定性，如黄芩素 - 烟酰胺的均相共晶体系。

（6）原料药以分子形式分散在无定形载体中形成的固体分散体（molecular API-amorphous carrier，M-A 类） 在 M-A 类固体分散体中，PXRD 图无晶体衍射峰，但 DSC 图中会出现单个 T_g 峰，这说明原料药在分子水平上均匀地混合在无定形载体中，形成单相无定形体系，即无定形固体分散体（amorphous solid dispersion，ASD），ASD 是提高难溶性化合物的水溶性和口服生物利用度的最常用和最有效的策略。设计该类固体分散体的关键是找到一种合适的聚合物，要求作为载体的聚合物能与原料药形成较强的分子间相互作用。

二、固体分散体的载体材料

固体分散体的性质在很大程度上取决于所用载体材料的特性。载体材料应无毒、无致癌性，不与药物发生化学反应，不影响主药的化学稳定性，不影响药物的疗效和含量检测，能使药物得到最佳分散状态，价廉易得。常用载体材料可分为水溶性、难溶性、肠溶性和无机载体材料。

（一）水溶性载体材料

水溶性载体材料包括高分子聚合物类、表面活性剂类、有机酸类、糖类、醇类、脲类及纤维素衍生物类等。

1. 高分子聚合物类

如 PEG 类，最常用的是 PEG4000 和 PEG6000，其熔点低（55~60℃）、毒性小，能显著增加溶出速率，提高难溶性药物的生物利用度。而 PVP 类对热稳定性好，易溶于水和多种有机溶剂，对有些药物有较强的抑晶作用，但成品易吸湿，反而诱导药物结晶。此外，共聚维酮也常用作固体分散体的载体材料或稳定剂，常用型号为 PVP VA64。

2. 表面活性剂类

作为载体的表面活性剂大多含聚氧乙烯基，其特点是溶于水或有机溶剂，载药量大，在蒸发过程中可阻滞药物产生结晶，是较理想的速释载体材料。常用的有泊洛沙姆 188（poloxamer 188）、卡波姆均聚物（carbopol 947、carbopol 907）等。

3. 有机酸类、糖类、醇类、脲类

如尿素、甘露醇、木糖醇、山梨醇、酒石酸、琥珀酸、胆酸、去氧胆酸、β-环糊精衍生物等，相对分子质量较小，易溶于水，不溶于有机溶剂，毒性小，有吸湿性。

4. 其他

除上述载体外，水溶性聚合物，如 PVA、聚维酮-聚乙烯醇共聚物（PVP-PVA）；水溶性纤维素类，如 HPMC 等也可作为固体分散体的载体。

（二）难溶性载体材料

1. 纤维素类

常用的水难溶性纤维素类载体为乙基纤维素。乙基纤维素无毒、无药理活性，能溶于有机溶剂，黏性较大，稳定性好，不易老化。

2. 含季铵基团的聚丙烯酸树脂类

此类载体在胃液中可溶胀，在肠液中不溶，不被吸收，对人体无害，可被用作缓释固体分散体的载体。

3. 脂质类

常用脂质类载体有胆固醇、β-谷甾醇、棕榈酸甘油酯、胆固醇硬脂酸酯、巴西棕榈酸酯等，均可作为缓释固体分散体的载体材料。

（三）肠溶性载体材料

1. 纤维素类衍生物

常用纤维素类衍生物有 CAP、HPMCP 等，均能溶于肠液中，可将在胃中不稳定的药物制备成在肠道释放和吸收的固体分散体。

2. 聚丙烯酸树脂类

常用载体类型为 Eudragit L100 和 Eudragit S100。Eudragit L100 在 pH 6.0 以上介质中溶解，

Eudragit S100 在 pH 7.0 以上介质中溶解。将二者联合使用，可制得较理想的缓释固体分散体。

（四）无机载体材料

常用载体有硅酸铝镁、介孔二氧化硅等，具有流动性好、比表面积大、孔隙率高、热稳定性好、机械性能好等优点，能够提高药物的溶出速率和稳定性。

三、固体分散体的制备

固体分散体的制备过程可分为两个阶段，即药物的分散和固化过程。药物的分散方法有：热介导法、溶剂法及其他方法；固化方法有：溶剂蒸发法和熔融液骤冷法。制备固体分散体的基本方法有热介导法、溶剂法及其他方法。

（一）热介导法

通过热量的作用，将药物与载体加热至熔融状态并通过外力充分混匀，再使其冷却固化形成固体分散体，工艺流程见图16-2。常用的热介导法有熔融法、热熔挤出法、滴制法等。

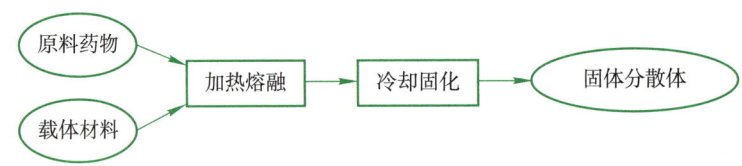

图 16-2 热介导法制备固体分散体的工艺流程

1. 熔融法

熔融法是指将药物与载体材料加热至熔融，混匀，在剧烈搅拌下迅速冷却固化，或将熔融物倾倒在不锈钢板上形成薄层，迅速冷却固化，在冷却过程中，药物分子来不及重排结晶，呈无定形态，使药物溶出速率有效提高。熔融法适用于热稳定性药物，多选用熔点低、相容性好的载体材料，具有时间短、无溶剂、成本低等优点，但存在高温操作，有些药物会在熔融过程中发生部分化学降解或者升华。

2. 热熔挤出法

热熔挤出法（hot melt extrusion，HME）是将药物与载体材料混合后加入热熔挤出机中，在单螺杆或双螺杆的作用下将药物与载体进一步混合并往前推移和挤压（图16-3），同时在挤出机夹层的加热作用下使药物和载体熔融或软化，挤出的热熔物经冷凝成固体分散体。挤出物经冷却后，根据需要切割制粒或粉碎，最后制成不同剂型，也可以直接挤出植入型制剂或透皮吸收产品（如膜剂）等。热熔挤出法制备固体分散体的工艺参数选择十分重要，关键工艺参数包括螺杆设计、温度控制、螺杆转速以及投料速度等。热熔挤出技术具有过程无溶剂、可连续加工、自动化程度高、工艺重现性好、易于在线过程分析等优势，已广泛应用于固体分散体药物制剂的开发。

微视频 16-1：热熔挤出技术

3. 其他方法

除熔融法和热熔挤出技术外，还有滴制法、热熔喷雾技术、微波辅助固体分散技术等。

（1）滴制法 将药物和载体的熔融混合物滴入冷凝液中使之迅速收缩、凝固成丸，这样制成

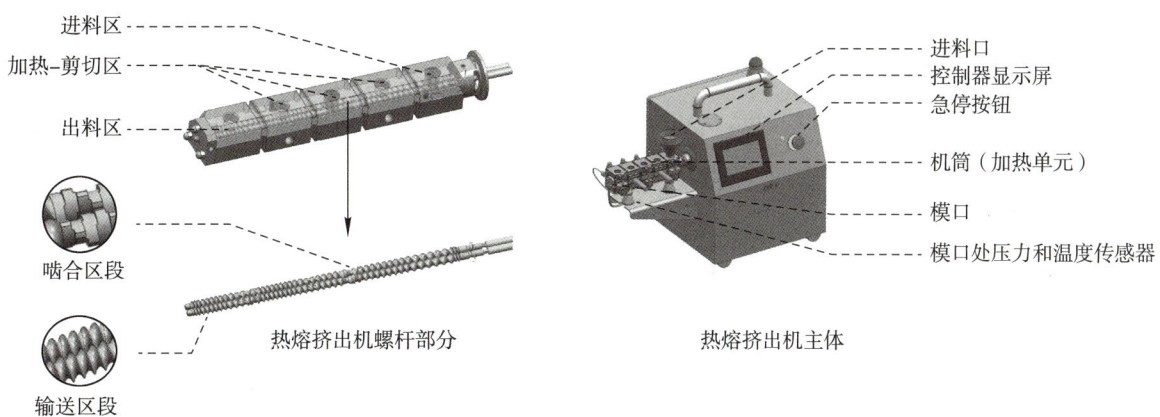

图 16-3 热熔挤出机结构示意图

的固体分散体俗称滴丸。

（2）热熔喷雾技术　将药物与载体材料充分混合熔融后，通过恒压恒流装置输送至冷冻室顶部的气流式喷嘴，在冷冻室内被压缩空气雾化成微小的雾滴，经冷空气固化后制得固体分散体颗粒，兼具 HME 技术和喷雾干燥技术的优势。

（3）微波辅助固体分散技术　通过点辐射实现对药物和载体材料混合物快速均匀地加热，从而制备得到固体分散体。相较于传统热介导法，微波可以渗透到物质内部，物质能够吸收微波能量并将其转化为热能，物质表面和内部同时产生相同热量，具有整体均匀加热的优势。此外，微波技术还兼具简便、高效、无溶剂使用及制备时间短等优点。

（二）溶剂法

溶剂法也称为共沉淀法或共蒸发法，指先将药物与载体材料共同溶于有机溶剂中，或分别溶于有机溶剂后再混合均匀，除去有机溶剂后使药物与载体材料同时析出，得到的共沉淀物经干燥即得固体分散体，工艺流程见图 16-4。溶剂法适用于对热不稳定或易挥发的药物，要求药物和载体材料能够完全溶解在溶剂中，从而形成均匀分散体。但使用有机溶剂成本高、环境友好性差，且存在溶剂残留等问题。常用除去溶剂的干燥方法有喷雾干燥法、冷冻干燥法、超临界流体法等。常用的有机溶剂有三氯甲烷、无水乙醇、丙酮等。

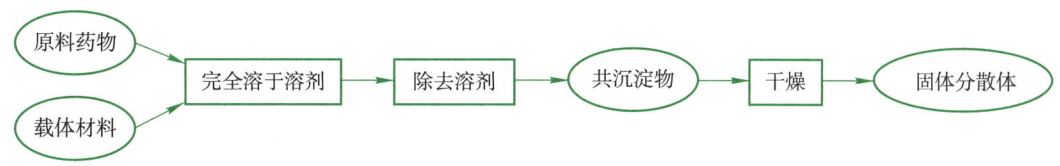

图 16-4 溶剂法制备固体分散体的工艺流程

1. 喷雾干燥法

将药物溶解在适宜的溶剂中，并将载体溶解在水或其他适宜的溶剂中，利用超声或其他方式将两种溶液混合，经高压喷嘴在干燥室中喷雾以形成小液滴，通过调节喷嘴控制液滴大小，溶剂挥干后形成不同尺寸的颗粒。该方法适用于中药液态提取物固体分散体的制备，其优势在于：①干燥速度快，适用于热敏性材料；②制备的固体分散体具有良好的均匀度及流动性；③制备过程简便，易操控。

2. 冷冻干燥法

将药物与载体溶解在溶剂中，经冷冻干燥处理后得到固体分散体。通过冷冻干燥技术制备的固体分散体具有粒径小、均匀性好等优点，且该方法在较低的温度下操作，可有效降低固体分散体相分离和降解的风险，适用于对热不稳定的药物。

3. 超临界流体法

将药物和载体溶解在超临界溶剂（如二氧化碳）中，并通过喷嘴以较低的压力喷入膨胀容器中，快速膨胀引起药物和载体快速成核，形成所需尺寸分布的固体分散体颗粒。该法的优点是所使用的二氧化碳安全无毒、价廉易得，无须添加有机溶剂，绿色环保，适用于食品、药品、化妆品等领域。

4. 常规溶剂蒸发法

常规溶剂蒸发法包括旋蒸法、真空干燥法等，是指将药物与载体完全溶解在挥发性溶剂中，并将混合物在不断搅拌下蒸发溶剂获得固体分散体。该方法所制备的固体分散体一般为细小块状微粒，存在明显聚集现象。

5. 反溶剂替换法

反溶剂替换法又称共沉淀法，系将药物和载体溶解在溶剂中形成溶液，然后加入反溶剂引起药物与载体共沉淀，再将共沉淀物过滤干燥得到固体分散体。此方法制备的固体分散体不仅粒径小，而且包封率高、稳定性良好。该方法所需溶剂量较小，是一种成本低、环境友好的制备方法。

6. 溶剂-熔融结合法

将药物先溶于适宜有机溶剂中，将此溶液直接加入已熔融的载体材料中混合均匀，迅速挥去有机溶剂，按熔融法冷却固化即得。溶剂-熔融结合法制备过程中除去溶剂的受热时间短，产物稳定性高、质量好，适用于液态药物及受热稳定性差的固体药物。

（三）其他方法

1. 机械分散法

将药物与载体材料混合后，强力持久地研磨，借助机械力降低药物的粒度，破坏药物分子有序的结晶排列，使药物以微晶或分子簇的形式均匀吸附在载体材料粒子表面，同时可能伴有从晶体状态至无定形态的转变，形成固体分散体。在高度分散过程中，载体材料可与药物分子之间形成氢键，阻止药物分子的再聚集，而与水接触时则迅速润湿或崩解。常用的载体材料为可溶性或亲水性材料如微晶纤维素、乳糖、PVP等。机械分散法可用于工业生产，通常适用于小剂量的药物。

2. 静电纺丝技术

静电纺丝技术是固体分散体技术与纳米技术的结合。其原理是药物与载体通过微量泵泵入毫米级喷嘴，液滴克服表面张力后喷射细流，经溶剂蒸发后得到固体分散体。静电纺丝技术可以生产出超细直径的纤维，省去粉碎筛分的过程，但存在装置复杂、需要加热装置、易和高压装置发生静电干扰、成本高昂等缺陷。

案例 16-1　厚朴酚固体分散体的制备

【处方】厚朴酚、醋酸琥珀酸羟丙甲纤维素酯（HPMCAS）、N,N-二甲基甲酰胺（DMF）

【制法】将HPMCAS溶解在DMF中配制成100 g/L的聚合物溶液，然后将厚朴酚按照特定比例充分溶解于 10 mL 聚合物溶液中,并将该溶液快速注入搅拌的反溶剂（pH 为 1 的水溶液）中,得到沉淀物后抽滤,样品冻干后研磨过 80 目筛,置于干燥器中干燥即得。

【注解】厚朴酚是从中药厚朴中提取的联苯酚类化合物,具有抗炎、抗菌、抗氧化、抗肿瘤等广泛的药理作用,但在水中的溶解度极差,口服生物利用度低,因此将厚朴酚制备成为固体分散体可提高其溶解速率和生物利用度。选择反溶剂共沉淀法制备该固体分散体,关键步骤是将药物载体溶液加入到反溶剂中,使药物迅速过饱和而沉淀,可在常温常压下操作,无需大量有机溶剂和特殊设备。

四、固体分散体的固态表征及质量评价

（一）固态表征

制得的固体分散体必须对其进行固态表征,以确定药物在载体材料中的分散状态。

1. 差式扫描量热法

固体分散体中若有晶体存在,则差示热扫描（DSC）曲线中会出现吸热峰（如晶体熔融峰及脱水峰等）,药物晶体存在越多,吸热峰总面积越大,是表征固体分散体性质的常用手段。

知识拓展 16-2：DSC 法固体分散体表征实例：延胡索乙素无定形固体分散体

2. 粉末 X 射线衍射法

固体分散体中若有药物晶体存在,则在粉末 X 射线衍射（PXRD）图上就会出现其衍射特征峰;若药物以无定形形态存在,则药物晶体的衍射峰消失,呈现衍射环特征。

知识拓展 16-3：PXRD 法固体分散体表征实例：厚朴酚 –VA64 固体分散体

3. 红外光谱法

在固体分散体的红外光谱（IR）图谱中,药物与载体材料间发生某种作用后可使药物吸收峰发生位移或强度改变以及吸收峰的产生或消失。

4. 扫描电镜法

扫描电镜（SEM）分辨率高,能观测固体分散体的表面形态,推测固体分散体中药物的存在形式。

5. 热台显微镜法

热台显微镜（HSM）能直接观察晶体的相变、融化、分解和重结晶等热力学动态过程,还可观测不同温度函数下固体分散体表面形态的改变,定性分析药物形态随温度的变化和相转变的快慢。

6. 偏振光显微镜法

晶体物质在偏振光显微镜（PLM）下产生双折射现象,而非晶体则没有,根据这种特性将该技术运用于固体分散体中药物状态的研究,可以定性描述药物在固体分散体中的存在形式。

知识拓展 16-4：PLM 法固体分散体表征实例：延胡索乙素 –PVP VA64 固体分散体

（二）质量评价

1. 溶出度试验

溶出度是固体分散体制剂的关键质量属性,溶出度试验作为模拟口服固体制剂在胃肠道崩解和溶出的体外试验方法,不仅是制剂质量评价的重要手段,而且通常被作为体外替代方法为体内

生物等效性试验和体内外相关性研究提供信息和指导，是制剂质量控制的重要衡量指标，也是制备固体分散体必须进行的质量评价项目。溶出度试验方法参照《中国药典》"溶出度与释放度测定法"进行。

2. 稳定性试验

与结晶形式分散的固体分散体相比，无定形分散的固体分散体在热力学上是亚稳状态，具有相分离和重结晶的倾向。在理想状态下，药物与聚合物基质的分散状态如图 16-5a 所示，但药物易发生结晶（图 16-5b），或形成分散在聚合物基质中的无定形药物富集区（图 16-5c），这两种物理变化可能在制造、储存或溶出期间发生。须通过稳定性试验考察药物晶体学状态变化。

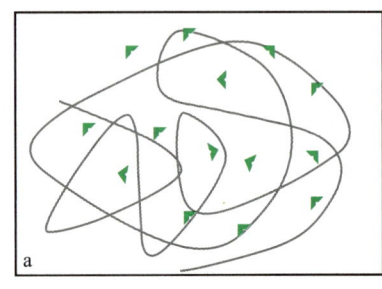
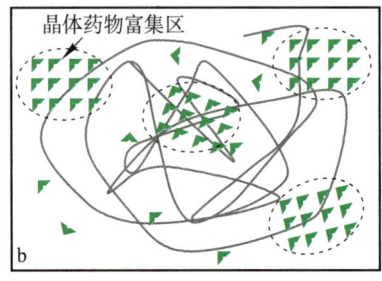
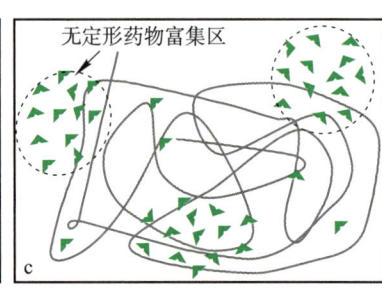

图 16-5　药物在聚合物基质中的分散状态

a. 药物以分子状态均匀分布在聚合物基质；b. 部分药物以晶体形式在聚合物基质中富集；
c. 部分药物以无定形在聚合物基质中富集

第二节　包 合 技 术

包合技术系指一种分子全部或部分包藏于另一种分子的空穴结构内形成包合物的技术。

包合物由主分子和客分子两种组分组成，主分子系指具有包合作用的外层分子，客分子系指被包合到主分子空穴中的小分子物质（图 16-6）。主、客分子通常通过非化学键结合（如范德华力）形成复合物。

包合物的形成可增大药物的溶解度、提高稳定性、实现液体药物粉末化、防止挥发性成分挥发、掩盖药物不良气味和味道、调节释药速率、提高药物生物利用度、降低药物的刺激性和毒副作用等。

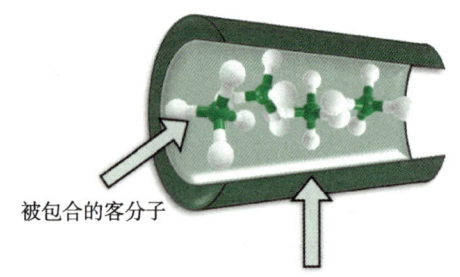

图 16-6　包合物示意图

一、包合物的类型

按照包合物的结构和性质，包合物可分为以下类型。

1. 单分子包合物

由单一的主分子和单一的客分子形成包合物，如以环糊精为辅料的包合物等。

2. 多分子包合物

由氢键连结若干主分子，按一定方向松散地排列形成晶格空穴，客分子嵌入空穴中形成包合物，多分子包合物为固体，加入溶剂后，晶格解体并将客分子释放出来，如以硫脲、尿素、去氧胆酸、对苯二酚、苯酚等为辅料的包合物。

3. 大分子包合物

由大分子化合物形成多孔的结构，容纳一定大小的分子后即形成大分子包合物，如以葡聚糖凝胶、沸石、糊精、硅胶、金属有机框架材料（metal-organic framework，MOF）等大分子化合物为辅料的包合物。

二、常用包合材料

（一）环糊精及其衍生物

1. 环糊精的分类与特点

环糊精（cyclodextrin，CD）系指葡萄糖以 α-1,4- 糖苷键连接而成的环状低聚糖化合物。分子构型呈上宽下窄中空的环筒状，常见的环糊精是由 6、7、8 个葡萄糖分子通过 α-1,4- 糖苷键连接而成，分别为 α-CD、β-CD、γ-CD。在三种环糊精中，β-CD 最为常用，其内壁空腔为 0.6～1 nm，葡萄糖的羟基分布在环筒的两端及外部，糖苷键氧原子分布在筒内，因此 β-CD 的两端和外部为亲水性，筒内为疏水性（图 16-7）。

知识拓展 16-5：α-/β-/γ- 环糊精性质参数对比

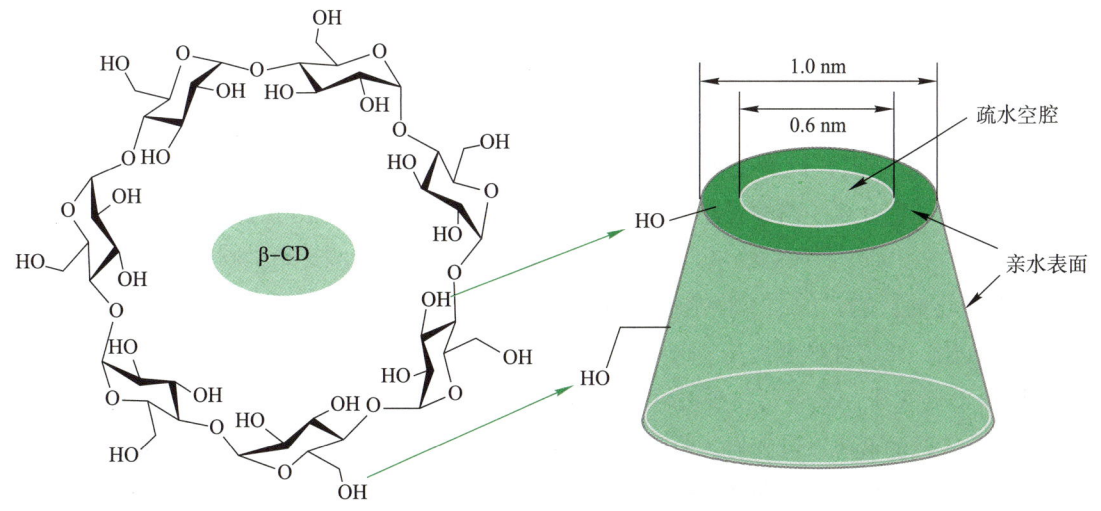

图 16-7　β-CD 环状构型图与立体结构

环糊精为水溶性、非还原性的白色结晶状粉末，熔点在 300～305℃，对碱、热和机械力均稳定，但对酸较不稳定，常发生水解反应生成线性低聚糖。β-CD 在水中随着温度升高溶解度增大。若水中含 20% 乙醇，其在常温下溶解度可增加 5.5%。这些性质为 β-CD 包合物的制备提供了有利条件。

知识拓展 16-6：环糊精的来源及制备方法

环糊精为淀粉衍生物，口服无毒、无刺激性，可被结肠微生物群代谢，最终代谢为二氧化碳和水。α-CD 空腔较小，多用于包合小分子基团；γ-CD 分子空腔大，然而制备成本较高；β-CD 空腔大小适中，价格低廉，但其低溶解度的性质限制了应用。为了克服环糊精的性质缺点或产生特定功能，研究者通过结构修饰得到了各种不同类型的环糊精衍生物，如 β-CD 分子的 7 个伯羟基（C_6）和 14 个仲羟基（C_2、C_3）在一定条件下通过化学取代而获得 β-CD 衍生物，主要有二甲基 -β-CD、2- 羟乙基 -β-CD、3- 羟丙基 -β-CD 和三甲基 -β-CD 等。

2. 环糊精包合的原理与应用

（1）环糊精包合的原理　环糊精外部亲水、内部疏水的性质使其具有分子容器性能，一些大小和形状合适的疏水性药物在搅拌、研磨或超声等过程中，在分子间作用力的作用下可进入疏水性的内部空穴结构中，形成包合物（图 16-8）。

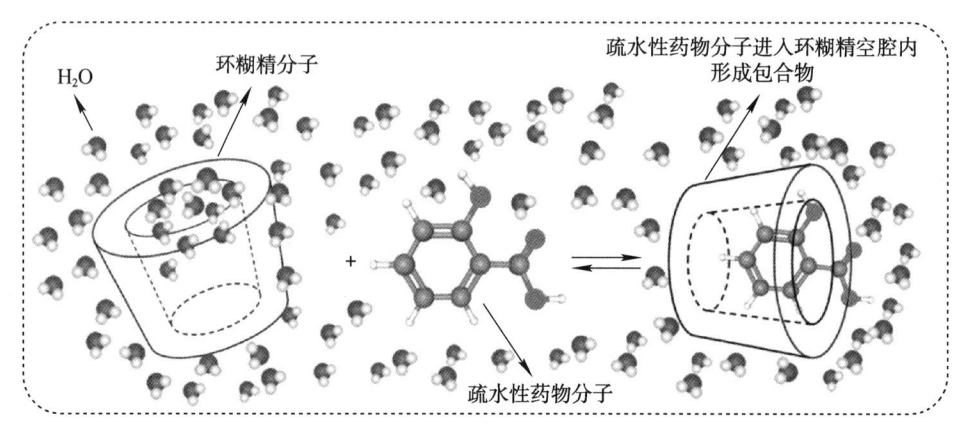

图 16-8　包合物形成原理示意图

（2）环糊精包合物在制剂中的应用　环糊精具有化学稳定性好、选择性高、低吸湿性、无毒等特点，在医药、化妆品、食品加工等领域应用广泛。

1）增加药物溶解度，提高生物利用度：难溶性药物可借助环糊精制备成为水溶性良好的包合物。例如，黄芩苷在水中溶解度小，用 β-CD 制成包合物，可显著提升其溶解度及溶出度。

2）改善药物稳定性：环糊精包合后，主分子隔绝了药物与周围环境的接触，减少了光、氧、热等因素对药物的影响，增加了稳定性。例如把苍艾挥发油制备成包合物后避免了挥发油的挥发、升华和氧化，稳定性显著提高。

3）掩盖不良气味，减少药物刺激性：包合物可掩盖药物的不良气味，并降低药物对人体的刺激性，例如大蒜油 β-CD 包合物，掩盖了其不良气味，并降低了其对胃肠道的刺激。

4）调节释药速率：环糊精包合物能有效控制药物的释药速率，如细辛提取物经 β-CD 包合后，延缓了释药速率，降低了副作用。

5）液体药物固态化：液态药物包合于环糊精形成包合物后，可形成固态粉末，便于制备成其他剂型，尤其是固体制剂，如片剂，胶囊，散剂等。

6）其他：环糊精在经皮给药制剂中可作为促渗剂使用，可消除某些药物之间或药物和某些辅料之间的配伍禁忌，可将药物运送至靶组织，可增强物料乳化能力和防潮能力等。此外，环糊精包合技术与其他制剂技术如脂质体技术、纳米技术、渗透泵技术等联用形成的新的药物载体，不仅保留了包合物的优点，还结合了其他新技术的优势。

(二)其他包合材料

蛋白质、纤维素、胆酸、核酸、淀粉、尿素、硫脲、硒脲、葡聚糖凝胶、MOF材料等也可用作包合材料。其中，MOF材料是以金属离子或离子团簇作为顶点，有机配体作为连接单元，通过配位键组装形成的具有三维周期性拓扑结构的一种新型晶体材料，MOF材料巨大的比表面积和孔体积使其具有极高的客体分子容纳能力，作为包合材料具有独特优势。

三、环糊精包合物的制备

(一)环糊精包合物的制法

1. 饱和水溶液法

饱和水溶液法又称为共沉淀法，适用于难溶于水的客体药物。将环糊精制成饱和水溶液，药物（难溶性药物应先溶于有机溶剂中）按一定的比例加入，在一定温度下充分搅拌或振荡形成包合物，经冷藏，过滤，洗涤，干燥，即得。

2. 研磨法

取环糊精加入2~5倍量水混合，研匀，加入药物（难溶性药物应先溶于适量有机溶剂中）充分混匀，继续研磨成糊状，低温干燥后用适宜溶媒洗涤除去未包封的药物，再次干燥，即得。

3. 喷雾干燥法

将环糊精和客体分子溶解在适当溶剂中包合，然后采用喷雾干燥法快速去除溶剂。喷雾干燥法具有干燥受热时间短，包合物产率高，易于工业化生产等特点，且所得包合物易溶于水，适用于难溶性药物的制剂开发。

4. 超声法

超声法是将环糊精饱和水溶液和客体药物混合后超声振荡适当时间，采取合理方法使沉淀析出（如降温等），过滤、洗涤、干燥即得。

5. 冷冻干燥法

将所需比例的环糊精和客体分子在适宜溶剂中溶解搅拌包合，再通过冷冻干燥去除溶剂。该方法适合于不易析出沉淀或加热不稳定的药物，可得到外形疏松、溶解性能好的包合物。

(二)影响环糊精包合作用的因素

1. 主、客分子的结构和性质

（1）主、客分子的大小　客分子的大小和分子形状应与主分子提供的空穴相适应。若客分子太小，不能充满主分子的空穴，容易自由出入空穴而脱落，包合不稳定；若客分子太大，嵌入空穴内困难或只有侧链部分进入空穴，包合力较弱，易解离。

（2）客分子的极性或缔合作用　常用的包合材料环糊精空穴内为疏水区，低极性的客分子更容易取代空穴内的水分子，与疏水性空穴相互作用形成包合物。因此疏水性药物易被包合，形成的包合物溶解度较小；极性药物可嵌在空穴外部及开口亲水区，形成的包合物溶解度较大；非解离型药物比解离型的更易被包合；自身可缔合的药物，往往先发生解缔合，再嵌入环糊精空穴内。

2. 主、客分子的比例

主客分子的投料比例对包合物的形成有一定的影响，客分子的最大存在量取决于主分子空穴的空间及内部疏水区域大小，包合物的主客分子之比一般不遵循化学计量关系，但大多数环糊精包合物主客分子比为1∶1时，可形成稳定的单分子包合物。一般环糊精过量时，包合率高，但客体药物分子含量低。由于主客分子性质不尽相同，所以主客分子比例差异较大，实际制备时需通过试验筛选最佳比例。

3. 包合工艺

包合物在水溶液中或含有少量乙醇的水溶液中与客分子药物处于动态平衡。环糊精浓度越高，包合物的生成量增加，最终达到饱和状态；而客分子浓度过大，则不利于包合物的形成。客分子的离子化也会降低包合物的形成。在制备包合物时，若加入其他客分子药物或有机溶剂，可将原包合物中的药物置换出来，影响包合效果。采用饱和水溶液法包合时，温度、搅拌速度、包合时间等都会对包合率产生影响，具体工艺参数应通过试验考察确定。

四、环糊精包合物的表征

1. 薄层色谱法

药物和环糊精形成的包合物与未包合药物的比移值（R_f）明显不同，选择合适的薄层层析条件进行分离鉴别，以包合物有无薄层斑点、所形成的斑点数、R_f值与原药物是否相同为根据，来验证包合物是否形成。

2. 热分析法

常见的热分析法有DTA法和DSC法，药物与环糊精形成的包合物与对应的单体具有不同的吸热和放热现象，热分析法利用这一特点，通过热分析仪器来测定和记录药物样品的熔值及热量的变化情况，以鉴别是否形成包合物。

知识拓展16-7：环糊精包合物的热分析法实例：青藤碱β-CD包合物

3. X射线衍射法

药物和环糊精在同一角度处具有不同的晶间距，从而显示出不同的衍射峰，药物和β-CD的物理混合物显示出的图谱是药物和β-CD单独组分的叠加，而包合物的图谱既不同于物理混合物又不同于单独的药物和β-CD，而是构成一种新物相。

知识拓展16-8：X射线衍射法分析实例：肉桂精油β-CD包合物

4. 红外光谱法

通过比较药物包合前后在红外区吸收的特征，根据吸收峰的变化情况（吸收峰的降低、位移或消失），证明药物与环糊精间的包合作用，并确定包合物的结构。

知识拓展16-9：红外光谱法分析实例：香榧精油β-CD包合物

5. 核磁共振谱法

从核磁共振谱上碳原子的化学位移大小，推断包合物的形成。一般对于含有芳香环的药物，可采用^1HNMR技术，而对于不含有芳香环的药物可采用$^{13}CNMR$技术。

知识拓展16-10：核磁共振谱法分析实例：蟾蜍灵β-CD包合物

6. 荧光光谱法

通过比较药物与包合物的荧光光谱，从曲线中吸收峰的位置和高度来判断是否形成包合物。

知识拓展16-11：荧光光谱法分析实例：根皮苷β-CD包合物

7. 圆二色谱法

圆二色谱是研究具有光学活性化合物结构的有效方法。由于包含发色团的分子的不对称性而引起的左右两圆偏振光具有不同的光吸收的现象称圆二色性,将它们吸收系数之差对波长作图可得圆二色谱,可用于测定分子的立体结构。当一个客体分子(如药物分子)被环糊精包合时,通常会导致环糊精和客体分子的电子云重新分布,从而改变其圆二色谱信号。

> **思考与讨论**
>
> 请结合本节知识并查阅文献,总结 β-CD 在中药制剂中的应用可能存在的问题与解决策略。

案例 16-2　薄荷油 β- 环糊精包合物

【处方】

处方 1：β-CD 8 g　薄荷油 2 mL　水 16 mL

处方 2：β-CD 4 g　薄荷油 1 mL　水 50 mL

【制法】

制法 1：研磨法。按处方 1，称取 β-CD 8 g，放入研钵中，加入 16 mL 水，研磨混合。取薄荷油 2 mL，加乙醇 2 mL 溶解，置上述研磨均匀的混悬液中，继续研磨 30 min，抽滤，用乙醇洗涤三次，每次 5 mL，洗至表面近无油迹，将包合物置于 40℃烘箱中干燥，取出后存放于干燥器中，备用。

制法 2：饱和水溶液法。按处方 2，称取 β-CD 4 g，放入 100 mL 的带塞瓶中，加入 50 mL 水，加热溶解，降温至 50℃，加入薄荷油 1 mL，加热搅拌 2.5 h，保持 50℃，过滤，用无水乙醇 5 mL 洗涤三次，至表面近无油迹，将包合物置于干燥器中。

【注解】薄荷油是一种从薄荷茎叶中提取出来的挥发油,具有挥发性和水不溶性特点,薄荷油形成环糊精包合物后具有以下特点：①使液态的薄荷油转变为固态包合物,便于制备成片剂等固体制剂；②包合物的形成减少了薄荷油的挥发,提高了制剂稳定性；③包合物的形成增强了薄荷油的水溶性,能提高薄荷油的溶出速率。

第三节　药物晶体技术

药物分子在三维空间中排列堆积形成固态药物,其排列与堆积方式的不同构成了药物的不同固体形态(如晶体、无定形),这是药物晶体学的分子基础。药物晶体学相关知识涉及固体制剂(如片剂、颗粒剂、胶囊剂)、半固体制剂(如药物以固态微粒分散的软膏剂)乃至液体制剂(如混悬剂),是药物制剂研究的基础知识。

晶体学的研究是药品研究、生产与监管的重要内容,是各国制剂产品开发不可或缺的重要部分。同一药物在结晶过程中受结晶条件等的影响,通常会导致其内部分子排列方式不同,构成了药物结晶的多样性,即多晶型。多晶型药物或者药用辅料往往具有不同的物理药剂学性质(如溶解度、溶出度、机械性质等),直接影响原料药的加工与制剂的生产,以及制剂产品的溶出度、生物利用度及稳定性等重要质量属性,进而影响药品的质量与临床疗效。

在中药领域,中药制剂中效应组分的晶态变化对中药安全性、有效性与质量可控性的影响同样不可忽视,有研究证实,中药中效应组分的晶体学固态形式是影响部分中药组分溶出释药的重要因素，对中药制剂质量有着显著影响，加强对中药晶体学的研究，尤其是加强对中药复杂提取物晶体学的研究是保证中药制剂质量的必然要求。

微视频 16-2：药物的"晶彩"世界

一、药物晶体学的常用术语

晶体（crystal）：内部结构中的质点（原子、分子、离子）在空间周期性、对称性排列形成的固体。

无定形（amorphous）：内部结构中的质点无周期性、不规律排列形成的固体。

晶型（crystal form）：晶体内部质点因排列方式、分子构象或分子构型不同所致的药物不同固体形态。

晶习（crystal habit）：晶体在特定生长条件下表现出来的外部形态特征。一般用长、宽、厚度和表面形态（粗糙、光滑和孔隙率）来描述，也被称为"晶形"或"晶癖"，晶体常见晶习包括针状、棒状、块状、球状等。

知识拓展 16-12：晶型和晶习的区别

知识拓展 16-13：常见的晶体晶习实例图

晶胞（unit cell）：组成各种晶体结构的最小体积单位，用于反映真实晶体内部质点排列的周期性和对称性。

晶系（crystal system）：晶体分类系统的简称，用于描述晶体结构。晶体按几何形态的对称程度可以分为7个晶系，即立方晶系、六方晶系、四方晶系、三方晶系、正交晶系（也称斜方晶系）、单斜晶系和三斜晶系，如图 16-9 所示。

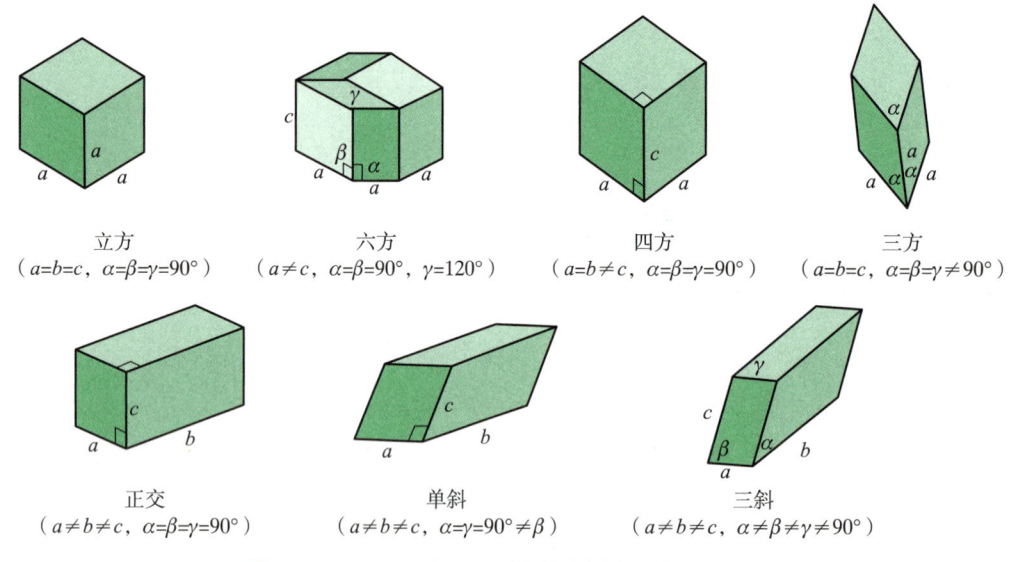

图 16-9　晶系示意图及对应棱边长度和夹角的关系

二、常见的药物晶体学固体形式

晶态和无定形态是固体物质的两种不同晶体学固态形式。在晶态和无定形态的基础上，人们又发现了多晶型、溶剂化物、盐、共晶、共无定形等固体形式，通过晶体学技术改变药物的固体形式是改善制剂质量的重要途径。晶体学常见的固体形式及组成如图 16-10 所示。

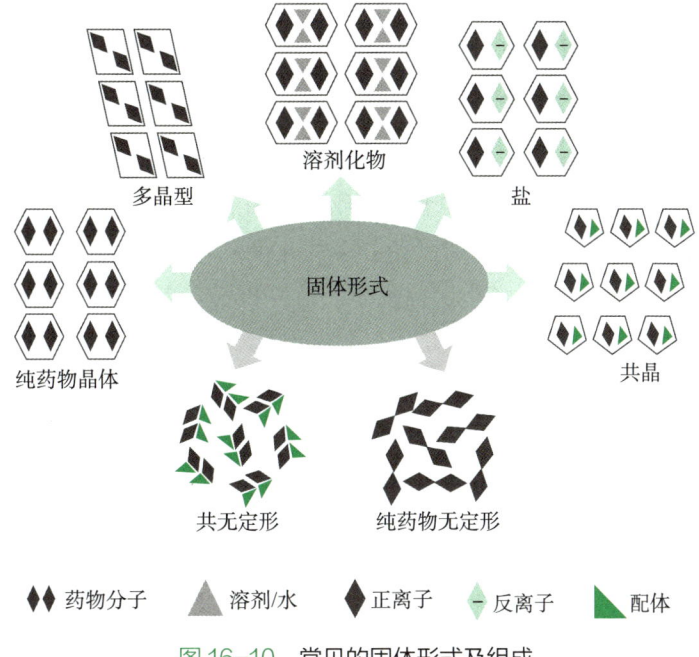

图 16-10　常见的固体形式及组成

知识拓展16-14：常见的晶体学固态形式详细介绍

晶态物质内部存在晶格结构，长程及短程均有序，熵值小；而无定形态物质呈短程有序，长程无序，熵值较大，具有更高的自由能，处于热力学不稳定状态，易向稳定且能量低的晶态转变。此外，由于无定形态缺少三维上的长程有序排列，分子随机分布于空间中，与周围分子间的作用（如氢键和静电斥力等）不具有重复性。因此，药物的无定形态与其晶态的理化性质也不尽相同。表 16-1 列出了这两种固体形态理化性质的差异。

表 16-1　晶态和无定形态理化性质差异

理化性质	晶态	无定形态
表观自由能	低	高
表观溶解度	低	高
溶出速率	慢	快
吸湿性	低	高
物理稳定性	高	低
化学稳定性	高	低
真密度	大	小

三、药物晶体对制剂生产和质量的影响

药物固体形态在微观结构上的差异会导致其表现出宏观物理药剂学性质的差异，进而对药物制剂的生产过程以及产品质量带来较大影响，筛选合适的药物晶型是保证药物制剂制备可行性和质量的重要途径。

（一）对制剂生产过程的影响

1. 流动性

药物晶体的形状可显著影响流动性，如球状晶体因其相互间的接触面积小而具有良好的流动性，片状晶体表面因有大量的平面接触点和不规则粒子间的剪切力，具有较差的流动性。一般来说，长径比（晶体两个主要方向的长宽尺寸之比）较小的药物晶体相比于长径比大的晶体更有利于制剂加工处理。在粒径大小相差不大的前提下，流动性大小顺序为：立体的颗粒形态（球状、立方体状）＞平面的颗粒形态（片状、板状）＞一维的颗粒形态（针状）。例如，市售薄荷醇多为针状或杆状，制备成球形后流动性显著改善。

2. 填充性

对固体药物来说，除温度和压力的影响外，其密度不仅随晶体结构和结晶度的改变而改变，也随着晶习的改变而发生变化。其中，堆密度的大小主要影响粉体的填充性，晶体形状越不规则，在堆积时颗粒越易于相互支撑导致堆密度减小。堆密度越小，冲模或囊壳中能容纳的粉末质量也越小，甚至造成压片机的最大填充量达不到片重的情况。药物的不同晶型会导致颗粒的表观密度、松密度、振实密度产生差异，因此晶型对粉体填充性会产生影响。

3. 机械性质

机械性质是指物质在某种外力作用下表现出的性质，如弹性、塑性、黏弹性、压缩性以及脆碎性等，对于固体制剂的研发和生产非常重要。晶体药物的晶习可能影响其粉体的机械性质。例如，市售葛根素晶体呈片状，制备成葛根素球形晶体后，具有良好的流动性和可压性。不同晶型的分子排列方式不同，分子间相互作用的性质和程度也不同，使得在机械应力作用下的反应性也有所差异。例如，姜黄素的晶型Ⅰ为单斜晶系，晶型Ⅱ和晶型Ⅲ为斜方晶系，其中晶型Ⅰ的可压性最好，晶型Ⅱ次之。

4. 吸湿性

药物不同晶习的吸湿性可能有较大差异，一方面不同晶习具有不同的比表面积，比表面积较小的晶习吸湿性较低；另一方面，不同晶习晶体表面的基团种类和数量的差异会导致晶面极性的不同，如果暴露晶面的大部分为疏水基团，那么该晶体的吸湿性将较低；反之，如果晶体的暴露晶面上亲水基团（如 –OH、–COOH 等）占比较高，则吸湿性强。药物无定形态由于具有较高的表面自由能，其吸湿性一般比晶态更高。改变药物晶态形式是降低药物吸湿性的手段之一，例如左旋肉碱吸湿性强、易潮解，与杨梅素结合形成共晶后显著降低了吸湿行为，提高了可加工性。

（二）对制剂产品质量的影响

1. 对药物溶解度和制剂溶出度的影响

相同晶型的不同晶习，药物原有的晶格堆积和分子排列方式并没有发生变化，晶格能相同，溶解时的溶剂化能也相同，溶解度基本相同。但由于不同晶习的晶体表面基团的种类和数量不同，各晶面的极性不同，润湿能力也不尽相同，致使不同晶习的溶出度可能存在差异。不同晶习影响药物的溶出也可能是因为不同的晶体形状拥有不同的比表面积，如针状比立方体状和球状的比表面积更大，意味着针状晶体可能拥有比球状和立方体状晶体更快的溶出速率。

药物的不同晶型因晶格堆积和分子排列的差异通常表现出不同的溶解度和溶出度。一般而言，稳定晶型的结晶熵小，熔点高，溶解度小，溶出速率慢；亚稳定晶型比稳定晶型熔点低，自由能高，具有较高的溶解度和溶出速率。例如，青蒿素的晶型 A 是稳定晶型，晶型 B 是亚稳晶型，后者的溶解度是前者的 2.5 倍。此外，无定形态药物呈长程无序、短程有序排列，单位表面自由能较大，在溶出过程中粒子表面易水化，水化膜的反絮凝作用使药物更易分散，通常有着更快的溶出速率。但也有例外，如无定形姜黄素在溶出时产生凝胶化，溶出速率反而降低。

值得注意的是，虽然改变化合物晶型可改善药物的溶解度及溶出度，但在晶型改变的同时，药物的其他性质如稳定性、粉体性质等可能也会发生改变，因此，在制剂开发过程中应根据需求选择合适的药物晶型。

2. 对制剂生物利用度的影响

不同的药物晶型可能具有不同的溶解度和溶出度，进而对药物的生物利用度造成影响。例如，鬼臼毒素的晶型 II 的溶解度高于晶型 I，促进了口服吸收。药物的晶习也有可能通过影响细胞的摄取作用而影响其吸收。例如，相较于羟基喜树碱的球状纳米晶，口腔表皮样癌细胞对棒状纳米晶的摄取量和摄取率更高，具有更好的抗肿瘤效果。

3. 对混悬剂的沉降性和通针性的影响

在药物混悬液中，从一种晶型到另一种热力学更稳定晶型的转变，或者药物结晶水改变导致的晶习变化，都可能引起混悬液中晶体的长大，从而导致结块或絮凝，影响混悬剂的沉降性和再分散性。

药物的晶习对混悬型注射液的通针性有很大影响，通常针状晶习比板状晶习的通针性差，因此混悬型注射剂在开发过程中应尽量避免针状晶习的产生。

四、药物共晶与共无定形

（一）药物共晶与共无定形的含义

共晶与共无定形系指活性药物分子和配体在氢键或其他非共价键的作用下结合而成的超分子复合物，晶体形态的超分子复合物称为共晶，无定形态的称为共无定形。共晶是以固定的化学计量比结合在同一晶格中形成的晶体，是多组分物质在固体状态下的一种聚集方式；而共无定形为固体分散体的一种特殊形式，由小分子配体代替高分子聚合物，在提高溶解性和稳定性的同时，可以有效避免载药量低、聚合物易吸湿等问题。

知识拓展 16-15：共晶与共无定形的分类及理化性质对比

与药物形成共晶或共无定形的配体可为药学上可接受的小分子辅料或相容的药物。配体的选择标准有以下几点：①配体应是公认安全的且不与药物发生化学反应的物质；②可选用与药物具有协同药理作用或者降低药物副作用的小分子药物；③由于氢键是共晶与共无定形形成的主要分子间作用力，因此可以筛选具有氢键供体或受体的化合物。

知识拓展 16-16：药剂学上常用的共晶/共无定形配体种类（辅料类）

（二）药物共晶与共无定形的性质

共晶和共无定形技术可在不改变药物分子共价结构和药理活性的前提下，改善药物的溶解度、溶出度、生物利用度和稳定性等，同时也可改善药物的机械性质，如吸湿性、可压性等。例如左旋肉碱与杨梅素形成共晶极大改善了左旋肉碱自身的吸湿性和可压性。药物-药物共晶或共无定形还可增强药物的疗效，达到联合用药的目的。如已上市的治疗心力衰竭的药物沙库必曲缬沙坦钠共晶，沙库必曲抑制脑啡肽酶提高利钠肽水平，同时缬沙坦改善血管舒张，刺激身体排泄钠和水,两者协同发挥药理作用。通过共晶技术提高了两种BCS Ⅱ类难溶性药物溶出度的同时,又实现了协同临床疗效。

知识拓展16-17:共晶/共无定形技术在中药中的应用

微视频16-3:药物共晶的发现及应用

五、原料药及制剂中晶型的控制

(一)药物晶型的检测方法

1. 显微镜法

(1)偏光显微镜法 偏光显微镜(PLM)可利用光的偏振特性观察固体物质在显微镜下是否出现明暗交替的双折射现象判断该物质为晶态或无定形态。

(2)扫描电子显微镜法 扫描电子显微镜(SEM)依据电子与物质的相互作用可对被测样品的粒径大小及外观形貌表征,分辨率远远高于光学显微镜,扫描电子显微镜通常提供表面信息,对深层结构观察有一定限制。

知识拓展16-18:晶态与无定形态姜黄素的SEM图

2. 热分析法

(1)热重分析法 热重分析(TGA)是在温度程序控制下,测量物质质量与温度间关系的技术。由于物质在加热、冷却过程中质量变化幅度与物质的化学组成及固体结构密切相关,因此可实现对加热过程中物质的脱溶剂、升华、蒸发、分解等热行为的检测,鉴别药物晶型。

(2)差热分析法 差热分析(DTA)是在程序控制温度条件下,测量样品与参比物之间的温度差与温度关系的一种热分析方法。DTA可使物质按照它固有的运动规律发生量变或质变,从而产生吸热或放热,判断物质的内在变化,如晶型转变、熔化、升华、挥发、氧化、还原、脱水、降解等。通常可将DTA曲线与TGA曲线结合分析,以准确判断晶体在受热过程中的变化。

(3)差示扫描量热法 差示扫描量热(DSC)表征可测定供试品的吸热、放热或其他热行为,以判断样品发生的相变化,并可依据DSC图谱中吸热峰或放热峰的数量、位置、形状、吸热焓等参数的变化,用于区分或鉴定药物不同晶型。此外,DSC可测量各种热力学及动力学参数(如熔点、比热容等),具有高分辨能力、高灵敏度、使用温度范围宽以及应用广泛的优势。

知识拓展16-19:葛根素一水合物与二水合物晶型的DSC图谱

3. X射线衍射法

X-射线衍射法是研究晶型药物的常用技术。根据研究原理和对象的不同,可分为单晶X-射线衍射(single crystal X-ray diffraction,SCXRD)和粉末X-射线衍射(PXRD)两种。SCXRD是确定药物晶型的金标准,其检测对象为足够大小和纯度的单晶,可获得晶胞的大小和形状参数,进而确定结晶构型和分子排列,但制备单晶的难度较大。PXRD的检测对象为众多随机取向的微小颗粒,其样品更易获得,制备方便,更为常用。在PXRD图谱中,药物晶态呈现多个尖锐的特征衍射峰,而无定形态呈现馒头状的衍射环。

知识拓展16-20:橙皮素晶态和无定形态的PXRD谱图

4. 振动光谱法

(1)红外光谱法 红外光谱(IR)是最早应用于晶型物质的定性鉴别与定量分析的方法,目前仍是晶型药物表征的常规分析方法,被各国药典所收载。由于晶态药物中晶胞内部分子之间存在着较弱的相互作用力（如氢键、配位键等），使得不同晶型分子内共价键强度存在一定差异，产生特有的偶极矩变化，从而引起特定波长范围的 IR 光谱吸收峰位置、强度、峰形几何拓扑等参量变化，IR 法利用该原理实现对晶型物质的鉴别。

知识拓展16-21：白藜芦醇－胡椒碱共晶、共无定形的红外谱图

（2）拉曼光谱法　拉曼（Raman）光谱是以拉曼效应为基础来研究分子振动的一种方法，也可以反映分子的振动和转动特性。Raman 光谱利用不同晶型物质特有的分子极化率变化，引起指定波长范围内拉曼峰的位置、强度、峰形几何拓扑等变化实现对晶型物质的鉴别。区别于 IR 吸收光谱，Raman 光谱为散射光谱。在进行结构分析时，两者可相互补充，以得到完整的晶型鉴别信息。

知识拓展16-22：葛根素一水合物、二水合物的拉曼光谱图

5. 固态核磁共振法

不同晶型药物分子中原子所处的化学环境存在差异，导致核磁共振谱图中的化学位移发生变化，通过对比不同晶型药物的固态核磁共振（solid state nuclear magnetic resonance，ssNMR）谱图，可以判断是否存在多晶型现象。ssNMR 是研究固体药物多晶型分子运动和相转移的有力工具，还能为溶剂化物和水合物的分子环境差异提供信息。

知识拓展16-23：姜黄素晶体及无定形的 ssNMR 图谱

除上述检测技术外，还有动态水蒸气吸附、扫描隧道显微镜等技术也可以用于晶型的检测。例如动态水蒸气吸附技术是基于不同药物晶型具有不同的水分吸附能力的原理，通过测定固态药物的水分吸附量对多晶型进行表征。扫描隧道显微镜技术可直接观测到晶体的晶格和原子结构、晶面分子原子排列、晶面缺陷等，对于研究药物多晶型具有广阔的应用前景。

（二）原料药及制剂中晶型质量控制的方法

固体药物及其制剂中存在多晶型现象时，对制剂的溶解、溶出、生物利用度、稳定性和生产等造成影响，有必要对原料药及其制剂中药物晶型进行控制（包括定性鉴别和定量分析），以确保药品的安全性、有效性及质量可控性。

知识拓展16-24：消失的多晶型——"利托那韦"撤市事件

1. 晶型定性鉴别

SCXRD 为药物晶型鉴别的金标准，单独采用该方法即可实现多晶型的鉴别，但单晶的获取较为困难。相对鉴别方法借助已知晶型信息来完成晶型鉴别，需要与已知晶型样品的图谱数据进行比对，适用于图谱数据间存在差异的晶型的鉴别。相对鉴别方法包括前面已经介绍过的 PXRD、IR、Raman、DSC 等。

2. 晶型含量分析

晶型含量是指供试品中所包含某种特定晶型的含量，常用百分数来表示。晶型含量分析是对供试品晶型成分进行定量或限量分析，常用定量方法为单峰法。一般步骤为，通过表征技术对样品进行表征，收集图谱，确定谱图中与晶型相关的特征峰或指标；构建指标（特征峰强度、峰面积、热焓值等）与晶型含量之间的线性关系；将实测值代入标准曲线即得晶型含量。

知识拓展16-25：常用晶型含量分析方法汇总

微视频16-4：药物晶型的质量控制——"晶"益求精

案例 16-3　青蒿素晶型Ⅵ的制备

【处方】青蒿素 50 mg　丙酮 10 mL　聚维酮 750 mg　蒸馏水 150 mL

【制法】将 50 mg 青蒿素溶于 10 mL 丙酮溶剂中，配制成浓度为 5 mg/mL 的溶液 A；将 750 mg 聚维酮溶于 150 mL 水中，配制成浓度为 5 mg/mL 的溶液 B。在 25℃下，将溶液 B 以 25 mL/min 的滴加速率加入溶液 A 中，并以 500 r/min 速率搅拌 3 h，随后静置 12 h，即得。

【注解】

（1）多晶型的选择　青蒿素存在两种不同晶型，分别为三斜晶系晶体以及斜方晶系晶体，其中三斜晶系晶体也被称为Ⅵ型晶型，是亚稳型晶型，具有较高的溶解度和生物利用度。

（2）多晶型的制备　采用反溶剂法制备。青蒿素易溶于丙酮，而在水中几乎不溶，故选择丙酮为溶剂，水为反溶剂。聚维酮为添加剂，可通过改变分子的排列顺序或者与药物分子之间形成相互作用力影响晶体的内部结构，从而得到多晶型产物。在上述多晶型制备过程中，结晶工艺条件包括温度、搅拌速率、反溶剂的滴加速率等，这些条件均可能影响产物的多晶型、纯度及收率。

案例 16-4　葛根素无定形的制备

【处方】葛根素 1 g　甲醇 10 mL

【制法】称取葛根素晶体 1 g 至 100 mL 圆底烧瓶中，加入甲醇 10 mL，室温下超声溶解，于 55℃下减压旋转蒸发溶剂，得到白色旋蒸产物，将所得产物于 25℃下真空干燥 24 h 后，即得。

【注解】

（1）无定形的选择依据　葛根素是中药葛根中重要的异黄酮类活性成分，属于 BCS Ⅳ类药物，低水溶性及低渗透性是导致其口服生物利用度低的主要原因。将其无定形化后，药物分子处于高度无序状态，单位表面自由能较大，可以提高难溶性药物的溶解度和溶出速率，改善生物利用度。

（2）无定形的制备　使用减压旋转蒸发法制备，属于溶剂挥发法的范畴，葛根素甲醇溶液在快速挥去溶剂过程中，药物分子来不及作周期性排列，因而以无序状态析出，得到无定形产物。

> 💭 思考与讨论
>
> 中药通常以复杂提取物作为制剂中间物料，你认为对中药复杂提取物进行晶体学研究的难点在哪儿？

第四节　3D 打印技术

3D 打印（three dimension printing，3DP）制剂技术是利用计算机辅助设计或断层扫描设计三维立体数字模型，在电脑程序控制下，采用"分层打印，逐层叠加"的方式，通过药物与载体材料等可黏合材料的堆积，快速而精确地制造具有特殊外形或复杂内部结构制剂的一种制剂技术。

一、3D 打印技术分类及原理

按照美国材料与试验协会（ASTM）F42 增材制造技术委员会的分类标准，3D 打印技术可分为 7 类：材料挤出成型技术、黏合剂喷射成型技术、材料喷射成型技术、粉末床熔融成型技术、光聚合固化技术、定向能量沉积技术和薄膜层积技术。其中，前五类技术已被尝试用于制药领域。

（一）材料挤出成型技术

挤出成型又称挤压模塑或挤塑成型，主要是指借助螺杆、压缩空气或电磁阀的挤压作用，使塑性材料通过挤出模块，层层堆积成型的一种技术。挤出成型过程主要包括加料、塑化、挤出和固化过程（图 16-11）。其中，热塑性材料可适用于熔融沉积成型技术（fused deposition modeling，FDM），半固体材料可用于半固体成型（semi-solid extrusion，SSE）技术。

（二）黏合剂喷射成型技术

通过喷嘴运动，将黏合剂按照计算机模型的轨迹喷射至粉末床上，使粉末床层层黏结成型。该技术主要是铺粉和喷射的循环过程，直至形成设计的结构，多余的粉末可重复利用（图 16-12）。

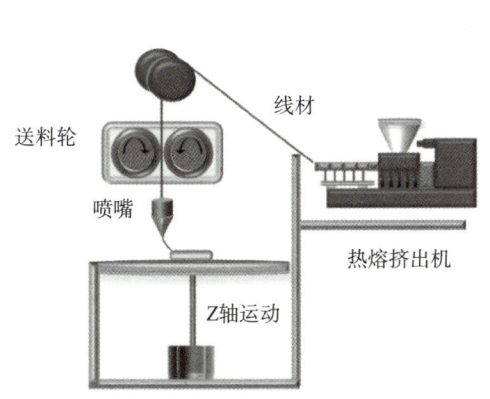

图 16-11 材料挤出成型技术示意图

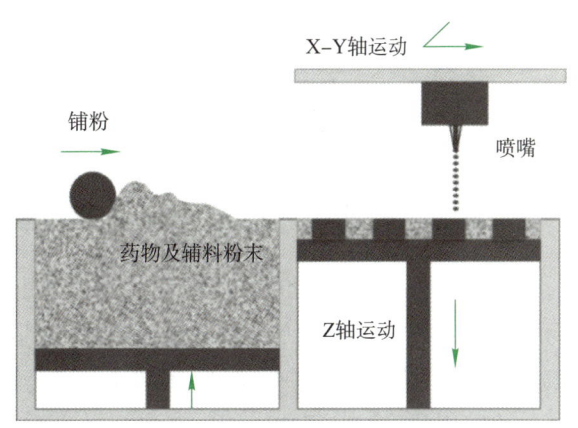

图 16-12 黏合剂喷射成型技术示意图

（三）材料喷射成型技术

该技术的工作原理与传统的喷墨打印类似，但不是将油墨喷射到纸张上，而是通过打印头将液体光敏树脂喷射到打印托盘，在紫外线照射下固化成型（图 16-13）。

（四）粉末床熔融成型技术

该技术与黏合剂喷射技术类似，区别在于，黏合剂喷射技术是利用黏合剂的黏性来黏结粉末，本技术是利用粉末熔融过程来黏结粉末。具体过程为：在打印床上铺上一层粉末材料，通过激光或电子束加热，使粉末层的特定部位发生熔融沉积，随后再铺上第二层粉末材料，进行第二层熔融，重复该过程，直到制造出整个物体（图 16-14）。根据加热熔融方式的差异，该技术可细分为

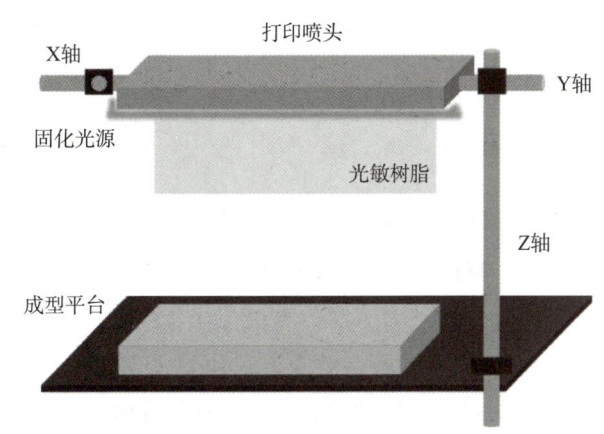

图 16-13 材料喷射成型技术示意图

选择性激光熔化技术（selective laser melting，SLM）和电子束熔融技术（electronic beam melting，EBM）。

（五）光聚合固化技术

光聚合固化技术是按照计算机模型设计的图案，利用液态光敏树脂在紫外光照射下迅速固化的特性，将光源和屏幕上的图案实体化。随着层层堆叠，形成一个完整的三维实体（图16-15）。

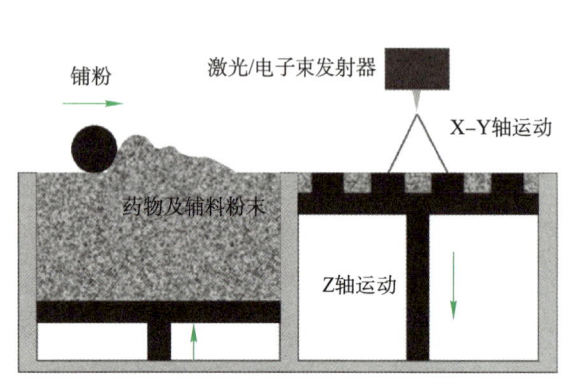

图16-14 粉末床熔融成型技术示意图

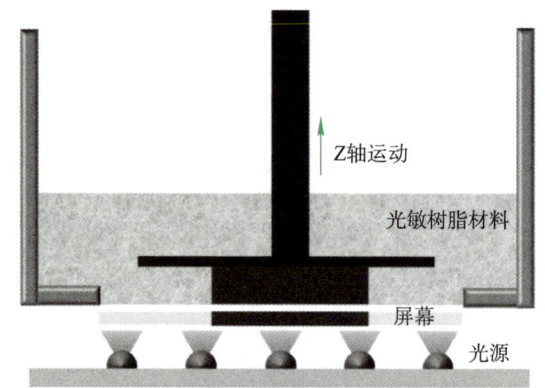

图16-15 光聚合固化技术示意图

二、3D打印技术在药物制剂中的应用

与传统的制剂技术相比，3D打印技术在生产定制化药物制剂、复杂结构药物制剂以及实现药物精准化和精简化等方面有广阔的发展前景，对于制药行业来讲是一次全新的技术变革。2015年美国FDA批准上市了全球第一个3D打印药物——左乙拉西坦片，这是3D打印技术在药物制剂领域应用的重要里程碑。

3D打印技术可用于速释制剂的制备，使用该技术制备的速释制剂，较常规制剂有更高的载药量和更快的溶出度，如3D打印的左乙拉西坦片可在几秒内完成崩解释药；也可实现缓释制剂的制备，例如打印的茶碱凝胶缓释骨架片，可释放持续12 h以上；3D打印技术制备的控释制剂，可获得良好的零级释放曲线；除此之外，3D打印技术也被应用于迟释制剂、胃漂浮制剂及植入剂等。

但作为一种新型制剂技术，3D打印技术目前只是制剂生产技术的一个补充，需不断完善和发展，如重点解决产能问题，生产成本问题、质量控制问题等。

知识拓展 16-26：3D打印制剂产品研发的现状及挑战

思考题

1. 请思考固体分散技术在中药领域的应用前景。

2. 中药复杂提取物（如复方提取物）的固体分散体制剂多处于基础研究阶段，极少有实际上市产品，你认为可能的原因是什么？

3. 请检索文献，结合薄荷油的化学组成、理化性质、药理药效等设计一种薄荷油的β-CD包合物制剂，并思考该包合物制剂设计的必要性是什么，制备及质量评价的难点在哪儿？

4. 有人认为，中药复杂提取物多以无定形态存在，没有必要进行药物晶体学研究，你怎么看?

5. 传承与创新是中医药发展永恒的主题,请思考如何通过多学科交叉,充分借助现代科学技术的发展成果推动中药制剂的现代化?

（高缘、钱帅）

📱 数字资源详见　新形态教材网

▶ 视频　　🔗 知识拓展　　📖 推荐阅读　　🌐 参考文献　　💻 教学课件　　✖ 自测题

第十七章

药物新型给药系统

现代药物制剂是从传统制剂的基础上发展起来的,历经数千年。古老的传统制剂,如中药的汤、膏、丹、丸、散等传统剂型至今仍在使用,为药剂学的发展和我国劳动人民的生命健康作出了不朽的贡献;随着现代工业的发展,出现了片剂、软膏剂、注射剂、口服液、气雾剂等现代常规剂型,成为今天患者使用的主流剂型;近几十年来,以调释给药系统(包括缓释、控释、迟释)、靶向给药系统为代表的新型药物递送系统(drug delivery system,DDS)因其安全性更高、疗效更好、使用更便利等优势得到了快速发展,成为包括中药在内的药物制剂开发的趋势和热点。药物新型给药系统是一类能把药物在必要的时间,以必要的量,输送到必要的给药部位,以达到最大疗效并产生最小毒副作用的制剂。药物新型给药系统按照递送模式可以分为调释给药系统(缓释、控释、迟释)、靶向给药系统等,按照给药途径可分为口服、注射、经皮、经鼻/吸入/肺部给药、体内植入给药系统等。不同的新型给药系统主要用于解决哪些临床用药问题?其原理和特点是什么?中药实际应用于临床的新型给药系统上市产品较少,其原因是什么?如何推动中药新型给药系统的发展?本章不仅将学习上述新型给药系统的基本知识,同时也会引导你思考中药新型给药系统发展面临的问题与挑战。

第一节 调释制剂

调释制剂系指与普通制剂相比,通过制剂技术调节药物的释放速率、释放部位或释放时间的一大类制剂。调释制剂可分为缓释、控释和迟释制剂等。

知识拓展 17-1:*缓释和控释技术的发展由来*

一、缓释、控释制剂

缓释制剂系指在规定释放介质中,按要求缓慢地非恒速释放药物,其与相应的普通制剂比较,给药频率减少一半或有所减少,能显著增加患者依从性的制剂。控释制剂系指在规定释放介质中,按要求缓慢地恒速释放药物,其与相应的普通制剂比较,给药频率减少一半或有所减少,血药浓度比缓释制剂更加平稳,且能显著增加患者依从性的制剂。

知识拓展 17-2:*正确看待缓释制剂与控释制剂*

(一)缓释、控释制剂的特点

与普通制剂相比,缓释、控释制剂释药缓慢,血药浓度平稳,减少甚至避免"峰谷"现象,可避免超过治疗血药浓度范围(即治疗窗)的毒副作用,又能在有效浓度范围之内维持较长时间疗效。有利于降低药物的毒副作用,特别适宜于治疗指数较窄的药物(图17-1)。

缓释、控释制剂使用方便,对半衰期短或需频繁给药的药物,可以减少服药次数,提高患者服药的依从性;可减少用药的总剂量,因此可用最小剂量达到最大药效。

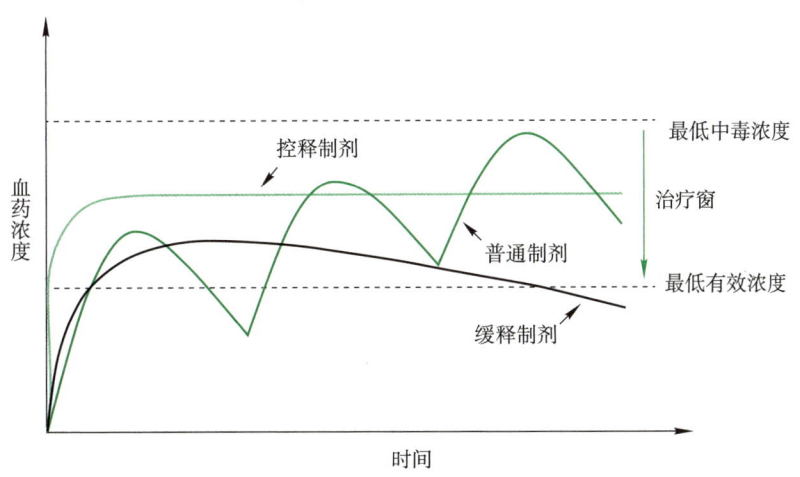

图17-1　与普通制剂相比,缓释、控释制剂的特征血药浓度-时间曲线

(二)缓释、控释制剂的设计

缓释、控释制剂的研发设计应结合临床需求与药物特性进行可行性评估,并不是所有的药物都适合制成缓释、控释制剂。设计缓释、控释制剂时应考虑的因素主要有药物的理化性质、生物药剂学性质、药代动力学性质、药效学性质及临床需求等。

从治疗学方面，毒性极大、治疗窗很窄、血药浓度与药效没有相关性的药物不宜制成缓释、控释制剂。某些浓度依赖型抗生素，其抗菌效果依赖于峰浓度，原则上不适宜制成缓释、控释制剂。

从药物理化性质和生物药剂学性质方面，溶解度差、剂量很大、半衰期很短或很长、吸收不规则或吸收差、体内吸收部位受限的药物制成口服缓释、控释制剂应特别慎重，必须充分考虑制成缓释、控释制剂后对溶出、吸收、蓄积效应等的改变或影响，应在立题前，充分调研文献资料或进行必要的前期试验以掌握相关的信息。例如，溶解度很差的药物考虑制成缓释、控释制剂，可采用固体分散体等适当方式改善其溶出度；体内在特定部位（如小肠上端）吸收的药物制成口服缓释、控释制剂，可采用适当方式延长制剂在该部位的滞留及释放药物的时间，以保证药物吸收完全。

缓释、控释制剂的设计要依据药物的溶解性、pH 对溶解度的影响、稳定性、药物的吸收部位、吸收速率、首过效应、消除半衰期、药物的最小有效浓度、最佳治疗浓度、最低毒性浓度及个体差异等，根据临床需求以及预期制剂的体内性能进行可行性评估及处方设计。药物在胃肠道不同部位的吸收特性以及制剂在肠道的滞留时间是影响口服吸收的重要因素。胃肠道不同部位的 pH、表面积、膜通透性、分泌物、酶、水量等不同，在药物吸收过程中所起的作用可能有显著差异，因此，在研发前需充分了解药物在胃肠道的吸收部位或吸收窗，并在处方设计时考虑如何减少可能的个体差异影响。

> **思考与讨论**
>
> 请查阅相关文献，思考设计中药缓释、控释制剂应考虑的问题有哪些？

（三）缓释、控释制剂常用辅料

药用辅料的组成与结构对药物释放性能起决定性作用。如利用高分子材料可阻滞药物的释放，进而实现药物缓释及控释。根据阻滞方式的不同，可将常用的缓释、控释制剂辅料主要分为骨架型缓控释材料和包衣膜型缓控释材料两类。

1. 骨架型缓控释材料

骨架型缓控释材料包括亲水凝胶骨架、不溶性骨架及溶蚀型骨架材料。

（1）亲水凝胶骨架材料　骨架材料遇水或胃肠液后膨胀，形成凝胶屏障而控制药物的释放。包括纤维素衍生物（如羟丙甲纤维素）、非纤维素多糖（如壳多糖）、天然高分子材料（如果胶、琼脂、海藻酸钠）和乙烯聚合物等。

（2）不溶性骨架材料　以水不溶性高分子材料为骨架，胃肠液渗入骨架孔隙后，药物溶解并通过骨架中存在的极细孔径的通道，缓缓向外扩散而释放。如乙基纤维素、聚乙烯、聚丙烯、硅橡胶、渗透性聚丙烯酸树脂等。

（3）溶蚀型骨架材料　水不溶但可溶蚀的蜡质材料、胃溶或肠溶性材料等，药物释放是由于骨架材料的逐渐溶蚀。主要包括：①蜡类，如巴西棕榈蜡、硬脂醇等；②脂肪酸及其酯类，如硬脂酸、甘油三酯、单硬脂酸甘油酯等。

2. 包衣膜型缓控释材料

缓控释用包衣材料一般为水不溶性高分子材料及肠溶性材料。

（1）水不溶性包衣材料　是一类不溶于水的高分子聚合物，常用种类包括乙基纤维素、醋酸纤维素、聚丙烯酸树脂类。

（2）肠溶性包衣材料　系指在酸性胃液中不溶，在偏碱性肠液中溶解的高分子材料，主要包括纤维素酯类以及聚丙烯酸树脂。常用的纤维素酯类有醋酸纤维素酞酸酯、羟丙甲纤维素酞酸酯、羟丙甲纤维素琥珀酸酯；不同类型的聚丙烯酸树脂（商品名 Eudragit），如具有 pH 依赖的溶解性（如 Eudragit L 100 型在 pH 6~7 溶解、Eudragit S 100 型在 pH > 7 溶解），或 pH 非依赖性的溶胀性（RL、RS 和 NE 型）。

（四）缓释、控释制剂的释药原理

药物以分子或微晶、微粒的形式均匀分散在各种载体材料中，形成骨架型缓释、控释制剂；药物被包裹在高分子聚合物膜内，则形成贮库型缓释、控释制剂。主要原理有溶出、扩散、溶蚀、渗透泵及离子交换等。这些释药原理不仅适用于口服给药系统，一些原理也适用于注射、植入等给药系统。

1. 溶出原理

药物的释放受溶出速率的限制，根据 Noyes-Whitney 溶出速率方程（式 17-1），溶出速率低的药物本身就显示出缓释的性质。

$$\frac{dC}{dt} = \frac{DS}{hV}(C_s - C_t) \tag{17-1}$$

式中，dC/dt 为溶出速率，D 为扩散系数，S 为表面积，h 为扩散层厚度，V 为溶出介质的体积，C_s 为药物饱和溶解度，C_t 为溶出介质中药物的浓度。

可通过减小药物的溶解度、增大药物粒径（减小比表面积）来降低药物的溶出速率，从而使药物缓慢释放，达到长效作用，具体方法如下。

（1）制成溶解度小的盐或酯　通过盐型筛选获得溶解度小的盐，醇类或羧酸类药物经酯化后水溶性减小，均可延缓药物的释放。

（2）与高分子化合物生成难溶性盐　通过将药物与高分子化合物生成难溶性盐，可以延长药物的作用时间。例如，鞣酸与生物碱类药物结合可以生成难溶性盐，从而显著延长药物的药效，毛果芸香碱与海藻酸结合生成的盐，在眼用膜剂中的药效远超毛果芸香碱的盐酸盐。

（3）控制药物粒子大小　粒径增大，比表面积减小，溶出速率就会降低，故难溶性药物的粒径增大可使其释药和吸收减慢。

（4）其他　如不同晶型药物的溶出速率可能不一样，会对药物的吸收产生一定的影响，选择一些溶出速率较慢的晶型可产生一定的缓释效果。

2. 扩散原理

缓释、控释制剂释药受扩散速率的限制，药物首先需溶解成溶液后，再从制剂中缓慢扩散出来进入体液。

（1）通过包衣膜扩散　水不溶性包衣膜的特点是不溶于水和胃肠液，但水能通过，其渗透性不随胃肠道 pH 变化而改变，药物通过扩散作用释放，释放速率由膜材的渗透性决定。选用不同渗透性能的膜材及其混合物，可调节释药速率达到设计要求。如乙基纤维素等包衣的微囊或小丸就属于这类制剂，其释放度符合 Fick 第一定律，用式（17-2）表示：

$$\frac{dM}{dt} = \frac{ADK\Delta C}{L} \tag{17-2}$$

式中，dM/dt 为释放速率，A 为面积，D 为扩散系数，K 为药物在膜与囊心之间的分配系数，L 为包衣层厚度，ΔC 为膜内外药物的浓度差。若 A、L、D、K 与 C 保持恒定，则释放速率为常数，属于零级释放过程；若其中一个或多个参数改变，则为非零级过程。

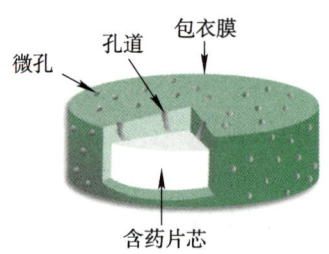

图 17-2　药物通过含水性孔道包衣的扩散结构示意图

含水性孔道的包衣膜由水不溶性或胃肠液不溶性的成膜材料与水溶性致孔剂混合包衣而成。制剂进入胃肠道后，包衣膜中水溶性致孔剂被胃肠液溶解，在包衣膜上形成大量的微孔或弯曲小道，使衣膜具有通透性（图 17-2）。胃肠液通过这些微孔渗入膜内，溶解制剂的药芯使药物溶解，被溶解的药物经这些微孔向膜外扩散进行释放。如乙基纤维素与甲基纤维素混合组成的膜材，即具有这种性质，其中甲基纤维素起致孔作用。

（2）通过聚合物骨架的扩散　该释放机理是药物通过骨架中许多弯曲的孔道进行扩散释放，影响释放的主要因素有药物的溶解度、骨架的孔隙率、孔径和孔的弯曲程度等（图 17-3）。

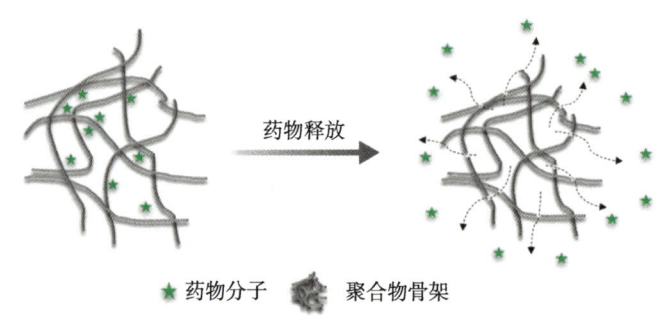

图 17-3　药物通过聚合物骨架的扩散释放原理示意图

这类制剂在胃肠道中不崩解，药物释放后整体从粪便排出，一般适于水溶性或较易溶于水的药物。骨架型缓释、控释制剂中药物的释放符合 Higuchi 方程，用式（17-3）表示。

$$Q = \left[DS\left(\frac{p}{\lambda}\right)(2A - SP)\, t \right]^{\frac{1}{2}} \tag{17-3}$$

式中，Q 为单位面积在 t 时间的释放量，D 为药物在释放介质中的扩散系数，P 为骨架中的孔隙率，S 为药物在释放介质中的溶解度，p 为药物在骨架材料中的初始浓度，λ 为骨架中的弯曲因子，A 为单位体积骨架中的药物含量。式（17-3）的建立基于假设：①药物释放时保持伪稳态；②$A \gg S$，即骨架中存在大量过量的药物；③理想的漏槽状态（释放介质的量不低于形成饱和溶液量的 3 倍）；④药物颗粒比骨架小得多；⑤D 保持恒定，药物与骨架材料没有相互作用；⑥骨架中药物溶解速率大于药物的扩散速率，即扩散是限速步骤。

假设方程右边除 t 外都保持恒定，则式（17-3）可简化为：

$$Q = k_H t^{1/2} \tag{17-4}$$

式中，k_H 为常数，即药物的释放量与时间 t 的平方根成正比。据此，可通过调节骨架的孔隙率、弯曲因子、药物的溶解度等一系列方式来实现对骨架中药物释放的调控。

利用扩散原理实现缓释、控释作用的方法有：①制成微孔膜包衣片，即通过在药物小丸或片剂外层包覆一层具有微孔的膜材（如乙基纤维素、聚氯乙烯等），通过调节膜材的孔径和厚度来实现药物的释放控制；②制成微囊，消化液中的水分通过半透膜进入微囊，形成饱和溶液，随后药物通过浓度差扩散至外部消化液中，实现缓释；③制成不溶性骨架片剂，即以水不溶性材料（如乙基纤维素、聚丙烯等）作为骨架，药物分散在其中，通过骨架的孔道扩散来控制药物的释放；④增加黏度以降低扩散速率，主要用于注射液或其他液体制剂，通过增加溶液的黏度，可以减缓药物分子的扩散速率，从而实现缓释效果；⑤制成植入剂，系将水不溶性药物熔融后倾入模型中制成，一般不加赋形剂，用外科手术埋藏于皮下，药效可长达数月甚至数年；⑥制成乳剂，对于水溶性的药物，可以通过制备 W/O 型乳剂来实现缓释；⑦制成凝胶，通过亲水性凝胶材料（如羟丙甲纤维素或聚乙烯醇）与药物进行混合，凝胶材料在吸收水分后会膨胀形成凝胶层，由于药物必须通过凝胶层扩散到外部环境中，因此可以减缓药物从制剂中的释放。

3. 溶蚀原理

在缓释、控释制剂中，溶蚀原理是基于制剂中使用的骨架材料在体内环境中的溶蚀特性。通过选择具有特定溶蚀速率的材料，可以精确控制药物释放的速率。这种控制释放机制允许药物维持在一个相对稳定的浓度范围内，避免了血药浓度峰谷现象，从而提高治疗效果并减少副作用。其作用机制主要有三种：①药物包埋，药物分子被包埋在骨架材料中，随着材料的溶蚀，药物逐渐释放到体外；②孔隙扩散，在骨架材料溶蚀过程中，形成的孔隙允许体液进入，促进药物从材料中扩散出来；③链降解，对于某些聚合物骨架，其链结构在体内环境中断裂，导致材料结构破坏，从而释放药物。

4. 渗透泵原理

以渗透压为主要驱动力，使药物恒速释放的技术称为"渗透泵"（osmotic pump）技术。该技术具有可承载大剂量药物，可同时释放不同溶解度、不同分子大小的药物，药物释放不受到胃肠道的运动及 pH 的影响，可实现零级释药等优点，是目前控释制剂的典型代表技术。

口服渗透泵制剂可分为单室渗透泵和多室渗透泵（图 17-4）。单室渗透泵更适合水溶性药物，由含有渗透活性物质的片芯与高分子材料形成的半透膜组成，水分由半透膜进入片芯，渗透活性物质溶解后，药物由于渗透压的产生被挤出，达到释药目的。

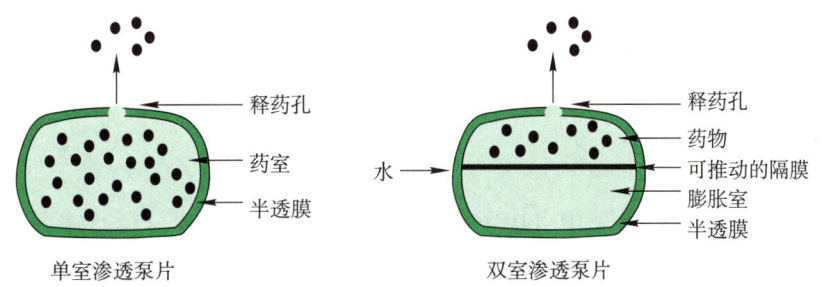

图 17-4 渗透泵片构造和释药示意图

多室渗透泵通常由至少两个室构成：一个室包含药物和辅料，另一个室则含有亲水性膨胀聚合物，即推动剂。当水分通过半透膜进入含有聚合物的室时，聚合物吸收水分后膨胀，从而将药物以混悬液的形式推出，实现药物的可控释放。亲水膨胀聚合物是产生推动力的关键组分，它能够在吸水后显著膨胀，常用的聚合物包括相对分子质量在 10 000～360 000 之间的聚维酮。此外，渗透泵制剂的膜材常采用醋酸纤维素，具有良好的屏障性能和稳定性。

微视频 17-1：渗透泵片

5. 离子交换作用

由水不溶性交联聚合物组成的树脂，其聚合物链的重复单元上含有成盐基团，带电荷的药物可结合于树脂上，当带有适当电荷的离子与离子交换基团接触时，通过离子交换将药物释放出来（图17-5）。

$$树脂^+ - 药物^- + X^- \rightarrow 树脂^+ - X^- + 药物^- \quad (17-5)$$

$$树脂^- - 药物^+ + Y^+ \rightarrow 树脂^- - Y^+ + 药物^+ \quad (17-6)$$

式（17-5）、（17-6）中，X^- 和 Y^+ 为消化道中的离子，交换后，游离的药物从树脂中扩散出，扩散速率不仅受扩散面积、扩散路径长度和树脂的刚性控制，还受释药环境中的离子种类、强度和温度等综合影响。阳离子交换树脂如聚苯乙烯磺酸树脂与有机胺类药物的盐交换，或阴离子交换树脂如季铵型聚苯乙烯树脂与有机酸盐或磺酸盐交换，只有解离型的药物才适用于制成含药树脂。离子型交换树脂的交换容量甚少，故剂量大的药物不适合。

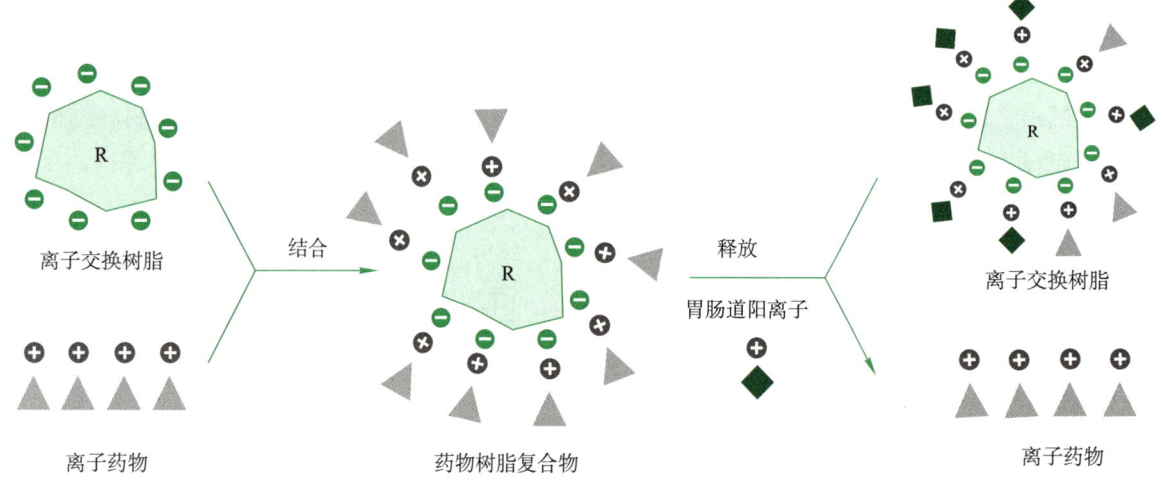

图17-5 离子交换树脂缓控释机制示意图

（五）口服缓释、控释制剂的制备技术

1. 骨架型缓释、控释制剂

（1）骨架片

1）亲水性凝胶骨架片：可采用直接压片或湿法制粒压片。骨架材料通常可采用羟丙甲纤维素、甲基纤维素、羟乙纤维素、海藻酸钠等。例如氧化苦参碱是一种具有抗肿瘤活性的中药成分，通过加入羟丙甲纤维素等骨架材料制备成缓释片，可缓慢释放药物并延长药物在体内的停留时间，减少给药次数。在制备亲水凝胶骨架片时，对于一些水溶性大的药物，除应用亲水性凝胶骨架材料外，为了降低释药速率，可加入少量不溶性骨架材料，如聚丙烯酸树脂等。

2）生物溶蚀性骨架片：由水不溶但可溶蚀的蜡质材料制成，如巴西棕榈蜡、氢化蓖麻油等，骨架片中药物通过孔道扩散与溶蚀控制释放，制备方法有溶剂蒸发法、熔融法、高温制粒法等。

3）不溶性骨架片：主要选用的材料有聚乙烯、聚氯乙烯、甲基丙烯酸-丙烯酸甲酯共聚物等，制备方法有直接压片法、湿法制粒压片法等。不溶性骨架材料不被吸收，药物释放后整体从粪便排出。

（2）缓释、控释颗粒（或小丸、微囊）压制片 将药物与辅料通过包衣或其他技术制成缓释或控释颗粒、小丸或微囊，然后压制成片剂。这种压制片在胃肠道中崩解成缓释或控释粒子，这些粒子在胃肠道中分布广泛，释药行为更稳定，降低了药物突释风险。

（3）骨架型小丸 采用骨架型材料与药物混合，或再加入其他辅料调节释药速率，如乳糖、聚乙二醇、表面活性剂等，采用适当方法制成光滑圆整、硬度适当、大小均一的小丸，制备方法有旋转滚动制丸法（泛丸法）、挤压-滚圆制丸法、离心-流化制丸法。

（4）胃内滞留片 该剂型能滞留于胃液中，延长药物在消化道内的释放时间，改善药物吸收，有利于提高药物生物利用度，一般可在胃内滞留长达5~6 h，特别适合胃溃疡及十二指肠溃疡等胃部及小肠上部疾病的治疗。为增强胃内滞留能力，常加入疏水性相对密度小的酯类、脂肪醇类、脂肪酸类或蜡类，如单硬脂酸甘油酯、鲸蜡酯、硬脂醇、硬脂酸、蜂蜡等。乳糖、甘露糖等的加入可加快释药速率，聚丙烯酸酯等材料的加入可减缓释药，有时还加入十二烷基硫酸钠等表面活性剂增加制剂的亲水性。

（5）生物黏附片 能黏附于生物黏膜，缓慢释放药物并由黏膜吸收以达到治疗的目的。一般采用生物黏附性聚合物，如卡波姆、羟丙纤维素、羧甲纤维素钠等作为辅料，制备成片剂，通常生物黏附性聚合物与药物混合组成片芯，片芯外压制或包覆生物黏附聚合物层而成。生物黏附片可应用于口腔、鼻腔、眼眶、阴道及胃肠道的特定区段，通过该处上皮细胞黏膜输送药物，其特点是可加强药物与黏膜接触的紧密性及持续性，因而有利于药物的吸收。

2. 膜控型缓释、控释制剂

膜控型缓释、控释制剂主要适用于水溶性药物，采用一定的工艺制成包衣制剂，达到缓释、控释目的。包衣液由包衣材料、增塑剂和溶剂（或分散介质）组成，根据膜的性质和需要可加入致孔剂、着色剂、抗黏剂和遮光剂等。由于有机溶剂不安全，有毒，易产生污染，目前大多将水不溶性的包衣材料用水制成混悬液、乳状液或胶液，统称为水分散体，进行包衣。水分散体具有固体含量高、黏度低、成膜快、包衣时间短、易操作等特点。

二、迟释制剂

迟释制剂系指在给药后不立即释放药物的制剂，包括肠溶制剂、结肠定位制剂和脉冲制剂等。肠溶制剂系指在规定的酸性介质（pH 1.0~3.0）中不释放或几乎不释放药物，而在要求的时间内，于pH 6.8磷酸盐缓冲液中大部分或全部释放药物的制剂。结肠定位制剂系指在胃肠道上部基本不释放，在结肠内大部分或全部释放的制剂，即一定时间内在规定的酸性介质与pH 6.8磷酸盐缓冲液中不释放或几乎不释放，而在要求的时间内，于pH 7.5~8.0磷酸盐缓冲液中大部分或全部释放的制剂。脉冲制剂系指不立即释放药物，而在某种条件下（如体液中经过一定时间或一定pH或某些酶作用下）一次或多次突然释放药物的制剂。部分迟释制剂的释药原理参见本章第四节。

三、口服缓释、控释、迟释制剂的质量评价

1. 质量控制研究

口服缓释、控释、迟释制剂的质量评价项目主要包括性状、鉴别、释放度、重（装）量差异、含量均匀度、有关物质、微生物限度及含量等。其中，释放度方法研究和限度确定是口服缓释、控释制剂质量研究的关键内容。在建立释放度及其他检测方法时，应至少对三批产品进行体

外药物释放度的重现性考察，并评估同一批产品的体外药物释放度的均一性。如果缓释、控释制剂制备过程中使用了有机溶剂，则应对残留溶剂进行检查。

2. 稳定性研究

稳定性研究是口服缓释、控释和迟释制剂质量评价的重要部分，除了常规项目外，稳定性考察还应重点关注释放度的变化情况，分析变化原因以及对体内释放行为可能产生的影响，并在必要时再优化处方工艺。

3. 释放度研究

释放度试验是口服缓释、控释和迟释制剂质量的主要评价指标，制剂的释放度受制于制剂内在因素和外部环境因素。制剂内在因素包括药物特性（如溶解度、晶型、颗粒分布等）、处方和制备工艺，而外部环境因素则包括释放度检测装置、释放介质和转速等。释放度试验在模拟消化道条件下进行，测定制剂中药物的释放速率，制定合理的药物释放度标准，用于监测生产过程和质量控制。结合体内外相关性研究，释放度试验可一定程度上预测产品在体内的行为。评估释放度方法的可靠性和限度合理性时，可综合体内研究数据进行分析。

（1）仪器装置　应根据具体制剂和可能的释放机制选择适当的仪器。除非有特殊规定，口服缓释、控释和迟释制剂可采用溶出度测定仪。

（2）温度　口服缓释、控释和迟释制剂的释放度试验应在37℃±0.5℃下进行，模拟体温。

（3）释放介质　选择释放介质应考虑药物的理化特性（如溶解性、稳定性、油/水分配系数等）、生物药剂学特性和吸收部位的生理环境。通常推荐使用水性介质，如水、稀盐酸或pH 3~8的醋酸盐或磷酸盐缓冲液。难溶性药物不宜采用有机溶剂，可添加适量表面活性剂。在不同pH条件下研究释放行为可获得更全面的信息。

（4）取样时间点　除迟释制剂外，释放速率试验应能反映出制剂释药速率变化特征且满足统计学需求的时间点。释药全过程时间不应低于给药间隔时间，且累积释放百分率要求达到90%以上。对于缓释制剂，至少选取3个取样时间点；控释制剂不得少于5个取样时间点。

（5）转速　缓释、控释和迟释制剂在不同转速下的释放行为可能存在差异，因此应考虑不同转速对其释放行为的影响，但不推荐过高或过低的转速。

（6）释药模型的拟合　缓释制剂的释药数据可用一级方程（式17-7）和Higuchi方程（式17-8）等拟合，即

$$\ln\left(1 - \frac{M_t}{M_\infty}\right) = -kt \quad (17\text{-}7)$$

$$\frac{M_t}{M_\infty} = kt^{1/2} \quad (17\text{-}8)$$

控释制剂的释药数据可用零级方程（式17-9）拟合，即

$$\frac{M_t}{M_\infty} = kt \quad (17\text{-}9)$$

上式中，M_t为t时间的累积释放量，M_∞为∞时累积释放量，M_t/M_∞为t时累积释放百分率。拟合时以相关系数（r）最大而均方误差（MSE）最小为最佳拟合结果。

（7）其他　对于含有多个活性成分的产品（如中药缓释、控释制剂产品），应对每个活性成分（或中药中的指标性成分）进行释放度测定，遵循以上要求。如果单一方法无法有效测定每个成分的释放行为，就需要针对不同成分建立不同的测定方法。针对不同规格的产品，可以选择建

立相同或不同的测定方法。

4. 体内试验

体内试验是对缓释、控释和迟释制剂的安全性和有效性进行评估的重要方式，包括药代动力学和药效学试验。药代动力学试验应进行单剂量和多剂量人体试验，验证制剂的释药特性符合设计要求。通常采用普通制剂（如静脉用或口服溶液，或经批准的其他普通制剂）作为参考，对比其中药物的吸收情况，来评价缓释、控释和迟释制剂的性能。

药物的药效学性质需要在广泛的剂量范围内反映出药物浓度与临床响应值（治疗效果或副作用）之间的关系。同时，血药浓度和临床响应值之间的平衡时间特性也需要研究。如果药物或其代谢物与临床响应值之间已有确定的关系，可以通过血药浓度–时间关系数据预测缓释、控释和迟释制剂的临床表现。若无此类数据，则需要进行临床试验和药动学–药效学试验。

关于生物利用度和生物等效性试验，详见中国药典相关指导原则。同时，对于非口服的缓释、控释制剂，还需要进行作用部位的刺激性和（或）过敏性等试验。

知识拓展17-3：中医药理论与中药缓释、控释制剂

案例 17-1　正清风痛宁片

【处方】盐酸青藤碱 20 g

【制法】取盐酸青藤碱，粉碎成细粉，加淀粉或预胶化淀粉等辅料适量，混合均匀，制粒，干燥，压制成 1 000 片，包肠溶薄膜衣，即得。

【性状】本品为肠溶薄膜衣片，除去包衣后显白色或类白色；味苦。

【功能与主治】祛风除湿，活血通络，消肿止痛。用于风寒湿痹病，症见肌肉酸痛，关节肿胀、疼痛、屈伸不利、僵硬、肢体麻木；类风湿关节炎、风湿性关节炎见上述证候者。

【用法与用量】口服。一次 1~4 片，一日 3 次；2 个月为一疗程。

【注解】

（1）盐酸青藤碱是中药防己科植物青风藤、寻风藤等植物根茎中的主要有效成分，具有抗炎、免疫抑制、镇痛等药理作用，对治疗风湿、类风湿关节炎等有显著疗效。然而，该药物具有对胃黏膜的刺激及释放组胺致皮疹等不良反应。因此选择肠溶薄膜衣片避免药物在胃中释放，产生副作用。

（2）盐酸青藤碱的制备：取青风藤，粉碎成粗粉，加 15% 的氢氧化钙粉末和 1 倍量的水，搅拌均匀，使药料湿润，碱化堆放 4 h。碱化后的药料加三氯甲烷于多功能提取罐，密闭回流提取三次，每次加 2 倍量三氯甲烷，第一、二次回流 3 h，第三次回流 2 h。提取液回收三氯甲烷并浓缩至相对密度为 1.2，冷却至室温，放置 24 h，离心，干燥得粗品。取粗品，加入 2.5~3 倍量水，稍加热；加入盐酸调节 pH 至 2~3；加热至完全溶解（水温约 80℃）。加入 4% 活性炭，80℃ 保温搅拌 30 min；趁热滤过，滤液冷却至室温，放置 24 h，结晶，离心，甩干，用适量 5℃ 以下水冲洗至冲洗液无色，取出，加 2~3 倍量水重结晶 1~2 次，离心，70℃ 以下减压干燥，即得。

第二节 微粒制剂

微粒制剂也称微粒给药系统（microparticle drug delivery system，MDDS），系指药物与适宜载体（一般为生物可降解材料），经过一定的分散包埋技术制得具有一定粒径（微米级或纳米级）的微粒组成的固态、液态、半固态或气态药物制剂。

根据药剂学分散系统分类原则，将直径在 $10^{-9} \sim 10^{-4}$ m 范围内的分散相构成的分散体系称为微粒分散体系，包括：①微米（粗）分散体系，分散相粒径在 $1 \sim 500$ μm，主要包括微囊、微球等。②纳米分散体系，分散相粒径小于 1 000 nm，主要包括脂质体、纳米乳、纳米粒、聚合物胶束、亚微乳等。

微粒分散体系可用作药物载体，发挥掩盖药物的不良气味与口味，液态药物固态化，减少复方药物的配伍变化，提高难溶性药物溶解度，或提高药物的生物利用度，或改善药物的稳定性，或降低药物不良反应，或延缓药物释放，提高药物靶向性等作用。随着现代制剂技术的发展，微粒制剂已逐渐用于临床，其给药途径包括外用、口服与注射等。外用和口服微粒制剂一般有利于药物对皮肤、黏膜等生物膜的渗透性，注射用微粒制剂一般具有缓释、控释或靶向作用。

一、微囊与微球

微囊（microcapsule）系指固体或液体药物被辅料包封成的微小胶囊。通常粒径在 $1 \sim 250$ μm 之间的称为微囊，粒径在 $0.1 \sim 1$ μm 之间的称亚微囊，粒径在 $10 \sim 100$ nm 之间的称为纳米囊。

微球（microsphere）系指药物溶解或分散在辅料中形成的微小球形实体。通常粒径在 $1 \sim 250$ μm 之间的称为微球，粒径在 $0.1 \sim 1$ μm 之间的称亚微球，粒径在 $10 \sim 100$ nm 之间的称为纳米球。

微囊及微球的特点：①提高药物的稳定性，如对于易氧化的 β-胡萝卜素、易挥发的中药挥发油类等可通过微囊化改善其稳定性；②使液态药物固态化，便于贮存或再制成各种剂型；③防止药物在胃内失活或减少对胃的刺激性，如甾体皂苷类等对胃有刺激性，可微囊化克服；④掩盖药物的不良气味及口味，如鱼肝油、大蒜素等药物可微囊化掩味；⑤减少复方制剂中药物之间的配伍禁忌，避免药物组分间的反应；⑥使药物具有缓释或控释性能，如应用成膜材料、可生物降解材料、亲水性凝胶等作为囊材可达到控释或缓释的目的；⑦使药物具有靶向性，将治疗指数低的药物或毒性大的药物制成微囊，使药物浓集于靶区，可提高药物的疗效，降低毒副作用；⑧可将活细胞或活性生物材料包裹，从而使其具有良好的生物相容性与稳定性，如酶、血红蛋白等；⑨栓塞性微球直接经动脉管导入，阻塞肿瘤血管，断绝肿瘤组织养分供应，抑杀癌细胞，发挥双重抗肿瘤作用。

（一）微囊与微球的载体材料

1. 囊心物与微球内容物

微囊的囊心物与微球的内容物可以是固体，亦可以是液体，囊心物与内容物包括主药及附加剂，如稳定剂、稀释剂，以及控制释放速率的阻滞剂和促进剂等。

2. 囊材与载体材料

用于包囊所需要的材料称为囊材，用于制备微球所需要的材料称为载体。对囊材与载体的一般要求是：①性质稳定；②有适宜的释放速率；③无毒、无刺激性；④能与药物配伍，不影响药物的药理作用及含量测定；⑤成型性好，囊材应能完全包封囊心物。

常用的囊材与载体材料可以分为三大类：

（1）天然高分子材料　性质稳定、无毒、成型性好，是最常用的囊材与载体材料，常用的有明胶、阿拉伯胶、海藻酸盐、壳聚糖等。

（2）半合成高分子材料　多为纤维素衍生物，毒性小、黏度大、成盐后溶解度增大，常用的有羧甲纤维素钠、醋酸纤维素酞酸酯、甲基纤维素、乙基纤维素、羟丙甲纤维素等。

（3）合成高分子材料　如聚碳酯、聚氨基酸、聚乳酸（PLA）、丙交酯乙交酯共聚物（PLGA）、聚乳酸-聚乙二醇嵌段共聚物（PLA-PEG）、ε-己内酯与丙交酯嵌段共聚物等。

（二）微囊的制备

1. 物理化学法

该法又称相分离法，系指药物与载体材料在一定条件下形成新相析出，适合于难溶性药物的微囊化。根据形成新相方法的不同，又分为单凝聚法、复凝聚法、溶剂-非溶剂法、改变温度法和液中干燥法。

（1）单凝聚法　系指在高分子囊材溶液中加入凝聚剂以降低高分子材料的溶解度而凝聚成囊的方法。如将药物分散在明胶溶液中，加入凝聚剂，由于明胶分子水合膜的水分子与凝聚剂结合，使明胶的溶解度降低，分子间形成氢键，最后从溶液中析出而凝聚形成微囊。凝聚是可逆的，一旦解除促进凝聚的条件，就可发生解凝聚，使微囊很快消失。在制备过程中可反复利用此可逆性，直到凝聚微囊形状满意为止，最后再通过交联使之成为不凝结、不粘连、不可逆的球形微囊。

单凝聚法制备微囊的一般工艺流程见图17-6。

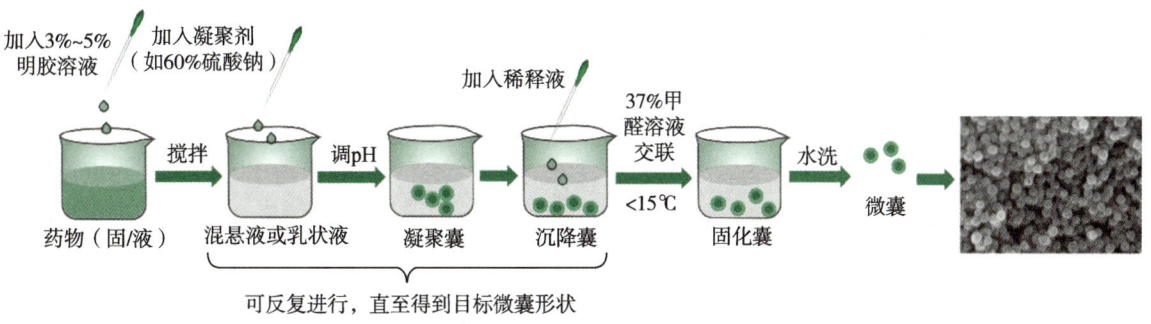

图17-6　单凝聚法制备工艺流程（以明胶为例）

成囊的影响因素包括：①凝聚剂的种类和pH：常用凝聚剂有各种醇类和电解质，用电解质作凝聚剂时，阴离子对胶凝起主要作用，阳离子亦有胶凝作用，其电荷数愈高胶凝作用愈强；明胶的相对分子质量不同，使用的凝聚剂不同，成囊要求的pH亦不同；②药物的性质：药物与明胶要有足够亲和力，使药物可吸附适量的明胶才能包裹成囊；③增塑剂：增塑剂可使明胶微囊具有良好的可塑性，常用的增塑剂有山梨醇、PEG、丙二醇或甘油。在单凝聚法制备明胶微囊时加入增塑剂，可减少微囊聚集、降低囊壁厚度，且加入增塑剂的量同释药$t_{1/2}$之间呈负相关。

（2）复凝聚法　利用两种具有相反电荷的高分子材料为囊材，将囊心物分散、混悬或乳化在囊材的水溶液中，在一定条件下，相反电荷的高分子互相交联后，溶解度降低，自溶液中凝聚析出而成囊。可作复合材料的有明胶与阿拉伯胶、海藻酸盐与聚赖氨酸、海藻酸盐与壳聚糖、海藻酸与白蛋白、白蛋白与阿拉伯胶等。以明胶与阿拉伯胶为例，将溶液 pH 调至明胶的等电点以下（pH 4.0～4.5）使之带正电，而阿拉伯胶带负电，由于电荷互相吸引交联形成正、负离子的络合物，溶解度降低而凝聚成囊，加水稀释，加入甲醛交联固化，洗去甲醛，即得（图17-7）。

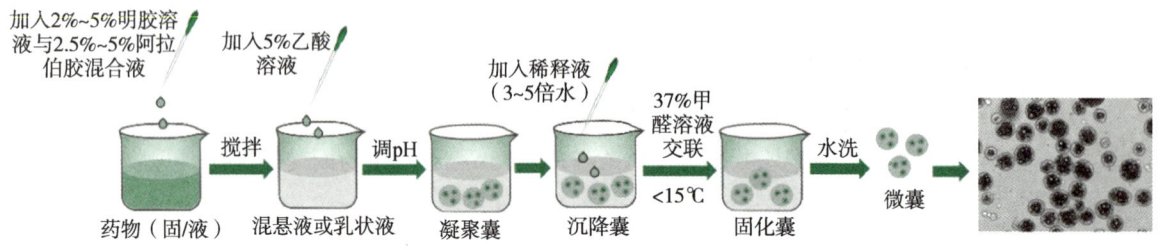

图17-7　复凝聚法制备工艺流程（以明胶、阿拉伯胶为例）

2. 物理机械法

物理机械法系指将固态或液态药物在气相中进行微囊化的方法，需要一定设备条件，其中常用的方法是喷雾干燥法和空气悬浮法。

（1）喷雾干燥法　将囊心物分散在囊材溶液中，使成雾状喷入惰性热气流，液滴收缩成球形，干燥即得。如囊心物不溶于囊材溶液，可得到微囊。

（2）空气悬浮法　亦称流化床包衣法，囊心物通常为固体粉末，利用垂直强气流使囊心物悬浮在包衣室中，将囊材溶液通过喷嘴喷射于囊心物表面，热气流将溶剂挥干，囊心物表面便形成囊材薄膜而成微囊。

其他的物理机械法还有喷雾凝结法、多孔离心法、包衣法、挤压法、静电结合法等。

3. 化学法

化学法系指利用溶液中的单体或高分子通过聚合反应或缩合反应产生囊膜而制成微囊的方法。特点为不加凝聚剂，先制成 W/O 型乳状液，再利用化学反应或射线辐照交联固化。常用方法为界面缩聚法和辐射交联法。

（1）界面缩聚法　亦称界面聚合法，系指在分散相（水相）与连续相（有机相）的界面上发生单体的聚合反应，如淀粉衍生物（羟乙基淀粉或羧甲基淀粉）用邻苯二甲酰氯发生界面交联反应即可得微囊。

（2）辐射交联法　系指将明胶在乳化状态下，经γ射线照射发生交联，再处理制得粉末状微囊。该工艺简单，且不引入其他成分。

（三）微球的制备

1. 乳化分散法

乳化分散法系将药物与载体材料的溶液混合后，将其分散在不相溶的介质中形成类似油包水（W/O）或水包油（O/W）型乳剂，采用适宜的方法使乳剂内相固化，分离制得微球。乳剂内相固化的方法有加热固化、化学交联剂固化、溶剂蒸发固化等，可根据药物与载体的性质选用，如制备明胶微球时可加入化学交联剂甲醛或戊二醛进行固化，制备白蛋白微球可采用加热固化。

2. 喷雾干燥法

喷雾干燥法系将含有载体和药物的溶液或悬浮液通过喷雾干燥器雾化，液滴中的溶剂迅速蒸发后形成微球。例如采用喷雾干燥法制备白蛋白微球，将药物与白蛋白的混合溶液经喷嘴喷入干燥室内，同时送入干燥室的热空气流使雾滴中的水分快速蒸发、干燥，即得微球。由于热变性后白蛋白的溶解度降低，所以微球的释放速率亦相应降低，因此如将喷雾干燥得到的微球再进行热变性处理，可得到缓释微球。

3. 凝聚法

凝聚法系将药物溶解或分散于载体材料溶液中，通过加入凝聚剂使载体材料的溶解度减小，自溶液中凝聚析出，加入交联剂固化，可得到稳定的微球。凝聚法制备微囊与微球的原理基本一致，常用的载体材料有明胶、阿拉伯胶等。

4. 聚合法

聚合法是指通过聚合反应使制备体系中的单体聚合生成载体材料，在此过程中将药物包裹，形成微球。例如，常用的乳液聚合法是将聚合物的单体乳化分散，在引发剂作用下使单体聚合，同时装载药物制成微球。

5. 其他方法

通过微流控技术，或利用分子自组装，也可制备微球。

> **案例 17-2　阿魏挥发油微囊**
>
> 【处方】阿魏挥发油 1 mL　阿拉伯胶 2.255 g　明胶 2.255 g
>
> 【制法】将等量等浓度的明胶和阿拉伯胶溶液混匀，作为复合囊材，吸取阿魏挥发油 1 mL 加入到 4.1% 复合囊材溶液 110 mL 中，置组织捣碎机中乳化 1 min，使其成乳状液，40℃下搅拌并滴加 10% 醋酸调至 pH 4，保温 15 min，冰浴使体系降温至 10℃以下，用 10% 氢氧化钠溶液调至 pH 6，加入 37% 甲醛，维持低速搅拌，使微囊固化，得到微囊分散液，静置、分离、干燥即得。
>
> 【注解】
>
> （1）阿魏挥发油具挥发性和不稳定性，在贮存和应用过程中容易挥发和降解，导致其药效难以保持。将阿魏挥发油制备成微囊，可以有效保护其活性成分，提高药物的稳定性。
>
> （2）采用复凝聚法制备阿魏挥发油微囊，适合在常规条件下进行，不需要特殊设备，具有较高的经济性和可行性。
>
> （3）通过显微镜观察微囊的形态，显示微囊应为规则的球形，且粒径分布均匀。采用 HPLC 法测定阿魏挥发油微囊的载药量与包封率，并进行突释效应或渗漏率的检查。此外，应用 GC 法进行有机溶剂残留量经检查。

二、脂质体

脂质体（liposome）系指药物被类脂质双分子层包封成的微小囊泡。由于结构上类似生物膜，故脂质体又被称为"人工生物膜"。近几年来，脂质体技术在抗肿瘤、真菌及病毒感染、疾病诊断等领域得到广泛应用。随着研究的深入，国内外学者在普通脂质体的基础上开发出 pH 敏感脂质体、隐形脂质体、热敏脂质体、前体脂质体、光敏脂质体等新型脂质体。

(一)脂质体的组成与结构

脂质体是由磷脂和胆固醇等组成,其中磷脂为主要膜材,胆固醇起到调节膜流动性的作用。制备脂质体时常先将二者溶于有机溶剂,然后蒸发除去有机溶剂,在器壁上两种物质相互间隔定向排列,其中磷脂分子的亲水基团呈弯曲的弧形,形如手杖,与胆固醇分子的亲水基团(-OH)结合,在亲水基团的两侧接有两个亲油基团,形成U形结构(图17-8),两组U形结构疏水链相对,形成双分子层结构的薄膜。薄膜形成后,加入磷酸盐缓冲液振荡或搅拌使磷脂膜水化,形成封闭双分子层结构的脂质体。在电镜下脂质体常呈球形或类球形。

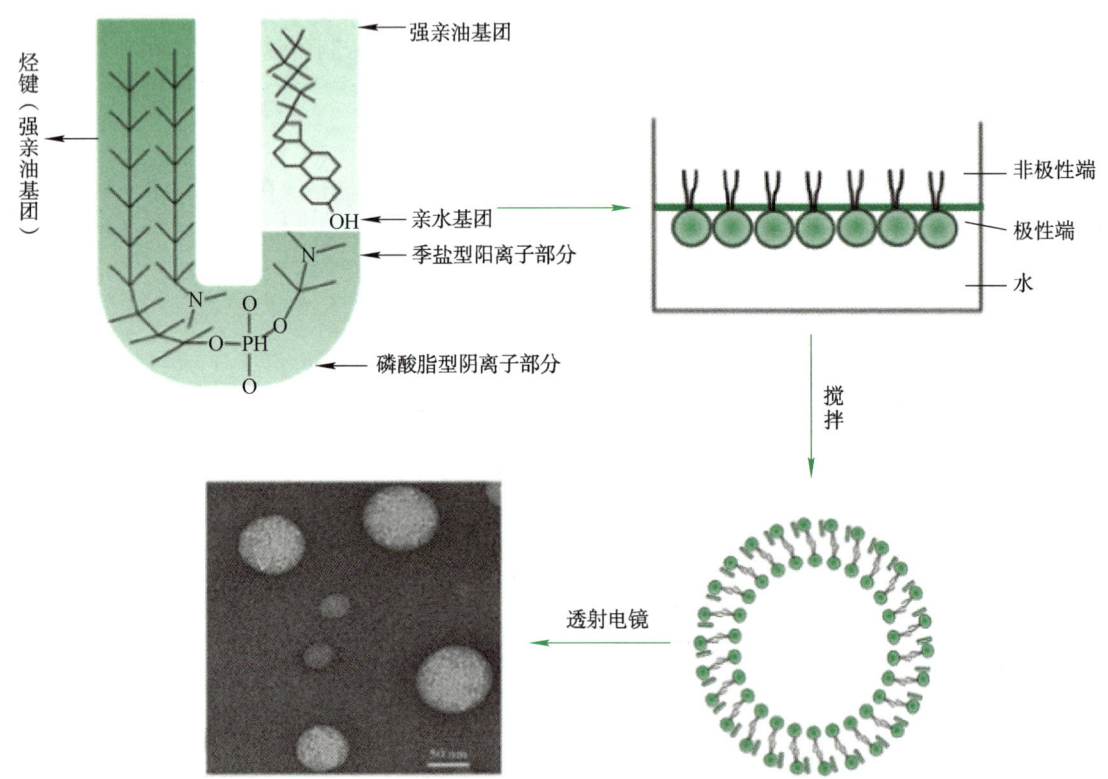

图17-8 卵磷脂与胆固醇在脂质体中的排列形式

脂质体的膜材磷脂包括天然的卵磷脂、脑磷脂、大豆磷脂以及合成磷脂,其中合成磷脂分为饱和磷脂与不饱和磷脂,常用的饱和磷脂有二硬脂酰磷脂酰胆碱(DSPC)、二棕榈酰磷脂酰乙醇胺(DPPE)等,不饱和磷脂有二油酰磷脂酰胆碱(DOPC)等。饱和度影响脂膜排列的紧密程度,从而影响脂质体的稳定性。就水溶性药物而言,饱和磷脂相对于不饱和磷脂排列更加紧密,所制备的脂质体更加稳定,药物泄漏少。

(二)脂质体的分类

1. 按脂质体的结构和粒径分类

脂质体有单室与多室之分。凡由一层类脂质双分子层构成者,称为单室脂质体,又分大单室脂质体(large unilamellar vesicle,LUV)和小单室脂质体(small unilamellar vesicle,SUV),前者粒径 0.1~1 μm,后者粒径 20~80 nm,亦称为纳米脂质体(nanoliposome);由多层类脂质双分子层构成的称为多室脂质体(multilamellar vesicle,MLV),粒径 1~5 μm。一般而言,水溶性药物常

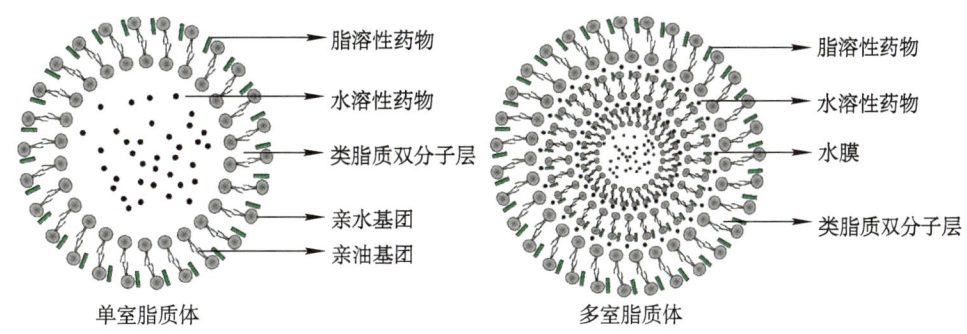

图 17-9　单室和多室脂质体结构示意图

常包含在水性隔室中，亲脂性药物则包含在脂质体的双分子层中（图 17-9）。

2. 按脂质体性能分类

脂质体可分为一般脂质体和特殊性能脂质体。

一般脂质体包括单室脂质体、多室脂质体。特殊性能脂质体包括：①热敏脂质体，系指具有稍高于体温的相变温度的脂质体，其药物的释放具有热敏感性；② pH 敏感脂质体，系指药物释放对 pH 敏感的脂质体；③糖脂质体，系指结合了天然或人工合成糖脂的脂质体；④免疫脂质体，系指类脂膜表面被抗体修饰的具有免疫活性的脂质体。另外还有长循环脂质体、超声波敏感脂质体、光敏脂质体和磁性脂质体等。

知识拓展 17-4：脂质体的改性研究

3. 按脂质体荷电性分类

脂质体可分为中性脂质体、负电荷脂质体、正电荷脂质体。

（三）脂质体的应用特点

1. 靶向性

（1）被动靶向性　载药脂质体进入体内可被巨噬细胞当作外界异物而吞噬，进而产生被动靶向性。脂质体以静脉给药时，主要被单核吞噬细胞系统所摄取，集中在肝、脾、淋巴结和骨髓等，可用于治疗肝肿瘤及肝寄生虫病、利什曼病等单核吞噬细胞系统疾病。

（2）主动靶向性　脂质体本身无特异主动靶向性，在脂质体双分子层上修饰抗体、激素、糖残基和受体配体等，可使脂质体具有主动靶向性。

（3）物理化学靶向性　在脂质体中掺入某些特殊脂质或包载磁性物质，使脂质体对 pH、温度、磁场等外界变化具有响应性，以使脂质体携带的药物作用于靶向位点，如 pH 敏感脂质体、热敏感脂质体、光敏感脂质体、磁性脂质体等。

2. 缓释性

许多药物在体内由于被迅速代谢或排泄而使其体内作用时间短。将药物包封于脂质体中，可减少代谢和排泄而延长药物在血液中的滞留时间，同时可使某些药物在体内缓慢释放，延长药物作用时间。例如，丹酚酸类成分水溶性强，口服胃肠吸收差，静脉注射给药后也会很快被代谢消除，将其制成丹酚酸类成分脂质体后，延长了丹酚酸类成分在体内的滞留时间，起到了延长疗效的作用。

3. 降低药物毒性

药物被脂质体包封后，在肝、脾和骨髓等网状内皮细胞较丰富的器官中集中分布，而在心、肾中累积量明显降低，从而降低药物的毒性。

4. 细胞亲和性和组织相容性

脂质体结构类似生物膜，对正常细胞和组织无损害和抑制作用，有细胞亲和性与组织相容性，并可长时间吸附于靶细胞周围，使药物能透过靶细胞，脂质体亦可通过融合进入细胞内，经溶酶体消化释放药物。

5. 提高药物的稳定性

不稳定的药物被脂质体包封后受到脂质体双层膜的保护，可提高稳定性。

知识拓展 17-5：脂质体技术在中药领域中的应用

（四）脂质体的制备

1. 薄膜分散法

将磷脂等膜材及脂溶性药物溶于有机溶剂（常为三氯甲烷）中，减压旋转蒸发除去溶剂，使其在内壁上形成薄膜，加入缓冲液（水溶性药物可先溶于缓冲液中），振摇，即得脂质体。所制脂质体通常为粒度分布在几微米至十几微米的多室脂质体。

2. 注入法

将磷脂等膜材及脂溶性药物共溶于有机溶剂中（油相），然后把油相匀速注射到恒温（有机溶剂沸点以上）缓冲液（水溶性药物可先溶于缓冲液中）中，不断搅拌直至有机溶剂除尽为止，再乳匀或超声得到脂质体，其粒径较大，不可静脉注射，亦可进一步处理得到单室脂质体。

3. 逆相蒸发法

将磷脂等膜材溶于有机溶剂中，加入待包封的药物水溶液进行超声，直至形成稳定的 W/O 型乳状液，减压蒸发除去有机溶剂，达到胶态后，滴加缓冲液，旋转使器壁上的凝胶脱落，继续减压蒸发，制得水性混悬液，分离除去未包入的游离药物，即得大单室脂质体。该法适用于包裹水溶性药物及大分子活性物质。

4. 冷冻干燥法

将磷脂等膜材分散于缓冲液中，经超声处理与冷冻干燥，再分散到含药物的水性介质中，即得。

5. pH 梯度法

通过调节脂质体内外水相的 pH，使内外水相之间形成一定的 pH 梯度，根据弱酸或弱碱性药物在不同 pH 溶液中存在的状态不同，产生分子型与离子型药物浓度之差，从而使药物以离子型包封在脂质体内水相中。

6. 高压乳匀法

将脂质材料加热熔化后，加入药物，熔融液分散于含有表面活性剂的水相中，然后通过高压乳匀机循环乳化得到产品。该法的主要特点包括制备的脂质体具有较小的粒径、稳定性高和包封率高。

此外，还有超声分散法、二次乳化法、喷雾干燥法等。

三、亚微乳与纳米乳

亚微乳系指将药物溶解于脂肪油或植物油中，通过磷脂乳化分散于水相中形成的微粒载药分散体系，其粒径通常在 100～600 nm 之间。而纳米乳则是粒径更小的一种，其粒径在 50～100 nm 之间。除了液态制剂外，还可以制成干乳剂，即通过冷冻干燥等技术制得的固态制剂。这些产品在适当的稀释剂水化或分散后，可得到均匀的亚微乳或纳米乳分散液。

亚微乳与纳米乳在提高药物的溶解性和生物利用度方面显示出极大潜力，因此在药物递送、化妆品和食品工业等多个领域得到了广泛的应用。与传统乳液相比，亚微乳与纳米乳由于其更小的粒径和更高的表面积，能够提供更好的分散性和更高的载药量。

知识拓展17-6：纳米乳与普通乳的区别

（一）亚微乳与纳米乳的分类

亚微乳与纳米乳的结构类型主要有W/O型、O/W型和油水双连续结构三种。其中油水双连续结构是水相和油相连续交错的状态，作为W/O型和O/W型之间的过渡状态，也被称为中相亚微乳与纳米乳。

（二）亚微乳与纳米乳的特点

（1）可提升难溶性药物的溶解度和生物利用度，适用于口服、注射或皮肤用药等多种途径。

（2）能够实现缓释或靶向释放，毒性小、安全性高。例如，W/O型纳米乳可延长水溶性药物的释放时间，起到缓释作用；纳米乳能够改变某些药物在体内的分布，具有一定的组织和器官靶向性，降低某些组织和器官的毒性和过敏反应，同时注射时黏度低，不会引起疼痛、变态反应或脂肪栓塞。

（3）稳定性相对优异，制备和保存方便。

知识拓展17-7：自乳化纳米乳

（三）亚微乳与纳米乳的载体材料

亚微乳与纳米乳的载体材料要求无毒、无刺激、无不良药理作用，并具备良好的生物相容性。此外，它还必须能够显著提高药物的溶解度，而不会影响药物的药效和稳定性。

1. 油相

油相成分要纯度较高，化学性质稳定，能够有效溶解药物。通常采用的油相包括中链（$C_8 \sim C_{10}$）甘油三酯（如Captex 355、Miglyol 812等）与长链甘油三酯的混合物。

2. 乳化剂

天然乳化剂包括阿拉伯胶、西黄蓍胶、明胶、白蛋白、酪蛋白、磷脂和胆固醇等；合成乳化剂有脂肪酸山梨坦、聚氧乙烯脂肪醇醚类和聚氧乙烯聚氧丙烯共聚物等。在静脉注射中，常用的乳化剂是卵磷脂和Poloxamer 188。

3. 助乳化剂

助乳化剂的作用主要是插入到乳化剂界面膜中，形成复合凝聚膜，提高膜的牢固性和柔顺性，促进曲率半径较小的膜形成。常用的助乳化剂包括低级醇（正丁醇、乙醇、丙二醇、甘油）、有机胺和单双烷基酸甘油酯等。

4. 稳定剂

由于加入了脂溶性药物，乳剂的界面膜常会发生改变，需要加入半亲油半亲水、表面活性不高但能定位在界面膜内的稳定剂。这些稳定剂能增强膜的强度，提高药物的溶解度，并使亚微乳的电位绝对值升高，从而增加亚微乳的稳定性。常用的稳定剂有油酸、油酸钠、胆酸、脱氧胆酸及其钠盐等。

（四）亚微乳与纳米乳的制备

1. 高压乳匀法

将药物及乳化剂等辅料溶解或分散于水相或油相中，在适宜温度下将油相、水相混合，高速搅拌获得初乳。随后用高压乳匀机或均质机等循环处理数次，利用高压将油水混合物通过狭缝，产生强烈的剪切力、碰撞力和空化效应，使乳滴进一步破碎成亚微乳或纳米乳。该方法适合于大批量生产，应用广泛。

2. 超声乳化法

超声乳化法系将油相、水相和乳化剂混合制备初乳，使用超声探头在 20～40 kHz 的频率下处理数分钟，利用超声波产生的空化效应和剪切力，将液滴破碎成纳米乳。该法操作简单，适合小规模制备。

3. 自乳化法

自乳化法系指将油相、水相、乳化剂及助乳化剂混合，利用乳化剂的自组装特性，在温和搅拌下自发形成纳米乳的方法。油相、乳化剂及助乳化剂（通常为短链醇类，如乙醇、丙二醇、甘油等）是自乳化制剂的基本处方组成，难溶性药物通常溶解于其中。当该体系与水性介质接触时，乳化剂和（或）助乳化剂从分散相迅速扩散到连续相，这会引起湍流并产生亚微米或纳米尺寸的乳滴，自发形成亚微乳或纳米乳。自乳化过程与乳化剂、助乳化剂的性质及浓度、油/乳化剂比例、助乳化剂/乳化剂比例等有关，通常处方优化需借助伪三元相图及试验设计（如正交试验设计、响应面试验设计等）来确定处方组成的种类与比例。

4. 其他方法

纳米乳的制法还包括微流控法、相转变法、溶剂扩散法等。乳化剂的选择、油水相比例、制备条件（如压力、时间、温度）是影响纳米乳粒径和稳定性的关键因素。

> **案例 17-3　人参总皂苷纳米乳**
>
> 【处方】人参总皂苷 2 g　肉豆蔻酸异丙酯（IPM）4 g　氢化蓖麻油聚烃氧酯 40（cremophor RH40）17.8 g　甘油 17.8 g　水 58.4 g
>
> 【制法】按照处方比例称取各成分，室温下将人参总皂苷溶于氢化蓖麻油聚烃氧酯 40 和甘油的混合物中，加入肉豆蔻酸异丙酯混匀后，边搅拌边缓慢滴入处方量的水，即得。
>
> 【注解】
>
> （1）人参总皂苷在水中的溶解度及口服生物利用度较低，将人参总皂苷制备成纳米乳可以有效地解决上述问题。此外，纳米乳制剂可提高药物的稳定性，防止人参总皂苷在储存过程中的降解。
>
> （2）处方中肉豆蔻酸异丙酯作为油相，氢化蓖麻油聚烃氧酯 40 作为乳化剂，甘油是助表面活性剂。
>
> （3）以上制剂应进行质量评价，如粒径、包封率、药物含量、稳定性、黏度和折光率、界面张力、ζ 电位等的监测，保证产品质量。

四、纳米粒

纳米粒是指经纳米化技术处理后，药物或与载体辅料形成的固体粒子，其粒径小于 500 nm。若仅由药物分子组成，则称为纳晶或纳米药物。以白蛋白作为药物载体形成的纳米粒称为白蛋白纳米粒，以脂质材料作为药物载体形成的纳米粒称为脂质纳米粒。

纳米粒的特点包括：①部分具有缓释效应，可延长药物在人体内的作用时间；②通过静脉注射后，主要被巨噬细胞摄取，主要分布于肝（60%~90%）、脾（2%~10%）和肺（3%~10%），少量进入骨髓，具有靶向给药的特性；③粒径小、表面能大，有利于在黏膜、角膜等部位停留，提高药物吸收和生物利用度；④可进行表面修饰，实现主动靶向分布；⑤避免多肽等药物在消化道失活，提高药物的稳定性。

知识拓展 17-8：固体脂质体纳米粒

（一）纳米粒的载体材料

纳米粒的载体材料一般要求如下：①稳定性好；②释放速率适宜；③无毒，无刺激性；④与药物兼容，不影响药效及含量检测；⑤易成型。常用的载体材料分为以下三类。

1. 天然高分子材料

天然高分子材料稳定、无毒、易成型，是最常使用的载体材料。通常包括明胶、阿拉伯胶、海藻酸盐等聚合物。

2. 半合成高分子材料

半合成高分子材料主要为纤维素衍生物，毒性低、黏度大、成盐后溶解度增加。主要包括羧甲纤维素盐、醋酸纤维素酞酸酯、乙基纤维素、甲基纤维素和羟丙甲纤维素等。

3. 合成高分子材料

合成高分子材料可分为可降解和不可降解两类。可降解高分子材料无毒、成膜性好、化学稳定性高，可用于注射或植入。常用的生物降解型材料有聚乳酸（PLA）、聚羟基乙酸（PGA）和聚乳酸-羟基乙酸共聚物（PLGA），其中 PLA、PLGA 已由美国 FDA 批准用于注射给药。

（二）纳米粒的制备

纳米粒的制备可以使用聚合物单体或高分子材料为载体材料。聚合物单体制备纳米粒通常采用乳化聚合法，而使用天然或合成高分子材料作为载体材料时，所用的材料与微囊、微球的制备材料基本相同，制备方法可以使用天然高分子固化法、液中干燥法和自动乳化法等方法。制得的纳米粒混悬液可通过分离、洗涤和干燥，最终获得固态纳米粒。常用于纳米粒制备的设备包括超声设备、冷冻干燥设备和蒸发设备等。

1. 乳化聚合法

该法是目前制备纳米粒的主要方法之一。在乳化剂存在下，利用机械搅拌或超声波将药物和聚合物单体分散于胶束内或乳滴中，当聚合物单体遇引发剂分子或经高能辐射后引发聚合反应时，聚合物单体快速扩散使聚合物链进一步增长，与此同时形成的聚合物对药物进行包裹，而胶束或乳滴可作为提供聚合物单体的仓库。乳化聚合法常使用水作分散介质，影响纳米粒载药量的因素有 pH、乳化剂种类与浓度、微粒大小及药物的相对分子质量等。

2. 凝聚法

高分子材料通过化学交联、加热变性或盐析脱水等方法凝聚成纳米粒。例如，制备白蛋白纳米粒，可以通过加热变性或使用甲醛、戊二醛作为交联剂固化。壳聚糖纳米粒则可利用含有正电荷的壳聚糖分子，在酸性条件下与负电荷丰富的离子交联剂（如三聚磷酸钠）凝聚成带负电荷的纳米粒。

3. 液中干燥法

该法也被称为溶剂蒸发/挥发法。含有高分子材料和药物有机溶液的油相分散于带有乳化剂的水相中,制成 O/W 型乳状液,有机溶剂被蒸发除去后,原油滴逐渐变成纳米粒。

4. 自动乳化法

在特定条件下,乳状液中的乳滴由于界面能的降低和界面活性,形成更小的纳米级乳滴,随后再经交联固化、分离得到纳米粒。

五、微粒制剂的质量评价

1. 微粒形态观察

微粒形态可采用光学显微镜、扫描或透射电子显微镜观察。

2. 微粒粒径及其分布测定

微粒粒径及其分布采用光学显微镜、电感应法或激光衍射法等检测。

3. 载药量与包封率测定

微粒制剂应提供载药量和包封率的数据。载药量是指微粒制剂中所含药物的重量百分率,计算公式见式(17-10)。

$$载药量(\%) = \frac{微粒制剂中所含药物重}{微粒制剂的总重} \times 100\% \qquad (17-10)$$

包封率测定时,应通过适当方法(如凝胶色谱柱法、离心法或透析法)将游离药物与被包封药物进行分离,按式(17-11)计算包封率。包封率一般不得低于 80%。

$$包封率(\%) = \frac{微粒制剂中包封的药量}{微粒制剂中包封与未包封的总药量} \times 100\%$$

$$= \left(1 - \frac{液体介质中未包封的药量}{微粒制剂中包封与未包封的总药量}\right) \times 100\% \qquad (17-11)$$

4. 突释效应或渗漏率的检查

药物在微粒制剂中的情况一般有三种,即吸附、包入和嵌入,在进行体外释放试验时,表面吸附的药物会快速释放,称为突释效应。通常要求 0.5 h 内的释放量低于 40%。

微粒制剂应检查渗漏率,可按式(17-12)计算。

$$渗漏率(\%) = \frac{产品在贮存一定时间后渗漏到介质中的药量}{产品在贮存前包封的药量} \times 100\% \qquad (17-12)$$

第三节 靶向制剂

靶向制剂又称靶向给药系统(targeting drug delivery system,TDDS),是指用载体将药物通过循环系统浓集于或接近靶器官、靶组织、靶细胞和细胞内特定部位的一类制剂,可提高疗效、降低对其他组织、器官及全身的毒副作用。靶向制剂可分为三类:①一级靶向,系指药物到达特定的组织或器官;②二级靶向,系指药物到达靶部位的特定细胞(如肿瘤细胞)释药;③三级靶向,指药物作用于细胞内的特定部位。按照行为方式,靶向制剂可分为被动靶向、主动靶向和物理化学靶向三类。

一、被动靶向制剂

载药微粒被单核-巨噬细胞系统的巨噬细胞（尤其是肝的 Kupffer 细胞）摄取，通过正常生理过程运送至肝、脾等器官。微粒的粒径和表面性质对药物在靶部位的吸收和分布起着重要的作用。被动靶向制剂的载药微粒包括脂质体、乳剂、微囊和微球、纳米囊和纳米球等，参见本章第二节。

二、主动靶向制剂

主动靶向制剂是利用修饰的药物载体能与靶组织产生分子特异性相互作用，因此作为"导弹"将药物主动地、定向地运送到靶组织并发挥药效的制剂（图 17-10）。例如连接特定的配体可与靶细胞的受体结合，或连接单克隆抗体成为免疫微粒，能避免巨噬细胞的摄取，改变微粒在体内的自然分布而到达特定的靶部位；或利用对体内某些物质敏感的高分子物质修饰成前体药物，在特定靶区被激活发挥作用。最常用的修饰分子为单克隆抗体和受体的配体（受体分泌的亲水或亲脂性的信号分子）。

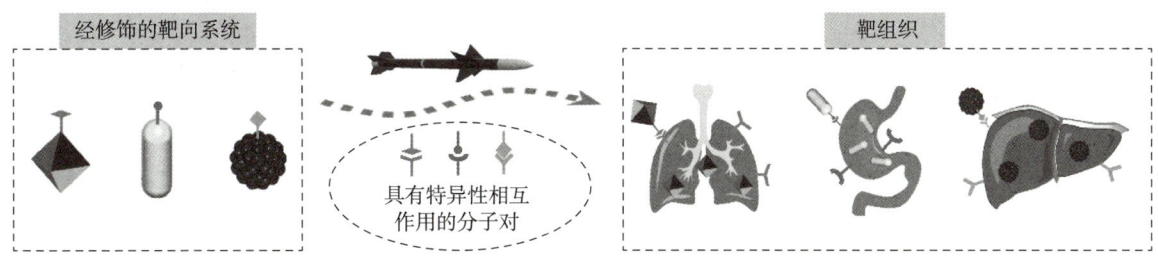

图 17-10　主动靶向制剂作用机理示意图

（一）抗体介导的主动靶向系统

单克隆抗体是由单一 B 细胞克隆产生的高度均一、仅针对某一特定抗原表位的抗体，可用于如自身免疫疾病、癌症治疗和预防器官移植后的排异反应等。单克隆抗体因其与肿瘤细胞膜上表达的蛋白抗原的高特异性和高亲和力，可作为主动靶向制剂的理想修饰物被广泛用于细胞、组织、器官等的主动靶向递送。抗体介导的主动靶向系统包括免疫脂质体、免疫微球、免疫纳米粒等。

1. 抗体修饰的免疫脂质体

免疫脂质体的靶向治疗技术是通过将载药脂质体与单克隆抗体或基因抗体共价结合成免疫脂质体，借助抗体与靶细胞表面抗原或受体对靶细胞分子水平上的识别能力，可提高脂质体的专一靶向性。例如，将丹酚酸 B/ 黄芩苷纳米脂质体进行单克隆抗体 OX26 修饰后，由于 OX26 对存在于脑毛细血管内皮细胞中的转铁蛋白受体的高选择性，显著改善了丹酚酸 B 和黄芩苷的血脑屏障通透性和脑靶向性。

免疫脂质体在药物递送方面的应用经历了以下三个发展阶段：第一阶段，在脂质体的脂膜表面直接连接抗体实现主动靶向，但进入体内后易被网状内皮系统识别并清除，半衰期较短；第二阶段，为解决半衰期短的问题，脂质体表面除了连接抗体片段外，还修饰了 PEG 以达到长循环的目的，但 PEG 长链会屏蔽抗体与抗原的结合，降低靶向率；第三阶段，将抗体连接在脂质体表面的 PEG 链的末端，使其同时具备抗体的寻靶功能和 PEG 的保护功能。

2. 抗体修饰的免疫微球

用聚合物将抗体吸附/交联形成的微球，称为免疫微球，除可用于抗癌药的靶向治疗外，也可用于标记和分离细胞作诊断和治疗，还可使免疫微球带上磁性进一步提高靶向性和专一性。

3. 抗体修饰的免疫纳米粒

在纳米粒表面偶联特异性的单克隆抗体，通过靶向分子与细胞表面特异性受体结合，可以实现主动靶向治疗。

（二）受体介导的主动靶向系统

受体和其配体的结合具有高特异性、高选择性、饱和性、亲和力强和生物效应明显等特点，利用配体为药物的载体，通过受体介导作用，可以增加病灶局部药物浓度，提高疗效，降低毒副作用，达到靶向治疗目的。目前研究较多的受体主要有表皮生长因子受体、去唾液酸糖蛋白受体、低密度脂蛋白受体、转铁蛋白受体、叶酸受体、白介素受体等，有些受体已证实可作为特定肿瘤靶向的靶点，提高主动靶向效率。针对这些受体，常用的配体包括糖蛋白、脂蛋白、转铁蛋白、叶酸和多肽等。例如，在雷公藤红素 - 伊立替康脂质体表面修饰叶酸后，在癌症微环境中两种药物均表现出比生理 pH 下更高的药物释放，且具有良好的肿瘤组织靶向性及更低的不良反应。

（三）前体药物

前体药物（prodrug）是指将有生物活性的原型药与某种分子片段上的化学基团通过共价键结合得到的在体外无活性或活性较小的偶联物。前体药物在体内经过酶作用或化学反应可使上述结合键裂解，释放出原型药物而发挥治疗作用。近年来，将可与肿瘤部位特异性表达的靶标高亲和力结合的分子与药物通过连接子连接形成小分子肿瘤靶向前体药物，用于肿瘤靶向递药。除肿瘤领域外，前体药物技术还应用于一些药理活性强，但吸收差、首过效应明显、或有毒副作用等缺陷的候选药物，进行成药性改造。与原药相比，前体药物可保持或增强原药的药效，又能克服原药的缺点。

三、物理化学靶向制剂

物理化学靶向制剂系指药物利用物理化学方法在特定部位发挥药效的靶向递药系统。物理化学靶向制剂的特点：①制备工艺相对简单；②可达到定向给药的目的，易于临床操控；③具有高靶向性，能够提高药物制剂的生物利用度；④可降低药物的毒副作用。根据靶向作用机制，物理化学靶向制剂可分为磁靶向制剂、热敏靶向制剂、pH 敏感靶向制剂和栓塞靶向制剂等多种类型。

（一）磁靶向制剂

磁靶向制剂系指用体外磁场效应引导药物在体内定向移动和定位集中的制剂。通常将药物与铁磁性物质（如 Fe_3O_4）共同包载于高分子聚合物载体中。

1. 磁靶向制剂的特点

作为物理化学靶向制剂的代表，磁靶向制剂具有以下优点：①高效的主动靶向功能，定位浓集，降低药物毒副反应，提高药物选择性；②生物相容性和降解性良好，毒性低；③可穿越血脑屏障，提高脑内药物浓度，为中枢神经系统及其他脑内用药开辟新途径。

2. 磁靶向制剂的原理

磁性载药微粒被注射到体内，在外部施加一定场强的磁场，通过磁性药物微粒的流动性能和磁场的诱导性能，逐渐将磁性药物载体移向病变区，然后药物以受控方式（如酶的活性或者生理条件的改变，如pH、渗透压和温度改变等）缓慢定位释放，集中在靶区发挥作用（图17-11）。

3. 磁靶向制剂的组成与结构

磁靶向制剂一般是核壳结构，主要由磁核、壳层和药物三部分组成（图17-12）。磁核具有导向作用，常用的磁性纳米载体材料按化学组成可分为单质、合金、氧化物、混合磁性材料。其中，超顺磁性Fe_3O_4纳米颗粒由于粒径小、磁性强、制备工艺简单、对人体无毒副作用、易穿过生理屏障到达指定部位等优点，在医疗诊断等领域被广泛应用。壳层主要由具有一定的机械强度、生物降解速率和生物相容性的高分子组成，如白蛋白、聚乙二醇、磷脂酰胆碱、聚多糖等。高分子外壳的表面多样性决定了磁性微球可与各种生物活性物质如抗原、抗体、受体、酶等偶联，这些生物活性物质可以进一步提高其靶向特异性。

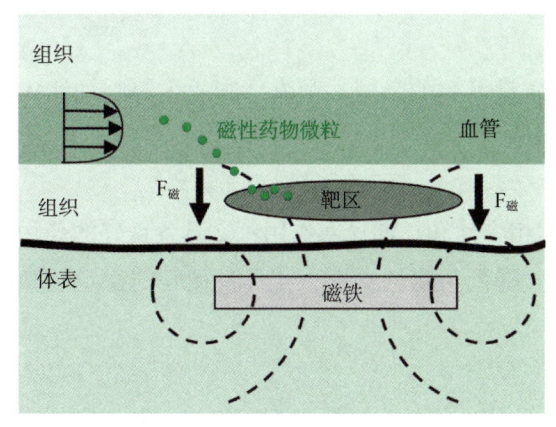

图17-11 磁靶向制剂作用机理示意图

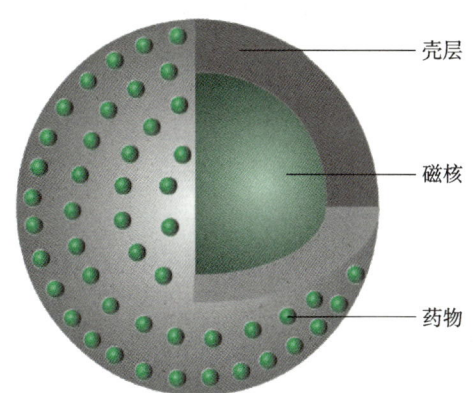

图17-12 磁靶向制剂的核壳结构

（二）热敏靶向制剂

热敏靶向制剂系指应用热敏性材料，在特定的病变组织或通过体外施加热源的方式，使载体在特定温度条件下释放药物，达到靶向作用的递药系统。脂质体是药物递送系统研究中的常用载体，在脂质体制备过程中，加入具备热敏作用的磷脂材料，提高脂质体的相转变温度，制备出温度敏感型脂质体。

1. 热敏靶向制剂的特点

与常规制剂相比，热敏靶向制剂具有以下特点：①将药物定向输送至肿瘤病变区域，由于肿瘤组织与人体正常组织间存在温度差，可使药物仅在肿瘤组织中释放；②可稳定长期释放药物，减少用药量；③可提高药物生物利用度、降低抗肿瘤药物毒副作用。

2. 热敏靶向制剂的原理

温度敏感型脂质体是近年来肿瘤靶向治疗的热点之一。纳米级的热敏脂质体可选择性地蓄积在肿瘤部位，体温正常时，脂质体膜排列有序而致密，药物被包被于膜内；当其到达经过预热的靶部位时，由于达到了相变温度，脂质体膜通透性增大，导致其包裹药物的流动性大幅增加而扩散到靶部位，形成较高的药物浓度，从而实现靶向治疗的目的。

第十七章　药物新型给药系统

（三）pH 敏感靶向制剂

pH 敏感靶向制剂系指通过 pH 敏感型材料的应用，利用其在弱酸性或弱碱性环境下不稳定的性质，使药物在肿瘤组织、结肠等靶部位快速释放、发挥药效的递药系统。

1. pH 敏感靶向制剂的特点

pH 敏感靶向制剂具有以下特点：①在弱酸性或弱碱性环境下不稳定，可在肿瘤组织、结肠等定位释放药物；②延长载体在体内的循环时间，提高药物的递送效率；③提高药物在靶部位的浓度；④降低药物毒副作用。

2. pH 敏感靶向制剂的原理

pH 敏感制剂常应用于肿瘤组织，而肿瘤间质液的 pH 要明显低于正常组织，因此载药材料中一般会含有对 pH 敏感的成分，如弱酸性基团或酸敏感的化学键等，使其在生理 pH（pH 7.4）环境下稳定，在弱酸性环境下不稳定，膜通透性增加，引起药物的释放。

知识拓展 17-9：pH 敏感靶向制剂的作用机理示意图

（四）栓塞靶向制剂

栓塞靶向制剂系指通过动脉插管，将含药且质量可控的微球、微囊、脂质体等制剂注入靶区，并在靶区形成栓塞的一类靶向制剂。

1. 栓塞靶向制剂的特点

栓塞靶向制剂具有以下特点：①具有良好生物相容性和长期栓塞作用；②具备良好的药物负载与控释能力；③可延迟药物在给药部位的释放，降低药物的毒性；④具备良好的稳定性和安全性。

2. 栓塞靶向制剂的原理

如动脉栓塞技术是通过插入动脉的导管将具有栓塞性能的物质输送到靶组织或靶器官的一种医疗技术，多用于肿瘤疾病的治疗。通过栓塞靶向制剂的导入，可阻断人体对肿瘤组织区域的血液供给和营养物质的运输，达到使栓塞区域的肿瘤细胞缺血坏死的目的。

四、靶向制剂的评价

（一）体外评价

靶向制剂一般为微粒制剂，评价同前述的相关制剂，主要包括粒径、ζ 电位、形态、释放度、载药量、包封率、突释率等。

（二）体内评价

1. 药动学评价

靶向制剂的靶向性可以通过体内药物分布直观的评价，一般以小鼠或荷瘤裸鼠为受试对象，按预定的给药途径将靶向制剂给药后，于不同的时间点处死动物，取血并剖取脏器组织，匀浆，提取血液或匀浆组织中的药物，测定其含量，据此绘制血液及不同组织中的药物浓度 – 时间曲线，进行动力学数据处理，以同剂量非靶向制剂作对照，评价靶向制剂在动物体内的分布。

靶向制剂的靶向性评价可由相对摄取率（r_e）、靶向效率（t_e）和峰浓度比（c_e）三个参数进行衡量，计算公式分别见式（17-13）、(17-14)、(17-15)。

$$r_e = (AUC_i)_p / (AUC_i)_s \quad (17-13)$$

式中，AUC_i 为由浓度-时间曲线求得的第 i 个器官或组织的药-时曲线下面积，下标 p 和 s 分别表示靶向药物制剂和药物溶液。

相对摄取率代表了不同制剂对同一组织或器官的选择性。$r_e > 1$ 表示药物制剂在该器官或组织有靶向性，r_e 越大靶向效果越好；$r_e \leq 1$ 表示无靶向性。

$$t_e = (AUC)_{靶} / (AUC)_{非靶} \quad (17-14)$$

式中，AUC 为某组织或器官的药-时曲线下面积，t_e 为药物制剂或药物溶液对靶器官的选择性。$t_e > 1$ 表示药物制剂对靶器官比某非靶器官有选择性；t_e 值越大，选择性越强；药物制剂的 t_e 值与药物溶液的 t_e 值相比，说明药物制剂靶向性增强的倍数。

$$C_e = (C_{max})_p / (C_{max})_s \quad (17-15)$$

式中，C_{max} 为峰浓度，下标 p 和 s 分别表示药物制剂及药物溶液。

C_e 值也反映了不同制剂对同一组织或器官的选择性。每个组织或器官中的 C_e 值表明药物制剂改变药物分布的效果，C_e 值越大，表明改变药物分布的效果越明显。

2. 活体成像技术评价

活体成像技术是应用影像学方法，在不损伤动物的前提下，对活体状态下的生物过程进行组织、细胞和分子水平的定性和定量研究的技术。通过这项技术可以非侵入式、直观地观测活体动物体内肿瘤的生长、转移、疾病的发展、基因的表达变化等生物学过程，为制剂的靶向性评价提供了一个最直观的方法，已广泛应用于评价靶向制剂的体内分布。活体成像技术主要有两类，一是光学成像，一是核医学成像。

第四节　定时、定位释药制剂

一、定时、定位给药依据

人体的生理特征受生物钟调控，呈现出周期性变化，如心率、血压、体温和激素水平，都表现出明显的时辰节律。为了应对这些生理病理学特征，科学家们开发了定时定量脉冲释放有效治疗量的药物剂型，其中包括定时释药系统和定位释药系统。

定时释药系统，依据时辰药理学和时辰药代动力学的原理按时释放有效药量，因此也被称为脉冲释药和时控-突释系统。人体生命活动与昼夜变化、四季交替密切相关，呈现出一定的节律性，很多疾病发作也具有明显的节律变化。中医药学总结出"因时施治，择时用药"的治疗原则，如，"晨服参，夕服六味"即是这一原则的体现。这类药物主要用于治疗心血管疾病、抗哮喘、治疗关节炎、胃溃疡等疾病。

定位释药系统是指口服后能有选择性地将药物输送至胃肠道特定区域，并实现速释、缓释或控释释放药物的剂型，主要包括小肠定位释药系统和结肠定位释药系统。其目的在于治疗局部胃肠道疾病、减少药物剂量、提高药效，并减少全身性副作用的发生率。改善缓释、控释制剂因受胃肠道运动影响而引起的药物个体差异大、吸收不完全等问题。

二、定时、定位释药原理

随着制剂技术的不断发展和临床治疗需求的变化，定时、定位制剂已不仅局限于口服给药。近年来，对这类制剂的研究日益增加，并逐渐成为药物新剂型研究开发的热点。

（一）时滞型脉冲释药系统

脉冲制剂系指给药后不立即释放药物，而在体液中经过一定时间，在特定 pH 或某些酶作用下一次或多次突然释放药物的制剂。时滞型脉冲释药制剂是基于人体的时辰节律特性设计的一类制剂，能够定时或定位地释放药物。

时滞型脉冲释药系统的基本结构包括含药核心和具有时滞的包衣层，实现时滞脉冲释放的基本单元可以是片剂、胶囊剂或小丸剂等。实现时滞的原理有多种，其中最常见的包括溶蚀包衣原理、压力爆破原理和胃肠转运时滞原理等。

1. 溶蚀包衣原理

药物核心外覆溶蚀性薄膜，这层包衣可在胃肠道中缓慢溶解，待溶解完成后释放核心中的药物。通过调节薄膜的成分和厚度，可控制其溶解速率，达到特定的释放时滞。为获得较长的释放延迟，溶蚀包衣层往往较厚，通常通过压制法制备成"包芯片"。

2. 压力爆破原理

将药物与其他辅料混合制成核心，外覆半透性薄膜，水分透过膜进入核心溶解药物，同时使核心压力和体积增大，直至膜被撑破并释放药物。常向核心中加入吸水膨胀的高分子物质或渗透性物质，使其迅速膨胀，增大体积以撑破薄膜。压力爆破技术可以用于实现药物的快速释放，提高药物的生物利用度。

3. 胃肠转运时滞原理

一般药物在胃部转运时间受胃排空影响较大，不易稳定时滞，而小肠的转运时间相对稳定，可利用该生理特点设计时滞型脉冲释放系统。此类系统通常利用 pH 或菌群触发释放原理，外覆肠溶薄膜以避免胃排空影响，时滞为制剂经小肠转运所需时间。此类制剂常用辅料有纤维素类，如乙基纤维素（EC）、醋酸纤维素（CA）等，可延缓药物的释放速率，延长药物在胃肠道中的停留时间。

4. 渗透泵原理

渗透泵型择时释药系统是一种利用渗透压活性物质（崩解剂、溶胀剂或泡腾剂）与药物形成丸芯或片芯，再通过含有致孔剂和聚合物的混合包衣液对丸芯或片芯外层进行包衣的系统。一旦该制剂进入胃或小肠，消化液渗透入膜内的微孔，形成强烈的渗透压，促使丸芯或片芯持续膨胀直至撑破外层衣膜，药物迅速释放出来。

（二）结肠定位释药系统

结肠定位制剂系指在胃肠道上部基本不释放药物，在结肠内大部分或全部释放的制剂。在规定的酸性条件与 pH 6.8 的磷酸盐缓冲液中，几乎不释放，而在 pH 7.5~8.0 的磷酸盐缓冲液中在要求的时间内释放药物。结肠定位制剂的优势：①提高结肠局部药物浓度，有利于治疗结肠局部病变；②避免首过效应；③有助于多肽、蛋白质类大分子药物的吸收；④固体制剂在结肠中的转运时间可长达 20~30 h，对缓释、控释制剂的研发具有指导意义。

1. 时控型结肠释药系统

药物经口服后到达结肠需要约 6 h 的时间。采用合适的辅料及方法制备具有一定时滞的时间控制型制剂，可使药物在胃和小肠不被释放，而在到达结肠时开始释放，实现结肠定位给药的效果。如纤维素衍生物（如 HPMC）、蜡质材料（如蜂蜡、巴西棕榈蜡）可控制药物的释放速率来实现结肠释药。另外，时控型结肠释药系统可能受食物影响，需要控制食物类型，实现个体化给药，否则可能影响药物的生物利用度。

2. pH 敏感型结肠释药系统

结肠的 pH 为 6.5~7.5，略高于小肠的 pH。因此，采用在结肠 pH 环境下溶解的 pH 依赖性高分子聚合物，如 Eudragit L/S（一种甲基丙烯酸共聚物）和纤维醋法酯（CAP），能够在结肠的较高 pH 环境下溶解或蚀解，实现药物的结肠释放。

3. 压力控制结肠释药系统

结肠内大量水分和电解质被重新吸收，导致肠内容物黏度增加。当肠道蠕动时，增加了对物体的直接压力，有可能导致物体破裂。基于这个原理，设计了压力控制型胶囊。这种胶囊将药物用 PEG 溶解后注入内表面涂有乙基纤维素的明胶胶囊内。口服后，明胶层立即溶解，内层的乙基纤维素此刻呈球状（含有药物），到达结肠后，由于肠压增大，导致其崩解并释放药物。

（三）pH 触发定位释药系统

人类机体的胃肠道 pH 具有十分典型的梯度，可利用该生理特点设计在胃肠道特定部位释放的药物制剂。一般认为，胃部的 pH 为 1.0~1.2，在餐后或病理状态下 pH 可升至 3~5，由于药物制剂首先要经过胃，再到达小肠和结肠。常用的 pH 敏感型材料有胃溶型聚丙烯酸树脂。十二指肠部位的 pH 为 5.0~5.5，为避免胃部刺激或胃酸的影响可设计十二指肠释放的肠溶制剂。常用的肠溶材料有虫胶、CAP、HP-55 等。小肠的 pH 向下逐渐升高，在回肠远端达 7.0 左右，因此结肠定位释放系统常选用 Eudragit L 或 Eudragit S 等包衣材料，以确保药物在结肠释放。

（四）菌群触发定位释药系统

菌群触发定位释药系统制剂的设计原理基于肠道内不同部位的菌群组成和代谢特性的差异。通过选择合适的菌群识别分子（如糖类、多肽等），实现对特定菌群的靶向识别。当制剂到达肠道特定部位时，这些识别分子与菌群相互作用，触发制剂中药物的释放。该释药系统能够避免药物在上消化道释放引起的副作用，并减少消化酶对药物的破坏，是一种较为理想的靶向释药触发机制。

（五）胃内滞留定位释药系统

胃内滞留定位释放系统为胃漂浮剂，又称胃内滞留制剂、漂浮给药系统或水动力平衡系统，系指口服后能保持自身密度小于胃内容物密度，而在胃液中呈漂浮状态的特殊缓释制剂，主要是根据流体动力学平衡体系设计的漂浮制剂。

在制剂中加入亲水性聚合物，利用其和胃液接触后产生的水化作用而使制剂体积膨胀、密度减小，当制剂密度小于胃液密度时，制剂就能在胃液中保持漂浮状态而滞留在胃中。药物的释放速率也可通过选择不同的聚合物凝胶骨架材料或调整其不同配比加以调节和控制。为了提高浮力，通常可于制剂中添加适量相对密度小的疏水性辅料。也可以加入发泡剂，遇胃酸产生气体，包裹于制剂表面的凝胶层,从而减轻制剂密度,增加浮力,同时又能增加药物的初始释放量,使其不受胃排空的影响;又因为膨胀后的制剂体积增大,难以通过幽门,故可成为长时间驻留于胃中的药物储库,使药物从凝胶骨架中缓慢释放,逐渐到达吸收部位而被吸收,直至负载药物释放完全或凝胶层溶蚀后体积变小才被排空。

第五节 其他新型给药系统

一、植入剂

植入剂系指由原料药物与辅料制成的供植入人体内的无菌固体制剂。植入剂一般采用特制的注射器植入,也可以手术切开植入。植入剂在体内持续释放药物,并维持较长时间。穴位埋线疗法可以看成是一种极具中医药特色的古老植入剂,作为一种传统的中医药治疗方法,通过针具和药线在穴位内产生穴位刺激并将中药效应组分通过经络缓慢传入体内,而达到治疗疾病的目的。近年来,随着理论和技术的不断发展,植入剂的应用逐渐增加。按药物在植入剂中的存在方式不同,可分为固体载体型、泵型和原位凝胶型植入剂(图17-13)。

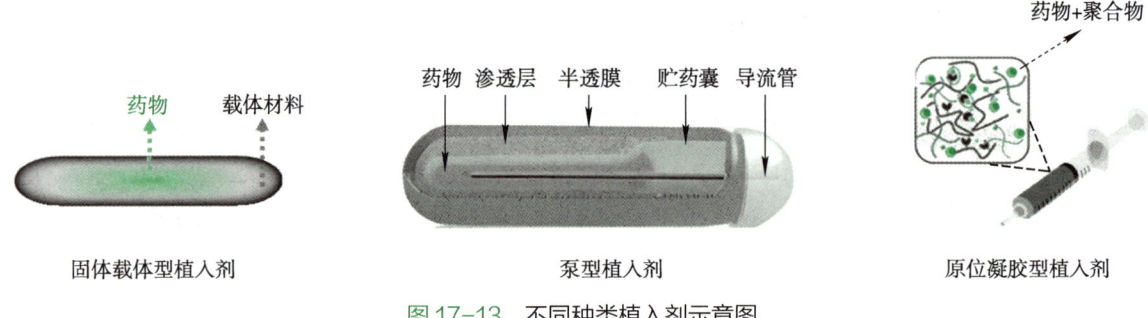

图17-13 不同种类植入剂示意图

1. 固体载体型植入剂

固体载体型植入剂系指将药物分散或包裹于载体材料中制成柱、棒、丸、片或膜剂等形式,供植入给药的制剂。该类植入剂可分为非生物降解型和生物降解型,其中非生物降解型又可分为管型和骨架型植入剂。

2. 泵型植入剂

泵型植入剂系指携载药物的微型泵植入体内发挥疗效的制剂。这种微型泵能按设计的速率自动缓慢输注药物,并控制药物释放速率。理想的泵型植入剂应满足以下条件:①能长期缓慢输注药物且能调节释放速率;②动力源可长期使用和埋植;③可通过简单的皮下注射等方式向泵中补充药液;④药液贮库室大小适宜;⑤可长期与组织相容。

3. 原位凝胶型植入剂

原位凝胶型植入剂系指将药物和聚合物溶于适宜的溶剂中,以原位凝胶的形式植入的一类制剂。这种凝胶经局部皮下注射,药物在生理条件下迅速发生相转变,在给药部位形成半固体状态的凝胶植入物,药物由凝胶中扩散出来发挥疗效。原位凝胶由水溶性高分子材料制备而成,具有高度亲水性的三维网格结构，良好的组织相容性、生物黏附性以及独特的溶液–半固体凝胶相转变性质。相较于预先成型的植入剂，原位凝胶的优势在于使用前为低黏度的液体，因此可以通过无创伤或微创方式介入目标组织、器官以及体腔内，同时无须二次手术将其取出。

二、纳米机器人给药系统

纳米机器人是一种模拟生物纳米机器构造和重要生物事件的人工智能系统。它能够利用外部能源在介质中自主移动，并与细胞或组织相互作用。尺寸一般为 1~500 nm，由于其微小体积，能够深入复杂而狭窄的人体组织内部，因此特别适用于人体循环系统的靶向药物递送和微创诊断与治疗。纳米机器人技术在靶向药物递送领域的应用是纳米科学、生物医学、机械工程、力学、电子工程、信息与通信等多学科交叉融合的产物，在药物递送系统中展示出巨大的发展潜力。例如，利用靶向给药纳米机器人技术可以有针对性地将药物递送到病变组织，避免或减少药物对其他健康组织和器官的副作用，显著提高治疗效率、缩短患者治疗时间，并降低治疗成本。这些优势将促进其在临床医学中的应用。另外，纳米机器人还用于 DNA 探针、细胞成像材料和细胞特异性输送等研究。目前，靶向给药纳米机器人按制备材料的不同，可以分为以下 3 种类型：基于天然生物材料（如 DNA 折纸机器人）、基于人工合成材料和基于生物细胞/微生物与人工合成复合材料的纳米机器人。为了让靶向给药纳米机器人可以自发并精确地到达靶向组织，目前开发的纳米机器人驱动方式主要包括化学/生化驱动、外部场驱动（磁场驱动、电场驱动、光驱动和超声波驱动）和生物驱动 3 种。

思考题

1. 中药缓释、控释制剂的研究面临的问题和挑战是什么？
2. 有人认为中药缓释、控释制剂需要实现所含复杂化学组分同步释药，以发挥中药多组分、多靶点协同起效的作用特点，请谈谈你的看法。
3. 中药发挥全身治疗作用的膏药是否可以看成是缓释制剂？谈谈你的理由。
4. 清代医家吴鞠通在《医医病书》中言："药之有引经，如人之不识路径者用向导也"，结合对本章相关知识点的学习，谈谈你对这句话的理解。
5. 以人工智能为代表的第四次工业革命将颠覆和改变人类社会的各个方面，你认为人工智能对中药制剂学的发展会产生何种影响？
6. 请查阅文献总结靶向制剂的应用领域。

（高缘、魏元锋）

数字资源详见　新形态教材网

视频　　知识拓展　　推荐阅读　　参考文献　　教学课件　　自测题

第十八章

中药制剂的稳定性

安全、有效、质量稳定是中药制剂的基本要求，而中药制剂质量稳定是保障临床用药安全、有效的前提。当中药制剂在贮藏过程中或临床应用前发现质量不稳定现象，例如口服液中出现大量沉淀、胶囊脆裂或难以崩解、颗粒吸湿结块、药片变色等，此时药品还能继续使用吗？产生这些现象的原因是什么？采取哪些措施可以避免这些现象的发生？在生产、运输和贮藏过程中，影响中药制剂质量稳定性的因素有哪些？怎样确定中药制剂的有效期？本章将介绍影响中药制剂稳定性的因素、中药制剂稳定性的考察方法以及改善中药制剂稳定性的措施。

第一节 概　述

中药制剂的稳定性是指中药制剂在制备、流通、贮存等过程中的质量稳定性。质量稳定是保障中药制剂临床用药安全和有效的前提，中药制剂发生变质不仅会导致药效降低，甚至可能产生不良反应，危及患者的健康和生命。

一、中药制剂稳定性研究的意义

稳定性研究是中药制剂质量评价的重要内容，贯穿于中药制剂的研制、生产、贮藏、运输和使用全过程；通过考察不同因素（如处方组成、环境条件、包装材料等）影响下，制剂的物理、化学及生物学质量属性随时间变化的情况，可以认识和预测中药制剂的质量变化趋势，为中药制剂生产、包装、贮藏、运输条件的确定和有效期的制定提供科学依据。

二、中药制剂稳定性研究的范围

中药制剂稳定性研究的范围一般包括物理稳定性、化学稳定性和生物学稳定性等方面。

物理稳定性是研究制剂外观性状（如颜色、气味、黏度、硬度等）、制剂崩解或药物溶出性能等物理质量属性发生变化的情况。物理稳定性变化的表现形式多种多样，如液体制剂分层、微粒沉降与结块，固体制剂吸湿、崩解速度减慢或溶出度降低、制剂中药物结晶增长、晶型转变等。中药制剂物理稳定性的变化规律和机制较复杂，制剂颜色、气味等物理属性的改变通常与制剂的化学稳定性密切相关。

化学稳定性是研究中药制剂中的药物成分因发生氧化、水解、聚合、脱羧等化学反应，而导致制剂中药物含量或组成发生变化的情况。化学稳定性是制剂稳定性研究中最为重要的内容，可为中药制剂的处方设计、制备工艺优化、制剂包装及贮藏条件选择等提供依据，通过化学稳定性研究，还可预测制剂的有效期。

生物学稳定性是研究在不同条件下，中药制剂受微生物污染导致制剂腐败、变质的情况。中药制剂因微生物污染导致变质，会同时引起制剂物理稳定性与化学稳定性的改变，不仅影响疗效，还会影响临床用药的安全性。

在中药制剂稳定性研究中，应当根据中药制剂多成分复杂体系的特点，有针对性地设计稳定性研究方案，从多维度开展稳定性研究与评价。本章主要介绍中药制剂化学稳定性的相关内容。

> **思考与讨论**
> 中药制剂常见的不稳定现象有哪些？举例说明。

第二节 药物化学降解的途径与动力学模型

制剂的化学不稳定性主要表现为药物化学降解。中药制剂中有效成分的降解途径与其化学结构有关,降解速率受处方因素和外界因素的影响。研究药物化学降解的途径以及处方因素和外界因素对化学降解的影响,对于预测和改善中药制剂的稳定性具有重要意义。

一、药物化学降解的途径

药物化学降解的途径与其化学结构有关,常见的降解途径有水解、氧化、光降解、异构化、聚合、缩合、脱羧等。同一种药物成分在不同条件下也可能通过不同途径发生降解反应。例如,穿心莲中主要活性成分穿心莲内酯在酸性条件下易发生异构化,在碱性条件下易水解、开环。

(一)水解

水解(hydrolysis)是化合物与水之间的反应,化合物经水解可以产生两种或两种以上新化合物。中药中常见的大分子物质如多糖、蛋白质易发生水解反应,一些小分子苷类、酯类、酰胺类等成分也会发生水解反应。

1. 苷类药物的水解

苷是糖或糖的衍生物(如糖醛酸)与非糖物质(苷元)通过糖的端基碳原子连接形成的一类化合物。苷元与糖之间形成的化学键称为苷键,苷键在稀酸或者酶的作用下断裂,水解成糖和苷元;苷键对稀碱较稳定,不易被碱催化水解。

中药制剂过程中,黄酮苷、蒽醌苷、皂苷、环烯醚萜苷等苷类成分在水中加热,常发生水解反应。苷类还易受酶作用而水解,酶水解一般具有高度专属性。酶的活性与温度密切相关,有些中药在加工过程中通过高温加热使酶灭活,可提高成分的稳定性,如苦杏仁、黄芩等饮片炮制过程都涉及加热杀酶保苷的机理。

2. 酯类药物的水解

酯的水解是酯化反应的逆反应,在酸碱催化作用下水解反应加速。酯类成分经酸催化水解产物为相应的羧酸和醇,碱催化水解的产物为相应的羧酸盐和醇。

含有内酯结构的药物与其水解产生的羧酸盐之间往往存在动态平衡,在一定条件下可相互转化。例如喜树碱具有广谱抗肿瘤活性,其水解程度随体系 pH 变化而改变,在 pH < 4 的酸性条件下喜树碱主要以内酯形式存在,而在碱性环境中大都以羧酸盐形式存在。喜树碱的水解过程见图 18-1。研究表明,喜树碱的抗肿瘤活性与其内酯结构密切相关,水解后抗肿瘤活性下降。

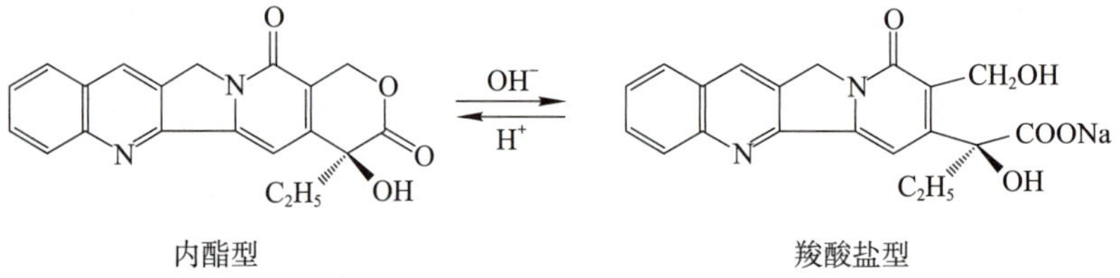

内酯型　　　　　　　　　　　　羧酸盐型

图 18-1　喜树碱的水解过程

3. 多糖类药物的水解

多糖分子由10个以上单糖通过糖苷键连接而成，糖苷键在酸性条件下易断裂，因此，提取多糖类成分的过程中若酸碱度控制不当可能破坏多糖结构。

4. 其他药物的水解

蛋白质、多肽类活性成分可在酸、碱、蛋白酶催化作用下逐步水解。此外，还可能发生脱酰胺、氧化、消旋等反应。

酰胺类药物水解后生成酸与胺。属于这类的药物有氯霉素、青霉素类、头孢菌素类、巴比妥类等。青霉素和头孢菌素类分子中存在着不稳定的β-内酰胺环，在H^+或OH^-影响下，易裂环导致失效。青霉素V由于将青霉素6位侧链上的苄基甲酰胺改为苯氧乙酰氨基，增加了稳定性，不易被胃酸破坏，可供口服。

生物碱是一类含氮有机化合物，具有多种药理活性，有些生物碱会发生水解反应。例如川乌中二萜双酯型生物碱有很强的毒性，加水长时间煎煮，可使双酯型生物碱水解转化为单酯型生物碱或无酯键的醇胺型生物碱，从而提高了临床用药的安全性。

（二）氧化

氧化（oxidation）系指化合物与氧结合或脱去氢的反应。药物的氧化多属于自动氧化，即药物接触空气中的氧，在常温下发生的氧化反应。自动氧化属于自由基链反应，包括自由基形成的诱导阶段、链反应形成与扩展阶段、链反应终止阶段。一般情况下氧化反应比较缓慢，但有光、热、金属离子或水存在时可以加速氧化过程。氧化降解的结果往往使制剂的颜色发生改变，或形成沉淀，或产生不良气味，从而严重影响药品质量。

分子结构中具有酚羟基或不饱和基团（如烯醇和多烯），以及芳胺类、吩噻嗪类、吡唑酮类、噻唑类药物较易被氧化。中药黄酮类和蒽醌类等具有酚羟基结构，如黄芩苷元具有邻三酚羟基，大黄素具有多个酚羟基，易被氧化。黄芩苷水解后的氧化过程见图18-2。

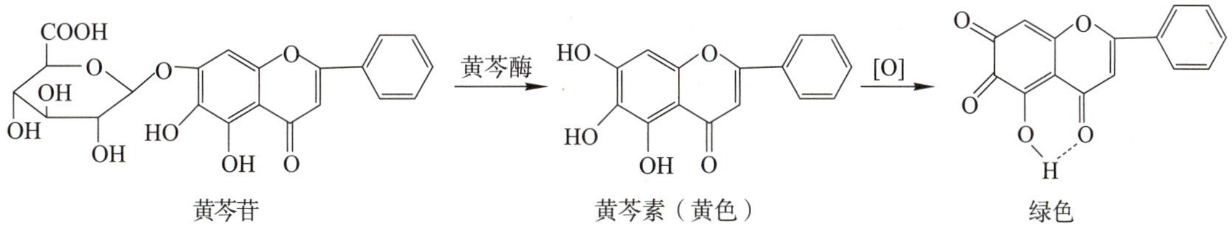

图18-2 黄芩苷的水解、氧化过程

（三）光降解

光降解（photo degradation）是利用光能将有机物分解成小分子的降解反应，一般分为直接光降解反应和间接光降解反应。

直接光降解反应是有机物分子吸收光的能量后，造成物质自身结构产生变化而分解。光源的发射波长越短，光子所带能量越高，有机物的直接光降解反应就越容易被诱导。

间接光降解反应是由环境中存在的其他物质在吸收光子能量之后呈激发态，进而将能量传递给另外一种物质分子，从而诱发接受能量的分子发生降解反应。光照可以催化药物自动氧化、异构化、聚合等降解反应，导致药效降低。例如，研究发现阿魏酸水溶液对光照敏感，其降解速率常数与光照强度成正比,光照可加速阿魏酸发生顺反异构化反应。

(四)其他降解途径

1. 异构化

异构化(isomerization)系指在加热、酸、碱或光照等条件下,一种同分异构体与另一种同分异构体相互转化的作用或过程,一般包括光学异构化和几何异构化两种,光学异构化又可分为差向异构化和外消旋化。例如,川芎中苯酞类成分洋川芎内酯I在有氧光照条件下通过异构化反应部分转化为其同分异构体(E)-6,7-反式-双羟基藁本内酯。生脉饮煎液制备过程中,部分人参皂苷类成分在煎煮过程中发生差向异构化反应。通常异构化使药物的活性降低甚至丧失。

2. 聚合

聚合(polymerization)系指由低分子单体合成高分子化合物的化学反应。例如,环烯醚萜苷易被水解,生成的苷元为半缩醛结构,容易进一步聚合。环烯醚萜苷类成分车叶草苷水解后生成的苷元聚合产生黑色树脂状聚合物。

3. 缩合

缩合(condensation)系指两个或两个以上有机分子相互作用后以共价键结合成一个大分子的过程。例如缩合鞣质在空气和酶的作用下容易氧化、脱水缩合形成不溶于水的鞣红。

4. 脱羧

脱羧(decarboxylation)系指有机化合物中的羧基转变为氢,同时释放出二氧化碳的反应。例如,对氨基水杨酸、依托度酸是典型的可发生脱羧反应的药物,对氨基水杨酸类会脱羧生成褐色的间氨基酚,间氨基酚会继续氧化生成二苯醚型化合物,而二苯醚型化合物容易引起人体不良反应。

二、药物化学降解的动力学模型

通过研究药物降解过程中药物浓度随时间的变化规律,可以拟合出药物降解反应动力学模型及其特征参数,为药物稳定性评价提供依据。

药物降解的快慢通常以单位时间内药物浓度的变化值,即降解反应速率来表示。根据质量作用定律,降解反应速率与药物浓度之间的关系可用式(18-1)表示。

$$-\frac{dC}{dt} = kC^n \tag{18-1}$$

式中,$-dC/dt$ 为降解速率,由于药物浓度不断降低,因此前面以负号表示;k 为降解反应速率常数,表示药物浓度为 1 mol/L 时的降解反应速率,k 值越大,药物降解速率越快;C 为药物浓度;t 为反应时间;n 为反应级数,用来阐明药物浓度对降解反应速率的影响,$n=0$ 为零级反应,$n=1$ 为一级反应,$n=2$ 为二级反应,以此类推。在药物的各类降解反应中,尽管有些药物的降解反应机制十分复杂,但大多数药物可按零级、一级、伪一级反应处理。

零级反应和一级反应模型的药物浓度 C 随时间 t 变化的速率方程见表18-1,其中 C_0 为药物初始浓度。由表 18-1 可知,零级反应 C 与 t 呈线性关系,一级反应 $\lg C$ 与 t 呈线性关系。

在制剂稳定性研究中,将药物含量降低50%所需的时间称为半衰期,用 $t_{1/2}$ 表示。零级反应 $t_{1/2}$ 与 C_0 成正比;一级反应 $t_{1/2}$ 与 C_0 无关,与 k 值成反比。

表 18-1 零级反应和一级反应模型的速率方程

反应级数	零级	一级
微分式	$-\dfrac{dC}{dt} = k$	$-\dfrac{dC}{dt} = kC$
积分式	$C = -kt + C_0$	$\lg C = -\dfrac{kt}{2.303} + \lg C_0$
$t_{1/2}$	$\dfrac{C_0}{2k}$	$\dfrac{0.693}{k}$

药物制剂的降解多数情况下属于一级反应或伪一级反应。若两种物质参加反应,但其中一种反应物的浓度远超另一种反应物,或保持其中一种反应物浓度恒定不变,可表现出一级反应的特征,称为伪一级反应,可按一级反应方程求算特征参数。

第三节 中药制剂稳定性的影响因素与稳定化方法

中药制剂的稳定性受处方组成、制备工艺、包装材料、贮存运输等多种因素的影响。针对影响中药制剂稳定性的因素,采用相应的措施可改善中药制剂稳定性。

一、影响中药制剂稳定性的因素

(一)处方因素

处方组成对中药制剂的稳定性影响很大。处方设计时,针对药物的性质合理优化制剂处方可改善制剂的稳定性。

1. pH

溶液的 pH 对药物降解反应速率影响较大,酸、碱可加速溶液中某些药物的降解反应,H^+ 和 OH^- 的催化作用称为专属酸碱催化。

为了维持体系稳定的 pH,在液体制剂处方中常加入缓冲盐,如醋酸盐、磷酸盐、枸橼酸盐、酒石酸盐等。缓冲组分也可能对药物降解起催化作用,即广义酸碱催化。为了观察缓冲盐对药物降解的催化作用,可以采用在恒定 pH 条件下,调整缓冲盐浓度,考察药物在缓冲溶液中的降解情况,如果降解速率随缓冲液浓度的增加而增加,则可确定该缓冲液对药物有广义的酸碱催化作用。为了减少这种催化作用的影响,应尽量选择没有催化作用的缓冲盐或降低缓冲盐的浓度。

确定制剂的 pH 时应综合考虑药物的稳定性、溶解度、药效和人体的生理适应性等因素。

2. 溶剂的介电常数

为了增加药物的溶解度、调整体系黏度,液体制剂中可能加入甘油、乙醇、丙二醇等介电常数较小的非水溶剂。当 A、B 两种离子发生反应时,溶剂的介电常数对药物降解反应速率的影响可用式(18-2)表示。式中,k 为降解反应速率常数,ε 为溶剂介电常数,k_∞ 为溶剂 ε 趋向 ∞ 时的降解反应速率常数,k' 为常数,Z_A、Z_B 分别为发生反应的 A、B 两种离子或药物所带的电荷。

$$\lg k = \lg k_\infty - \frac{k'Z_A Z_B}{\varepsilon} \quad (18-2)$$

由式（18-2）得知，在给定的体系和温度下，若药物和与之相互作用的离子荷电性质相同，采用介电常数较小的溶剂代替水将会使药物水解反应速率降低；如果药物和与之相互作用的离子荷电性质相反，则会使药物水解反应速率增加。

3. 离子强度

为了调节渗透压、pH 等，液体制剂中可能会加入电解质使溶液的离子强度增加。电解质可以直接通过影响离子强度而影响降解速率常数。离子强度对药物降解反应速率的影响可用式（18-3）表示。式中，k 是降解速率常数；k_0 是溶液无限稀释（$\mu = 0$）时的降解速率常数，Z_A、Z_B 分别为溶液中 A、B 两种相互作用的离子所带电荷，μ 是溶液的离子强度。离子强度增加时，若药物离子和与其相互作用的离子带相同电荷，则药物降解反应速率增加；若带相反电荷，则降解反应速率下降。

$$\lg k = \lg k_0 + 1.02\, Z_A Z_B \sqrt{\mu} \quad (18-3)$$

4. 表面活性剂

在液体制剂中加入表面活性剂可起到增溶、乳化、润湿和防腐等作用。当表面活性剂形成胶束，胶束能通过局部浓度效应、笼蔽效应、微黏度效应、静电效应和极性效应对化学反应产生影响。例如，姜黄素由于在水中溶解度低、碱性溶液中易降解，临床应用受到限制；选择适宜的表面活性剂不仅可以提高姜黄素的表观溶解度，还可以改善姜黄素在碱性水溶液（pH 13）中的稳定性。叶酸是一种水溶性 B 族维生素，易发生光氧化降解；利用叶酸和寡聚表面活性剂的静电相互作用，将叶酸包裹在阳离子表面活性剂胶束中，能够显著抑制叶酸的光氧化降解。

5. 处方中其他辅料

添加适宜的辅料可以改善制剂的稳定性。例如，抑菌剂可以抑制制剂中微生物繁殖，抗氧剂可以防止药物氧化变质，助悬剂可以延缓混悬微粒的沉降。

辅料选用不当可能导致药物降解或杂质生成，使临床疗效降低、安全性风险增大。研究发现，受药物与辅料的理化性质、外界环境等因素影响，药物与辅料间可能产生美拉德反应、酯化反应、酰胺化反应、加成反应等而影响药物稳定性。例如，常见辅料乳糖、微晶纤维素均含有易被氧化的羟基，在高温、高湿或处方中微量过氧化物作用下，会形成开环的活性醛形式，与含有胺类基团的药物成分发生美拉德反应，导致药物降解并产生深色的副产物。

辅料在生产过程中，可能会产生还原糖类、醛类、过氧化物等活性杂质，或残留痕量金属离子，这些物质也可以与药物成分发生反应，或催化药物降解过程，引发药物的稳定性及安全性问题。

6. 处方药物配伍

中药制剂中药物的化学组成复杂，在化学成分群形成的分散体系中，不同成分配伍会对制剂的稳定性产生影响。合理利用配伍关系可以提高中药制剂的稳定性，保障制剂质量。例如，女贞子富含齐墩果酸和熊果酸等五环三萜类物质，将女贞子三萜与胡椒碱制备成无定形复合物，可以显著增加女贞子三萜中齐墩果酸和熊果酸的溶出量和溶出速率，利用胡椒碱的促吸收和代谢抑制作用，提高女贞子三萜口服生物利用度。研究还发现该复合物可能存在多种分子内和分子间氢键，其热稳定性受女贞子三萜与胡椒碱的配伍比例影响。有研究发现，由于中药多糖与黄酮类成分之间可能存在包封、吸附等相互作用，在 90℃、pH 9 的磷酸盐缓冲液中，枸杞多糖、刺五加多糖、党参多糖、甘草多糖、玉竹多糖等可提高黄芩素、槲皮素、木犀草素、芦丁等黄酮类化合物的稳定性。

（二）外界因素

外界因素包括温度、湿度、光线、空气（氧）、金属离子等。这些因素对制剂稳定性的影响是确定产品生产工艺条件、储运条件的重要依据。

1. 温度

温度影响药物降解反应速率，从而影响药物的化学稳定性。温度对化学反应速率的影响较为复杂，一般而言，温度升高化学反应速率加快。反应速率常数 k 与绝对温度 T 之间的关系可用 Arrhenius 方程表示，见式（18-4）。

$$k = Ae^{-E/RT} \tag{18-4}$$

$$\lg k = \lg A - \frac{E}{2.303} \frac{1}{RT} \tag{18-5}$$

Arrhenius 方程是描述化学反应速率常数随温度变化关系的经验方程，式（18-5）为 Arrhenius 方程的对数式，式中 k 为反应速率常数，A 为指前因子，E 为表观活化能（J/mol），R 为气体常数[J/(mol·K)]，T 为绝对温度（K）。Arrhenius 方程适用于均相反应体系，方程中表观活化能 E 被视为与温度无关的常数，当 E 随温度变化时，尤其是在温度范围较宽或反应机制较为复杂的情况下，该经验公式不适用。

在中药制剂生产过程中，很多生产工艺环节需要在加热条件下进行，如浸提、浓缩、干燥、灭菌等，控制适宜的操作温度有利于改善药物成分的化学稳定性。温度会影响药物的溶解度和溶解速度，可能引起混悬剂中混悬微粒结晶长大、晶型转变，改变混悬剂的物理稳定性。因此在中药制剂的生产与贮存过程中合理控制温度可以改善中药制剂的稳定性。

2. 湿度

吸湿对固体制剂的物理稳定性、化学稳定性和生物学稳定性均会产生影响。粉末吸湿后流动性降低、易结块，也可能导致药物晶型转变。吸湿通常会加速氧化反应或促使药物发生水解，泡腾制剂吸湿后释放出二氧化碳而逐渐失去泡腾作用。固体制剂吸湿还会促使微生物滋生而发生变质。

药物的引湿性系指在一定温度与湿度条件下药物吸收水分能力或程度的特性。为研究固体制剂的引湿性，可将样品置于不同相对湿度（RH）环境中，测定不同时间样品的吸湿率。试验时利用电热恒温恒湿试验箱，也可以通过特定盐的饱和水溶液获得不同相对湿度的试验条件。

在一定温度和压力下，特定盐的饱和水溶液在密闭试验箱中可形成恒定的空气相对湿度，利用该特性，在密闭容器的底部预先放入特定盐的饱和水溶液，将容器置于恒温箱中，可获得特定的恒温恒湿试验条件。常用的饱和盐水溶液及其平衡相对湿度值见表 18-2。

试验时，将盛有固体样品的称量瓶放置于恒湿环境中，经一定时间后取出称量瓶称重，即可测得吸湿量，计算吸湿增重百分率。以吸湿增重百分率对时间作图得到吸湿时间曲线。经不同时间连续测定，样品吸湿率如不再变化，即达吸湿平衡，此时的吸湿增重百分率为平衡吸湿率。在特定温度下，将固体样品置于不同相对湿度环境中，测定不同相对湿度下的平衡吸湿率，以平衡吸湿率对相对湿度作图，即得吸湿平衡曲线图。从图上可求得物料吸湿率开始急剧增加时的相对湿度，即临界相对湿度（critical relative humidity，CRH）。CRH 值可作为评价物料引湿性的重要

表 18-2　25℃时饱和盐水溶液的平衡相对湿度值

饱和盐水溶液	平衡相对湿度 /%
CH_3COOK	22.5 ± 0.4
$MgCl_2$	32.8 ± 0.2
K_2CO_3	43.2 ± 0.4
NaBr	57.6 ± 0.4
KI	68.9 ± 0.3
NaCl	75.3 ± 0.2
KCl	84.2 ± 0.3
K_2SO_4	97.3 ± 0.5

指标，一般 CRH 愈大，物料愈不易吸湿。

知识拓展 18-1：固体物料引湿特性的评价指标与评价方法

除了采用上述传统的重量法研究药物引湿性外，还可以通过动态蒸汽吸附分析技术进行引湿性研究，其原理是在可控温湿度的系统内对样品实时在线称重，通过计算单位时间吸湿量或吸湿增重百分率，评价在设定的温湿度条件下样品与水分的相互作用。相比于传统重量法，采用动态蒸汽吸附分析技术可以使样品更快达到吸湿平衡，显著缩短试验时间。

3. 光线

光是一种辐射能，辐射能量与波长成反比。紫外光波长短能量高，容易引发自由基反应破坏化学键，同时与氧化相伴发生光氧化反应。物质的光降解速率与光的波长、光照强度等因素有关。例如，中药挥发油中主要含萜类化合物及芳香族、脂肪族小分子化合物，光照可促使挥发油发生氧化、异构化等降解反应。有研究报道了茴香挥发油在紫外光辐射与避光环境下的自氧化过程，发现茴香挥发油主要成分反式茴香脑在紫外光辐射下迅速被异构化为顺式茴香脑，而室温避光储存 2 个月后，反式茴香脑才逐渐被氧化为茴香醛或异构化为顺式茴香脑。

4. 空气

易氧化的药物与空气接触或在液体制剂中与溶解的氧接触，在常温下即可发生氧化反应。氧化过程一般比较复杂，可伴随光降解和水解反应等，并且光、热、氧气与金属离子均可加速氧化反应的进行。氧化降解的结果往往使药物颜色加深或变色，或形成沉淀，或产生不良气味，甚至生成有害物质，严重影响制剂质量。

5. 金属离子

制剂中微量金属离子既可来自原辅料，又易从容器以及操作过程中接触的金属工具及设备中带入。金属离子对药物的氧化、光降解有明显的催化作用，金属离子也可以与药物形成复合物，使其效价降低或失效。

（三）药品包装因素

直接与药品接触的包装材料和容器（即药包材）是药品重要的组成部分。药包材对药品的保护性能、与药品的相容性以及自身稳定性对药品的稳定性有着十分重要的影响。

1. 药包材对药品的保护性能

包装能将药品与外界隔离，防止药品内容物损失，阻止外界环境中空气、水分、光线、微生物或其他物质进入药品或与药品接触。药包材的保护性应充分考虑其避光性能、阻隔性能、机械性能、密封性等特性。

常用的药品包装材料可分为塑料类、金属类、玻璃类、橡胶类等，也可以由两种或两种以上的材料复合或组合而成（如复合膜、铝塑组合盖等）。金属容器与玻璃容器属于非渗透性容器，具备防潮及防溶剂通过的永久屏障。塑料容器则属于半透性容器，具有一定的透水透气能力。包装在半透性容器中的水性制剂若放置在低相对湿度的环境中，可能因其潜在的失水性而影响制剂的稳定性。

2. 药包材与药品的相容性

药包材与药品的相容性系指包装系统与内容物的相互作用不足以使药品或者包装发生不可接受的改变。药包材与药品之间应具有良好的相容性，不会因物质迁移影响药品或包材的稳定性甚至引发用药安全风险。

注射剂、吸入制剂、眼用制剂的药包材相容性是研究的重点。以注射剂为例，药用玻璃容器具有较好的物理和化学稳定性，生物安全性相对较高，因此常用作注射剂的容器。药用玻璃容器的化学成分和生产工艺不同，对注射剂的稳定性与安全性可能产生不同的影响。药用玻璃通常包含二氧化硅、三氧化二硼、三氧化二铝、氧化钠、氧化钾、氧化钙、氧化镁等成分，为了改善其性能还会添加不同的氧化物。某些药物对酸、碱、金属离子等敏感，如果玻璃中的金属离子和/或镀膜成分迁移进入药液，可催化药物发生某些降解反应，导致溶液颜色加深、产生沉淀、出现可见异物、药物降解速度加快等现象；玻璃中的钠离子迁移后，导致药液pH发生变化；某些毒性较大的金属离子或阳离子基团迁移进入药液也会产生潜在的安全性风险。玻璃容器通常采用模制和管制工艺生产，不同生产工艺对玻璃容器质量也有影响。对于某些微量、治疗窗窄、结构上存在易与玻璃发生吸附官能团的药物，或是处方中含有微量功能性辅料（如抗氧剂、络合剂），玻璃容器表面可能会产生吸附作用，使药物剂量或辅料含量降低。注射剂还可能对玻璃内表面的耐受性产生影响，降低玻璃容器的保护作用和功能性，甚至导致玻璃网状结构破坏致使其中的成分大量溶出并产生玻璃屑或脱片，引发安全性问题。

知识拓展18-2：包装材料与药物相容性研究的内容

3. 药包材自身的稳定性

常用的药用低密度聚乙烯滴眼剂瓶、口服固体药用高密度聚乙烯瓶、聚丙烯输液瓶、注射液用氯化丁基橡胶塞、药用合成聚异戊二烯垫片、口服液体药用硅橡胶垫片等塑料、橡胶类包装材料，不仅可能对制剂中药物成分或辅料（如抑菌剂、抗氧剂等）产生吸附从而引起制剂稳定性变化，还可能因自身稳定性不佳而影响药品质量。塑料、橡胶类产品受环境因素影响存在老化现象，不仅影响其对药品的保护性能，还存在可提取物和潜在浸出物改变的风险。

鉴于包装材料对药物制剂稳定性的重要影响，国家药品审评与监管相关部门陆续颁布了《药品包装材料与药物相容性试验指导原则》（YBB00142002—2015）《化学药品与弹性体密封件相容性研究技术指导原则（试行）》《化学药品注射剂生产所用的塑料组件系统相容性研究技术指南（试行）》等，《中国药典》中也收载了与药品包装材料相关的指导原则，用以指导包装材料与药物相容性试验研究，为正确选择包装材料提供指导。

二、提高中药制剂稳定性的方法

（一）延缓中药制剂中药物水解的方法

1. 调节 pH

中药液体制剂的 pH 对药物稳定性影响较大。考察 pH 对药物水解速率的影响时，通常在不同 pH 的系列缓冲液中进行试验，通过测定不同取样时间点药物的剩余浓度，拟合药物降解动力学模型，计算水解速率常数。根据不同 pH 下药物的水解速率常数，可获得使药物稳定的溶液 pH 范围。为了减少缓冲盐对药物水解的影响，应尽量选择没有催化作用的缓冲盐或降低缓冲盐的浓度。制剂适宜 pH 范围的确定还应综合考虑药物溶解性、药效与安全性等因素。

2. 降低温度

在中药制剂生产过程中，提取、浓缩、干燥、灭菌等工艺环节常涉及加热操作，应注意加热温度对药物稳定性的影响。对含有热敏性成分的制剂，在制备工艺中，应尽可能避免使用较高温度下长时间加热操作的工艺方法，同时也应控制制剂成品的贮藏温度以保证质量。

3. 改变溶剂

选择合适的溶剂对增加药物溶解度、改善制剂澄清度、提高制剂稳定性尤为重要。对易水解的药物，有时可选用乙醇、丙二醇等介电常数较小的非水溶剂以延缓药物的水解。

4. 制成固体制剂并防止其吸湿

对于极易水解的药物，可制成固体剂型。固体制剂吸湿后会促使药物发生水解，防止固体制剂吸湿也可以延缓制剂中药物水解。

（二）防止中药制剂中药物氧化的方法

1. 降低温度

降低温度可有效降低药物氧化降解速率。易氧化的药物及其制剂在制备和贮存过程中应适当降低温度，以减少药物的氧化。

2. 避光

光能激发氧化反应，加速药物的氧化分解，因此易发生光氧化降解的药物制剂在制备过程中应避光操作。胶囊剂的囊材和片剂的包衣材料中加入遮光剂可减少药物的光氧化降解。采用不透光的容器包装、避光贮存等也是很重要的保护措施。

3. 驱逐氧气

驱逐氧气是防止药物氧化的根本措施。固体制剂可采用真空包装避免氧的影响。真空包装适用于金属罐、玻璃瓶、塑料及复合薄膜等包装材料。也可采用充气包装，即在包装内充填一定比例的惰性气体，如氮气、二氧化碳，从而减少包装内的含氧量。与真空包装相比，充气包装可使包装内外压力平衡并保持包装的美观。

液体制剂还应注意溶解在溶剂中的氧对药物氧化降解的影响。生产中可在溶液中和包装容器中通入惰性气体如二氧化碳、氮气以驱逐氧气，防止药物氧化，例如在莪术油注射液中通入氮气可有效地提高莪术油的稳定性。由于二氧化碳的密度和在水中的溶解度均大于氮气，所以驱氧效果好于氮气，但二氧化碳溶解在水中可降低药液 pH，使用时应注意。

4. 添加抗氧剂

在制剂中添加抗氧剂也是防止药物氧化的常用措施。抗氧剂按作用分为两类，一类属于强还原剂，如亚硫酸氢钠、焦亚硫酸钠等水溶性抗氧剂，依靠自身被氧化而保护药物；另一类是自由基链反应的阻断剂，如维生素 E、丁基羟基茴香醚、二丁基羟基甲苯等油溶性抗氧剂，能与自由基结合使链反应中断。此外还有一些化合物可以显著增强抗氧剂的效果，通常称为协同剂或增效剂，如酒石酸、枸橼酸等。

液体制剂中选用抗氧剂时，应考虑溶剂、pH 等要求，如焦亚硫酸钠和亚硫酸氢钠常用于弱酸性药液，亚硫酸钠常用于偏碱性药液，硫代硫酸钠在偏酸性溶液中可析出硫单质颗粒，故只能用于碱性药液。油溶性抗氧剂用于油溶性制剂有较好效果，例如在康莱特软胶囊中添加维生素 E 作为抗氧剂改善薏苡仁油的稳定性。使用抗氧剂还应注意抗氧剂与制剂成分之间可能的相互作用，如穿心莲内酯与亚硫酸氢钠发生加成反应生成无色物质，所以抗氧剂要经过实验筛选。

5. 控制微量金属离子

微量金属离子对自氧化反应有显著的催化作用，如铜、铁、钴、镍、锌、铅等离子对自动氧化反应都有促进作用，可以引发链反应，加速自由基生成，缩短诱导期，且对氧化链反应各个阶段均有催化作用。要避免金属离子的影响，应选用纯度较高的原辅料，在操作过程中避免接触金属器具，同时还可加入络合剂，如依地酸盐、枸橼酸、酒石酸、磷酸等，有时络合剂与抗氧剂联合应用，效果更佳。

6. 调节 pH

药物的氧化还原反应通常也会受到 H^+ 和 OH^- 的催化，这是由于一些反应的氧化-还原电位依赖于 pH，如丹参酮 II_A 在水中极易转化为醌式，可接受水中的氢还原为氢醌，然后再将氢传递给反应产物，而本身又被氧化成醌，分解产物被还原成烷烃类。

7. 防止制剂吸湿

吸湿通常能加速药物氧化反应，防止固体制剂吸湿也可以防止易氧化药物成分氧化。

8. 采用包合、固体分散、微囊化等制剂技术

选用适宜的辅料，将药物制成包合物、固体分散体、微囊等形式，利用包合材料或载体材料的包蔽作用可延缓药物氧化。八角茴香精油中含多种萜烯类化合物，制成羟丙基-β-环糊精包合物后，精油的光稳定性及热稳定性均得到了显著改善。生姜油系从生姜根茎中提取的油状物，具有抗氧化、抑菌及防治动脉硬化等药理活性，其主要成分为姜辣素、姜酚、芳香醇和萜类化合物，储藏不当极易发生氧化变质，以辛烯基琥珀酸淀粉钠为囊材，通过喷雾干燥法制备生姜油微囊，可改善生姜油的稳定性。

（三）延缓中药固体制剂吸湿的方法

1. 去除易吸湿的杂质

对于制剂原料中易吸湿的杂质，如黏液质、树胶、果胶、鞣质、蛋白质等，可以采用适宜的精制工艺去除杂质，以降低吸湿性。但对吸湿性较强的药效物质，不应随意除去，而宜采用其他方法防止吸湿。

2. 辅料包覆改性

中药固体制剂成型过程中会加入多种辅料，选用吸湿性低的辅料，如乳糖、甘露醇等，可降低制剂吸湿性。药物与辅料机械研磨混合或喷雾干燥共处理，可使药物粉体表面被辅料包覆改

性，粉体表面活性吸附位点暴露减少，粉体毛细管通道堵塞，降低了空气中水分子在粉体表面的凝集及向粒子内部的扩散，从而达到降低吸湿性的效果。

3. 进行防潮包衣

采用适宜的高分子聚合物为成膜材料，对固体制剂或粉粒进行防潮包衣。例如，采用合适的PVA包衣材料有助于阻隔湿气向片芯迁移，提高片剂的稳定性。

4. 采用防潮包装

药品包装对外部环境中水蒸气、氧气等的阻隔性能是影响药品质量的重要因素，防潮效果好的包装材料可以延缓中药固体制剂吸湿。口服固体制剂使用较多的包装容器为药用塑料瓶和泡罩，其次是药用复合膜、袋，而药用玻璃瓶和陶瓷瓶使用较少。药用塑料瓶是以无毒的高分子聚合物（PP、PET、HDPE等）为主要原料，通过吹塑工艺加工成型，适用于片剂、胶囊剂、颗粒剂等口服固体制剂的包装。泡罩包装属单剂量独立包装，与塑料瓶包装相比，密封性能更好，且携带和使用方便。药用复合膜是指由各种塑料纸、金属或其他材料通过黏合剂组合而形成的膜，将复合膜热封后可制成复合袋，用于包装颗粒剂、片剂、散剂，并可用作胶囊泡罩外的枕式包装袋。

18-3：药包材水蒸气透过量测定方法

5. 控制环境的相对湿度

易吸湿药品应在干燥环境中生产与贮藏。如有必要，可以在包装容器中加入硅胶干燥剂。

第四节　中药制剂稳定性试验方法

一、稳定性试验的基本要求

中药制剂稳定性研究应贯穿于药品的研发、生产、贮藏、运输和使用的全过程，《中国药典》中"原料药物与制剂稳定性试验指导原则"以及国家药品监督管理局药品评审中心2024年发布的《中药制剂稳定性研究技术指导原则（试行）》中对中药制剂稳定性研究制定了推荐性技术要求。

1. 样品规模

稳定性试验样品应当具有代表性，通常采用至少中试规模批次的样品进行。大体积包装的制剂，如静脉输液等，每批放大规模的数量通常应为各项试验所需总量的10倍。特殊品种、特殊剂型所需数量，根据情况另定。

若放大试验比规模生产的数量小，从放大试验转入规模生产时，对最初通过生产验证的3批规模生产的产品仍需进行加速试验与长期稳定性试验。

2. 样品放置条件

稳定性试验要求在一定的温度、湿度、光照等条件下进行，放置条件的设置应充分考虑到药品在贮存、运输及使用过程中可能遇到的环境因素。稳定性试验中应对各项试验条件要求的环境参数进行控制和监测。

临用现配的中药制剂，或是多剂量包装开启后有一定使用期限的中药制剂等，应当根据其临床使用情况，进行配伍稳定性试验或开启后使用的稳定性试验。

3. 分析方法

研究药物稳定性应采用专属性强、准确、精密、灵敏的药物分析方法与有关物质（含降解产物及其他变化所生成的产物）的检查方法，并对方法进行验证，以保证药物稳定性试验结果的可靠性。在稳定性试验中，应重视降解产物的检查。

二、稳定性重点考察项目

中药制剂大多成分复杂、稳定性影响因素众多，应当从多角度、多维度选择多个指标进行稳定性研究与评价，内容一般涵盖物理、化学、生物学等方面，并关注考察指标与有效性、安全性、质量可控性的关联。

中药制剂稳定性的重点考察项目一般涉及制剂的质量标准及《中国药典》制剂通则中与稳定性相关的物理、化学和微生物学指标，必要时应当考察反映质量变化的其他指标。单一成分制成的制剂，应当关注各检测时间点有关物质（含降解产物及其他变化所生成的产物）的变化情况，说明其生成产物的数目及含量的变化，如有可能应说明有关物质中何者为原料中的中间体，何者为降解产物，稳定性试验重点考察降解产物。在中药制剂保存期间易于变化的指标，如挥发性、热敏性、易氧化水解等不稳定成分，可能会影响其质量、安全性和有效性的考察项目，应当予以重点关注。

知识拓展 18-4：常用剂型的制剂稳定性重点考察项目

三、稳定性试验方法

根据《中国药典》中原料药物与制剂稳定性试验指导原则规定，中药制剂稳定性试验包括影响因素试验、加速试验和长期试验。

（一）影响因素试验

影响因素试验是在比加速试验更激烈的条件下探讨药物的稳定性、了解影响稳定性的因素及所含成分的变化情况，为制剂处方设计、工艺筛选、包装材料和容器选择、贮藏条件确定等提供依据，并为加速试验和长期试验拟采用的温度和湿度等条件提供参考。

1. 试验要求

影响因素试验一般用1批样品进行，如果试验结果不明确，则应当加试2个批次样品。

影响因素试验一般包括高温、高湿、强光照射试验。制剂除去外包装，并根据试验目的和制剂特性考虑是否除去内包装。固体样品应当置于适宜的开口容器中（如称量瓶或培养皿），分散放置，厚度不超过3 mm（疏松样品可略厚），必要时加透明盖子保护（如挥发、升华等）；注射用无菌粉末如为西林瓶装，不能打开瓶盖，以保持严封的完整性。液体样品应当置于化学惰性的透明容器中。对于其他形态的样品，可根据具体情况，选择适当的容器和方法进行考察。

2. 试验方法

（1）高温试验　供试品置适宜的恒温设备中，设置温度一般高于加速试验温度10℃以上（如50℃、60℃），通常可设定于0、5、10、30天等取样检测。与0天比较，若供试品质量发生明显变化，则可降低温度试验，例如，温度由50℃或60℃，降低为40℃。

（2）高湿试验　供试品置适宜的恒湿设备中，于25℃、RH 90%±5%条件下放置10天，通常在0、5、10天取样检测，检测项目应当包括吸湿增重等。若吸湿增重在5%以上，则在RH

75%±5%条件下同法进行试验;若吸湿增重在5%以下,其他考察项目符合要求,则不再进行此项试验。水性液体制剂可不进行此项试验。

恒湿条件可以通过恒温恒湿箱或在密闭容器中放置饱和盐溶液来实现。根据不同的湿度要求,可选择NaCl饱和溶液(15.5~60℃,RH 75%±1%)或KNO_3饱和溶液(25℃,RH 92.5%)。

(3)强光照射试验 强光照射试验通常采用去除包装的样品进行试验。需要考察包装对光照的保护作用时,采用有内包装或内包装加外包装的样品进行试验。供试品置光照箱或其他适宜的光照装置内,可选择输出相似于D65/ID65发射标准的光源,或同时暴露于冷白荧光灯和近紫外灯下,在照度为4 500 lx±500 lx条件下,且光源总照度应当不低于$1.2×10^6$ lx·hr、近紫外能量不低于200 W·hr/m^2,于适宜时间取样检测。试验中应当注意控制温度,与室温保持一致,并注意观察供试品的外观变化。

(4)其他试验 根据药物的性质可设计其他试验,探讨pH、氧及其他条件(如冷冻等)对药物稳定性的影响。对于需冷冻保存的中间产物或药物制剂,应验证其在多次反复冻融条件下产品质量的变化情况。

(二)加速试验

加速试验是在高于长期贮藏温度和湿度条件下进行的稳定性试验,为制剂处方设计、质量评价、包装、运输、贮藏条件等提供试验依据,并根据试验结果确定是否需要进行中间条件下的稳定性试验及确定长期试验的放置条件。

1. 试验要求

加速试验应当采用3批样品进行,试验所用包装材料和容器应当与拟上市包装一致。

2. 试验方法

加速试验一般在40℃±2℃、RH 75%±5%条件下进行,考察时间为6个月,检测至少包括初始、中间和末次等3个时间点(如0、3、6个月)。根据经验,预计加速试验可能会出现明显变化,则应当在试验设计中考虑增加检测时间点。如果在25℃±2℃、RH 60%±5%条件下进行长期试验,当加速试验过程中质量发生了明显变化,则应当进行中间条件试验(30℃±2℃、RH 65%±5%)。

膏药、胶剂、乳剂、混悬剂、软膏剂、乳膏剂、糊剂、凝胶剂、眼膏剂、栓剂、气雾剂、泡腾片及泡腾颗粒宜直接采用30℃±2℃、RH 65%±5%的条件进行试验。

拟冷藏贮藏(5℃±3℃)的制剂的加速试验可在25℃±2℃、RH 60%±5%条件下进行,时间为6个月。如果加速试验3个月以内发生明显变化,则不必进行6个月的试验。

拟冷冻贮藏(-20℃±5℃)的制剂,应当对一批样品在5℃±3℃或25℃±2℃条件下放置适当的时间进行试验,以了解短期偏离标签贮藏条件(如运输或搬运时)对其的影响。

对于包装在非渗透性容器(例如半固体制剂的密封铝管,溶液剂的密封玻璃安瓿等)中的中药制剂,由于这种容器具有防潮及防溶剂通过的特点,可不考虑药物对湿度的敏感性或可能的溶剂损失,其稳定性研究可不考虑湿度的影响。对于包装在半透性容器(例如低密度聚乙烯、聚丙烯等制备的输液袋、塑料安瓿、眼用制剂容器等)中的中药制剂,其加速试验应当在40℃±2℃、RH不超过25%的条件下进行试验。对采用半透性容器包装的水溶性制剂,在稳定性试验中,除评估该制剂的物理、化学、生物学稳定性外,还应当评估其潜在的失水性等相关指标。对于非水或溶剂型基质的药物,可建立其他可比的方法进行试验,并应说明所建方法的合理性。

对有特殊温湿度要求的制剂，可制定其他试验温度、湿度。

（三）长期试验

长期试验是在接近制剂实际贮藏条件下进行的稳定性试验，为确定制剂的包装、贮藏条件及有效期提供依据。

1. 试验要求

长期试验应当采用 3 批样品进行，试验所用包装材料和容器应当与拟上市包装一致。

2. 试验方法

供试品放置条件通常为 25℃±2℃、RH 60%±5% 或 30℃±2℃、RH 65%±5%，考察时间点应当能预测制剂的稳定性情况。一般分别于 0、3、6、9、12、18 个月取样进行检测，仍需继续考察的，根据产品特性，可分别于 24 个月、36 个月等取样进行检测。

对于包装在非渗透性容器中的中药制剂，其稳定性研究可不考虑湿度的影响。对于包装在半透性容器中的中药制剂，长期试验可选择在 25℃±2℃、RH 40%±5% 或 30℃±2℃、RH 35%±5% 的条件下进行试验。对采用半透性容器包装的水溶性制剂，在稳定性试验中，还应当评估其潜在的失水性等相关指标。

对拟冷藏贮存的制剂，长期试验可在温度 5℃±3℃ 的条件下放置 12 个月，按上述时间要求进行检测，12 个月以后，仍需按规定继续考察，制订在低温贮存条件下的有效期。

对拟冷冻贮藏的制剂，长期试验可在温度 -20℃±5℃ 的条件下至少放置 12 个月进行考察。

对于所有制剂，应充分考虑运输路线、交通工具、距离、时间、条件（温度、湿度、振动情况等）、产品包装（外包装、内包装等）、产品放置和温度监控情况（监控器的数量、位置等）等对产品质量的影响。

此外，有些药物制剂还应考察临用时配制和使用过程中的稳定性。例如，应对配制或稀释后使用、在特殊环境（如高原低压、海洋高盐雾等环境）使用的制剂开展相应的稳定性研究，同时还应对药物的配伍稳定性进行研究，为说明书/标签上的配制、贮藏条件和配制或稀释后的使用期限提供依据。

（四）经典恒温试验法

经典恒温法是基于化学动力学理论对制剂的稳定性开展预测研究的一种方法。针对多数药物的降解反应符合一级动力学过程，根据 Arrhenius 方程（见式 18-4、式 18-5），药物降解反应速率常数的对数 $\lg k$ 与绝对温度的倒数 $1/T$ 呈线性关系，据此可以推算室温时药物的降解反应速率常数（$k_{25℃}$），进而预测室温时药物的稳定性。

经典恒温法预测药物制剂有效期的具体步骤如下：

（1）通过预试验确定指标性成分及其含量测定方法。

（2）选定 4~5 个加速试验温度和间隔取样时间，测定不同温度加速试验条件下，不同取样时间（t）中指标性成分的含量 C。

（3）分别将各试验温度下 $\lg C$ 与取样时间 t 进行线性回归，若两者呈良好的线性关系则确定药物降解过程遵循一级反应速率过程，线性回归方程的斜率为 $-k/2.303$，据此可求出各温度下的反应速率常数 k 值。

（4）将各温度的 lg$k$ 与绝对温度的倒数 $1/T$ 进行线性回归，根据所得直线方程计算室温 25℃ 时的反应速率常数 $k_{25℃}$。

（5）将 $k_{25℃}$ 带入药物降解一级反应速率方程，即可计算药物在 25℃时分解特定百分比所需的时间，或 25℃贮藏若干时间以后残余的药物浓度。

需要注意的是，Arrhenius 经验方程并非适用于所有化学降解反应。采用经典恒温法仅能预测部分制剂的化学稳定性，制剂实际有效期的确定还应以长期试验结果作为依据。

案例 18-1　灯盏花素注射液

【处方】灯盏花素 4 g　依地酸二钠 1 g　碳酸氢钠适量　注射用水加至 1 000 mL

【制法】将 1 g 依地酸二钠溶于 700 mL 的注射用水中，加入灯盏花素 4 g，搅拌使混悬，加入适量的碳酸氢钠，边加边搅拌至 pH 7～7.5，充分搅拌使灯盏花素溶解，加注射用水至 1 000 mL，加入溶液体积 0.1% 的经活化的活性炭，搅拌吸附 20 min，除炭，精滤，经半成品检验合格后灌封，经 100℃ 15 min 流通蒸汽灭菌，灯检，包装，即得。

【性状】本品为黄色的澄明液体。

【功能与主治】活血化瘀，通络止痛。用于中风后遗症，冠心病，心绞痛。

【用法与用量】肌内注射，一次 5 mg，一日 2 次。静脉滴注，一次 10～20 mg，用 500 mL 10% 葡萄糖注射液稀释后使用，一日 1 次。

【注解】灯盏花素是从菊科植物短葶飞蓬 Erigeron breviscapus（Vant.）Hand.–Mazz. 中提取精制所得的黄酮类有效成分，其中野黄芩苷含量不低于 91.0%。野黄芩苷为黄酮苷类化合物，在水溶液中易水解，酚羟基易氧化降解。本案例采用化学反应动力学方法研究灯盏花素注射液中野黄芩苷在不同 pH 及温度条件下的降解，以及临床配伍常用输液对其化学稳定性的影响，为中药注射剂稳定性研究和相关质量控制提供依据。

（1）pH 对灯盏花素注射液稳定性的影响　精密吸取野黄芩苷对照品溶液和灯盏花素注射液适量，分别稀释于 pH 1～13 的酸、碱溶液中，采用 HPLC 法测定样品中野黄芩苷在 25℃、pH 1～13 时其量的经时变化。C_0 为初始时刻药物浓度，C_t 为 t 时刻药物浓度，将 ln(C_t/C_0) 与时间 t 进行线性回归，相关系数均大于 0.93，可知野黄芩苷在 25℃不同 pH 下的降解符合一级反应模型。根据线性回归方程可计算得到不同 pH 下的降解速率常数 K_{obs}。以 lnK_{obs} 为纵坐标，pH 为横坐标作图，如图 18-3 所示，野黄芩苷对照品溶液和灯盏花素注射液均在 pH 7 时最稳定。计算可知 25℃ pH 7 时灯盏花素注射液中野黄芩苷半衰期 $t_{1/2}$ 为 210.04 h。

（2）温度对灯盏花素注射液稳定性的影响　将野黄芩苷对照品溶液和灯盏花素注射液分别放置于 60℃、70℃、80℃、90℃的恒温水浴中，每隔一定时间取样测定野黄芩苷的质量浓度。通过研究降解过程中药物浓度 C_t 随时间 t 的变化规律，拟合出各温度条件下野黄芩苷降解反应动力学模型，计算降解速率常数 K_{obs}。将各温度的 lnK_{obs} 与绝对温度的倒数 $1/T$ 进行线性回归，得到温度对野黄芩苷单体及其在灯盏花素注射液中降解速率影响的方程。

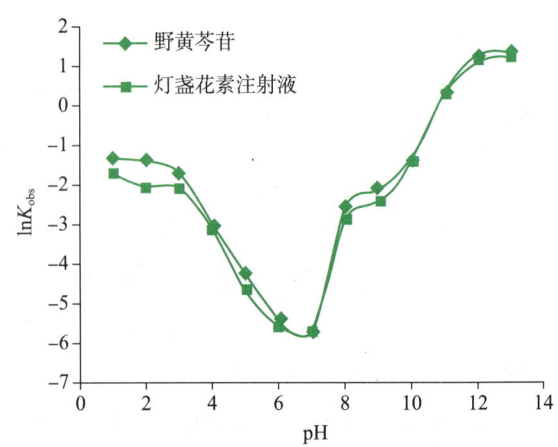

图 18-3　不同 pH 水溶液中野黄芩苷及灯盏花素注射液 K_{obs} 比较图

由该线性方程计算出不同温度下的 K_{obs}，通过 Arrhenius 方程计算可知，灯盏花素注射液中野黄芩苷降解反应的活化能为 104.6 kJ/mol，随着温度的升高，降解反应明显加快，半衰期缩短。

（3）临床配伍常用输液剂对灯盏花素注射液化学稳定性的影响　将灯盏花素注射液分别采用生理盐水溶液、5% 葡萄糖注射液、10% 葡萄糖注射液、乳酸钠林格注射液、复方电解质葡萄糖注射液等 5 种配伍稀释用输液剂配制成质量浓度为 0.01 mg/mL 的样品溶液，常温放置，按设定时间测定样品溶液中野黄芩苷的含量。结果表明灯盏花素注射液中野黄芩苷在 5 种临床常用的输液剂中前 7 h 基本稳定，30 天内均可观察到明显的质量浓度下降，在不同的输液剂中稳定性有所差异。临床使用注射剂时应对配伍稳定性开展系统研究，确保用药安全、有效。

> **思考与讨论**
> 若采用经典恒温法预测灯盏花素注射液室温下的半衰期，可以怎样设计研究方案？有哪些需要注意的问题？

四、稳定性试验结果的分析评估

1. 稳定性试验结果评价的基本要求

稳定性试验结果评价应当科学合理，尽可能准确反映中药制剂的稳定性状况，关注其与有效性、安全性、质量可控性的关联。从单一植物、动物、矿物等物质中提取得到的提取物及其制剂，应当关注提取物大类成分的种类及比例变化、指纹图谱或特征图谱的相似度、特征峰的相对保留时间及相对峰面积等变化；其中单一成分制成的制剂，应当关注各检测时间点单体成分的含量、有关物质及产品理化性质等的变化情况。

2. 贮藏条件的确定

根据稳定性试验结果，同时结合中药制剂在贮藏、运输、流通、使用过程中可能遇到的情况进行综合分析，确定产品的贮藏条件。

知识拓展 18-5：药品贮藏条件

贮藏条件应当按照《中国药典》及国家的相关要求，在说明书和标签中准确规范表述；也可采用试验所确定的具体条件，如以"不超过 30℃ 保存""不超过 25℃ 保存"等方式表述。

3. 包装材料和容器的确定

一般应当根据制剂性质和影响因素试验结果，初步确定包装材料和容器。结合加速稳定性、长期稳定性试验和 / 或相容性试验结果，进一步验证所采用的包装材料和容器的合理性。

4. 有效期的确定

有效期应当根据加速试验和长期试验的结果分析确定，一般情况下，以长期试验结果为依据，可取长期试验结果与 0 月数据相比无明显变化的最长时间点为有效期。制剂质量的显著变化通常定义为：①含量与初始值相差 5%，或采用生物或免疫法测定时效价不符合规定；②降解产物超过标准限度要求；③外观、物理常数、功能试验（如颜色、相分离、再分散性、黏结、硬度、每揿剂量）等不符合标准要求；④ pH 不符合规定；⑤ 12 个制剂单位的溶出度不符合标准的规定。

> **思考与讨论**
> 中药制剂的稳定性试验与化学药物制剂的稳定性试验相比，有哪些不同之处？

思考题

1. 在中药制剂稳定性考察中，若制剂外观（如色泽、澄清度等）发生明显变化，可以从哪些方面分析原因并提出改进措施？

2. 药物引湿性强弱与哪些因素有关？举例说明药物引湿对制剂生产、贮存与使用可能产生哪些不利影响？

（狄留庆、谢辉）

数字资源详见　新形态教材网

视频　　知识拓展　　推荐阅读　　参考文献　　教学课件　　自测题

第十九章

中药制剂的生物有效性

　　适宜的给药途径和剂型是药物在临床治疗疾病的前提，药物的吸收、分布、代谢与排泄等体内过程对用药有效性和安全性起着至关重要的影响。不同给药途径下药物体内过程及影响因素不同。同一药物不同剂型的产品，或相同剂型不同厂家生产的产品，甚至同一生产厂家不同批号的制剂，临床疗效都可能存在差异，原因何在？中药制剂多成分、多途径、多靶点的作用特点，增加了中药制剂生物有效性评价的复杂性，中药制剂生物有效性的评价体系与评价方法如何建立？本章将介绍中药制剂的体内过程和影响因素，以及中药制剂生物有效性评价方法，为开展中药制剂给药途径与剂型选择、制备工艺优化及合理应用研究奠定基础。

第一节 药物的体内过程

中药制剂经适宜给药途径应用于机体后，发挥局部或全身治疗作用。药物在体内经历吸收（absorption）、分布（distribution）、代谢（metabolism）及排泄（excretion）等过程，简称为药物的体内过程（ADME）。药物的体内过程影响药物被机体利用的速度和程度。研究药物的体内过程及影响因素有助于阐明中药制剂活性成分体内行为及其相互影响，为剂型优选、制剂技术应用、质量评价体系构建、临床用药合理性评价等提供科学依据。

一、药物的跨膜转运

在药物从用药部位到达靶部位而产生药效的过程中，药物要通过许多生物膜屏障。跨膜转运系指物质通过生物膜的现象，这一过程对药物的体内过程产生重要影响。

1. 生物膜的结构

生物膜是围绕在真核细胞最外层的细胞质膜和细胞内的各种细胞器膜的总称，主要由膜脂和膜蛋白借助非共价键结合形成。膜脂是指细胞膜上的脂类，主要包括甘油磷脂、鞘脂和固醇，其中甘油磷脂占50%以上，是构成膜脂的基本成分。磷脂分子以疏水性尾部相对、极性头部朝向水相形成双分子层，构成了细胞膜的主要结构。蛋白质分子以不同的方式镶嵌在磷脂双层分子中或结合在其表面。不同类型细胞及细胞不同部位的生物膜，其膜蛋白的含量与种类有很大差异，蛋白质的类型、蛋白质分布的不对称性及其与脂分子的协同作用赋予生物膜各自的特性与功能。

2. 药物跨膜转运的途径

药物跨膜转运的途径主要包括跨细胞途径和细胞间途径。跨细胞途径是指一些脂溶性药物借助细胞膜的脂溶性、特殊转运机制的药物借助膜蛋白（例如载体蛋白、通道蛋白、受体等）的作用或者大分子和颗粒状物质借助特殊细胞（例如肠道上皮中的M细胞）的作用而穿过细胞膜的转运途径，该途径是药物跨膜转运的主要途径。细胞间途径是指一些水溶性小分子物质通过细胞连接处微孔而进行扩散的转运途径。

3. 药物跨膜转运的方式

药物跨膜转运方式按驱动力与转运机制可分为被动转运、主动转运及膜动转运；按转运是否需要载体参与，又可分为载体介导的转运和非载体介导的转运。药物跨膜转运机制与特征见表19-1。

各种细胞膜结合蛋白中，15%~30%是膜转运蛋白。膜转运蛋白可分为两类，一类是载体蛋白，另一类是通道蛋白。有些载体蛋白介导主动转运，有些介导促进扩散；通道蛋白只介导促进扩散。

载体蛋白又称转运体，是生物体位于细胞膜上的重要功能性膜蛋白或多肽，广泛分布于肠道、肝、肾、脑等部位，参与药物在各个组织器官的吸收、分布、清除等多个环节。根据底物转运方向的不同，转运体可分为内流转运体和外排转运体。内流转运体可以转运底物进入细胞，增加细胞内底物的浓度，外排转运体将底物转运出胞外，降低细胞内底物浓度。

知识拓展19-1：药物转运体及其介导的药物相互作用机制

表 19-1　药物跨膜转运机制与特征

转运途径	转运机制	转运方式	膜蛋白介导	机体能量	膜变形
细胞间途径	被动转运	简单扩散	无	不需要	无
跨细胞途径	被动转运	简单扩散	无	不需要	无
		促进扩散	载体蛋白、通道蛋白	不需要	无
	主动转运	主动转运	载体蛋白	需要	无
	膜动转运	入胞作用	无	需要	有
		出胞作用	无	需要	有

二、药物的吸收

药物的吸收系指药物从给药部位进入体循环的过程。药物吸收是其发挥疗效的重要环节。

1. 口服药物的吸收

口服是中药最常见的给药途径，口服药物通过各种跨膜转运方式透过胃肠道黏膜上皮细胞后进入体循环，分布到各组织器官而发挥疗效。

胃是消化道中最膨大的部分，通过胃排空将内容物向肠管转运。胃黏膜吸收面积有限，胃上皮细胞表面覆盖有一层主要由黏多糖组成的黏液层，大多数药物吸收较差，吸收机理主要为被动转运。

小肠是药物吸收的主要部位，小肠黏膜表面有大量绒毛，每根绒毛的外面是一层柱状上皮细胞，其顶端细胞膜的突起称为微绒毛，因此小肠黏膜有很大的表面积。上皮细胞面向黏膜侧的膜称为顶侧膜，面向浆膜（或血液）侧的膜称为基底膜；细胞顶侧膜处相连，构成紧密结合，这是细胞间通道的转运屏障。药物在小肠的吸收机理包括被动转运和主动转运。

知识拓展 19-2：口服药物吸收的生物学评价方法

大肠包括盲肠、结肠和直肠，大肠黏膜表面没有绒毛，有效吸收面积较小。运行到大肠部位的通常是缓释制剂、肠溶制剂，大肠部位药物的吸收机理以被动转运为主。

口服药物可通过门静脉或肠淋巴进入体循环，因血液流速是淋巴流速的 200～500 倍左右，大多数小分子药物被吸收后进入血液，通过门静脉经过肝脏到达体循环。对于亲脂性强的药物，淋巴转运是一条重要的途径。目前，亲脂性药物的淋巴转运机制尚未完全清晰，但较多的研究表明与脂蛋白相关，肠上皮细胞主要分泌的脂蛋白有乳糜微粒和极低密度脂蛋白。脂类物质在细胞滑面内质网上经再酯化后与粗面内质网上合成的载脂蛋白构成新生的乳糜微粒，经高尔基复合体分泌到细胞外，进入淋巴循环最终进入体循环。

知识拓展 19-3：纳米载体的胃肠道吸收机制

2. 非口服药物的吸收

非口服给药途径很多，在本书第 6、12、13、14 章已分别介绍了注射给药、经皮给药、直肠给药、呼吸道吸入给药途径药物的吸收及影响因素，本章第 3 节至第 6 节将介绍其他常见的非口服给药途径药物的吸收。

三、药物的分布

药物的分布系指药物吸收后，通过各种生理屏障由循环系统运送至体内组织器官的过程。不同的药物有不同的分布特性,药物在体内的分布直接影响药效和毒副作用。药效与药物在作用部位的浓度和滞留时间密切相关。靶部位的药物浓度足够高时才能产生药理作用;非靶部位的药物分布量越少,毒副作用越小。因此,了解药物的体内分布特征对预测药物的疗效、保障用药安全有重要意义。

影响药物分布的因素主要有以下方面:

(1) 组织器官的血液循环与血管通透性　血流量大、血液循环好的组织和器官,如肝、肾、甲状腺等,药物分布的速度快且分布量较大。大多数药物以被动扩散的方式通过毛细血管壁,药物的 pK_a 和油/水分配系数影响药物对细胞膜的通透性。未解离和脂溶性的药物多以跨细胞途径转运,而水溶性药物可经细胞间微孔转运,其通透性与相对分子质量密切相关。

不同脏器的毛细血管透过性存在显著差异,如肝血窦分布着不连续的内皮细胞,管壁上有许多大小不等的窗孔,通透性较大,有利于肝细胞与血流之间进行物质交换;而脑的毛细血管壁结构紧密,细胞间隙极少,大分子药物和水溶性药物很难透过血脑屏障进入脑内,少数小分子脂溶性药物可以透过血脑屏障。在炎症、肿瘤等病理条件下,血管通透性发生改变会影响药物的分布特征。

知识拓展 19-4:非侵入性透血脑屏障药物递送

(2) 药物与血浆蛋白的结合率　药物与血浆蛋白结合生成复合物后不易透过血管壁,因此药物与血浆蛋白的结合会明显影响药物分布。药物与血浆蛋白的结合具有可逆性和可置换性,血浆中药物的游离型和结合型之间保持着动态平衡。不同药物与血浆蛋白的结合率不同,结合率高的药物在体内消除慢,作用维持时间长。

(3) 药物与组织的亲和力　除血浆蛋白外,体内药物与组织器官内存在的蛋白质、脂肪等物质亦能发生非特异性结合。当药物与组织有特殊亲和性时,药物从组织中解脱而进入血液的速度低于药物自血液进入组织的速度,连续给药后组织中药物的浓度逐渐上升,此现象称为蓄积。药物蓄积的组织可能成为药物贮库,也可能产生毒副作用。

(4) 药物的相互作用　临床治疗疾病的过程中,经常联合应用多种药物。若临床合并使用血浆蛋白结合率高的药物,由于不同药物与血浆蛋白结合存在竞争性置换,会明显影响药物的分布。

四、药物的代谢

药物的代谢系指药物被机体吸收后,在体内各种酶以及体液环境作用下发生化学结构改变的过程,又称生物转化。多数药物因代谢而降低或失去活性,亦有些药物在体内代谢后产生活性更强的代谢产物,有些药物代谢后可产生毒性代谢物。因此,药物代谢对药效和用药安全性有直接影响。

1. 药物代谢的部位

绝大多数药物在体内的代谢是在细胞内特异酶的催化作用下发生的。药物代谢酶主要存在于肝组织,有些酶也在肝外组织分布,药物代谢酶主要位于细胞内质网、微粒体、胞液、溶酶体、核膜、胞质膜中。

不同给药途径和方法产生的代谢过程的差异主要与药物的吸收途径、代谢酶在体内的分布及局部器官和组织的血流量有关。口服药物在消化道吸收,除部分经淋巴系统进入体循环外,大多数药物通过门静脉经过肝脏到达体循环。口服药物的代谢主要发生在消化道和肝脏。在消化道和肝脏中，口服药物部分被代谢而导致进入体循环的原型药物量减少的现象，称为首过效应。口服药物的首过效应包括胃肠道首过效应和肝首过效应。

2. 药物代谢反应的类型

药物代谢可分为Ⅰ相代谢和Ⅱ相代谢。

Ⅰ相代谢是药物分子被氧化、羟基化、开环、还原或水解，结果使药物结构中引入羟基、氨基、亚氨基或羧基等极性基团。Ⅰ相代谢酶主要包括细胞色素P450酶系、单胺氧化酶、黄素单加氧酶、黄嘌呤氧化酶、醇/醛脱氢酶、醛氧化酶、羧酸酯酶等。

Ⅱ相代谢是药物或Ⅰ相代谢产物结构中的极性基团（羟基、氨基、硝基、羧基等）与体内某些内源性物质（葡萄糖醛酸、硫酸、谷胱甘肽、乙酰辅酶A、甘氨酸等）发生结合反应的过程。多数亲脂性药物吸收后，经Ⅰ相代谢可转化为极性和水溶性较高的代谢产物，有利于Ⅱ相代谢的进行；Ⅱ相代谢产物通常具有更好的水溶性，更易经尿液和胆汁排出体外。Ⅱ相代谢酶主要包括葡萄糖醛酸转移酶、磺基转移酶、N-乙酰基转移酶、谷胱甘肽-S-转移酶等。

五、药物的排泄

药物的排泄系指体内原型药物或其代谢物排出体外的过程。肾排泄和胆汁排泄是主要的排泄途径。某些药物也可由肠、肺、乳腺、唾液腺或汗腺排出体外。

1. 肾排泄

肾是机体排泄药物及其代谢产物最重要的器官。药物的肾排泄由肾小球滤过、肾小管分泌和肾小管重吸收三个过程决定。

当循环血液进入肾小球，血浆中的水和小分子溶质，包括少量相对分子质量较小的血浆蛋白（主要是白蛋白）以及其他低相对分子质量的蛋白如溶菌酶（相对分子质量为14 000）、β_2-微球蛋白（相对分子质量为11 800）及胰岛素等，可被滤入肾小囊的囊腔而形成滤过液，这些滤过的蛋白质绝大部分都在近曲小管被重吸收。

药物的肾小管重吸收有主动重吸收和被动重吸收两种方式，葡萄糖、氨基酸等内源性化合物在转运蛋白协助下通过主动重吸收回到血液；水、药物等外源性物质的重吸收主要是被动转运过程。

肾小管分泌系指肾小管的上皮细胞将某些物质从肾小管周围的组织液转运入管腔的过程。肾小管分泌是主动转运过程，需要载体和能量，有饱和与竞争抑制现象。许多有机弱酸性和弱碱性药物可通过肾小管主动分泌转运到尿液中。

2. 胆汁排泄

除肾排泄外，原型药物及其代谢物亦可能由胆汁排泄。某些药物经血液进入肝，在肝细胞内通过Ⅰ相或Ⅱ相酶介导的代谢反应转化为多种氧化或结合代谢产物，以原型或其代谢物的形式向胆管分泌，经胆汁排入肠道。药物胆汁排泄的转运机制包括被动转运和主动转运，被动转运所占比重较小。某些药物及其代谢物在胆汁中的浓度明显高于血液浓度，其胆汁排泄机制属于主动转运。

在胆汁中排泄的药物或其代谢产物在肠道中重新被吸收，经门静脉返回肝脏的现象称为肠肝循环。某些口服药物由于存在肠肝循环，可引起血药浓度-时间曲线出现双峰现象。肠肝循环可延缓药物排泄，延长药物作用时间，但也可能造成药物在体内蓄积，引起药物中毒反应。

3. 其他排泄途径

药物还可从肠道、乳汁、唾液、汗腺、肺等途径排泄。药物从乳汁排泄可能会影响母乳喂养婴儿的健康和安全。乳汁中药物的浓度、婴儿摄取母乳量及婴儿的消化道对药物的吸收率决定了婴儿的药物暴露剂量。婴儿血浆蛋白与药物结合率低，血脑屏障差，药酶活性较成人低，肾排泄功能也远不及成人。婴儿通过母乳反复摄取药物，会导致药物在婴儿体内不断蓄积，进而发生毒性反应。

唾液由唾液腺分泌，一般唾液排泄对药物消除没有临床意义，但可以利用唾液中药物浓度和血浆药物浓度比值相对稳定的规律，以唾液中药物的浓度代替血浆中药物的浓度来研究药物的体内过程。

第二节 口服制剂的生物有效性

中药制剂的生物有效性受药物体内过程的影响，药物的体内过程与药物因素、剂型因素和机体生物因素密切相关；不同药物成分间的相互作用也可影响药物体内过程，从而影响中药制剂的生物有效性。

一、口服制剂生物有效性的影响因素

（一）药物因素

1. 相对分子质量

对于被动转运的药物，在跨膜转运时，相对分子质量较小的更易透过生物膜。药物的相对分子质量还是影响其排泄的重要因素，相对分子质量小于 300 的药物主要经肾排泄，相对分子质量 300~500 的药物既经肾排泄也经胆汁排泄，相对分子质量大于 500 的药物主要经胆汁排泄。相对分子质量超过 5 000 的大分子化合物难以向肝细胞内转运，胆汁排泄量极少。

2. 解离度

溶解于体液中的有机弱酸性或弱碱性药物以解离和非解离两种形式共同存在，两者的比例取决于药物的解离常数 pK_a 和体内不同环境的 pH。

根据 Henderson-Hasselbalch 公式（见式 19-1、式 19-2），弱酸性药物与弱碱性药物的 pK_a 即为其解离一半时的 pH。如麻黄碱解离 50% 时 pH 为 9.36，则其 pK_a 为 9.36。当 pH 变动一个单位，未解离型和解离型的比例也随之变动 10 倍。弱酸性药物在胃中未解离型药物占比大，弱碱性药物在肠中未解离型药物占比大。

$$弱酸性药物 \qquad pK_a - pH = \lg \frac{C_u}{C_i} \qquad (19\text{-}1)$$

$$弱碱性药物 \qquad pK_a - pH = \lg \frac{C_i}{C_u} \qquad (19\text{-}2)$$

式中，C_u 为未解离型药物的浓度，C_i 为解离型药物的浓度。

药物的 pK_a 决定了其在体内不同的 pH 环境下的解离状态，进而影响药物吸收、分布、排泄等体内过程的跨膜转运。非解离型药物脂溶性较高，易通过被动转运机制透过生物膜，而解离型药物脂溶性较低，难以通过生物膜。

3. 脂溶性

生物膜为类脂膜，被动转运的药物在吸收、分布、排泄过程跨细胞途径转运时，药物的脂溶性影响转运过程。药物的油/水分配系数大则脂溶性好，易跨膜转运；但脂溶性太强的药物难以从生物膜扩散入水性体液中。肾小管对脂溶性大的非解离型药物重吸收程度大，而一些脂溶性很小的药物或者经体内代谢后极性大的水溶性药物代谢物，肾小管的重吸收较少，能快速从尿中排泄。

4. 溶解度与溶出速率

口服固体制剂在胃肠道内经崩解、分散，药物溶出后被吸收而起效。难溶性药物溶解度小，溶解速度慢，溶出成为其吸收的限速因素。药物的溶出速率与其粒径有一定关系，粒径越小比表面积越大，粒子与体液的接触面积大，溶出速率加快。故减小难溶性药物的粒径，可加快药物的溶出，改善疗效。

5. 晶型

多晶型药物成分，不同晶型的理化性质如密度、熔点、溶解度和溶解速度有一定差异。一般稳定型结晶熔点高、溶解度小、溶出较慢；不稳定型结晶与稳定型性质相反，但易转化成稳定型；亚稳定型结晶熔点低，溶解度大，溶解速度也较快。因此，晶型不同可造成药物溶解速度差异，进而影响药物的生物有效性。

（二）剂型因素

1. 药物剂型

口服中药制剂的剂型种类很多，常见的口服液体剂型有合剂、糖浆剂、酒剂、酊剂等，口服固体剂型有散剂、丸剂、胶囊剂、片剂等。对于同一种药物，由于剂型中药物分散状态、释药性能不同，药物在体内吸收起效时间、作用强度存在差异。一般认为，以液体形态服用的制剂生物利用度高于以固体形态服用的制剂，药物溶出快的制剂生物利用度较高。

2. 药用辅料

药用辅料除了赋形、充当载体、提高稳定性外，还具有增溶、助溶、调节释放等重要功能，有些辅料还会影响药物转运体功能，从而影响到制剂的安全性和有效性。

液体制剂中添加增稠剂可以减慢药物向胃肠壁的扩散，但也可以增加药物在胃肠道吸收部位的停留时间而有利于药物的吸收。某些表面活性剂可以改善药物在胃肠液中的润湿性，并能增加小肠上皮细胞的通透性，从而增加药物的吸收。药物与辅料间可能发生络合、包埋、吸附、共晶等相互作用而改变药物的生物利用度。药物与磷脂可通过电荷迁移作用形成磷脂复合物，提高药物的溶解性、稳定性和生物利用度。

P-糖蛋白（P-gp）是由多药耐药基因编码的跨膜转运蛋白，是 ATP 能量依赖性药物外排转运体。P-gp 在肝、肾、肾上腺、脑微血管、睾丸及消化道等多个部位均存在不同程度的表达。研究发现普朗尼克 F-68、聚山梨酯 80、聚乙二醇 400 等辅料为有效的 P-gp 抑制剂，可以改善制剂中 P-gp 底物药物的生物利用度。

3. 制剂工艺

多数中药制剂工艺中包含浸提工序，浸提工艺直接影响所浸出成分的种类与浸提量，对中药制剂的疗效产生影响。制剂工艺不同易引起药物溶出速率的差异，例如采用不同制粒方法制得的颗粒密度、强度不同，压制片的崩解性和药物溶出性能会有差异；制备片剂的工艺方法和工艺参数不同，片剂的孔隙率有差异，可能影响药物溶出；包衣制剂生产中包衣工艺差异影响包衣质量，也会导致制剂成品中药物溶出性能差异，从而影响制剂的生物有效性。

（三）生物因素

1. 消化系统因素

胃肠道各部位的不同 pH 环境决定着弱酸性和弱碱性药物的解离程度，影响胃肠道被动转运药物的吸收。

胃肠道的固有运动可促进固体制剂崩解、分散，同时影响药物服用后到达消化道不同部位的快慢。胃排空速率慢，药物在胃中滞留时间延长，主要在胃中吸收的弱酸性药物的吸收会增加。胃排空速率快，药物到达小肠部位所需时间缩短，有利于被动转运机制吸收的药物在小肠的吸收；但少数在肠道特定部位主动转运机制吸收的药物，胃排空速率快，药物吸收时间缩短，吸收的药量减少。

人体肠道中寄居着大量的微生物，肠道菌群与人体相互依存，构成了肠道的微生态系统。肠道菌群能产生大量酶系，如 β-葡萄糖醛酸酶、β-葡萄糖苷酶、β-半乳糖酶、硝基还原酶、偶氮还原酶、7-α 羟基酶、蛋白酶、各种碳水化合物酶等，能对多种中药成分进行代谢处置，进而影响中药制剂的有效性与安全性。小肠黏膜上皮细胞内具有众多的代谢酶，主要包括多种类型的细胞色素 P450 酶、水解酶、脱氢酶等 I 相代谢酶和葡萄糖醛酸转移酶、磺基转移酶、甲基转移酶等 II 相代谢酶，参与药物在肠黏膜的首过代谢，影响口服药物的毒性和疗效。

知识拓展 19-5：肠道菌群与中药的相互作用

2. 循环系统因素

影响制剂生物有效性的循环系统因素包括组织器官血流量、肝首过效应、胆汁流量、肠肝循环等。

胃血流量增加可以加快药物在胃部的吸收。血管丰富、血液循环速度快的组织器官中药物分布量较多。肝血流量增加时，肝提取率高的药物经肝消除加快。肾血流量增加时，肾小球滤过率增加，经肾小管主动分泌排泄的药物量随之增加；当平均动脉压低于 8.0 kPa（60 mmHg）时，肾血液灌流量明显减少，并伴有肾小动脉收缩，使肾小球滤过率减少，药物排泄量明显减少。

肝首过效应是影响药物体内过程及中药口服制剂生物有效性的重要因素。肝首过效应愈大，药物被代谢愈多，其血药浓度亦愈低，药效受到明显的影响。

当胆汁流量增加时，经胆汁途径排泄的药物量增加。肠肝循环可延缓药物排泄，延长药物作用时间，但也可能造成药物在体内蓄积，引起药物中毒反应。

3. 疾病因素

胃肠道疾病引起的胃肠道内环境 pH 改变会干扰药物吸收。腹泻时肠内容物快速通过小肠而降低药物的吸收，或改变小肠绒毛生理功能干扰吸收。大量失血时，机体为保证心、脑重要器官的血液供应，胃肠道血流量减少，胃肠运动受到抑制，小肠黏膜吸收效率明显降低。糖尿病胃轻瘫是糖尿病患者的常见并发症，患者胃排空延迟、胃动力紊乱，影响降糖药的吸收与疗效。低白蛋白血症患者，其血浆中游离型药物的浓度会明显升高，可增强临床效果；对于治疗指数窄、安全性低的药物，患者服用后可能会增加中毒风险。

转运体是一类位于细胞膜上的具有转运功能的蛋白质，通过影响药物的跨膜转运，进而影响药物在人体内的处置。在疾病状态下，转运体的表达和功能会发生改变，导致药物体内处置过程发生变化,影响药物疗效。

4. **其他生物因素**

受种族、性别、年龄及遗传等因素影响,药物在体内的代谢有明显的个体差异,会引起中药制剂有效性的差异。

(四)饮食因素

食物摄入会导致人体的生理状况发生各种变化,如延缓胃排空、增加胆汁流量、改变胃肠道 pH、增加内脏血流量、改变药物的肠腔代谢等;食物还可能与制剂发生物理或化学相互作用,或影响药物代谢酶的活性,这些变化可通过改变药物的溶出、吸收、分布、代谢、排泄来影响其药代动力学特征。

(五)体内药物的相互作用

临床治疗疾病的过程中,经常联合应用多种制剂。有些药物联合应用时在体内会发生相互作用,改变制剂中药物的体内过程,从而影响其药代动力学特征,使药物在体内的药理作用性质和强度发生变化。

知识拓展 19-6:药代动力学的基本参数

药物在血液中与血浆蛋白分子结合后不易透过血管壁,一般只有游离型药物才能通过脂膜向组织扩散、被肾小管滤过或被肝脏代谢,因此药物与血浆蛋白的结合会明显影响药物分布与消除的动力学过程,并降低药物在靶部位的浓度。若临床合并使用血浆蛋白结合率高的药物,由于不同药物与血浆蛋白结合存在竞争性置换,导致药物体内过程发生变化。

代谢酶和转运体是影响药物体内过程的两大生物体系,也是体内药物发生相互作用的主要机制。临床用药过程中,当合用药物同为转运体的底物、抑制剂或诱导剂时,极可能发生体内相互作用,从而导致药物疗效变化或毒副作用。当联用药物都是转运体的底物时,可能发生竞争性摄取或外排,导致合用药物的摄取或外排减少;当一种药物为转运体的底物,而另一种为转运体的抑制剂时,可能导致底物药物的摄取或外排减少;当一种药物为转运体底物,而另一种药物为转运体的诱导剂时,可能导致底物药物的摄取或外排增加。

当两种或两种以上药物同时或序贯用药时,由于某些药物对代谢酶的诱导或抑制作用,会使药物在体内代谢环节产生相互作用,影响药效或安全性。酶的诱导作用又称为酶促作用,系指某些化学物质(酶诱导剂)能提高代谢酶的活性,使一些药物代谢速率加快;若代谢产物活性减弱则药效减弱,而在体内活化的药物则经诱导后作用增强。酶的抑制作用又称为酶抑作用,系指某些化学物质(酶抑制剂)使代谢酶活性减弱,药物代谢减慢,血药浓度升高,作用增强,甚至出现毒性反应。

二、口服中药制剂生物有效性的评价

(一)生物利用度

生物利用度(bioavailability,BA)是指药物活性成分从制剂中释放并被吸收进入体循环的速率和程度。生物利用度通常用血药浓度 – 时间曲线来评估,以最大血药浓度(峰浓度)C_{max} 以及达到最大血药浓度的时间(达峰时间)t_{max} 反映药物进入体循环的速率,以血药浓度 – 时间曲线

下的面积 AUC 反映药物暴露的程度。

生物利用度有绝对生物利用度与相对生物利用度之分。绝对生物利用度（absolute bioavailability，F_{abs}）系指以同一药物的静脉注射制剂（通常认为静脉注射制剂生物利用度为 100%）为参比制剂获得的药物活性成分吸收进入体循环的相对量。相对生物利用度（relative bioavailability，F_{rel}）系指以其他非静脉途径给药的制剂为参比制剂获得的药物活性成分吸收进入体循环的相对量。相对生物利用度与绝对生物利用度分别用式（19-3）和式（19-4）表示。

$$F_{rel} = \frac{AUC_t \times X_r}{AUC_r \times X_t} \times 100\% \qquad (19-3)$$

$$F_{abs} = \frac{AUC_t \times X_{iv}}{AUC_{iv} \times X_t} \times 100\% \qquad (19-4)$$

式中，AUC_t 为试验制剂血药浓度-时间曲线下面积，AUC_r 为血管外给药参比制剂血药浓度-时间曲线下面积，AUC_{iv} 为静脉注射参比制剂的血药浓度-时间曲线下面积，X_t 为试验制剂的给药量，X_r 为血管外给药参比制剂给药量，X_{iv} 为静脉注射参比制剂的给药剂量。

1. 生物利用度研究的基本要求

（1）受试制剂和参比制剂　受试制剂应具有代表性，来自一个不少于生产规模 1/10 的批次，或 100 000 单位，两者中选更多者；使用的生产批次应该确保产品制备过程在工业规模可行。对于受试批号药品，应该建立其关键性质量属性的特点和说明。参比制剂应获得上市授权或特别批准进口，受试制剂通常与可从市场获得的参比制剂相应的剂型比较。试验药品的包装应按照 GMP 规定进行，应当能够清楚地鉴别对每位受试者在每个试验周期给予的药品。

（2）受试者　应该根据适当的样本量计算法，确定包括在试验中的受试者数目。为了减少与药品间差异无关的变异，试验通常应在健康志愿者进行，在试验计划中清楚列出入选和排除标准。在平行试验设计中，用药组之间所有已知可能影响活性物质药代动力学的因素都应该具有可比性（如年龄、体重、性别、种族、吸烟、快/慢代谢类型）。如果考察的活性物质已知有副作用，且认为药理学效应或风险对健康志愿者不可接受，则须用患者取代，并在适当的预防和监护下进行。

（3）试验的实施　应该将检查条件标准化，推荐标准化的餐食、液体摄入和运动，使除受试药品外涉及的其他因素的变异最小。

应该采集数目足够多的样品，以充分描述血药浓度-时间曲线。采样方案应该在预计的 t_{max} 附近包括密集的采样点，以可靠地估计暴露峰值。采样方案应该特别计划，避免 C_{max} 成为血药浓度-时间曲线上的第一个点。采样方案也应覆盖血药浓度-时间曲线足够长时间，以可靠地估计暴露程度，为达此目的，需要 $AUC_{0 \to t}$ 至少覆盖 $AUC_{0 \to \infty}$ 的 80%。但对于任何普通剂型的生物等效性试验，无论药物的半衰期多长，采样周期都不必长于 72 h。

在多剂量试验中，零时样品应该在给药前即刻采样（5 min 之内），整个周期最后一个采样点推荐在标示时间的 10 min 之内，以保证准确测得 $AUC_{0 \to t}$。

如果尿样被用作生物采样液体，则正常的采尿时间应覆盖不少于 3 倍的消除半衰期。与血浆采样的情况相似，尿样采集不必超过 72 h。如果要测定排泄速率，则在吸收相的采样间隔需要尽可能短。

对于内源性物质，采样方案应该能够对每个受试者在每个周期表征内源性基线。通常从 2~3 个给药前样品中测得基线。在其他情况下，可能需要给药前 1~2 天周期性采样，以获得时辰节律造成的内源性基线波动。

2. 生物利用度研究的试验设计

为了消除个体差异与试验周期对试验结果的影响，生物利用度的试验设计要求采用随机交叉试验设计方法。随机是要求受试者的来源与分组具有随机性以及各组给药顺序的随机性。交叉试验则是在同一个体身上作对比的试验设计方法，试验时将受试者随机分成两组，一组先给予受试制剂，后给予参比制剂；另一组则先给予参比制剂，后给予受试制剂。采用交叉试验设计可以有效减少个体间变异给试验评价带来的偏倚，且在样本量相等的情况下比平行组设计具有更高的检验效能。两个试验周期之间的间隔时间称为洗净期，洗净期应足以确保在所有受试者第二周期开始时药物浓度低于生物分析定量下限，通常为达到这一要求至少需要 7 个消除半衰期。

当一个受试制剂与一个参比制剂进行生物利用度实验时，可采用两制剂双周期交叉试验设计；若试验包括三个制剂（两个受试制剂和一个参比制剂）时，宜采用三制剂三周期二重 3×3 拉丁方试验设计。

3. 中药制剂生物利用度的评价指标

（1）主要活性成分的药代动力学参数　选择中药复方制剂所含主要药效成分开展药代动力学研究，计算其药代动力学参数，用以说明中药复方制剂体内过程的特点。血药浓度法是生物利用度研究最常用的方法。受试者分别给予试验制剂和参比制剂后，通过测定血药浓度，估算生物利用度。如果不能准确测定血药浓度，当体内药物或其代谢物的全部或大部分经尿排泄，并且药物在尿中的累积排泄量与药物吸收总量的比值恒定时，则可用药物在尿中排泄量来估算生物利用度，从而进行制剂有效性评价。

（2）药代动力学结合药效动力学参数　由于产生药效的部位大多位于各组织器官，药物分布到达靶器官需要耗费时间，因此药物效应的变化与血药浓度的变化往往不同步。药代动力学（pharmacokinetics，PK）研究药物体内过程动态变化规律；药效动力学（pharmacodynamics，PD）研究药物在个体中的药理效应或临床疗效，从而描述药物浓度或剂量与药物效应的关系。将 PK 与 PD 相结合同步研究，对血药浓度－效应－时间数据进行拟合，建立药代动力学－药效动力学（PK-PD）结合模型，不仅能阐明药物在体内动态变化的规律，而且能揭示药物在效应部位作用的特性，较客观地阐明"时间－浓度－效应"之间的关系，对中药制剂生物有效性评价具有重要的参考价值。

（二）溶出度

溶出度系指活性药物从片剂、胶囊剂或颗粒剂等在规定条件下溶出的速率和程度，缓释制剂、控释制剂、肠溶制剂及透皮贴剂等制剂的溶出度通常称释放度。

口服固体制剂的药物成分在胃肠道中溶出后才能被吸收，难溶性药物成分的溶出往往是其吸收的限速因素，因此药物的溶出对其吸收具有重要影响。溶出度是评价固体制剂质量的重要指标，需要开展溶出度研究的中药制剂一般含有难溶性活性成分，或药物治疗窗狭窄。通过研究，如果能够建立具有良好体内体外相关性的溶出度试验方法，则可将溶出度试验用于指导中药制剂的研发、评价中药制剂批内批间质量的一致性、评价中药制剂处方或工艺变更前后质量和疗效的一致性等。

1. 溶出度测定的原理

根据溶出理论，药物的溶出过程首先是溶质分子从固体表面溶解形成饱和层，然后在扩散作用下经过扩散层进入溶液主体内。

药物的溶出速率可用 Noyes-Whitney 方程式表示，见式（19-5）。

$$\frac{dC}{dt} = \frac{DS}{hV}(C_s - C_t) \qquad (19-5)$$

式中，dC/dt 为溶出速率，D 为溶解药物的扩散系数，S 为固体药物与溶出介质间的接触面积，h 为扩散层厚度，C_s 为药物在溶出介质中的溶解度（即实验温度下固体表面处化合物饱和溶液的浓度），V 为溶出介质的体积，C_t 为 t 时间药物在溶出介质中的浓度。通常，对于特定药物在固定溶出条件下，D、V 和 h 为一定值，式（19-5）可简化为：

$$\frac{dC}{dt} = kS(C_s - C_t) \qquad (19-6)$$

式中 k 为溶出速率常数，$k = D/hV$。

溶出的驱动力是浓度梯度，当 C_t 远低于 C_s 时（C_t 低于 C_s 的 20%），体系满足漏槽条件，溶出的驱动力大。

2. 溶出度的试验方法

中药固体制剂溶出度的测定常采用《中国药典》收载的溶出度测定方法中的第一法（篮法）、第二法（桨法），中国药典收载的第三法（小杯法）可视为桨法，适用于低剂量规格固体制剂的溶出试验。对于容易产生漂浮的片剂或胶囊，溶出度测定常采用篮法。当必须采用桨法时，可使用沉降篮或其他适当的沉降装置。必要时可采用第六法（流池法）、第七法（往复筒法）进行体外溶出度试验。

微视频 19-1：*制剂中药物的溶出与溶出仪*

3. 溶出度的试验条件

（1）溶出介质的选择　溶出介质的选择关系到生物利用度与溶出度间能否建立体内外相关性。应根据药物的理化性质和口服给药后可能的暴露条件确定适当的介质，尽可能在生理条件下进行，这样可以从药品体内行为的角度，更好地理解体外溶出数据。

可采用不含酶的 pH 1.2、6.8 的溶出介质作为人工胃液和人工肠液。特殊情况下，可采用高 pH 的溶出介质，但 pH 一般不应超过 8.0。尽量不采用水作为溶出介质，因为其 pH 和表面张力可能随水的来源不同而不同；如果以水作为溶出介质，使用时应考察其 pH 和表面张力等因素对药物及辅料的影响。对于不溶于水或难溶于水的药物，可考虑在溶出介质中加入十二烷基硫酸钠或其他适当的表面活性剂。

溶出介质的体积最好能满足漏槽条件，一般为 500、900 或 1 000 mL。溶出介质应新鲜配制并经脱气处理；如果溶出介质为缓冲液，当需要调节 pH 时，一般调节 pH 至规定 pH ± 0.05 之内。

（2）试验温度　所有普通口服制剂的溶出试验均应在 37℃ ± 0.5℃ 的条件下进行。

（3）转速　溶出度试验过程中应采用较缓和的转速，使溶出方法具有更好的区分能力。一般情况下篮法的转速为 50 ~ 100 r/min，桨法的转速为 50 ~ 75 r/min。

（4）取样时间　取样时间点可为 5 和（或）10、15 和（或）20、30、45、60、90、120 min，此后每隔 1 h 进行测定。一般在酸性溶出介质（pH 1.0 ~ 3.0）中考察时间不超过 2 h，在其他各 pH 溶出介质中考察时间不超过 6 h，或直到药物溶出 90% 以上或达到溶出平台（连续三个时间点任意两点之间溶出量相差不超过 5%）。试验时应按规定的时间取样，实际取样时间与规定时间的差异不得过 ±2%，自 6 杯中完成取样的时间应在 1 min 内，自取样至滤过应在 30 s 内完成。

（5）取样位置与体积　采用篮法或桨法测定时，取样位置应在转篮或桨叶顶端至液面的中点，距溶出杯内壁 10 mm 处；需多次取样时，所量取溶出介质的体积之和应在溶出介质的 1% 之内，如超过总体积的 1% 时，应及时补充相同体积的温度为 37℃ ± 0.5℃的溶出介质，或在计算时加以校正。

4. 溶出曲线相似性比较

将一定量的药物制剂置于适宜的液体介质中，定时取样测定溶出介质中药物的浓度，将药物的累积溶出百分率与时间数据绘图，即得溶出度曲线。采用已建立的溶出度试验方法对不同产品进行质量一致性评价时，可采用非模型依赖法或模型依赖方法进行溶出曲线相似性比较。

> 思考与讨论
> 影响中药制剂中活性成分溶出度的因素有哪些？请举例说明。

（三）生物等效性

1. 体内外相关性评价

对于某些水溶性差的药物，有可能建立体内外相关性，即由制剂产生的生物学性质或药代动力学参数（如 t_{max}、C_{max} 或 AUC），与同一制剂的物理化学性质（如体外溶出行为）之间建立合理的定量关系。

为建立药品的体内体外相关性，应该至少得到三批具有不同体内或体外溶出行为的样品数据。如果这些样品的体内行为不同，可以通过调整体外溶出度试验的条件，使体外的数据能够反映体内行为的变化，从而建立体外–体内相关性。如果这些批次的体内行为没有差异，但体外溶出特性有差别，则可能需要通过调整溶出度试验条件使其体外测定结果相同。大多情况下，体外溶出度试验比体内试验具有更高的灵敏性和更强的区分能力。因此，如果能建立体内外相关性，即可将体外溶出作为体内生物利用度研究的替代性试验，也可以用于筛选制剂处方和制备工艺，保证制剂产品体内外性能的一致性。

体内外相关性常用评价方法有单点相关与点对点相关两种。单点相关系指某一溶出时间点如 $t_{0.5}$（药物溶出 50% 需要的时间）与一个药代动力学参数（如 AUC、C_{max} 或 t_{max}）之间单点相关。点对点相关系指体外溶出曲线与体内吸收曲线吸收相上对应的各个时间点分别相关，表明两条曲线可以重合或者通过使用时间标度重合。

体内外相关性检验利用线性最小二乘法回归原理，将同批供试品体外溶出曲线和体内吸收曲线上吸收相对应的各个时间点的溶出百分率和吸收百分率进行回归，得直线回归方程。如直线的相关系数大于临界相关系数（$P < 0.001$），可确定体内外相关。

2. 生物等效性评价

如果含有相同活性物质的两种药品药剂学等效或药剂学可替代，并且它们在相同摩尔剂量下给药后，生物利用度落在预定的可接受限度内，则被认为生物等效（bioequivalence，BE）。

在生物等效性试验中，一般通过比较受试药品和参比药品的相对生物利用度，根据选定的药代动力学参数和预设的接受限，对两者的生物等效性做出判定。BE 重点在于以预先确定的等效标准和限度进行比较，保证含同一药物活性成分的不同制剂体内行为的一致性，作为判断后研发产品是否可替换已上市药品使用的依据。生物等效性试验的设计、实施和评价的相关要求可参见国家药品监督管理局药品审评中心发布的《创新药人体生物利用度和生物等效性研究技术指导原则》。

案例19-1 穿心莲片

【处方】穿心莲 1 000 g

【制法】取穿心莲,用85%乙醇热浸提取二次,每次2 h,合并提取液,滤过,滤液回收乙醇,浓缩至适量,干燥,加辅料适量,制成颗粒,干燥,压制成1 000片(小片)或500片(大片),包糖衣或薄膜衣,即得。

【性状】本品为糖衣片或薄膜衣片,除去包衣后显灰褐色至棕褐色;味苦。

【功能与主治】清热解毒,凉血消肿。用于邪毒内盛,感冒发热,咽喉肿痛,口舌生疮,顿咳劳嗽,泄泻痢疾,热淋涩痛,痈肿疮疡,毒蛇咬伤。

【用法与用量】口服。一次2~3片(小片),一日3~4次;或一次1~2片(大片),一日3次。

【注解】穿心莲片是以穿心莲为原料生产的单味药制剂,具有清热解毒、凉血消肿功能,其中内酯类成分为其主要活性成分,主要包含穿心莲内酯、新穿心莲内酯、14-去氧穿心莲内酯、脱水穿心莲内酯。穿心莲内酯类成分由于水溶性差溶出慢,因而影响其体内生物利用度。研究并建立具有良好体内体外相关性的溶出度试验方法,不仅可通过溶出参数评价制剂批内、批间质量一致性,还可以溶出参数为评价指标优化制剂处方或工艺,改善制剂质量和疗效。

(1)不同条件下穿心莲片内酯类成分溶出度测定 采用HPLC法测定市售穿心莲片中难溶于水的4种内酯类成分(穿心莲内酯、新穿心莲内酯、14-去氧穿心莲内酯、脱水穿心莲内酯)的含量,分别在不同pH溶出介质(pH 1.0盐酸、pH 4.5醋酸盐缓冲液、pH 6.8磷酸盐缓冲液和水)及不同转篮转速(50、75和100 r/min)条件下测定穿心莲片中4种内酯类成分在15、30、45、60、90、120、150和180 min的溶出率(在pH 1.0盐酸介质中最后一次取样时间为120 min),绘制不同条件下的溶出曲线。结果表明,在不同pH溶出介质、不同转速条件下得到的溶出曲线有较大差异。

(2)穿心莲片中内酯类成分在Beagle犬体内的药动学研究 采用单次空腹给药方式。6只Beagle犬禁食24 h后,于试验当天每只犬给予穿心莲片6片(相当于人体单日剂量),测定Beagle犬口服穿心莲片后4种活性内酯类成分在不同时间点(给药前和给药后0.25、0.5、0.75、1、1.5、2、2.5、3、4、6、8、12和24 h)的血药浓度。绘制4种内酯类成分的血药浓度-时间曲线,并采用DAS 2.0软件计算药动学参数。

(3)内酯类成分体外溶出和体内过程相关性分析 利用Phoenix WinNonlin IVIVC Toolkit 6.4版软件建立了4种溶出模型,即Weibull模型、双参数Weibull模型、Hill模型和Makoid Banakar模型,用以拟合各成分在不同溶出介质、不同转速条件下的溶出数据;将相对应时间点的血药浓度值输入软件,获得每个成分在各时间点的体内吸收分数;利用4个线性相关模型拟合不同条件下各成分的体外溶出速率与其相应的体内吸收分数之间的相关性。根据相关系数、赤池信息量准则值和施瓦茨贝叶斯准则值选择最佳拟合模型。根据FDA指南 *Guidance for industry*:*extended release oral dosage forms*:*development*,*evaluation*,*and application of in vitro/in vivo correlation* 对选定的最佳拟合模型进行内部评估。结果显示,4种穿心莲内酯类成分在以pH 4.5醋酸盐缓冲液为溶出介质、转速100 r/min条件下测得的溶出率与体内吸收分数的相关性最佳,表明该条件为评价穿心莲片体外溶出的合理条件,可用来评价穿心莲片的质量。

第三节 口腔黏膜给药制剂的生物有效性

口腔黏膜给药操作简便，患者依从性好，通常作为口腔黏膜疾病治疗中的首选给药途径。药物经口腔黏膜吸收还可以发挥全身治疗作用。

一、口腔黏膜给药的吸收途径

根据口腔黏膜上皮层角质化程度不同，口腔黏膜分为角质化和非角质化区域。角质化区域主要指齿龈黏膜、硬腭黏膜，外来物质很难透过。非角质化区域主要包括舌下黏膜和颊黏膜，这两个部位的黏膜上皮层具有较高的渗透性，药物透过上皮层后，经黏膜下结缔组织中的毛细血管吸收进入血液循环。

口腔黏膜表面覆盖有黏液，起润滑和保护口腔上皮的作用。口腔黏膜给药后，药物在黏膜部位经释放、黏液层扩散及黏膜渗透，吸收进入体循环发挥治疗作用。极性或水溶性药物易溶解在细胞间隙的液体中，多通过细胞间途径被吸收。脂溶性较强的药物一般通过跨细胞途径被吸收，主要的转运机制是被动转运。

二、口腔黏膜给药的特点

药物经口腔黏膜给药可发挥局部或全身治疗作用；对于发挥全身治疗作用的药物，颊黏膜与舌下黏膜是最常见的口腔黏膜给药部位。

口腔黏膜给药具有以下优点：①给药方便且可随时终止用药，患者依从性高；②舌下黏膜部位血流丰富，药物吸收迅速，起效快，适用于急症的治疗，如冠心病、心绞痛等；③药物被吸收进入舌静脉、面静脉和后腭静脉，汇集至颈内静脉而进入血液循环，可避免肝首过效应及胃肠道的破坏；④口腔黏膜处的酶活性较低，可减少药物的酶降解；⑤口腔黏膜对外界刺激的耐受性较强，细胞更新修复快，患者耐受性好。

口腔黏膜给药对药物制剂的味觉要求较高，不应含有刺激唾液分泌的成分且体积不宜大。不自主的唾液分泌以及咀嚼、吞咽等口腔活动会加速药物离开作用部位而影响吸收。

三、口腔黏膜给药制剂生物有效性的影响因素

1. 生物因素

（1）口腔黏膜的渗透性　不同部位的口腔黏膜渗透性存在差异。舌下黏膜渗透性最强，血管丰富，药物吸收迅速，但药物与黏膜接触易受唾液分泌及舌部活动影响，适用于需发挥速效作用的制剂。颊黏膜通透性不及舌下黏膜，但表面积较大，药物黏附于颊黏膜上受口腔中唾液冲洗效应影响小，适用于黏附制剂，可获得长效。

（2）唾液冲洗效应　唾液提供了含水的环境，可以促进药物释放，但唾液分泌过多及唾液流动会使药物被吞咽进入胃肠道，改变药物给药途径，影响生物利用度。唾液分泌量的时间差异和个体差异对依赖于唾液释放的药物制剂影响很大，如缓控释制剂可能在清晨和熟睡时药物释放量发生较大变化。

（3）其他生物因素　唾液中含有的黏蛋白有利于黏膜贴附制剂的黏着，黏蛋白也可能与药物发生特异性或非特异性结合，影响药物的吸收。此外，口腔中的细菌、唾液与黏膜中的酶会使一些药物在口腔中代谢失活，口腔黏膜的物理损伤和炎症易使药物吸收增加。口腔运动、饮水、进食等因素影响制剂在口腔黏膜用药部位的驻留，因而影响药物的吸收。

2. 药物的性质

药物经口腔黏膜渗透的能力与其溶解度、脂溶性、解离度和相对分子质量大小等性质密切相关。

药物在口腔黏液中的溶解度会影响药物在吸收部位的浓度，溶解度极低的药物不适宜制成口腔黏膜给药制剂。经口腔黏膜吸收的药物相对分子质量通常应不高于800，相对分子质量越大越难透过口腔黏膜；油/水分配系数对数值在1.6~3.3之间的药物在口腔黏膜有较好的吸收，分子体积较小的更易透过口腔黏膜；在口腔pH 5.5~7.0条件下，分子型药物较离子型药物更易于透过口腔黏膜。

药物所带的电荷会影响药物经口腔黏膜的吸收。带正电荷的药物能与口腔黏膜中带负电荷的组分相结合，有利于吸收。多肽和蛋白质药物易与膜组分形成氢键，从而影响药物吸收，有时其影响程度比药物脂溶性或解离状态的影响更大。

3. 剂型因素

口腔黏膜给药可发挥局部或全身治疗作用，临床常用剂型较多，由于制剂的性状和应用部位不同，黏膜渗透性、血流分布、唾液的冲洗作用和滞留时间的影响不同，因而生物利用度有差异。制剂在口腔中滞留时间长有利于药物的充分吸收或局部治疗。为了改善药物在颊黏膜的渗透性，制剂处方中可添加黏膜渗透促进剂。常用的渗透促进剂有金属离子螯合剂、脂肪酸、胆酸盐、表面活性剂等。

知识拓展19-7：促进药物口腔黏膜吸收的方法

四、口腔黏膜给药常用剂型及质量评价

1. 口腔黏膜给药常用的剂型

口腔黏膜给药发挥局部治疗作用时常用于治疗口腔溃疡、口腔细菌或真菌感染以及其他口腔科或牙科疾病，常用剂型以液体、半固体、气体动力剂型为主，如洗剂、涂剂、软膏剂、乳膏剂、凝胶剂、喷雾剂、气雾剂等。局部给药操作简便，药物易富集于病损区域，可以减少因全身用药而引起的不良反应。液体含漱或喷雾于口腔黏膜患病部位，可以发挥局部消毒防腐或促进组织修复的作用。但唾液及外源性的食物、液体不断冲刷黏膜，使得液体制剂难以长时间滞留，降低了药物疗效。半固体剂型可以延长药物在黏膜局部的作用时间从而改善疗效，此类制剂多通过局部涂抹的方式给药。在口腔部位使用固体剂型也可以发挥局部治疗作用，如口溶膜、散剂、含片等，药物需从固体制剂中溶出后起效。

药物通过口腔黏膜吸收后可产生全身作用，常用的剂型主要是固体剂型，如颊黏膜部位给药的颊膜、口腔贴片，舌下黏膜部位给药的舌下片、舌下膜、滴丸等。颊黏膜部位给药的制剂中常添加天然、半合成或合成的黏膜黏附聚合物，当制剂与颊黏膜接触时，聚合物与黏膜之间产生持久的黏附，延长药物与黏膜的接触时间，使药物充分吸收，改善药物的生物利用度。为了改善药物在颊黏膜的渗透性，制剂处方中还可添加黏膜渗透促进剂。

近年来，在口腔黏膜给药系统中开展了多种纳米递药技术的应用研究。这些纳米递药技术

能显著改善难溶性药物的溶出，增强药物的黏膜黏附及促进药物的黏膜渗透与吸收，从而提高生物利用度。

2. 口腔黏膜给药制剂的质量评价

口腔黏膜给药制剂需满足相关剂型的质量要求，同时还应根据口腔黏膜给药的特点建立质量评价体系。

液体和半固体制剂应具有适宜的 pH。半固体制剂应具有适宜的流变性质和释药性能。固体制剂应对产品的机械性能、释药性能、黏附性能、药物黏膜渗透性能等开展研究与评价。

知识拓展 19-8：口腔黏膜给药的研究方法

第四节 鼻用制剂的生物有效性

鼻腔给药临床上常用于治疗鼻塞、过敏性鼻炎等鼻腔局部疾病；药物经鼻黏膜吸收后也可以产生全身治疗作用。

一、鼻腔给药的吸收途径

鼻腔黏膜按其生理功能分为嗅区和呼吸区两部分。嗅区黏膜覆于上鼻甲及其相对应的鼻中隔以上部分，内含嗅细胞，能感受嗅觉刺激；其余部分为呼吸区黏膜。

嗅区黏膜较呼吸区黏膜薄，由嗅上皮（假复层柱状上皮）和固有膜组成。呼吸区黏膜是鼻腔黏膜的主要部分，其上皮属假复层纤毛柱状上皮，每个柱状上皮细胞有 250～300 根纤毛，长度 5～7 μm，平均直径 0.3 μm，通常向咽部方向作快速节律性摆动，这对清除鼻腔内异物保持鼻腔清洁具有重要意义，同时也影响药物在鼻腔内的滞留时间。黏膜上皮的固有膜内分布的腺体除了分泌黏液外，还可分泌特异性与非特异性化学保护物质，如免疫球蛋白、溶菌酶等，构成鼻分泌物的主要来源，使鼻腔保持湿润，并在黏膜表面形成随纤毛运动而向后移动的黏液毯，这是鼻黏膜重要的保护机制之一。

鼻黏膜内有丰富的腺体和血管，细胞间的水性通道为水溶性药物的主要吸收途径，其吸收程度受限于药物的相对分子质量；其他药物主要通过被动扩散跨细胞途径吸收。药物经鼻黏膜可以吸收入脑，研究认为吸收途径包括神经通路及非神经通路。

知识拓展 19-9：药物经鼻脑通路的运输

二、鼻腔给药的特点

作为一种非侵入给药方式，鼻腔给药的主要优点包括：①鼻黏膜渗透性高、黏膜下血管丰富，有利于药物吸收，吸收程度和速度有时可与静脉注射相当；②药物吸收后直接进入体循环，可避免肝首过效应；③给药方便，患者的依从性好；④鼻黏膜给药后，一部分药物可经嗅觉神经绕过血脑屏障直接进入脑组织，有利于中枢神经系统疾病的治疗。

但鼻腔给药也存在不足，如单次用药剂量有限，吸收剂量不够准确，沉积在鼻腔的药物能被黏膜纤毛快速清除；有些制剂使用时可能会对鼻黏膜造成刺激。

三、鼻用制剂生物有效性的影响因素

1. 生物因素

（1）鼻腔 pH　　成人鼻腔分泌物的正常 pH 为 5.5～6.5，婴幼儿为 5.0～6.0。鼻腔黏液较少，缓冲能力差，鼻用制剂的 pH 通常在 4.5～7.5 为宜。

（2）鼻腔血液循环　　吸收部位血液循环越好，药物越容易被吸收。鼻腔的血液循环受外界温湿度及病理状况影响。炎症或刺激会导致鼻黏膜肿胀、瘙痒、打喷嚏，导致药物吸收减少。

（3）纤毛运动　　鼻腔有黏液和纤毛存在，黏液纤毛清除作用可能缩短药物在鼻腔吸收部位滞留时间，影响药物的生物利用度。一些外部的因素会改变鼻黏液纤毛清除，如空气污染、香烟等会导致鼻黏液纤毛清除降低。

（4）鼻黏膜中的药物代谢酶　　鼻黏膜中存在多种酶，尽管其相比于消化道酶活性低，但对这类酶敏感的药物经鼻黏膜给药时可能被降解。如鼻黏膜中的氨基肽酶和蛋白酶会降解肽类或蛋白质类药物。

（5）其他　　鼻腔用药的体位姿势影响药物在鼻黏膜的分布与滞留，对药物吸收可能产生影响。

2. 药物的性质

（1）药物的相对分子质量　　某些亲水性药物在鼻黏膜吸收与其相对分子质量密切相关，亲水性小分子药物可通过鼻黏膜细胞间的水性孔道吸收。相对分子质量小于 1 000 的药物较易通过鼻黏膜吸收，相对分子质量大于 1 000 的药物鼻黏膜吸收明显减少。

（2）药物的脂溶性和解离度　　鼻黏膜吸收的主要机理为跨细胞途径的被动转运，脂溶性药物的渗透系数随着药物油/水分配系数增大而增加。

（3）药物粒径　　药物粒径影响其在鼻腔的分布位置。大于 50 μm 的粒子容易沉积在鼻腔前部，不能达到鼻黏膜主要吸收部位，小于 2 μm 的粒子又可能被气流带入肺部，也无法停留在鼻腔吸收部位。难溶性药物的粒径还会影响其溶出性能。

3. 剂型因素

（1）剂型　　鼻腔给药的剂型包括液体、半固体、固体等多种形态。气雾剂、喷雾剂和粉雾剂在鼻腔中的弥散度大，分布面积较广，药物吸收快，生物利用度高，疗效一般优于同种药物的其他剂型。溶液剂在鼻腔中分布不均匀，容易流失，滞留时间短，不利于药物吸收。混悬剂的作用与其粒子大小及其在鼻腔吸收部位中保留的位置和时间有关。凝胶剂能降低鼻腔纤毛的清除作用，延长药物与鼻黏膜接触时间，可改善药物的吸收，但其黏度较高，易导致给药剂量不准确。

（2）吸收促进剂　　鼻用制剂中加入吸收促进剂可以改善多肽和蛋白质类大分子药物的鼻黏膜吸收。鼻黏膜吸收促进剂主要有胆酸盐、表面活性剂、螯合剂、脂肪酸、蛋白酶抑制剂和环糊精等。吸收促进剂的作用机制主要包括：降低黏膜层黏度，提高黏膜的通透性；与鼻黏膜相结合，引起磷脂膜紊乱，改变黏膜的结构，增加膜的流动性和通透性；改变鼻黏膜的电位和阻抗，使上皮细胞之间的紧密连接暂时疏松，增加细胞间的通透性；加速鼻黏膜中血流速度，提高膜两侧药物的浓度梯度；抑制黏膜中酶的活性等。

（3）鼻腔给药装置　　鼻用制剂中气雾剂、喷雾剂与粉雾剂需要借助一定的给药装置才能将药物输送至鼻黏膜部位；作为药械组合产品，鼻喷装置既承载着药品包装容器功能，又承载着药物输送功能,是药品不可分割的重要组成部分。鼻用喷雾剂包装材料一般由储药罐、喷雾泵、驱动器、防尘盖等组成,喷雾泵剂量、驱动器喷孔的直径等影响药物递送剂量和液滴粒径分布,雾化特性还影响药物在鼻腔内的沉积情况,直接影响治疗效果。

四、鼻腔给药常用剂型及质量评价

1. 鼻腔给药常用的剂型

鼻腔给药常用的剂型包括液体剂型(滴鼻剂、洗鼻剂等)、半固体剂型(鼻用软膏剂、鼻用乳膏剂、鼻用凝胶剂等)、固体剂型(鼻用散剂、鼻用棒剂等)、气体动力剂型(鼻用气雾剂、鼻用喷雾剂、鼻用粉雾剂等)。鼻用液体制剂也可以固态形式包装,配套专用溶剂,在临用前配成溶液或混悬液。

鼻用制剂可根据主要原料药物的性质和剂型要求选用适宜的辅料,用于制剂赋形,或调节液体黏度、pH 和渗透压,增加药物溶解度、提高制剂稳定性。由于鼻纤毛的自主清除作用及有些大分子与难溶性药物难以透过鼻黏膜,导致鼻腔给药后药物吸收较少,生物利用度低。为获得更好的治疗效果,鼻用制剂往往使用吸收促进剂、黏附剂等辅料改善药物在鼻腔目标部位的吸收。

除另有规定外,多剂量水性介质鼻用制剂应当添加适宜浓度的抑菌剂,在确定制剂处方时,该处方的抑菌效力应符合规定,制剂本身如有足够的抑菌性能,可不加抑菌剂。鼻用制剂多剂量包装容器应配有完整和适宜的给药装置。容器应与原料药物或辅料具有良好的相容性。除另有规定外,装量应不超过 10 mL 或 5 g。

2. 鼻腔给药制剂的质量评价

鼻腔给药制剂需满足相关剂型的质量要求,制剂应无刺激性,对鼻黏膜及其纤毛不应产生毒副作用。

鼻用溶液剂应澄清,不得有沉淀或异物;鼻用混悬液若出现沉淀物,经振摇应易分散;鼻用乳状液若出现油相与水相分层,经振摇应易恢复成乳状液;鼻用半固体制剂应柔软细腻,易涂布。混悬型滴鼻剂沉降体积比应不低于 0.90。鼻用液体制剂的渗透压通常调节在 290~500 mOsm/kg 范围内,以避免鼻黏膜刺激,对于紧急情况或一次性应用等特殊情况,渗透压的最高限值可以适当放宽。液体制剂的 pH 会影响用药局部耐受性,通常微酸性 pH 较适宜。液体制剂的流变学特性,尤其是黏度,对于喷雾液滴大小和鼻腔中的沉积起着极为关键的影响;递送液滴的大小会影响体内沉积,在药品开发时应加以考察并进行严格控制,以促使液滴在目标部位沉积,并最大限度地减少可引起毒性作用的肺部递送。

鼻用粉雾剂中原料药物与适宜辅料的粉末粒径一般应为 30~150 μm;鼻用气雾剂和鼻用喷雾剂喷出后的雾滴粒子绝大多数应大于 10 μm。作为药械结合的制剂产品,喷雾模式和喷雾形态是评价雾化定量阀门和驱动器性能的重要指标。喷雾模式是从正面直接观察喷出的雾团,定性比较喷雾形状,一般采用喷雾面积、椭圆率作为喷雾模式的评价参数。喷雾模式应观察到椭圆形且对称的图像,喷雾模式不仅受气雾剂的喷口尺寸、喷口长度和定量阀深度等影响,还可能会受到雾滴挥发和雾化后沉积过程的影响。喷雾形态是从侧面观察喷出的雾团,适宜方法测定喷射后特定延迟时间下的喷射几何形状,一般采用喷射角和喷射宽度作为喷雾形态的评价参数。

近年来,随着技术的发展,鼻用制剂的研发中也引入了纳米制剂技术以提高载药量和靶向性,新辅料和新技术均对产品质量控制及稳定性和释放性能产生影响,增加质量控制的复杂性。

第五节 眼用制剂的生物有效性

眼部给药主要用于治疗眼局部疾病,如干眼症、沙眼、眼部炎症、视网膜病变、青光眼等。眼部给药后药物能够到达眼内病灶部位,发挥治疗作用。

一、眼部给药的转运途径

药物向眼内转运的途径包括角膜途径和非角膜途径。角膜上皮层和内皮层含有丰富的脂质,易转运非极性、脂溶性物质。

药物由非角膜途径转运主要通过结膜和巩膜。结膜覆盖眼球前部除角膜以外的整个外表面,并与眼睑的内表面相连,其间构成结膜囊,眼用溶液滴入眼内后主要集聚于此。结膜内血管丰富,结膜和巩膜的渗透性比角膜强,药物经结膜血管网进入体循环,不利于药物进入房水,同时也有可能引起药物全身吸收后的副作用。

眼组织内的药物转运蛋白,特别是内流转运蛋白和外排转运蛋白,通过参与角膜和结膜的主动转运过程,对药物制剂在眼内的药代动力学过程产生重要影响。

二、眼部给药的特点

眼部给药主要用于眼局部疾病的治疗,药物到达眼内病灶部位,发挥治疗作用。常见的眼部给药途径包括局部滴眼、结膜下注射、球后注射、玻璃体内注射等,其中局部滴眼最为常见。局部滴眼是将药物滴入眼睑内,通过眼睑和眼球之间的空隙,使药物进入眼球表面和眼内组织。局部滴眼具有操作简便、无痛苦、无创伤等优点,但药物在眼内的生物利用度较低,需要通过增加滴眼频率和药物浓度来提高治疗效果。此外,局部滴眼还可能引起眼部刺激、过敏等不良反应。

眼部注射常被用来治疗视网膜和黄斑疾病,有时也用于治疗眼部炎症、肿瘤的眼内转移等。通过眼部注射给药,局部组织容易达到治疗所需的药物浓度,起效快,全身副作用小;但相比于其他给药途径,注射给药创伤大、风险高。

三、眼用制剂生物有效性的影响因素

1. 生物因素

(1)角膜的渗透性 大多数需要发挥局部作用的眼用药物,如散瞳、扩瞳、抗青光眼药物,需要透过角膜进入房水,然后分布于周边组织,如睫状体、晶状体、玻璃体、脉络膜、视网膜等。角膜上皮细胞的紧密连接是限制药物渗透的屏障,角膜损伤会使药物渗透增加,可能造成局部药物浓度过高,带来不利影响。此外,角膜上还存在药物外排和内流转运蛋白,影响药物向眼内转运。

(2)药物从眼部的流失 人眼正常泪液容量约 7 μL,结膜囊最高容量为 30 μL。一般滴眼剂每滴 50~70 μL,滴入后大部分溢出眼外,部分药液经鼻泪导管从口、鼻流失或经胃肠道吸收进入体循环,只有小部分药物能透过角膜进入眼内部。当眼部受到药物刺激后分泌泪液,可导致药物被稀释随泪液流失,导致药物停留时间减少而降低疗效。

（3）药物经外周血管消除 药物在向眼内转运的同时，也通过外周血管从眼组织迅速消除。结膜含有许多血管和淋巴管，当由外来物引起刺激时，血管处于扩张状态，透入结膜的药物会有很大比例进入血液中，有可能引起药物全身吸收后的副作用。

（4）血眼屏障 血眼屏障是血液与眼部的房水、晶状体和玻璃体等组织之间存在的屏障。血眼屏障是眼睛最重要的防御机制之一，在维持血液和眼内液之间、眼内液和周围的眼组织之间的溶质交换以及维持眼内环境稳定与眼功能正常上起着重要的作用。血眼屏障是血管中的药物进入眼内靶组织的主要生理屏障，主要包括血-房水屏障（BAB）和血-视网膜屏障（BRB）。血眼屏障的存在使得眼组织中的药物浓度往往较血液中低，所以主要作用于眼的药物也多以局部应用为佳。当各种因素（内眼炎、前房穿刺及内眼手术等）造成血眼屏障通透性增高时，眼内药物浓度将升高。

（5）眼部转运蛋白 同人体其他组织一样，眼组织细胞膜上也存在转运蛋白，角膜、结膜、BAB 和 BRB 中药物转运蛋白均可能影响药物向眼内的递送。例如角膜中的外排转运蛋白如 P-糖蛋白、多药耐药蛋白，可将特定药物分子排出细胞膜，从而降低药物的生物利用度。

2. 药物的性质

大多数需要发挥局部治疗作用的眼用药物，需要透过角膜进入房水，然后分布于周边组织。角膜主要由脂质结构的上皮、内皮及两层之间的亲水基质层组成。因此，药物分子必须具有适宜的亲水亲油性才能透过角膜。

相对分子质量小的水溶性物质，主要通过角膜上皮细胞间隙进入眼内，透过速率与分子大小成反比。滴入结膜囊内的药物，首先与泪液混合才能达到眼球表面，然后向眼内转运。在角膜表面泪膜的生理 pH 环境中，药物的解离度影响其角膜透过性。

3. 剂型因素

（1）剂型 眼膏和膜剂与角膜接触时间都比水溶液长，因而在眼部能维持较长的药效。眼膏可能存在的问题是如果药物在油脂性基质中的溶解度大于角膜上皮层，药物就不容易释放进入角膜内；此外，油脂性基质不易与泪液混合，因而可能妨碍药物接触角膜。

（2）制剂的 pH 眼用制剂中为增加药物的溶解度和稳定性，常需调节适宜的 pH。泪液的 pH 为 6.5～7.6，尽管泪液具有一定的缓冲能力，但制剂的 pH 若超过眼的耐受范围则会刺激泪液分泌，造成药物流失。制剂的 pH 不适宜还可能造成角膜和泪腺的损伤。

（3）制剂的黏度 应用亲水性高分子材料增加水溶液黏度，可以延长药液在眼部的滞留时间，延长作用时间。目前已用的有甲基纤维素（MC）、羟丙甲纤维素（HPMC）、聚乙烯醇（PVA）、聚维酮（PVP）和透明质酸（HA）等。

（4）药液的表面张力 等张溶液不引起流泪和不适，一般生物利用度较好。滴眼剂的表面张力对滴眼剂与泪液的混合以及对角膜的渗透性均有较大影响。表面张力越小，越有利于泪液与滴眼剂的充分混合，也有利于药物与角膜上皮接触，药物越容易渗入。

（5）渗透促进剂 对于需要角膜透过的眼用制剂，可添加角膜渗透促进剂，增强药物的渗透性，提高生物利用度。已有报道的渗透促进剂有表面活性剂、钙离子螯合剂、羟丙基-β-环糊精等，但长期使用渗透促进剂容易造成眼表的损伤，故应综合考虑促渗效率和不良反应，选用促渗效率高、不良反应少的渗透促进剂。

知识拓展 19-10：非侵入性眼后段药物递送

四、眼部给药常用剂型及质量评价

1. 眼部给药常用的剂型

眼部给药常用的剂型包括液体剂型（滴眼剂、洗眼剂、眼内注射溶液等）、半固体剂型（眼膏剂、眼用乳膏剂、眼用凝胶剂等）、固体制剂（眼膜剂、眼丸剂、眼内插入剂等），眼用液体制剂也可以固态形式包装，另备溶剂，在临用前配成溶液或混悬液。眼用固体制剂一般置于结膜囊内缓慢释放药物产生疗效。

滴眼剂中可加入调节渗透压、pH、黏度，以及增加原料药物溶解度和制剂稳定性的相关辅料，所用辅料不应降低药效或产生局部刺激。除另有规定外，滴眼剂每个容器的装量应不超过 10 mL。

眼用半固体制剂的基质应过滤并灭菌，不溶性原料药物应预先制成极细粉；除另有规定外，每个容器的装量应不超过 5 g。

眼用制剂为无菌制剂，多剂量眼用制剂一般需在处方中加入适当抑菌剂，应尽量选用风险小的抑菌剂，产品标签应标明抑菌剂种类和标示量。除另有规定外，在确定制剂处方时，该处方的抑菌效力应符合规定。

眼内注射溶液、眼内插入剂、供外科手术用和急救用的眼用制剂，均不得加抑菌剂、抗氧剂或不适当的附加剂，且应采用一次性使用包装。

眼用制剂的包装容器应无菌、不易破裂，其透明度应不影响可见异物检查。除另有规定外，眼用制剂应遮光密封贮存；启用后最多可使用 4 周。

2. 眼用制剂的质量评价

眼用制剂要求无菌，理想的眼黏膜递药系统应具备下述性质：无刺激性，角膜和结膜透过性好，具有适宜的流变学性质。在产品研制时，应对制剂产品的刺激性、流变学性质、药物释放性能、药物在角膜等眼黏膜部位的滞留能力和渗透性能进行研究。

根据液体分散体系，滴眼剂可分为溶液、混悬液、乳状液。除另有规定外，滴眼剂应与泪液等渗，质量评价指标一般包括 pH、缓冲容量、渗透压摩尔浓度、黏度。混悬型滴眼剂的沉降体积比应不低于 0.90，此外，其质量评价指标一般还应包括混悬微粒的粒径及粒径分布、混悬微粒分散的物理稳定性、混悬微粒的再分散性、药物释放度等。乳状液型滴眼剂的质量评价指标还应包括乳滴粒径及粒径分布、乳剂稳定性等。

眼用半固体制剂应均匀、细腻、无刺激性，并易涂布于眼部。此类制剂发挥药效涉及两个过程：药物从基质中释放，药物渗透通过眼部黏膜。因此，应对药物从基质中释放及药物在眼黏膜部位渗透性能及其影响因素分别开展研究与评价。

> **思考与讨论**
>
> 眼用制剂的处方设计和制备工艺要点有哪些？

第六节　阴道给药制剂的生物有效性

阴道给药在临床上多用于治疗阴道和宫颈疾病，发挥杀菌、消炎等作用，也可用于类固醇避孕和雌激素替代疗法等。

一、阴道给药的吸收途径

阴道是连接子宫和外生殖器的肌性管道，阴道壁表面有很多横纹皱襞，能收缩、扩张，通常呈紧缩皱褶状。

药物经阴道黏膜转运的方式包括跨细胞途径转运、细胞间途径转运及由囊泡或受体介导的转运等。阴道给药后，经黏膜吸收入血，血流经会阴静脉丛流向会阴静脉，最终进入下腔静脉，可避免肝首过效应。

二、阴道给药的特点

阴道给药可发挥局部治疗作用，药物吸收后也可发挥全身治疗作用。阴道给药的主要优点有：患者可自行给药；阴道环等可根据需要撤药；药物滞留时间较长，局部疗效好而安全；适用于不适合口服的药物，可避免肝首过效应和对胃肠道的刺激性，减少不良反应，提高生物利用度等。阴道给药的局限性在于用药及药物吸收受生理性周期影响；半固体剂型给药不便，并有不适排出物等。

三、阴道给药制剂生物有效性的影响因素

1. 生物因素

（1）阴道黏膜上皮层与黏液层厚度　阴道黏膜表面覆盖着一层黏液，在雌激素、孕激素等女性激素的调控下，阴道黏膜会发生周期性变化。排卵前，受雌激素影响，黏膜上皮增厚，表层细胞出现角化；排卵后，在孕激素影响下，阴道黏膜表层上皮大量脱落。黏膜上皮层越厚，药物渗透性越小，但此时黏膜表面的黏液层较薄，又有利于药物穿透；当上皮层变薄时，黏液分泌量减少但黏液更黏稠，此时药物渗透性较差。

（2）阴道分泌液　阴道分泌液由阴道黏膜渗出物、宫颈腺体及子宫内膜腺体分泌物混合而成。当分泌液的量增加时，水溶性差的药物吸收会增加，但过度黏稠的宫颈黏液可能形成药物吸收屏障；过多的分泌液可能会将药物从阴道腔冲走而减少药物的吸收。

（3）阴道 pH　正常生理条件下阴道呈酸性环境 pH≤4.5，多为 3.8～4.4，更年期妇女阴道 pH 上升至 7.0～7.4。对于 pH 敏感的药物和弱电解质药物，阴道 pH 的改变会影响药物的解离度、溶解性、稳定性及从制剂中释放的特性，从而影响生物有效性。

（4）阴道内微生物　阴道中寄生着很多微生物，包括多种厌氧菌和需氧菌，主要栖居于阴道的侧壁黏膜皱褶中。阴道是一个复杂的微生态系统，由阴道的解剖结构、微生态菌群、局部免疫、机体内分泌调节功能等组成。阴道微生态系统是动态和多样化的，受月经周期、雌激素、阴道上皮细胞糖原、阴道 pH 和免疫反应的影响。健康女性的阴道菌群以乳酸杆菌为主要优势菌，乳酸杆菌通过产生乳酸、H_2O_2、细菌素、益生菌、生物膜和生物表面活性剂等，抑制病原菌的生长和定植，保持阴道微生态平衡。受卫生、疾病或药物等因素影响，可能导致阴道菌群失调。有研究发现，阴道菌群可能通过改变宿主代谢，产生与药物受体竞争的代谢物，从而影响药物的疗效。

2. 药物的性质

药物的理化性质如相对分子质量、亲脂性、解离度、溶解度等影响药物透过阴道黏膜吸收。

亲脂性药物主要经跨细胞途径以扩散形式通过脂质膜被吸收，在阴道上皮层的渗透系数随药物脂溶性增加而增大。小分子药物比高分子药物更易被吸收；分子型药物比离子型药物更容易通过阴道黏膜吸收。

3. 剂型因素

阴道给药时，如需发挥局部疗效，一般选用半固体或能快速溶散的固体制剂；药物与阴道黏膜接触面广，能渗入黏膜皱襞，有助于药物与病灶的接触。如需发挥全身作用，如长效避孕药、提高局部或全身免疫力的抗原、抗体给药，一般优先考虑阴道黏附系统或阴道环，制剂在阴道内滞留时间长，有利于药物吸收；制剂中所用材料的黏附性会影响药物在黏膜处的滞留时间，进而影响药物的吸收。

四、阴道给药常用剂型及质量评价

1. 阴道给药常用的剂型

阴道给药常用的剂型包括液体剂型（洗剂）、半固体剂型（软膏剂、乳膏剂、凝胶剂等）、固体剂型（片剂、栓剂、胶囊剂、阴道环等）、气体动力剂型（喷雾剂、气雾剂），半固体和固体制剂可借助器具将其送入阴道。

阴道给药的固体剂型种类较多，片剂包括阴道片与阴道泡腾片，栓剂包括普通栓、膨胀栓，胶囊剂包括硬胶囊剂与软胶囊剂。阴道片和阴道泡腾片的形状应易置于阴道内，药片在阴道内易溶散并释放药物，药物不得具有局部刺激性。阴道泡腾片具有能在阴道内吸水发泡快速崩解的特性，能将药物快速分散于阴道皱襞，弥补了阴道片崩解分散面积小的缺点。阴道膨胀栓系指含药基质中插入具有吸水膨胀功能的内芯后制成的栓剂，膨胀内芯系以脱脂棉或黏胶纤维等经加工、灭菌制成。阴道膨胀栓可将药物送至宫颈处发挥作用，减少了阴道用药易发生的漏液现象，延长了药物的作用时间。

阴道环是一种柔软的弹性环形状的药物输送装置，它将低剂量的药物置于硅橡胶、聚乙烯醋酸乙烯酯（EVA）等弹性材料中，通过材料中的微小孔道缓慢释放药物，实现局部给药和全身给药。弹性材料的选择受到生物相容性、柔韧性以及药物高渗透率的限制。目前阴道环在临床中主要用于避孕、雌激素替代疗法、辅助生殖与黄体补充治疗。

气雾剂中内容物喷出后呈泡沫状者又称为泡沫剂，可用于阴道给药。泡沫对黏膜的机械刺激性小，有良好的铺展性、低黏性，可有效渗入皱襞，药物涂布面广，用药依从性好。

2. 阴道给药制剂的质量评价

阴道给药制剂不仅需满足各剂型项下的质量要求，还须考虑阴道黏膜给药的特点，开展相关的质量评价。

阴道用液体和半固体制剂应具有适宜的pH、渗透压。半固体制剂应具有适宜的流变性质和释药性能，对温敏凝胶还应考察温敏特性。阴道片、阴道栓应检查融变时限，阴道泡腾片应检查发泡量，阴道膨胀栓应检查膨胀值。对于药物缓慢释放发挥药效的制剂产品，应评价药物释放性能。

阴道环有多种结构形式，产品研制中应对其机械强度、弹性材料体内降解性能、药物释放性能开展研究与评价。

阴道给药的泡沫气雾剂，应对喷出的泡沫性能（如起泡性、泡沫稳定性、泡沫密度、泡沫流变特性、泡沫形态等）进行评价。

思考题

1. 影响固体制剂中药物溶出度的因素有哪些？举例说明。
2. 导致同一药物的不同剂型间生物有效性出现差异的可能原因有哪些？
3. 如何在中医药理论指导下建立符合中药制剂特点的生物有效性评价方法？

（狄留庆、谢辉）

数字资源详见　新形态教材网

视频　　知识拓展　　推荐阅读　　参考文献　　教学课件　　自测题

第二十章

中药制剂的研发设计

　　质量源于设计（quality by design，QbD）已纳入人用药品注册技术要求国际协调会（ICH）质量体系并成为指导原则和工作指南，贯穿于药品小试研究、工艺开发和生产管理。其中，关键工艺参数和关键物料属性的波动或变化对目标产品的关键质量属性有显著影响。中药制剂产品的主要原料是中药饮片，即使拥有良好的制剂原料，如果缺乏给药途径、给药剂型、制备工艺和质量保障体系的设计，就无从谈及药品质量和临床安全有效。制剂过程看似是简单地将药物原料和辅料采用特定工艺和设备制成特定形式药品的过程，但如何选择适宜的剂型和给药途径？如何确定中药制剂中间物料的制备工艺？如何设计中药制剂处方和成型工艺？如何构建中药制剂质量控制体系？本章将从中药制剂研发设计角度，带你了解中药制剂研制过程的设计要点，厘清基于QbD理念的中药制剂设计思路和方法，明确怎样将"好原料"制备得到"好制剂"。

第一节 概 述

中药制剂研发设计是在中医药理论指导下，基于 QbD 理念，结合临床有效验方治疗特点，分析处方药物性质，兼顾生产、服用、贮藏、运输和携带方便性以及药物经济学等因素，围绕中药制剂中间物料制备、剂型及成型工艺、中试放大、药品包装、质量控制及稳定性等方面开展的药学研究整体设计。中药制剂研发设计的目的在于根据临床用药需要以及原辅料理化性质和生物学特征，确定合适的给药途径和药物剂型，选用适宜的辅料和成型工艺，构建科学可行的质量标准，保证制剂过程有效物质基础尽可能多地转移到制剂中，并经过良好的体内过程到达作用部位，发挥临床疗效，降低不良反应，最终形成适合于工业生产和临床应用的制剂产品。

中药制剂研发设计是决定药品安全性、有效性、质量可控性、稳定性和临床应用适应性的重要环节，在中药新药研发中占有十分重要的地位。

一、中药制剂研发设计的基本原则

1. 尊重传统用药经验

中药制剂研发设计是基于中医药对生命、健康、疾病的认识，以古籍及现代文献记载以及实际临床应用的研究探索和数据积累为基础，其设计研究应遵循中医药理论，尊重传统用药经验。因此，前期的文献研究工作越系统、深入，临床应用中积累的数据越充分，越能更好地把握研究的核心和重点。

2. 注重 QbD 理念

中药制剂研发设计应基于 QbD 的理念，以临床价值为导向，在了解药物配伍、临床应用等情况的基础上，设计工艺路线和药物剂型，通过试验研究，理解产品的关键质量属性和量质传递，确定关键工艺参数；根据物料性质、工艺条件等，建立能满足产品质量设计要求且工艺稳健的设计空间，如确定工艺参数控制范围等，并开展质量风险管理，确立质量控制策略和药品质量标准体系。

3. 加强整体质量评价

中药制剂生产工艺研究应体现中药制剂整体质量特性。应结合中药特点，从临床应用情况、组方配伍、所含的化学成分、药理药效等方面选择适宜的评价指标。

工艺研究选择的指标应该全面、科学、客观，并尽可能可量化，能够客观反映相关工艺过程的变化，能够反映药物质量的整体性、一致性和药效物质的转移规律，保证工艺过程可控。应建立中间物料和工艺动态过程控制评价指标及判断标准。

4. 突出工艺持续改进

为保证产品质量的均一稳定，中药制剂工艺持续改进具有重要意义。各研究阶段确定的工艺路线和工艺参数，由于工艺条件、批量规模等因素的影响，会有一定的局限性。因此一般需要通过扩大生产规模进行验证和改进，中药新制剂上市前应进行商业规模的生产条件验证，确定生产工艺和工艺参数。

中药制剂新药生产工艺研究中，在工艺路线、关键工艺参数不变的前提下，工艺优化研究工作可在确证性临床试验前进行。上市前各研究阶段及上市后，可参照相关要求进行工艺持续改进优化。

知识拓展 20-1："质量源于设计"理念在中药制剂设计中的应用

二、中药制剂研发设计的依据

（一）医疗机构中药制剂设计

医疗机构中药制剂是在中医药理论指导下，以临床应用效果良好的中药处方为基础，医疗机构根据本单位临床需要，经批准而常规配制、自用的固定中药处方制剂。医疗机构中药制剂具有来源于临床，疗效确切、使用方便、费用相对低廉等特点，充分体现了中医地域特色、医院特色、专科特色和医师的临床经验，是中医临床用药的重要组成部分。医疗机构应当取得医疗机构制剂许可证，或者委托取得药品生产许可证的药品生产企业、取得医疗机构制剂许可证的其他医疗机构配制中药制剂（图20-1）。目前我国多个省市地区制订了医疗机构制剂备案与注册实施细则。

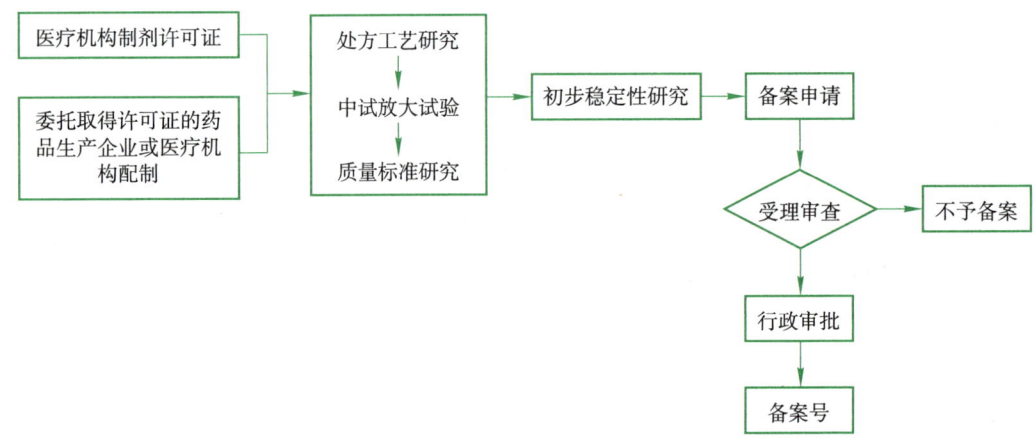

图 20-1　医疗机构应用传统工艺配制中药制剂备案流程图

1. 医疗机构制剂备案管理要求

实施备案制管理的医疗机构制剂主要为应用传统工艺配制的中药制剂，包括：由中药饮片经粉碎或仅经水或油提取制成的固体（丸剂、散剂、丹剂、锭剂等）、半固体（膏滋、膏药等）和液体（汤剂等）传统剂型，由中药饮片经水提取制成的颗粒剂以及由中药饮片经粉碎后制成的胶囊剂，由中药饮片用传统方法提取制成的酒剂、酊剂。

采用备案制方式的医疗机构制剂，首先要明确制剂的命名、处方组成、来源、理论依据及协定处方使用背景情况，包括5年使用历史证明、100例相对完整的临床病例总结等；其次需要完成工艺制定、质量标准的制定、稳定性试验等研究资料，最后根据相关省市制订的《医疗机构应用传统工艺配制中药制剂备案管理办法》的相关规定，形成备案文件，报省市药监部门审批。

2. 医疗机构制剂注册管理要求

申请医疗机构制剂注册，应当是市场上没有供应的品种，不能是中药注射剂、中药与化学药组成的复方制剂、麻醉药品、精神药品、医疗用毒性药品、放射性药品以及除变态反应原外的生物制品，不能含有未经国家药品监督管理局批准的活性成分的品种。

医疗机构中药制剂注册和备案申报所提交的资料有一定差异（表20-1）。医疗机构中药制剂注册前需进行临床研究，获得《医疗机构制剂临床研究批件》；注册申请受理后，省（区、市）药品监督管理部门或者其委托的设区的市级药品监督管理机构将组织现场考察，抽取连续3批检验用样品，通知指定的药品检验所进行样品检验和质量标准技术复核。医疗机构应用传统工艺配制中药制剂备案申报则不需要临床研究批件和现场考察、抽样等环节。

表20-1 医疗机构中药制剂注册与备案申报资料目录对比

资料目录	医疗机构中药制剂注册研究资料	医疗机构中药制剂备案研究资料
（一）	医疗机构制剂注册申请表	医疗机构应用传统工艺配制中药备案申请表
（二）	制剂名称及命名依据	制剂名称及命名依据
（三）	立题目的及该品种的市场供应情况	立题目的和依据
（四）	证明性文件	证明性文件
（五）	标签及说明书设计样稿	标签及说明书设计样稿
（六）	处方组成、来源、理论依据及使用背景情况	处方组成、来源、理论依据及使用背景情况
（七）	配制工艺的研究资料及文献资料	配制工艺的研究资料及文献资料
（八）	质量研究的试验资料及文献资料	质量研究的试验资料及文献资料
（九）	制剂的质量标准草案及起草说明	制剂的质量标准草案及起草说明
（十）	制剂的稳定性试验资料	制剂的稳定性试验资料
（十一）	样品的自检报告书	连续3批样品的自检报告书
（十二）	辅料的来源及质量标准	原、辅料的来源及质量标准
（十三）	直接接触制剂的包装材料和容器选择依据及质量标准	直接接触制剂的包装材料和容器选择依据及质量标准
（十四）	主要药效学试验资料及文献资料	主要药效学试验资料及文献资料▲
（十五）	急性毒性试验资料及文献资料	单次给药毒性试验资料及文献资料▲
（十六）	长期毒性试验资料及文献资料	重复给药毒性试验资料及文献资料▲
（十七）	临床研究资料	

注：▲有5年使用历史证明材料的，可免报此项资料

医疗机构中药制剂的生产应用为中药新药研发提供了良好基础。如三九胃泰颗粒、复方丹参滴丸、化湿败毒颗粒等均是以医疗机构中药制剂为基础，依据中药新药注册相关要求研制的中药新药。

知识拓展 20-2：基于人用经验医疗机构中药制剂向新药转化的关键

（二）中药新药制剂设计

2020年9月国家药品监督管理局发布了《中药注册分类及申报资料要求》，明确了将中药注册按照中药创新药、中药改良型新药、古代经典名方中药复方制剂、同名同方药进行分类，前三类属于中药新药（表20-2）。其中，古代经典名方中药复方制剂的两类情形均应采用传统工艺制备，采用传统给药途径，功能主治以中医术语表述。对古代经典名方中药复方制剂的上市申请实施简化注册审批。

第二十章 中药制剂的研发设计

表 20-2 中药制剂注册分类及相关要求

中药注册类别		分类标准
1 中药创新药	1.1	中药复方制剂,系指由多味饮片、提取物等在中医药理论指导下组方而成的制剂
	1.2	从单一植物、动物、矿物等物质中提取得到的提取物及其制剂
	1.3	新药材及其制剂,即未被国家药品标准、药品注册标准以及省、自治区、直辖市药材标准收载的药材及其制剂,以及具有上述标准药材的原动、植物新的药用部位及其制剂
2 中药改良型新药	2.1	改变已上市中药给药途径的制剂,即不同给药途径或不同吸收部位之间相互改变的制剂
	2.2	改变已上市中药剂型的制剂,即在给药途径不变的情况下改变剂型的制剂
	2.3	中药增加功能主治
	2.4	已上市中药生产工艺或辅料等改变引起药用物质基础或药物吸收、利用明显改变的
3 古代经典名方中药复方制剂	3.1	按古代经典名方目录管理的中药复方制剂
	3.2	其他来源于古代经典名方的中药复方制剂,包括未按古代经典名方目录管理的古代经典名方中药复方制剂和基于古代经典名方加减化裁的中药复方制剂
4 同名同方药	4	通用名称、处方、剂型、功能主治、用法及日用饮片量与已上市中药相同,且在安全性、有效性、质量可控性方面不低于该已上市中药的制剂

1. 中药创新药的制剂设计要求

中药创新药的制剂设计,应当根据处方药味组成、药味药性,借鉴用药经验,以满足临床需求为宗旨,在对药物理化性质、生物学特性、传统用药方式、剂型特点、生产工艺、临床用药的安全性与有效性、患者用药依从性等方面综合分析的基础上合理选择剂型和给药途径,进行制剂工艺设计。

2. 中药改良型新药的制剂设计要求

改良型新药的研发应当基于对被改良药品的客观、科学、全面的认识,针对被改良中药存在的缺陷或者在临床应用过程中新发现的治疗特点和潜力进行研究。例如,改变已上市中药剂型或者给药途径的改良型新药,应当具有临床应用优势和特点,如提高有效性、改善安全性、提高依从性等,或者在有效性、安全性不降低的前提下,促进环境保护、提升生产安全水平等。研制开发儿童用改良型新药时,应当符合儿童生长发育特征及用药习惯。对儿童用药、特殊人群(如吞咽困难者等)用药、某些因用法特殊而使用不便的已上市中药,通过改变剂型提高药物临床使用依从性。

鼓励运用适合产品特点的新技术、新工艺改进已上市中药。已上市中药生产工艺或者辅料等的改变引起药用物质基础或者药物的吸收、利用明显改变的,应当以提高有效性或者改善安全性等为研究目的,开展相关的非临床有效性、安全性试验及Ⅱ期临床试验、Ⅲ期临床试验,按照改良型新药注册申报。

3. 古代经典名方中药复方制剂设计要求

按古代经典名方目录管理的中药复方制剂(3.1类),须按照国家药品监督管理局发布的《按古代经典名方目录管理的中药复方制剂药学研究技术指导原则(试行)》进行制剂设计。制剂设计时,在文献考证基础上充分考虑当前临床和生产实际,注重经方历代发展脉络,从历史和发展的角度去认识经典名方中药物的基原、炮制、剂量、煎煮法、功效等关键共性问题,从而确定其制剂关键信息。

其他来源于古代经典名方的中药复方制剂（3.2类），须参照国家药品监督管理局发布的《其他来源于古代经典名方的中药复方制剂药学研究技术指导原则（试行）》，应当采用传统工艺和传统给药途径，与临床实践所用药物一致，其中以汤剂形式服用的，申报制剂可制成颗粒剂。在制剂工艺研究中，有必要探索有针对性的质量评价方法，替代或补充常规物理化学方法在控制药品质量方面的局限性，特别是能关联临床疗效和安全性的质量评价指标，以表征中药整体质量，提高产品整体质量控制水平。

知识拓展 20-3：古代经典名方中药复方制剂开发的主要环节关键技术问题

第二节 中药制剂的剂型设计

剂型选择应借鉴前期用药经验，以满足临床医疗需要为宗旨，在对药物理化性质、生物学特性、剂型特点等方面综合分析的基础上进行。应提供具有说服力的文献依据、试验资料，充分阐述剂型选择的科学性、合理性、必要性。

一、剂型设计原则

剂型的选择应主要考虑以下方面：

（1）临床需要及用药对象　应考虑不同剂型可能适用于不同的临床病证需要，以及用药对象的依从性和生理情况等。

（2）制剂成型所用原料的性质和用量　中药有效成分复杂，各成分溶解性、稳定性，以及在体内的吸收、分布、代谢、排泄过程各不相同，应根据药物的性质选择适宜的剂型。选择剂型时应考虑处方量、制剂成型所用中间物料的量及性质、临床用药剂量，以及不同剂型的载药量等。

（3）安全性　选择剂型时需充分考虑药物安全性。应关注剂型因素和给药途径可能产生的安全隐患（包括毒性和副作用）。

另外，需要重视药物制剂处方设计前研究工作。在认识药物的基本性质、剂型特点以及制剂要求的基础上，进行相关研究。

二、剂型设计评价

不同剂型都有其特定的制备技术、适用范围和使用方法。各种剂型的结构不同，载药形式不同，释药机理不同；给药途径不同，药物释放方式与速度也不同，药物的体内转运过程及其血药浓度与时间的关系也明显不同，药物起效时间、达峰时间、作用强度也随之各异。因此，若对已上市制剂进行给药途径或剂型变更，需要对变更制剂与原制剂从物理化学性质、药物体内行为、药效学、毒理学等方面开展一致性评价。

1. 制剂性能评价

制剂性能评价包括药物剂型的性状特征、释放性能、稳定性等方面。制剂性状特征评价主要包括制剂的颜色、形状、气味、质地等方面，可以直观反映药物制剂的制备工艺和质量，对患者的用药体验和依从性也有一定影响。药物释放性能主要通过体外溶出度来衡量，是评估制剂中活性成分在给药形式中的释放速度和程度。稳定性评价通常是考察制剂在贮藏和使用过程中药物性状和药物含量的稳定性,是药物剂型选择的重要评价指标之一。

2. 生物利用度评价

药物制剂的生物利用度是指药物成分从制剂中释放并被吸收进入体循环的速度和程度,通过用血药浓度-时间曲线特征来评估。药物生物利用度受到多种因素的影响,包括药物本身特性、给药途径、制剂剂型、个体差异等。药物的溶解度、脂溶性、稳定性等特性会影响药物溶解和渗透,进而影响吸收和生物利用度。不同给药途径,药物被吸收入血的行为不同,生物利用度不同;不同剂型的药物释放、吸收行为不同,生物利用度不同。因此,不同给药途径或剂型的制剂在开展生物等效性试验时,药动学研究和生物利用度评价是其重要指标。

3. 有效性与安全性评价

有效性评价是评估药物制剂在目标生物体中的作用机制、药理活性和安全性,为药物剂型设计提供依据。剂型选择需充分考虑其安全性,应比较剂型因素产生的疗效增益和风险阈值。即使药物新剂型通过了上市前的动物实验和临床试验评价,批准并进入临床应用,也有必要对其进行上市后的药物再评价。

4. 药物经济学评价

药物剂型设计关系到药物用法、给药剂量或频率、给药途径,甚至适应证等,因此也伴随着研发成本和注册申报风险等问题,还需开展药物经济学评价,对药物研发的成本与效果进行综合评估。

知识拓展 20-4:藿香正气方系列制剂的讨论

第三节 中药制剂中间物料制备工艺设计

中药制剂中间物料通常包括中药饮片粉末、中药稠浸膏或干浸膏以及进一步精制而成的有效部位、有效成分等。中药制剂中间物料直接影响中药制剂的品质以及成型质量和稳定性,中间物料制备工艺设计是中药制剂研发设计的重要内容。

一、中药饮片粉末制备工艺设计

根据具体药物特点、剂型和制剂设计等要求,部分剂型如散剂、丸剂、半浸膏制剂(片剂、胶囊剂、混悬型颗粒剂等)需对处方中部分中药饮片进行粉碎、灭菌等处理。

根据中药饮片的性质,选择适宜的粉碎方法,具体要求参见第三章第一节。粉碎工艺参数需要结合具体粉碎方法和粉碎设备进行优化,应说明粉碎粒度及依据,并注意出粉率。

饮片粉末须经灭菌处理方能用于制剂生产,灭菌工艺不仅要考虑灭菌效率,更应该在保证灭菌效果的同时尽可能地保留有效成分不被破坏。

二、中药提取物制备工艺设计

中药制剂成分复杂,为尽可能保留药效物质、降低服用量、便于制剂等,一般需要经过提取、分离、浓缩、干燥等处理,制备成浸膏,或进一步制成有效部位或有效成分。工艺优化应围绕药物有效性和安全性,注重中医组方配伍理论和临床传统应用经验(如合煎、分煎、先煎、后下等），关注组方药味相互作用以及饮片、中间物料和制剂的量质传递，并考虑规模化生产的可行性，以及安全、节能、降耗、环保等要求。

知识拓展 20-5：中药药味单煎混合可以替代复方合煎吗？

1. 工艺路线筛选与合理性评价

不同的提取、分离、浓缩、干燥方法均有其特点与适用范围，应根据工艺设计目的，结合文献报道，以及与有效性、安全性相关的药物成分理化性质和药效、安全性研究结果，选择适宜工艺路线。

对来源于临床有效方剂的中药复方，一般可考虑以下方面。

（1）尊重临床用药经验　工艺路线应尽可能与临床用药（如医疗机构制剂等）工艺路线相同，若采用与临床用药不同的生产工艺，一般宜与临床用药的工艺进行比较。

（2）参考药效学试验依据或文献依据　可选择适宜的药效模型和主要药效学指标，进行工艺路线的对比研究。

（3）比较药效物质基础　如与临床用药形式（如汤剂）对照，从物质基础等方面进行比较。

在有效性筛选的同时，应考察药物的安全性。一般应关注前期临床用药或文献报道涉及的不良反应，可采用药效试验评价不同工艺路线制得中间产物的安全性。

中药制剂中间物料制备工艺合理性评价是中药制剂研发设计的基础性工作，支持工艺路线合理性的证据越多，可为后期研究提供更多保障。应注意工艺不合理可能引发的研发风险。

提取工艺设计应在充分理解传统应用方式的基础上，考虑饮片特点、有效成分性质以及剂型的要求，关注有效成分、有毒成分、浸出物的性质和其他质量属性的量质传递。提取溶剂应尽量避免选择使用一、二类有机溶剂。

纯化工艺设计可依据中药传统用药经验或根据药物中已确认的一些有效成分的存在状态、极性、溶解性等，设计科学、合理、稳定、可行的工艺。但由于中药复方制剂中成分的复杂性，应考虑纯化的必要性和适宜性。

浓缩与干燥工艺设计应根据物料的理化性质、制剂的要求，选择相应工艺，使所得产物达到要求的相对密度、含水量等，以便于制剂成型。

2. 工艺条件优化

工艺路线初步确定后，对采用的工艺技术、方法及其工艺条件应进行科学、合理的试验设计和优化。工艺优化应采用准确、简便、具有代表性、可量化的综合性评价指标与合理的评价方法，在预试验的基础上进行多因素、多水平考察优化。鼓励新技术新方法的应用，但对于新建立的方法，应进行方法的合理性、可行性研究。

根据生产工艺要求选择适宜的生产设备。

工艺条件研究中应关注物料性质、工艺参数与产品质量的关系，确定关键工艺参数及范围。工艺参数的确定应有试验依据和相关研究数据支持。

（1）提取工艺条件的优化　中药常以水煎煮或适宜浓度的乙醇浸提，不同提取方法和提取工艺参数影响所得提取物中药效成分转移。因此应根据所采用的提取方法与设备，优化提取工艺条件。煎煮工艺参数通常需考察料液比、浸泡时间、煎煮时间、煎煮次数等；水蒸气蒸馏法常考察料液比、浸泡时间、蒸馏时间、蒸馏压力等；采用乙醇回流提取时，常需考察乙醇浓度、乙醇用量、回流时间、回流次数等；采用乙醇渗漉提取常需考察饮片粒径、乙醇浓度、浸渍时间、渗漉速度、溶剂用量等。

（2）分离工艺条件的优化　中药提取液中常含有淀粉、蛋白质、黏液质、色素、树胶、果胶等杂质，造成制剂服用量较大，且影响制剂后续成型工艺和质量稳定性，因此，纯化工艺一般应考虑拟保留的药效物质与去除杂质的理化性质、拟制成的剂型与成型工艺的需要以及与生产条件的桥接。

中药提取液纯化过程需考虑可能造成中药有效成分损失、药效物质基础改变、制剂疗效下降的风险。常采用化学成分分析、主要药效学和临床试验等方法进行纯化工艺对比考察。此外，基于绿色设计理念，还需考虑最大限度减少资源和能源消耗，减少废弃物产生，降低健康和安全风险。

目前常用的分离纯化方法可分为四类：①通过提取溶剂的改变除杂，包括水提醇沉法、醇提水沉法、溶剂萃取法等；②中药提取液为多分散体系，可利用分散体系的密度差来分离料液，常采用重力沉降和离心分离法；③吸附技术，如活性炭吸附技术、大孔树脂吸附技术、吸附澄清剂等；④膜分离技术，如微滤、超滤、纳滤、渗透与反渗透、膜蒸馏、电渗析等。

（3）浓缩工艺条件的优化　浓缩的方法、设备和工艺参数等直接影响浓缩工艺中物料成分的稳定，如蒸发浓缩时药液受热时间长，易引起药效成分氧化、水解、聚合等，而影响药物的质量；蒸发温度高，水分流失加快，使药液浓度增大，甚至析出晶体，不利于干燥、制粒等后续工艺的进行。冷冻浓缩工艺中，温度、温度梯度、搅拌方式等因素会影响晶体的形态、结构、生长形式等，导致有效成分的含量及药液的密度、pH 等性质发生改变，从而给后续工艺带来困难。因此，应结合制剂的要求，开展浓缩方法、主要工艺参数优化设计，工艺参数范围的确定应有相关研究数据支持。

（4）干燥工艺条件优化　干燥的方法、设备和工艺参数等因素与浓缩一样，都直接影响物料中成分的稳定，因此，应结合制剂的要求对干燥工艺条件进行优化。

传统的中药浸膏干燥方法存在干燥时间长、干燥温度高、干燥产品品相差、能耗高和生产效率低等缺点，目前常用的中药浸膏干燥主要有减压干燥、喷雾干燥、微波干燥、真空带式干燥、冷冻干燥等方式。干燥工艺优化常考虑以下几方面情况。

1）干燥工艺对物料性质的影响：在对中药浸膏进行干燥研究时，应确认其是否含有热敏性有效成分，评估干燥损失及其对产品质量的影响，同时研究药液黏性随浓度、温度变化的规律，结合实际情况对干燥工艺进行合理的选择。若用单一干燥方法达不到相关质量要求，可以考虑采用多种干燥工艺组合对浸膏进行干燥，如喷雾 – 流化床干燥、喷雾冷冻干燥等组合干燥方式。

2）干燥工艺对浸膏结构与性质的影响：中药浸膏干燥工艺除须考察中药浸膏干燥产品的含水率、有效成分含量和干燥速率外，还应关注干燥产品的质量，如干燥产品的色泽、浸膏粉体的孔隙率等。研究表明，不同干燥方法与工艺会导致中药浸膏性质的改变，综合分析浸膏微观内部结构（多孔结构、孔隙度、孔隙分布、孔隙的连通性）、表面化学成分分布、化学成分存在状态（水化物、溶剂化物、晶体、无定形）以及化学结合力（配位键、氢键、传荷络合物、范德华引力）等浸膏物理性质，对于合理选择中药浸膏干燥方法具有指导意义。例如，穿心莲浸膏干燥过程中，采用喷雾干燥或箱式真空干燥所得干浸膏在贮存或制剂过程中极易吸湿结块而不易粉碎，改用带式真空干燥技术在真空状态下连续进料、出料，使传统的静态干燥转化为真空动态干燥，节约了干燥工时，克服了传统干燥方式浸膏粘壁、干燥时间长、易导致有效成分损失的缺点，所得浸膏粉末不易吸收水分和结团，生产时间短，产量高，损耗率低。

3. 工艺参数优化方法

（1）正交试验法　是在探究包含多因素多水平的生产过程优化问题中常用的试验设计方法。

实验者可根据考察的因素和水平数量查询相应正交表，完成实验设计。

（2）响应曲面法　基于多元线性回归，通过实验设计和数据采集分析建立多个响应值与多个变量之间的非线性函数关系，建立一个复杂多维空间曲面，以此为基础挑选出最佳工艺参数，此方法相较于正交设计方法有着较高的准确度，同时减少所需的试验组数。常见的响应曲面分析实验设计方法有 Box–Behnken 法和 Central Composite Design 法。

（3）QbD 理念下的工艺优化　基于 QbD 理念，主要确定关键质量属性、质量风险管理、关键物料属性与工艺参数、设计空间等环节和要素。例如，基于 QbD 理念研究参麦注射液醇提水沉过程，建立麦冬乙醇提取、红参和麦冬流浸膏水沉的设计空间，确定设计空间的范围后，利用多指标优化算法综合考察产品质量、生产能耗、生产效率，获得参麦注射液醇提水沉最佳工艺参数。

（4）数学建模技术的工艺优化　根据物理化学规律、质量传递、能量守恒、流体力学原理等，用数学关系式描述关键原料属性、关键工艺参数和关键质量属性之间的定量关系，建立数学模型，对研究对象的生产过程行为进行准确的描述和解释，常用于中药工艺的过程监测。

（5）人工智能技术辅助工艺优化　通过建立大规模的中药数据库和药效关联分析模型，人工智能可以辅助药剂研发人员进行药效预测、药物设计和优化，这将有助于加速药剂研发过程，提高中药制剂的疗效和效果。

知识拓展 20-6：中药制造全过程的品质传递控制与一致性评价研究

第四节　中药制剂成型工艺设计

中药制剂成型工艺设计应根据中药制剂中间物料的性质和用量，结合剂型成型要求，选择适宜的辅料、生产工艺及设备。成型工艺的优化，应重点关注工艺研究的主要变化（包括批量、设备、工艺参数等）及相关的支持性验证研究。

一、中药制剂处方设计

制剂处方设计是根据制剂成型所用原料性质、剂型特点、临床用药要求等，筛选适宜的辅料，确定制剂处方的过程。制剂处方研究的目的是使制剂处方和制剂工艺适应工业化生产的要求，保证生产合理性、可行性及批间一致性。

（一）制剂处方前研究

中药制剂处方前研究重点是制剂中间物料的性质。例如，制备固体制剂应主要研究中间物料的溶解性、吸湿性、流动性、稳定性、可压性等；制备口服液体制剂应主要研究中间物料的溶解性、酸碱性、稳定性以及嗅、味等。

中间物料性质对制剂处方设计和制备工艺参数优化影响较大，其理化特性和制剂学特性通常是筛选辅料种类和用量的主要依据，基于中间物料特征便可有针对性地设计处方、选用辅料，以解决制剂在成型性与稳定性方面存在的问题。剂型不同，所需考察的中间物料性质也不同。固态剂型应研究药物的粉碎、分散特性，粒子大小与溶出、疗效的关系，堆密度、流动性、吸湿性、可压性、可混合性等与制剂工艺相关的性质。液态剂型应研究药物的溶解性及其影响因素，药物的物理、化学、生物学稳定性及其影响因素，矫味、矫臭、着色特性等相关性质。

知识拓展20-7：中药制剂过程的关键质量属性探析研究

（二）制剂处方筛选

通过处方筛选研究，可初步确定制剂处方组成、明确所用辅料的种类、型号、规格、用量等。辅料应能满足制剂成型、稳定及临床应用特点的要求，不与药物发生不良相互作用，避免影响药品的检测。中药制剂处方应尽可能减少辅料用量，以减小服用量，提高用药依从性。中药制剂中部分原料还具有"药辅合一"特性。

知识拓展20-8："药辅合一"理念对中药剂型设计的传承创新

辅料筛选时应注意以下几点：①辅料种类应根据剂型或制剂条件选择，例如，混悬剂中需要选择能降低药物固体颗粒沉降速率的助悬剂。②辅料用量应根据临床用药剂量、最小制剂单位的重量等进行选择；一般而言，中药制剂中间物料的日服剂量越大，可选择的制剂辅料空间越小。确定好辅料空间及种类后，一般先确定好关键制剂成型辅料及用量较多的辅料用量，然后再确定用量较少的辅料用量。③辅料来源与规格不同，其理化性质可能不同，对药物溶出、分散、吸收等行为可能造成不同的影响。在制剂处方设计时，应明确使用辅料的来源。所使用辅料必须符合国家药用辅料相关标准。

二、中药制剂成型工艺研究

中药制剂成型工艺是指在制剂处方设计基础上将中药制剂中间物料与辅料制备成剂型，并形成最终产品的过程。一般情况下，制备工艺路线及各工序的技术条件随剂型与品种不同而异。剂型不同，成型工艺需要研究的内容也不一样，应针对性选择指标进行试验，筛选相应的工艺技术条件。通过制剂成型工艺研究进一步改进和完善制剂处方设计，最终确定制剂处方、工艺和设备及其参数，并关注制剂的稳定性。

1. 制剂成型工艺要求

制剂成型工艺研究一般应考虑成型工艺路线和制备技术的选择，应注意小试研究条件与中试和生产的桥接，考虑商业规模生产制剂设备的可行性、适应性。

成型工艺路线的选择受制剂处方中物料性质的影响。中药制剂中间物料的物理性状、化学性质与生物学特性通常是选择成型工艺路线的依据。然而，工艺路线的改进又可能使处方中辅料的组成与用量发生变化。因此，处方特性一定程度决定成型工艺路线，同时成型工艺路线改变又影响处方设计，二者相辅相成。

应研究各工序技术条件，确定详细的制剂成型工艺流程。在制剂过程中，对于含有毒药物以及用量小而活性强的药物，应特别注意其均匀性。

2. 制剂技术与制剂设备

在制剂研究过程中，制剂技术和设备往往可能对成型工艺以及所使用辅料的种类、用量产生很大影响。应重点考察设备类型、工艺参数对制剂关键质量属性的影响，可采用多样化的数学建模方法开展制剂成型所用原料性质、工艺参数、关键质量属性评价指标之间的相关性研究，建立关键物料属性、关键工艺参数、制剂成型所用原料关键评价指标的设计空间，并探索相应的过程控制技术，以减少批间质量差异，保证药品质量的稳定，进而保障药品的安全、有效。先进的制剂技术以及相应的制剂设备，是提高制剂水平和产品质量的重要方面，也应予以关注。

小试成型工艺研究结果往往受条件限制、样本量小等影响，代表性相对较差，难以与规模化生产要求的生产设备程控化、工艺流程自动化相适应。因此，为使小试研究的成型工艺适应规模生产设备的要求，一般要通过中试调整成型工艺路线和技术参数，并为成型设备选型提供依据。

第五节　中药制剂的包装设计

中药制剂的包装设计是保证药品质量、有效及安全的重要环节，同时满足消费者的使用和审美需求。合理的包装设计不仅能够延长中药的保质期，还能够提高产品的品相和市场竞争力。随着包装材料与设备的不断更新和在医药工业生产中的广泛应用，药品包装越来越受到重视。

一、中药包装设计的要求

药品包装设计是美学与药学等的结合，运用到药物产品的包装保护和美化方面，体现了科学、艺术、材料、经济、心理、市场等综合要素，是在药物剂型设计基础上完成的。其基本任务是科学合理而又经济地完成药物产品包装的结构设计和装潢设计。

包装设计应能有效地保护中药产品的质量和安全性，防止外界因素对中药的影响；能清晰地传达中药产品的名称、用途、成分、用法用量等重要信息，方便消费者选择和使用；应符合消费者的审美观和文化背景，以吸引消费者的注意并提升产品形象。

包装材料应适合包装药品形态需要，符合药品本身类别和特点，对药品有最大的保护能力，利于生产及贮存，有适当的成本。包装材料和形式的制作与印刷必须适应工厂现有生产设备与技术，确保包装质量与生产效率。包装物必须体积小，重量轻，耐久性强，便于堆码。

中药包装设计还需要具有以下特点：①文化传承性：中医药是我国优秀文化遗产的重要组成部分，中药包装设计需要注重传统文化元素的体现，以弘扬中华文化和中医药传统；②可持续性：中药包装设计应尽量选择可循环利用和环境友好的材料，减少对环境的负面影响；③区分性：中药产品众多，包装设计应注重与竞争对手的差异化，以吸引消费者和提高市场竞争力。

二、中药包装的分类

根据药品使用以及生产操作步骤，包装大致可分为以下几类：①单剂量包装：根据剂型特点、药物性质、用药方式、治疗剂量等因素，选用适当的容器和材料，按剂量进行包装，如单粒胶囊包装，注射剂的安瓿封装，外用软膏小包装等；②内包装：系指直接与药品接触的包装，数个或数十个集中于一个容器或材料包装中，主要防止水分、光线、温度、微生物等因素对药品质量的影响；③外包装：将完成内包装的中成药装入箱、袋、桶、罐等容器，主要目的是方便药品的运输与贮存。

三、中药包装设计研究内容

中药制剂的包装设计研究主要指制剂成品、中间物料（如适用）直接接触药品的包装材料（容器）的选择研究，也包括包装袋、包装纸箱等次级包装材料（容器）的选择研究。

应根据产品质量的影响因素及稳定性研究结果，选择直接接触药品的包装材料（容器）。此类包装材料（容器）应符合直接接触药品的包装材料（容器）、药品包装标签管理等相关要求。

在某些特殊情况或文献资料不充分的情况下，应加强药品与直接接触药品的包装材料（容器）的相容性考察。特别是含有有机溶剂的液体制剂或半固体制剂，一方面可以根据成分迁移试验结果，考察包装材料中的成分（尤其是包材的添加剂成分）是否会渗出至药品中，引起产品质量的变化；另一方面可以根据吸附试验结果，考察是否会由于包材的吸附/渗出而导致药品浓度的改变、产生沉淀等，从而引起安全性担忧。

中药制剂包装设计的程序如图 20-2 所示。

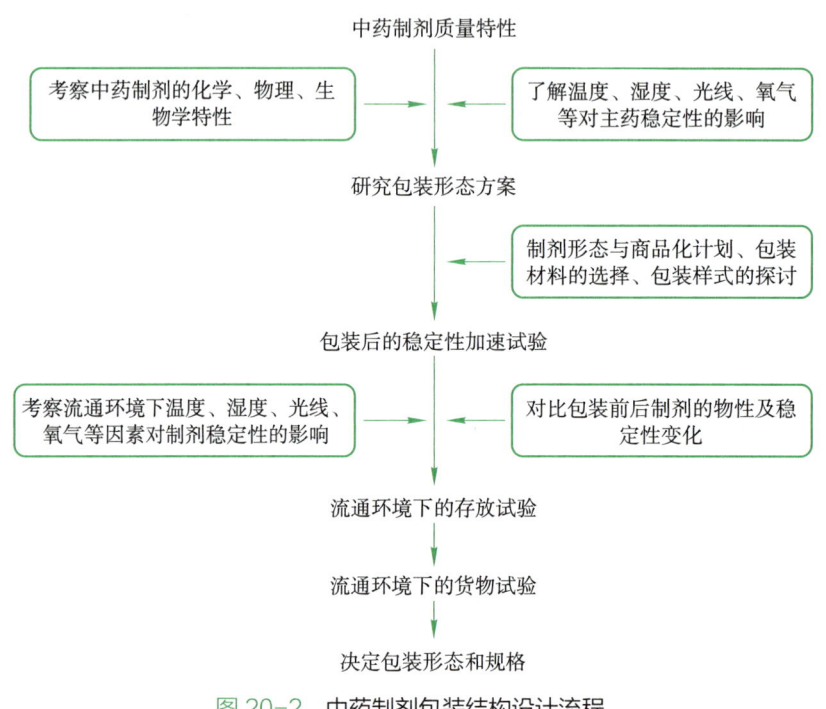

图 20-2 中药制剂包装结构设计流程

第六节 中药制剂工艺规模化验证

中药制剂工艺规模化验证主要包括中试研究、商业规模生产研究，目的是通过中试规模和商业规模生产进一步验证工艺的可行性，获得生产可行、质量稳定的中药制剂生产工艺。

一、中试研究

中试研究是对实验室工艺合理性的验证与完善，是保证工艺达到生产稳定性、可操作性的必经环节。完成中药制剂生产工艺系列研究后，应采用与生产基本相符的条件进行工艺放大研究，为实现商业规模的生产工艺验证提供基础。中试研究应考虑与商业规模生产的桥接。中试研究过程要制定详细的工艺规程，并做好研究记录。通过中试研究，探索关键步骤、关键工艺参数控制范围和中间物料（如浸膏等）的得率范围等，发现工艺可行性、劳动保护、环保、生产成本等方面存在的问题，为实现商业规模的生产提供依据。

1. 中试研究的目的

（1）完善工艺条件，为商业规模生产研究提供支撑　在药品研究过程中，实验室所用的设备参数与商业规模生产有一定的差异，商业规模生产不可能完全照搬实验室的工艺条件，只有通过中试研究，验证实验室工艺的合理性，并根据多次中试所得的稳定工艺数据，对实验室制定的工艺条件进行修订、补充和提高，最终制定初步的工艺生产规程。

与实验室研究所用设备不同，中试生产所用的设备参数与商业规模生产接近，通过中试生产可以得到与商业规模生产有关的数据，为商业规模生产设备的选择提供参考依据。中试研究所使用的小型生产设备的设计要求、技术参数、工作原理应与商业规模生产设备基本相符，确保按照操作规程能始终生产出预定质量标准的产品。

（2）为质量标准、稳定性、药理毒理、临床研究等提供样品　在研究制定质量标准时，可以用实验室小试样品对质量标准进行初步研究，但需根据中试样品的检测结果对质量标准进行修订。此外，因为中试样品的质量与商业规模生产的样品具有一致性，所以用中试样品开展制剂稳定性、药理和毒理、临床等研究，其研究结果具有可靠性。

（3）为药物经济学评价提供初步的技术经济指标核算依据　中试生产研究能对原辅料供应、能源动力消耗和人员工时等成本进行预算，判断主要经济指标是否满足生产要求，为产品市场前景预测提供一定的参考。

（4）降低药品研发风险　中试研究可以对产品可能出现的问题进行分析研究，尽可能解决问题，以减少风险。如有些工艺在实验室小量试制时可以完成，但在商业规模生产中难以实现，或者缺乏相应设备、生产线等；有些产品制备工艺使用了有机溶剂，对人员及环境均有较大影响，在实际生产中，劳动保护和三废处理难以完成或成本增加较多，最终影响产品的市场前景等。

2. 中试研究的基本要求

由于药品剂型不同，所用生产工艺、设备、生产车间条件、辅料、包装等有很大差异，因此在中试研究中要结合剂型，特别要考虑如何适应生产的特点开展工作。

（1）中试场所及设备　根据《药品注册管理办法》，临床研究用药物的中试研究，应当在符合《药品生产质量管理规范》条件的车间制备，制备过程应严格执行《药品生产质量管理规范》的要求；申报生产时的中试研究，应当在取得《药品生产质量管理规范》认证证书的车间生产；新开办的药品生产企业、药品生产企业新建药品生产车间或者新增生产剂型的，其样品生产过程须符合《药品生产质量管理规范》的要求。

（2）中试投料规模　中试研究的投料量应达到中试研究的目的，同时应考虑与商业规模生产研究的桥接，为商业规模生产提供依据。中试研究规模一般以制剂处方量（以成品1 000个制剂单位计算）的10倍以上投料。在实际操作中，应考虑处方剂量大小，并结合质量研究、药理和毒理及临床研究用样品的用量大小和中试设备情况，确定中试生产的规模，无论投料量的适当降低或扩大，均要达到中试研究的目的，使产品质量与商业规模生产保持基本一致。

（3）中试评价指标　投料量、中间物料得率、成品率是衡量中试研究可行性、稳定性的重要指标。中试研究需经过多批次试验，使半成品率、成品率等各项数据保持相对稳定，以达到工艺稳定的目的。申报临床研究时，应至少提供1批稳定的中试研究数据。申报生产时，要求提供3批中试生产数据。

3. 中试研究主要内容

（1）生产设备条件验证　通过中试研究，为商业规模生产的设备选型提供依据，要结合生产实际选择中试设备，使中试研究工艺条件和参数与商业规模生产基本保持一致。

规模化生产用设备的材质多为不锈钢器皿，设备的热传导性能、机械效率以及成型效果等与实验室研究设备差异较大，对中药制剂中间物料制备及成型工艺过程中的活性成分传值、制剂成型质量影响较大，需要通过中试研究验证工艺的可行性。

（2）关键工艺参数验证　中试研究应以小试研究结果为基础，结合设备特点，以及不同工艺和不同剂型，选择适宜的评价指标，有针对性地对影响中药制剂中间物品品质的制备工艺以及剂型的成型工艺进行关键工艺参数验证考察，为工艺优化提供依据。如采用大孔吸附树脂的纯化工艺，因实验室所用树脂的柱长与中试及生产均有很大差异，应以有效成分含量和转移率为考察指标，对洗脱速度、洗脱剂的用量等进行重点考察，使制剂的生产条件最终能满足商业规模生产的需要。

（3）安全生产与环境评估　中试研究时要对安全生产进行风险评估，为进行合理的放大过程提供保障，并对放大过程中可能出现的安全问题提出合理的预防措施和解决手段。应综合考虑容器过压的可能性，所用原料对设备造成腐蚀的可能性，发生火灾和爆炸的可能性等。如果工艺中存在不可接受的风险，就应该考虑修改工艺路线采用更安全的方法。如果实在没有更好的工艺，只能按原工艺进行生产，那么在风险评估资料中应该明确指出在放大过程的每一阶段可能发生的风险问题，以及确保安全操作的控制措施和安全措施。

中试研究过程中，往往会产生一些废水、废气、废渣。对于废水，若污染程度不大，可经简单处理达标排放，当净化要求较高时，要根据废水处理等级的不同选用合适的处理方法。废气的处理要根据所含污染物的物理、化学性质，通过冷凝、吸收、燃烧、催化等方法进行无害处理。要最大限度地从源头上减少废渣产生和排放，对可利用物料和资源尽可能回收综合利用，对无法综合利用的废渣进行无害化处理。

（4）初步核算制剂生产成本　根据原材料、动力消耗和工时等进行初步的技术经济指标核算等，还包括环境保护、劳动保护、生产安全等多方面，初步判断该产品可被市场接受的程度。

4. 中试研究的步骤

（1）制定中试研究计划　根据实验室研究可行的工艺方案，对原材料的消耗和生产成本进行初步的计算，列出物料平衡表。根据制备方法拟定工艺路线，确定工艺流程，制定中试研究计划。

（2）编制中试操作规程　在进行中试研究前，要对车间操作人员进行工艺、安全和劳动保护培训，使操作人员更好地掌握操作和技术控制要点，这对于解决中试生产中未知的风险具有极大的帮助。在设备完备、人员经培训具有一定技术资质的情况下，依据操作步骤和工艺流程，对操作人员在全部操作过程中必须遵守的事项、设备操作、环境控制等做出规定，编制中试操作规程。

（3）开展中试验证研究　根据中试研究计划和操作规程，按照小试确定的工艺参数进行试车。先分步试车考察每步操作的试车情况，再同时以流水线的方式进行试车。

综合考虑新药性质、设备性能和生产成本等因素，选择适当的批量进行中试研究。为完善中试研究资料，需要制备不少于3批的中药制剂中间物料及成品。在中试研究过程中，研究人员要对制备方法、操作条件、各工序的转移率和收率、工艺规程和工艺设备的验证情况做出详细记录，撰写中试批生产记录，对实验室研究确定的工艺是否合理、批量放大后条件是否发生改变及发生改变的原因等问题分析后得出结论并记录。

（4）确定生产工艺流程　在中试研究结束后，要整理出全部工艺文件，并依据中试提供的数据，调整设备参数，对工艺流程进行必要的修改和补充。提出工业化生产方案，确定生产工艺流程。

二、商业规模生产研究

商业规模生产重点考察在规模化条件下，产品质量的均一性、稳定性，特别是与临床试验用样品质量的一致性，并进行对比与评估。通过研究，明确适于商业规模生产的所有工艺步骤及其工艺参数控制范围，明确饮片、中间物料、质量风险点，保障工艺稳健、环保、经济。

商业规模生产应关注与设备的匹配性、生产各环节的流畅与便捷。产品质量的均一稳定及生产效率是衡量规模化生产的重要指标。

商业规模生产的稳定，一般需经过多批次试验。试验中注意工艺参数、质量属性关联性，关注质量的波动性。相关研究记录应完善、规范、可追溯。

三、中药制剂工艺验证

中试研究和商业规模研究是工艺验证的重要环节，中药新药研发应在开展临床试验前完成关键工艺环节及工艺参数的验证，在申请上市许可前完成完整的工艺验证。工艺验证时，应针对中试工艺或商业生产规模，选择适宜的指标，设计工艺验证方案，考察在拟定的生产规模以及工艺条件和参数下，人员、设备、材料、生产环境、管控措施等各方面对产品质量带来的影响。

第七节　中药制剂的贮藏设计

中药制剂贮藏条件直接影响其质量稳定性，需结合剂型特点，根据稳定性影响因素试验和药品质量跟踪考察结果，制订合理的贮藏与保管要求。贮藏设计研究主要考察温度、湿度、空气、日光、微生物、虫害等因素对贮藏与保管过程中药品质量的影响。

一、贮藏设计主要内容

1. 贮藏温度设计

常温下中药制剂质量相对稳定。含有对温度敏感成分的中药制剂，应进行温度加速试验，考察温度对中药制剂不耐热成分稳定性的影响。高温可能使中成药发霉、虫蛀、软化、变形、挥发、浑浊等；而低温可能造成制剂中物质溶解度降低，使液体制剂发生沉淀，因此，温度设计还应结合剂型特点和制剂中所含物料的性质进行针对性考察，确定合理的贮藏温度。

2. 贮藏湿度设计

贮藏环境湿度过大，直接引起中药制剂潮解、溶化、糖质分解、霉变；湿度过低，可能发生制剂风化、干裂等。因此，在制剂包装设计时，应开展制剂的湿度加速试验，测定不同湿度条件下的饱和吸湿率，计算其临界相对湿度，预测其贮藏湿度要求，同时结合稳定性试验考察，确定适宜的环境湿度范围。

3. 密闭、密封、避光设计

空气中的氧和臭氧对中药的质变起着重要的作用。长时间日光照射会促使中药成分发生氧化、分解、聚合等光化反应，日光中的紫外线和热还对药物成分具有催化作用，促使药品变色、分解、氧化变质等。部分中药制剂贮藏过程中出现微生物的污染导致中药制剂酸败、霉变、吸湿降解等，常常与制剂包装严密性有关。因此，研究分析光、空气、微生物等对制剂质量的影响，确定适宜的密闭、密封和避光贮藏要求，对制剂的贮藏条件设定至关重要。

二、贮藏条件要求

一般情况下，中药制剂选择常温保存，但是，根据制剂稳定性影响因素试验和稳定性考察结果，需要特定贮藏与保管条件的，须将贮藏保管条件纳入制剂标准项下。常用的贮藏与保管要求如下：

（1）遮光　系指用不透光的容器包装，例如棕色容器或黑色包装材料包裹的无色透明、半透明容器。

（2）避光　系指避免日光直射。

（3）密闭　系指将容器密闭，以防止尘土及异物进入。

（4）密封　系指将容器密封，以防止风化、吸潮、挥发或异物进入。

（5）熔封或严封　系指将容器熔封或用适宜的材料严封，以防止空气与水分的侵入并防止污染。

（6）阴凉处　系指不超过20℃。

（7）凉暗处　系指避光并不超过20℃。

（8）冷处　系指2~10℃。

（9）常温　系指10~30℃。

除另有规定外，制剂项下未规定贮存温度的一般系指常温贮藏。

研究案例20-1　经典名方苓桂术甘汤颗粒

【处方】茯苓四两　桂枝三两　白术三两　甘草二两

【处方来源】出自汉·张仲景《金匮要略》，收载于国家中医药管理局会同国家药品监督管理局公布的《古代经典名方目录（第一批）》中第19方。

【功能与主治】温阳化饮、健脾利湿。用于中阳不足之痰饮，症见胸胁支满、目眩心悸、短气而咳、舌苔白滑、脉弦滑。

【注解】本研究依据《按古代经典名方目录管理的中药复方制剂药学研究技术指导原则（试行）》《中药注册分类及申报资料要求》的要求，遵循古代经典名方目录中药复方制剂的研发思路，将传统汤剂开发为现代颗粒剂形式，是按照中药注册分类3.1类按古代经典名方目录管理的中药复方制剂申请上市的品种。

本研究基于原方古籍记载和文献考证，首先对处方关键信息进行准确考证，明确药材基原、药用部位、炮制规格、折算剂量等关键信息，并从药材基原、产地、种植养殖、生长年限、采收加工、饮片炮制及包装贮藏等多个方面加强处方中药材和饮片的质量控制；参考国家发布的古代经典名方关键信息及古籍记载，明确苓桂术甘汤基准样品制备工艺；并以此为基准，开展苓桂术甘颗粒制剂工艺路线设计、小试、中试、商业规模生产研究，以最大限度保持与制剂基准样品关键质量属性的一致；通过专属性鉴别、浸出物、多成分含量测定、指纹/特征图谱等质控手段，建立制剂关键质量属性检测方法，建立符合中药特点的从药材 - 饮片 - 中间物料 - 制剂全过程质量控制体系，保障制剂质量稳定可控。主要研究工作包括以下方面：

（1）经典名方处方关键信息考证　关键信息的准确考证是古代经典名方研发成功的关键，亦是古代经典名方开发的难点。在国家发布部分古代经典名方的关键信息后，相关品种关键信息应与其一致。本研究按照已公布的《古代经典名方关键信息表（7首方剂）》，对处方关键信息考证难点进行解析（表20-3）。

表20-3　经典名方苓桂术甘汤关键信息

基本信息			现代对应情况				
出处	处方、制法及用法	药味名称	基原及用药部位	炮制规格	折算剂量	用法用量	功能主治
《金匮要略》（汉·张仲景）	茯苓四两，桂枝、白术各三两，甘草二两。上四味，以水六升，煮取三升，分温三服	茯苓	多孔菌科真菌茯苓 *Poria cocos*（Schw.）Wolf 的干燥菌核	生品	55.2 g	上四味，以水1 200毫升煎煮，煮取600毫升，分三次温服	【功效】温阳化饮，健脾利湿　【主治】中阳不足之痰饮。症见胸胁支满，目眩心悸，短气而咳，舌苔白滑，脉弦滑
		桂枝	樟科植物肉桂 *Cinnamomum cassia* Presl 的干燥嫩枝	生品	41.4 g		
		白术	菊科植物白术 *Atractylodes macrocephala* Koidz. 的干燥根茎	生品	41.4 g		
		甘草	豆科植物甘草 *Glycyrrhiza uralensis* Fisch. 干燥根和根茎	生品	27.6 g		
备注	上列剂量系度量衡原方量折算，若与当今主流用量严重不符，在保证原方比例不变的情况下，结合安全性评价结果确定日服用量						

1）关于药材基原问题，本方关键信息确定甘草为豆科植物甘草 *Glycyrrhiza uralensis* Fisch. 干燥根和根茎。而《中国药典》收载的甘草基原可为豆科植物甘草 *Glycyrrhiza uralensis* Fisch.、胀果甘草 *Glycyrrhiza inflata* Bat. 或光果甘草 *Glycyrrhiza glabra* L. 的干燥根和根茎。研究时须对甘草的资源状况进行评估，同时建立可行的方法确保在多基原资源中能够固定好文献考证所确定的甘草基原品种。

2）关于用药部位问题，桂枝药用部位在不同历史时期有所不同，唐代之前为肉桂、桂枝、桂心都是肉桂的树枝之皮，但肉桂和桂枝功效不同，《中国药典》收载的肉桂为樟科植物肉桂的干燥树皮，为树干的树皮，非树枝的"枝皮"。考虑到历史沿革和目前药材饮片标准收载情况，苓桂术甘汤中用桂枝，为樟科植物肉桂 *Cinnamomum cassia* Presl 的干燥嫩枝。

3）关于处方四味中药饮片炮制规格问题，本方文献记载见有不同炮制规格，经文献考证最终确定为生品入药。

4）关于处方用药剂量问题，按照所在年代度量衡折算原方饮片用量，远超《中国药典》规定药量，且与临床主流用量不符，本品在保证原方比例不变的情况下，结合安全性评价结果，再进一步确定日服用量。

5）关于煎煮服药剂量问题，本品煎服方法为"以水六升，煮取三升，分温三服。"经文献考证为"以水1 200 mL 煎煮，煮取600 mL，分三次温服。"

（2）药材资源评估及饮片质量控制　在各药味的道地产区或主产区中，各品种分别收集不少于3个产地（包含道地药材产地、主产区），总计不少于15批药材进行质量研究，明确相应批次药材的产地、采收期、产地初加工、野生/人工种养、贮存养护等信息。确定资源分布及资源保障地域。确定药材的质量要求，为药材标准的确定提供依据。经评估符合要求的药材应符合《中国药典》一部各药材品种项下规定。本品对多基原的甘草进行了药材基原与产地固定、增加特征图谱检查项，以确保甘草质量。此外，对饮片炮制工艺进行研究，明确各药味产地加工及炮制主要工艺参数，并对药材与饮片的质量相关性开展研究，进一步完善饮片质量标准。

（3）基准样品制备及质量标准研究　经典名方物质基准应在系统研究基础上，建立较全面反映基准样品质量的检测项目（包含鉴别、浸出物、含量测定、指纹图谱等），原则上应在含量测定或指纹图谱等项目中体现处方各药味的信息，并确定相关检测项目合理的质量要求限度。其中，指标成分含量的波动范围一般不超过均值的70%～130%，并根据具体品种的研究结果，合理确定质量标准中相关质控项目质量要求的上下限。

根据国家发布的关键信息中古籍记载的制法制备本品汤剂基准样品。在对15批基准样品质量研究的基础上，建立浸出物、特征图谱或指纹图谱、指标成分含量标准，作为苓桂术甘汤颗粒质量对照标准。本品桂枝、生姜含有挥发性成分，标准研究需要特别关注桂皮醛、姜辣素等挥发性成分的量值传递情况，基于15批基准样品的测定，最终确定是否纳入基准物质质量标准。

（4）苓桂术甘汤颗粒制备工艺研究　根据中药经典名方复方制剂研究相关技术要求，以与基准样品的质量基本一致为目标，按照基于现代制剂各工序损耗前置的工艺路线设计，进行颗粒剂生产工艺和参数研究，明确商业规模的制剂生产工艺及关键工艺参数，完成生产工艺验证，并说明制剂工艺的稳定可行性、制剂质量与基准样品质量的一致性。

（5）量值传递与质量控制研究　基于还原标准汤剂化学概貌的研发思路，将处方中各药味均在制剂质量控制项目中体现，在关键质量属性研究中建立多个药味的含量测定方法、指纹/特征图谱、干膏率、浸出物等质控方法；采用指标成分含量、指纹/特征图谱等指标，对中试规模以上生产的中间物料、制剂及所用的药材、饮片进行相关性研究，并与基准样品进行质量对比，说明生产全过程的量质传递情况，根据结果确定药材、饮片、中间物料、制剂的关键质量属性和质量标准的质控指标，合理确定其波动范围。苓桂术甘颗粒质量标准中建立了处方中各药味的薄层色谱鉴别、特征图谱、重金属及有害元素检查、微生物检查、制剂通则检查、醇溶性浸出物测定，以及桂枝、甘草中3种成分含量测定方法，并规定浸出物和含量测定限度范围。

研究案例20-2　克敏芪丹鼻喷雾剂

【处方】黄芪　白术　防风　川芎　牡丹皮

【处方来源】由经典名方"玉屏风散"加味，并经多年临床实践筛选而得临床经验方。

【功能与主治】补肺益气，活血通窍。用于治疗肺虚血瘀型过敏性鼻炎。

【注解】本方以黄芪为君药，补三焦而实卫表，为玄府御风之关键，风邪御外，则无鼽嚏之虑；以白术为臣药，取其健脾益肺气之功；再佐风药中之润剂——防风，上清头面七窍，通窍止鼽，川芎既可活血以逐窍络瘀阻，助心行血，又可活血通窍，以消鼻部痒痛不适，再配以牡丹皮，凉血活血。

本方为常用于治疗过敏性鼻炎的中医临床经验方，本研究基于鼻用制剂使用方便、剂量准确、起效迅速等特点，拟将处方传统汤剂应用形式开发成鼻用喷雾剂。该制剂具有生物利用度高、吸收迅速，不含抛射剂，生产工艺及设备简单，产品成本较低等特点，适合于治疗呼吸系统疾病。

本研究首先对处方药味所含化学成分及其药理作用进行分析，对其提取、浓缩、纯化等制备工艺进行优化，基于鼻喷雾剂特点筛选辅料组成以确定制剂处方，对鼻腔给药装置进行优选，并考察给药方式，通过中试和初步稳定性考察，最终确定制剂工艺。

（1）提取工艺研究　根据处方功效主治及各药味"君臣佐使"配伍规律，选择相应的药效成分作为考察指标，结合剂型、生产工艺、产业化成本等实际情况选择适当的工艺路线。以君药黄芪代表性药效相关成分毛蕊异黄酮葡萄糖苷及药液干膏率作为检测指标，采用水煎煮提取法，进行提取工艺考察。根据预实验分析，对影响提取效率较大的A（提取次数）、B（提取时间）、C（溶剂用量）三个因素进行考察，采用$L_9(3^4)$正交试验法，并综合考虑产业化效率和节约资源，优选提取工艺为：加8倍量水，煎煮3次，每次1.5 h。

（2）浓缩工艺研究　按上述确定的提取工艺进行提取，将提取液在不同条件下（60℃、70℃、80℃）进行减压浓缩，设定压力为−0.095~−0.080 MPa，浓缩至相对密度约为1 g/mL，根据毛蕊异黄酮葡萄糖苷转移率确定最佳浓缩温度。

（3）纯化工艺研究　在确保制剂有效成分含量的前提下，选择合适的除杂纯化工艺，是中药溶液型鼻喷制剂的关键步骤。本制剂水提液含大量多糖及少量鞣质，不仅使药液黏稠，且长期放置易产生沉淀，不利于喷雾给药。为满足后期制剂工艺需求，需对提取液进行纯化处理。

目前常用的中药提取液纯化方式有醇沉法、膜过滤法、大孔吸附树脂分离法、壳聚糖絮凝法等。本研究拟以毛蕊异黄酮葡萄糖苷含量转移率、固含物、渗透压、溶液性状等为评价指标，对醇沉法、陶瓷膜过滤法、大孔吸附树脂分离法这三种纯化工艺进行考察。结果显示，经大孔树脂纯化工艺的提取液毛蕊异黄酮葡萄糖苷转移率较高，且可有效去除固含物，降低药液渗透压。

（4）制剂处方研究　根据鼻用喷雾剂要求，对渗透压调节剂（氯化钠）用量、pH调节剂（pH4.5~7.5）和抑菌剂（0.02%苯扎氯铵、0.20%山梨酸、0.20%山梨酸钾）进行筛选，以对药液澄清度、毛蕊异黄酮葡萄糖苷含量和渗透压的影响为评价指标，确定制剂处方。

（5）灭菌工艺研究　本研究选择流通蒸汽灭菌法，所用设备使用简便、蒸汽比热大且穿透力强、产业化成本低、效果可靠。将3批样品经流通蒸汽灭菌处理（100℃、40 min），放置1个月后对药液进行微生物限度检查，确定灭菌工艺条件。

（6）鼻喷给药装置的选择　鼻喷雾剂的给药装置主要包括喷雾泵和容器瓶，可对递送剂量的准确性、喷雾粒径、药物在鼻腔沉积部位等产生影响。

本研究以喷雾粒径分布、喷雾形态、喷雾模式、药物沉积模式作为考察指标，并结合对产业化成本的考虑，对GI-Φ鼻腔液体喷雾泵、VP3药用喷雾剂定量泵（推钮）、VP7药用喷雾剂定量泵（推钮）三种类型的鼻腔液体喷雾泵进行考察，并以优选的鼻喷给药装置对本制剂的装量、总喷次、废喷喷次、每喷喷量及给药方式进行考察。综合GI-Φ、VP3、VP7的喷雾粒径、喷雾形态、喷雾模式及沉积模式测定结果，最终选择中硼玻璃用注射瓶与VP7药用喷雾剂定量泵。

（7）给药方式的考察　研究表明，头部位置、给药角度、喷嘴尖端插入深度及喷雾泵的设计是鼻喷雾剂临床有效使用的关键因素。故本研究对喷雾剂在三种不同头部位置（头部向后倾斜30°、头部向前倾斜30°、头部垂直）的鼻内分布进行考察，发现头部垂直时，喷雾剂在鼻腔沉积面积最大，最有利于药液在鼻腔分布。对喷雾剂在不同给药角度（0°、15°、30°、45°、60°、75°、90°）的鼻内分布进行考察，结果显示，45°给药时，药液在鼻腔中最为均匀，在鼻前庭区、鼻中庭区与呼吸区均有分布，且药液在呼吸区的上鼻甲、中鼻甲、下鼻甲均有沉积。对喷雾剂在喷嘴尖端插入深度的鼻内分布进行考察（头部位置：垂直90°，喷射角度：45°），分别考察 2.5 mm、5.0 mm、10.0 mm、15.0 mm 的插入深度，结果显示 5 mm 给药时，药液在鼻腔沉积面积最大，而深度为 10 mm 与 15 mm 给药时，药液在鼻前庭无分布，且随着深度的增加，鼻中庭区药液分布逐渐减少。

（8）中试生产　根据筛选出来的工艺条件，按照每批次生产 1 000 瓶，连续试制三批中试样品，成品率均大于 95%，说明该工艺连续生产稳定性好，工艺条件合理可行，能够满足商业规模生产的要求。

（9）质量标准研究　在中试样品基础上，建立 TLC 鉴别、HPLC 特征图谱和主要活性成分含量测定，建立本品的质量标准。同时按照制剂通则，开展相关检查，并符合有关规定。

（10）稳定性研究　药品的稳定性试验是药品质量的重要评价指标之一，也是制定药物使用期限的主要依据。根据质量标准所拟定的方法和根据制剂稳定性试验指导原则，对 3 批中试样品进行稳定性考察。

采用影响因素试验，考察制剂样品在高温条件（40℃，60℃）贮藏 10 天，分别在第 0、5、10 天取样，考察其性状、升麻素苷、毛蕊异黄酮葡萄糖苷、5-O-甲基维斯阿米醇苷等指标成分的含量。

采用强光照射试验，将制剂于透明玻璃瓶（除去内外包装）置于 4 500 lx ± 500 lx 避光条件下，分别在第 0、5、10 天取样考察其性状、升麻素苷、毛蕊异黄酮葡萄糖苷、5-O-甲基维斯阿米醇苷等指标成分的含量。

采用加速试验，取 3 批中试样品，于温度 40℃±2℃、相对湿度 75%±5% 的条件下放置 6 个月，分别在第 0、1、2、3、6 月取样，对其性状、pH、渗透压、指标成分含量等进行考察。

采用长期试验，取 3 批中试样品，于温度 25℃±2℃、相对湿度 65%±5% 的条件下放置 24 个月，分别在第 0、3、6、9、12、18、24 月取样，对其性状、pH、渗透压、指标成分含量等进行考察。

综合影响因素试验、加速和长期试验结果提示，确定本品避光、密封，置阴凉干燥处贮存。

思考题

1. 中药制剂设计和研制过程如何体现中医药思维和特色？
2. 中药制剂的研究和设计应当遵从古代传统用药形式，还是采用现代用药方式？
3. 中试研究在中药新药研发过程中的作用是什么？
4. 请思考基于人工智能技术驱动的中药制剂设计思路以及如何推动中药制药创新？

（傅超美、章津铭）

数字资源详见　新形态教材网

视频　　知识拓展　　推荐阅读　　参考文献　　教学课件　　自测题

郑重声明

高等教育出版社依法对本书享有专有出版权。任何未经许可的复制、销售行为均违反《中华人民共和国著作权法》,其行为人将承担相应的民事责任和行政责任;构成犯罪的,将被依法追究刑事责任。为了维护市场秩序,保护读者的合法权益,避免读者误用盗版书造成不良后果,我社将配合行政执法部门和司法机关对违法犯罪的单位和个人进行严厉打击。社会各界人士如发现上述侵权行为,希望及时举报,我社将奖励举报有功人员。

反盗版举报电话　　(010)58581999　58582371
反盗版举报邮箱　　dd@hep.com.cn
通信地址　北京市西城区德外大街4号　高等教育出版社知识产权与法律事务部
邮政编码　100120

读者意见反馈

为收集对教材的意见建议,进一步完善教材编写并做好服务工作,读者可将对本教材的意见建议通过如下渠道反馈至我社。

咨询电话　400-810-0598
反馈邮箱　gjdzfwb@pub.hep.cn
通信地址　北京市朝阳区惠新东街4号富盛大厦1座　高等教育出版社总编辑办公室
邮政编码　100029

防伪查询说明

用户购书后刮开封底防伪涂层,使用手机微信等软件扫描二维码,会跳转至防伪查询网页,获得所购图书详细信息。

防伪客服电话　　(010)58582300